は　し　が　き

　企業の合理化は古くて新しい問題である。世界史的にみると,「合理化」がひとつの「運動」として最初に取り組まれたのは第1次大戦後のことであり,それはドイツ,アメリカ,日本をはじめとする主要資本主義国においてみられた。これまでの合理化の歴史が示したように,その展開は,一面では,労働者に過酷な影響をもたらすといえるが,反面,労働生産性を向上させ,生産力を増大させるという重要な意味をもつことも否定しえないであろう。

　21世紀という新しい時代を迎え,情報技術のめざましい発展を利用した合理化が推し進められ,労働過程や生産システムの激変が続く状況のなかで,過去の合理化問題に立ち返り,歴史の掘り起こしを行い,未来の企業経営のあり方を展望することは重要な意味をもつと思われる。そのさい,第1次大戦後のいわゆるヴァイマル期ドイツの合理化の分析はひとつの有力な手がかりとなろう。その理由はつぎの点にある。

　現代の合理化の特徴のひとつは,それが国家の積極的な関与のもとにひとつの「国民運動」として展開されるという点にみられるが,そのルーツは第1次大戦後のドイツに求められる。当時,敗戦国ドイツでは,国民経済の再建が他のどの国よりも重要かつ緊急の課題となり,いわば「国民的課題」とされた。この経済再建の道を示したのが合理化であり,そこでは,合理化が全産業的・全国民的次元で問題にされ,まさしく総資本の立場からひとつの「国民運動」として推進されたのであった。ドイツは,合理化が最も組織的なかたちで展開された典型例であったといえる。こうして始まった合理化運動は他の諸国にも大きな影響を与え,当時の主要資本主義国にもひろがっていった。そのような意味において,ドイツは合理化運動の母国となったのである。

　かくして,本書において,ヴァイマル期,とりわけ資本主義の相対的安定期(1924—29年)におけるドイツの合理化運動を取り上げ,その歴史的特徴・意義を明らかにしたい。

周知のように，この時期のドイツの合理化問題についての研究は，日本においても，またドイツにおいても貴重な一定の蓄積がみられる。それらの研究を筆者なりに整理すると，つぎのような特徴を指摘することができると思われる。

① そのひとつは国民経済的＝社会経済的視点から合理化運動を分析した研究である。こうした研究においては，合理化の具体的な展開過程そのものよりはむしろ，歴史的画期をなす一大合理化運動として，その運動的側面や合理化の国民経済的＝社会経済的側面に重点をおいて考察が行われてきた。

② いまひとつは，とくに経営史的研究などにみられるように，個別企業のレベルの問題を取り上げるなかで合理化の問題を考察したものである。しかし，こうした研究においても，技術の領域の合理化に重点をおいたものや労働組織の領域の合理化に重点をおいたものが多く，実際に展開された主要な合理化諸方策を十分に取り上げて分析したものは必ずしも多くはない。またそのなかには，合理化のもつ国民経済的＝社会経済的側面が十分に考慮されていないという問題，限界をもつものもみられる。

③ さらにもうひとつの研究の特徴は，一部では②の研究をも含むが，特定の産業部門を対象として分析したものである。近年，ドイツでは，合理化過程の具体的な考察を行った研究成果が発表されてきているが，その多くは，電機工業や機械製造業を対象としたものや，鉄鋼業を対象としたものであるなど，当時合理化が強力かつ集中的に取り組まれた主要産業部門を全面的に取り上げて分析を行った包括的な研究はほとんどみられない。

　以上のような諸特徴がこれまでのドイツ合理化研究においてはみられるが，本書では，これらの研究蓄積から多くを学びつつも，残された課題と思われる問題の解明に取り組んでいる。そのことによってこれまでの研究上の空白部分を少しでも埋めることを意図している。そのさい，本書では，とくに以下の点に留意して考察を行っている。

　第1に，当時の代表的な基幹産業部門の合理化過程を取り上げ，産業間の比較を行うなかで合理化の実態を把握することである。この時期の合理化の出発条件は産業部門によって相違がみられただけでなく，実際の合理化過程をみて

も，合理化の展開のされ方，そこで実施される方法は産業部門によって異なっており，また合理化の果す役割・意義をみても，そこには相違がみられる。それゆえ，それらの産業部門の比較をとおして，そこにみられる共通性とともに，それぞれの産業における独自的な展開，その特徴をおさえ，合理化運動の全体構造を明らかにすることが重要となってくる。このことはまた，この時期の合理化を合理化一般としてみるのではなく，主要産業部門における合理化の意義と限界を明らかにした上で国民経済全体のなかにそれを位置づけることの必要性を意味している。

　第2に，企業の合理化過程においてどのような経営方式の発展がみられたかという問題である。この時期の合理化を企業レベルでみると，技術と労働組織の領域における合理化を中心に取り組まれたが，そのような合理化諸方策の展開は経営方式の発展をもたらす直接的な契機にもなっており，合理化過程においてこの面でどのような変化がもたらされ，その後の発展にとってどのような意味をもつものであったか，という点である。

　第3に，合理化運動への国家のかかわり，その役割に関する問題である。この時期の合理化は国家の強力な支援のもとに推し進められたことにひとつの重要な特徴をもつが，そのような国家の支援はその後のナチス期および第2次大戦後の時期には一層発展したかたちで行われることになる。それゆえ，これらの時期との比較をとおしてヴァイマル期の合理化運動への国家のかかわりおよびその役割を考察し，この時期の合理化運動の歴史的位置を明らかにすることが重要となる。

　第4に，合理化に対する労働者・労働組合の態度・対応をめぐる問題である。労働者・労働組合の合理化へのかかわりの問題に関して，合理化運動に対する「協力」という労働組合の基本的立場（「労資協調」路線）のもとでも，合理化に対する労働組合の態度はそこで実施される諸方策によって相違がみられ，したがって，それぞれの合理化諸方策の展開のされ方もそのような労働者側の態度・対応によって異なるものにならざるをえない。それゆえ，合理化の具体的な展開過程を考察するさいには，それが労働者・労働組合におよぼした影響だけでなく，こうした点を十分に考慮に入れてみていくことが必要かつ重要となる。

以上のような視点から，本書では，つぎのような章別構成で考察を展開している。

　まず序章「ドイツ合理化運動の研究課題と分析視角」では，本書全体の考察をとおして解明すべき主要研究課題を明らかにした上で，合理化問題の分析視角，とくにこの時期の合理化運動を考察するさいに必要かつ有効となる基本的視角を明らかにしている。

　第1部「ドイツ合理化運動の展開過程」では，この時期の合理化運動の社会経済的背景と具体的な展開過程について考察を行っている。

　まず第1章「ドイツ合理化運動の社会経済的背景」では，本来個別企業レベルの問題である合理化がひとつの「国民運動」として労働者・労働組合の協力＝「労資協調」路線のもとに，また国家の強力な支援のもとに取り組まれるに至る社会経済的背景を明らかにしている。

　また第2章「ドイツ合理化運動の展開とその特徴」では，合理化運動の展開過程についての具体的考察を行っているが，そこでは，企業集中と産業の合理化，企業レベルにおける「技術的合理化」と「労働組織的合理化」，さらに企業組織全体の合理化を取り上げ，この時期の合理化運動の全体構造を明らかにするとともに，その主要特徴を明らかにしている。

　つぎに第2部「主要産業部門における合理化過程」では，合理化の具体的な展開過程について，当時の代表的な基幹産業部門を取り上げて考察を行っている。そこでは，上述の如き主要な合理化諸方策のそれぞれについて取り上げ，それらの実際の展開過程を具体的に考察している。そのさい，旧産業部門と新興産業部門との間の差異・特徴を明らかにするだけでなく，重工業（とくに鉄鋼業）や化学工業のような装置・生産財産業部門と電機工業，自動車工業，機械製造業のような加工組立産業部門との間の差異・特徴をも，とくに産業特性との関連において明らかにしている。このような産業部門間の比較をとおして，また同じ産業部門における企業間の比較を行うことによって，合理化の展開過程の総合的な把握を行っている。

　まず第3章「重工業における合理化過程」では，当時ドイツの国民経済のなかで最も大きな位置を占めていた重工業の事例を取り上げている。そこでは，この産業部門の代表的な大企業の多くが炭鉱と鉄鋼を結合したいわゆる「混合

企業」であったことから，炭鉱業と鉄鋼業における合理化過程の具体的考察を行っている。

つづく第4章から第6章までの各章では，新興産業部門の合理化過程を重工業との比較において考察している。第4章では化学工業を，第5章では電機工業を，第6章では自動車工業を取り上げており，そこでは，重工業と比べた場合のこれらの新興の諸部門における合理化の特徴を明らかにしている。

また第7章「機械製造業における合理化過程」では，重工業とともに旧産業部門に属し，これらの新興産業部門とは異なる諸条件のもとで合理化が推し進められた機械製造業を取り上げ，旧産業部門に共通する諸特徴とともに新興産業部門との差異を明らかにしている。

さらに第8章「合理化の労働者におよぼす影響」では，合理化の展開が労働者におよぼした影響について考察している。そこでは，この時期に取り組まれた主要な合理化諸方策のそれぞれについて，労働者への影響を明らかにし，合理化運動に対する労働組合の基本的な立場とともに，この時期に展開された代表的な合理化方策に対する労働組合の態度について考察を行っている。

結章「ドイツ合理化運動の歴史的性格と意義」では，第1部および第2部での考察をふまえて，この時期の合理化運動がもたらした諸結果・帰結を明らかにするとともに，その後のナチス期，第2次大戦後の時期へと至る歴史の大きな流れのなかで，ドイツ合理化運動の歴史的な位置づけを行い，その歴史的性格と意義を明らかにしている。

なおその後の合理化運動の展開をみると，ナチス期には，ファシズム体制の経済の軍事化の推進のもとで，また戦争経済の推進のもとで，ヴァイマル期とは異なる新たなかたちで推し進められた。かくして，ドイツ合理化研究は，ヴァイマル期にとどまらず，その後のナチス期の合理化にもおよぶべきである。ナチス期の合理化運動については，筆者は別著『ナチス期ドイツ合理化運動の展開』（森山書店，2001年）において，ヴァイマル期の合理化運動の展開とその帰結をふまえての考察を行っているので，本書とあわせて御参照いただきたい。

このようなささやかな研究成果ではあるが，本書の刊行にさいして，多くの

方々に感謝を申し上げなければならない。とりわけ，筆者が学部・大学院時代をとおして学んだ同志社大学での恩師である前川恭一先生に心より感謝を申し上げたい。大学院での研究を始めるにあたり，先生からは，1920年代のドイツの合理化運動を研究テーマとして与えていただいた。先生は，大学院時代には基礎的な研究をきちんとやっておくべきであること，そのような研究はいつか必ず役に立つときがくることを教えて下さった。基礎的な研究という場合，理論研究か歴史的な研究のいずれかが重要であるが，理論的な素養の乏しい私には歴史的な研究の方を薦めて下さった。そうしたなかで，当初は，先生が与えて下さったテーマの重要性も十分には理解できず，関心ももてないままに研究に取り組むことになったが，先生とのお約束であった共著（『ドイツ合理化運動の研究』，森山書店，1995年）の刊行を目標に，私なりに精一杯研究をすすめてきた。しかし，両大戦間期のドイツの研究は私にとっては難しいテーマであり，自分の能力を超えるテーマであると何度も思ったものであった。そうしたなか，研究を始めて7年目の頃，ようやく自分の研究対象のもつ意味がおぼろげながらみえてきたように思えたが，私にとっては，先生はつねに研究の道しるべでいて下さった。職を得てからも研究の方向性について少し迷いを感じたときなどは先生の研究室を訪ねさせていただいたが，とくに具体的な御相談をしたわけではなくても，不思議なことに研究上のヒントを与えて頂いたことも多かった。大学院時代から一対一での御指導をしていただくなかで，研究の厳しさや研究者としての社会的使命などにとどまらず，ひとりの人間としての生き方まで教えていただいたように思う。

しかし，誠に残念なことに，1998年5月11日，何の御恩返しもできぬまま前川先生と永遠のお別れをしなければならないことになった。先生は最後の御著書『日独比較企業論への道』（森山書店，1997年）の執筆にあたっても随分御無理をされていたとはお聞きしていたが，長年にわたる学内外の重い役職による御多忙のなか，お身体に御負担がかかっていたのであろう。先生との出会いは学部2年生時の「経営学」の講義（1982年度）であったので，わずか15年余りの短い時間であった。しかし，私にとっては，この短い時間のなかでも先生との研究上の多くの思い出を残すことができたと思う。とりわけ上述の先生との共著の刊行や単著『ドイツ企業管理史研究』（森山書店，1997年）の刊行で

ある。1997年12月，研究室に届いたばかりの私の書物を手に入院中の先生をお訪ねし，手にとって見ていただくことができたのは本当に幸せであった。そのとき，先生は初めて「よくやった。よく頑張った」と褒めて下さった。そして，「指導教授と弟子が相前後してほぼ同じ時期に本を出版できるということは何よりの幸せだ」と本当に嬉しそうにおっしゃった。御自分の御著書について「この本が出来たからもういつ死んでもいいのだ」と言われた先生に，「私も今そう思っています」とお答えして，2人で交わした握手を今も忘れることはない。研究という仕事が，また研究書をまとめることがこれほどまでに厳しくも充実したものであることを思った瞬間であった。

それから半年も経たぬうちに先生とのお別れの日がやってくるとはその時はつゆも思うことはなかったが，先生を失ってからの毎日は悲しみと無念さの連続であった。「今この命が絶えることになれば，すぐにでも先生のもとに行くことができるのに」とさえ思う時もあった。しかし，そんな私が研究者としてできることは，いやすべきことはたったひとつ，こんなときこそ研究という仕事をしっかりとやっていくことだけだということを気づかせてくれたのも先生であった。上述の単著の脱稿を果した1997年4月以降執筆に取り組んでいた本書を完成させることこそが亡き恩師への真の意味での追悼になると思い，頑張ることができた。本書，それに上述の別著『ナチス期ドイツ合理化運動の展開』を完成させ，先生より手ほどきを受けたこのテーマで書物の刊行を果すことだけが研究者としての自分の心の支えであった。その意味では，前川先生は，お亡くなりになってからも，弟子である私に，本書を執筆する上での勇気と力を与えて下さった。本書の刊行によってようやく先生の追悼を私なりに納得したかたちでできたのではないかと思っている。本書を手にとって先生に御覧いただけないことは本当に心残りではあるが，謹んで本書を先生の御霊前に捧げ，心より御冥福をお祈りしたい。

また学部時代から今日に至るまで多くの御指導と励ましをいただいている同志社大学の中村宏治先生，太田進一先生，岡本博公先生に感謝を申し上げたい。私は学部時代にサブゼミとして中村先生のゼミナールに参加させていただき，多くのことを学ばせていただくとともに，研究者を志すきっかけをも与えていただいた。学部3年の時に初めてお訪ねした先生の研究室は研究者として

の私の故郷でもあると思っている。太田先生からはひとりの先生としてだけでなくゼミナールの先輩としてもつねに多くの御教示と暖かい励ましをいただいている。また岡本先生からは現代的な問題について考える上での多くの貴重な御教示を賜り今日に至っている。

　私の勤務する立命館大学の先生方からも計り知れない御教示と励ましをいただいている。仲田正機先生には，非常勤講師として御担当いただいていた「経営管理論」の講義を学部3年生の時に受けさせていただいて以来，いつも変わらぬ御指導と助言をいただいている。大学院での研究テーマの設定にあたっても，先生の御著書『現代企業構造と管理機能』（中央経済社，1983年）より多くを学ばせていただき，合理化と企業管理の発展とのかかわりなど，合理化問題の関心を広げていくことができた。渡辺　峻先生からは，企業経営問題全般にわたり多くの御教示をいただいているが，本書をまとめる上で原稿の一部を何度もお読みいただき，じつに多くの貴重な御教示を賜わった。そのなかで，著書を書くことのむずかしさと意義を改めて学ばせていただいた。田中照純先生からは，ドイツ経済やドイツ企業の問題について日頃多くの御教示をいただいている。

　また私が所属する日本経営学会，比較経営学会の先生方からも多くの御教示と励ましをいただいている。ことに大橋昭一先生（関西大学名誉教授，現在大阪明浄大学副学長）には，1990年6月の日本経営学会関西部会例会での報告にあたりコメンテイターとして貴重な御教示をいただいて以来，先生の御著書，論文や拙書に対する書評などをとおして，じつに多くの御教示を賜わっている。本書のタイトルの決定や執筆にあたっても，多くの御教示を賜わった。また吉田和夫先生（関西学院大学名誉教授，現在大阪学院大学教授）からは，御高著『ドイツ合理化運動論』（ミネルヴァ書房，1976年）をはじめとする多くの御著書や上述の前川先生との共著に対する書評などをとおして多くを学ばせていただいている。高橋由明先生（中央大学教授）からも日頃多くの御教示をいただいている。先生は1991年9月の日本経営学会全国大会での私の報告に対してコメンテイターとして多くの貴重な御教示を与えて下さり，その後も，御著書や拙書に対する書評などをとおして多くの御教示をいただいている。第4章第5節における化学企業IGファルベンの組織革新の問題に関する考察を深めるこ

とができたのも，先生の御教示に負うところが大きい。

　さらに，本書を完成させるにあたり1年間の在外研究として留学したドイツのベルリン自由大学経済政策・経済史研究所のH. フォルクマン教授（Prof. H. Volkmann）およびW. フィッシャー教授（Prof. W. Fischer）に感謝申し上げたい。フォルクマン教授は私の受入教授としてお世話いただいた。また私の住居のすぐ近くにお住まいであったフィッシャー教授からは研究上多くのことを教えていただいた。同教授はドイツ経済史の大御所のお一人であるが，70歳を超えてもなお旺盛な研究意欲から研究者としての姿勢を改めて学ばせていただいた。私の住居の大家さんであったバルドゥス女史（Dr. D. Baldus）にもお礼を申し上げなければならない。彼女は精神科の女医であったが，まさに母親がわりのような存在の方であった。「2冊の書物が完成したら必ずお贈りします」とお約束した1999年のクリスマスの日がいまも懐かしく思われてならない。

　また各企業の文書館や連邦文書館の方々にも感謝を申し上げねばならない。本書では，国内外の文献・雑誌，資料などとともに，主要産業部門における代表的企業の一次史料であるアルヒーフや営業報告書，ドイツ連邦アルヒーフにも依拠して考察を行っているが，これらの史料の閲覧・収集にあたり，関係の方々から暖かい御配慮をいただいた。鉄鋼業のティセン，クルップ，化学工業のバスフ，バイエル，ヘキスト，電機工業のAEG，自動車工業のダイムラー・クライスラー，機械製造業のM. A. N，さらにポツダムからベルリンに移された連邦アルヒーフの職員の皆さんに厚く御礼申し上げたい。

　なお出版事情のきびしいなか，このような研究書の刊行を快く引き受けて下さった森山書店社長菅田直文氏の御好意に対して，厚く感謝を申し上げたい。また本書の出版にあたり，2000年度立命館大学出版助成（学術図書出版助成）を受けることができた。記して感謝を表したい。さらに，1年間の在外研究期間を与えていただいたことに対して立命館大学に感謝を申し上げたい。

　最後に私事で恐縮ではあるが，研究者の道に進みたいという私に対して理解を示してくれた両親に感謝したい。両親はいつも研究者としての私の行く末を暖かく見守ってくれた。また1歳3ヶ月の子供と自らの職をかかえながら1年もの間家庭を守り，私の在外研究を支えてくれた妻直美に感謝したい。遠く離れた祖国に妻子を残して出発する以上，本書を完成させることなく帰国するこ

とはできないという決死の覚悟でのドイツ留学であったが，日本での妻の努力を思えばこそあれほどまでに厳しい時間を異国の地でひとり送ることができたのだと思う。愛する妻直美がいつまでも，私が育む命のすべてであって欲しいと心より願っている。また我が子智孝は1998年6月，恩師前川先生が亡くなられて1ヶ月後に誕生したが，われわれ夫婦にとっては，この子がまさに前川先生の生まれ変わりだと思っている。いついつまでも亡き先生に見守っていただき，智孝がすくすくと成長してくれることを願ってやまない。

2000年12月　　　　　　　　　新しい世紀を目前にして

山　崎　敏　夫

目　次

序章　ドイツ合理化運動の研究課題と分析視角 ……………………… *1*

　第1節　ドイツ合理化運動の研究課題 ……………………………… *1*
　第2節　合理化問題の分析視角 ……………………………………… *6*
　　1　時期別比較視点 ………………………………………………… *6*
　　2　産業別比較視点 ………………………………………………… *8*
　　3　国際比較視点 …………………………………………………… *9*

第1部　ドイツ合理化運動の展開過程

第1章　ドイツ合理化運動の社会経済的背景 …………………………… *17*

　第1節　第1次大戦後の世界の変化とヴェルサイユ条約の影響 …… *17*
　第2節　11月革命とヴァイマル体制による国内的条件の変化 ……… *22*

第2章　ドイツ合理化運動の展開とその特徴 …………………………… *31*

　第1節　企業集中と産業合理化 ……………………………………… *32*
　　1　企業集中と産業合理化の展開 ………………………………… *32*
　　2　産業合理化から企業合理化への展開 ………………………… *37*
　第2節　企業における合理化の展開 ………………………………… *38*
　　1　設備投資からみた企業合理化 ………………………………… *39*
　　2　生産技術の発展と「技術的合理化」の展開 ………………… *47*
　　3　「労働組織的合理化」の展開 ………………………………… *58*
　　4　企業組織の変革と全般的管理の発展 ………………………… *92*

第2部　主要産業部門における合理化過程

第3章　重工業における合理化過程 …………107

第1節　企業集中と産業合理化の展開 …………107
1. 企業集中による整理過程 …………107
2. 合同製鋼における製品別生産の集中・専門化の進展 …………111

第2節　設備投資の展開とその特徴 …………114

第3節　「技術的合理化」の展開とその特徴 …………120
1. 炭鉱業における「技術的合理化」の展開とその特徴 …………120
2. 鉄鋼業における「技術的合理化」の展開とその特徴 …………137
3. 重工業における「技術的合理化」の性格 …………160

第4節　「労働組織的合理化」の展開とその特徴 …………163
1. 炭鉱業における「労働組織的合理化」の展開とその特徴 …………163
2. 鉄鋼業における「労働組織的合理化」の展開とその特徴 …………166

第4章　化学工業における合理化過程 …………183

第1節　企業集中と産業合理化の展開 …………183
1. 企業集中による整理過程 …………183
2. IGファルベンにおける製品別生産の集中・専門化の進展 …………185

第2節　設備投資の展開とその特徴 …………187

第3節　「技術的合理化」の展開とその特徴 …………193
1. 化学工業における生産技術の発展 …………193
2. IGファルベンにおける「技術的合理化」の展開 …………199

第4節　「労働組織的合理化」の展開とその特徴 …………221

第5節　企業組織の変革と全般的管理——IGファルベンの事例 …………225
1. IGファルベンの組織革新と企業管理の発展要因 …………225
2. 第1段階の組織革新と企業管理の発展 …………226
3. 第2段階の組織革新と企業管理の発展 …………234
4. IGファルベンの組織革新の限界 …………239

第5章　電機工業における合理化過程 ……………………………255

第1節　設備投資の展開とその特徴 ……………………………………255
第2節　「技術的合理化」の展開とその特徴 …………………………261
　　1　電化の進展と労働手段の個別駆動方式への転換 ………………262
　　2　切削工具の改良とその利用 ………………………………………264
　　3　フォード・システムの導入と「技術的合理化」………………266
第3節　「労働組織的合理化」の展開とその特徴 ……………………268
　　1　テイラー・システム，レファ・システムの導入と労働組織の変革 ………268
　　2　フォード・システムとそのドイツ的展開 ………………………273

第6章　自動車工業における合理化過程 ………………………309

第1節　設備投資の展開とその特徴 ……………………………………309
第2節　「技術的合理化」の展開とその特徴 …………………………315
第3節　「労働組織的合理化」の展開とその特徴 ……………………322
　　1　テイラー・システム，レファ・システムの導入と労働組織の変革 ………322
　　2　フォード・システムとそのドイツ的展開 ………………………323

第7章　機械製造業における合理化過程 ………………………351

第1節　設備投資の展開とその特徴 ……………………………………352
　　1　過剰生産能力の存在と設備投資におよぼしたその影響 ………352
　　2　設備投資の動向 ……………………………………………………353
第2節　「技術的合理化」の展開とその特徴 …………………………356
第3節　「労働組織的合理化」の展開とその特徴 ……………………361
　　1　テイラー・システム，レファ・システムの導入と労働組織の変革 ………361
　　2　フォード・システムとそのドイツ的展開 ………………………364

第8章　合理化の労働者におよぼす影響 ………………………387

第1節　「消極的合理化」の労働者におよぼす影響 …………………387
第2節　「技術的合理化」の労働者におよぼす影響 …………………389

4 目次

第3節 「労働組織的合理化」の労働者におよぼす影響 ………………… 393
1　レファ・システムの労働者におよぼす影響 …………………………… 393
2　フォード・システムの労働者におよぼす影響 ………………………… 398

第4節 合理化の展開と労働者の状態 ……………………………………… 403
1　就業構造の変化 …………………………………………………………… 403
2　労働時間と賃金の動向 …………………………………………………… 407
3　労働災害・疾病の増加 …………………………………………………… 412

第5節 合理化に対する労働組合の態度 …………………………………… 417
1　合理化運動に対する労働組合の立場 …………………………………… 417
2　合理化諸方策に対する労働組合の態度 ………………………………… 418

結章　ドイツ合理化運動の歴史的性格と意義 ……………………………… 427

第1節　合理化の展開と企業経営の発展 …………………………………… 427
第2節　ドイツ合理化運動の帰結 …………………………………………… 433
第3節　ドイツ合理化運動と現代の合理化 ………………………………… 439
1　企業における合理化と合理化運動 ……………………………………… 439
2　合理化運動への国家のかかわりとその特徴 …………………………… 441
3　現代の合理化とドイツ合理化運動の歴史的位置 ……………………… 447

図表目次

【図】

図2—1	レファ協会による教育コースの設置数，開催地数および参加者数の推移	77
図3—1	合同製鋼の新規設備の承認額，支出額および減価償却額の推移	119
図4—1	1931年のIGファルベンの組織図	240
図5—1	ジーメンス・シュッケルトの電気掃除器製造工場のレイアウト	282
図5—2	AEGのラジオ製造工場のレイアウト	287
図5—3	AEGのラジオ製造工場における床板の流れ生産	287
図5—4	ジーメンス・シュッケルトの小型製品製造工場における仕掛品の搬送経路	290
図5—5	1925年末のオスラムにおける白熱球生産の図解	295
図5—6	1920—35年の電機工業における流れ作業およびコンベア作業の普及	297
図6—1	自動車エンジンのシリンダーの機械加工工程における流れ生産のレイアウト	331
図8—1	1924年から29年までの卸売価格の推移	409

【表】

表1—1	1913年と25年の主要各国の電機工業の生産および輸出	22
表2—1	主要産業部門における資本金100万RM以上・取引所上場の株式会社の設備投資の推移	42
表2—2	主要産業部門における資本金100万RM以上・取引所上場の株式会社の新規設備投資の年度別分布率	43
表2—3	主要産業部門における合理化諸方策の展開	56
表2—4	1927年のドイツ産業における賃金支払システムと労働者へのその影響	76
表2—5	1930年の主要産業部門における流れ作業とコンベア作業の普及率	88
表3—1	炭鉱業における経営数および就業者数の推移	108
表3—2	高炉部門の経営数，高炉数および操業率の推移	109
表3—3	製鋼部門の経営数および各製鋼炉数の推移	110
表3—4	圧延部門の経営数および就業者数の推移	110
表3—5	合同製鋼の固定設備の増加額と減価償却額の推移	116
表3—6	重工業の資本金100万RM以上・取引所上場の株式会社における減価償却額の推移	118
表3—7	ルール炭鉱における機械の普及	122
表3—8	石炭炭鉱における機械化の進展	123
表3—9	ルール炭鉱の機械作業と手作業・発破作業との採掘割合の推移	124
表3—10	1913年と25年から29年までのルール炭鉱の採炭高，労働者数および職員数の推移	124
表3—11	ルール炭鉱の坑夫1人当たりの1作業方当たり平均採炭高の推移	124
表3—12	石炭炭鉱における坑内運搬の作業方法の変化	127
表3—13	オーバー・シュレェジェン西部の炭鉱における機械の普及	129
表3—14	ドイツ領のオーバー・シュレェジェン地域における就業者1人当たりの1作業方当たり採炭高の推移	129
表3—15	プロイセン炭鉱における機械の普及	130
表3—16	主要各国の労働者1人当たりの1作業方当たり採炭高の推移	131
表3—17	褐炭炭鉱（露天堀り経営）における機械化の進展	134

表3−18	褐炭業における企業数，就業者数，採炭高および就業者1人当たりの採炭高の推移	*135*
表3−19	褐炭炭鉱における地域別の労働者1人当たりの採炭高の推移	*135*
表3−20	1924年から29年までの鉄鋼業における労働者数，生産高および労働者1人当たりの年間生産高の推移	*149*
表3−21	炭鉱のコークス工場におけるコークス炉数およびコークス生産高の推移	*155*
表3−22	炭鉱業における化学副産物の産出高の推移	*158*
表3−23	1913年，25年および33年のコークス工場におけるコークスと副産物の生産	*159*
表3−24	合同製鋼の製鋼工場の能力利用度の推移	*162*
表4−1	化学工業における経営数および常勤労働者数の推移	*184*
表4−2	1925年の化学工業における就業者規模別経営数，就業者数および設置動力数	*184*
表4−3	IGファルベンの固定設備額と減価償却額の推移	*190*
表4−4	1925年から32年までのIGファルベンにおける設備投資の事業分野別割合の推移	*191*
表4−5	1926年から33年までのIGファルベンの研究開発投資の推移	*199*
表4−6	IGファルベンの研究開発投資の事業部別割合	*200*
表4−7	1930年から45年までのIGファルベンの中央委員会の構成メンバー	*238*
表5−1	AEGの固定設備の増加額と減価償却額の推移	*257*
表5−2	ジーメンスにおける建物および機械・工具への投資額の推移	*257*
表5−3	ジーメンス&ハルスケおよびジーメンス・シュッケルトの減価償却額の推移	*260*
表6−1	ダイムラー・ベンツの固定設備額と減価償却額の推移	*311*
表6−2	自動車エンジンのシリンダーの機械加工工程における作業の流れ	*332*
表7−1	機械製造業の生産額，生産能力およびその利用度の推移	*352*
表7−2	主要各国の機械の生産の推移	*352*
表7−3	M.A.N.の設備の増加額と減価償却額の推移	*355*

8　図表目次

表8－1	主要産業部門における合理化の労働者におよぼした影響	388
表8－2	1926年から30年までの主要産業部門における就業者数および就業時間数の推移	404
表8－3	1924年から30年までの工業生産の推移	405
表8－4	1924年から30年までの労働者1人・1時間当たり労働給付の推移	405
表8－5	1924年から30年までの失業率の推移	405
表8－6	8時間労働日の実施状況	407
表8－7	1925年から29年までの協定時間賃金および協定週賃金の推移	408
表8－8	1924年から30年までの実質賃金の推移	409
表8－9	1923年から29年までの主要各国における工業製品の御売価格の推移	410
表8－10	就業者の所得階層の分布（1928年の週賃金）	410
表8－11	1924年から30年までのルール炭鉱における賃金の推移	411
表8－12	1925年から30年までの金属労働者の賃金の推移	411
表8－13	1924年から30年までの化学工業の協定賃金の推移	411
表8－14	ドイツ工業における症状別の労働災害件数の推移	412
表8－15	ドイツ工業における疾病件数および疾病日数の推移	413
表8－16	1924年から27年までの石炭炭鉱における労働災害件数の推移	414
表8－17	オーバー・シュレェジェン地域の石炭炭鉱における労働災害の発生状況	414
表8－18	石炭炭鉱における労働者の健康状態におよぼした「技術的合理化」の影響	415
表8－19	ライン・ヴェストファーレン地域の石炭炭鉱における症状別の疾病件数の推移	416
表8－20	鉄鋼業における労働災害件数および疾病日数の推移	416

序章　ドイツ合理化運動の研究課題と分析視角

第1節　ドイツ合理化運動の研究課題

　本書は第1次大戦後の資本主義の相対的安定期と呼ばれる1920年代後半の時期におけるドイツの合理化運動を研究対象としている。ここではまず本書における研究課題を明らかにし、それをふまえて、合理化問題の分析視角について明らかにしておくことにしよう。

　もとより資本主義企業の発展は、資本主義的生産の諸方法・諸形態の発展を基礎にしており、そこでは、労働時間の延長とともに、労働生産性の向上、労働強度の増大をはかるための諸方策が重要な役割を果すことになる。そのような労働生産力の増大のための代表的な方法である技術的発展による諸成果の利用、生産の組織化のための諸方法の導入は、それ自体生産の合理化のための諸方法であり、その意味では、資本主義企業は、合理化を繰り返し推し進めながら発展してきたといえる。しかし、このような個別企業レベルにおける合理化が全産業的・全国民的次元で問題とされ、ひとつの国民運動として「合理化運動」の名のもとに歴史の舞台に登場するようになったのは、1920年代のドイツにおいてであった。「一九二五年、ドイツ工業全国同盟（資本家の経済団体）が、第一次大戦後の混乱した疲弊したドイツ資本主義をたてなおすには、労資一体となって『合理化』運動をすすめなければならない、と提唱したのが『合理化』が本格的に運動化された最初である」。そして、「この提唱を、当時のドイツの労働運動の主流が協調的に受け入れ、これをきっかけにして第一次大戦後の『合理化』は、アメリカをはじめ主要な資本主義国にひろがっていった[1]」のであった。こうして、第1次大戦後、ドイツをはじめとする主要な資

本主義国において合理化運動が展開されることになった。

なかでも，合理化運動の母国となったドイツでは，戦後の革命・インフレーション期を経たのち，1924年から29年までの相対的安定期に，比較的短期間ながら，過去のどの時期よりも，また当時のどの資本主義国よりも，集中的に，かつ強力に合理化運動が展開された(2)。それは弱体化したドイツ資本主義，ドイツ独占企業の復活・発展のための過程でもあったが，そこでは，国家の援助のもとに，また労資協調路線の定着のもとに，合理化が初めてひとつの「国民運動」として取り組まれたのであり，それまでの合理化とは質的に異なる特徴をもつことになったといえる。すなわち，この時期の合理化においては，「たんに産業レベル，企業レベルの合理化だけでなく，むしろ国民経済レベルの合理化が提唱され，国家の全面的支援と労働者階級の主流をなす右翼社会民主主義の諸勢力との階級的協調のもとで，文字通り『ひとつの国民運動』として展開され」たのであった。

しかし，そのために，これまでの研究においては，「歴史的画期をなす一大合理化運動として，その運動的側面が大きく取り上げられ，具体的な合理化過程そのものについては，あまり深い分析がなされず，結果的には，合理化運動およびその諸『成果』が過大に評価される傾向をもっていたのではないか(3)」とも考えられる。この時期の合理化運動に関する研究の状況について，R．ファーレンカンプは1981年に，それまでのドイツ合理化運動の研究について，「歴史的研究における大きな空白」がみられ(4)，とくに「合理化の展開についての研究成果が不足している」として，研究上の問題点を指摘している。その理由のひとつとして，合理化が実際にどの程度広く，またどのような形態で行われたか，またどのような効果を経営において，また労働者にもたらしたかについての資料はほんのわずかしか存在していないこと，しかもそのいずれもが系統性を欠いていることがあげられている(5)。もちろん，この時期の合理化運動をテーマとした当時の外国文献は数多くみられるが，その展開過程の具体的な考察を行ったものは比較的少なく，ドイツにおいても，合理化運動の展開過程は十分に明らかにされているとはいえず，それゆえ，その実態についても十分な解明がなされているとは必ずしもいえない。近年，いくつかの重要な研究成果が発表されてきており，その代表的なものとしては，T. v. フライベル

ク，H．ホムブルク，G．シュトルベルク，C．クラインシュミット，H．ヴッペル-トイエス，D．シュミット，V．ヴィトケ，E．シェック，V．トリーバとU．メントルップ，J．ベェニヒ，P．ヒンリクスとL．ペーター，M．シュタールマン，F．リッペルト，P．ボルシャイト，J-H．ペータースの研究などをあげることができる[6]。しかし，フライベルクの研究は機械製造業と電機工業を，ホムブルク，ヴッペル-トイエス，シュミット，ヴィトケの研究は電機工業を対象としたものであり，またクラインシュミットの場合は鉄鋼業を，シュタールマンの場合には自動車工業を，リッペルトの場合には主にトラックを中心に自動車部門を，ペータースの場合にはライヒスバーン（鉄道業）を対象としているなど，そのほとんどが個別産業の合理化過程を扱ったものである。また多くの産業部門の比較を行っているベェニヒの研究をみてもそれは流れ作業の導入という特定の合理化方策に重点がおかれている。このように，いずれの研究においても，この時期のドイツ合理化運動の具体的な展開過程について，当時の主要な基幹産業部門を取り上げて考察を行ったものも，またそこで展開された主要な合理化方策を十分に取り上げて考察したものも少なく，包括的な研究の成果が十分にみられるとはいえない。その意味では，R．A．ブレイディの研究は当時の主要産業部門を取り上げた包括的な研究であるが，それは1933年時点のものであり，このテーマに関するその後の研究成果を取り入れたものとはなりえない時代的制約をもっている[7]。

この時期の合理化運動をみる場合，それは，石炭，鉄鋼，化学，電機といった主要産業部門において最も強力かつ集中的に推し進められたが，すでに前川恭一・山崎敏夫の研究[8]や吉田和夫氏の研究[9]においても明らかなように，これらの産業部門間でも合理化過程，そのあり方は大きく異なっている。また労働手段の供給をとおしてこれらの諸部門の合理化にも大きな影響をもたらすことになった機械製造業や，関連する産業諸部門における需要拡大をとおして多くの他の産業にも大きな影響をおよぼすという点からも非常に重要な意味をもち，本来大量生産体制への移行においても主導的な役割を果しうる自動車工業の合理化の展開も合理化運動のなかで重要な位置を占めていたといえる。それゆえ，これらの諸部門をも含めた当時の主要産業部門における合理化の展開過程の具体的考察を行うなかで，合理化運動の実態を総合的に把握し，合理化

運動の全体構造を明らかにした上で，それをふまえて，合理化運動の歴史的特徴と意義を明らかにすることが必要かつ重要となってくるであろう。またこの時期に合理化が取り組まれた具体的な方法をみた場合，合理化運動の初期にみられた企業集中をテコにした産業の合理化と再編成，その後に本格的な展開をみる個別企業レベルの合理化としては生産技術の発展による合理化，すなわち「技術的合理化」とテイラー・システムやフォード・システムといったアメリカ的管理方式の導入による労働組織の合理化，すなわち「労働組織的合理化」が主要な方策をなしており，それゆえ，どのような合理化方策が実際にどの程度取り組まれたか，またどのように取り組まれたのか，その「成果」と役割・意義について，産業間の比較をとおして明らかにしていくことが重要となる(10)。またそのさい，「労資協調」路線のもとに推し進められた合理化が労働者にどのような諸影響をおよぼすことになったか，また合理化過程において生産関係にどのような諸変化がみられたのかといった問題についても検討されねばならないであろう。すなわち，「労資協調」のもとでの合理化の推進という場合にも，実際に実施される合理化諸方策によって労働者，労働組合側の対応も異なっており，それによって企業側の実施の仕方も変わってくるのであり(11)，合理化の労働者，労働組合におよぼす影響を個別的，具体的にみていくことが重要となる。

　それゆえ，本書では，1920年代のドイツにおける合理化運動の具体的な展開過程を主要産業間の比較をとおして明らかにし，それをふまえて，その歴史的性格と意義を明らかにすることを目的としている。なおそのさい，「産業部門別，トラスト別あるいは地域別の合理化実態について，また合理化の労働者におよぼす影響について，具体的な事実関係を取り出し」，またそのなかで，ドイツの産業構造全体に占めるそれぞれの事実関係の位置づけ行うことによって，考察をすすめていくことが重要となる(12)。

　そこで，つぎに，本書全体をとおして明らかにすべき主要課題について具体的に示しておくおくことにしよう。

　まずひとつには，この時期の合理化運動がドイツ独占企業の復活・発展において，またドイツ資本主義の復活・発展において果した役割，意義を明らかにすることである。そこでは，合理化が展開されるなかで生産力の発展において

どのような変化がもたらされたか，また他の資本主義国やドイツの過去の時期と比べてそれはどのような特徴をもっていたかという点についてもあわせて検討することが重要な問題となろう。すなわち，この時期のドイツの合理化運動がどのような目的をもって推し進められ，どのような「成果」，帰結をもたらしたか，といった点を解明するなかで，合理化運動の意義を明らかにすることが重要となる。

　またいまひとつは，この時期の合理化過程においてどのような経営方式の発展がみられたかという問題である。上述したように，この時期の合理化は，企業集中による産業の合理化，企業レベルにおける「技術的合理化」および「労働組織的合理化」を中心に取り組まれたが，そのような合理化諸方策の展開は経営方式の発展をもたらす直接的な契機にもなっており，合理化過程においてこの面でどのような変化がもたらされたか，それはドイツの企業経営の発展史のなかでどのように位置づけられるかという点である。もとより，企業経営の発展は，各国の資本主義発展の諸特質に規定されて，基本的に共通する一般的な傾向とともに，独自的な展開をみるが，このことは経営学誕生の母国であるアメリカとドイツをみてもいえるのであり，それゆえ，そこでの考察においては，その国の資本主義の発展過程にそくして企業経営の諸問題をみていくことが重要となる。もとより，企業の行う経営の諸方策は，資本主義の発展段階にしたがって，そこに作用する諸経済法則に基づいて必然的に変化せざるをえず，資本主義の客観的諸条件の変化に適応せざるをえないのであり，それゆえ，企業経営の発展過程の考察は，ドイツ資本主義のおかれている，各時期における歴史的，特殊的，具体的諸条件のもとで，つねにそれとの関連において行うことが重要である。すなわち，そのときどきの資本主義の世界史的諸条件のもとで，またドイツ資本主義の矛盾の深化のなかで，それに適応して利潤を増大させるためにどのような企業経営の解決すべき問題が発生したのか，そのなかで経営の方式やシステムがどのように変化せざるをえなかったか，といった点を明らかにしていくことが重要となる。1920代の合理化過程において取り組まれた経営方式の変革の試みはドイツの最大の競争相手であるアメリカに対するそれまでの企業経営の立ち遅れを克服せんとするものでもあり，それゆえ，このような視点からこの時期のドイツの経営方式の発展をアメリカとの比較の

なかで検討し，その意義を明らかにしていくことが重要となる[13]。

さらに，国家の援助のもとに，また「労資協調」路線のもとに労働者階級・労働組合をも巻き込んで，ひとつの「国民運動」として全産業的・全国民的次元において推し進められたこの時期の合理化運動が現代の合理化，すなわち第2次大戦後の国家独占資本主義階段における合理化・合理化運動とどのようなかかわりをもつかという点である。すなわち，そこにはどのような共通点と相違点がみられるか，また現代の合理化とのかかわりで1920年代のドイツ合理化運動はどのように歴史的位置づけがなされるべきであるかという点である。この点に関しては，合理化運動の具体的な展開過程，そのあり方だけでなく，合理化運動への国家のかかわり，それが果した役割という点からの検討がとくに重要となってくる。

本書では，第1次大戦後の相対的安定期における合理化運動の全体構造を明らかにした上で，これらの諸問題を検討することによって，この時期のドイツ合理化運動の歴史的性格と意義を明らかにすることを主要な課題としている。

第2節　合理化問題の分析視角

1　時期別比較視点

つぎにこの時期のドイツにおける合理化運動を考察する上での分析視角について明らかにしておくことにしよう。この点に関してまず第一にいえることは，それぞれの時期の合理化運動の展開過程，その性格と意義は当時のドイツ資本主義，ドイツ独占企業のおかれていた歴史的・特殊的・具体的条件によって強く規定されており，それゆえ，合理化問題の考察はそのような歴史的・特殊的・具体的諸条件との関連のもとで行われなければならないということである。そのさい，「資本主義的合理化の特徴的諸傾向をみるうえで，それらを基本的に規定している世界史的条件のもとで，またそのもとにおける国民経済的諸要因の作用との関連において，考察することが重要[14]」となる。当時のドイツ資本主義，ドイツ独占企業のおかれていた歴史的，特殊的諸条件によって合理化運動のあり方・性格が規定されたのであり，また逆に合理化運動のあり方，性格がドイツ独占企業の復活・発展，またドイツ資本主義の復活・発展と

も深いかかわりをもつことになったのであり，合理化運動の考察においては，各時期のドイツ資本主義，ドイツ独占企業の直面していた歴史的情勢との関連でみていくことが必要である。すなわち，「『合理化』の目的・実施方法，その社会的結果をいっそう具体的に理解するためには，独占資本主義の直面していた歴史情勢，彼らがみずから生みだした深刻な矛盾とその解決の歴史的方向について明らかにすることが必要である[15]」。

ドイツにおいて合理化運動が最初に展開された1920年代の時期は，自由競争が支配する資本主義から独占資本の支配する独占資本主義にすでに移行した後の時代であるが，「合理化は，資本主義経済が独占資本主義の段階に到達した時代に，独占資本の要求として生まれたものであり，生産をいかに合理化するかということは，単なる，『抽象的』な，技術問題ではなく，生産に対する独占資本の目的，独占資本のおかれている客観的な諸条件などによって，その性格と内容がきまる具体的な問題である[16]」。独占資本主義の時代には，独占資本は平均利潤ではなく独占的高利潤の獲得を追求するのであり，この独占的高利潤の追求が資本主義の発展の推進力となるが，「この独占的高利潤へのたえざる衝動こそ，独占資本主義の時代に資本の『合理化』運動が提起されてきた経済的基礎[17]」でもある。それゆえ，この時代の「資本主義的合理化の本質を規定しているのは，ただ一般的に，生産技術をいかに発展させるか，労働生産性をいかに向上させるか，というようなことではなく，独占的高利潤を獲得するために独占資本が要求している超過搾取の特別の方法[18]」である。ここで超過搾取の「特別の方法」という場合，それは「超過利潤の獲得に役立つ超過搾取の体系化された方法」を意味するといえるが，戸木田嘉久氏は，この「体系化された」という言葉には，「第一に，資本主義的合理化には，独占の強化を援助する国家の政策がつねに裏うちされており，この点を見おとして『合理化』のあれこれの形態だけに眼をうばわれてはならぬ」ということ，第二に，「その資本主義国の発展の歴史的な諸条件やそれぞれの産業や企業の具体的な条件におうじて，『合理化』の実施方法はちがってくる」という意味を含んでいるとされている[19]。

それだけに，合理化問題の考察においては，合理化が展開される諸条件の変化という点で節目をなす各時期ごとに考察を行うことが重要となってくる。例

えば合理化・合理化運動への国家のかかわり，そのあり方・特徴を明らかにするさいには，「各時期における国家独占資本主義の展開とその性格との関連において，合理化問題をみること」が必要であり，また重要である。ドイツの場合，「ドイツ資本主義の相対的安定期における国家独占資本主義的傾向の強まり，ナチス期におけるドイツ金融資本の最反動的分子を中心にした金融寡頭制と国家権力との融合である国家独占資本主義＝ヒトラー・ファシズム体制，第2次大戦後のアメリカの支配と援助のもとに復活・強化された西ドイツ国家独占資本主義など，そのもとで，各時期の合理化問題をいかにみるか，またそのなかで，国家とのかかわりを比較・検討し，その特徴を明らかに」することが必要である[20]」。

2　産業別比較視点

また合理化問題を考察するさいに重要となってくるいまひとつの視点は，合理化運動を合理化一般としてみるだけでなく，実際にどのような方法の合理化がどの程度実施され，それらがどのような役割を果したか，といった点について，合理化が推し進められた産業部門間の比較をとおして考察を行うことである。主要産業部門の合理化の方法，そのあり方の相違を明らかにすることをとおして，合理化の実態の総合的な把握を行うことが重要である。すでに指摘したように，1920年代の合理化運動をみた場合，当時合理化が最も強力かつ集中的に推し進められたのは石炭，鉄鋼，化学，電機の産業諸部門であり，またこれらの産業部門とともに，機械製造業や自動車工業においても合理化が重要な課題とされた。しかし，例えば重工業のような旧産業では合理化が断続的に，また急場しのぎのようなかたちで行われたのに対して，化学，電機，自動車のような新興産業部門では合理化は連続的に推し進められたとするG.シュトルベルクの指摘[21]にもみられるように，また当時の合理化運動が石炭・鉄鋼独占資本と化学・電機独占資本のグループの対抗関係のなかで展開され，実際には後者の優位のもとに推進されたことにもみられるように[22]，産業別比較のもとに合理化の展開過程をみていくことが必要となる。またそこで実施された合理化方策についても，例えば「技術的合理化」の推進はいずれの産業部門においても重要な意味をもち，比較的強力に取り組まれたのに対して，労働組織

の領域における合理化をみた場合，テイラー・システムやフォード・システムの導入は，鉄鋼業や化学工業では，その生産過程の特質もあり，加工組立産業の諸部門ほどには重要な意味をもつには至らず，それらの果した役割も比較的小さなものにとどまったといえる。こうした点にも，産業部門間の比較をとおして検討することの重要性が示されているといえる[23]。

3 国際比較視点

さらにこの時期のドイツの合理化運動を考察するさいのいまひとつの重要な分析視角は，当時合理化運動が展開された他の資本主義諸国との比較である。第1章でみるように，1920年代のドイツの合理化運動は，第1次大戦によってもたらされた諸結果，すなわち，ヴェルサイユ条約による国外的諸条件（植民地の喪失，領土の割譲，巨額の賠償金支払いの強制など）と，11月革命において労働者に認められた経済的譲歩によってもたらされた特殊ドイツ的ともいえる国内的諸条件のもとで展開されたが，しかもそれがアメリカの援助のもとに推し進められた。この時期の合理化運動は，ドイツ資本主義，ドイツ独占企業の復活・発展のための過程でもあったが，ドイツ独占企業の復活・発展過程の展開は，「米英仏三帝国主義の一定の内部矛盾の展開，わけても敗戦国ドイツに対するフランスの『懲罰』的政策にとってかわるに，アメリカの『許容と緩和』の政策すなわちドーズ・プランの展開（一九二四年四月）において，その促進的要因をみることができる」。これは，「それ以上のドイツ資本主義の弱化が，ヨーロッパにおける資本主義的秩序に対する危機を意味したからであり，またなによりもまず，反ソビエト政策を遂行するために，ドイツの工業的軍需力を大規模に育成するために，なされた」のであった[24]。この時期のドイツ合理化運動は，このような国際的関係のなかで展開されたのであるが，ドイツにとっての合理化の展開のための条件はとくに厳しいものであった。すなわち，「インフレーションの終熄，マルクの安定とともに，販路の困難の加重，企業の操業度の低下，世界市場の争奪戦の未曽有の激化という諸条件のもとで，国際市場における競争力の回復・強化，そのための合理化促進・資本集中が，ドイツ独占企業にとって，最大の課題となった」が，「ドイツでは，他国の諸企業にくらべて，これらの諸要求が，とくにきびしい形をとってあらわれた」。

ことに資本不足が他の国よりも顕著であったドイツに対しては高い金利が求められたのであり，それだけに資本コストの負担は重く，そこでは，外国信用の「生産的利用」が課題とされた[25]。しかし，インフレーションの昂進の結果，ドイツの国内市場は一層狭隘になっており，それだけに，輸出市場への進出がとくに重要な課題とされたが，そこでも，当時大量生産体制の確立が急速にすすんだアメリカとの厳しい競争が待ち受けており，市場の面でもドイツにとっての状況はきわめて厳しいものであったといえる。

こうしたなかで，ドイツ独占体にとっての合理化運動の目標のひとつは，それまでに労働者階級に与えられていた経済的譲歩を骨抜きにし，反故にすることであり[26]，またいまひとつの目標は，賠償金の支払いをはじめとする独占資本にふりかかる一切の負担を労働者に転嫁することであった[27]。このように，資本主義的合理化は，「動揺する資本主義体制と自己の支配権をまもるための，独占資本による経済的側面における必死の"まきかえし"運動として開始された[28]」のであるが，この時期のドイツ合理化運動は，まさにこのような目標のもとに独占資本によって推し進められた，労働者階級に対する本格的なまきかえしのための運動でもあった。それだけに，ドイツ経済の再建という一大目標のもとに，本来個別企業レベルの問題である合理化をひとつの「国民運動」にまで押し上げ，国家の関与と労資協調路線のもとに，他のどの資本主義国よりも強力かつ集中的に取り組まれたのであるが，ドイツがそのようなかたちで合理化に取り組まざるをえなかったという事情はまた合理化運動のあり方，その展開のされ方をも一面において規定することにならざるをえなかったといえる。それゆえ，この時期の合理化の問題の考察にさいしては，当時のドイツ資本主義，ドイツ独占企業のおかれていたそのような特殊的諸条件をふまえて，他の主要資本主義国との比較視点のもとにすすめることが重要であるといえる。

この点をナチス期についてみても，そこでの合理化運動はファシズム体制の経済の軍事化の推進のもとで，また戦争経済の推進のもとで，合理化過程そのものだけでなく，公共投資のあり方や統制統制，合理化推進のための労資関係面での統制や規格化・標準化の取り組みに対する国家の強制など，合理化への国家のかかわりは独自のかたちをとることになったのであり，この点は経済の

軍事化の時期や戦時期に一般的にみられる国家の関与を超えるファシズム的な介入のひとつの特徴を示すものであるといえる。その意味からも，例えばドイツとは異なるかたちの体制のもとで戦争が遂行されたアメリカなどとの比較のもとにこの時期のドイツの合理化運動を考察することが重要となってくるであろう(29)。

以上において，本書において考察すべき研究課題と分析視角について明らかにされたが，以下では，まず第1部において，1920年代の合理化運動が展開されるに至る社会経済的背景と合理化運動の具体的な展開過程について考察を行い，それをふまえて，第2部では，当時合理化が最も強力かつ集中的に推し進められた重工業，化学工業，電機工業，自動車工業，機械製造業の5つの主要産業部門を取り上げ，そこでの合理化過程について，その比較をとおして考察を行うことにする。

(1) 戸木田嘉久『現代の合理化と労働運動』，労働旬報社，1965年，58-9ページ。
(2) 前川恭一・山崎敏夫『ドイツ合理化運動の研究』，森山書店，13ページ参照。
(3) 同書，はしがき2ページ。
(4) Vgl. R. Vahrenkamp, Die "goldnen Zwanziger" —— als Deutschland die Rationalisierung entdeckte, *REFA-Nachrichten*, 34 Jg, Heft 4, 1981. 8, S. 185.
(5) Vgl. R. Vahrenkamp, Die "goldnen Zwanziger" ——wirklich die große Zeit der Rationlisierung?, *REFA-Nachrichten*, 34 Jg, Heft 5, 1981. 10, S. 245.
(6) 例えば，T. v. Freyberg, *Industrielle Rationalisierung in der Weimarer Republik. Unterschucht an Beispielen aus der Maschinenbau und der Elektroindustrie*, Frankfurt am Main, New York, 1989, H. Homburg, *Rationalisierung und Industriearbeit. Arbeitsmarkt——Management——Arbeiterschaft im Siemens-Konzern Berlin 1900-1939*, Berlin, 1991, G. Stollberg, *Die Rationaliserungsdebatte 1908-1933. Freie Gewerkschaften zwischen Mitwirkung und Gegenwehr*, Franfurt am Main, New York, 1981, J. Bönig, Technik und Rationalisierung in Deutschland zur Zeit der Weimarer Republik, U, Troitzsch, G. Wohlauf (Hrsg), *Technikgeschichte*, Frankfurt am Main, 1980, J. Bönig, Technik und Rationalisierung und Arbeitszeit in der Weimarer Republik, *Technikgeschichte*, Bd. 47, Heft 3, 1980. 6, J. Bönig, *Die Einführung von Fließbandarbeit in Deutschland bis 1933. Zur Geschichte einer Sozialinnovation*, Teil I, Teil II, Münster, Hamburg, 1993, E. C. Schock, *Arbeitslosigkeit und Rationalisierung. Die Lage der Arbeiter und die Kommunistische Gewerkschaftspolitik 1920-28*, Frankfurt am Main, New York, 1977, P. Hinrichs, L. Peter, *Industrieller Friede?. Arbeitswissenschaft und Rationalisierung*

in der Weimarer Republik, Köln, 1976, V. Trieba, U. Mentrup, *Entwicklung der Arbeitswissnschaft in Deutschland. Rationalisierungspolitik der deutschen Wirtschaft bis zum Faschismus*, München, 1983, C. Kleinschmidt, *Rationalisierung als Unternehmensstrategie. Die Eisen- und Stahlindustrie des Ruhlgebietes zwischen Jahrhundrtwende und Weltwirtschaftskrise*, Essen, 1993, M. Stahlmann, *Die Erste Revolution in der Autoindustrie. Management und Arbeitspolitik von 1900-1940*, Frankfurt am Main, New York, 1993, F Lippert, *Lastkraftwagenverkehr und Rationalisierung in der Weimarer Republik. Technische und ökonomische Aspekte fertigungsstruktureller und logistischer Wandlungen in der 1920er Jahren*, Frankfurt am Main, 1999, H. Wupper-Tewes, *Rationalisierung als Normalisierung. Betriebswissenschaft und betriebliche Leistungspolitik in der Weimarer Republik*, Münster, 1995, D. Schmidt, *Weder Ford noch Taylor. Zu Rhetorik und Praxis der Rationalisierung in den zwanziger Jahren am Beispiel dreier Siemens-Werke*, Bremen, 1993, V. Wittke, *Wie entstand industrielle Massenproduktion?. Die diskontinuierliche Entwicklung der deutschen Elektroindustrie von den Anfängen der "großen Industrie" bis zur Entfaltung des Fordismus (1880-1975)*, Berlin, 1996, P. Borscheid, Die Tempomacher. Die Rationalisierungsbewegung und die Beschleunigung des Lebens in den Weimarer Jahren, *Zeitschrift für Unternehmersgeschichte*, 41 Jg, Heft 2, 1996, J-H, Peters, *Personalpolitik und Rationalisierungsbestrebungen der Deutschen Reichsbahn-Gesellschaft zwischen 1924 bis 1929*, Frankfurt am Main, 1996などをあげることができる。またT. Siegel, T. v. Freyberg, *Industrielle Rationalisierung unter dem Nationalsozialismus*, Frankfurt am Main, New York, 1991はナチス期の電機工業と機械製造業の合理化を考察した研究であるが、そこでは、ヴァイマル期の合理化の展開をふまえて考察が行われている。

(7) R. A. Brady, *The Rationalization Movement in German Industry. A Study in the Evolution of Economic Planning*, Barkeley, California, 1933.
(8) 前川・山崎、前掲書を参照。
(9) 吉田和夫『ドイツ合理化運動論——ドイツ独占資本とワイマル体制——』、ミネルヴァ書房、1976年を参照。
(10) この点についてはわが国の研究についてもいえる。例えば安保哲夫氏によるこの時期のドイツ合理化運動に関する諸研究の整理をみても、また加藤國彦氏の整理をみても、そこで取り上げられている研究はこの時期に合理化が最も強力かつ集中的に取り組まれた主要産業部門を取り上げて包括的に考察したものはみられず、合理化運動の全体構造とそこでの具体的な合理化の展開過程の十分な解明がなされない状況のもとに当時の合理化運動の評価がなされているという問題点がみられる。例えば安保哲夫「資本輸出分析ノート(二) 相対的安定期ドイツの産業合理化とアメリカの資本輸出——わが国における研究の紹介とコメント——」『社会労働研究』(法政大学)、第17巻第3・4号、1971年3月、同『戦間期アメリカの対外投資 金融・産業の国際化過程』、東京大学出版会、1984年、170ページおよび加藤國彦『一九三一年ドイツ金融恐慌』、お茶の水書房、1996年、序章を参照。

(11) この点については，本書第2章および第9章を参照。
(12) このような考察の重要性については，前川・山崎，前掲書，4ページ参照。
(13) このような分析視角については，拙書『ドイツ企業管理史研究』，森山書店，1997年，序論，前川恭一『現代企業研究の基礎』，森山書店，1993年，第8章，上林貞治郎・栗田真造・井上忠勝・笹川儀三郎『経営史の研究』，ミネルヴァ書房，1969年，第3章を参照。
(14) 前川・山崎，前掲書，はしがき1ページ。
(15) 堀江正規『資本主義的合理化』（堀江正規著作集 第4巻），大月書店，1977年，193ページ。
(16) 同書，180-1ページ。
(17) 戸木田，前掲書，89ページ。
(18) 堀江，前掲書，188-9ページ
(19) 戸木田，前掲書，65-6ページ。
(20) 前川・山崎，前掲書，249-50ページ。
(21) Vgl. G. Stollberg, *a. a. O.*, S. 64.
(22) 吉田，前掲書，121ページおよび183-4ページ参照。
(23) このような分析視角の重要性はその後のナチス期についても妥当する。この時期には，合理化運動が経済の軍事化と戦争経済の推進という条件のもとで取り組まれたという事情から軍需関連の産業部門の合理化の推進が最大の課題とされたこと，またそれだけに，これらの産業に対しては国家の関与・援助が強められたことからも明らかなように，軍需産業と非軍需産業との間や，生産財産業と消費財産業との間でも合理化の展開のための条件は大きく異なっており，合理化のあり方も大きく異なる結果となったのである。ナチス期の合理化運動の展開については，拙書『ナチス期ドイツ合理化運動の展開』，森山書店，2001年を参照。
(24) 前川恭一『ドイツ独占企業の発展過程』，ミネルヴァ書房，1970年，1-2ページ。
(25) 同書，14-6ページ，前川，前掲『現代企業研究の基礎』，189ページ。
(26) 前川・山崎，前掲書，16ページ。
(27) 吉田，前掲書，27ページ，184-5ページ参照。
(28) 戸木田，前掲書，98ページ。
(29) とはいえ，本書では，ドイツにおける合理化運動を主たる研究対象としているという事情から，アメリカのそれとの比較を全面的に行うというかたちにはなっていない。それゆえ，本書での考察においては，そのような国際比較視点の重要性をふまえて，つねにアメリカとの対比を念頭においてすすめている。

第1部　ドイツ合理化運動の展開過程

第1章　ドイツ合理化運動の社会経済的背景

　序章での考察をふまえて，本章では，1920年代の合理化運動の社会経済的背景についてみていくことにする。本来個別企業レベルの問題である合理化が第1次大戦後の混乱・インフレーション期を経た資本主義の相対的安定期のドイツにおいて，国民経済の再建という課題を担ったいわばひとつの「国民運動」として，国家の関与のもとに，また労働者・労働組合の協力＝労資協調路線のもとに組織的に取り組まれるに至る社会経済的背景をおさえ，合理化の推進を規定した諸要因を明らかにすることがここでの課題となる。

第1節　第1次大戦後の世界の変化とヴェルサイユ条約の影響

　まず1920年代の合理化運動の展開を規定した国外的条件をみると，それには，資本主義をめぐる第1次大戦後の世界的条件の変化とヴェルサイユ条約によってもたらされたドイツ資本主義，ドイツ独占企業をめぐる条件の変化をあげることができる。第1次大戦後のドイツ資本主義の危機は，敗戦・ヴェルサイユ条約による植民地の喪失，領土の割譲，巨額の賠償金支払の強制，革命情勢の激化，インフレーションの昂進などによって深まり，ルール占領によってその頂点に達した。そうしたなかで，社会主義国ソビエトの誕生という大きな変化のもとで，それ以上のドイツ資本主義の弱体化は，ヨーロッパにおける資本主義的秩序に対する危機を意味したのであり，ドイツ資本主義の崩壊の危機を回避し，ヨーロッパにおける資本主義的秩序を維持することが，先進資本主義国にとって，わけても第1次大戦後イギリスにかわって資本主義体制の主導的地位を確立したアメリカにとって，最も重要な問題のひとつとなった。

第1次大戦の結果もたらされた経済的破綻からのドイツの復興を助けることは、アメリカにとっては、ヨーロッパにおける資本主義的秩序を維持し、反ソビエト政策を遂行するという目標だけでなく、イギリス、フランスに対する戦時債権の回収の問題とも密接な関係をもっていた。すなわち、アメリカは、イギリスおよびフランスに対する戦時債権の回収の鍵をドイツの賠償金支払に求め、ドイツがこれらの戦勝国に支払う賠償金の一部から戦時債権の回収を行うことを意図したのであり、そのためには、何よりもドイツ資本主義の復活・発展をはかることが条件となった。このドイツ資本主義の復活・発展の基礎を与えたものが1924年4月のドーズ・プランであった。「アメリカ金融資本の主導のもとに遂行されたドーズ・プランは、ドイツの資本主義的基礎そのものの破壊を阻止せんとするものであったが、このことは、アメリカの側からいえば、ヨーロッパへの、とくにドイツへの資本輸出のための水路をひらかんとするアメリカ金融資本の積極的意図に基づいていた。すなわち、一九二四年のマルクの安定とともに、賠償金支払を容易ならしめるために、八億ライヒスマルクの外債が、ドイツにあたえられ、このドーズ外債の募集を契機に、外国資本わけてもアメリカ資本が、ドイツに流入してきたのである」。そのさい、ドイツは資本不足ゆえに高い利子支払を保証することが必要とされたのであり、高い利子支払を求めて大量の外資がドイツに流入することになった[1]。

まさに、「『ドーズ案』の意図は明らかに戦後のアメリカ独占資本の対社会主義的な海外政策の一環として、ドイツ独占資本を発展させ、そこから莫大な利潤の分け前を獲得すると同時に、賠償支払を通じて連合国の対米戦債問題を有利に解決することにあった[2]」。しかし、そのことは、賠償不履行の場合には、国際信用の失墜とともに外資導入の停滞をもたらし、多額の外資を必要とする場合には、賠償を忠実に履行しなければならないという困難な問題となって現れたのである[3]。ドイツの独占企業は、そのようなアメリカ金融資本の強力な資本援助をテコにして合理化と資本集中を推し進めることになる[4]。なおそのさい、注意しておくべき重要な点は、例えば合同製鋼の事例にみられるように、経営の合理化の推進がアメリカの借款の獲得のための前提条件にもなっており[5]、このような信用供与の問題をとおして、この時期のドイツにおける合理化がアメリカを中心とする国際的な金融資本の組織的な結びつきのなかで推

し進められたということである。

　こうして、戦後の賠償問題は相対的安定期の合理化運動の推進を条件づけるひとつの要因となったが、また他方で、イギリス、フランスに対するアメリカの戦時債権の回収問題ともかかわって、ドーズ・プランの実施のためのひとつの条件（インフレーションの終息、マルクの安定とともに）をつくりだすことになり、合理化運動の展開の条件を整備することにもなったといえる。

　このような賠償問題とともにこの時期の合理化運動の展開を規定したいまひとつの重要な条件は、領土の割譲によってもたらされた損失であった。例えば、R．ヴァーゲンフュールによれば、領土の割譲によって、ドイツは全体で約77万ヶ所もの工業の事業所を失っており、それは1913年の工業の総生産額の約10分の1に相当し、生産財産業ではその生産能力の約11％、消費財産業では約6.5％を失ったとされている[6]。しかし、産業部門によって被害の程度は大きく異なっており、その意味では、合理化の出発条件にも相違がみられたといえる。それゆえ、ここで、領土の割譲による損失とそれにともなう合理化の必要性について、主要産業部門を取り上げて簡単にみておくことにしよう。

　消費財産業に比べ領土の割譲による損失が大きかった生産財産業のなかでも、**重工業**にとっては、それはとくに深刻なものであった。ドイツはヴェルサイユ条約による領土の割譲によって、鉱石採掘量の79.9％、銑鉄生産の43.5％、溶製鋼生産の35.8％、圧延工場生産の32.4％を失ったとされており[7]、しかも割譲された地域において建てられていた製鉄工場および製鋼工場は、ドイツで最も新しく、最良でかつ最も近代的な工場であったとされている[8]。ことに「ドイツの重工業にとって重大な意味を持ったのは、それまでひとつのまとまりをもって生産されていた工業地域の分業関係が、領土の割譲によって分断されたことである。例えば、ロートリンゲンのフランスへの割譲によって、トーマス製鋼法に適した含燐性のミネット鉱を持ち、銑鉄生産と半製品の生産を行っていたロートリンゲンと、石炭基盤を持ち、しっかりした精錬設備と加工設備を持ったライン＝ヴェストファーレンとの間の分業関係は打ち砕かれた。またオーベル・シュレェジェン地域でも、その領土の一部がポーランド、チェコスロヴァキアに割譲されたことにより、それまで統一的に管理されていた工場間の分業関係はばらばらにされた[9]」。こうして、領土の割譲に

よって必要な分業関係が引き裂かれ，また個々の生産段階の生産能力の不均衡が生み出されたのであるが，このような不均衡がドイツの製鉄生産全体よりもはるかに強力に個々の当該企業を見舞わざるをえなければえないほど，その影響はひどいものであった，とされている[10]。このような状況に直面して，インフレーション期には主として原料確保を目的として，企業集中が垂直的結合の形態をとって行われ，また他方では，含燐性のミネット鉱にかえて屑鉄を原料として利用することができる平炉法の利用にむしろ重点がおかれることになるが，相対的安定期には，それまでの均衡を失った産業組織の徹底的な再編成をはかることが必要となり，そのために，企業集中による産業の合理化と再編成が推し進められることになる。

また**化学工業**をみると，ドイツの化学工業も戦争によって重要な国外の市場および資産の喪失という大きな打撃を受けたといえる。1914年以前にはドイツの最善の顧客であったが4年の戦争の間にその供給源を断たれた多くの諸国における化学工業の生産のより急速な発展によって，ドイツ化学工業の地位は低下した。アメリカ，イギリスおよびフランスの化学工業の発展における特殊な，また非常に重要な要因は，戦時中のドイツの特許の没収およびこれらの国々の化学工業によるその取得であった。ドイツ化学工業の地位の低下はとくに染料部門において顕著であり，例えば世界のアニリン染料の生産に占めるドイツの割合は，1913年には80％以上であったものが24年には46％に大きく低下している[11]。染料を主要製品とするドイツ化学工業にとっては，戦後における染料生産の落ち込みと諸外国の染料生産の増大によって，世界の染料生産に占めるドイツの割合が著しく低下したことは大きな痛手であった。そうしたなかで，染料生産の領域における過剰な生産能力を整理すること，また新しい生産領域を見い出し，それを急速に拡大することが，ドイツ化学工業にとっての最大の課題となり，そのことが1925年の企業合同の主たる要因のひとつとなった[12]。そのような状況のもとで，化学工業における合理化は，旧部門，とりわけ染料部門における過剰生産能力の整理と製品別生産の集中・専門化の推進，および経営の多角化による事業構造の再編成の推進を柱としていた。このように，この産業部門においても，戦争および敗戦による経営環境の大きな変化が，その後の企業集中と合理化の推進を規定する要因となったのである。

さらに**電機工業**をみると，この産業部門は，立地の上では，ケルン，フランクフルト，マンハイム，シュトットガルト，ニュールンベルクおよびベルリンの少数の大都市に高度に集中しており，なかでも，ベルリンはこの産業部門の全就業者の50

%以上を占めていた[13]。電機工業は重工業ほどには戦争および敗戦によって大きな被害を受けることはなかったといえるが、戦後の海外資産の没収や外国の電機工業の発展によって少なからず打撃を受けており、世界の生産高に占めるドイツの割合は大きく低下した。すなわち、アメリカの割合は1913年の28.9%から25年には48.1%に大きく上昇しているが、ドイツのそれは34.9%から23.3%に低下している。また輸出をみても、アメリカの輸出額は1913年の1億1,240万マルクから25年には3億5,320万マルクへと3倍以上に増大しており、イギリスのそれも1億5,620万マルクから3億5,220万マルクへと2倍以上に増大しているのに対して、ドイツの輸出額は13年には3億3,060万マルクとなっており、圧倒的に大きな割合を占めていたが、25年の輸出額は3億5,650万マルクとなっており、ほとんど増大していない（表1-1参照）。そのような状況のもとで、輸出依存度の高いドイツの独占的大企業は、生産コストを引き下げ、輸出競争力を強化することが緊急の課題となり、そのための手段として合理化を推し進めることが急務となったのである。ことにこの産業部門は、アメリカではフォード・システムによる大量生産体制の確立がこの時期に急速にすすんでおり、それだけに、アメリカとの競争を推し進める上でも合理化の強力な推進が重要な課題となったといえる。このように、電機工業においても、重工業ほどには領土の割譲によって決定的な打撃を受けることはなかったとはいえ、戦争および敗戦によってもたらされた諸結果、それにともなう大きな経営環境の変化が、相対的安定期における合理化の本格的な展開を規定する重要な要因のひとつになったといえる。

つぎに、第1次大戦後のこのような厳しい条件のもとで、ドイツの工業生産がどのように推移したかを簡単にみておくと、1919年のそれは13年の38%の水準にまで低下した後、22年までは増加の一途をたどり、13年の71%の水準にまで回復したが、23年には13年のわずか47%の水準にまで再び大きく落ち込んでいる[14]。これに対して、アメリカの工業生産高は同期間に41.4%の増大をみており[15]、その結果、世界の工業生産に占めるアメリカの割合は1913年の36%から23年には49%に上昇したのに対して、ドイツのそれは16%から8%に大きく低下している[16]。工業生産を生産財と消費財とに分けてみると、戦後直後の1919年には、消費財の生産高は13年の52.6%の水準に低下したのに対して

表1-1 1913年と25年の主要各国の電機工業の生産および輸出

国名	1913年				1925年			
	生産額 (100万M)	世界の総生産額に占める割合(%)	輸出額 (100万M)	生産額に占める輸出額の割合(%)	生産額 (100万M)	世界の総生産額に占める割合(%)	輸出額 (100万M)	生産額に占める輸出額の割合(%)
ドイツ	1,300	34.9	330.6	25.4	2,100	23.3	356.5	17.0
アメリカ	1,078	28.9	112.4	10.4	4,330	48.1	353.2	8.2
イギリス	600	16.0	156.2	26.0	1,037	11.5	352.2	34.0
他の諸国	756	20.2	89.6	11.9	1,527	17.1	241.3	15.8
合計	3,734	100.0	688.8	18.4	8,994	100.0	1,303.2	14.5

(出所): R. A. Brady, *The Rationalization Movement in German Industry. A Study in the Evolution of Economic Planning*, Barkeley, California, 1933, p. 170より作成。

生産財のそれ32.3%の水準まで低下しており、生産財の生産の落ち込みが一層大きかったが、20年以降、生産財の生産は大きく増大し、22年には13年の70.7%の水準（消費財では71.1%の水準）まで回復している。しかし、1923年には再び13年の43.4%の水準まで大きく低下しており[17]、生産財産業では消費財産業よりも戦争・敗戦の影響を大きく受けることになったといえる。

このように、合理化が最も強力かつ集中的に行われた主要産業部門のなかでも合理化の出発条件には相違がみられたとはいえ、敗戦・ヴェルサイユ条約による諸結果がその後の合理化の展開の重要な規定要因のひとつとなったのである。

第2節　11月革命とヴァイマル体制による国内的条件の変化

またドイツ国内の問題をみると、第1次大戦後のドイツ独占企業の復活・発展にとっての大きな足かせとなり、合理化運動の推進を規定したいまひとつの重要な要因は、11月革命の結果労働者階級に対して認めざるをえなかった経済的譲歩（とりわけ8時間労働日、賃金制度の改善、労働組合と賃金協定の承認、失業保護など）による負担であった。そうしたなかで、「ドイツ独占体にとっての合理化運動の目標のひとつは、この『譲歩』を骨抜きにし、反故にすることであった[18]」。このこととの関連で注意しておかなければならないことは、

1923年秋の革命勢力の敗北を契機として，独占企業は本格的な「巻き返し」の動きを始めるのであり，相対的安定期の合理化運動は，インフレーションの終熄，マルクの安定，ドーズ・プランによる外資の流入といった経済的条件だけでなく，そのようなドイツ国内の政治的安定という条件のもとに推し進められたということである。

しかも，そのさい，破局的なインフレーションの昂進による価格調整メカニズムの破綻はドイツ経済を極度の混乱に落としいれただけでなく，実質賃金の著しい低下による労働者階級の弱体化をもたらし，独占資本による労働者に対する「巻き返し」のための条件が整備されていくことになった。

この時期のインフレーションの歴史的な社会的意義は，ドイツの資本家階級が革命の防止策として政治的理由から労働者に与えておいた「譲歩」を経済的に無効にすることであった。すなわち，「インフレーションによる実質賃銀の激しい低落は，労働者にたいする搾取率を自動的に高め，資本家の利潤を増大し，資本蓄積額を増大せしめると同時にまた，戦後の革命期における資本家の総退却に際して労働者階級にあたえたあらゆる譲歩を奪回するものであった」。「さらに実質賃銀の低下は，労働者階級の闘争目標を政治的要求から経済的要求に転化・縮小せしめ」，資本家階級にとって革命的危機を回避させるのに役立ったといえる。すなわち，彼らにとっては，「労働者階級の注意を革命の問題から賃銀問題へそらすことができ，政治闘争を経済闘争に解消することができた」。インフレーションは確かに危機を一層激化させる要因にも転化したが，「この危機を革命の達成のために利用しうる革命的組織が充分に強力でなかったがために，相対的安定を準備する最も重要な要因として作用した」[19]。

ことに「超インフレは，労働組合の財政に深刻な打撃を与え，その活動を麻痺させてしまった[20]」のであり，インフレーションが労働者におよぼしたこのような作用がこの時期の政治的安定をもたらす重要な要因となった。労働者階級の部分的敗退のたびごとに，戦後の革命的騒乱の時期に避けがたい譲歩として実現せられた社会的諸制度に対する資本家階級の攻撃が次第に展開されたが，1923年12月の「授権法」（Ermächtigungsgesetz）による8時間労働制の根本的改悪，「労働時間条例」（Arbeitszeitordnung）による超過労働時間の広範

囲にわたる容認,「労働争議調停規定」の強化によるスト権の抑圧は資本家側の最も具体的な「成果」であったといえる[21]。

　例えば,調整制度では,1923年10月30日に新たな調整制度に関する命令（VO über das Schichtungswesen）が発せられた。「同令は,労働条件決定にかんする労資の自主的決定の原則を一応認めており,その限りで1918年12月の命令を踏襲するものであるが,他面,労資双方が裁定を受諾しない場合にもその実施が『経済的・社会的理由によって必要であるとき』には,その裁定に拘束力を与えることを可能にしており,この意味で労働条件決定過程への国家権力の介入をむしろ強め,自主性の原則を大きく修正するものであった。また同令は,従来,調整委員会の決定事項であった経営評議会法の下における労資の紛糾調整を労働裁判所の専決事項に移すなど,経営評議会の自立性を弱める規定を含んでいた」。

　また労働者の雇用はそれまで11月革命の過程で採られた動員解除令（Demobilmachungsverordnung）によってその安定が保障されており,この「解除令は,資本にとって重大な障害とみなされ,つとにその撤廃が要求されてきたが,たびたび延長され解雇にたいする歯止めとして機能してきた」。しかし,「1923年10月15日の,経営休止等に関する命令（VO über Betriebsstillungen u. Arbeitsstrekkung）により,失業者扶助機能は動員解除措置と切りはなして存続させる一方,就業と解雇にかんする強制令は廃止され,ここに労働者の解雇と工場閉鎖に関する制限措置は大幅に緩和された」。

　さらに8時間労働制をめぐる問題では,シュトレーゼマン内閣についで成立したマルクス内閣が授権法のもとで発した新たな労働時間令（1923年12月21日）によって決着がついたのであるが,「同令は労働協約およびライヒ労働大臣による8時間制の例外事例を認めたもので,戦後改革の象徴であった8時間制は厳格な規準からたんなる標準に形骸化させられ」,「事実,これを契機に絶対的な8時間制は弛緩し,労働時間が延長された」[22]。

　こうして,相対的安定期が始まる1924年までに,ドイツ独占体にとって,合理化推進のための有利な条件が形成されていった。とはいえ,革命期の労働諸立法によって生み出された戦前とは比較にならないほどの賃金の下方硬直化傾

向は，こうした資本の執拗な反撥にもかかわらず，とりわけ通過の安定前後に行われた革命期立法の手直しにもかかわらず，根本的には変更されなかったといえる[23]。それだけに，独占資本にとっては，労働者階級に対する「譲歩」を骨抜きにし，反故にするためにも，合理化を推し進めることが重要な課題となったのである。

　しかし，市場の条件をみても，インフレーションの昂進は中産階級の没落と労働者階級の生活状態の極度の悪化をもたらしたのであり，その結果，ドイツの国内市場は一層狭隘になっており，一層厳しいものになっていた。この点について，E．ヴァルガは1926年に，「ドイツ工業の生産設備は，現在の生産価格のもとでそれが販売の可能性にみあうよりもはるかに大きい。生産の諸可能性と販売の諸可能性との間にひどい矛盾が存在している。それは，生産能力の不完全な利用が生産コストの上昇をもたらすという一般的な有名な事情である。労賃は低く，生活資料の価格は相対的に高いので，国内販売はドイツの大衆の低い購買力によって制限されており，金利生活者の階層は消滅し，重税と貸付資本の高い利子の結果，農民の購買力が低下した」としている。

　このような状況のもとで，ドイツ独占企業は，生産能力の有効利用をはかるために，販路を再び国外に求めることになるが，国外市場の諸条件もまた極めて厳しいものであった。この点に関して，ヴァルガは，「ドイツの産業資本にとっては，生産能力をある程度利用することができるように外国の販売を増大する必要性が存在している。しかし，そのことは，外国と成功裡に競争しうるためには，生産コストの引き下げを条件としており，そこでは，多くの国々へのドイツ工業の輸出は特殊な障害（最恵国待遇，関税）によって，また資本輸出を行うための非常に制限された可能性によって妨げられている。それゆえ，ドイツ工業は，世界市場におけるその特別な状況によって，合理化，すなわち，生産コストの引き下げ，労働者の搾取の増大へと強制されている。このことは，なぜ現在ドイツにおいて以前よりも，あるいは他の諸国におけるよりも合理化のテンポがはるかに激しいものであるかを明らかにする[24]」と指摘している。

　インフレーション期には，ドイツの独占企業は為替ダンピング効果によって輸出をそれなりに伸ばすことができたが，インフレーションの終熄，マルクの

安定とともに，為替ダンピングによる国際市場における競争力は失われ，その結果，ドイツの独占企業は，国際市場における本格的な競争の場に投げ出されることになった。しかし，戦争の結果，ドイツ独占体は長年世界市場から切り離されていたこともあり，生産設備も少なくとも一部はそのままにされていたので，国外市場におけるその競争力も大きく低下しており，さらにイギリス連邦の自治領，中国，ブラジルおよび他の国々において新しい産業がおこり，また国外市場は広い範囲にわたって高率の保護関税によっておおわれていた[25]。序章でもみたように，こうしたなかで，「インフレーションの終熄，マルクの安定とともに，販路の困難の加重，企業の操業度の低下，世界市場の争奪戦の未曾有の激化という諸条件のもとで，国際市場における競争力の回復・強化，そのための合理化促進・資本集中が，ドイツ独占企業にとって，最大の課題となったのである[26]」。そのさい，「資本コスト」の負担（金利負担）の加重のもとで，外国信用のいわゆる「生産的利用」ということが，この時期の合理化の主要な課題となった[27]。

このように，この時期の合理化は，国内市場の狭隘性と輸出市場における諸困難という市場の条件と，資本不足とそれに規定された資本コストの負担という厳しい条件のもとで展開されたのであり，そのような諸条件は合理化のあり方をも規定することになったといえる。そうしたなかで，「『ドーズ案』を契機とする賠償と外資導入という国際的関係に基礎づけられて，ドイツ独占資本は再び戦前の国際的地位の回復を目ざして発展を遂げねばならなかった」のであり，「そのためには従来よりも以上に賠償を始めとする資本にふりかかる一切の新たな負担を労働者に転嫁する必要があった[28]」。しかし，ドイツ独占企業の「合理化」促進・資本集中は，主としてアメリカの強力な資本援助のもとでのみ，初めて可能であったのであり，したがってそれだけに反面，「資本コスト」の負担が重かった。そうした条件のもとで生産費を引下げ，競争力を強化し，利潤率を引上げんとする「合理化」への要求は，よりいっそうきびしい形をとってあらわれた。すなわち，「そこでは，労働者へのいっそうの負担転嫁がおこなわれ，いわゆる資本の『二重の圧迫』は，労働搾取，労働強化の増進，実質賃金の低下となってあらわれた[29]」。このように，「ドイツの合理化運動の真の狙いは，生産性を高めることによって，労働時間を短縮し，賃金を

引き上げ，製品価格を引下げるという当時の労働組合の目標とはうらはらに，むしろそれまでに労働者が勝ち取った諸成果をなしくずし的に奪い去り，目に見えないかたちで労働の強度をいっそう高めることにあったといえる[30]」。「独占資本のいう合理化はまさに直接的には，かかる新たな資本の負担を労働者に転嫁するために要請されたのであって，それはあくまでも独占資本の発展の歴史的な一契機として現われたものであった[31]」。

　そのような合理化を可能にしたいまひとつの国内的条件として指摘しておかなければならないのは，労資関係の変化についてである。1920年代に自由労働組合幹部を中心に形成された「経済民主主義論」がこれに深く関係している。すなわち，1923年秋の革命運動の敗北によって「社会主義化」の可能性が事実上なくなったのにともない，労資協調の側面が強調されざるをえなくなり，合理化運動の推進のための社会化にかわる新しいイデオロギーとして経済民主主義論が登場することになる。この時期の自由労働組合幹部の主張する経済民主主義論，「とりわけ1925年の第12回大会においてイェッケルによって主張されたものは，合理化など経済発展への協力によって労働者の経済的地位を向上させるという主張と密接にからんでいた点に，何よりも大きな特徴をもつもの」であり，「経済発展ないし合理化への協力が，ドイツ革命期においては社会化，その後においては民主化あるいは経済民主主義の名において遂行された」のであった。彼らのこのような立場は，ひとつには彼らがもともと有していた生産力主義的な考え方からくるものであり[32]，そのような考え方に立てば，当時彼らの目標とするアメリカ的な高水準の社会生活の実現は何よりもまず高い生産力水準を前提とするものであり，合理化はそれを実現するための最も重要かつ有力な手段として受けとめられたのであった。こうして，この時期のドイツでは，このような労資協調政策のもとに，労働者・労働組合をも巻き込んだかたちで，ひとつの「国民運動」として合理化運動が強力に展開されることになった。

　以上の考察から明らかなように，この時期のドイツの合理化運動の展開は，第1次大戦後の歴史的，特殊的諸条件によって規定されており，そのような諸条件のゆえに，本来個別企業のレベルの問題である合理化が全産業的・全国民的な次元において問題とされたのであり，しかもそのさい，国家の関与のもと

に合理化が一層組織的に取り組まれたのであった。この点については，とくに国家の財政的援助を受けた合理化宣伝・指導機関の果した役割が重要である。なかでも最も重要な役割を果したのが「ドイツ経済性本部」(Reichskuratorium für Wirtschaftlichkeit——RKW) であり，それは「経済性の上昇ひいては生産費の引き下げの直接的な方策を指導する機関として，さらには経済性の上昇即国民生活の向上というイデオロギーを宣伝する機関として推進・強化された」のであった。「この場合，いわゆる『合理化の体系化』として，合理化を全産業的ないし全国民的な次元で推し進めるということが，そもそもの『ドイツ経済性本部』の狙いであり，また独占資本それ自身の要請でもあったのである」[33]。しかも，このドイツ経済性本部は，すでに戦時中に設置されていた「ドイツ工業規格委員会」や「経済的製造委員会」(AWF) などの各種の専門委員会のいわば上部組織として，経済性を高めるための指導・統轄機関を目ざしていたのであり[34]，実際に合理化を推進する上で重要な役割を果した各種の専門委員会をも含めた全機構を動員した合理化の組織的な推進がはかられたのであった[35]。こうして，相対的安定期には，合理化が「合理化の体系化」として全産業的・全国民的レベルで取り組まれ，とくに強力な独占体や企業者団体や国家の援助によって，労働の強化が推進されたのであり，その本質はまさに「労働強化の体系化」にあった[36]。

このように，この時期のドイツ合理化運動は，まさにドイツ資本主義のこのような新たな存立条件への適応の過程であった。この点について，O．バウアーは，1924年から29年までの諸年度に実施された，新たな存立条件へのドイツ産業の徹底的な，急激な適応の過程全体が合理化として理解されていたとしており[37]，「合理化の歴史的意義は，戦争およびインフレーションを通り抜けた国民経済の，安定した貨幣価値への復帰によって規定された新しい経済状況への適応であった[38]」としている。「独占資本のいう合理化，すなわち経済性の上昇即国民生活の向上を意味する合理化は，あくまでも独占資本の発展のための標語であって，その本質はどこまでも独占資本の発展法則それ自体の中に隠されていた[39]」のであり，このような目標をもつこの時期の合理化運動は，弱体化したドイツ資本主義の復活・発展のための過程であると同時に，まさに独占企業の復活・発展の基礎をなすものでもあった。

(1) 前川恭一『ドイツ独占企業の発展過程』, ミネルヴァ書房, 1970年, 12-3ページ。
(2) 吉田和夫『ドイツ合理化運動論』, ミネルヴァ書房, 1976年, 27ページ。このようなドーズ・プランの意義とアメリカの意図については, A. Reckendrees, Die Vereinigte Stahlwerke A. G. 1926-1933 und "das glänzende Beispiel Amerika", *Zeitschrift für Unternehmensgeschichte*, 41 Jg, Heft 2, 1996, S. 166をも参照。
(3) 同書, 185ページ。
(4) 前川, 前掲書, 第1章二参照。
(5) Vgl. *Ebenda*, S. 168.
(6) Vgl. R. Wagenführ, Die Industriewirtschaft. Entwicklungstendenzen der deutscher und internationalen Industrieproduktion 1860-1932, *Vierteljahrhefte zur Konjunkturforschung*, Sonderheft 31, 1933, S. 24-5.
(7) Vgl. B. Weisbrod, *Schwerindustrie in der Waimarer Republik. Interessenpolitik zwischen Stabilisierung und Krise*, Wuppertal, 1978 S. 36.
(8) R. A. Brady, *The Rationalization Movement in German Industry*, Berkeley, California, 1933, p. 105.
(9) 前川恭一・山崎敏夫『ドイツ合理化運動の研究』, 森山書店, 1995年, 14ページ。
(10) Vgl. Enguete Ausschuß, (III)-2, *Die deutsche eisenerzeugende Industrie*, Berlin, 1930, S. 14.
(11) NICB (National Industrial Conference Board), *Rationalization of German Industry*, New York, 1931, p. 119.
(12) *Ibid*., p. 122.
(13) R. A. Brady, *op. cit*., p. 171. なお電機工業の立地の規定要因については, P. Czada, *Die Berliner Elektroindustrie in der Weimarer Zeit*, Berlin, 1969を参照のこと。
(14) Vgl. J. Kuczynski, *Die Geschichte der Lage der Arbeiter unter dem Kapitalismus*, Bd. 5, Berlin, 1966, S. 4.
(15) Vgl. J. Kuczynski, *Die Geschichte der Lage der Arbeiter unter dem Kapitalismus*, Bd. 15, Berlin, 1966, S. 13.
(16) Vgl. J. Kuczynski, *a. a. O*., Bd. 5, S. 5.
(17) Vgl. J. Kuczynski, *a. a. O*., Bd. 15, S. 25 u S. 27.
(18) 前川・山崎, 前掲書, 16ページ。
(19) 服部英太郎『ドイツ社会運動史』(服部英太郎著作集 VII), 未来社, 1974年, 142-3ページ。
(20) 徳永重良「ドイツ資本主義と労資関係」, 戸塚秀夫・徳永重良編『現代労働問題』, 有斐閣, 1977年, 249ページ。
(21) 服部, 前掲書, 254ページ。
(22) 徳永, 前掲論文, 250-1ページ。
(23) 加藤栄一『ワイマル体制の経済構造』, 東京大学出版会, 1973年, 363ページ。
(24) E. Varge, Der marxistische Sinn der Rationalisierung, *Die Internationale*, 9 Jg,

Heft 14, 1926. 7. 20, S. 435.
(25) Vgl. M. Nussbaum, *Wirtschaft und Staat in Deutschland während den Weimarer Republik* (Wirtschaft und Staat in Deutschland, Bd. 2), Berlin, 1978, S. 171.
(26) 前川, 前掲書, 15ページ。
(27) 同書, 2ページ。参考のために当時のドイツとアメリカにおける資本コストの状況をみておくと, 例えば1925年と29年の中央発券銀行の平均の割引率は, アメリカでは3.421%, 5.163%であったのに対して, ドイツでは9.153%, 7.107%であり, 民間銀行のそれは, アメリカでは3.315%, 5.099%であったのに対して, ドイツでは7.62%, 6.87%であった。Vgl. F. Ledermann, *Fehlrationalisierung——der Irrweg der deutschen Automobilindustrie seit der Stabilisierung der Mark*, Stuttgart, 1933, S. 63.
(28) 吉田, 前掲書, 27ページ。
(29) 前川, 前掲書, 15-6ページ。
(30) 前川・山崎, 前掲書, 17ページ。
(31) 吉田, 前掲書, 185ページ。
(32) 大橋昭一『ドイツ経済民主主義論史』, 中央経済社, 1999年, 107ページ。
(33) 吉田, 前掲書, 187ページ。
(34) 同書, 89ページ。
(35) このような各種の専門委員会については, 同書, 30-2ページ参照。
(36) 同書, 35ページ参照。
(37) Vgl. O. Bauer, *Rationalisierung und Fehlrationalisierung* (Kapitalismus und Sozialismus nach den Weltkrieg, 1. Bd), Wien, 1931, S. 158.
(38) *Ebenda*, S. 160.
(39) 同書, 32ページ。

第2章　ドイツ合理化運動の展開とその特徴

　前章での考察をふまえて，本章では，1920年代の合理化運動の展開過程の具体的考察を行い，この時期の合理化運動の全体構造を明らかにしていくことにする。まずこの点を企業集中による産業合理化と再編成について考察を行い，それをふまえて，企業レベルの合理化について考察をすすめることにする。

　まずこの時期の合理化過程を考察する上での時期区分についてみておくことにしよう。J. ベェニヒは，この時期の合理化過程を3つの局面に分けて考察しており，つぎのように述べている[1]。すなわち，「1925年から26年にかけての第1の合理化局面において，資本は1914年以前よりも一層強力に，とりわけ重工業（1926年の合同製鋼の設立，その他），化学工業（1925年のIGファルベンの設立），機械製造業その他において，集積され，集中化された。それはまた，例えばリノリウム産業のようなそれほど重要でない産業部門においてもおこった。特定の諸経営における経営の閉鎖，解雇，生産の専門化をともなった整理計画がいろいろな資本の結合につづいた」としている。つづく第2局面（1926-27年）では，外国——とくにアメリカ——からの信用に支えられて，「合理化過程はその下位までおりて，個別経営のレベルで始まった。そのさい，1925年からの鉱山の機械化は先駆者であった。工業的生産手段が更新され，補充されるところの投資をともなう合理化過程はすでに1927年で終った」としている。また第3局面では，「資本投下をともなう技術的合理化はもはや退き，かわって生産組織の再編成による労働の強化，賃金制度の変更，恐慌の圧力が前面に出てきた」としている。

第1節　企業集中と産業合理化

1　企業集中と産業合理化の展開

そこで，まず合理化運動の初期にみられた企業集中による産業の合理化とその再編成についてみることにしよう。ドイツにおいて本格的なトラスト形態による企業集中が展開されるようになるのは1920年代後半のことであるが，ドイツ資本主義の相対的安定期における企業集中の主要特徴は，戦後の経済的混乱，インフレーションの時期にみられたような原料不足に対処するための原料部門との結合＝垂直的結合＝コンビネーションの増大とは異なり，特定生産物の大量生産および大量販売の利益を求めての水平的結合＝トラストに重点がおかれるようになってきたことにみられる(2)。この時期の企業集中の典型事例としては，重工業における合同製鋼の設立と化学工業における IG ファルベンの設立をあげることができる。ここでは，この時期の企業集中が産業レベルの合理化をどのように推し進めたか，またそのことが企業レベルの合理化に対していかなる意味をもつものであったかをみていくことにしよう。

(1)　企業集中と産業合理化の背景

まずこの時期の企業集中の背景とその特徴を重工業と化学工業についてみておくことにしよう。第1章でもみたように，もとより，ドイツが第1次大戦の敗北によって受けた被害は大きなものであったが，ことに重工業にとっては，領土の割譲による生産能力の喪失，それまでひとつのまとまりをもって生産されていた工業地域（ライン＝ヴェストファーレン）の分業関係の分断など，敗戦による被害はとくに深刻なものであった。またこの時期にも，確かに古い生産手段の組み合わせだけではなく，新しい生産手段もつくられたが，それらは古い生産手段の技術水準でもってつくられたものが多かった。その結果，ドイツでは，インフレーション期の初めには，一方で，あまりに多くの，またその上，一部は誤った組み合わせの生産手段をかかえ，他方で，正当な，つまり真に近代的な生産手段が著しく不足していたとされている(3)。この時期にはまたインフレーション効果をねらった投機的な企業の設立や買収が多く行われており，こうして集められた生産設備のなかには，生産過程全体からみて技術的に

何ら有機的な関連をもたないものも多くみられた。

こうして，合理化運動が始まる1924年の時点において，ドイツ重工業の独占的大企業は多くの過剰設備，不良設備や採算割れ工場などを抱えており，合理化運動の初期の段階において，水平的結合（トラスト）の形態をとって企業集中が行われ，そこでは，過剰生産能力を徹底して整理し，産業の合理化を強力に推し進めることが重要な課題とされた。R．A．ブレィディは，この時期は「主に，戦争・革命，およびインフレーションの時期からの産業上ならびに組織上の遺物の最悪のものを除去することを含んだ清算の問題とかかわっていた[4]」としている。

また化学工業についてみると，IGファルベンの設立をもたらした1925年の企業集中は，第１次大戦を契機とするドイツ化学工業をとりまく環境変化に規定されていた。すなわち，アメリカとドイツの化学工業の生産額をみると，戦前には，アメリカの生産額は34億金マルク（8億1,000万ドル），ドイツのそれは24億金マルク（5億7,100万ドル）となっており，世界の化学工業の全生産額100億金マルク（23億8,200万ドル）のそれぞれ34％，24％を占めていたが，1923年までに，世界の全生産額は180億金マルク（42億8,800万ドル）に増大し，アメリカの生産額も84億金マルク（20億ドル）に大きく増大しているのに対して，ドイツの生産額は30億金マルク（7億1,500万ドル）となっており，あまり大きな増大はみられない。その結果，世界の全生産額に占めるアメリカの生産額の割合は47％に上昇したのに対して，ドイツのそれは17％に低下している。また輸出額をみても，第１次大戦前には，ドイツは世界で最大の輸出国であったが，そこでも戦後になって状況は悪化した。主要各国における1913年および25年の化学製品の輸出額をみると，ドイツのそれは，13年の９億1,000万マルクから25年には９億3,000万マルクにわずかに増大しているが，同じ時期にアメリカの輸出額は３億1,000万マルクから６億5,000万マルクに大きく増大しており，またフランスをみても，３億1,000万マルクから５億4,000万マルクへと大きく増大している。その結果，世界の全輸出額に占めるドイツの割合は28.4％から23.0％に低下したのに対して，アメリカのそれは9.7％から16.0％に，またフランスのそれは9.7％から13.3％に上昇している[5]。

このようなドイツ化学工業の地位の相対的な低下は，主として，1914年以前

にはドイツの最善の顧客であったが4年の戦争の間その供給源を絶たれた多くの国々における化学生産のより急速な発展によるものであった。なかでも，染料を主要製品とするドイツの化学工業にとっては，戦後における染料生産の著しい減少および外国，とくにアメリカ，イギリス，フランスの染料生産の増大にともない，世界の染料生産に占めるドイツの割合が大きく低下したことは決定的な打撃であった。第1章でもみたように，例えば，アニリン染料をみると，1913年には世界の生産の80％以上がドイツによるものであったが，10年後には，ドイツはわずか46％を生産していたにすぎない[6]。

そうしたなかで，染料生産の領域における過剰生産能力を整理すること，また新しい生産領域を見い出し，それを急速に拡大することが，ドイツ化学工業にとっての最大の課題となった。前者は組織的合理化による製品別生産の集中・専門化の問題と関係しており，後者は多角化による事業構造の再編成の問題と関係している。この時期には，とくに旧来の諸部門（染料，無機化学品，有機中間物，医薬品，写真用品）において徹底的な組織的合理化が行われたのであるが，なかでも染料部門においては，①染料生産を最も生産性の高い工場に移すこと，②過剰在庫の削減，③おびただしい数の染料品種の整理が中心的な課題となっていた[7]。①は製品別生産の集中・専門化の問題であり，③は標準化の問題と関係しているが，この部門においては，まず旧式の能率の低い設備，過剰設備の廃棄および生産性の低い採算割れ工場の閉鎖などによって，技術的に最もすすんだ優等工場に生産の重点を移し，それらの工場に特定の製品の生産を集中し，専門化させることが，「技術的合理化」や「労働組織的合理化」の諸方策によって生産の合理化を本格的に推し進めていくための条件となった。このように，IGファルベンの集中の最も重要な目的は，販売領域での相互の競争の排除と操業状態の悪い工場あるいは個々の業績のあがらない工場の並存をなくすことにあった[8]。

またそれまでの中核的部門である染料部門の徹底的な合理化とともに，多角化による事業構造の再編成が企業集中の主要な目的のひとつとされていた。アメリカにおいても第1次大戦後にデュポン社が多角化戦略を展開し，火薬製造企業から総合化学企業への脱皮を成し遂げたのであるが，ドイツでも同様に，第1次大戦を契機とする上述のような環境変化のもとで，新しい生産領域の開

拓によって，それまでの染料を中心とする事業構造の化学企業をより収益性の期待される，将来性の高い事業分野をもつ総合化学企業へと発展させることが，重要な課題とされた。

　IGファルベンにおいては，企業合同を主導したバスフ社出身のC．ボッシュの「総合化」案に基づいて，染料部門を中心とする旧部門の合理化の徹底とともに，窒素部門における投資の拡大，合成アンモニア，合成メタノール，人造石油の開発，さらには合成ゴム，軽金属，人絹・スフ，合成樹脂などの研究開発が推し進められた。彼の案では，「染料部門における収益の改善は，合成アンモニア・窒素肥料部門における投資の拡大，また合成メタノール，人造石油への展開，さらには合成ゴム，軽金属，人絹・スフ，合成樹脂などの研究開発にたいして資金的な基礎を与えるものと位置づけられた」。それだけに，染料部門における合理化の徹底は多角化のための重要な条件をなすものであり，そのような合理化の徹底のためには，企業合同により単一の企業を設立することが不可欠の前提条件であるとされた[9]。

　このように，重工業や化学工業では，企業集中をテコとして過剰生産能力の整理が強力に推し進められ，そのなかで，過剰設備，不良設備の廃棄，採算割れ工場の閉鎖などによって製品別生産の集中・専門化がすすめられたが，このような方策は，生産性を向上させ，生産原価を引き下げ，利潤の増大をはかる合理化方策の重要な手段とみなされた。L．F．アーウィックは，この時期の合理化過程の重要な特徴が，需給のバランスをとるために，個々の企業を大規模なコンビネーションに集中させることと非能率的な製造業者の排除にあったため，「合理化」は多くの人々によって，そのような意味でのみ理解されてきたとしている[10]。

　もとより，このような過剰設備，不良設備の廃棄，採算割れ工場の閉鎖，収益性の悪い採算割れ部門の切り捨てをともなう企業集中による合理化は，一般に「消極的合理化」（Negative Rationalisierung）と呼ばれている。それは，技術的あるいは立地的に優れた経営，工場に生産の重点を移し，閉鎖されずに残された経営，工場を特定の製品の生産に専門化させるために，技術的あるいは立地的に劣った経営，工場を整理する過程であった[11]。換言すれば，そのよ

うな過程は，第1次大戦後の混乱・インフレーション期に温存・蓄積された過剰生産能力を企業集中をテコとして整理する過程であり，同時にまた「技術的合理化」や「労働組織的合理化」の諸方策によって企業レベルの合理化（生産の合理化）を本格的に推し進め上での前提条件をなすものでもあった。

(2) 産業合理化の特徴

つぎに，企業集中をテコにしたこの時期の産業合理化がどのような特徴をもっていたかについてみることにしよう。製品別生産の集中・専門化を行い，産業の合理化をドラスティックに推し進める上で企業合同は重要な役割を果したが，この時期のドイツ産業に新しくおこった集中化の波の最も重要な発端のひとつは，専門化についての「取り決め」（Vertragmäßigen）にあったとされている。すなわち，「それ以前には，ひとつの製造部門が，それまでそこに属していた製造の一部をひとつの独立した事業へと切り離すことによって，専門化がはかられたのであり，この過程は，一般的には，市場の諸条件の比較的長期にわたる発展の結果であり（例えば，かじ屋の手工業から釘職人，蹄鉄工，武具職人が専門化したことについてのビュッヒャーの事例），また個々の経済主体の自由な決定にそうものであり，いささかもそれはいくつかの個別経済の協定の結果ではなかった」が，「この時期においては，普通，いくつかの独立した企業が，あとになって，他の種類の製品を生産するのではなく，もっぱらそれらの企業に言い渡された専門性の製品の生産に限定するように，何らかの形態で，特定の種類の製品の生産を，たがいに割り当てることを取り決めるという方法で，専門化が行われ」たのであった。それゆえ，この時期のこのような専門化は，以前のそのような種類の現象とは異なり，「ひとつの契約による分業」（eine verträgsmäßige Arbeitsteilung）をはかるものである，とされている[12]。このように，企業集中をテコとして推し進められたこの時期の製品別生産の集中・専門化は，各企業・工場のもつ独自の専門性をいかして特定の製品の生産に特化することによって一種の分業組織を形成するものであった。

この点に関して，この時期にみられた主要な企業集中＝トラスト化がすでにコンビネーション化された企業間のトラスト化であり，そのことが製品別生産の集中・専門化を推し進める上で大きな意味をもったことに注意しなければな

らない。この点について，E．ヴァルガは1926年に，「垂直的なトラストが企業集中の主要な形態であったインフレーション期とは異なり，現在では，再び水平的な集中，それゆえ，同じ商品を生産する企業のカルテル化およびトラスト化，あるいはコンビネーション化された企業のトラスト化が支配的となっており，そこでは，トラストのなかで，立地的あるいは生産技術的な利点に基づいて，個々の経営における生産の専門化が行われている，ということが重要である[13]」と述べている。このように，この時期の企業合同＝トラスト化は，いくつかの同種企業が１つの企業に合同することによって，それまでなしえなかった広がりをもって，「ひとつの契約による分業」を推し進めたのであった。すなわち，重工業や化学工業においてこの時期にみられたトラストの特徴が「単に二つの資本の間の合同ではなく，数個の資本あるいは同種生産部門全体を，一大資本の下に結合すること[14]」にあったので，企業合同によって誕生したトラスト企業は，生産の集積の度合いをみても，またその市場シェアをみても，それが属していた部門において圧倒的な比重を占めており，それまでなしえなかった広がりをもって，「ひとつの契約による分業」を推し進めることができた。こうして，この時期の「消極的合理化」は個別企業をこえた産業部門全体のレベルの合理化をなしたといえる。

2　産業合理化から企業合理化への展開

つぎに，このような企業集中による産業レベルの合理化がその後の第２局面および第３局面における企業レベルの合理化に対してどのような意味をもつものであったかをみていくことにしよう。

第１局面につづく第２局面は，外国とくにアメリカからの信用に支えられて，個別企業レベルの合理化が本格的に始まる時期であり，そこでは，主として「技術的合理化」と「労働組織的合理化」の諸方策が取り組まれたが，「このような企業レベルの合理化に取り組む上で，企業にとって必要なことは，一般に企業の支配する生産領域が広く，量産体制をとりうる条件を備えていることである」。しかも，合理化の始まる「相対的安定期」の当初においては，それまでに蓄積されてきた過剰設備，陳腐化した旧式の設備や採算割れ工場などが多くみられ，これらの設備を廃棄することが必要であった。そのためには，

「企業集中＝水平的結合のかたちをとることによって，同種企業を結合させ，技術的あるいは立地的に優れた経営・工場に生産を移すことによって，不要の過剰設備を廃棄し，あわせて製品別生産の集中・専門化を推し進め，産業レベルの合理化・再編成に取り組むことが必要であった」[15]。

　この時期の合理化運動は，生産の効率化と市場の安定化という2点がポイントであったとされている[16]。すなわち，合理化の過程は，既存の市場の需要の範囲内に産出高を割り当てようとする試みとして始まったが，それはまた同時に，さまざまな工場のもつ低い負荷条件から本来おこるハンディキャップに直面して，生産コストを引き下げようとする試みとして始まった，とされている[17]。このように，この時期の合理化は，生産面だけでなく，販売面での対応策としても，重要な役割を果すものであったが，合理化運動の初期に行われた企業集中は，生産と販売の不均衡の克服の問題への対応として推し進められたのでもあった。この点に関して，H．ヴァイスは，以前に拡大された生産基盤と現存の販売可能性との間の矛盾を克服するために，生産設備はあらゆる種類の方法によって縮小されるべきであることを指摘している[18]。

　このように，合理化過程の第1局面において推し進められた企業集中による産業合理化は，生産の効率化と市場の安定化のために生産面と販売面の両面から対応をはからんとするものであり，また同時にその後の企業レベルでの合理化を本格的に推し進めていくための条件を築こうとするものであり，そのためのいわば「準備的」性格をもつものとして位置づけることができる[19]。

第2節　企業における合理化の展開

　そこで，つぎに個別企業レベルの合理化について，その主要問題をみていくことにするが，この時期のドイツ独占企業の合理化は，ひとつには，生産技術の発展による合理化，すなわち「技術的合理化」と，ふたつには，テイラー・システム，フォード・システムに代表されるアメリカ的管理方式の導入による労働組織の合理化，すなわち「労働組織的合理化」によって推し進められた。この時期の「技術的合理化」としては，機械設備の更新・革新，熱経済の合理化，原料輸送の機械化，副産物・廃棄物の有効利用などが取り組まれたが，ド

イツでは，とくに原料，エネルギー，機械のより効率的かつ安価な利用がはかられた。当時アメリカにおいてもみられたそのような生産の効率化のための諸努力が頂点に達したのは，1924年から28年にかけてであったとされている[20]。また「労働組織的合理化」についてみると，テイラー・システムは，第1次大戦後の特殊ドイツ的ともいえる条件のもとで，レファ・システムというドイツの独自的な方式に修正されることによって，その本格的な導入がすすむことになる。フォード・システムの導入は，電機，自動車，機械製造などの加工組立産業を中心に推し進められたが，アメリカとは異なる市場の条件のもとで，それに適応するかたちで，ドイツ的展開がはかられたのであった。

　主要産業部門における合理化過程の具体的な考察は第2部において行うことにするが，ここでは，技術と労働組織の領域における合理化諸方策の展開について，その主要問題と特徴を明らかにしておくことにしよう。

1　設備投資からみた企業合理化

(1)　「技術的合理化」と設備投資の動向

　まず企業合理化における「技術的合理化」の役割，あり方を明らかにするため，主要産業部門における設備投資の動向をみておくことにしよう。

　この時期の主要な合理化方策である「技術的合理化」と「労働組織的合理化」は，相互連関的，相乗的関係においていずれも労働の強度を高めるが，とくに前者の合理化についていえば，それなりに資本支出をともなう合理化であり，当時のドイツ企業がかかえていた資本不足とそれに規定された資本コストの負担，また国内市場の狭隘性と輸出市場の困難性といった諸問題に直面して，それが実際にどの程度行われたか，またどのようなかたちで行われたかが重要な問題となる。基本的には，ドイツ企業がおかれていた歴史的諸条件によって，「技術的合理化」のあり方が規定され，また「技術的合理化」のあり方そのものが労働組織の合理化のあり方を一面では規定していたといえる。

　それゆえ，この時期のドイツ企業の合理化をみる場合，まず生産技術の発展との関連で「技術的合理化」のあり方・性格を明らかにすることが重要な課題となろう。すなわち，そこでは，相対的安定期の合理化過程において，果して強力な投資をともなう「技術的合理化」が行われたかどうか，根本的な技術的

革新が導入されたかどうか，それとも企業集中に基づく原料やエネルギーの節約，廃棄物の有効利用などに重点がおかれていたのかどうかなどの問題が問われなければならないであろう[21]。

　そこで，以下，このような問題意識をふまえて，この時期に実際にどの程度の設備投資が行われたか[22]について主要産業部門ごとに考察をすすめ，そのなかで，設備投資のあり方が「技術的合理化」のあり方・性格とどのようなかかわりをもっていたかを検討し，あわせて「技術的合理化」をみる上での問題点を明らかにしていくことにしよう。

　(2) 国民的総投資に占める工業投資の割合

　1924年から29年までのいわゆる「相対的安定期」のドイツ工業における設備投資活動をみる上で考慮に入れておかねばならないことは，ドーズ・プランによる外資の利用のうち，比較的に大きな部分が「政府」，「住宅部門」などの投資にあてられ，「鉱工業」への投資がそのことによって一定の制約をうけたため，ドイツ経済全体に占めるそれらの割合をみると，「鉱工業」への投資の割合が相対的に低かったということである。

　そこで，まず鉱工業におけるドーズ・プランの外資の利用と公共部門における外資の利用とを比較してみると，1924年から30年までのアメリカで公募されたドイツの社債は総額で14億3,052万5,000ドルとされているが，そのうち，産業会社によって公募されたものは3億172万5,000ドルとなっており，全体の21.1％を占めるにすぎなかった。これに対して，国家，州，市町村が公募したものは総額4億5,265万ドルとなっており，全体の31.6％を占めており，また公益会社のそれは3億370万ドルとなっており，全体の21.2％を占めていた[23]。また1924年から29年までのドイツ経済全体の新規設備投資総額に占める工業の割合は12.3％となっており，また電力・ガス・水道などの部門の占める割合は10.1％，交通部門の割合は15.6％となっており，また公益事業部門の割合は21.7％となっていた。それゆえ，公益事業部門に電力・ガス・水道および交通の諸部門を加えると，47.4％の新規設備投資が行われており[24]，これらの諸部門と比べると，経済全体の新規設備投資総額に占める工業のそれの割合はかなり低いものであったといえる。しかし，この時期の公共投資をみる

と，産業合理化を推進するための産業基盤整備を目的とした投資（交通・通信・電力・ガス・水道など）が大規模に行われており[25]，そのような公共投資は，それに関連をもつ産業部門に対して需要の拡大をもたらすわけで，それゆえ，この時期の工業における設備投資をみるとき，公共部門の設備投資が民間工業部門における設備投資にどのような影響をおよぼしたかという点を考慮に入れて考察をすすめることが重要となる。

(3) 主要産業部門における設備投資の動向

以上の点をふまえて，つぎに，この時期の主要産業部門における設備投資の年度別推移をみることによって，それぞれの年度における「技術的合理化」の規模がどの程度のものであったかを考察することにしよう。

まず1924年から29年までの主要産業部門における資本金100万RM以上・取引所上場の株式会社の設備投資の推移をみると（表2-1および表2-2参照），重工業では，5億4,440万RMの新規投資が行われており，それは全工業の総額の21%に相当し，最も高い比重を占めていた。また化学工業では，全工業の総額の16.8%にあたる4億3,650万RM，電機工業では，6.7%にあたる1億7,400万RMが投資されているのに対して，自動車工業および機械製造業ではそれより少なく，それぞれ全工業の総額の3.7%にあたる9,530万RM，3.1%にあたる8,630万RMが投資されていたにすぎない。

これらの主要産業部門について，1924年から29年までに新規投資がどの程度集中的に行われたかを明らかにするために，1924年初めの生産設備価値に対する24年から29年までの新規設備投資総額の関係をみておくことにしよう。前掲表2-1によると，1924年初めの生産設備価値に対するこの時期の新規設備投資総額の割合は，重工業では22.1%，機械製造業では12.9%となっており，全工業の31.6%を下回っているのに対して，化学工業では63.3%，電機工業では52.6%，自動車工業では81.9%となっており，これらの新興産部門ではいずれも全工業のそれを大きく上回っている。ただこの問題をみるさいには，当時ドイツの自動車工業はアメリカの自動車工業と比べて技術的にも大きく立ち遅れており，上述の他の産業部門と比べると，合理化の始まる1924年初めの時点での設備価値自体があまり大きな額ではなかったこと，またこれに対して，重工

表2-1　主要産業部門における資本金100万RM以上・取引所上場の株式会社の設備投資の推移

(単位：100万RM)

年度	新規投資						1924～28 年の新規投資の合計額 (A)	1924～29 年の新規投資の合計額 (B)	1924年初めの生産設備価値 (C)	1924～28 年の新規投資の合計額の占める割合 (D)[2]	1924～29 年の新規投資の合計額の占める割合 (E)[3]	1924～28 年の減価償却額[4]	1924～29 年の減価償却額[4]
	1924	1925	1926	1927	1928	1929							
重工業[1]	28.3	123.4	36.8	151.1	196.8	8.0	536.4	544.4	2,460.5	21.8	22.1	1,033.2	1,272.2
化学工業	32.3	60.4	54.6	62.6	132.6	94.0	342.5	436.5	689.2	49.7	63.3	461.6	542.6
電機工業	2.0	34.0	25.8	40.8	36.4	35.0	139.0	174.0	330.5	42.1	52.6	119.9	152.9
機械製造業	12.8	37.7	1.6	11.5	17.7	5.0	81.3	86.3	668.6	12.2	12.9	260.5	308.5
自動車工業	12.6	20.8	13.1	21.1	17.7	10.0	85.3	95.3	116.4	73.3	81.9	58.1	76.1
全工業	192.8	574.1	300.7	535.5	679.9	313.0	2,283.0	2,596.0	8,211.1	27.8	31.6	3,710.2	4,555.2

(注)：1) 石炭・鉄鉱石・鉄鋼業。

2) (D) = $\frac{(A)}{(C)}$　(単位：%)

3) (E) = $\frac{(B)}{(C)}$　(単位：%)

4) 特別償却を除く。

(出所)：G. Keiser, B. Benning, Kapitalbildung und Investitionen in der deutschen Volkswirtschaft 1924 bis 1928, *Vierteljahrhefte zur Konjunkturforschung*, Sonderfeft 22, 1931, *Statistisches Jahrbuch für das Deutschen Reich*, 55 Jg, 1936, S. 508, Die Investitionen in der deutschen Industrie 1924 bis 1931, *Wirtschaft und Statistik*, 13 Jg, Nr. 19, 1933. 10. 16, S. 594-5 より作成。

表2-2 主要産業部門における資本金100万RM以上・取引所
上場の株式会社の新規設備投資の年度別分布率

(単位：％)

年　　度	1924	1925	1926	1927	1928	1929	1924～29年の合計
重 工 業*)	5.2	22.7	6.7	27.8	36.1	1.5	100.0
化 学 工 業	7.4	13.8	12.5	14.3	30.4	21.6	100.0
電 機 工 業	1.2	19.5	14.8	23.5	20.9	20.1	100.0
機 械 製 造 業	14.8	43.7	1.9	13.3	20.5	5.8	100.0
自 動 車 工 業	13.2	21.8	13.8	22.1	18.6	10.5	100.0
全 工 業	7.4	22.1	11.6	20.6	26.2	12.1	100.0

(注)：*) 石炭・鉄鉱石・鉄鋼業。
(出所)：表2-1の数値をもとに作成。

業では，1924年初めの生産設備価値の絶対額そのものが24億6,050万RMと大きく，工業全体の約30％を占めていたことを考慮に入れておくことが必要であろう。

またこの時期の設備投資の動向をみる上で重要な意味をもつと思われる更新投資についてみておくことにしよう。減価償却の状況を産業部門別にみると（前掲表2-1参照），重工業では，本来，設備投資のために計上される減価償却が大きな額にのぼっている。すなわち，G．カイザーとB．ベニング，およびドイツ帝国統計年鑑（*Statistisches Jaharbuch für das Deutschen Reich*）によれば，減価償却にほぼ相当する額が更新投資にあてられたとされているが[26]，その意味では，1924年から29年までの更新投資の合計額は12億7,220万RMとなっており，新規投資の2.34倍にものぼっている。G．カイザーとB．ベニングによれば，重工業の大規模な合理化過程は，そのかなりの部分が，毎年の経常的な減価償却基金による更新投資によって実施されたとしている[27]。機械製造業でも，同期間の新規投資の総額は8,630万RMとなっているのに対して，減価償却総額は3億850万RMとなっており，減価償却額が新規投資額を大きく上回っている。また新興産業部門についてみると，化学工業では，同期間の新規投資額は4億3,650万RMとなっているのに対して，減価償却額は5

億4,260万RMとなっており、新規投資の約1.24倍にのぼっているが、電機工業では、新規投資額は1億7,400万RMとなっているのに対して、減価償却額は1億5,290万RMとなっており、また自動車工業では、新規投資額は9,530万RMとなっているのに対して、減価償却額は7,610万RMとなっている。

　そこで、これまでの考察をふまえて、この時期の設備投資活動をみるときの主要な問題点を整理しておくことにしよう。

　まず合理化過程の第1局面についていえば、とくに重工業および機械製造業における新規投資の比較的大きな伸びが特徴的である。重工業では、1926年にかつてない規模の企業集中が行われ、この産業部門における最大の企業である合同製鋼が誕生したが、この局面は「消極的合理化」を推し進めるなかで産業の再編成が行われた時期であった。H．モテックによれば、「重工業における高度に組織化された独占が、独占価格の上昇と『消極的』合理化の強行、すなわち労働力のことを考慮せずに、生産を最も近代的な生産能力へ切り替えることを始めたので、1925年には、重工業複合体においてかなりの混乱と矛盾が生じた。独占化の程度を高める途上での合理化が、この段階での主要な方法であった」とされている。こうしたなかで、資本の輸入は、この計画を容易にし、その結果、投資活動はわずかに増大し、そのような方法によって、主導的な独占グループは輸出の拡大を達成しようとした。しかし、このこととの関連で重要なことは、ドイツの機械製造業の核である工作機械製造が1924年にも25年にも十分な発注を受けなかったことであり、このことから、生産設備を新たに装備することは、25年恐慌まではほとんど重要性をもっておらず、その当時始まりつつあった合理化の主要な形態が独占化によって既存の近代的生産設備への集中をはかることにあったということができるとされている[28]。前掲表2-1および表2-2によると、重工業では、1925年にはこの期間全体の22.7%にあたる1億2,340万RMの比較的大規模な新規投資が行われており、また機械製造業をみても、この期間全体の43.7%を占める3,770万RMの新規投資が行われているが、その大部分は25年恐慌の後に集中していたものと思われる。

　つぎに、その後の第2局面および第3局面についてみれば、前掲表2-1にみられるように、重工業、化学工業では、1927年およびとくに28年の新規投資が重要な意味をもっており、また電機工業、自動車工業でも、これらの諸年度

の新規投資は合理化の時期をつうじて最も大きな意味をもっていたといえる。H．モテックの指摘するように，ゆるやかな高揚の時期と恐慌局面の時期，すなわち1924年から26年にかけては，「消極的」合理化の形態が支配的であったのに対して，26年末には，機械や装置でもって特定の生産部門をより強力に新装備する傾向が顕著になった[29]。こうして，1927年以降の諸年度には設備投資が本格的に行われることになるが，この段階の合理化をみる場合，資本支出をともなう「技術的合理化」の諸方策がどのような位置を占めていたか，またそれはどのような役割を果していたかについて，「技術的合理化」の諸方策の具体的な内容を検討し，そのなかで，この時期の「技術的合理化」のあり方・性格を明らかにしていくことが重要な課題となろう。またこのこととの関連で，これらの諸年度においては労働組織の領域における合理化の諸方策がどのような位置を占めていたか，またどのような役割を果していたかをみていくことが重要となる。

また1929年については，各産業部門において新規投資のあり方が大きく異なっていることが注目される。重工業および機械製造業では，この年の新規投資はそれぞれ800万RM，500万RMにすぎず，新規投資はほとんど行われなかったといえるが，とくに重工業の合理化をみる場合，29年に根本的な技術的革新がどの程度導入されたか，また企業集中に基づく原料やエネルギーの節約，副産物・廃棄物の有効利用などの諸方策が「技術的合理化」のなかでどのような位置を占めていたか，またそれはどのような役割を果していたかを明らかにしていくことが重要な課題となろう。他方，化学工業，電機工業については，この期間全体の新規投資額に占めるこの年度の割合はそれぞれ21.6％，20.1％となっており（前掲表2－1および表2－2参照），活発な新規投資が引き続き行われるなかで，この年度にどのような根本的な技術革新が導入されたか，またそれがどのような役割を果し，どのような成果をもたらしたかをみていくことが重要となろう。

なお産業部門の設備投資について，いまひとつ指摘しておかなければならないことは，とくに重工業において，カルテルやシンジケートの割当目当てのいわゆる「不良投資」("Fehlinvestitionen")がこの時期に行われたということである。I．M．ファインガルは，合同製鋼を「生産力の尨大な濫費を行ってい

る独占体の最も顕著な実例」として取り上げているが，そこでは，合同製鋼における1932年に完了したコークス設備の建設も，中央鉱坑（ツォルフェラインおよびその他）も割当目当てのものであり，不良投資であったとしている[30]。またG. ライマンによれば，個々の独占資本家たちは生産能力の拡大や技術的改良によってより高い割当を獲得し，そして独占利潤の分け前を増大させようとしており，そのために，まさに最もよく組織されたドイツ西部の鉄鋼業では，最もきびしい資本不足の時代や生産制限が強まりつつあるときに，生産能力の拡大を目的として新しい設備や工場がつくられるという矛盾した現象が最も顕著にみられたとしている[31]。さらに，I. M. ファインガルによれば，旧工業，例えば石炭，カリの採取，冶金業等々に対する投資の大多数は国民経済の利害の見地からみて不良投資であったとされている[32]。

　このような割当目当ての投資は生産技術の発展を必ずしも目的としないだけではなく，過剰な生産能力を生み出すことになるが，この時期には，合理化の過程において過剰な生産能力が蓄積される，という傾向をもっており，そこで蓄積された生産能力は，国内市場の狭隘性と輸出市場の困難性のゆえに十分に利用されることなく遊休化することになる。それゆえ，重工業における設備投資とそれに基づく「技術的合理化」の問題を考えるさいには，この点を考慮に入れておくことが必要であろう。

　またこの時期の産業部門の投資活動を鉄鋼業と化学工業についてみるさいに考慮に入れておかねばならない重要な点は，合同製鋼とIGファルベンのトラスト化のあり方が違っており，そのことがその後の設備投資のあり方にも影響をおよぼしたということである。その設立にあたり，すでに各種の経営を包含し，ドイツの全化学工業を自己の掌中におさめていたIGファルベンでは，その当初から，参加証券および有価証券の在高が著しく高く，全資産中において，固定的設備とほぼ近い比率を占めており，1920年代の合理化の時期の増加分そのものは相対的にみて大きいものではなかった。これに対して，合同製鋼の設立は，最大の参加者のひとつと目されていたクルップも参加しなかったし，発起会社の結合もまだ完全にフュージョン化されておらず，そのために，同社はトラストを一層拡大・強化すべく，その過程が参加証券の著しい増加となってあらわれており[33]，そのことがその後の設備投資の展開に対して，制

約要因となったのであった。それゆえ，重工業と化学工業についてみる場合，この点を考慮に入れて，設備投資の役割，あり方を比較することが重要となろう。

以上の考察において，「技術的合理化」の問題をみる上で重要な意味をもつと考えられる設備投資の動向について，その主要な問題点をみてきたが，つぎに，ここでの考察をふまえて，この時期の生産技術の発展と「技術的合理化」の展開について，みていくことにしよう。

2 生産技術の発展と「技術的合理化」の展開

1920年代の生産技術の発展は，電機工業，自動車工業，機械製造業といった加工組立産業や鉄鋼業などにおいては，産業電化の進展にともなう労働手段の駆動方式の改善にみることができるが，ことに加工組立産業では切削工具の素材の開発・改良もこの時期の生産技術の発展のひとつの重要な要素をなした。また化学工業では，独占形成期に誕生した合成生産方式の利用が多くの製品分野において試みられ，その普及がすすむことになる。この時期の「技術的合理化」は，このような生産技術の発展を基礎にして展開されたのであった。

(1) 産業電化の進展と労働手段の個別駆動方式への転換

まず労働手段の駆動方式の改善についてみることにしよう。生産技術の発展を労働手段の技術的発展の段階でみた場合，汎用機械から専用機械への発展，作業機を蒸気機関で動かす方式から電力によって集合駆動する方式，さらに個別電動駆動方式への発展をたどることになるが，世紀転換期以降，産業電化の進展にともない，電力・電動機の導入による労働手段の技術的発展がみられた。W. ベッカーが指摘しているように，工場制度が一層発展していくための決定的障害の一つは中央蒸気機関駆動とますます複雑化していく伝力機構であったが，都市における照明を目的とした電気エネルギーの使用と電気工学の科学的基礎の成熟とが，1890年代に始まりつつあった，時代遅れの蒸気機関の動力を電気動力によってとって代えることの前提であった。電動機の設置は，発展のこの段階では，さしあたり集合駆動に限られていた。すなわち，中央蒸気機関は，作業機のグループに駆動エネルギーを供給するいくつかの電動機によって置き換えられたのであった。この段階では，経済的利点は，中央蒸気機

関に比べて電動機がもっていたより良い調節性と運転性，より高い効率にあった。しかし，電動機が提供することのできた主たる長所，すなわち作業機の個別駆動はなお利用されておらず，そのことは，こうした目的のために設置される電動機を製造する技術的前提がまだ整っていなかったことによる。さらに，機械工場の所有者たち，資本家たちが，工場制度に内在していた諸矛盾にもかかわらず，待機的態度をとったことが，電動機の設置に対して阻止的に作用した。というのも，始まりつつある電化は，彼らの設備の全面的な歴史的・道徳的摩損を意味し，電力を利用した生産の諸形態を導入するには，著しい資本投下を必要としたためであった。このような理由から，電気原動力をともなった伝力機構が1920年代まで存続していたとされている[34]。

このように，この時期には，個別駆動を行うための電動機を備えた労働手段はまだあまり普及するには至らず，多くの場合，集合駆動に限られていたのであった。第1次大戦前には，個別駆動方式への転換は，大型の機械など特殊な場合に限られていたとされている[35]。

1920年代の生産技術の発展は，基本的には，このような限界を克服せんとするものであり，この時期の労働手段の技術的発展は，個別電動駆動方式への転換を推し進めるものであった。例えば鉄鋼業をみた場合，この時期の生産技術の発展の指標として，最も重要なもののひとつに，産業電化にともなう作業機の個別駆動の進展がみられるが，この産業部門において，本来その利用が最も大きな成果をもたらしうるのは圧延部門であり，それは，連続広幅帯鋼圧延機に代表される生産性の高い最新鋭の機械設備の利用にみることができる。また組立産業についてみても，そこでの「技術的合理化」は，駆動装置の改善による労働手段の技術的発展にひとつの重点がおかれていた。

産業電化の進展については，一般的な傾向としてみれば，蒸気力・蒸気機関から電力・電動機への転換は，歴史的に1910年代後半に後者が前者を追いぬき，30年すぎに圧倒的優位を占めることによって完了するとされているが[36]，この点をドイツ工業全体でみれば，動力の電動化率は1907年には19.7％にすぎなかったものが25年には65.5％に，33年には72.4％に上昇している[37]。また部門別にみると，例えば機械器具製造業・自動車工業では，1907年から25年（戦後の領土を基準にしており，ザール地域を除く）までに動力機の

第2章　ドイツ合理化運動の展開とその特徴　49

原動力としての蒸気力の利用は333,879馬力から683,695馬力へと約2倍に増加しているにすぎないのに対して，電力の利用は158,748馬力から1,456,727馬力へと約9倍に増加している。電機工業・精密機械工業・光学工業でも，蒸気力の利用は55,331馬力から200,861馬力へと3.6倍に増加しているにすぎないのに対して，電力の利用は52,080馬力から489,141馬力へと9.4倍に大きく増加している[38]。また電力（自動車を除く）を利用している企業の数は，機械器具製造業・自動車工業では，1925年の21,790社から33年には23,653社に，すなわち8.5％の増加をみており，作業機の動力に利用された電動機の馬力数は同じ時期に1,392,257馬力から1,550,622馬力に，すなわち11.4％増大している。電機工業をみても，その企業数は6,170社から9,154社に，すなわち48.4％の増加をみており，作業機の動力に利用された電動機の馬力数は393,666馬力から453,747馬力に，すなわち15.3％の増加をみている[39]。

　この時期の労働手段の個別電動駆動方式への転換は，電機工業，自動車工業，機械製造業などの加工組立産業や金属加工業などを中心にすすんだが，そこでは，大量生産への移行のテンポが個別駆動の導入を規定したのであった[40]。作業機への電動機の適用はさまざまな段階において実現されたが，主軸の駆動回転数が電動機の最も有利な標準回転数に一致しないような機械では，たいてい，駆動軸の回転数が歯車式動力伝達装置ないしベルト車によって変えられることによって機械的な適応がはかられたのであり，つぎの一歩――これはほぼ1920年代末にみられた――は，ハンドボール盤やハンド研削盤においてのように，作業機のための電動機と機械との組織的な結合であった[41]。

　この時期の労働手段のこのような技術的発展に関して，T. v. フライベルクは，工作機械の駆動システムは1920年代には工作機械製造の最も重要な発展領域のひとつであり，そこでは，伝力駆動の駆逐および個別電動駆動の普及という一般的な発展方向が定着したとしている。この点について，W. ベッカーは，作業機を蒸気機関で動かすことから電気によってグループで動かすことへ，また最終的には個別的に動かすことへの移行は，1926/27年の合理化景気以降，より強力なテンポで行われたとしている[42]。このように，個別駆動は1900年以降ますます目立つようになり，1920年代に広く普及するようになるが，そこでは，そのときそのときの設計・技術上あるいは経済面での決定に基

づく電流の種類（直流ないし交流）の選択の問題と，工作機械の駆動システムがどの程度統合されねばならないかという2つの問題領域が工作機械の開発活動を規定した(43)。とくに前者についていえば，大規模な組別生産や大量生産が可能であったところでは，汎用工作機械が作業職場から駆逐され，それに代わって，より単純であるがより狭い領域にしか使用できない生産機械ないし専用機械が配置され，そのような機械の動力機には三相交流電動機（Drehstrommotor）を必要とした(44)。

　直流電動機の最大の利点は，複雑でかつ抵抗の少ない伝動装置なしに微細な回転数の制御をなしうることにあるが，このことは，とくに個別生産および小規模な組別生産における汎用工作機械の動力として直流電動機を適したものにしたとされている。これに対して，むしろより単純な製造用工作機械および専用工作機械が配置される工業の大規模な組別生産や大量生産においては，あまり高度な微細な回転数の制御はなしえないが最も頑丈で，高出力でかつ単純な原動機である交流電動機が求められたとされている(45)。産業電化にとって問題の多い直流電力は工業用動力としては適しているとはいえず，とくに機械の個別駆動方式への転換のさいに重要な役割を果した小型電動機はその多くが交流電動機であり，この時期の電力の導入を主導的要因とする労働手段の技術的発展は小型の交流電動機の利用を基礎にしていた。かくして，この時期には，非常に容易に制御できる直流動力機が長距離送電でもって駆逐されていき，そのかわりに，より単純ではあるが，基本的には同じ回転数で稼動する三相交流電動機が広く登場してくることになる(46)。E.プレーゲルとH.ヘネッケによれば，1930年には，直接駆動される工作機械の約3分の1が直流電動機を備えていたにすぎないのに対して，三相交流電動機（転向電動機）は工作機械の動力として，その利用の増大をみたとされている(47)。

　そこで，各種機械の動力機である電動機を供給するジーメンス・シュッケルトの電動機の売上額に占める小型電動機のそれの割合をみると，1930/31年の同社の小型電動機の売上総額80億5,500万RMのうち三相交流電動機の売上額は59億900万RMであり，73.4％を占めており(48)，1920年代に労働手段の動力機として小型の三相交流電動機の利用が大きな増加をみたことがわかる。

しかし，生産者の側における定型の多様性がもたらす生産効率の面での不利な諸結果のために，1920年代には交流動力と直流動力との間での決定は未だなされないままであったとされている。このような技術発展は，両者の電動機のタイプにおいて，そのときそのときの加工の諸要求への動力の最適な適応が達成されうるように推し進められたとされている[49]。また個別駆動方式への転換にともない，伝達技術（歯車技術および玉軸受技術，液圧式伝動装置）も，交流電動機においても広い高回転の幅が可能となるように一層の開発がなされた。まさにこのような伝達装置の発展は，原動機の機能上の負担を軽減し，また交流電動機の利用領域を拡大する可能性を長期的に与えたのであり，このことは工作機械の駆動システムの規格化に役立ったとされている[50]。三相交流電動機の利用のために必要な前提条件は，細かな回転数の幅を可能にする伝達装置の一層の開発であった。1924年以降の諸年度には，すべての機械的な歯車箱のそれまでの弱点，すなわち伝達速度に対して限界を規定していた歯車に手がつけられた。こうした発展の最後の段階は，当時としては，液圧式伝達装置であり，それは1920年代にとくにドイツで開発されたが，アメリカにおいて急速に受け入れられた。液圧式伝達装置は，「切削速度を段階的な差異なしにつねに最もひろく制御することおよび最大の負荷のもとで稼動中に振動なしに速度を変えること」という古くからの要求を充たした。非常に静かな，振動のない作業および広範囲におよぶ速度の無段階の調整の可能性が問題となるところでは，液圧式伝達装置は工作機械製造において広い利用領域を見い出したとされている[51]。

電動機による労働手段の個別駆動方式によるいまひとつの大きな成果として指摘しておかねばならないことは，W. ベッカーの指摘する「工場制度の工学上の主要矛盾」の解決である。すなわち，生産にとっての増加するエネルギー必要度がエネルギー伝達体系，伝力機構の限界につきあたるということ[52]，またさらにそれにともなう労働組織の編成上の制約があり，これらの問題が個別駆動方式によって取り除かれたことである。すなわち，動力体系および伝力機構によるエネルギーの伝達は作業機の特殊的な利用を制約していたが，それは作業機を電力で個別的に動かすようになって初めて克服することができたのであり[53]，そのことによって工程順に機械を配置することが問題な

くできるようになった。こうして，特定の製品あるいは部品の製造について，作業対象の進行の順序に合わせて作業が配置され，また作業対象の進行距離をできる限り短縮しうる搬送経路が選ばれるようになり，大量生産，とくに流れ生産への移行のための基礎が築かれた。流れ生産による大量生産は電力の導入を主導的要因とするこのような労働手段の技術的発展によって可能となったのである。

　このように，労働手段の個別駆動方式への転換は，この時期の「技術的合理化」の諸方策のなかでとくに大きな意味をもつものであったといえる。しかし，その進展状況については，1920年代後半の急速な進歩にもかかわらず，広い基盤をもった個別電動駆動の大規模な定着はみるのは30代後半のことであったとされており[54]，産業部門間，製品部門間，工場間，さらに工程間の比較をとおしてみていくことが重要となる。

　(2) 切削工具の新素材の開発とその適用

　つぎに切削工具の改良をみると，切削工具用合金の発展の歴史は，炭素鋼から高速度鋼，さらに硬質合金へと，その素材が開発されてきたのをみる。テイラー＝ホワイトの高速度鋼は1900年以降工作機械の一層の発展に決定的な影響をおよぼし，この新しい工具鋼ははるかに高い切削速度を可能にした[55]。この高速度鋼は，1900年以降，工作機械の内部の全体構造の急激な変化をもたらすものであった。しかし，1920年代には，工具用の新しい硬質合金の開発でもって工作機械技術の同様の徹底的な変革の道が開かれた。硬質合金工具でもって可能なはるかに高い切削速度はより少ない送りや切り込みによって可能となったが，機械の出力の新しい定格化を必要とした。硬質合金工具の新しい給付能力への工作機械の適応は，とりわけ原動機，伝達装置——およびここではとくに歯車およびボールベアリング——，注油装置および削り屑除去装置だけでなく，機械の全体的な構造を変革させねばならなかった。それゆえ，新しい硬質合金の利用に関しては，1920年代はとりわけ準備，研究開発活動の年であった。まさにドイツの金属加工業における工業大量生産は例外的であり，とくに機械製造業ではそれはわずかしかみられなかったので，制約された諸条件のもとで新しい硬質合金の経済的な利用条件を究明するために，基本的な研究活動

を必要としたとされている(56)。

切削工具の素材（高速度鋼，硬質合金）における進歩はまた，工作機械の駆動システムの一層の開発を必要にした。というのは，可能な切削速度が実現されうるかどうかはいうまでもなく原動機の出力と制御性にかかっていたからである(57)。硬質合金製の切削工具の高い切削速度は特別な製造方法を必要としたのであり，そこでは，より高出力の電動機が利用されねばならなかった(58)。このように，硬質合金製の切削工具の利用は各種機械の電動化と結びついて切削速度の大きな上昇をもたらしたが，「切削速度の増大によってそれまでの切削能力をかなり上回っていたはず」のステライト製の新しい切削バイトがすでに1914年に「イギリスからやってきて」市場に現われたのであった。ドイツでは，戦後初めてこの新しい工具の素材の生産に取り組んだのであり，「ステライト，フォルミット，コーペライト，アクライトなどのさまざまな名称で市場に出された」のであった。しかし，1924年にはこのような新しい硬質合金の開発はまだ見通しがついておらず，「つねに変わらない特性をもつ」硬質合金の生産の問題は未解決であった。「ステライト製およびそれに似た素材の工具での暫定的な，まだ模索的な実験が同様に駆動および伝達における変革をひきおこすように導くかどうか」は1924年には疑わしかったけれども，このような開発活動の重点は1920年代にあったとされている(59)。レーヴェ社のE.フーンは，切削工具用合金の開発およびそれとともに切削能力の発展も1924年にはほぼ一段落しており，またそこでは新しい開発の進展は新しい硬質合金の利用によってなお数年を待たなければならないという予測を行っているが，T. v. フライベルクは，機械製造企業の圧倒的大部分にとっては，このことは少なくとも現実的であったとしている(60)。

そうしたなかで，電機企業のジーメンスが独自の硬質合金の開発に成功し，ドイツにおける硬質合金の開発は大きな進展をみた。ドイツでは，第１次大戦終結後初めて——アメリカに対する立ち遅れを取り戻すために——テイラーの先駆的な刺激を受けて，研究開発活動が工業において新たに開始されたが，そこでは，ジーメンス・シュッケルトのエルモ工場（電動機工場）が目立った役割を果した。すなわち，1919年の初めにルートビィヒ工場長は，作業部長であるW. ドレッシャーに，「高速度鋼にまさる切削工具用合金」の開発，すなわ

ち工場で自ら製作することのできる独自の硬質合金の開発のための準備活動をジーメンス＆ハルスケの研究所との協力で始めることを委任した。そして，1年をこえる集中的な研究活動の後，1922年には，それまでの有名なステライトに匹敵するだけではなく，多くの点で優れてさえいた新しい合金を，ニッケルとモリブデンを加えることによって，開発することに成功した。この新しい「ジーメンス・シュッケルトの高性能切削工具用合金」は，「硬質合金Ａ」ないし「アクライト」いう名で呼ばれ，ジーメンス・コンツェルンの工場の自家需要のための生産が研究所で行われた。

またさらに生産のさいの全属の切削におけるアクライト刃の投入およびその経済的な利用が詳しくテストされ，その導入が完了したとみなしうる前に，エルモ工場は，なお有望な将来へのチャンスを逃さないために，W.ドレッシャーを使って，オスラム研究会社との共同研究を始め，かの新しい一連の硬質合金の研究にかかわった。そして，数多くの諸要求を充たす製品の開発は，長期にわたることがわかったが，1926年に初めて「新しい硬質合金Ｂ」を生み出すことに成功した[61]。

しかし，この時期の硬質合金工具の利用状況については，W.ドレッシャーは1927年に，「アクライトは確かに大量生産におけるいくつかの作業工程のために利用されたが，『さしあたり』，高速度鋼は『職場から大量に』駆逐されたのではなかった[62]」と結論づけており，また T. v. フライベルクも，硬質合金に関しては，20年代は準備，研究開発の年であり，30年代および40年代が初めて工業への予想されていた広い利用をもたらしたと指摘している[63]。

このように，1920年代の合理化の時期の加工組立産業における生産技術の発展は，工作機械をはじめとする労働手段の電動化に基づく個別駆動方式への転換と硬質合金を利用した切削工具の改良による労働手段の技術的発展を中心としていた。なおこのような生産技術の発展による合理化＝「技術的合理化」の具体的な考察を行うさいには，フォード・システムの導入（とくに労働組織の変革）との関連においてみていくことが重要となる。

ここで，この時期にこのような「技術的合理化」の諸方策がどの程度取り組まれたかを，1931年に実施された金属労働者組合（DMV）の調査に基づいてみておく

と（表2-3参照），調査された工業全体では，調査の対象とされた1,860の部門のうち87.7%にあたる1,631部門で機械設備の近代化が取り組まれており，この表に示された合理化諸方策全体（2,655部門）に占める割合では61.4%となっている。これを産業部門別にみると，100%に近い割合を占めている機関車・車両工業を除くと，いずれの産業部門をみても，機械設備の近代化が取り組まれた割合は，調査の対象とされた部門の約75%から90%にのぼっており，すべての産業において高い割合を占めていることがわかる。

(3) 合成生産方式の本格的展開とその意義

さらに化学工業における生産技術の発展についてみると，長いあいだ化学は，例えば石炭のような複雑な天然資源を，そこから新たな第一次素材を取り出すために，乾留によって分解しようと試みたのであるが，染料合成（アニリン染料）にみられるように，この新しい段階を特徴づけたのは，簡単な化合物から複雑なそれを合成する試みであり，それは20世紀の近代化学にとって典型的となった方法となり，そこでは，生産工程は連続的に行われたのであった[64]。W. ベッカーは，物質的・技術的基盤における決定的な質的変化，科学・技術的進歩の指標のひとつとして，1900年から45年にかけての，またその後における生産諸力の国際的発展を明確に示した発明や処理法を特徴づけるにあたって指摘しておかなければならない重要なことのひとつとして，「触媒技術と高圧合成の導入によって，空気から窒素を獲得するための，また合成染料，合成ゴムを生産するための新しい方法が生まれたこと」をあげている[65]。このような合成生産方式の誕生が，独占形成期の化学工業における最も重要な生産技術の発展のひとつであった。

化学工業における1920年代の生産技術の発展は，独占形成期の染料合成にそのはじまりをみる合成生産方式が他の製品分野にも応用されることによってその本格的・全面的な展開をみたことに特徴をもち，それは多角化のための基礎をなした。すなわち，第1次大戦中に拡大された生産能力が戦後になって遊休化することになったのにともない，それを他の製品の生産のために利用することがそのような開発活動のひとつの目的とされたのであり，そうした状況のもとで，合成生産のための技術の利用が1920年代に多くの製品分野に拡大される

表2-3 主要産業部門における合理化諸方策の展開[1]

合理化方策	重工業[222][2] 部門数[3]	(A)に占める割合(%)	金属精錬・半製品[60] 部門数	(A)に占める割合(%)	鋳造業[147] 部門数	(A)に占める割合(%)	鉄製品・鋼製品[303] 部門数	(A)に占める割合(%)	金属製品[54] 部門数	(A)に占める割合(%)	貴金属・卑金属類[34] 部門数	(A)に占める割合(%)	機械製造業[475] 部門数	(A)に占める割合(%)
経営部門の統合	26(11.7)	10.0	10(16.7)	14.7	11(7.5)	5.8	20(6.6)	5.0	4(7.4)	5.4	3(8.8)	7.5	47(9.9)	7.2
機械設備の近代化	197(88.7)	75.4	54(90.0)	79.4	132(89.8)	69.5	271(89.4)	67.1	47(87.0)	63.5	28(82.4)	70.0	426(89.7)	65.2
定型数の削減	4(1.8)	1.5	—	—	—	—	2(0.7)	0.5	—	—	1(2.9)	2.5	2(0.4)	0.3
流れ作業の導入	18(8.1)	6.9	1(1.7)	1.5	23(15.6)	12.1	50(16.5)	12.4	9(16.7)	12.2	5(14.7)	12.5	77(16.2)	11.8
コンベア作業の導入	5(2.3)	1.9	—	—	11(7.5)	5.8	34(11.2)	8.4	7(13.0)	9.5	—	—	11(2.3)	1.7
組別生産の導入	2(0.9)	0.8	—	—	8(5.4)	4.2	18(5.9)	4.4	4(7.4)	5.4	2(5.9)	5	69(14.5)	10.6
その他の転換	9(4.1)	3.5	3(5.0)	4.4	5(3.4)	2.6	9(3.2)	2.2	3(5.6)	4.0	1(2.9)	2.5	21(4.4)	3.2
合 計(A)	261	100	68	100	190	100	404	100	74	100	40	100	653	100

	農機具工業 [41]		事務機器・ミシン [57]		造船業 [34]		自動車・自転車 [94]		機関車・車両製造業 [76]		電機工業 [181]		時計製造業 [29]		精密機械・光学工業 [53]		合計 [1,860]	
	部門数	(A)に占める割合(%)	部門数	(A)に占める割合(%)	部門数	(A)に占める割合(%)	部門数	(A)に占める割合(%)	部門数	(A)に占める割合(%)	部門数	(A)に占める割合(%)	部門数	(A)に占める割合(%)	部門数	(A)に占める割合(%)	部門数	(A)に占める割合(%)
	2(4.9)	2.9	4(7.0)	3.8	8(23.5)	16.7	14(14.9)	8.1	6(7.9)	4.7	20(11.0)	6.4	2(6.9)	4.3	6(11.3)	7.1	183(9.8)	6.9
	36(87.8)	52.9	48(84.2)	45.7	29(85.3)	60.4	83(88.3)	48.0	75(98.7)	58.1	139(76.8)	44.5	23(79.3)	50	43(81.1)	51.2	1,631(87.7)	61.4
	―	―	―	―	―	―	―	―	―	―	3(1.7)	1.0	―	―	1(1.9)	1.2	13(0.7)	0.5
	15(36.6)	22.1	29(50.9)	27.6	5(14.7)	10.4	30(31.9)	17.3	28(36.8)	21.7	57(31.5)	18.3	8(27.6)	17.4	16(30.2)	19.0	371(20.0)	14.0
	3(7.3)	4.4	13(22.8)	12.4	―	―	20(21.3)	11.6	4(5.3)	3.1	53(29.3)	17.0	3(10.3)	6.5	4(7.5)	4.8	168(9.0)	6.3
	11(26.8)	16.2	10(17.5)	9.5	6(17.6)	12.5	25(26.6)	14.4	16(21.1)	12.4	33(18.2)	10.6	9(31.0)	19.6	9(17.0)	10.7	222(11.9)	8.4
	1(2.4)	1.5	1(1.8)	1.0	―	―	1(1.1)	0.6	―	―	7(3.9)	2.2	1(3.4)	2.2	5(9.4)	6.0	67(3.6)	2.5
	68	100	105	100	48	100	173	100	129	100	312	100	46	100	84	100	2,655	100

(注): 1) 1931年に行われたドイツ金属労働者組合の調査結果。
2) [ ]内の数値は調査された部門数。
3) ( )内の数値は当該産業部門における調査された部門数に占める割合（単位：%）。

(出所): Deutscher Metallarbeiter-Verband, *Die Rationalisierung in der Metallindustrie*, Berlin, 1932より作成。

に至る。つまり、染料合成によって近代化学工業の基礎が与えられたのち、この工学的原理は、アンモニア合成、空気からの窒素の獲得の出発点となった。そうした技術は、機械や装置の製造に新たな要求をつきつけただけでなく、流れ生産、結合生産、とりわけ、一生産工程の残留ガスが新生産工程の出発点となる、いわゆる連結生産を定着させた。このような方法の導入は、第1次大戦中、1916年に設立されたロイナ工場によって、その工程の基礎が築かれたので、ドイツにおいてはとくに急速に行われた。そして、ついにアンモニア合成によって、工学的な近代的な大規模化学のためのいまひとつの決定的な前提が生み出され、それが必然的にメタノール合成（1923年）、合成燃料や合成ゴムの生産へと進展していったのであった[66]。

このような技術発展の成果を基礎にして、IGファルベンでは、窒素部門の投資の拡大、合成アンモニア、合成メタノール、人造石油の開発、合成ゴム、人絹・スフ、合成樹脂などの研究開発が推し進められていくのであり、この時期の合成生産方式の本格的展開を基礎にした「技術的合理化」の推進は、第1次大戦後の蓄積条件の変化へのドイツ化学工業の適応のための重要な基礎的条件をなすものであったといえる。

3　「労働組織的合理化」の展開

これまでの考察において、「技術的合理化」についてみてきたが、そのような合理化は諸方策はそれなりに資本支出をともなう合理化であり、当時のドイツの独占企業がかかえていた資本不足とそれに規定された資本コストの負担といった諸困難、また国内市場の狭隘性と輸出市場の困難性といった諸問題のもとで、そのような合理化方策の推進は一定の限界をもつものであった。またこの時期の「資本運用」についてみても、もちろん「設備投資による一定度の『技術的』合理化が進められた」が、「むしろ『資本運用』の主力は、企業の集中、合併、参加政策などの独占的支配領域の拡大に利用された」とされている[67]。このような「技術的合理化」の限界は、この時期のドイツの主要産業に対して、労働組織の変革・再編成による合理化＝「労働組織的合理化」をそれだけ強く求めざるをえなかった理由でもあった。

また、合理化論者の主張のなかには、この時期のドイツ工業は、技術的に

は，アメリカと比べてそれほど大きな立ち遅れはみられないが，合理的な組織という点では大きく立ち遅れていたという指摘がみられる。例えば，J. エルマンスキーは，不合理な生産組織のためにおこる損失の額は，ドイツのような技術水準の高い国においてさえ，疑いなくアメリカの額を上回っており，技術水準が高いにもかかわらず，ドイツにおける合理的組織がアメリカのそれにはまったくおよばないということは否定されえない，としている[68]。

このような状況のもとで，ドイツでは，労働組織の領域における合理化への取り組みが重要な課題となり，とくにアメリカのテイラー・システムやフォード・システムが注目を集め，それらをめぐる論議が活発になった。1920年代の後半には，このようなアメリカ的管理方式の導入が，「合理化運動の推進」の名のもとに，いわば国民経済的観点から取り組まれ，そのなかで，テイラー・システムがドイツ的に修正され，ドイツ独自のいわゆるレファ・システムが広く普及することになるのである。また，当時アメリカにおいてフォード・システムの展開によって大量生産体制の確立をみた自動車，電機，機械製造などの産業部門では，アメリカ企業との競争に打ち勝つためには，そのような生産・管理方式の導入が最も重要な課題のひとつとなり，その導入の取り組みが推し進められることになる。

そこで，まず，すでに今世紀初頭から注目され，その導入が検討されてきたテイラー・システムを中心に考察をすすめ，第1次大戦前，戦時および戦後のドイツにおける労働組織の領域で取り組まれた合理化方策の特徴を明らかにしていくことにしよう[69]。

(1) テイラー・システムの導入とレファ・システム
① 第1次大戦前のテイラー・システムの影響

ドイツにおけるテイラー・システムの導入の根本的基盤をなしたものは，1871年以降のドイツ資本主義の発展による大規模経営の出現，そこにおける管理の必要性であったが，ドイツ資本とアメリカ資本との競争が直接的背景となっており，さらに直接的には，アメリカとの技術のギャップに脅威を感じる技師たちの要請によるものであった[70]。このような事情から，ドイツにおいて，はやくから，テイラー・システムに強い関心を抱いていたのは「ドイツ技師協

会」(Verein deutscher Ingenieuer) であった。彼らはドイツの経営科学の先駆者であり，またテイラー・システムの紹介とその受け入れの検討にさいして，最も重要な役割を果した。彼らは，アメリカを世界市場における重要な競争相手とみなしており，1903年には，彼らの間で「アメリカの脅威」ということがいわれるようになっていた。それだけに，彼らの間では，アメリカに対抗するためにも，新しい技術的および労働組織的な諸方策でもって対応をはかるべきだという考え方が強かった[71]。

こうして，この時期のドイツにおいても，労働組織の変革が取り組まれたのであり，そこでは，テイラー・システムの導入とともに，従来の職長（親方）の機能を分割し，計画と執行の分離をはかろうとする試みが一部でみられた。しかし，テイラー・システムにおける課業管理の基礎となる時間研究，それに基づく作業の標準化・客観化は，この時期には，ドイツではまだすすんでいなかった[72]。

そこで，ドイツにおいて，第1次大戦前にテイラー・システムの本格的な導入・実施がなぜみられなかったかについてみておくことにしよう。

ドイツでは，今世紀初頭に，若干の経営において，1870年代の工場親方制度（Weksmeister-System）から技術担当室制度（die techinische Büro）への一般的な発展がみられ，そこでは，各職場が分散的に，また資本のサイドからみれば間接的に管理される形態から各職場が集中的に，また資本によって直接的に管理される体制への移行の取り組みがみられた。しかし，アメリカとは異なり，そのような技術担当室は，製鋼・圧延工場，自転車ないし炉のような大量生産を行う経営ではなく，わずかな例外はあるものの，1914年以前にはまだ大量生産がみられなかった機械製造業において必要とされた[73]，ということである。

またそのことと関連して，確かに生産技術の発展と工場の規模の増大にともない，工場親方制度が生産の合理化の障害となっていたことに組織的変革の要因をみることができるが，まだこの時期には，時間研究に基づく作業の標準化・客観化を本格的に推し進める必要性は，アメリカの場合ほどには大きくなかったということである。もともとテイラー・システムは能率向上のための高度な手段であり，それは標準化と専門化に基づく大量生産技術であるといえる。それゆえ，テイラー・システムの実施は，大量生産を可能にする大量販売

を前提とするわけで，基本的には，それを実現する国内市場なしには不可能である。しかし，ドイツでは，アメリカとは異なり，大量販売を可能にするだけの一般消費財の市場は存在せず，その意味では，テイラー・システム導入の条件はまだ出来ておらず，このような合理化方策の導入を急速かつ本格的に推し進める必要性は必ずしも強いものではなかったとされている[74]。電機工業や機械製造業においても，輸出市場における競争力強化のために，テイラー・システムの本格的な導入を急務としたのは，大量生産を志向し，輸出市場への進出を強力に推し進めようとした，ほんのわずかな大規模企業のみであった。

さらに，ドイツでは，一般的な傾向としてみれば，労働力が豊富であり，熟練労働力にしてもアメリカのように不足していたわけではなく，したがって労働力にかかるコストもアメリカほど高いものではなかったということである。「そのために，比較的規模の大きい工場経営においても，賃金水準の低さは，そのかぎりでは機械化，専用機械の導入に対して阻止的に作用するわけで，そこでは内部請負制度が根強く残存し，請負親方（職長）——職人——従弟という家父長的労働関係が維持され」，「工場内分業に基づく新しい労働組織の新編成は，ごく限られた経営においてしかみることはできなかった[75]」ということである。

また最後に，労働組合（とくに自由労働組合）がテイラー・システムの導入に対して，どのような立場をとっていたかをみると，第1次大戦までは，自由労働組合と社会民主党の関係者の多くは，テイラー・システムを「アメリカの病原菌」("amerikanischer Bazillus") として拒否していたとされている[76]。しかし，労働組合はテイラー・システムそれ自体を全面的に否定していたのではなかった。つまり，自由労働組合は，少なくとも労働者の立場から否定すべきテイラー・システムの側面や要素を経営参加などによってなくし，犠牲が労働者に転嫁されない限り，そのシステムの導入には必ずしも反対しない，という態度をとっていたのである[77]。

② 第1次大戦時・大戦後のテイラー・システムへの対応
　1) 第1次大戦時のテイラー・システムへの対応
しかし，第1次大戦時および大戦後には，テイラー・システムの導入・実施

をめぐる状況は大きく変化した。ドイツでは，第1次大戦の開戦にともない，戦争経済への移行のもとで，軍需品の大量生産を行うための組織的な取り組みが急務とされ，そこでは，テイラー・システムの導入による労働組織の再編成が大きな意味をもつようになってくる。

すなわち，戦時のほとんど充足しきれないほどの軍需品の大規模な需要のもとで，合理的な生産方法，時間，原料およびエネルギーを節約する作業形態，給付の増大を促進するような組織的な諸方策が予期しなかった諸可能性を与えたとされている[78]。またこの時期には，ドイツでも，すでに軍需産業においては，「アメリカの」規模とほとんど同じ規模の大量生産がみられるようになっていた，ということである[79]。

また，この時期におけるドイツのテイラー・システムへの取り組みが，戦前よりも強まった背景には，第1次大戦の開戦にともなう労資関係の変化があったといえる。すなわち，開戦にあたり，社会民主党は「城内平和」と戦争協力の政策をとり，またそれにともなって，社会民主党系の労働組合である自由労働組合は事実上，ストライキの全面放棄を決定した[80]。この「城内平和」こそが，軍需生産の増大を推し進める上で大きな意味をもったのであり，テイラー・システムは「戦争遂行のための軍需生産の増強」という国家的課題に取り組むためのひとつの手段として取り上げられ，その導入・実施が経営の枠をこえて推し進められようとしたのであった。

2）戦後の混乱期のテイラー・システムへの対応

第1次大戦後のドイツにおいては，11月革命をへて，社会民主党の政権への参加という状況のもとで，テイラー・システムの導入の意義が一層高まってくる。すなわち，国内生産の極度の落ち込み，輸出貿易の過去最低水準への転落，さらに連合国の法外な賠償請求のもとで，ドイツ経済をいかに再建するか，といういわば国民的課題が強調され，このような国民経済的な観点からテイラー・システムの導入の問題が取り上げられるようになってくる。

つまり，そこでは，敗戦・ヴェルサイユ条約の締結によって，耐えきれないほどの負担・要求を突きつけられ，ドイツ経済全体の再建が問題となったこと，社会民主党の社会化構想のもとで，自由労働組合にとっても，テイラー・

システムの導入が生産力発展のための手段として認識され，労資間の協調がより強められたこと，さらに資本側が11月革命による体制的危機を回避し，ドイツ資本主義を守るために労働者階級に与えた経済的譲歩がその後の独占資本の復活・発展にとって大きな足かせとなったこと，そのために，ドイツ独占資本にとっては，生産力を発展させるための手段として，それまで以上にテイラー・システムの導入が大きな意味をもったということである。

わけても，ヴァイマル政府への社会民主党の参加という政治的枠組みの条件の変化は，とくに社会民主党の「社会化構想」との関連において，テイラー・システム導入の意義を一層高めたといえる。つまり，「社会化はとりあえず生産増大の問題であり，それが労働者，とくに労働組合の参加のもとに行われるべきであるということが，多くの労働組合指導部の考え方であった」といわれているが，「生産増大といっても，当時のドイツの状況では，生産性向上以外に有力な手段はなかったから，生産増大はとりも直さず生産性向上の問題であった」といえる[81]。こうしたなかで，社会民主党が政権に加わって，自由労働組合幹部で入閣するものもあり，自由労働組合にとっても，ドイツ経済の復興・発展は，自らの主体的問題として意識されるようになり，そのことが社会化の問題と重なり，テイラー・システムの導入・実施による生産の増大は，さらに積極的意義をもつようになったといえる[82]。

しかし，第1次大戦後のこのような状況の変化にもかかわらず，この時期には，時間・動作研究はまだひろく実施されるには至っていない。時間研究は1922年頃までは散発的に行われていたにすぎない[83]。

3）インフレーション期のテイラー・システムへの対応

つぎにインフレーション期についてみると，ドイツでは，1920年代の初めまで，貨幣出来高給（Geldakkord）が伝統的に支配的であり（ただし戦後の革命期には，出来高給は一時的に廃止されている），労働者と職長とが個々の出来高給を交渉によって決定していたが，インフレーションは，時間出来高給（Zeitakkord）およびそれと結びついた時間研究の一層強力な導入のきっかけとなった。すなわち，労働者に対する経済的不安の圧力が彼らの抵抗力を弱め，より安定した収入を求める要求の高まりは，安定した賃金を約束する時間出来高

給を労働者が受け入れることを促したのである[84]。またインフレーションの昂進によって，貨幣価値は急速に低下し，大きな変動を示したために，貨幣価値をもって「労働の不変的尺度」とすることが不可能となった。それゆえ，貨幣価値に代えて時間をその尺度とすることが必要となり，それまでの貨幣出来高給に代えて時間出来高給が採用されることになったのである[85]。

インフレーションの昂進によるこのような貨幣価値から時間への「労働の不変的尺度」の変更は，また同時に，1919年に経済的製造委員会（AWF）に設置された「時間研究委員会」（Ausschuß für Zeitstudien）による過程研究を一層推進したといえる。しかし，この時期には，ドイツの企業におけるテイラー・システムの実施の試みはまだ組織的なものではなく，部分的なものにすぎなかった。とくにテイラー・システムの課業管理の基礎となる時間・動作研究，作業研究を組織的に行っていた企業は少なかったといえる。

③　相対的安定期のテイラー・システムとレファ・システム

ドイツ資本主義の相対的安定期には，ドイツ独占企業をとりまく諸条件は大きく変化した。すなわち，1923年秋の革命勢力の完全な敗北を契機として，ドイツの独占資本は，労働者に対する「巻き返し」を本格的に開始した。そこでは，11月革命を引き金とするその後の体制的危機からドイツ資本主義を守るために労働者階級に与えた経済的「譲歩」を骨抜きにし，反故にすることが独占資本のひとつの目標とされた[86]。この時期の合理化運動は，まさに独占資本にとっての「巻き返し」の目標を達成し，賠償金の支払いをはじめとする独占資本にふりかかる一切の負担を労働者階級に転嫁しようとするものであった[87]。

さらに，この時期には，労資関係の面においても大きな変化がみられた。1923年秋の革命勢力の敗北によって，「社会主義化」の可能性が事実上なくなり，労資協調の側面が強調されるなかで，この時期には，社会化にかわる合理化運動の推進のための新しいイデオロギーとして，「経済民主主義」論が登場することになる[88]。テイラー・システムの導入，レファ・システムへのその修正・実施はこのような労資協調の基本的な枠組みのなかで，いわば国民的運動として，推し進められることになるのである。

そこで，つぎに，テイラー・システムの導入がこの時期のドイツにおいて，具体的にどのようなかたちで取り組まれたかを以下，みることにしよう。まずこの時期のドイツの合理化運動が，いわゆる「破局政策」（これは，「もちろんドイツ独占資本の破局ではなく，ただ議会制共和国の破局のみを意図することによって，あくまでも独占資本の復活を図らんとした石炭・鉄鋼独占資本グループの政策」のことである）に立つ石炭・鉄鋼独占資本ではなく，「履行政策」（これは，「見せかけの賠償履行を基礎にあくまでも独占資本の復活を意図せんとした電機・化学独占資本グループの政策」のことである）を推し進めんとする化学・電機独占資本の主導のもとに展開されたという指摘[89]に注目する必要があろう。すなわち，化学・電機独占資本グループによる「履行政策」は，外資導入と輸出を推し進めるための条件をなすものであり，この独占資本グループは，忠実な「履行政策」のもとで，外資を導入し合理化を本格的に推し進め，輸出市場に積極的に乗り出そうとしていた。もとより，この時期の合理化運動を主導した化学工業，電機工業は輸出依存度が比較的に高く，それだけに，これらの独占資本にとっては，外国，とりわけアメリカとの競争に打ち勝つことが最大の課題となっていた。

　なかでも，電機工業は，当時，アメリカにおいてフォード・システムに基づく大量生産体制への移行がすすんでいた産業部門であった。アメリカでは，すでに第1次大戦のはじまり頃にフォード・システムが登場し，戦後には，現代的な大量生産体制の基礎が築かれ，この時期を契機として，耐久消費財を生産する自動車工業，電機工業のような組立産業部門において，装置・生産財産業に属する鉄鋼業とは異なる，いわば「現代的な」生産力の発展がみられるようになっていた。

　こうしたなかで，合理化運動を主導したドイツの電機独占資本は再び輸出市場に乗り出すことになるが，20年代半ばまでの状況は前掲表1-1にみるとおりである。すなわち，1913年には，ドイツの電機工業は，世界の総生産に占める割合をみても，トップの座を占め，また輸出額をみても，アメリカを大きくひき離していたが，25年には，生産額ではアメリカがドイツの2倍以上となっており，輸出額では，ドイツ，アメリカ，イギリスの競争が激しくなっていることがわかる。

したがって、ドイツの電機独占資本にとっては、輸出市場におけるアメリカとの競争の上からもフォード・システムの導入が要請されたのであるが、フォードの生産合理化の諸方策を導入し、実施するためには、何よりもまずテイラーの研究成果を応用し、「作業の標準化」に基づく「社会的労働の合理的配分」を行うことが前提となった。

すなわち、「フォード・システムは、工場結合体の展開とベルト・コンベアやローラー・コンベアの電動化を技術的基礎とするものであるが、そればかりでなく、社会的労働における各部分的諸労働の『標準化』に基づく社会的労働の『合理的配分』についての技術学的研究の成果を前提に形成されるものである。すなわち、労働時間、作業量および生産物の間に存在する量的相互依存関係についての技術学的研究の成果が、生産過程に応用されなければならないのである[90]」。

このことはとくに流れ作業組織における作業タクトの決定の問題に関係しており、実際、フォード社でも、「作業を分割・細分しただけではなく、1913年頃より数千を数える作業のすべてを、テイラー・システムの原理に基づいて、動作・時間研究を行い、ムダを排して効率的な作業の標準化を押し進め」、「そして、このような原理に基づいて、ライン作業を編成し、そこに労働者を配置した[91]」のであった。すなわち、「テイラー・システムにおいて賃率設定の合理的基準を提供する時間研究は、同時に手順計画設定の基準として用いられたが、フォード・システムでは、それが諸作業のライン化の編成基準として利用された[92]」のであった。かくして、テイラーの作業研究および時間研究（それゆえレファ方式も）は、「フォーディズム」として特徴づけられるベルト・コンベアおよび流れ作業の作業構造のなかにその具体化を見い出すことになった[93]。

しかし、かねてからテイラー・システムはアメリカの事情にはあてはまるが、ドイツにはあてはまらない、という批判がなされていた。この時期もまた、テイラー・システムはその本来のかたちでドイツに導入されることはできなかった[94]。つまり、1919年に設置された時間研究委員会による過程研究の成果がレファ協会によって受け継がれ、特殊ドイツ的諸条件に合わせてテイラ

ー・システムの修正が行われ、レファ・システムというかたちで作業の標準化が推し進められることになるのである。このように、この時期の合理化運動を主導した電機独占資本にとっては、レファ・システムというかたちでのテイラー・システムの本格的導入は、フォード・システムの導入を推し進める上で、大きな意味をもっていたといえる。レファ・システムの評価については、この点を考慮に入れて検討することが必要であると思われる[95]。

1) テイラー・システムの修正とレファ・システム
　　A　レファ・システムの目的と内容
　こうして、今世紀初頭に始まるドイツにおけるテイラー・システムの導入は、相対的安定期に入って、ドイツ経済の再建といういわば国民的課題のもとで、かつてない高まりをみせるが、その運動は、実践的にはテイラー・システムの修正によるドイツ的テイラー・システムとでもいうべきレファ・システムの普及というかたちをとった。このような、いわば修正された、テイラー・システムの導入にさいして、その推進的役割を果したものが、ドイツ金属工業家総連盟 (Gesamtverband Deutscher Metallindustrieller) とドイツ経営技師労働共同体 (Arbeitsgemeinschaft Deutscher Betriebsingenieuer) によって1924年に設立された「ドイツ労働時間研究委員会」(Reichsausschuß für Arbeitszeitermittlung——REFA) ＝レファ協会であった[96]。レファ協会によって開発されたレファ・システムは、第1次大戦後の特殊ドイツ的諸条件のもとで生まれた合理化方策であり、いわばドイツ的テイラー・システム、あるいは修正テイラー・システムであるといわれている。その意味では、レファ・システムは、まさに時代的要請をうけて誕生したドイツ的方式であるといえる。
　まず、レファ協会の目的とするところは何であったかをみると、つぎの4点があげられている[97]。
　①作業時間測定者の養成を促し、そのために役立つ教育コースを統一的に組織すること。
　②そのような目的に役立つ地方機関を組織的に統括すること。
　③作業時間測定者の養成を統一的かつ組織的に行うために、それに必要な教材をできる限り統一的に用意すること。

④作業時間研究の領域における科学的および実務的研究の一層の発展をあらゆる方法で促進すること。

さらに具体的にみると、レファ協会の仕事はつぎのことを目標としていたとみることができる[98]。

①ドイツにおいて伝統的に支配的であった割増賃金制度を、新たにレファによって導入された時間割増賃金制度にとって代えること——「1920年代初頭の激しいインフレーションにより、割増賃金制度の適用がほとんど不可能になったこともあって、このような賃金制度の転換はとりわけ急を要するものとなった」。割増賃金制度の場合、どのような貨幣価値の変動も直接すべての個別的予定出来高に影響をおよぼし、絶えず調整をしなければならない。「他方、新しい時間割増賃金制度は、貨幣価値の変動に左右されない予定時間を、経営の安定性保持と製品原価算定の根拠としていた」とされている。

②作業研究は、時間研究を前提とすること——すなわち、作業の効率化と労働強化のために製造技術の変更および作業組織の変更を作業研究から導くこと。

③時間算定の「客観化」によって、出来高設定をめぐる絶えまないコンフリクトを工場からとり除く可能性を与える——E．ミヘルは、「われわれは、個別企業のレベルから賃金をめぐる闘争の場を外に移し、闘争を全面的にレファの交渉のテーブルにのせる。そこでは、基本的な経済問題については、職場あるいは工場において頻繁におこる小さな闘争で出てくるものよりも、一層よく承認をうることができる[99]」としている。

このように、テイラー・システムからレファ・システムへの修正にあたり問題とされている点は、賃金制度の変更と課業の設定をめぐる問題であったといえる。

　　　　　B　テイラー・システムとレファ・システムとの共通点と相違点

それでは、テイラーの諸方法のなかでどの部分がレファ・システムに継承されたのであろうか。両者の共通点としては、つぎの4点をあげることができる[100]。

①労働強度を給付関係の大きさとして扱っていること——どちらの方式でも，労働給付は物的な生産物によって測定されるのではなく，実給付（Ist-Leistung）と正常給付（Normalleistung＝レファ・システムの場合）あるいは最大給付（Maximalleistung＝テイラー・システムの場合）とのひらきによって，労働強度のひとつの尺度が見い出されうるのであり，これが賃金支払いの基礎とされる。
②賃金政策（Lohnpolitik）は給付政策（Leistungspolitik）と切り離されていること。
③課業の決定のさいの労働組合や労働者の力を制限すること——テイラー・システムと同様に，レファ・システムの政策的意図は，一般的に労働者による作業条件および給付条件（Arbeits- und Leistungsbedingungen）の統制を排除することであり，そこでは，「科学的な方法」に従うことによって交渉自体が排除される。それゆえ，テイラーもレファも労働者と資本家との間の利害の一致を出発点としており，レファ・システムは，このような利害の一致を給付にふさわしい賃金によって生み出そうとするものである。
④時間研究の統一化をはかること——時間研究の統一的な形態によって，労働は比較可能となり，また算定可能となる。

またテイラー・システムとレファ・システムとの相違点としては，つぎの点をあげることができる[101]。
①賃金形態に関して，賃金と給付との関係が異なる——テイラーの割増出来高給（差別的出来高給）では，賃金と給付との関係は累進的（progressiv）に変化するのに対して，レファ・システムでは，比例的（proportional）に変化する。
②給付標準（課業）の大きさについて——テイラー・システムでは，それは一流労働者の「最大給付」に求められているのに対して，レファ・システムでは，平均的な労働者の「正常給付」に求められている。

ここに示された両システムの相違点について詳しくみると，前者に関していえば，テイラーの差別的出来高給においては，課業を達成しえた者には高い賃率を，そうでない者には低い賃率を適用することになっており，給付の上昇に

対して賃金はいわば累進的に変化し，課業を達成しえない場合には，給付の低下に対して賃金は大きく落ち込まざるをえない。しかも，この場合の賃率は，普通の賃率よりも一層低くなっており，労働者はこのような賃金の実質的な切り下げを避けるために，課業の達成にむけて自らを駆り立てざるをえないのである。その意味では，「失敗すれば損失を」という原則の適用が，むしろ労働者を課業の達成に駆り立てる上で重要な意味をもつとされている[102]。

これに対して，レファ・システムでは，賃金と給付との関係は比例的であり，テイラー・システムにおいてみられるような罰則的機能はみられない。その点に関しては，ドイツの労働者は，このような賃金切り下げを阻止することに成功しており，テイラー・システムの賃金切り下げのもつ罰則的機能による課業の達成への強制を免れているといえる。

つぎに課業の基準がテイラー・システムでは「最大給付」に求められているのに対して，レファ・システムでは「正常給付」とされていることについてみておこう。

テイラー・システムは，正しい作業時間の基準を「一流の労働者が最善の条件で働いている時間」，すなわち「一流の労働者の最速時間」に求めている。ただここで注意しておかねばならないことは，労働者の行う作業を要素的作業に分析しても，またその要素的作業の時間を測定しても，それ自体としては，要素的作業の測定時間に一流労働者の最速時間を体現させることにはならないということである。「テイラー・システムにおいては，時間研究によって把握されるある仕事の所要時間は，一流労働者の最速時間でなければならない」とされているが，このことは，「テイラー・システムにおいては，技術的手法としての時間研究にさきだって，テイラー・システムにおける計画化の内容である一流労働者の最速時間を体現する対象が存在していることを意味」している[103]。

つまり，この計画化の内容を体現する時間研究の対象は，現実に働いている労働者のなかから一流労働者を選択することであり，その労働者に最速時間で労働させ，その時間を測定するということである[104]。このように，テイラー・システムのいう正しい作業時間は，「一流労働者の最速時間」に求められている。

これに対して、レファ・システムでは、課業の基準は、「正常給付」に求められており、テイラー・システムとは異なり、「平均的労働者の平均速度」が標準作業時間の基準とされている。ドイツでは、1920年代の合理化運動の推進のもとで、テイラー・システムの本格的導入がすすみ、それがドイツ独自の方式であるレファ・システムというかたちに修正されて標準化の進展をみたのであるが、このような標準化への取り組みは、国民経済的観点＝社会的見地から行われた。そこでは、もはやテイラー・システムのように個々の労働者を問題とするのではなく、またたんに現場の問題のみを取り上げるのではなく、経営の問題を全面的に、あるいは並立する諸経営を包括し、あるいは産業全体を対象とするところの一種の社会的見地から標準化の取り組みが行われた。それゆえ、標準化は広く経営の過程を組織化せんとするところの見地から進められ、標準化それ自体が重要な意味をもったのである。テイラー・システムにおいては、最高の標準に統一するのでなければ、標準化の意義が認められなかったが、ドイツでは雑多な過程を整理すること、したがって一定の標準に統一すること自体に意義が認められた。換言すれば、このような広範な見地から経営の広い領域に標準化をおよぼさんとするときには、むしろ平均の正常的な状態を基準にせざるをえなかったのである[105]。

以上のような事情から、レファ・システムでは、課業は、テイラー・システムのように一流労働者が最速の作業時間で行いうる「最大給付」ではなく、平均的な労働者の「正常給付」に求められている。またレファの時間研究においては、一方で正常給付をもたらしつつあるところの平均労働者が観測の対象に選ばれ、また他方で、時間研究に先立って、作業研究によって作業方法および作業諸条件ができる限り合理化されるようになっている。ここでの正常給付をもたらす平均労働者とは、「機械、工具、作業方法、経営の装置に充分に通じ、相当の期間当該経営において当該作業に従事している者」とされている[106]。

レファ・システムにおける課業の設定に関して、いまひとつとりあげておくべき問題は、この時期のドイツにおいては、生産の物的側面のみならず、人的側面も重視されていたということである。すなわち、この時期には、ドイツ独自の合理化方策を推し進める上で、企業家は彼らの合理化概念に人的側面を取り入れることをめざしたのであり、そのために一定の譲歩を余儀なくされたと

されている。そのために，ドイツでは，テイラー・システムがその本来のかたちで適用されるのではなく，変形されて導入されなければならなかったし，また特定の部分のみが導入されたのであって[107]，その場合，人的側面の重視は，とくに疲労研究においてみられた。

それゆえ，つぎに，疲労研究に関して，すこしみておくことにしよう。テイラー・システムにあっては，「『その仕事に適した労働者が1日にどれだけすべきであるか』いうこと，つまり一流労働者が重労働を最速時間でなしうる限度との関連で，その労働にともなう疲労がとりあげられている」にすぎず，労働にともなう疲労そのものが問題にされたわけではなかった[108]。そのことはまた，テイラー・システムにおける疲労の研究が本来その基礎とならねばならない余裕率の設定とは無関係であったということを意味する。つまり，「テイラー・システムにおける時間研究のもとでの余裕率は，労働者の労働による疲労の度合と直接的には関係なしに決められているのである[109]」。しかし，余裕時間の決定は，疲労度の研究が欠如している限り，不可能であるといわなければならない[110]。

これに対して，ドイツでは，すでに第1次大戦前にテイラー・システムの紹介・導入において大きな役割を果し，「ドイツのテイラー」といわれたG．シュレジンガーが，テイラーとは異なり，合理化方策を工場経営に適合させるために，労働過程の物質的側面と同様に，人的側面を前面に押し出す必要性をみていたこと[111]にもみられるように，はやくから人的側面が取り上げられていたが，1920年代の合理化の時期には，人的側面をも考慮に入れた合理化概念が強く要請され，レファ・システムにおいては，経営科学（Betriebswissenschaft），労働科学（Arbeitswissenschaft）といった合理化の関連諸科学の研究成果の利用のもとで，労働過程の人的側面，とくに疲労問題が重視されたのであった。B．ラウエッカーによれば，テイラー・シューレは疲労実験のことは気にせず，経営統計と休憩を考えるだけで対応していこうとしたが，ドイツのポスト・テイラリズムは，経営における精神工学的な疲労研究に最も大きな価値を置いたとされている[112]。このような人的側面の重視は，1920年代の合理化の時期にレファ・システムがドイツの労働者に受け入れられていく上で重要な意味をもっていたと思われる。

とはいえ，一方では，レファの理論史において，定義が再々変更されていることや，また他方では経営上の諸経験からみて，レファ・システムとテイラー・システムとの間の課業の大きさの実際の違いが一般に考えられているほど大きなものではないという結果もでており，その意味では，両者の相違はあくまでも相対的な問題であるといえる。結局，レファ・システムの「正常給付」はテイラー・システムの課業の大きさを変更したものにすぎず，その意味では，課業の基準をテイラー・システムの「最大給付」から切り離し，平均的労働者の「正常給付」としたこと，そのことによって，テイラー・システムがレファ・システムというかたちでドイツの労働者に受け入れられたのであった。このような「正常給付」という概念の使用は，ドイツの企業家にとっては，合理化を推し進めるための，労働者に対するいわば戦術的な譲歩であったといえよう[113]。

また合理化運動によって促進された過程研究が社会的見地に立って取り組まれたことはドイツ的な特徴であるといえるが，合理化運動が依然として一般的な資本主義的諸関係を基底とするものであることに変わりはなく，したがって，この点においても，テイラー・システムの場合と比較して，それは過程研究における見地の根本的な相違を意味するものではないといえる。その意味では，古林喜楽氏のつぎの指摘は重要である。すなわち，「合理化運動においてあらわされているところの社会的な見地，あるいは共同的な努力も，要するに目指すところの主眠点は，個々の企業活動の振興である。したがってそれは本来経営の自立的な立場に干渉せんとするものではなく，むしろその自主的な活動を助成せんとするものである。したがって標準化も個々の経営の存立を脅かす程度にまで強行されるものではもとよりない。むしろ標準化が個々の経営の要求と合致せしめられているのであり，あるいは合致する限りにおいて行われるのである。かくて合理化運動における過程研究も，資本主義経営における要求に答えんとするものである点においては，従前の諸制度におけるのと異なるところはないのである[114]」。

このように，1920年代のドイツにおいては，今世紀初頭からその導入の試みが行われてきたにもかかわらず十分な進展をみることのなかったテイラー・システムが，その本来の姿ではないにせよ，レファ・システムに修正されて，ド

イツの企業に本格的に導入された。そこでは，それまであまり実施されることのなかった時間研究がドイツの企業にひろく導入され，課業の設定を通じて計画機能と執行機能の分離が本格的に推し進められ，その結果，作業速度の決定に関する主導権が労働者の側から企業の側に移され，労働力の支出過程そのものに対する企業による直接的な管理・統制を行うための基礎が築かれた。またV．トリーバとU．メントルップによれば，ドイツの資本は，レファ・システムでもって，時間・動作研究の統一化をはかること，およびそれとともに時間の節約それ自体に関して，テイラー・システムにおいて可能であったよりも高度の統一化と標準化を達成することができるとしている[115]。このように，いわば修正テイラー・システムであるレファ・システムの導入は，合理化を強力に推し進めんとするドイツの独占企業にとっては，第1次大戦前からのテイラー・システムの導入の大きな前進を意味するものであったといえる。

2）レファ・システムの導入と合理化の諸科学

なおこの時期のテイラー・システムのレファ・システムへの修正の問題をみる場合に考慮に入れておかなければならないことは，経営科学や労働科学などの合理化の諸科学（Rationalisierungswissenschaften[116]）が大きな役割を果したということである。V．トリーバとU．メントルップによれば，1917年から24年までの時期は，ドイツの合理化の諸科学の制度化ないし集中化および統一化にとって決定的な意味をもっていたとされている[117]。経営科学が今世紀初頭に始まるドイツへのテイラー・システムの導入にとくに大きな役割を果してきたのに対して，労働科学は，すでに第1次大戦前からの活発な研究がみられるが，1920年代にテイラー・システムを特殊ドイツ的条件のもとでレファ・システムに修正し，ドイツの企業へのその導入をはかる上でとくに大きな役割を果したといえる。このことは，とくに課業の設定のさいの疲労問題の研究と関係しており，この時期のそのような研究はそれなりの成果をあげたといえる。

しかし，この時期の労働科学的研究は，つぎのような問題，限界をもっていた。ひとつには，労働生理学や精神工学（Psychotechnik）といった新しい科学はまだ通説的に確立した研究成果を報告しうるにはあまりにその発展の初期的段階にすぎなかった[118]。それにもかかわらず，労働組合は精神工学の諸努

力に対してまったく好意的な立場をとっており、彼らの大部分は応用心理学の研究成果の利用可能性を過大評価していたとされている[119]。またJ. イオテイコ以来のすべての労働科学がそうであったように、この時期の労働科学が「その研究対象をつねに『労働一般』『人間的労働』『労働の人間的構造』『作業力』などという超歴史的範疇として規定してきたために、それはたんなる自然科学以上のものたらんとする志向にもかかわらず、労働を資本制労働過程のもとでとらえることができなかった[120]」。そのために、このような労働科学は、経営者と労働者とがかかわる共通の土壌であり、また中立的な領域となり、それは労働の編成の合理化という国民経済にとって根本的な諸課題に協力して取り組むことになった[121]。

3）レファ・システムの普及と労働組織の再編成

そこで、つぎに、レファ・システムが合理化の時期にどの程度普及したのか、またそのことによって、工業企業の労働組織がどのように再編成されたかを、以下、みることにしよう。

もともとレファ協会がドイツ金属工業家総連盟とドイツ経営技師労働共同体によって設立されたこともあって、レファ・システムは、金属工業、機械製造業、電機工業などを中心に普及し、ドイツ産業の広い部分がそれによって再組織されたとされている。例えば、1927年からの金属労働者組合の調査によると（表2－4参照）、解答が得られた1,102の部門のうち717（＝65.1％）がレファ・システムによる賃金支払方法を利用していたとされている。またこの調査結果の内訳をみると、出来高賃金が全体の23.7％（261部門）、割増給制度が全体の9.3％（103部門）、ビドー方式（Bedaux Verfahren）が全体の0.6％（7部門）、その他の諸方式が全体の1.3％（14部門）の部門において利用されていた。こうして、この時期に実施された調査は、レファの標準時間や賃金支払いの方法が、すでにその何年かの間に、ドイツにおいて、支配的位置を占め、全体の3分の2の企業で利用されていたことを明らかにしている。

このように、合理化の時期をとおして、レファ・システムは、金属工業、機械製造業、電機工業などを中心とする多くの産業部門において普及しており、ドイツ独自の方式として、テイラー・システムにとって代わることになった。

表2-4 1927年のドイツ産業[1]における賃金支払システムと労働者へのその影響

賃金支払システム	部門数[2]	全体に占める割合(%)	出来高単価の切り下げ		給付の上昇		出来高単価の切り下げおよび給付の上昇		労働力の最もはげしい搾取	
			部門数	%	部門数	%	部門数	%	部門数	%
レファ	717	65.1	51	7.2	161	22.4	492	68.6	13	1.8
ビドー方式	7	0.6	—	—	1	14.3	6	85.7	—	—
割増給制度	103	9.3	2	2.0	54	52.4	47	45.6	—	—
出来高賃金	261	23.7	28	10.7	83	31.8	149	57.1	1	0.4
その他の方式	14	1.3	2	14.3	4	28.6	8	57.1	—	—
合　計	1,102	100	83	7.5	303	27.5	702	63.7	14	1.3

（注）：1）これには，製鉄業および金属製造業，鉄製品・金属製品製造業，機械製造業，輸送機械工業，電機工業，精密機械・光学工業などを含んでいる。
　　　2）この調査では，上記の産業の1,860部門に対して質問が行われたが，解答はその59.2％にあたる1,102部門から得られた。
（出所）：*Ebenda*, S. 192-4より作成。

　また「20年代なかばには，『テイラー・システム』や『科学的管理』といった概念は，新聞の見出しや専門書の表紙から次第に消滅し」，これらの概念は合理化という新しい積極的な概念にとってかわられたとされている。こうして，合理化という新しいスローガンのもとに，レファ・システムというドイツ独自の合理化方式にかたちをかえて，アメリカ的な管理方式が本格的に導入されたのである。H．シュピッツレーも指摘するように，この問題は，そのことで「目標や内容が変更されたわけではなく，ただ古いワインが新しい皮袋に詰めかえられたにすぎなかった[122]」ということである。

　このように，レファ協会の設立当初にあっては，時間研究の問題がその活動の中心をなしていたのであるが，レファ協会は，時間研究員（時間係）の養成のための教育コースを設置し，それを通して時間研究の実施・普及を促した。1928年に出された初版のレファ・ブック（"*Refa-Buch*"）によると，24年から28年までの間に，ドイツの45の都市において，115の出来高単価の計算担当者の養成コースが設置されており，28年9月までに「時間測定者」（Arbeitszeit-berechner）と呼ばれる5,000人を超える計算担当者が養成されたとされている[123]。このような教育コースは，1924年のレファ協会設立後大きく増加して

図2-1 レファ協会による教育コース*⁾の設置数，開催地数および参加者数の推移

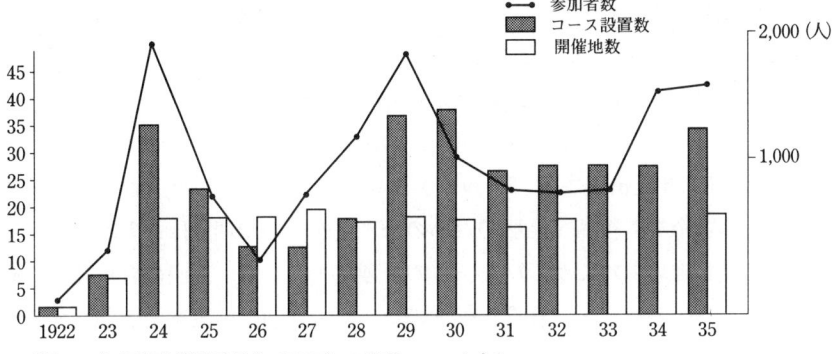

(注)：*）経済的製造委員会（AWF）の教育コースを含む。
(出所)：E. Pechhold, *50 Jahre REFA*, Darmstadt, Köln, Frankfurt am Main, 1974. S. 67 より作成。

おり（図2-1参照），その開催地数はつねに約20にのぼっている。またこれらの教育コースの参加者数は1924年には約1,800人となっており，23年の約4倍以上にも増加している。

(2) フォード・システムとそのドイツ的展開
① テイラー・システムからフォード・システムへ

つぎに，フォード・システムの導入による労働組織の合理化をみる上で考慮に入れておくべきいくつかの点をみていくことにしよう。

まずフォード・システムの導入をめぐる議論をみると，ドイツにおいては，すでに第1次大戦前から，またとくに1920年代に入ってから，テイラー・システムの導入をめぐって，労働組織の合理化のあり方が大きな議論の対象となったが，20年代の半ばになると，フォードの合理化モデルについての議論がテイラリズムについての議論をおおい隠すようになってくる。その理由は，ひとつには，フォード・システムが新しい経済政策の代替案（わずかな色直しをした資本主義制度の維持）として登場するようになったこと，またふたつには，フォードの方法がドイツの経営風土により適合するように思われたということである[124]。

まずフォード・システムが「新しい経済政策の代替案」として登場したこと

の意味については，フォードの低価格政策や高賃金政策，なかでも，その労資協調的な政策にみられるものは，資本主義的原則とは異なるものであり，それは社会主義とでもいうべきものであるが，ただその場合，「赤い社会主義」ではなく，「白い社会主義」(weißer Sozialismus) であるということを主張したＦ．ｖ．ゴットル．Ｏ．の1924年5月23日の講演[125]にみることができる。

ドイツでは，「経済民主主義」のイデオロギーを基盤とした労資協調路線のもとで，独占企業の復活・発展のための合理化がこの時期にはひとつの国民運動として推し進められたが，フォードの合理化モデルは，生産の合理化のための方策としてのみならず，合理化推進のための労資間の協調を一層強化するという役割をも担っていたといえる。すなわち，「社会化の退潮した当時としては，多くの自由労働組合幹部にとって掲げうる目標は，今や，社会主義ではなく，アメリカ的な高生活水準の社会であった[126]」。こうしたなかで，フォード社はまさにこのような彼らの目標を「実現」しており，それを可能にする合理化の手段がフォード・システムであると彼らの目には映ったのであった。事実，1925年にドイツ労働組合総同盟（ADGB）の代表団が，アメリカ労働総同盟（AF of L）の招きで，フォード工場を訪れているが，そこでは，フォード工場における労働状態は満足すべきものであり，代表団は「組織された資本主義」の調和的結合，すなわち技術的進歩と大衆購買力の増大をそこにみたとされている[127]。

つぎに，フォードの方法がドイツの経営風土により適合しうると考えられたことの意味についてみると，上述したように，ドイツでは，テイラー・システムの導入をめぐり，テイラーの合理化方法がアメリカの事情には合うが，ドイツには適合しないという批判がなされ，ドイツでは，むしろ専門技術的な共同労働および経営固有の専門家の養成がより良く適合しているとされていた[128]。これに対して，フォードの方法は工場共同体思考と結びつき，そのような思考に対して，さらにひとつの躍進をもたらすと思われていた[129]。ことにドイツ産業のフォード化の問題に精力的に取り組み，フォードの信奉者でもあったＦ．ｖ．ゴットル．Ｏ．は，フォードがテイラーの理念を大きく超えており，工業経営の平和をもたらすことに努力したことを指摘している。またＩ．ヴィッテは，フォードが階級概念を取り払い，労働者の協調を促進してい

ることをあげている(130)。このように，ドイツの企業家および労働科学者，また労働組合運動の一部もフォード・システムにテイラー・システムの否定的な諸影響の克服の可能性をみていたのであった(131)。

この時期にはまた，このような議論とは別に，ドイツ企業がかかえる労働組織上の問題への対応として，フォード・システムの導入が問題とされるようになってきている。すなわち，R．ヴォルトは，合理化運動の始まった直後の1925年に，それまでテイラー・システムが，ドイツの専門家の間でも，経営組織の最もすすんだ形態とみなされていたが，フォードの理念の登場によって，状況が変化し，それまでの経営組織の方法が適切であったかどうか，あるいは，この領域においてドイツの産業が行きづまってしまうのではないか，という問題が経営者によって，非常に真剣に提起された，としている。また企業家連盟と労働組合との間で，あらゆるところで，労働者の給付の増大の問題についての論議がかわされており，企業家は労働時間の延長か労賃の引き下げによって，労働成果の増大を労働者に要求したのに対して，労働組合はその要求と戦うが，そこでは，経営の生産性を達成するために，まず作業機や労働組織の改善によってあらゆる可能性が使い尽くされねばならないことを指摘しており，そのような彼らの議論がフォード・システムに加勢することになっていることをヴォルトは指摘している(132)。

また当時の労働組合のなかでも，自由労働組合幹部がフォード・システムに自らの掲げる目標の実現の可能性をみていたこともあって，むしろドイツの企業へのフォード・システムの導入は，合理化によって生産性を向上させ，高賃金の獲得によってアメリカでみられたような高い水準の社会生活を実現するための手段として，積極的な意味をもつものと考えられていた。第1章でもみたように，相対的安定期には，経済民主主義のイデオロギーのもとに合理化への協力がはかられたが，そのような立場の根底には自由労働組合幹部の生産力主義的な考え方があった(133)。このような考え方に立てば，彼らの目標とするアメリカ的な高水準の社会生活の実現は何よりもまず高い生産力水準を前提とするものであり，フォード・システムはそのための有効な方法となりうると考えられたのであった。

② 標準化運動と生産の標準化の進展

1）標準化運動と生産の標準化

このような状況のもとで，フォード・システムの導入が最も重要な課題のひとつとされ，そこでは，まず流れ生産方式の導入の基礎をなす生産の標準化の推進が重要な課題となった。またこの時期のドイツにおいては，資本不足とそれに規定された資本コストの負担のもとで，「技術的合理化」の推進は一定の限界をもたざるをえず，それだけに，資本支出をともなわない合理化方策として，標準化の取り組みがとくに重要な意味をもった。

こうして，標準化の推進が「標準化運動」として合理化運動の一環として取り組まれることになった。例えば，C．シッファーは，合理化を①生産の合理化，②経営間組織の合理化，③販売の合理化の3つの領域で捉えているが，生産の合理化をさらに，1）種類，形態，数量による製品の合理化＝標準化，2）生産設備の合理化＝技術的合理化，3）労働行為の合理化＝労働政策的合理化に分けており[134]，標準化が合理化の重要な方策のひとつとなったとしている。またH．ジークリストは，「強力な規格化および定型化の運動が1920年代には国民経済的合理化に対してひとつの貢献をした[135]」と指摘している。

もとより，標準化は1920年代の合理化の時期にみられた新しい問題ではなく，資本主義生産が始まり，発展していくなかで，とくに機械工業では機械の改良などをとおしてはやくから問題にされてきた。規格化，標準化の取り組みはすでに第1次大戦前に行われているが[136]，それがひとつの運動として組織的に取り組まれたのは第1次大戦中および大戦後のことであった。

第1次大戦中には，軍部は，自らが発注する武器，銃弾，備品，乗り物が安定して生産されること，またそれらの構成部品が相互に互換しうることを配慮しなければならず，それゆえ，軍需品の生産のための規格を制定する規格局（Normungsbüro）を至るところに設置しなければならなかった。こうして，軍需品を中心に規格化が推し進められたが，戦争経済は，軍需品のみならず，その他の商品の生産をも規格化するように強制した。軍需品の生産のこのような諸経験は，大量生産が動力と原料のいかに大きな節約を可能にするかを鮮やかに示した[137]。こうしたなかで，統一的な工業規格を生み出し，制定することを任務とする「ドイツ工業規格委員会」(Normenausschuß der deutschen Industrie）が1917年に設置され，工業における規格化が強力に推し進められていくことになる。

　その後，戦争の終結にともなう軍需生産から平和生産への転換のなかで，また輸出市場において再び外国企業との競争を行っていく上で，大量生産の実施が強く要請され，規格化・標準化の必要性が広く認識されるようになった。本来規格の機能は大量生産を容易にし，それを促進することにあるが，合理化運動の一環としての規格化は，あらゆる形態の「統一化思考の実現」であったとされている。「合理化運動の一環としての規格化は，戦時中の『統一化運動』の中から生まれてきた[138]」のであった。規格化，標準化のための取り組みが本格的に推し進められるようになるのは1920年代の合理化の時期のことであるが，そこでは，ドイツ合理化運動の宣伝・指導機関である「ドイツ経済性本部」(RKW) の下部組織である「ドイツ規格委員会」(Deutscher Normenausschuß——DNA) が推進的役割を果した。ドイツ規格委員会は，ドイツ工業規格（DIN）と専門工業規格の提案・制定をとおして，規格化・標準化の進展に寄与したのであり（ドイツ規格委員会によって制定された規格の総数は，1918年の6件から24年には748件，30年には3,336件に大きく増加している[139]），吉田和夫氏が指摘されるように，「合理化運動の一環として『ドイツ規格委員会』によって推し進められた規格化は，統合と調整に基づく『規格の体系』，つまり一つの協同活動を特色としていたのである[140]」。

　このように，1920年代のドイツにおいては，アメリカをはじめとする他の諸国よりも規格化，標準化の運動が一層組織的に推し進められたといえる。歴史的にみると，ドイツにおける合理化運動は，組織を重視していたことによって特徴づけられるが，あらゆる体系的な組織のための技術的な，また統一化された基礎は何らかの規格の体系のなかに見出されるとされている[141]。小島精一氏は1929年に，「標準が単に伝統的に慣習として成立したに止まらず，科学的方法によって厳密に検討され，選定されると言ふ点に現代合理化運動の特性が存する[142]」とした上で，この時期の「標準化運動の画期的特性」として，(1)「最近各国に於ける企業集中及び独占化の発展」，(2)「有力なる同業組織的諸団体の発展——そしてその全体系の中央総括体の出現」，(3)「国家的統制政策の発展等」，をあげている[143]。またＲ．Ａ．ブレィディは，「ドイツの経験は，

おそらく、標準化運動がドイツにおいては他のどの国よりもいくらか体系的に組織され、また成し遂げられたという点でのみ、外国とは異なっている[144]」として、この時期の標準化運動のドイツ的特徴を指摘している。こうして、両大戦間期になると、規格化思考が中小企業レベルにまで広く浸透するようになった[145]。

なおこの時期の標準化の取り組みをみる場合に考慮に入れておかなければならないことは、合理化運動の初期にみられた企業集中がそのような取り組みのための基礎を築き、それを促進したということである。この点に関して、R．A．ブレィディは、「ドイツ合理化運動は標準化という点に自らの本流のひとつを見い出した。このことは当然のことであった。というのは、共同研究と同様に、ひとつの集団活動としての標準化は、ある成熟した産業体制においてのみ決定的に重要となりうるからである[146]」としている。本来、企業にとっては、顧客を得るために消費者の個人的な嗜好にあわせることが必要となるが、このことは標準化の障害となる。もとより、ドイツでは、アメリカとは異なり、消費者の個人主義が根強く支配しており、そのことが標準化の障害となっていたとされている。「豊富な天然資源と広大な国内市場を持つアメリカでは、不熟練労働者の大量利用という労働力事情もあって、機械化、標準化、大量生産への移行が早い時期に行われた[147]」のに対して、ドイツでは、消費者の個人主義が、第１次大戦時や戦後の最初の諸年度における危急のときでさえ、需要の統一を妨げ、そのことによって、生活必需品、食料品および衣類の製造・販売の規格化を妨げてきたとされている[148]。このような状況のもとで、消費者の需要を統一し、生産と消費の標準化を推し進める上で、独占化によって競争を排除することは重要な意味をもったといえる。企業集中によって競争が抑制され、需要の統一化を妨げていた消費者の個人主義による影響が抑制されることになり、その結果、ドイツの企業は少数の定型の生産に専門化することが容易になったといえる。例えば、1925年のIGファルベンの誕生以前には大規模なタール染料企業が8,000ものさまざまな染料を生産していたが、その数は合同後すぐに2,000種に減らされており、またリノリウム工業でも、26年にドイツリノリウム製作所（Deutsche Linoleum-Werke AG）への合併後すぐに、生産される定型が著しく減らされている[149]。この点に、企業集中が本格的なト

ラストの形態をとって展開される1920年代にドイツにおける規格化，標準化の取り組みが本格的に推し進められることになるひとつの理由があるといえる。

　2）生産の標準化の限界

　このように，ドイツにおいては，1920年代に合理化運動の一環として，ドイツ規格委員会を中心とする合理化宣伝・促進機関のテコ入れによって規格化，標準化が他の諸国よりも組織的に取り組まれた。なかでも，電機，自動車，機械製造などの組立産業部門において生産の標準化が積極的に推し進められたが，アメリカと比べると，ドイツでは規格化，標準化を推し進める上でより大きな障害がみられた。そのことに関して指摘しておかなければならないことは，ひとつには，すでに指摘したように，ドイツでは消費者の個人主義がアメリカにおいてよりも根強く支配していたことである。いまひとつは，標準化の推進によって労働の強化が一層強力に推し進められたが，そのような合理化方策による生産コストの引き下げにみあう価格の引き下げがドイツでは十分に行われることは少なく，消費者はそのような方策による成果をあまり享受することができず，それだけに，そのことが標準化の徹底にとって一定の限界をもたらしたということである。

　まず前者についてみれば，K．メレロビィッチは，「単一化なしの単純化・規格化および単純化なしの専門化は実施することができる。しかし合理化の最高段階がこれらをやっと達成するのは，これらがすべて協働し，しかも工場内部だけでなく総体経済においても完遂される場合である」として，規格化，定型化および専門化が「産業合理化運動」のもとで展開される根拠をみている。しかし，合理化にさいし最も重要な役割を果すのは人間であり，したがって，合理化は技術的－組織的問題であるばかりではなく，心理的かつ生理的問題でもある，としている[150]。この点，ドイツにおいては，合理化運動の一環として規格化，標準化を推し進めていく上で，まさに消費者と企業側との双方におけるいわば意識革命を行うことが重要となった。アメリカにおいて生産と消費の標準化がすすんでいたことについて，B．ラウエッカーは，企業家にとっては，賃金の引き上げはいつでも経済的，組織的および技術的な諸方策によって，とくに製品の徹底的な統一化によってそれを埋め合わせんとするひとつの

動機であったということをアメリカ経済は教えているとした上で，そこでは，アメリカの購買者の考え方がそれを大いに助けたことは明らかであるとしている。これに対して，ドイツの消費者のまったく異なる性質の個人主義的な態度がそのことを不可能にしている，と指摘している[151]。

ドイツでは，消費者の個人主義が根強く支配しており，そのことは標準化という合理化目的に消費者の嗜好を従属させることを困難にしたのであった。ドイツ規格委員会の報告によれば，意識的な，合理的な標準化は個性および感情の画一化をもたらすほどの統一性を意味するものではなく，むしろ技術発展が終了に至ったところでのみ，また個人の嗜好の要因が決定的に重要ではないところでのみ統一化がおこるということが明らかにならざるをえなかったとされている[152]。この点をみても，ドイツでは，規格化，標準化を徹底的に推し進めるには大きな困難をともなわざるをえず，アメリカと比べると，規格化，標準化が産業全体にひろく展開されるための条件は整っていなかったといえる。

また後者についてみると，フォード社では，生産の標準化としてまず製品の定型化が行われ，T型車の単一定型の大量生産が推し進められたが，T型車の販売の著しい増大は，「高賃金・低価格」というフォードの経営指導原理に基づいて，価格の引き下げが行われたことによるものである。それは生産合理化のひとつの方策であった製品の定型化による利益が消費者にもたらされたことを示すものであるといえる。消費者の立場からすれば，本来単一製品への定型化は個々の消費者の嗜好の制限を意味するが，フォード社の場合，自動車が一般大衆にひろくいきわたり，取り替え需要が生まれてくるまでの段階では，価格の大幅な引き下げによって消費者にも大きな利益が与えられたことが，需要を大きく創出することを可能にしたといえる。

他方ドイツでは，生産の標準化と流れ生産方式の導入による生産費の引き下げに対して，一般的に販売価格の引き下げがフォード社のようには行われることはほとんどなかったといえる。フォードの生産合理化の諸方策であるフォード・システムの導入は積極的に推し進められたのに対して，フォードの経営指導原理であるフォーディズムについては，それが活発に議論されたにもかかわらず，ドイツの企業においてそれが実際に展開されることはほとんどなかったといえる。「フォーディズム」という言葉を使用して表現せられるものには，

工企業の「フォード化」(Fordisation od. Fordisierung) という実践的問題と、フォードの経営指導原理にかかわる、本来フォーディズムという概念で把握されるべき理論的問題とが含まれているが(153)、後者は理論にとっては実際に重要であっても、決して現実的ではないのに対して、前者は当時のドイツにとってはとくにますます一層現実的な課題となっていたとされている(154)。それゆえ、「ゴットルはフォードの経営合理化の本質を究明して、ドイツ産業の復興に応用しうる一般的な経営管理の技術を摘出しようと試みた(155)」のであり、1920年代の合理化の時期には、ドイツ産業の合理化のための重要な方策のひとつとして、フォードの生産合理化の諸方策であるフォード・システムの導入、すなわちゴットルのいうところの「フォード化」が緊急の課題とされたのであった。

しかし、フォードをまねるというドイツ産業に対する要求とともに、フォードのモデル全体を受け入れる産業の準備についての疑いが広がっており、社会に対する企業家の奉仕の思考は広く普及しているわけではなかったとされている。このことはおそらく、個々の企業家の強い競争思考によって自らの製品を低廉化するのではなく、利益を自らのために搾り取るという結果をもたらすであろう。この「収益意志」(Rentenwillen) は、労働者に対してより高い賃金を支払うという、存在していない準備をも明らかにするものであるが、まさに（奉仕の意志に対する）企業家の準備が問題となるとされている(156)。H．ヴァイスによれば、AEGやジーメンスにおいては、人間の労働力の過度の浪費、その不自然な過度の酷使が割に合い、そこでは、合理化が製品価格のわずかな引き下げのなかにみられるとすれば、オペル工場の始められている転換は、オペル氏が自らの利益の一部を断念しないならば、この産業部門における販売不足が自動車の価格の引き下げを不可能にするとされている(157)。

もちろん、当時のドイツにおける市場の諸条件がフォードの経営指導原理であるフォーディズムの実施を困難にしていたのであるが、結局、フォード・システムの導入は積極的に推し進められながらも、フォードの経営指導原理は企業において実際に十分に展開されることはなかったといえる。そのような状況のもとでは、ドイツの消費者はそのような合理化諸方策のもたらす利益を十分に享受しえたことは少なく、それだけに、単一定型製品の大量生産による利益

を消費者に十分に認識させることは困難であったといえる。それゆえ，アメリカのように需要を統一し，消費の標準化をはかるには一定の限界があったのであり，そのことはまた生産の標準化を推し進める上でも一定の限界をもたらすことになったであろう。

③ 流れ生産方式の導入とその特徴
1）工場結合体の成立と流れ生産方式の導入

このような標準化の組織的な取り組みのもとで，生産の標準化が推し進められ，それを基礎にして，流れ生産方式の導入が行われたが，そのような生産方法への転換がドイツで最もすすんだ自動車工業や電機工業は，アメリカにおいてもフォード・システムの導入が最も進んでいた産業部門であった。この時期のアメリカの自動車工業や電機工業における大企業の生産過程は，垂直的・継起的に相関連する異種工場を結合した工場結合体を形成していたが[158]，フォード・システムの展開はそれと深いかかわりをもつものであった。

周知のように，フォードの生産合理化方策は，これを生産の標準化と移動組立法の実施にみることができるが，「フォード・システムは，工場結合体の展開とベルト・コンベアやローラー・コンベアの電動化を技術的基礎とするもの[159]」である。すなわち，アメリカでは，1920年代には，「自動車産業，電機産業および機械産業における大企業の営む生産過程は，鋳造・鍛造工場，部品製造工場および製品組立工場などからなる工場結合体によって形成されていたのである。それだけにまた，工場から工場へ，工程から工程へと労働対象を移送するベルト・コンベアやローラー・コンベアなどの電動化が決定的に重要な役割を演ずることになっていたのである[160]」。

また垂直的・継起的に相関連した異種工場をひとつの場所に統合したそのような工場結合体の成立に基づく労働対象の搬送の問題は，1920年代にひろく普及していく自動機械にみられる労働手段の技術的発展によって，一層重要なものとなった。すなわち，「自動機械は，これまでの経営管理方式を一変してしまった。一定の作業をくり返し，一定の生産高をあげる標準化された各種自動機械が導入された結果，この種の機械を使用しての労働努力は，測定可能になった。加えて金属の切断や機械操作の速度が速くなった結果，どうやって資材

を，機械から機械へ，工場から工場へ，早く移動するかという問題が，重視されるようになってきた⁽¹⁶¹⁾」。

かくして，アメリカにおいては，1920年代に自動車工業，電機工業，機械製造業などにおいてフォード・システムが普及することになるが，そこでは，工場結合体の展開と，とくに電力の導入を主導的要因とする労働手段の技術的発展にともなう搬送の合理化の問題が，機械的搬送手段の利用によって解決されたのであった。このような搬送の合理化は，部門内搬送ための専用の機械的搬送手段であるコンベアの導入によって推し進められたのであるが，このことは，たんに搬送の合理化の問題にとどまらず，この時期の工場結合体をなす生産過程において，作業組織をそれまでの品種別職場作業組織から，客観的な作業の時間的強制進行性確立型の流れ作業組織へと変革することになった⁽¹⁶²⁾。

それゆえ，ドイツにおけるこの時期の流れ生産方式の導入についてみる場合にも，フォード・システムにみられるコンベアの導入による流れ作業組織への変革がどのように行われたかをみていくことが重要となろう。ドイツでは，機械的搬送手段であるコンベアは，1923年にオペル自動車会社において初めて導入され，24年にはAEGにおいても導入され，その後，とりわけ電機工業，金属加工業の大経営において導入がすすんだとされている⁽¹⁶³⁾。それゆえ，この時期に流れ生産方式への転換が実際にどのように行われたか，とくにコンベアの導入による流れ作業組織への変革がどのように行われたかを電機工業，自動車工業，機械製造業などの加工組立産業を中心に取り上げてみていくことが重要となろう。ただドイツでは，当時，流れ作業とコンベア作業とが必ずしも正確に区別されてはいなかったとされており⁽¹⁶⁴⁾，それゆえ，この時期のドイツ企業における流れ生産方式の導入による労働組織の変革をみる場合，具体的にどのような方法あるいは形態による流れ生産が展開されたかを明らかにしていくことが重要となる。またドイツでは，ベルト・コンベアは主に労働過程の最後のところ，すなわち，部分組立，完成組立，梱包において配置されており，その普及の程度は個々の産業部門によって異なっていたとされており⁽¹⁶⁵⁾，主要産業部門について，また粗形品工程（鋳造・鍛造工程），機械加工工程（部品製造工程），組立工程の各工程について具体的にみていくことが必要となる。

2) ドイツ産業における流れ生産方式の導入状況

つぎに，この時期のドイツ産業におけるフォード・システムの導入に関して，とくに大量生産体制にむけての合理化方策として，流れ生産方式の導入状況を，主要産業部門別にみた労働組合の調査に基づいてみていくことにしよう。

まず1930年のドイツ金属労働者組合（DMV）の調査（表2－5参照）によれば，そこに示されている産業部門は，いずれも組立産業に属する部門であるが，流れ作業の普及率は，輸送機械工業では19.3％，時計製造業では18.6％，電機工業では14.6％，光学産業では13.3％，機械製造業では10.5％，精密機械製造業では9.6％となっており，産業部門によってひらきはみられるものの，いずれの産業部門においても，流れ作業の普及率は全産業でみた場合（G. デュビノウの1932年の指摘によれば，調査された全ドイツ企業のせいぜい2～3％が流れ作業で生産しているだけであり，また流れ作業で生産している全企業の労働者のうち，わずか25％だけがコンベアか流れ作業の考えをもって働いているにすぎないとされている[166]）と比べると高かったといえる。しかし，コンベア作業の普及率をみると，輸送機械工業では16.6％，電機工業では15.5％となっており，そこでは，流れ作業の普及率と比べても大きなひらきがみられないが，時計製造業，光学産業，機械製造業および精密機械製造業では，コンベア作業の普及

表2－5　1930年の主要産業部門における流れ作業とコンベア作業の普及率　　（％）

産 業 部 門	流れ作業	コンベア作業
輸 送 機 械	19.3	16.6
時　　　　計	18.6	7.0
電　　　　機	14.6	15.5
光　　　　学	13.3	5.6
機 械 製 造	10.5	7.9
精 密 機 械	9.6	6.2

（出所）：G. Stollberg, *Die Rationalisierungsdebatte 1908-1933. Freie Gewerkschaften zwischen Mitwirkung und Gegenwehr*, Frankfurt am Main, New York, 1981, S. 51-2より作成。

率はそれぞれ7.0％，5.6％，7.9％，6.2％と低くなっており，流れ作業の普及率と比べると，大きなひらきがみられる。

　また1931年の金属労働者組合の調査結果（前掲表2-3参照）によると，この年には，電機工業では，調査の対象となった181の部門のうち，31.5％の57部門に流れ作業が，また29.3％の53部門にコンベア作業が導入されており，それらは調査された産業部門のなかで高い割合を示していたとされている。また自動車・自転車工業では，調査の対象となった94の部門のうち，31.9％の30部門に流れ作業が，また21.3％の20部門にコンベア作業が導入されていたとされている。それゆえ，流れ作業かコンベア作業のいずれかの作業方法が導入されていた割合は，電機工業では60.8％，自動車・自転車工業では53.2％となっており，いずれも高い割合となっている。これに対して，機械製造業では，調査の対象となった475の部門のうち16.2％の77部門に流れ作業が導入されていたが，コンベア作業はわずか2.3％にあたる11部門において導入されたにすぎなかったとされている。それゆえ，機械製造業では，流れ作業かコンベア作業のいずれかによる生産方法が導入されていた割合は18.5％にすぎない。

　したがって，機械製造業においては，電機工業，自動車工業でみられたほどには流れ生産方式への転換が行われおらず，それは主にコンベアなしの流れ作業の方法によって行われたと考えられるが，機械製造業のなかでも，どのような製品を製造する部門において，そのような労働組織の変化がみられたか，またそれによって生産の管理がどのように変化したかが明らかにされなければならないであろう。また電機工業および自動車工業については，流れ作業とともに，とくにコンベアの導入によって，労働組織がどのように変革されたか，またそれによって生産の管理がどのように変化したかをみていくことが重要な課題となろう。とりわけ電機工業については，多くの種類の製品が生産されており，製品部門別にみていくことが必要となる。

　3）流れ生産方式のドイツ的展開とその限界

　1920年代のドイツにおいて，輸出市場におけるアメリカとの競争と国内市場へのアメリカ企業の進出による一層厳しい市場の条件のもとで，電機工業，自動車工業や機械製造業などの加工組立産業部門では，フォード・システムの導

入が合理化の最大の課題のひとつとされたが，T．v．フライベルクが指摘しているように，ヴァイマル期の合理化運動は，特殊ドイツ的な状況——過剰生産能力の存在および変動する狭隘な市場——が近代的なアメリカの生産方法の受け入れを可能にしなかったことを出発点としており[167]，このような市場の諸条件がフォード・システムのような大量生産方式の導入のあり方を強く規定したのであった。ジーメンス・シュッケルトのC．ケットゲンが1928年に確認しているように，「アメリカとはきっと反対に」，流れ生産の利点がより少ない生産量に対しても得られるように努力したということがドイツの発展の特殊性となった[168]。機械製造業においては，生産過程の合理化における基本的な要求は，「流れ生産で操業している経営の十分な弾力性に配慮することであり，生産すべき部品の設計の変更を可能にすることであり，生産すべき量を需要に合わせること」であったとされている[169]。また電機工業においても，この時期の生産の合理化は，より少ない生産量に対しても一定の効果をもち，市場の諸条件の変化に柔軟に対応することができるような流れ生産の方法による大量生産方式の導入に重点がおかれていた。このように，流れ生産方式への移行はドイツの状況にみあった形態で実現されたのであり，他の製品への迅速な転換の可能性を生み出すこととそれへの作業準備の適応にその本質がみられたとされている[170]。実際には，多くの場合，流れ生産方式のいくつかのヴァリアントがみられたのであり，フォード・システムそれ自体は，当時ドイツにおいて目標とされたまさに「理念型」にすぎなかったといえる[171]。

この点に関しては，そのようなドイツ的な生産方式の試みは大量生産への移行を最初に推し進める段階での市場の限界性に規定されたものであり，20年代後半から30年代の初頭にかけての時期にGMだけでなくフォードでもみられたように，すでに自動車がひろく普及し，取替需要がむしろ問題となった市場の条件のもとで，一定度の汎用機の利用による自動車の設計変更への柔軟な対応と組立作業におけるより高い柔軟性を狙った「柔軟な大量生産」が展開されていったとされるアメリカ[172]とは事情が大きく異なっていたといえる。

そのような状況に関して，H．ホムブルクは，電機工業のケースを取り上げて，技術的および組織的革新が決してすべての活動領域において同時に行われたのではなく，そのためには，財務的条件のみならず，とりわけ科学的，技術

第 2 章　ドイツ合理化運動の展開とその特徴　91

—設計上の前提条件，一部では人事的な前提条件も欠けていたとしている。すべての革新は何年もの準備活動と結びついており，また生産条件のもとでのその「成熟」は，それから十分な経済的成果を引き出さねばならなかった最初の実際の試みの後の数ヶ月あるいは数年に徐々に実現されたにすぎず，その限りでは，1920年代における合理化の諸努力の実験的な性格はその顕著なメルクマールであると思われる，としている(173)。またT．ジーゲルは，「技術的合理化」の明白な象徴，すなわち，ベルト・コンベアが広義のテイラー的な組織や作業部による生産の管理と比べると，また労働力の科学的な選抜と比べると，ジーメンスの工場では比較的遅くに初めて導入されたとすれば，このことは意思の欠如よりはむしろ可能性の欠如のためであったとしている(174)。

　W．ベッカーは，大量生産は，とりわけ拡大する国内市場のもとでのみ定着しうるのであり，大量生産の決定的諸要素および国民経済的有効性は，生産手段の生産よりも消費財部門においてずっと大きく，そのため，大量生産を導入し，遂行するためには，決して軍備を必要としなかったのであり，そのさい，消費財の大量生産が，初めて，生産手段の大量生産への移行の基礎を与えたとして(175)，自動車のような消費財の大量生産の意義を指摘している。この点，アメリカでは，自動車の大量生産が，すでに1920年代に，フォード・システムの本格的展開によって大きく進展しただけでなく，それがまた関連する産業分野の市場の拡大をもたらし，それらの諸分野の産業の発展を促すことになったが，国内市場の狭隘なドイツでは，自動車のような消費財の大量生産は，アメリカのような規模では展開されえなかった。それだけに，合理化運動の始まる当初から過剰生産能力をかかえていた機械製造業において，そのようなアメリカ的な生産・管理方式の導入がすすまなかっただけでなく，公共投資の拡大と電化の進展による需要の増大という有利な市場の条件のもとに比較的順調な生産拡大を推し進めることができた電機工業でも，そのような大量生産方式の展開は，標準化がすすみ，量産化に適した特定の製品部門あるいは先端工場に限られていた。またそこでも，多くの場合，フォード社でみられたような移動作業型流れ作業ではなく，より少ない生産量でも量産化の一定の効果を確保しうるような生産方法が展開されたのであった。

4 企業組織の変革と全般的管理の発展

　以上の考察において，企業レベルの合理化の展開について，「技術的合理化」と「労働組織的合理化」の問題を取り上げてみてきたが，1920年代の企業集中と合理化の推進はまた，企業組織全体の合理化を必要とし，全般的管理の発展をもたらすことになった。この時期には，化学工業のIGファルベンや重工業の合同製鋼，電機工業のジーメンスなどの独占的大企業において企業組織の革新が推し進められ，管理の変革が試みられた。そこでは，本格的なトラスト形態による企業集中と合理化にともなう企業管理の諸問題への対応として，企業組織の革新が取り組まれたのであった。すなわち，トラストによって誕生したIGファルベンや合同製鋼では，産業規模レベルでの企業集中が行われた結果，その巨大な企業の諸活動を効率的に管理し，統制し，また調整をはかるために，そこに結合された多くの企業・工場・販売組織などをいかにして再編成し，企業組織全体の合理化をはかるかが重要な課題となった。

　なかでも，IGファルベンでは，1920年代初頭の組織革新において事業部制組織を生み出したデュポンにやや遅れて組織革新が行われているが，同社は合理化を最も強力かつ集中的に展開した企業のひとつであり，アメリカ最大のデュポンとならぶ世界最大の化学企業であった。デュポンは多角化戦略を展開した先駆的企業であり，また分権的事業部制組織を最初に生み出した革新的企業のひとつであったが，この時期の同社の成長は，そのような経営革新の成功によるところが大きかったといえる。それだけに，IGファルベンにおいても，生産過程の合理化とともに，その巨大な企業の諸活動を管理し，統制し，また調整をはかるための管理機構を整備することが重要な課題となった。デュポンにおけるこの時期の組織革新が第1次大戦を契機とした戦略転換にともなう管理上の諸問題への対応であったように，IGファルベンにおける管理機構の形成も合理化の推進にともなう管理上の諸問題への対応であった。

　このように，1920年代の合理化の過程において，生産の合理化とともに，管理の合理化が強力に推し進められ，企業組織の革新が取り組まれたのであった。それゆえ，この時期の企業集中と合理化がどのような企業管理の諸問題を生み出し，それに対応して，組織革新がどのように行われたか，その主要特徴を簡単にみておくことにしよう。

(1) 産業の合理化と企業組織の変革

　この時期の合理化運動は，重工業や化学工業などの基幹産業部門において，「なによりもまず，できるだけ多くの同種企業が集まり，なかにはひとつの産業部門をまるごと包括するようなかたちで，かつてない広がりをもって，企業集中＝水平的結合が行われ，そのなかで，インフレーションの終熄とともに顕在化した過剰生産能力を，それぞれ一定の強制力をもって廃棄し，また製品別生産の集中・専門化による産業の合理化，再編成を推し進める上でも，たんなる『契約による分業』ではなく，それなりの強制力をもって取り組み，また同時に，大規模な人員削減を強行し，個別企業レベルの合理化に取り組むための企業組織の枠組みをつくりあげたところに大きな特徴があるといえる[176]」。

　トラスト化された各企業のいくつもの製品を生産する多くの工場の間で，製品生産を集中し，専門化させることは，過剰生産能力の整理という合理化の要請から行われたものであるが，そればかりでなく，それは，トラスト全体における一種の「契約による分業」の観点から，各製品別にその市場を分割し，それに基づいて各製品の生産の割当を行うものであり，そこでは，各製品ごとに綿密な生産計画を策定し，それを遂行することが重要な課題とされた。しかも，この時期のトラストの多くはすでにコンビネーションに組織されていた企業グループ同士とか，コンビネーションを含む利益共同体に組織されていた企業のトラスト化であり，その場合，継起的に関連する各生産工程が統合されているために，最終工程に位置する部門における製品別生産の集中・専門化による市場と生産の割当を行うことによって，その前に位置する各工程の生産の割当が規定されることになる。なおそのさい，閉鎖されずに残された各工場は，製品別に，あるいは地域別に分散することになり，そのために，特定の製品ないし関連する製品を生産する工場群が主要な地域に形成され，各地域に分散することになった各工場にとっては，独自の生産計画を策定し，最も有利な生産条件のもとで生産を行うことが主要な課題とされた。そのような製品ごとの生産計画の策定およびそれに基づく効率的な生産を遂行するために，中央本社による経営単位間の調整と統制のもとに，ひとつの集合的な経営単位をなす地域ごとの工場グループに対して，自らの責任による自主的な経営活動の大幅な権

限を与え，管理の分権化を行うことによって，これらの現業部門レベルにおける積極的なイニシアティブの向上をはかることが有効な手段となった。そこでは，経営グループ間の競争を促し，生産現場の理想的な競争の促進がはかられ，IGファルベンにみられたように，そのような分権的管理の組織の諸原則の組織的な適用によって，個人およびグループの高度な責任の遂行を実現し，また大小の諸変化にすばやく反応し，いつでも柔軟に対応しうる管理システムを確立することができたとされている[177]。

また大規模な企業集中によって誕生したトラスト企業では，合同された各企業の取締役の数があまりにも多く，そのような状況では明らかに動きがとれず，企業合同と合理化の展開にともない複雑化した業務を効率的に遂行していくために，全般的管理の諸職能を代表して行う取締役会のなかの代表執行機関の創出とそれを補佐する各種委員会組織の設置が行われた。さらに，企業全体の諸問題を処理するために，スタッフ組織が設置され，それらは主に統制スタッフとしての役割を果した。

このように，企業集中によって誕生した巨大なトラスト企業においては，その広範囲におよぶ事業活動を効率的，かつ迅速に遂行していくためには，本来ルーズな連合体にすぎない合同企業の多岐にわたる各事業を効率的に管理・統制するための組織構造を生み出すことが不可欠となり，そのことが企業集中を成功させるためのひとつの重要な条件となった。

(2) 多角化の展開と企業組織の変革

またこの時期の合理化において，化学工業や電機工業などの産業部門を中心に多角化が推し進められた。例えば化学工業のIGファルベンの合理化は，染料部門を中心とする旧部門における製品別生産の集中・専門化の推進と経営の多角化による事業構造の再編成の推進を柱としていたが，これらの合理化諸方策の推進は企業管理の新たな問題をもたらし，それへの対応として，企業組織の革新が取り組まれた。この点について，H．タムメンは，古い生産領域の合理化および新しい生産領域の拡大は組織の強化と重なり合っていたとしている[178]。すなわち，そこでは，製品別生産の集中・専門化の推進にともなう企業管理の問題への対応として，管理の分権化がはかられたが，多角化の展開に

ともない，それまでの職能部門別組織では十分に対応することのできない新たな管理問題が発生した。そこでは，トップ・マネジメントは「企業者的決定」よりむしろ「管理者的決定」に煩わされることがしばしばであり，また各部門の長たちは多種多様な製品を取り扱うことの困難に直面することになった。すなわち，異なった製品には，異なった標準と作業手続と方針が必要となり，各部門の長たちは，生産，販売および購買の各領域において，基本的な諸職能を遂行していく上で条件が大きく異なる複数の製品系列を扱わざるをえなくなった[179]。このような組織と管理をめぐる諸問題は，工業企業の資本が異種生産部面に投下されていることのあらわれであり，「異種生産部面に投下された資本は，それぞれ，生産過程，流通過程および再生産過程において独自性をもった具体的特殊的運動形態をとる[180]」ことによって生じたものであった。そのことはまた，投資決定にさいして，限られた資金を多岐にわたる事業分野にいかにして効率的に配分していくかという最高管理の機能に関しても，新たな管理上の問題を生み出すことになった。すなわち，トップ・マネジメントが現業的活動に深く巻きこまれ，全社的・長期的な立場から経営資源を配分していくといった本来の全般的管理の諸職能に彼らが専念することができなくなったという点に，それまでの管理機構では解決しえない管理上の問題があった。

そこで，ドイツでも，IGファルベンの事例にみられるように，購買，生産，販売などの現業活動を担当する事業部としての経営単位を製品グループごとに形成し，それに投資決定の大幅な権限を与え，さらに取締役会のなかにより少数の本社幹部からなる代表執行組織をつくり，彼らの活動を生産，販売，購買などの執行機能から分離せしめ，計画・統制を中心とする最高管理に専念させるための管理機構の形成が試みられたのであった。購買，生産，販売などの職能活動を遂行する上で条件が異なる製品ごとにひとつの製品別事業部をおき，分権化された単位である各事業部を利益責任単位（プロフィット・センター）として機能させること，投下資本利益率の如き統制手法によって各事業部の業績評価を行い，それに基づいて，経営執行委員会のメンバーを中心とする本社幹部が全社的かつ長期的な立場から経営資源を配分していくといった本来の最高管理の機能に専念させることを可能にしたのが，アメリカでこの時期にいちはやく生み出された事業部制管理組織であった。それゆえ，IGファルベンの組

織は多角化にともなう管理上の諸問題を十分に克服することができたかどうか，こうした点を，デュポンの組織革新との比較において検討していくことが重要な課題となる。

(1) Vgl. J. Bönig,Technik und Rationalisierung in Deutschland zur Zeit der Weimarer Republik, U. Troitzsch, G. Wohlauf (Hrsg), *Technikgeschichte*, Frankfurt am Main, 1980, S. 398-9.
(2) この時期のドイツの企業集中の問題については，上林貞治郎・井上　清『工業の経済理論——工業経済と工業経営——』[増訂版]，ミネルヴァ書房，1976年，230-1ページ，E. Varga, Der marxistische Sinn der Rationalisierung, *Die Internationale*, 9 Jg, Heft 14, 1926. 7. 20, S. 432などを参照されたい。
(3) Vgl. B. Rauecher, *Rationalisierung und Sozialpolitik*, Berlin, 1926, S. 35.
(4) R. A. Brady, *The Rationalization Movement in German Industry*, Berkeley, California, 1933, p. xii.
(5) NICB, *Rationalization of German Industry*, New York, 1931, pp. 118-9.
(6) *Ibid*., p. 119.
(7) Vgl. H. Tammen, *Die I. G. Farbenindustrie Aktiengesellschaft [1925-1933]. Ein Chemiekonzern in der Weimarer Republik*, Berlin, 1978, S. 29.
(8) *Ebenda*, S. 21.
(9) 工藤　章『現代ドイツ化学企業史——IG ファルベンの成立・展開・解体——』，ミネルヴァ書房，1999年，85ページ。
(10) L. F. Urwick, *The Meaning of Rationalization*, London, 1929, p. 14.
(11) 「消極的合理化」の概念については，O. Bauer, *Rationalisierung und Fehlrationalisierung*, Wien, 1931, S. 195-6, Enquete Ausschuß, (III)-2, *Die deutsche eisenerzeugende Industrie*, Berlin, 1930, S. 22-3 などを参照。
(12) Vgl. C. Schiffer, *Die ökonomische und sozialpolitische Bedeutung der industriellen Rationalisierungsbestrebung*, Karlsruhe, 1928, S. 30.
(13) Vgl. E. Varga, *a. a. O*., S. 432.
(14) 上林・井上，前掲書，231ページ。
(15) 前川恭一・山崎敏夫『ドイツ合理化運動の研究』，森山書店，1995年，51-2ページ。
(16) NICB, *op. cit*., p. 33.
(17) A. P. Young, *Rationalization of Industry*, New York, 1929, p. 12.
(18) Vgl. H. Weiss, *Rationalisierung und Arbeiterklasse. Zur Rationalisierung der deutschen Industrie*, Berlin, 1926, S. 8.
(19) この点について詳しくは，前川・山崎，前掲書，第1章第3節を参照。
(20) Vgl. J. Bönig, *a. a. O*., S. 396.
(21) 同書，16ページ参照。

(22) 有沢広巳・阿部 勇氏は，G. カイザーと B. ベニングの分析（G. Keiser, B. Benning, Kapitalbildung und Investitionen in der deutschen Volkswirtschaft 1924 bis 1928, *Vierteljahrheft zur Konjunkturforschung*, Sonderheft 22, 1931）に依拠して 1924年から28年までのドイツの設備投資の問題を考察している（有沢広巳・阿部 勇『世界恐慌と国際政治の危機』，改造社，1931年，第9章参照）。また加藤國彦氏は，20年代の産業の合理化投資は全般的にみると積極的というより消極的な合理化投資として展開されたとした上で，その要因として，①「戦時・インフレ期に企業が設備を増大・拡張していたことが，通貨安定後，企業に産業間，企業間，企業内の組織的な再編を余儀なくさせた」こと，②「過大設備を抱えた独占的大企業が，金融投資の拡張すなわち資本的結合の強化による独占的再編によって，投資を抑制し，同時に生産を制限する体制を強化していた」こと，③「ライヒスバンクの金融政策の展開による高金利政策の堅持と株式崩壊が企業の資金調達を困難にした」ことにあったとされている。加藤國彦『一九三一年ドイツ金融恐慌』，御茶の水書房，1996年，354ページ。
(23) 前川恭一『ドイツ独占企業の発展過程』，ミネルヴァ書房，1970年，14ページの表1を参照。
(24) Vgl. G. Keiser, B. Benning, *a. a. O.*, S. 17, *Statistisches Jahrbuch für das Deutschen Reich*, 51 Jg, 1932, S. 532.
(25) 塚本 健『ナチス経済——成立の歴史と論理——』，東京大学出版会，1964年，73ページ参照。
(26) Vgl. G. Keiser, B. Benning, *a. a. O.*, S. 26-7, *Statistisches Jahrbuch für das Deutschen Reich*, 51 Jg, 1932, S. 532, Die Investitionen in der deutschen Industrie 1924 bis 1931, *Wirtschaft und Statistik*, 13 Jg, Nr. 19, 1933. 10. 16, S. 595.
(27) Vgl. G. Keiser, B. Benning, *a. a. O.*, S. 40.
(28) H. Mottek, W. Becker, A. Schröter, *Wirtschaftsgeschichte Deutschlands*, Ein Grundriß, Bd. III, Von der Zeit der Bismarkschen Reichsgründung 1871 bis zur Niederlage des faschistischen deutschen Imperialismus 1945, 2. Auflage, Berlin, 1975, S. 263. なお本書にはつぎの訳書がある。大島隆雄・加藤房雄・田村栄子訳『ドイツ経済史——ビスマルク時代からナチス期まで(1871-1945年)』，大月書店，1989年。
(29) *Ebenda*, S. 269.
(30) I. M. ファインガル，小松一雄訳『獨逸工業論』，叢文閣，1936年，94-7ページ参照。
(31) Vgl. G. Reimann, Technischer Fortschritt—— "Ausweg"?. Die Anwendung technischer Neuerfindungen unter dem monopolistischen Kapitalismus, *Die Internationale*, 13 Jg, Heft 11, 1930. 6. 1, S. 328.
(32) I. M. ファインガル，前掲訳書，94ページ参照。
(33) 前川，前掲書，56ページ参照。ここで，両社の参加証券・有価証券の保有額をみておくと，IGファルベンでは，すでにその設立時の1925年12月31日にそれは242,536,340RMにのぼっており，28年12月31日には306,261,581RMに増加しているにすぎないのに対して（IG Farbenindustrie A. G., *Bericht des Vorstandes und des Aufsichtsrates über das Geschäftsjahr 1925, Bericht des Vorstandes und des Aufsichtsrates*

über das Geschäftsjahr 1928），合同製鋼では，その設立時の26年4月1日にはわずか92,906,446 RMであったたものが，27年9月30日には295,159,000 RMへと大きく増大している。Vgl. Vereinigte Stahlwerke A. G., Geschäftsbericht über das 1. Geschäftsjahr von 14. Januar bis 30. September 1926, S. 17, Geschäftsbericht über das 3. Geschäftsjahr von 1. Oktober 1926 bis 30. September 1927, S. 17.

(34) H. Mottek, W. Becker, A. Schröter, a. a. O., S. 33-4.
(35) この点については，機械製造業の事例としては，幸田亮一『ドイツ工作機械工業成立史』，多賀出版，1993年，251-3ページ，同「ドイツ機械工業の発展とレーヴェ社新工場——第1次大戦前ドイツ機械工業の発展と工場改革(1)」『経済論叢』（京都大学），第129巻第6号，1982年6月，101ページおよび105ページ，同「第1次大戦前ドイツ重機工業における工場制度の変容——N. A. N. 社の事前研究(2)——」『経済論集』（佐賀大学），第19巻第3号，1986年12月，294-9ページを参照されたい。また電機工業の事例については，今久保幸生『19世紀末ドイツの工場』，有斐閣，1995年，338ページを参照されたい。
(36) 井上　清『工業生産と管理の理論』（増補版），ミネルヴァ書房，1986年，109ページ。
(37) Vgl. P. Czada, *Die Berliner Elektroindustrie in der Weimarer Zeit*, Berlin, 1969, S. 151.
(38) Vgl. *Statistisches Jahrbuch für das Deutschen Reich*, 49 Jg, 1930, S. 89.
(39) Vgl. *Statistisches Jahrbuch für das Deutschen Reich*, 54 Jg, 1935, S. 116-7.
(40) Vgl. Institut für Wirtschaftsgeschichte der Akademie der Wissenschaften der DDR, *Produktivkräfte in Deutschland 1917/18 bis 1945* (Geschichte der Produktivkräfte in Deutschland von 1800 bis 1945, Bd. 3), Berlin, 1988, S. 64.
(41) Vgl. *Ebenda*, S. 66.
(42) H. Mottek, W. Becker, A. Schröter, *a. a. O.*, S. 36.
(43) Vgl. T. v. Freyberg, *Industrielle Rationalisierung in der Weimarer Republik*, Frankfurt am Main, New York, 1989, S. 83.
(44) Vgl. *Ebenda*, S. 85-6.
(45) T. Siegel, T. v. Freyberg, *Industrielle Rationalisierung unter dem Nationalsozialismus*, Frankfurt am Main, New York, 1991, S. 231-2.
(46) Vgl. G. Schlesinger, 30 Jahre Deutscher Werkzeugmaschinenbau, *Werkstattstechnik*, 22 Jg, Heft 20, 1928. 10. 15, S. 551.
(47) Vgl. E. Prägel, H. Hänecke, Die Richtlinien für die Entwicklung spanabhebender Werkzeugmaschinen, *Maschinenbau*, Bd. 9, Heft 10, 1930 5, 15, S. 325.
(48) Vgl. H. Homburg, *Rationalisierung und Industriearbeit*, Berlin, 1991, S. 442.
(49) Vgl. T. Siegel, T. v. Freyberg, *a. a. O.*, S. 232, T. v. Freyberg, *a. a. O.*, S. 85.
(50) T. Siegel, T. v. Freyberg, *a. a. O.*, S. 232.
(51) Vgl. G. Schlesinger, *a. a. O.*, S. 551, T. v. Freyberg, *a. a. O.*, S. 87.
(52) H. Mottek, W. Becker, A. Schröter, *a. a. O.*, S. 28.
(53) *Ebenda*, S. 30.

(54) *Ebenda*, S. 36.
(55) Vgl. T. v. Freyberg, *a. a. O.*, S. 64, T. Siegel, T. v. Freyberg, *a. a. O.*, S. 230.
(56) Vgl. *Ebenda*, S. 230-1.
(57) *Ebenda*, S. 231.
(58) Vgl. Institut für Wirtschaftsgeschichte der Akademie der Wissenschaften der DDR, *a. a. O.*, S. 70.
(59) Vgl. T. v. Freyberg, *a. a. O.*, S. 81-2.
(60) Vgl. *Ebenda*, S. 91.
(61) Vgl. H. Homburg, *a. a. O.*, S. 456-8.
(62) Vgl. *Ebenda*, S. 466.
(63) Vgl. T. v. Freyberg, *a. a. O.*, S. 83. 1930年代から40年代に硬質合金工具の利用がいかにすすんだかは、クルップの硬質合金製造工場による投資資金の申請の状況にも示されている。同社では硬質合金製造工場の投資資金の申請は1920年代には最高でも645,000RMにとどまっているのに対して、30年代後半から40年代にかけての時期には硬質合金の生産拡大のための投資の申請が多く行われており、例えば36年5月には450万RM、39年には10,964,200RM、43年には1,150万RMの投資資金の申請が行われているように、その額も20年代と比べると非常に大きなものとなっているが、そのいずれもが承認されている。この点については、*Historisches Archiv Krupp*, WA41/3-510所収の各年度のアルヒーフ参照。
(64) Vgl. H. Mottek, W. Becker, A. Schröter, *a. a. O.*, S. 37.
(65) Vgl. *Ebenda*, S. 25.
(66) Vgl. *Ebenda*, S. 38.
(67) 前川、前掲書、2ページ。この点については、加藤、前掲書、第3章および終章をも参照。
(68) Vgl. J. Ermanski, *Theorie und Praxis der Rationalisierung*, Berlin, 1928, S. 216.
(69) ドイツにおけるテイラー・システムの導入については、拙書『ドイツ企業管理史研究』、森山書店、1997年、大橋昭一「ドイツにおけるテイラーシステムの導入過程」(I)、(II)、『商学論集』(関西大学)、第29巻第4号、1984年10月、第29巻第5号、1984年12月、幸田亮一・井藤正信「ドイツにおける科学的管理法の展開」、原輝史編『科学的管理法の導入と展開――その歴史的国際比較――』、昭和堂、1990年、井藤正信『ドイツにおける科学的管理の導入と展開』(愛媛大学経済学研究叢書8)、1995年などを参照。
(70) 大橋、前掲論文(II)、51ページ参照。
(71) Vgl. V. Trieba, U. Mentrup, *Entwicklung der Arbeiswissenschaft in Deutschland*, München, 1983, S. 79.
(72) Vgl. H. Homburg, Anfänge des Taylorsystem in Deutschland vor dem Ersten Weltkrieg. Eine Problemskizze unter besonderer Berücksichtigung der Arbeitskämpe bei Bosch 1913, *Geschichte und Gesellschaft*, 4 Jg, Heft 2, 1978.
(73) Vgl. G. Stollberg, *Die Rationalisierungsdebatte 1908-1933*, Frankfurt am Main, New York, 1981, S. 34. また前川恭一『現代企業研究の基礎』、森山書店、1993年、

184ページをも参照。
(74) 大橋,前掲論文（II），52-3ページ参照。
(75) 前川,前掲『現代企業研究の基礎』,168ページ。
(76) Vgl. V. Trieba, U. Mentrup, a. a. O., S. 84.
(77) 大橋,前掲論文（II），31-2ページ参照。
(78) Vgl. E. Pechhold, 50 *JAHRE REFA*, Darmstadt, Köln, Frankfurt am Main, 1974, S. 40.
(79) Vgl. H. Spitzley, *Wissenschaftliche Betriebsführung, REFA Methodenlehre und Neuorientierung der Arbeitswissenschaft*, Köln, 1979, S. 62［高橋俊夫監訳『科学的管理と労働のヒューマニズム化』,雄松堂,1987年,79ページ参照］。
(80) 野村正實『ドイツ労資関係史論』,御茶の水書房,1980年,182ページ。
(81) 大橋昭一『ドイツ経済民主主義論史』,中央経済社,1999年,89ページ。
(82) 大橋,前掲論文（II），36ページ。
(83) Vgl. G. Stollberg, a. a. O., S. 40, F. Söllheim, *Taylor = System für Deutschland. Grenzen seiner Einführung in deutschen Betriebe*, München, Berlin, 1922, S. 168 u S. 175-81. また前掲拙書,107-8ページをも参照。
(84) Vgl. V. Trieba, U. Mentrup, a. a. O., S. 99-100.
(85) 古林喜楽『経営労務論』,千倉書房,1979年,123ページ。
(86) 前川・山崎,前掲書,16ページ参照。
(87) 吉田和夫『ドイツ合理化運動論』,ミネルヴァ書房,1976年,序説IIを参照。
(88) 大橋,前掲書,97ページ参照。
(89) 吉田,前掲書,87ページ。これら2つの独占資本グループ間の対抗関係の問題については,K. Gossweiler, *Großbanken Industriemonopole Staat. Ökonomie und Politik des staatsmonopolistischen Kapitalismus in Deutschland 1914-1932*, Berlin, 1970［川鍋正敏・熊谷一男・松本洋子訳『大銀行 工業独占 国家』,中央大学出版部,1979年］を参照。とくにここでの「履行政策」と「破局政策」について詳しくは,*Ebenda*, Viertes Kapitel［同上訳書,第4章］参照。
(90) 仲田正機『現代企業構造と管理機能』,中央経済社,1983年,104ページ。
(91) 丸山恵也「フォード・システムの形成とその特質」,丸山恵也・井上昭一編著『アメリカ企業の史的展開』,ミネルヴァ書房,1990年,29-30ページ参照。
(92) Vgl. R. Schmiede, E. Schudlich, *Die Entwicklung der Leistungsentlohnumg in Deutschland : Eine historische Untersuchung zum Verhältniss von Lohn und Leistung unter kapitalistischen Produktionsbedingungen*, 4. Auflage, Frankfurt am Main, 1981, S. 284.
(93) 塩見治人『現代大量生産体制論——その成立史的研究——』,森山書店,1978年,237ページ。
(94) Vgl. V. Trieba, U. Mentrup, a. a. O., S. 82, E. Schalldach, *Rationalisierungsmaßnahmen der Nachinflationszeit im Urteil der deutschen Freien Gewerkschaften*, Jena, 1930, S. 36.
(95) 電機独占資本にとってレファ協会の活動,レファ・システムの導入・実施がとくに

大きな意味をもっていたことは，時間研究委員会に始まる過程研究のための研究機関の設立・運営においてもみることができる。すなわち，1919年設立の時間研究委員会による研究は21年に設立された機械および手作業時間決定委員会（Ausschuß für Maschine und Handarbeitszeitbestimmung）に受けつがれることになるが，そこでは，それは，機械時間小委員会（Unterausschuß für Maschinenzeiten）と手作業時間小委員会（Unterausschuß für Handarbeitszeiten）に分けられ，その前者はレーヴェ社のK. ヘクナーが，後者はジーメンス社のW. ドレッシャーが会長を務めた。また1924年に設立されたレファ協会でも，電機独占資本関係者が主導的な役割を果した。レファ協会の初代会長には，AEGのO. クノープが就いたのであった。Vgl. E. Pechhold, a. a. O., S. 50-1, S. 57.

(96) Vgl. K. H. Mommertz, *Böhren, Drehen und Fräsen. Geschichte der Werkzeugmaschinen*, Hamburg, 1987, S. 142.

(97) Vgl. V. Trieba, U. Mentrup, a. a. O., S. 103, A. Stitz, Das Refa-System, *Betriebsräte-Zeitschrift für die Funktionäre der Metallindustrie*, 11 Jg, Nr. 6, 1930. 3, 22, S. 182.

(98) Vgl. H. Spitzley, a. a. O., S. 101 ［前掲訳書，136-7ページ参照］。

(99) *Ebenda*, S. 101からの引用。

(100) Vgl. V. Trieba, U. Mentrup, a. a. O., S. 104-6.

(101) Vgl. *Ebenda*, S. 106-7. この点については，野村正實「賃金制度とLODIの導入」，徳永重良編著『西ドイツ自動車工業の労使関係』，御茶の水書房，1985年をも参照。

(102) この点については，山下高之『近代的管理論序説』，ミネルヴァ書房，1980年，218-25ページ，川崎文治『科学的管理批判』，森山書店，1958年，155-6ページおよび252ページ，向井武文『科学的管理の基本問題』，森山書店，1970年，225-7ページ，木元進一郎『労務管理と労使関係』，森山書店，1986年，42-3ページ，今井俊一『経営管理論』，ミネルヴァ書房，1960年，70ページなどを参照。

(103) 山下，前掲書，187ページ参照。

(104) 同書，188ページ参照．

(105) 古林，前掲書，123-4ページ参照。

(106) 同書，118ページ参照。

(107) Vgl. V. Trieba, U. Mentrup, a. a. O., S. 101-2.

(108) 山下，前掲書，256ページ参照。

(109) 同書，258ページ参照。

(110) 島 弘『科学的管理法の研究（増補版）』，有斐閣，1979年，213ページ参照。

(111) Vgl. G. Schlesinger, *Psychotechnik und Betriebswissenschaft*, Leipzig, 1920, S. 2, V. Trieba, U. Mentrup, a. a. O., S. 79.

(112) Vgl. B. Rauecker, Die Bedeutung der Rationalisierung, *Die Arbeit*, 2 Jg, Heft 11, 1925, S. 688-9.

(113) Vgl. V. Trieba, U. Mentrup, a. a. O., S. 106-7.

(114) 古林，前掲書，124-5ページ。

(115) Vgl. *Ebenda*, S. 103-4.

(116) Vgl. *Ebenda*, S. 99, O. Bauer, *a. a. O.*, S. 165.
(117) Vgl. V. Trieba, U. Mentrup, *a. a. O.*, S. 99.
(118) Vgl. C. Schiffer, *a. a. O.*, S. 26.
(119) Vgl. E. Schalldach, *a. a. O.*, S. 42-3.
(120) 内海義夫『労働科学序説』, 法律文化社, 1954年, 195-6ページ。
(121) Vgl. E. Schalldach, *a. a. O.*, S. 44.
(122) Vgl. H. Spitzley, *a. a. O.*, S. 102 [前掲訳書, 137ページ]。
(123) Vgl. A. Stitz, *a. a. O.*, S. 182, Verband für Arbeitsstudien, *Das REFA Buch*, Bd. 1, Arbeitsgestaltung. Mit einer Einführung in das Arbeitsstudium, München, 1951, S. 32 [新居崎邦宜訳『作業研究のテキストⅠ：標準作業の決め方』日本能率協会, 1955年, 46-7ページ]。
(124) V. Trieba, U. Mentrup, *a. a. O.*, S. 107.
(125) Vgl. F. v. Gottl-Ottlienfeld, *Fordismus*, Jena, 1926, S. 39-40.
(126) 大橋, 前掲書, 105ページ。
(127) Vgl. L. Peter, P. Hinrics, *Industrieller Friede?*, Köln, 1976, S. 79, V. Trieba, U. Mentrup, *a. a. O.*, S. 112.
(128) Vgl. E. Pechhold, *a. a. O.*, 1974, S. 36.
(129) Vgl. V. Trieba, U. Mentrup, *a. a. O.*, S. 107.
(130) Vgl. *Ebenda*, S. 109.
(131) Vgl. *Ebenda*, S. 108.
(132) Vgl. R. Woldt, Die heutige Krise in der deutschen Betriebsorganisation, *Gewerkschafts-Archiv*, 2 Jg, Nr. 4, 1925. 10, S. 187-8.
(133) 大橋, 前掲書, 107ページ参照。
(134) Vgl. C. Schiffer, *a. a. O.*, S. 11.
(135) H. Siegrist, *Vom Familienbetrieb zum Managerunternehmen*, Göttingen, 1981, S. 164.
(136) この点については, 前掲拙書, 第1章第2節を参照されたい。
(137) Vgl. O. Bauer, *a. a. O.*, S. 131.
(138) 吉田, 前掲書, 111-2ページ。
(139) R. A. Brady, *op, cit*, p. 428. 1925年末のドイツ工業規格の数は約1,100であったが, その内訳をみると, 一般機械に関するものが673件と最も多く, 建設業に関するものが150件, 電機工業に関するものが117件, 機関車製造に関するものが76件, 自動車製造に関するものが50件となっている。Vgl. F. Olk, Wo steht die deutsche Rationalisierung?, *Die Arbeit*, 3 Jg, Heft 1, 1926, S. 31, B. Rauecker, *Rationalisierung und Sozialpolitik*, S. 9.
(140) 同書, 113ページ。
(141) R. A. Brady, *op, cit*, p. 31.
(142) 小島精一『産業合理化』(商学全集第9巻), 千倉書房, 1930年, 35ページ。
(143) 同書, 44ページ。
(144) *Ibid*., p. 183.

(145) 高橋秀行「ドイツ機械工業合理化過程（一八九〇年代初め～一九二〇年代末）における機械設計の受容」，竹岡敬温・高橋秀行・中岡哲郎『新技術の導入――近代機械工業の発展――』，同文舘，1992年，38ページ。
(146) *Ibid.*, p. 21.
(147) 前川・山崎，前掲書，18ページ。
(148) Vgl. B. Rauecker, Wege und Möglichkeiten der Rationalisierung, *Die Arbeit*, 2 Jg, Heft 12, 1925, S. 744.
(149) Vgl. O. Bauer, *a. a. O.*, S. 136-7.
(150) K. Mellerowicz, *Betriebswirtschaftslehre der Industrie*, 3. durchgesehne und erweiterte Auflage, Freiburg, 1958, S. 216-7 [磯部喜一朗訳『工業経営学（全訂増補第3版）』，上巻，千倉書房，1961年，311-2ページ]。
(151) Vgl. B. Rauecker, Rationalisierung und Arbeiterkultur, *Die Arbeit*, 3 Jg, Heft 2, 1926, S. 120.
(152) R. A. Brady, *op, cit*, p. 25.
(153) 藻利重隆『経営管理総論（第二新訂版）』，千倉書房，1965年，97-8ページ。
(154) 向井武文『フォーディズムと新しい経営原理』，千倉書房，1984年，199ページ。
(155) 同書，196ページ。
(156) Vgl. V. Trieba, U. Mentrup, *a. a. O.*, S. 111.
(157) Vgl. H. Weiss, *a. a. O.*, S. 19.
(158) この時期のアメリカの自動車工業および電機工業の大企業における工場結合体の成立については，塩見，前掲書，第5章および西郷幸盛・相馬志都夫『アメリカ経営管理発展の研究』，八千代出版，1988年，第8章参照。
(159) 仲田，前掲書，104ページ。
(160) 同書，101ページ。
(161) A. D. Chandler, Jr, *Giant Enterprise : Ford, General Motors, and the Automobile Industry*, Harcourt, Brace & World inc., 1964, p. 187 [内田忠夫・風間禎三郎訳『競争の戦略』，ダイヤモンド社，1970年，306-7ページ]。
(162) 塩見，前掲書，279ページ。
(163) Vgl. V. Trieba, U. Mentrup, *a. a. O.*, S. 108.
(164) G. Stollberg, *a. a. O.*, S. 51, M. Stahlmann, *Die Erste Revolution in der Autoindustrie*, Frankfurt am Main, New York, 1993, S. 71.
(165) Vgl. Institut für Wirtschaftsgeschichte der Akademie der Wissenschaften der DDR, *a. a. O.*, S. 61-2.
(166) Vgl. G. Duvigneau, *Unterschungen zur Verbreitung der Fließarbeit in der deutschen Industrie*, Breslau, 1932, S. 68-70.
(167) Vgl. T. Siegel, T. v. Freyberg, *a. a. O.*, S. 267.
(168) Vgl. C. Köttgen, Die Allgemeine Grundlagen der Fließarbeit, *Zentralblatt für Gewerbehygiene und Unfallverhüttung*, Beiheft 12, "Fließarbeit", 1928, S. 10, T. Siegel, T. v. Freyberg, *a. a. O.*, S. 267.
(169) Vgl. H. Hänecke, Fließarbeit im deutschen Maschinenbau, *Maschinenbau*, Bd. 6,

Heft 4, 1927. 2, 17, S. 158, T. Siegel, T. v. Freyberg, *a. a. O.*, S. 267.
(170) Vgl. Institut für Wirtschaftsgeschichte der Akademie der Wissenschaften der DDR, *a. a. O.*, S. 61.
(171) この点について，G. デュビノウは，ドイツの産業においては，まさに理想的な方法において経営を流れ生産でもって組織することは非常にまれにしか行われることができず，多くの場合，徐々に組織していくように強制されたと指摘している。Vgl. G. Duvigneau, *a. a. O.*, S. 78.
(172) D. A. Hounshell, *From the American System to Mass Production, 1800-1932 : The Development of Manufacturing Technology in the United States*, The Johns Hopkins University Press, 1984 ［和田和夫・金井光太郎・藤原道夫訳『アメリカン・システムから大量生産へ 1800-1932』，名古屋大学出版会，1998年，第7章参照］。この点に関しては，鈴木良始氏は，GMがフォードに先行して採用した方式が「①製品モデルとその構成部品の設計変更を分離し，モデルの変更と同時に全部品を刷新するようなことはせず，結果として部品の寿命はモデル変更よりずっと長期となり，部品の大量生産要求に合致させたこと，②異なる価格帯のモデル間で部品を意識的に共用することで（この点でも製品モデルと部品を分離），部品の大量生産要求を損なわずに市場の要求に応えたこと」の2面を内容とする部分的，計画的な変化に関わるものであったと指摘されている。その上で，同氏は，「アメリカ大量生産史におけるフォード・システムの『柔軟化』とは，ハードウェアの面の変化というよりも，モデルの多様化と頻繁な変更という市場の要請に対する，以上のようなソフトウェア的対応を核心とするものに他ならなかった」とされている。また機械の利用の面について同氏は，「工作機械の半専用機化は，GMを中心に1920年代にある程度志向されたとはいえ」，「1930年代には早くも方向転換が現れ，アメリカ大量生産システムの特質として定着することはなかった」とされている。鈴木良始「アメリカ大量生産システムの成熟と変容──生産システムと市場条件・労使関係・技術変化の相互作用──」，宗像正幸・坂本 清・貫 隆夫編著『現代生産システム論 再構築への新展開』，ミネルヴァ書房，2000年，64-5ページ。
(173) Vgl. H. Homburg, *Rationalisierung und Industriearbeit*, S. 525-6.
(174) Vgl. T. Siegel, T. v. Freyberg, *a. a. O.*, S. 311.
(175) H. Mottek, W. Becker, A. Schröter, *a. a. O.*, S. 31.
(176) 前川・山崎，前掲書，233ページ。
(177) R. A. Brady, *op, cit*, p. 237.
(178) Vgl. H. Tammen, *a. a. O.*, S. 29.
(179) この点については，H. E. Krooss, C. Gilbert, *American Business History*, 1972, p. 253 ［鳥羽欽一郎・山口一臣・厚東偉介・川辺信雄訳『アメリカ経営史(下)』，東洋経済新報社，1974年，373ページ］およびA. D. Chandler, Jr, *Strategy und Structure : Chapters in the History of the Industrial Entepreise*, MIT Press, 1962 ［三菱経済研究所訳『経営戦略と組織：米国企業の事業部制成立史』，実業之日本社，1967年］などを参照。
(180) 仲田，前掲書，120ページ。

第 2 部　主要産業部門における合理化過程

第3章　重工業における合理化過程

　これまでの考察において，1920年代の合理化運動の展開について，主要問題とその特徴を明らかにしてきたが，それをふまえて，第2部では，この時期の合理化過程を，当時の主要産業部門を取り上げて，みていくことにする。まず本章では，重工業を取り上げるが，この産業部門の代表的企業である合同製鋼は，1920年代の半ばにトラスト化によって誕生し，合理化を最も強力に推し進めた独占的大企業のひとつであった。そこでは，企業集中と合理化が強力に取り組まれたが，同時にまたそのような企業内部の再編成，事業活動の拡大が推し進められるなかで，それにともなう企業管理の諸問題への対応として，企業組織の革新が行われた。

　そこで，以下，重工業の合理化過程の具体的な考察をすすめ，その特徴を明らかにしていくことにしよう。

第1節　企業集中と産業合理化の展開

1　企業集中による整理過程

　すでにみたように，相対的安定期の合理化過程の初期に行われた企業集中による産業の合理化は，「消極的合理化」と呼ばれており，そこでは，過剰設備の廃棄，採算割れ工場の閉鎖，不採算部門の切り捨てなど，整理計画がドラスティックに推し進められた。ここでは，まず企業集中による整理過程がどの程度なされたかを統計数値に基づいてみることにしよう。R．ロッカーはこの時期を一種の「整理過程」（Reinigungsprozeß）としてとらえているが，そのさい不採算企業がドイツ全体でどの程度姿を消したかについて，つぎのように述べ

ている。すなわち,「1925年4月にまず910社が姿を消した。同年10月には,その数は1,797企業に増加した。1926年1月にそれは3,645企業となり,それでもって,清算行為は頂点に達した。26年10月には,排除された企業の数はすでに632企業に減少し,12月には427企業にまで低下した[1]」としている。そこで,以下,炭鉱業と鉄鋼業について,具体的にみていくことにしよう。

(1) 炭鉱業における整理過程

まず石炭業をみると,ドイツ全体では,経営数は1923年には384であったが,25年には343に,26年には314に減少しており,それにともない就業者数も23年の595,459人から25年には557,087人,26年には514,807人に減少している。褐炭業でも同様の傾向がみられ,そこでは,経営数は1923年の486から26年には364に減少しており,それにともない就業者数も134,140人から76,688人に減少している(表3-1参照)。またルール地域において閉鎖された炭鉱の数をみると,1923年から26年までに71,000人を雇用する87の炭鉱が閉鎖されているが,それらのうち,5,778人を雇用する11の炭鉱が26年に操業を再開しており,したがって,65,222人を雇用する76の炭鉱が完全に閉鎖されたことになる。閉鎖された炭鉱の数が最も多かったのは1925年であり,その数は31にのぼっており,そこでは35,810人が働いていた[2]。このように,合理化運動が始まる1924年から26年にかけての第1局面の時期に,整理過程が本格的に推し進められた

表3-1 炭鉱業における経営数および就業者数の推移

年度	石炭業		褐炭業	
	経営数	就業者数	経営数	就業者数
1913*)	284	490,709	464	58,947
1923	384	595,459	486	134,140
1924	376	558,938	444	92,713
1925	343	557,087	404	82,023
1926	314	514,807	364	76,688

(注): *) 戦後の領土
(出所): *Statistisches Jahrbuch für das Deutschen Reich*, 46 Jg, 1927, S. 97, 49 Jg, 1930, S. 104より作成。

が，第3節においてみるように，炭鉱業では，そのような「消極的合理化」と平行して，機械化がすでにこの段階で大きな進展をみ，そのピークに達しており，この時期の整理過程は，強力な機械化の進展とともに，24年以降の採炭高の増大，生産性の向上に大きく寄与したのであった。

(2) 鉄鋼業における整理過程

つぎに鉄鋼業をみると，高炉部門（表3-2参照）では，1924年から25年までの間に，経営数は1だけ増加しており，高炉数も7基増加している。しかし，1925年から26年にかけての時期をみると，経営数は5減少し，高炉数は17基減少しており，操業率そのものもわずかではあるが低下しており，この時期に設備の廃棄や工場の閉鎖が強力に取り組まれたことがわかる。

また製鋼部門（表3-3参照）では，領土の割譲によりロートリンゲンとライン＝ヴェストファーレンとの間の分業関係が断ち切られたことから，トーマス製鋼法に適した含燐性のミネット鉱石の確保が困難になったのにともない，屑鉄を原料として利用することができる平炉の利用が増加している。すなわち，トーマス式製鋼炉の数は1913年の59基から24年には60基へとわずか1基しか増加していないのに対して，平炉は同期間に362基から466基へと104基（29％）も増加している。また需要の高度化にともない電炉が29基（170％）増加しており，製鋼部門の経営数は全体で18増加している。1924年から25年にかけての時期をみても，経営数の減少はみられず，製鋼炉数をみても，酸性平炉を除く

表3-2　高炉部門の経営数，高炉数および操業率の推移

年　度	経営数	高　炉　数		操業率 $\frac{(b)}{(a)}$ (％)
		高炉数(a)	操業炉数(b)	
1913*)	70	216	204	94.4
1923	63	209	152	72.7
1924	55	193	138	71.5
1925	56	200	141	70.5
1926	51	183	127	69.4

(注)：＊）第1次大戦後の領土
(出所)：*Statistisches Jahrbuch für das Deutschen Reich*, 46 Jg, 1927, S. 101, 49 Jg, 1930, S. 107より作成。

110 第2部 主要産業部門における合理化過程

表3-3 製鋼部門の経営数および各製鋼炉数の推移

年　度	経営数	年度末の各製鋼炉数					
		トーマス炉	ベッセマー炉	平　炉		電　炉	るつぼ炉
				塩基性平炉	酸性平炉		
1913	106	109	13	382	50	27	116
1913[1]	85	59	13	312	50	17	112
1917	112	110	28	447	52	52	84
1917[1]	92	60	28	374	47	33	79
1922[2]	101	59	17	422	28	45	76
1923	103	60	12	431	31	45	81
1924	103	60	11	431	35	46	91
1925	106	62	17	439	31	51	105
1926	97	63	11	395	35	50	87

(注)：1) 第1次大戦後の領土。
　　　2) 1月から6月まではオーバー・シュレェジェン東部の生産を除く。
(出所)：*Statistisches Jahrbuch für das Deutschen Reich*, 45 Jg, 1926, S. 85, 47 Jg, 1928, S. 115より作成。

と減少はみられない。つまり、この時期には、過剰設備の廃棄や工場の閉鎖などによる整理はまだ行われていなかったといえる。しかし、1925年から26年にかけての時期をみると、経営数では9（8.5％）、製鋼炉では、ベッセマー炉が6基（31％）、平炉が40基（8.5％）、るつぼ炉が18基（17％）も減少しており、「消極的合理化」が強力に推し進められている。

さらに圧延部門（表3-4参照）をみても、1925年から26年にかけて、経営数

表3-4 圧延部門の経営数および就業者数の推移

年　　度	経　営　数	就　業　者　数[1]
1913[2]	148	93,911
1924	162	90,830
1925	161	93,668
1926	156	77,612

(注)：1) 保険加入組合員。
　　　2) 第1次大戦後の領土。
(出所)：*Statistisches Jahrbuch für das Deutschen Reich*, 46 Jg, 1927, S. 103, 49 Jg, 1930, S. 109および Enquete Ausschuß (III)-2, *Die deutsche eisenerzeugende Industrie*, Berlin, 1930, S. 8より作成。

は6減少しており，就業者数は93,668人から77,612人に17.1％減少している。したがって，高炉部門，製鋼部門および圧延部門のいずれの部門においても，合理化運動の第1局面にあたる1925年から26年にかけての時期，すなわち合同製鋼の設立の時期に，企業集中をテコとして整理過程が本格的に展開されたといえる。

2 合同製鋼における製品別生産の集中・専門化の進展

この時期の企業集中＝トラスト化は，このような整理過程において，たんに過剰設備の廃棄や工場の閉鎖だけではなく，同時に製品別生産の集中・専門化をドラスティクに推し進める条件をつくることになったが，製品別生産の集中・専門化が実際にどのように行われたのか，つぎに，この点を，合同製鋼の事例を取り上げて，みていくことにしよう。

合同製鋼は，鉄鋼業の継起的な各生産工程のみならず，炭鉱をも結合した4つの主要混合企業のグループ（ライン・エルベ・ウニオン，ティセン・グループ，フェニックス・グループ，ライン製鋼）の合同によって生まれたものであるが[3]，「同社における製品別生産の集中・専門化は，これらの混合企業における過剰設備の廃棄や採算割れ工場の閉鎖など，整理計画に取り組むとともに，残された生産効率の高い工場や部門においては，できる限り，生産工程の一貫的統合をはかり，諸工程間の連続性を保つようにしながら，多くの圧延製品のなかから，それぞれの工場や部門が独自の専門性をいかして特定の製品の生産に特化することにより，全体としては，国内向けおよび輸出向けのすべての製品が混合企業のグループの間で，できる限り重複することなく，分業によって生産されるように生産過程の再編成をはかるものであった」。

このように，「合同製鋼の設立は，そこに統合された各企業・工場の間で製品別生産の集中・専門化を推し進め，『ひとつの契約による分業』に基づいてそれらをトラスト全体の計画に組み入れることを可能にした」[4]。この点について，E.シャルダッハは，「鉄および金属の生産および加工にさいして，技術的合理化および経営内部の合理化の諸方策は，まさに個々の経営を超えた全生産の計画的な組織化を必要としたのであり，またそのことが合同製鋼およびそれを超えたた大陸の粗鋼共同体へと導いた[5]」としている。R.A.ブレイ

ディが指摘するように、合同製鋼では、「技術的に遅れた工場、および原料、市場に関して立地条件の悪い工場、あるいは生産技術において密接な関連をもつ他の工場は、完全に再組織されるか、あるいは永久に閉鎖され」、「そのような政策でもって、特定の製品の生産を専用の設備を備えた2、3の工場や立地条件のよい工場に集中化させるための計画がすすんだ」[6]としている。

まず製鉄部門についてみると、高炉だけではなく、製鋼・圧延設備を備えた混合企業と単純高炉企業との間で銑鉄生産における専門化がはかられた。すなわち、シャルケル・フェライン、フリードリィヒ・ヴィルヘルム製鉄所、マイデリィヒ製鉄所、フルカン製鉄所、コンコルディア製鉄所の単純高炉・鋳造企業は、その各々ができる限り1種ないし2種の特殊銑鉄のみを生産し、他方、混合企業の高炉設備においては、一般的にトーマス銑鉄のみが生産されるように、経営技術的に集中化が行われた[7]。

合同製鋼の合理化において、そのような製品別生産の集中・専門化が最も強力に推し進められ、またそれが最も重要な意味をもったのは圧延部門であった。最終製品を生産する圧延部門において徹底的な製品別生産の集中・専門化を行うことによって、生産されるべき各圧延製品の生産能力が特定の工場に割り当てられることになり、とくに製鉄・製鋼部門をも結合した混合企業においては、圧延部門におけるそのような特定製品の生産能力の割り当てによって、前工程に位置する製鋼部門、製鉄部門の生産能力の割り当てが指定されることになる[8]。

このような合理化を推し進め、製鉄・製鋼部門および加工部門の再組織を行うさいに、「(イ)以前は所属会社が異ったが為に別々に経営されていた近接企業を結合せしめる、(ロ)各企業単位の生産を出来るだけ専門化し、各専門分野において量的にも質的にも最高度の能率を発揮せしめるようにする、(ハ)最も西部にあって輸出に便利なライン河畔の工場は輸出向生産に主力を注がしめ、他のものは国内向生産に当らしめる」、という3つの原則が基準とされた[9]。

まず(イ)の原則に基づいて、直接的に近隣に位置するフェニックス（ルールオルト）とライン製鋼（マイデリィヒ）の諸経営がひとつの工場に融合されたほか、類似の方法で、ドルトムント・ウニオンとヘルデル・フェラインの諸経

営が統一的な管理のもとに集中され,またそれらのいろいろな同種の生産が統一化された(10)。こうして,主要混合企業のグループのなかで,経営の集中化,統一化が行われたのであるが,その結果,つぎの4つの混合企業のグループが,まとまったひとつの単位として運営されることになった(11)。

(1) ドルトムント・ヘルデ・グループ(フェニックス=ヘルデル・フェラインとドルトムント・ウニオンの諸工場からなる)
(2) ライン・グループ(ライン製鋼とフェニックスの諸工場から構成される)
(3) ハムボルン・グループ(アウグスト・ティセン製鉄所をもつ)
(4) ボフーム・グループ(ボフーム・フェラインの諸工場から構成される)

そこで,つぎに,これらの4つの混合企業のグループの間で,製品別生産の集中・専門化がどのように行われたか,それによってどのように生産の分業化がはかられたかをみていくことにしよう(12)。

まず**ドルトムント・ヘルデ・グループ**は,ライン・グループのように輸送上の利点をもたないので,主として国内市場向けの生産を担当したが,そのうち,半製品および形鋼の供給は主にヘルデの工場によって行われ,他方,ドルトムント・ウニオンでは,とくに国内向けの軌道用資材,汎用鋼および棒鋼が圧延されたほか,ドルトムントは引き続きさまざまな種類の工具の生産や橋梁および地上工事に強くかかわった。

また**ライン・グループ**では,ライン川を利用した輸送が有利であったために,ライン川流域のルールオルト・マイデリィヒ製鉄所には,できる限り輸出の注文,とりわけ棒鋼および形鋼の輸出の注文が割り当てられた。またそれとならんで,このグループは,その半製品の生産では,合同製鋼のさまざまな薄板工場の薄板用シートバーの供給や製管用半製品の生産にかかわった。

ハムボルン・グループのアウグスト・ティセン製鉄所も同様に,主として輸出向けの工場であり,軌道用資材の生産の主要部分がこのグループに集中された。またこのグループは,輸出向けの半製品,棒鋼および形鋼などの大量製品の生産に従事した。

さらに**ボフーム・グループ**では,ボフーム・フェラインの工場は,その生産の種類からみると,またヴェストファーレン製鋼所が組み入れられているさまざまな設

備からみると，大規模な混合製鉄所のなかで，ある特別な位置を占めていたとされている。すなわち，ヴエストファーレン製鋼所の合併によって拡大され，ボーフムに置かれたこのグループの設備は，主に高級鋼の生産のために配置されたものであった。このグループは棒鋼，形鋼，鋼板などをまったく生産しておらず，軌条は主として平炉鋼による良質鋼材の生産であった。さらにこのグループは鉄道車両，鋳鋼ベル，スプリング，ボルト，リベットおよびナットの高品質生産に専門化した。このグループが高級資材の生産に専門化したのは，それが高い価値をもち，高い輸送費を負担することができたことによるものであった。

これまでの考察において，企業集中＝トラストによる産業の合理化と再編成についてみてきたが，そのような組織的合理化＝「消極的合理化」は，企業レベルの合理化に取り組むための企業組織の枠組みをつくりあげたところに大きな特徴をもっており，そのような基盤の上に，「技術的合理化」や「労働組織的合理化」など，企業合理化が本格的に推し進められていくことになる[13]。

第2節　設備投資の展開とその特徴

そこで，つぎに，企業レベルの合理化の展開を具体的にみていくことにするが，まずこの時期の設備投資活動を年度別にみることによって，それぞれの年度における「技術的合理化」の方策がどの程度行われたかを考察することにしよう。

まず1924年から29年までの主要産業部門における資本金100万RM以上・取引所上場の株式会社の設備投資の推移をみると（前掲表2-1参照），重工業では，25年に比較的大きな額の新規投資が行われているが，合同製鋼が設立された26年には大きく落ち込んでいる。また24年から29年までの新規投資の年度別分布率を示した前掲表2-2をみても，25年の分布率は22.7％となっているのに対して，26年のそれはわずか6.7％にすぎない。このことは，シュテインネス・コンツェルンの破算にもみられるように，25年半ばに始まり26年半ばまで続いた不況の影響が大きかったものと思われる。

もとより重工業の独占体は，ヴェルサイユ条約による領土の割譲にともなう

第3章 重工業における合理化過程 115

生産設備の損失に対して巨額の補償金を獲得しており,とくに1923年のルール占領のさいには,その損失にみあう補償として7億640万金マルクもの補償金を政府から手に入れたとされており[14],25年の比較的大きな額の投資はこれによって可能になったといえる。因みに1924年をみると,すべての製鉄工場および製鋼工場において設備のかなりの増大がみられる。それは,ルール占領によって一部は中断されたが,すでにインフレーション期に取り組まれた建設が完了したことによるものであったとされており,この年度には,ルールのすべての鉄鋼企業において,ルール占領による損害を埋め合わせるために,かなりの費用が必要であったとされている。また25年には,その年の前半の好況が楽観的な期待をもたらしたこともあって,多くの場合,拡張がさらにすすめられており,この24年と25年の投資においては,その大部分が精錬設備に向けられていたとされている。またこれに対して,26年は設備の根本的な増大はみられず,更新投資を超える追加投資は重工業の株式会社についてみても約6,000万RMにすぎず,経営の集中や組織的合理化に主たる注意が向けられていたとされている[15]。

つぎに,その後の第2局面および第3局面をみると,そこでは,1927年の設備投資およびそれ以上に28年の設備投資が重要な意味をもっていたといえる。すなわち,27年には1億5,110万RM,28年には1億9,680万RMの新規投資が行われており,24年から29年までの新規投資全体の年度別分布率をみても,27年には27.8％,28年には36.1％となっている(前掲表2-1および表2-2参照)。

この時期の設備投資の実態をドイツ重工業の最大の企業である**合同製鋼**についてみると,1926年4月1日の設立時から30年9月30日までの営業年度別の固定設備額と減価償却額の推移を示した表3-5からも明らかなように,そこでは,設立年度以降固定設備の著しい増大がみられるが,とくに1927年10月1日/28年9月30日の営業年度の固定設備の純増加額は1億4,057万2,000RMとなっており,最も大きな額となっている。すなわち,この期間の固定設備額の純増加額の営業年度別分布率をみると,1927/28年の営業年度には,この期間全体のうちの38.9％,28/29年までの期間全体の47.7％もの増加をみており,合理化の時期をつうじて最も大規模な設

表 3-5 合同製鋼の固定設備の増加額と減価償却額の推移

(単位：RM)[1]

営　業　年　度	1926. 4.1～9.30	1926.10.1～1927. 9.30	1927.10.1～1928. 9.30	1928.10.1～1929. 9.30	1929.10.1～1930. 9.30	1926. 4.1～1929. 9.30の合計額	1926. 4.1～1930. 9.30の合計額
固定設備の増加額[2]	68,594,121[3]	93,206,000[5]	148,587,000	―	―	―	―
固定設備の減少額	10,415,814[4]	21,136,000[6]	8,015,000	―	―	―	―
固定設備の純増加額 ①	58,178,307 (19.8)[7] [16.1][8]	72,070,000 (24.5) [19.9]	140,572,000 (47.7) [38.9]	23,640,000 (8.0) [6.5]	67,165,000 [18.6]	294,460,307 (100)	361,625,307 [100]
減価償却額 ②	26,136,000	85,461,000	86,821,000	83,523,000	80,753,000	281,941,000	362,694,000
設備の増加と減価償却との差額 (①－②)	32,042,307	－13,391,000	53,751,000	－59,883,000	－13,588,000	12,519,307	－1,068,693

(注)： 1) 1RM未満は切り捨て。
2) 減価償却を差し引く前の鉱山・製鉄施設。
3) 新規設備投資の他に、他社の工場設備の取得を含む。それは主にニーダー・シュレジェンのシャルロッテン製鉄株式会社、ボーフムにおけるヴェストファーレン製鋼株式会社およびベンドルフのコンコルディア製鉄所の工場設備の取得によるもの。
4) ディセン機械製作会社のデータが当該営業年度に合併した参加企業の工場設備の取得を含む。
5) 合同製鋼が当該営業年度に合併に合併した参加企業の工場設備の取得を含む。
6) 合同製鋼のもつブランデンブルクのヴェーバー製鋼・圧延部門中部ドイツ製鋼会社への編入およびボーフムの製鋼部門のドイツ高級鋼製造会社への編入、さらにいくつかの土地売却および設備の廃棄によるもの。
7) ( )内の数値は1926年4月1日～29年9月30日までの合計に占める各営業年度の割合（単位：%）。
8) [ ]内の数値は1926年4月1日～30年9月30日までの合計に占める各営業年度の割合（単位：%）。

(出所)：各年度の営業報告書より作成。

備投資が行われていることがわかる。これに対して，28/29年度には固定設備の増加額は23,640,000RMにとどまっており，29/30年までの期間全体のわずか6.5％，28/29年までの期間全体の8％を占めるにすぎない。

　以上の考察から明かなように，販売状況の好調な兆しがみられたこの1927年，28年度には，ほとんどすべてのコンツェルンが大規模な投資にかかわったとされており，とくに24年から25年にかけて拡張を手控え，本質的には減価償却分のみを投資にあてていたコンツェルンも一層大規模な建設計画をうち出したとされている[16]。

　このように，重工業では1926年までの第1局面において，主として企業集中によって産業の合理化と再編成が強力に行われたのに対して，その後の27年および28年には，合理化の時期をつうじて最も活発な設備投資が行われており，「技術的合理化」はこれらの諸年度に最も強力に推し進められたものと思われる。とくに，J.ベニヒのいう第3局面に含まれると思われる28年には，合理化の時期をつうじて最も大規模な新規投資が行われている。むしろ問題は1929年であって，この年度には800万RMの新規投資しかみられず，年度別分布率をみても，わずか1.5％の比率しか占めていない（前掲表2-1および表2-2参照）。それゆえ，「第3局面においては，資本投下をともなう合理化はもはや退ぞき，かわって生産組織の再編成による労働の強化，賃金制度の変更，恐慌の圧力が前面に出て来た[17]」という彼の指摘は1929年について妥当するといえよう。したがって，重工業における1929年の設備投資をみるとき，そこでは，更新投資がどのような役割を果しているかが問題となろう。

　それゆえ，つぎに更新投資について考察をすすめ，設備投資全体のなかで更新投資がどのような位置を占めていたか，またそれはどのような役割を果していたかなど新規投資との関連を明らかにしていくことにしよう。前掲表2-1にみられるように，重工業では，本来設備投資のために計上される減価償却が大きな額にのぼっている。G.カイザーとB.ベニング，およびドイツ帝国統計年鑑によれば，減価償却にほぼ相当する額が更新投資にあてられたとされているが[18]，その意味では，1924年から29年までの資本金100万RM以上・取引所上場の株式会社の更新投資の合計額は12億7,220万RMとなっており，新規

118 第2部 主要産業部門における合理化過程

表3-6 重工業[1]の資本金100万RM以上・取引所上場の株式会社における減価償却額[2]の推移

(単位:100万RM)

年度	1924	1925	1926	1927	1928	1929
金額	169	203	206	225	230	239

(注): 1) 石炭・鉄鉱石・鉄鋼業。
   2) 特別償却を除く。
(出所): G. Keiser, B. Benning, Kapitalbildung und Investitionen in der deutschen Volkswirtschaft 1924 bis 1928, *Vierteljahrhefte zur Konjunkturforschung*, Sonderheft 22, 1931, S. 40および *Statistisches Jahrbuch für das Deutschen Reich*, 55 Jg, 1936, S. 508より作成。

投資の2.34倍にものぼっている。また減価償却額の年度別推移をみると（表3-6参照），24年を除いて，29年まで一貫して2億RMを超える減価償却が計上されている。新規投資が最高額を示した28年をみても，減価償却額が新規投資額を上回っており，また新規投資がわずかな額しか示さなかった24年と26年には，減価償却額は新規投資額のそれぞれ約6倍，5.6倍にも達している。また29年には，新規投資はわずか800万RMしかみられなかったのに対して，減価償却額は2億3,900万RMにものぼっており，新規投資額の約30倍にもおよんでいる。

このように，どの年度をみても減価償却額が新規投資額を大きく上回っており，G.カイザーとB.ベニングが指摘する如く，重工業の大規模な合理化過程は，そのかなりの部分が，毎年の経常的な減価償却基金による更新投資によって実施されたといえる[19]。

ここで**合同製鋼**についてみておくと，設備の増加額と減価償却額の推移を前掲表3-5でみると，1926年4月1日から29年9月30日間での期間でみた場合，固定設備の純増加額が減価償却額を12,519,307RM上回っているが，30年9月30日までの期間でみると，設備の増加額は361,625,307RM，減価償却額は362,694,000RMとなっており，両者はほぼつりあっており，その結果，1926年4月1日と30年9月30日の設備額にはほとんど変化はみられない。設備の純増加額が減価償却額を上回ったのは1926年度と27/28年度の営業年度のみであった。

図3-1 合同製鋼の新規設備の承認額，支出額および減価償却額の推移

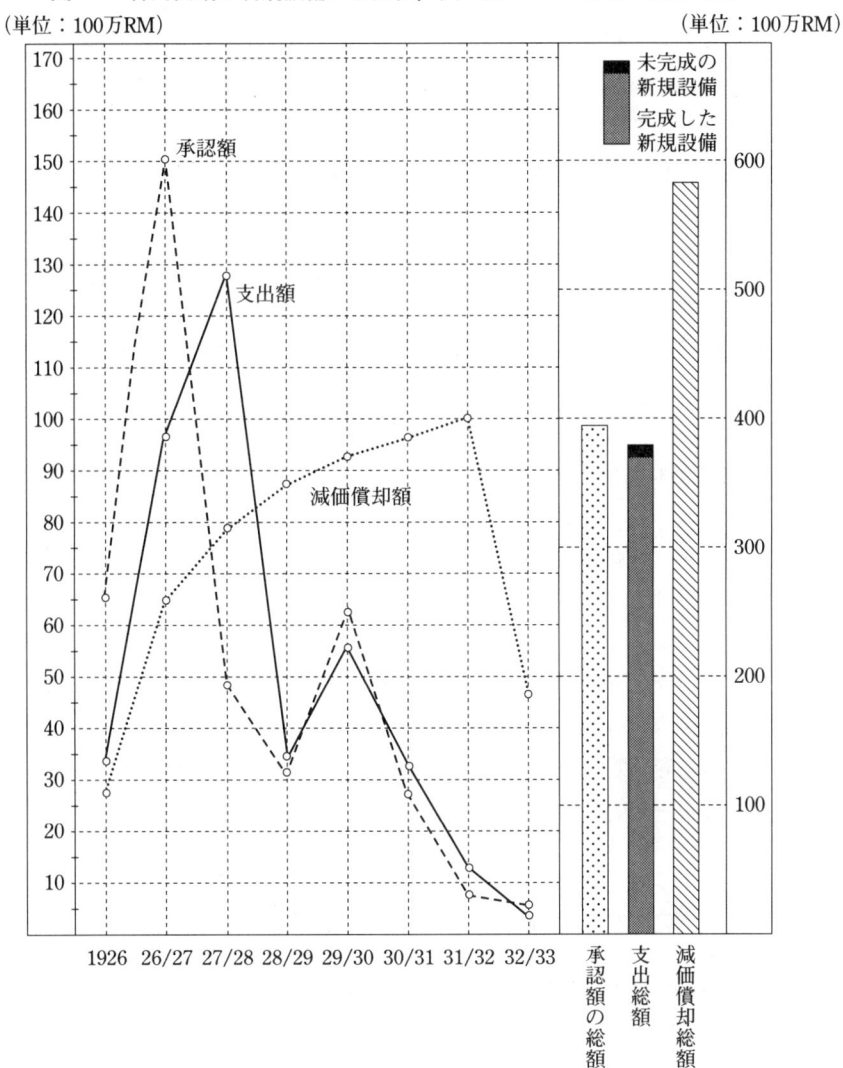

(単位：100万RM)　　　　　　　　　　　　　　　　　　　(単位：100万RM)

凡例：
- 未完成の新規設備
- 完成した新規設備

承認額／支出額／減価償却額

横軸：1926　26/27　27/28　28/29　29/30　30/31　31/32　32/33

棒グラフ：承認額の総額／支出総額／減価償却総額

(出所)：Stand der Neuanlagen am 30. September 1934, *Thyssen Archiv*, VSt/5944, S. 3.

しかし，このことに関連して，ここで注意しておかなければならないことは，一般に，減価償却として計上された資金がかならずしも更新投資のみにあてられるというのではなく，例えば，そこには，カルテルやシンジケートの割当目当ての「不良投資」なども含まれており，また設備投資に利用される場合にも，むしろ新規投資にあたる内容のものが多くみられるということである。

例えば**合同製鋼**では，1926年4月1日から28年9月30日までに約1億9,800万RMの減価償却が計上されており，設備勘定の増大が新規の建設や購入を示している場合には，このような設備勘定の増大は減価償却によって余すところなく相殺されたとされている。しかし，そこでは，それ以前の強力な再編成のための費用および引き続き行われた経営の改善以外にも，アウグスト・ティッセン製鉄所の標準工場（Standardwerk）への拡大，ドルトムント・ウニオンの新しい圧延工場の建設がみられ，また他の製鋼工場でもより多くの転炉が配置されたほか，鋼管圧延工場のかなりの規模の拡大，中央コークス製造工場の建設など[20]，その多くが減価償却基金によってまかなわれていたと考えられるが，そこには新規投資の内容をなすものが多くみられる。それだけに，重工業の場合，更新投資が果した役割の評価については，新規投資の問題も考慮に入れておくべきであろう。なお同社の設立から1932/33年の営業年度までの新規設備の承認額，支出額および減価償却額の推移を図で示すと図3-1のようになる。

第3節 「技術的合理化」の展開とその特徴

1 炭鉱業における「技術的合理化」の展開とその特徴

(1) 石炭業における「技術的合理化」の展開

前節での考察をふまえて，つぎに，それまでの生産技術の発展をあとづけ，そのなかで，「技術的合理化」の特徴，そのあり方を明らかにしていくことにするが，本節では，まず炭鉱業を取り上げ，そこにおける技術発展と「技術的合理化」の取り組みをみていくことにしよう。

石炭業の生産過程は，採炭と運搬の二つの基本過程とその前後に，これを補

第3章 重工業における合理化過程　*121*

完する過程として掘進と選炭があり，また採炭と運搬の基本過程を可能ならしめる補助過程として，排水，通気および支保の過程があり，これらが一体となって石炭生産過程を構成している[21]。つまり，これらの諸過程のなかで，1920年代における石炭業の機械化は，とくに採炭過程において本格的な展開をみたとされる[22]。

① 採炭過程における「技術的合理化」

まず第1次大戦前における採炭の機械化の状況についてみておくと，圧搾空気を動力とするコール・カッタによる採炭の機械化は，1860年代にイギリスが先鞭をつけたにもかかわらず，その後の普及はすすまず，機械採炭の割合は，採炭高のうち1900年には1.5%，13年には8%を占めるにすぎなかった。これに対して，1880年代にコール・カッタを導入したアメリカの機械採炭は急速にすすみ，その割合は採炭高のうち1900年には22%，13年には51%を占めるに至った。ルールにおいても1870年代に採炭機械化の企図がみられたが，容易に実現をみるに至らなかった。最初はイギリスやアメリカの石炭鉱業に使用されていたコール・カッタの導入が試みられたが，ルール炭層の自然的条件に適合しなかったため，コール・カッタの国内試作が進行し，ようやく19世紀末葉に至って採炭の機械化が結実しはじめたとされている。しかし，ルール石炭鉱業の全体をみるならば，1907年においても採炭高の1%未満が機械採炭によるにすぎず，つ̇ち̇と̇た̇が̇ね̇（Schlägel und Eisen）を使用する手労働の採炭が支配的であったとされている[23]。このように，第1次大戦前には，ドイツの石炭炭鉱において採炭の機械化はほとんど普及しておらず，1920年代の合理化の時期になってその本格的な進展をみることになった。

そこで，ドイツの炭鉱業における合理化の時期の機械化の進展を地域別にみると，ルール炭鉱（表3-7および表3-8参照）においては，機械化が急速にすすんでおり，コールピック（Abbauhammer）以外の機種では，その台数は1925年に最も多く利用されている。すなわち，石炭裁断機（Kohlenschneider），回転穿孔機（Drehbohrmaschine），コールカッタ（Schrämmaschine），ハンマードリル（Bohrhammer），シェーカーコンベア（Schuttelrütschenmotor）などの機種は1925年を頂点に，その後は減少に転じ，コールピックの

表3-7 ルール炭鉱における機械の普及

機械の種類	1913年	1925年	1926年	1927年	機械の増加ないし減少	
					1925年=100としたときの1927年の増減	1913年比の1927年の倍率
コールピック	217	41,309	45,299	64,428	+56%	297倍
石炭裁断機	—	366	233	186	−49%	(186)
回転穿孔機	37	2,618	1,977	1,700	−35%	46倍
大型コールカッタ	15	605	470	358	−40%	24倍
シェーカーコンベアー	1,922	7,175	6,461	6,571	−8.4%	3.4倍
ハンマードリル	11,656	36,502	33,104	33,559	−8%	2.9倍
支柱コールカッタ	265	866	574	421	−51%	1.6倍
合計	14,112	89,441	88,118	107,223	+19.8%	7.5倍

(出所)：A. Scheffbuch, *Der Einfluß der Rationalisierung auf den Arbeitslohn*, Stuttgart, 1931, S. 259より作成。

みが増加を続けている。その結果，ルール炭鉱における機械の普及を1913年との対比でみると，27年には，表3-7にみられるように，機種合計で7.5倍に達している。また機種別にみると，コールピックは297倍にも増加しており，回転穿孔機は46倍，シェーカーコンベアは3.4倍，ハンマードリルは2.9倍，大型コールカッタは24倍，支柱コールカッタは1.6倍に増加している。またシェーカーコンベアを除く採炭のためのこれらの機械について，その合計の台数をみると，1913年には12,190台であったものが，27年には100,652台となっており，8.3倍へと増加している。

またルール炭鉱について，機械作業による採炭と手作業・発破作業による採炭との割合をみると（表3-9参照），1913年には機械作業による採炭の割合はわずか2％にすぎなかったものが，25年には48％，29年には90％にも上昇しており，合理化運動が終了した直後の時期には，採炭作業のほとんどが機械によって行われている。またこうしたなかで，ルールでは，このような技術革新のはじまりを1922年にみることができる，とされている[24]。

ところで，このような生産技術の革新にともない，1925年以降，採炭高は増加の傾向にあるが，他方，労働者数は減少傾向を示しており，26年から29年までのどの年度をとってみても25年の労働者数を下回っている。すなわち，1913年と25年から29年までのルール炭鉱の採炭高，就業者数および職員数の推移をみると（表3-10参照），29年には，採炭高は25年と比べて19％増大しているの

表3-8 石炭炭鉱における機械化の進展

	ライン・ヴェストファーレン地域の炭鉱					オーバー・シュレジェン地域の炭鉱		
	„ALPHA"	„BETA"	„DELTA"	„GAMMA"	„EPSILON"	„JOTA"	„KAPPA"	„LAMBDA"
ハンマードリル・・・・・・	1920/21 1925 I / II				1920/21	1915/16	1923/24	1919/20
鑿岩機								
棒型カッタ・・・	1923/24	1925 II/III, 1925 III/IV					1923/24	1924/25
支柱型カッタ・・・		1924 VIII/IX, 1926 V/VI			1924/25	1925/26		1925/26
コールカッタ・・・								
コールピック・・・	1923/24		1926 II/III	1925 X / XI	1923/24	1925/26		1923/24
空気ウインチ・・・・・	1922/23					1919/20 1920/21 1916/17		
索道ウインチ・・・・・		1912 II/III, 1913 V/VI, 1913 VI/VII, 1925 VI/VII						
小型ウインチ・・・・・					1923/24		1925/26	1924/25
支柱ウインチ・・・・・								1921/25
ドラムウインチ・・・・								1922/23
水平坑道昇降ウインチ・・					1916/17			1918/19
								1920/21
シュートモーター・・・・	1926 VI/VII, 1926 VII/VIII			1924 XII/ 1923/ I	1923/24	1921/22	1924/25	1916/17
								1917/18
								1919/20
シューカーコンベアの長さ・・	1926 VI/VII							
ポンプ・・・・・・・						1921/22	1925/26	1916/17
換気装置・・・・・・						1917/18	1925/26	1917/18
圧縮機の空気動力・・・						1917/18	1919/20	
機関車・・・・・・・							1919/20	
主要索道モーター・・・						1920/21	1924/25	
1トン当りの圧搾空気－低圧				1925 X/ XI	1912/13			
1トン当りの圧搾空気－高圧				1924 IX/X	1921/22			
1トン当りの蒸気力消費				1925 VI/VII				
1トン当りの電力消費				1923 V/VI				
1トン当りの動力消費					1918/19	1915/16		

(出所):Enquete Ausschuß, (IV)-2, *Die Arbeitsverhältniss im Steinkohlenbergbau in den Jahren 1912 bis 1926*, Berlin, 1928, S. 154.

表3-9 ルール炭鉱の機械作業と手作業・発破作業との採掘割合の推移（%）

採掘方法	1913年	1925年	1926年	1927年	1928年	1929年
コールピックおよび機械	2	48	67	83	88	90
手作業および発破作業	98	52	33	17	12	10

（出所）：A. Scheffbuch, *a. a. O.*, S. 260

表3-10 1913年と25年から29年までのルール炭鉱の採炭高，労働者数および職員数の推移

年度	採炭高		労働者数		職員数 (1,000人)	
	100万トン	1925年=100の指数	1,000人	1925年=100の指数	技術職員	商事職員
1913	114.5	110	410.0	95	—	—
1925	103.8	100	430.0	100	—	—
1926	112.2	108	384.6	89	16.1	7.2
1927	118.0	114	407.6	95	16.3	7.1
1928	114.6	110	382.0	89	16.2	7.1
1929	123.6	119	384.4	89	15.7	7.0

（出所）：*Ebende*, S. 260より作成．

表3-11 ルール炭鉱の坑夫1人当たりの1作業方当たり平均採炭高の推移

年度	採炭高（kg）	1913年=100の指数	1925年=100の指数
1913	943	100	99.7
1922	633	67.1	66.9
1924	857	90.9	90.5
1925	946	100.3	100.0
1926	1,114	118.1	117.7
1927	1,132	120.0	119.6
1928	1,191	126.3	125.9
1929	1,271	134.8	134.4
1930年1月初め	1,294	137.2	136.8

（出所）：*Ebenda*, S. 263.

に対して，就業者数は11%も減少している．また職員についてみると，1926年から29年までその数はあまり変っていない．またさらに，ルール炭鉱における坑夫1人当たりの1作業方当たり平均採炭高の推移をみると（表3-11参照），

1925年それは946kgとなっており，13年の943kgにほぼ達している。しかも，炭鉱における機械化が急速にすすむなかで，坑夫1人当たりの採炭高は，その後も増加を続け，1930年には1,294kgとなっており，25年の約1.37倍となっている。

E．ベーデキントは，1924年以降の坑夫1人当たりの採炭割合の上昇がさまざまな合理化諸方策の結果として，とくにルール炭鉱における採炭の機械化の結果として理解されうるとしている。また彼は，1927年末でもって，採炭の機械化はその頂点に達し，その後はもはや大きな変化はみられないとして，この時期までの諸成果を決定的なものとみることができるとしている[25]。その意味では，前掲表3-7にあげた機種のうち，コールピックが1925年以降も増加を示しており，27年には25年に比べ56％もの増加をみている。その結果，ルール炭鉱では，1925年には採炭高の36.5％がコールピックによるものであったが，その割合は29年には87.37％にまで上昇している[26]。

② 運搬過程における「技術的合理化」

つぎに，石炭業におけるいまひとつの基本的労働過程である坑内運搬の機械化についてみると，そこでは，炭鉱における機械化の初期段階において，すでに炭鉱業の固定資本の最大部分が投下されていたとされている。すなわち，「堅坑の深度の増大にともない，捲揚機をはじめ，索道・換気装置・排水機等の強化が進展して，固定資本は著しく増大していた」のであった。そこで，坑道運搬についてみると，それには，運搬夫による人力運搬，馬匹運搬および機械運搬の3つの段階がみられるが，「世紀の交では，坑道が格別に狭隘で曲折していない限り，人力運搬は切羽にのみみとめられる現象であって運搬夫は排除されており，馬匹運搬が支配的であった」とされている。また機械運搬に関しては，イギリスでは1840年代に綱索運搬が導入されていたが，ルールにおいては，それは，運搬夫や馬方として使用されていた見習坑夫を原動力とする1889年の炭鉱ストライキの衝撃を契機として，1890年代に広汎に導入されはじめたのであり，馬匹運搬は綱索運搬により徐々に代置されていったとされている[27]。

このように，坑内運搬においては，すでに炭鉱における機械化の初期段階に

おいて機械化がすすめられ，1920年代の合理化の時期には，坑内運搬のための機械であるシェーカーコンベアの導入が強力に推し進められ，坑内運搬の機械化が本格的にすすむことになった。前掲表3-7によれば，それは1913年の1,922台から27年の6,571台へと，3.4倍に増加している。この機械もコールピック以外の機械と同様に1925年をピークとしてその後は減少を示している。ただ，コールピックをはじめとする採炭作業のための機械の1927年の合計台数が13年の8.3倍となっていることを考えると，この時期の炭鉱の機械化においては，採炭の機械化に最も大きな比重がおかれていたといえるであろう。とはいえ，シェーカーコンベアの導入は坑内運搬の合理化において大きな役割を果したといえる。

坑道の体系化が確立した段階では，坑内運搬は切羽運搬と水平坑道運搬とに大別されるが，このうち前者は第1次大戦前まではほとんど人力を用いて行われていたのに対し，後者は19世紀の中葉には捲揚機の導入がみられ，19世紀末葉にはかなりの普及がみられたものの，なお馬匹運搬が支配的であり，ようやく第1次大戦の直前期になって人力・馬匹運搬にとって代わりつつあった。このように「水平坑道運搬における機械化過程が思ったより緩慢なのは，炭鉱業の二つの主要労働過程のうち採炭が生産力的に能動的で，運搬は受動的という両者の位置関係によるところが大である。すなわち手労働に基づく採炭・切羽運搬における生産性の伸びの低さが，坑道運搬において本来可能であった生産性上昇を低く抑えていたのである」。しかし，こうした状況は切羽運搬における揺動運搬装置（シェーカーコンベア）の導入によって一変したとされている[28]。

すでにみたように，ルール炭鉱では，第1次大戦前には機械による採炭はほとんどみられず，1922年にようやく採炭の機械化が始まり，合理化の時期に本格的にすすむことになるが，このような採炭の機械化とあいまって，切羽運搬におけるシェーカーコンベアの普及は，水平坑道運搬における一層の生産性向上の可能性を与えたのであった。坑内における石炭の運搬においては，人間や動物の力にかわって，圧搾空気や蓄電池で動く運搬用機関車が利用されるようになり，以前には坑内運搬に不可欠であった馬が姿を消したとされてい

表3-12 石炭炭鉱における坑内運搬の作業方法の変化

	1913年 %	1926年 %
手作業による採掘坑道	57.33	41.46
馬匹運搬	20.45	0.0
シュートなし	2.40	0.0
固定式のシュート	6.94	4.83
	87.11	46.31
シェーカーコンベア	0.99	6.23
スタッカによる運搬	2.09	3.32
重力運搬斜道による運搬	5.17	0.27
索道	2.88	0.0
機関車	1.76	43.87
	12.89	53.69

(出所)：Enquete Ausschß, (IV)-2, *a. a. O.*, S. 155.

る(29)。

ここでドイツの炭鉱における坑内運搬のための方法の変化をもう少し詳しくみておくと（表3-12参照），1913年には機械化された運搬方法はわずかに12.89％の割合しか占めておらず，ほとんどの運搬作業が人間や馬の力によって，あるいは動力機をもたない簡単な搬送手段によって行われていたが，26年には全運搬作業の50％以上が機械化された運搬方法によるものとなっている。なかでも，機関車による運搬の割合は1.76％から43.87％に大きく増大しており，またシェーカーコンベアによる運搬作業の割合も0.99％から6.23％へと高まっている。他方，手作業の割合は57.33％から41.46％に減少しているが，とくに馬匹運搬は20.45％を占めていたものが，まったく消えてしまっている。例えばドルトムント地域では，1913年には8,042頭の馬が炭鉱で使用されていたが，20年までに，その数は3,712頭に減少し，さらに27年には2,024頭へと約4分の1にまで減少している(30)。C．レーレンは1933年に，坑内採掘経営において電力の導入が急速にすすんでいたことを指摘しているが，電力は捲揚機，チェーン式軌道，シェーカーコンベア，コールカッタなどに利用されただけでなく，

その近年に坑内においてその利用が特別な利点をもたらした特別な原動力である電動式ローラーが出現し，それは主にゴムベルトコンベアやスチールベルトコンベア，ケーブルコンベア，傾斜コンベアなどにも利用されていたとしている[31]。このように，電力の利用は運搬過程においてもすすんだといえる。

またシェーカーコンベア導入の意義は，たんに切羽運搬の機械化といった面だけではなく，炭鉱業全体における労働過程と労働組織，ひいてはその生産力構造の変容を促すところにあったとされている。すなわち，それは，払面の長さの飛躍的な増大を可能にし，そのことによって，同時に切羽の集約が可能となり，拡大された切羽における機械の導入を促す技術的前提をつくりあげ，また第二に，運搬労働を厳格に組織化し，三交替制の円滑な実施を可能にし，ひいては全鉱夫に課業労働を強制することにもなった，とされている[32]。またこのように，この時期のルール炭鉱の機械化においては，採炭の機械化に最も大きな比重がおかれていたとはいえ，それにともない，坑内運搬の機械化も「技術的合理化」の方策として重要な役割を果すものであったといえる。

しかし，シェーカーコンベアの使用はとくに有利な操業条件のもとでのみ割に合うものであったとされている。廃石の充填のさいの機械での搬入，すなわち採掘のさいに発生する空洞の充填は技術的な問題をもたらしたのであり，そうした作業は大部分が手で行われなければならず，大きなコストをひきおこしただけでなく，危険な作業地点での作業工程が3交代制で連続的に行われなければならず，それゆえ，こうした点を考慮に入れると，炭鉱においてはむしろ部分的な機械化について語ることができるにすぎないとされている[33]。

③ 石炭業の地域比較と問題点の整理

これまでの考察をふまえ，つぎに，石炭業における「技術的合理化」を地域別に比較し，問題点の整理をしておくことにしよう。

まずルール炭鉱との対比において，オーバー・シュレェジェン炭鉱を取り上げてみると（表3-13参照），そこでは，ルール地域とは異なり，コールピックだけでなく，ハンマードリル，コールカッタおよびシェーカーコンベアも1926年まで増加している。すなわち，1926年の台数を13年のそれと比べると，ハンマードリルは3.3倍，コールカッタは39.5倍，シェーカーコンベアは5倍に増

第3章 重工業における合理化過程 129

表3-13 オーバー・シュレェジェン西部の炭鉱における機械の普及

機械の種類	1913年	1925年	1926年	1913年比の1926年の倍率
機械動力付ハンマードリル	1,177	3,550	3,874	3.3
コールピック	6	697	804	143.0
コールカッタ	14	299	491	39.5
シェーカーコンベア	118	448	587	5.0

（出所）：E. Schalldach, *Rationalisierungsmaßnahmen der Nachinflationszeit in Urteil der deutschen freien Gewerkschaften*, Jena, 1930, S. 102.

表3-14 ドイツ領のオーバー・シュレェジェン地域における就業者[*]1人当たりの1作業方当たり採炭高の推移

年度	1913年＝100としたときの指数	1924年＝100としたときの指数
1913	100	112
1924	89	100
1925	106	119
1926	112	126
1927(1月)	114	128
1927(10月)	125	140

（注）：[*] 石炭および岩石の採掘を行う坑夫。
（出所）：*Ebenda*, S. 101より作成。

加しており，コールピックは143倍にも増加している。またこのような機械化の進展にともない坑夫1人当たりの1作業方当たり採炭高も大きく上昇しており，1927年10月には，それは13年と比べると25％，また合理化運動の始まる24年と比べると40％の増大をみている（表3-14参照）。

ルールよりも地質条件に恵まれていたこの地域では，すでに第1次大戦前に機械の利用がひとつの役割を果していたが，戦後において，機械の利用はかなり強化されており，そこでは，とくに鑿岩機のより強力な利用とか他の諸方策が大きな役割を果したとされている[34]。このようにして，ルール炭鉱とは異なり第1次大戦前にすでに機械の利用がある程度みられたオーバー・シュレェ

表3-15 プロイセン炭鉱における機械の普及

機械の種類	1913年	1925年	1926年	1927年
ハンマードリル	12,317	43,165	39,159	39,779
回転穿孔機	40	3,366	2,618	2,173
コールカッタ	294	1,103	841	773
石炭裁断機	—	447	340	345
強力コールカッタ	17	809	733	638
コールピック	264	44,993	50,821	70,145
シェーカーコンベア	2,200	9,398	8,399	8,612

(出所): R. A. Brady, *The Rationalization Movement in German Industry*, Barkeley, California, 1933, p. 75.

ジェン地域でも，1920年代の合理化の時期になると，坑内運搬の機械化とともに，採炭の機械化が本格的に推し進められることになった。ルール地域とオーバー・シュレェジェン地域とのこうした相違にもみられるように，炭鉱業における合理化，とくに機械化をみる場合，地域別にその特徴的傾向をみていくことが重要である。

なお補足的にプロイセン炭鉱についてみると，ここでもルール炭鉱とほぼ同様の傾向がみられる。すなわち，プロイセン炭鉱における機械の普及を示した表3-15によれば，コールピックのみが1925年以降も増加を示しており，それ以外の機種は減少を示している。しかもコールピックは1913年の264台から25年の44,993台へと，170倍にも増加しており，また27年には70,145台にまで増加しており，25年と比べても約25,000台（56%）の増加をみている。また坑内運搬のためのシェーカーコンベアは1913年の2,200台から25年には9,398台へと，約4.3倍に増加している。このように，プロイセン炭鉱でも，この時期の機械化は採炭と坑内運搬のいずれにおいてもみられたが，とくに採炭の機械化に最も大きな比重がおかれ，その大きな成果がこの領域においてみられたといえる。

因みに，この時期におけるドイツ炭鉱業の生産性の上昇を他の諸国のそれと比較するとき，1913年を100としたときの28年の指数でみると（表3-16参照），ルール炭鉱では126.3となっているのに対して，オランダは161.7となっており，ドイツを大きく上回っているが，フランスでは93.5，ベルギーでは104.9，

第3章 重工業における合理化過程　*131*

表3-16　主要各国の労働者1人当たりの1作業方当たり採炭高の推移[1]

(1913年=100)

年度	ルール			フランス		ベルギー			イギリス	オランダ		ポーランド領の オーバー・ シュレェジェン
	Ⅰ	Ⅱ	Ⅲ	Ⅰ	Ⅱ	Ⅰ	Ⅱ	Ⅲ	Ⅰ	Ⅰ[3]	Ⅱ	Ⅰ
1920	66.9	71.5	—	68.3	78.3	91.7	92.9	104.6	76.2[2]	87.1	94.6	—
1924	90.9	92.9	103.4	78.9	80.7	87.3	92.2	111.0	87.8	103.1	104.2	60.6
1925	100.3	101.6	113.8	80.2	81.3	89.4	95.5	112.4	88.8	116.5	118.4	85.1
1926	118.1	118.4	128.9	88.1	86.5	96.9	102.6	122.8	92.05	140.9	142.2	100.1
1927	120.0	119.4	131.9	87.2	85.9	97.9	101.4	124.6	102.5	143.5	145.6	107.1
1928	126.3	126.0	136.3	93.5	93.6	104.9	108.8	133.3	106.2	161.7	166.7	113.9

(注)：1) Ⅰ：就業者1人当たりの1作業方当たり採炭高。
　　　　Ⅱ：坑内労働者1人当たりの1作業方当たり採炭高。
　　　　Ⅲ：坑夫1人当たりの1作業方当たり採炭高。
　　2) 1914年=100。
　　3) 1人当たりの年間採炭高。
(出所)：Enquete Ausschuß, (Ⅲ)-1, *Die deutsche Kohlenwirtschaft*, Berlin, 1929, S. 86.

イギリスでは106.2，そしてポーランド領のオーバー・シュレェジェンでは113.9となっており，いずれもドイツを下回っている。すでに指摘したように，ルール炭鉱においては，1922年に技術革新のはじまりをすでにみることができるが，そこでは，コールピックを例外として機械の利用は25年にほぼそのピークに達しており，短期間に急速に機械化がすすんでおり，このような急速な機械化が，他の諸国と比較した場合，ルール炭鉱に比較的大きな生産性の上昇をもたらした要因であったといえる。

もとより，ドイツの石炭炭鉱においては，とくに採炭の領域における機械化が第1次大戦前の時期には立ち遅れており，それだけに，1920年代には機械化が急速にすすんだのであるが，褐炭炭鉱におけると同様に，そこでは，大量の同種の原料採掘が問題となるわけで，例えば加工工業よりもはるかに容易に，また急速に合理化が実施されることができたといえる[35]。したがって，そのような事情もあって，炭鉱業では，合理化過程の比較的はやい時期に機械化がすすんだのであった。

J. ベェニヒは，合理化過程の第2局面（1926～27年）において合理化が個別経営のレベルで本格的に始まったとしているが，そのさい，「1925年からの鉱

山の機械化は先駆者であった」としている[36]。この指摘にもみられるように，炭鉱業では，他の産業諸部門とは異なり——例えば，鉄鋼業では，合理化過程の第2局面にあたる1927年以降の時期に設備投資が最も活発に行われている——，合理化過程の第1局面において機械化が強力に推し進められ，すでにこの時期に「技術的合理化」が重要な役割を果していたことに注目しておく必要があろう。

なお石炭炭鉱においては，褐炭炭鉱と比べると，一般に機械の導入条件が不利に作用したとされている。その理由としては，①個人的に経営されていた多くの小規模な炭鉱が引き続き存在していたこと，②多くの炭鉱所有者の保守的な態度，③市場，労働および輸送や他の同様の点における諸問題をあげることができる[37]。そこで，つぎに，石炭業との比較を念頭において，褐炭業における機械化の進展についてみておくことにしよう。

(2) 褐炭業における「技術的合理化」の展開

褐炭業では，厚層の特質および地表との近さが採炭作業および精製作業のほとんどすべての領域をほとんど完全に機械化することを可能にしてきたとされている[38]。W. ベッカーが指摘するように，炭鉱業，とりわけ石炭採掘においても，工場制度の場合と同様に，動力エネルギーの分配が克服しがたい困難をもたらしていたために，蒸気機関の使用は抵抗に直面したのであり，1900年以前には，搬出と通気以外には蒸気機関はほとんど使用されておらず，この時期には，——石炭輸送を除いて——経済的および技術的な原因が，炭鉱業での労働節約的な技術導入を阻止していたが，褐炭業においては，1885年以降，特殊的な発展がみられた。そのことは，露天掘によって褐炭搬出のための蒸気機関の設置があまり大きな困難もなく可能であったからであり，その結果，石炭業とは異なり，労働生産性はすでに1900年以前に著しく増大したからであった，とされている[39]。

ドイツの炭鉱では，石炭は坑内採掘において取得されなければならず，ヴェストファーレンでは，縦坑施設の創出は5年から10年かかるが，これに対して，褐炭地域では，廃石を取り除いた後に褐炭を掘削機によって処理することのできる大規模な露天掘り設備が非常にはやくに配置されており，褐炭の取得

第3章　重工業における合理化過程　133

ははるかに強力に機械化され，より安くついたとされている[40]。こうした事情もあり，褐炭の取得は第1次大戦後の石炭不足の時代に石炭の生産よりもはるかに急速に拡大されることができた。1913年から28年までにドイツ全体の石炭の消費は約4％減少しているのに対して，褐炭の消費は約60％増大している[41]。このような褐炭による石炭の駆逐にともない，労働の支出も引き下げられた。というのも，露天掘りにおける掘削機による褐炭の採掘は坑内採掘での坑夫による石炭の採炭よりも，はるかに少ない生きた労働しか必要としないからである。例えば，ルール地域における石炭の生産費のうち51.9％が労賃であったのに対して，中部ドイツの褐炭では，労賃の占める割合はわずか20％であったとされている[42]。

このことをふまえて，褐炭炭鉱におけるこの時期の機械化の進展をみると，典型的な褐炭炭鉱では，地表が浚渫機のような巨大な蒸気バケット・シャベルによってはぎ取られ，移動式のオーバーヘッド・ブリッヂ——それは時々300メートルの長さにも及ぶ——の使用によって炭坑の反対側に搬送されるのであり，そこでは，それは，土壌がすぐにもう一度農業目的に利用しうるような方法で堆積される。さらに，電動式駆動の歯車機関車によって褐炭を炭坑から車に直接降ろすチェーン・カッタか，あるいは通常のタイプの蒸気ショベルによって，褐炭薄層の表面が掘られる。褐炭はふつうすぐに処理工場に送られ，そこで水分が約60％から約15-17％まで減らされる。原炭はさらに副産物の有効利用のために化学的に処理されるか，あるいは工業や家庭の暖房の目的のために練炭にされた。その最初から終りまでをみても，人間のかかわる領域は監督と機械の操作にみられたにすぎないとされている[43]。このように，褐炭炭鉱では，とくに露天掘り炭鉱において第1次大戦前にすでに運搬の機械化がすすんでいたが，そこでも採炭は戦前にはそのほとんどが，また戦時中にはその多くがなお手作業によって行われていたとされており[44]，採炭作業の機械化が本格的にすすむのは1920年代に入ってからのことであった（表3-17参照）。褐炭業においては，1929年には平均38.9馬力の出力をもつ30,587台の機械が利用されていた[45]。

ここで，褐炭業において1920年代の機械化の進展にともない採炭高および労働生

表 3-17 褐炭炭鉱（露天堀り経営）における機械化の進展

		1913年	1914年	1923年	1924年	1925年	1926年
東エルベ炭鉱 I	採炭	わずかな部分が手作業 主に機械による採炭 1m³および2m³から2.5m³までの容量をもつ3基のパワーショベル		3基の連続バケット掘削機，そのうち1基は二重掘削機 3基のパワーショベル 3基の転轍機			
	搬出	チェーン規道，2基の主動力 4基の羽根チェーン動力 4基の移動式中間歯車 10kmのチェーン規道 1,300台の鉱石運搬車		1キロリットルの電気機関車，750キロリットルの鉱車 20トンの容量をもつ14台の大型鉱車，5台の電気機関車	20トンの積載容量をもつ6台の大型鉱車，15トンの積載容量をもつ4台の大型鉱車，1基の電動式機械，貯炭庫の引込線	第2貯炭庫の引込線 15トンの積載容量をもつ16台の大型鉱車，2台の電気機関車	1台の電気機関車
ライン炭鉱 I	採炭	もっぱら手作業		(1916/17年以降) 1基の掘削機，1基の坑内掘削機			
	搬出	チェーン規道		チェーン規道			
ライン炭鉱 II	採炭	(1911年) もっぱら手作業	2基の電動式掘削機による機械採炭への転換	1時間当り100トンと120トンの能力をもつ2基の電動式掘削機			
	搬出	電動式チェーン規道		8ヘクトリットルの容量の車を備えた電動式チェーン規道			
中部ドイツ炭鉱 I	採炭	もっぱら手作業		3m³の容量の3基のパワーショベル 75ツェントナーの容量をもつ1基の追切掘削機および50ツェントナーの容量をもつ1基の追切掘削機		75リットルのバケットを備えた1基のカタピラバケット掘削機	
	搬出	チェーン規道		チェーン規道			
東エルベ炭鉱 II	採炭	もっぱら手作業		(1916年以降) 掘削機：1基のリューベックのB掘削機，予備用の1基のパワーショベル，1基の転轍機，追切における純粋な手作業での採炭			
	搬出	中央ステーションまでのチェーン規道，そこからは索道		改造貨車を備えたチェーン規道による搬送			
中部ドイツ炭鉱 II	採炭	手作業による採炭および1基のパワーショベル (2.5m³の容量)		手作業による採炭および1基のパワーショベル (3m³の容量)，60リットルのバケットを備えた2基の連続バケット掘削機	純粋な手作業	手作業および3m³の容量をもつ1基のパワーショベル 60リットルのバケットを備えた1基のバケット掘削機	
						2.5m³の容量をもつ1基のパワーショベル	
	搬出	6ヘクトリットルの車を備えたチェーン規道		6ヘクトリットルの車を備えたチェーン規道			

(出所)：Enquete Ausschuß, (IV)-3, *Die Arbeitsleistung im Braunkohlenbergbau in den Jahren 1913 bis 1926*, Berlin, 1928, Abbildung.

表 3-18 褐炭業における企業数, 就業者数, 採炭高および就業者1人当たりの採炭高の推移

年　度	企業数	就業者数	採　炭　高		就業者1人当りの採炭高(トン)
			1,000トン	1,000M/RM	
1913	465	58,958	87,233.1	191,920	1,480
1913[1)]	464	58,947	87,228.1	191,902	1,480
1925	404	82,023	139,724.6	389,377	1,703
1926	364	76,688	139,150.6	387,794	1,815
1927	338	72,324	150,503.9	423,900	2,081
1928	312	72,589	165,588.1	468,603	2,281
1929[2)]	293	73,610	174,454.0	496,294	2,370

(注): 1) 第1次大戦後の領土。
　　　2) 官庁の暫定的な算定による。
(出所): *Statistisches Jahrbuch für das Deutsche Reich*, 49 Jg, 1930, S. 104より作成。

表 3-19 褐炭炭鉱における地域別の労働者1人当たりの採炭高の推移

(1913年=100)

年　度	褐　炭*)					
	西エルベの中部ドイツ		東エルベ地域		ケルン地域	
	労働者全体(露天掘経営)	露天掘における労働者	労働者全体(露天掘経営)	露天掘における労働者	労働者全体(露天掘経営)	露天掘における労働者
1920	52.0	53.3	46.9	46.1	60.6	61.3
1921	53.6	58.0	50.0	54.7	64.4	66.9
1922	61.2	67.2	57.6	62.2	68.4	72.6
1923	57.3	65.1	60.9	66.6	—	—
1924	93.6	118.1	94.2	102.6	110.9	112.0
1925	118.1	144.3	127.7	141.9	123.6	132.6
1926	125.7	154.8	143.5	161.2	139.3	152.6
1927	145.8	177.8	164.2	186.2	180.0	181.1
1928第1四半期	159.8	189.7	166.1	183.0	197.3	195.9
第2四半期	149.7	174.1	149.5	161.8	187.5	186.1
第3四半期	151.7	179.4	150.8	162.7	190.0	188.9
第4四半期	179.7	214.5	150.1	163.4	201.3	200.0

(注): *) プロイセン地域のみ。
(出所): Enquete Ausschuß, (III)-1, *a, a, O.*, S. 85.

産性がどの程度増大したかをみておくことにしよう。褐炭業における企業数,就業者数,採炭高および就業者1人当たりの採炭高の推移を示した表3-18によれば,採炭高は1913年から29年までに87,233,100トンから174,454,000トンに,すなわち約2倍に増大しており,これを金額でみると,191,920,000マルクから496,294,000RMに,すなわち2.6倍に増大している。就業者も同期間に58,958人から73,610人に,すなわち1.25倍に増加しているが,就業者1人当たりの採炭高は1,480トンから2,370トンに,すなわち60%増大している。さらに褐炭炭鉱における労働者1人当たりの採炭高の推移を主要地域についてみると（表3-19参照）,西エルベの中部ドイツ地域,東エルベ地域,ケルン地域のいずれにおいても,労働者1人当たりの1作業方当たり採炭高は大きく増大している。前掲表3-11にみられるように,1913年から29年までのルール炭鉱における労働者1人当たりの1作業方当たり採炭高の上昇率が34.8%であったことを考えると,褐炭炭鉱における機械化は石炭炭鉱よりも大きな成果をもたらしたことがわかる。

ただ褐炭炭鉱におけるこの時期の技術的発展による合理化をみる場合,露天掘りの炭鉱においては機械化が大きく進展をみたのに対して,坑内採掘の炭鉱では機械化は露天掘りの炭鉱ほどにはすすまなかったことに注意しておく必要がある。経営協議会は褐炭炭鉱における技術発展に関して,坑内採掘の炭鉱では,第1次大戦以降,新しい機械は調達されなかったとしている。そのなかでも,炭鉱によって相違がみられ,中部ドイツのある坑内採掘の炭鉱では,1913年から26年までの時期には技術設備の水準は本質的には同じままであったが,同じ地域の他の炭鉱ではつぎのような諸改善が導入されたとしている[46]。

 a) 1914年…すべての機械設備の電化
 b) 1926年…チェーン規道の作業地点とのより近い結合
 c) 1924年…鉄を利用した主要坑道の拡張
 d) 1924年…新しい鉱山用換気装置の配置
 e) 1925年…クライミングプレートの導入
 f) 1924年…突破のための坑底操車場および坑口換車場の設置

2 鉄鋼業における「技術的合理化」の展開とその特徴

(1) 鉄鋼業における生産技術の発展

① 製鉄部門における生産技術の発展

つぎにドイツ重工業の根幹をなす鉄鋼業を取り上げ，この時期における生産技術の発展をあとづけ，そのなかで，「技術的合理化」の主要特徴をみていくことにしよう。

まず製鉄部門における生産技術の発展をみると，そこでは，高炉への原料装入の機械化・自動化，高炉の改良およびその容量の拡大をあげることができる。高炉への原料の装入は従来手装入のかたちで行われていたが，この時期には自動装入される高炉がみられるようになっており，それによって，人間の労働力は大幅に取り除かれる(47)とともに，装入速度の上昇によって生産の効率化がはかられた。また装入速度の上昇にともない高炉の容量も拡大された。そこでは，例えばそれまでの400㎥の容量をもつ高炉が廃棄され，そのかわりに600㎥の容量をもつ新しい高炉や800㎥の容量をもつ新しい高炉が配置されるようになり，1日1,000トンを超える生産高が，数基の高炉によって達成されるようになった(48)。このようにして，この時期の近代的な高炉は約800㎥の容量をもち，以前のものに比べると約3倍の寿命をもっていたほか，送風においても，より大規模な機械設備の建設によって一層の改良がなされた(49)。しかし，この部門における「技術的合理化」の実態については，全体的にみれば，高炉工場の発展は，一部でのかなりの生産の増大がわずかな大規模な技術的革新によってではなく，金額的にはコストと生産の上での明かな成果をもたらした多くのより小さな改良によって達成されたということを示しているとされている(50)。

そこで，この間の設備の近代化(51)をまず**合同製鋼**についてみると，第1営業年度（1926年1月14日～同年9月30日）に，アウグスト・ティセン製鉄所において高炉の一層の拡大が行われている(52)。また第2営業年度（1926年10月1日～27年9月30日）にはアウグスト・ティセン製鉄所の第8高炉の新規建設が始まり(53)，そのために約440万RMの投資が承認されているが(54)，第3営業年度（1927年10月1日～28年9月30日）には，それが完成するとともに，ボフム・フェラインにおいて，

高炉設備のための2基のガス装風機を備えた新しい機械室が完成しており[55]，この機械室のために5,282,687RMが支出されている[56]。ティセンのこの高炉は6.5mの炉床をもち，その容量は829m³であり，後述のクルップやマネスマンの新しい設備よりも大きな生産能力をもつものであった[57]。ドルトムント・ウニオンでも26年7月に第5高炉の配置のための250万RMの投資が承認されており，27年11月に操業を開始しているが，28年3月と4月にそれぞれ20万RM，180万RMの追加の投資が承認されている。またヘルデでも26年11月に第3高炉の配置のための110万RMの投資が承認されており，27年10月に操業を開始しているが，28年3月にはさらに235,000RMの追加の投資が承認されている[58]。また第4営業年度（1928年10月1日～29年9月30日）には，ヘルデル・フェラインの第2高炉の改築が終了している[59]。世界恐慌へと突入する第5営業年度（1929年10月1日～30年9月30日）にも，ルールオルト・マイデリッヒ製鉄所において，第9高炉が日産750トンの生産能力に拡大され，高炉の送風の確実性をはかるために新しいガス送風機が作動するようになっており，またヘルデル・フェラインでも第5高炉が完成している。さらにこの営業年度にはドルトムント・ウニオンに新たに割り当てられていた第4高炉の操業が再び開始されている[60]。また29年10月にはアウグスト・ティセンの第9高炉の建設のために1,094,000RMの投資が承認されているが，32年9月末までに約75万RMが支出されたにとどまっている[61]。

また他社の事例をみると，**クルップ**でも，1926/27年以降に拡張が開始されている。エッセン―ボルベックにおいてひとつの新しい高炉工場が建設されているが[62]，29年にはこの高炉工場の完成にともない，個々の領域において最新の技術水準に基づいてつくられた設備が誕生しており，それは流れ作業的な生産の進行を保証する最新の搬送設備を備えていた[63]。同社では，1927年3月にボルベック工場の日産500トンの生産能力をもつ高炉設備の建設のための投資として9,923,000RMの申請が行われており，4月には承認されているが，この設備はフリードリッヒ・アルフレッド製鉄所よりも1トン当たり5RMのコスト引き下げが可能となり，年間90万RMの節約となること，また余剰となる高炉ガスの販売の収益として年間100万RMが見込まれ，その結果，約5年3カ月でこの設備は完全に償却されうることが報告されている[64]。また1927年8月にはボルベックの新しい工場の第2高炉の建設のために750万RMの投資の申請が行われており，9月と12月に取締役会と監査役会によってそれぞれ承認されているが，そこでは，製鋼工場への溶

銑の供給とライン下流域の古い高炉工場の置き換えの2つの観点が考慮されており，この設備は5年で完全に償却可能であるとされている[65]。これらの設備のために28年7月には485万RM，10月には143万RMが追加申請されているが，そのいずれもが承認されており，その結果，約2,500万RMの投資が承認されている[66]。またフリードリッヒ・アルフレッド製鉄所では，1927/28年の営業年度に2基の高炉の改造が取り組まれているが[67]，28/29年度にもさらに1基の高炉の改造が行われており，ボイラー設備を備えた2基のターボ送風機が配置され，操業を開始しているほか，高炉工場のための鉱石焼結装置の建造が行われている[68]。翌年の29/30年度にも2基の高炉が新たに配置されている[69]。また**マネスマン**でも1927年に2基の高炉の建設が開始されているが，直径5.5mの炉床，650㎥の容量をもつ高炉は日産800トンの銑鉄の生産を可能にし，原料は近代的なクレーン設備，積込装置およびスキップホイストによって約160m離れたライン川から高炉の炉上口まで直接搬送された[70]。

このように，製鉄部門では，高炉への原料装入の機械化・自動化がはかられ，それとともに高炉の容量が拡大されたが，合同製鋼においてみられたように，製鉄部門における機械化とそれにともなう設備の拡大は，主に銑鋼一貫の製鉄所において行われている。つまり，ここでの「技術的合理化」は，つぎの工程である製鋼部門における生産技術の発展との関連で推し進められたことに注意しなければならない。

なお製鉄部門におけるこのような生産技術の発展に関して，金属労働者組合の年報は，とくに高炉への原料の搬送問題について，つぎのように述べている。

「おそらく労働過程の機械化は製鉄業において最もすすんでいるであろう。このことは製鉄経営のもつ特質によるものである。ここでは，連続的に高炉に送られる大量の原料の搬送が問題となる。その操作に1人の人間しか必要としないような機械的搬送手段がこの目的によく適合している。装入係はずっと以前に姿を消している。コークス，鉱石および石灰は，融解工程にとって必要な構成でもって高炉のなかを自動的に回転していく[71]」としている。

140 第2部 主要産業部門における合理化過程

② 製鋼部門における生産技術の発展

つぎに製鋼部門をみると，ここでは，ヴェルサイユ条約による領土の割譲にともなって製鋼法の一定の変化を余儀なくされたことをまず指摘しておかねばならない。上述したように，この時期は領土の割譲によりロートリンゲンとライン＝ヴェストファーレンとの間の分業関係が断ち切られたことから，トーマス製鋼法に適した含燐性のミネット鉱石の確保が困難になったのにともない，屑鉄を原料として利用することができる平炉の利用が増加している

まずこの時期のトーマス式製鋼工場の生産技術状況をみると，ここでも生産技術の発展にともない，第1次大戦前のものよりも大きなトーマス転炉およびより強力な送風機の配置によって，戦前と比べ，大きな進歩がみられた。専門家たちの間では，トーマス式製鋼工場においては，はるかに大きな混銑炉の建設およびより多くの転炉の操業開始によって収益性が高められうる，とされていたが，一般的に，既存の構造のものではそれ以上の負荷に耐えることができなかったために，このような諸変化は失敗に終わった。それゆえ，そのような根本的な諸変化は，一般的に，まったく新しい製鋼工場の建設をもたらすことになった[72]。また転炉では，酸素を多く含んだ風を送ることによって，転炉で生産される鋼の品質の向上に成功した[73]。

このようにして，トーマス式製鋼工場では，強力な送風機の配置がトーマス鋼の生産において大きな成果をもたらしたといえる。さらに転炉の容量の拡大をみると，この時期には，トーマス転炉の容量は16トンから30トン以上にまで拡大されている[74]。合同製鋼では，第2営業年度（1926/27年）に，アウグスト・ティセン製鉄所において新しい転炉の配置によるトーマス式製鋼工場の拡大が行われており，その結果，この工場の粗鋼の生産能力はこの営業年度の半ば以降には年間約250万トンに拡大されたほか，ルールオルト・マイデリィヒ製鉄所の新しい転炉の配置やドルトムント・ウニオンにおける新しいトーマス転炉の配置がみられた[75]。また28/29年の営業年度にはヘルデル・フェラインにおいて1,500トンの容量をもつ新しい混銑炉（Roheisenmischer）が操業を始めており，またルールオルト・マイデリィヒの設備も新しい混銑炉の配置によって拡大されている[76]。ヘルデル・フェラインのこの混銑炉の調達のために約30万RMが支出されているが[77]，28年3月にはルールオルト・マイデリィ

ヒの1,200トンの容量をもつ混銑炉のための投資資金として50万RMが承認されている[78]。またクレックナーも1927年から28年にかけての時期にハスペル製鉄所に4基の転炉を備えた新しいトーマス式製鋼工場を建設している。ヘッシュでもこの時期に大規模な拡張のための建設が行われているが，それには，新しいトーマス式製鋼工場の建設をあげることができる[79]。1931年の調査によれば，このようなトーマス転炉の大規模化の結果，ドイツの転炉の容量は12トンから40トンの間であり，大多数は19トンから25トンの間であったとされている[80]。

しかし，上述したように，ヴェルサイユ条約による領土の割譲にともなう原料確保の問題から，平炉による鋼生産の比重が第1次大戦後に高くなったこともあって，この時期には，製鋼部門における生産技術の発展は，むしろ平炉の改良・発展を中心にしたものであったと思われる。

そこで，この時期の平炉の技術的発展についてみると，その主要なものは，炉の大型化，炉の構造の改良，溶銑の装入方法の改善などをあげることができる。第1次大戦の直前には，当時非常に大きいと思われていた80トンから100トンまでの容量をもつ新しい設備が建設されたが，この時期には，はるかに大型の炉（150-200トンの容量）が生産をより効率的なものにするとされた。ただ，このような大型の炉における装入および溶解工程にはより長い時間を要したので，この種の炉については，それが数基存在している場合にのみ採算が合うとされていた。アメリカでは200トンの容量をもつ12基の平炉が同時に併存していたと報告されている[81]。ドイツでは，この時期に，平炉の容量が50トンから100トン以上に拡大され[82]，また平炉の構造の改良についても，それまでの固定式平炉から傾注式平炉（kippbarer Martinofen）への移行がみられた。合同製鋼では，第2営業年度（1926/27年）にそれぞれ150トンと200トンの容量をもつ2基の傾注式平炉がボフーム・フェラインにおいて完成されており，ルールオルト・マイデリィヒ製鉄所でも200トンの容量をもつ傾注式平炉の建設が開始されている[83]。ボフーム・フェラインのこれら2基の平炉には約215万RMが支出されており[84]，28年8月に操業を開始したルールオルト・マイデリィヒの設備には372万RMが支出されている[85]。

このようにして，製鋼部門の生産設備の改善，生産方式の改良により，粗

鋼の生産高も大きく増大している。すなわち，平炉鋼の生産高は1924年には5,461,900トンであったが，この時期の最高の生産高を記録した27年には8,878,400トンに増大しており，62.6％の増加をみている。また生産額でみると，同期間に594,884,000RMから864,587,000RMへと増大しており，45.3％の増加をみている[86]。このような生産高の増大は，ひとつには，この時期の「技術的合理化」の成果によるものであるといえる。すなわち，トーマス式製鋼工場および平炉製鋼工場の生産高の増大は，とりわけ転炉および平炉の容量の拡大，大量のガスの燃焼および平炉への溶銑の装入量の増大によるものであったとされているが，新しい装入機（Chargiermaschine）およびアンローダクレーン（Entladerkran）の配置もこれに寄与したとされている[87]。そのさい，このような大型の平炉でも，より小さな平炉の場合と同様に，たかだか2人の装入クレーンの機械係と2人の溶解作業係が必要とされるにすぎなかった[88]。

またさらに，この時期の製鋼工場における電炉についてみると，この時期は電炉の改良がすすみ，電炉法の利用は，最高品質の鋼の生産にとって決定的な意味をもつようになった。ことに電炉では，高い温度を得るために，電気エネルギーを適切な方法で熱に変えることができるようになっていた。また電炉の利用による容易な作業の規制と正確な溶解制御は，高品質の利用価値の高い金属製の原料の溶解のための条件をつくりだしたとされている。高温によって合金鉄の生産をも可能にしたアーク炉（Lichtbogenofen）あるいは誘導炉（Induktionsofen）では，思いどおりの合金の含有量をもつ鋼の生産が行われるようになった[89]。このように，冶金学や物理化学の研究成果を利用したこの時期の電炉の技術的発展は，特殊鋼，とくに高級鋼の生産の増大に大きく寄与したのであった。電炉による粗鋼の生産高は1924年の76,700トンから27年には142,500トンへ，すなわち85.8％も増加しており，生産額では，同期間に23,126,000RMから39,631,000RMへ，すなわち71.4％も増加している。その後の経過をみると，わずかな減少がみられるが，例えば，27年の粗鋼全体の生産高は15,936,600トンであり，またその生産額は1,494,422,000RMとなっており，1トン当たりの金額は93.8RMとなるのに対して，電炉鋼のそれは278RMであり[90]，高級鋼の生産において電炉の果した役割が大きかったことがわかる。

このように，製鋼部門においても，この時期には設備投資をともなう「技術的合理化」が推し進められているが，そこでは，製鉄部門ほどにはこうした技術的再編成がすすまなかったことに注意しなければならない。上述したように，合同製鋼の製鉄部門では，第1営業年度から合理化運運動の終了する第5営業年度（1929/30年）まで設備の拡大や新規建設が行われているのに対して，製鋼部門においては，第1営業年度にアウグスト・ティセン製鉄所において製鋼工場の一層の拡大が行われたほか[91]，第2営業年度にトーマス炉および平炉の拡大や設置がみられたが，その後については，第3営業年度にアウグスト・ティセン製鉄所の製鋼工場の設備の拡大，ルールオルト・マイデリィヒ製鉄所における最初の傾注式タルボット炉（der kippbare Talbotofen）の完成をみた[92]ほかは，とくに大きな変化はみられなかった。この時期の生産の合理化の成果を製造原価の推移でみても，同社のトーマス鋼の1トン当たりの製造原価は1926/27年の営業年度には79.98RMであったものが27/28年度には89.73RM，28/29年度には86.23RM，29/30年度には86.66RMとなっており，また平炉鋼をみても同期間に94.23RMから96.25RM，97.53RMに上昇しており，この点にも合理化の限界性が示されているといえる[93]。

③　圧延部門における生産技術の発展

つぎに圧延部門をみると，この時期の最先端の技術発展の指標としては，すでにアメリカでその導入がすすめられていた連続圧延機（連続広幅帯鋼圧延機）の利用をあげることができる。連続圧延機の導入は，この時期に大きな進展をみた産業電化にともなう電力・電動機の利用を基礎にしていた。1930年のアンケート委員会の報告によれば，圧延工場では，生産過程の機械化に対して大きな利益を与えた電化が，当時の専門家たちの間でも，最も重要な進歩とみなされていた[94]。とりわけ大型高炉による銑鉄生産の改良と，そのために必要な鉱石装入装置には蒸気機関がうまく使用されたが，圧延工場内部での発展は，ここにおいても蒸気機関の通常の使用が機械工場においてと同じ矛盾を惹き起こしていたため，うまくいかなかったとされている。すなわち，動力体系および伝力機構によるエネルギーの伝達は，作業機の特殊的な使用を制約しており，それは作業機を電力で個別的に動かすようになってようやく克服すること

ができたとされており，またそのことによって，初めて生産過程自体を労働対象の合理的加工の基礎となし，生産過程の一層の専門化を達成し，製作される製品の質をほぼ一定に保つことが可能となった，とされている[95]。こうして，この時期には，産業電化の進展にともない電力の利用がすすみ，電力の利用に基づくこのような労働手段の技術的革新によって，連続圧延機による生産が技術的に可能になっていた。W. ベッカーによれば，圧延技術の新方法は，1922年には，いわゆる連続圧延の導入を可能にしていたとされている[96]。このように，圧延部門では，一般的に，連続圧延機の導入が，この時期の最も重要な技術発展の指標を示すものである，とされていた。

しかし，実際には，アメリカですでにこの時期に連続圧延機の導入がすすんでいたのに対して，ドイツでは，まだあまり取り組まれておらず，その導入の試みがすすむのは1930年代に入ってからのことであった。この問題に関して，合同製鋼のA. フェーグラーの1930年のアンケート委員会での報告はつぎのように述べている。すなわち，ドイツでは近代的な連続圧延機を操業させるには棒鋼の生産の割合があまりにも少なく，そのために，どの工場でもアメリカ式の圧延機を導入することができず，半製品の場合，1ヶ所に月産12万トンを集中させるのがやっとであり，アメリカと比べると，生産量が少ない，と報告している。また彼らの算定によれば，資本コストと減価償却費がアメリカの最新鋭の圧延機の導入によって可能となる費用の節約よりもはるかに大きいとしている。例えば，薄板用鋼片を生産するための近代的な圧延機の導入によって，1トン当たり10RMが節約されうるとしても，その新しい圧延機の導入には，すべての付属品を加えると約4,200万RMが必要であり，その結果，1トン当たり10RMの節約に対して資本コストが9 RMもかかり，コスト計算の上では引き合わないとした上で，もし利子負担が4％まで引き下げられ，税率が変更されれば，そのような合理化への取り組みもまた可能であろう，としている[97]。

そこで，圧延部門におけるこの時期の技術革新への取り組みをみると，**合同製鋼**では，第1営業年度に，ルールオルトにおける1基の電動式分塊・ビレット圧延機の完成およびドルトムント・ウニオンの圧延設備の一層の拡大がみられる[98]。ル

第3章 重工業における合理化過程 *145*

ールオルトの分塊圧延機には約105万 RM が支出されており，26年5月に操業を開始しているほか，ビレット圧延機には2,575,471RM が支出されており，同年9月に操業を開始している(99)。またドルトムントの第4圧延機の完成のために26年7月に3,635,400RM の投資の承認が行われている(100)。つづく第2営業年度（1926/27年）には，ボフーム・フェラインにおいて鋼管製造工場の拡大が着手されたほか，デュッセルドルフでも鋼管圧延設備の拡張が行われており，またドルトムント・ウニオンでは1基の形鋼・棒鋼圧延機が完成している(101)。またアウグスト・ティセンでは電動機を備えた二重式分塊圧延機の建設のために2,185,000RM の投資が承認されており，27年6月に操業を開始しているほか，二重逆転式圧延機の拡大が取り組まれており，それには983,914RM が支出されており，同年2月に操業を開始している(102)。第3営業年度（1927/28年）には，ドルトムント・ウニオンの第1圧延工場において調整機（die Adjustage）が拡大され，ボフーム・フェラインのヘントロップ工場が完備した鋼管圧延機によって補完されたほか，デュッセルドルフの第3・第4鋼管製造工場の拡大が着手された。またアウグスト・ティセン製鉄所では，2本の連続粗圧延機（die kontinuierliche Vorstraße）と2本の仕上圧延機（die Fertigstraße）を備えた第5番目の電動式棒鋼圧延機の建設が始められている(103)。ドルトムントの調整機には743,841RM が支出され，28年8月に操業を開始しており(104)，アウグスト・ティセンの電動式棒鋼圧延機の新規建設には約140万 RM が支出されている(105)。アウグスト・ティセンではさらに第8圧延機の拡大が行われており，それには833,912RM が支出されているが，28年1月に操業を開始している(106)。第4営業年度（1928/29年）には，ボフーム・フェラインにおいて市街電車用の車輪の圧延のための新しい圧延機が配置されたほか，デュッセルドルフ部門の鋼管製造工場の拡大が大部分終了したとされている。また第3営業年度に手がけられたアウグスト・ティセン製鉄所の新しい棒鋼圧延機が完成したほか，デュイスベルクのニーダー・ライン製鉄所における厚板圧延機の設置，ティセン製鋼・圧延会社における鋼管圧延工場のさまざまな新しい設備の設置がみられた(107)。さらに1929年から30年にかけての第5営業年度には，ヘルデル・フェラインの薄板圧延工場において，連続的作業工程のなかで薄板を取次倉庫に搬送することを可能にした連続中板調整機（die kontinuierliche Mittelblechadjustage）が設置されたほか，ドルトムント・ウニオンでは圧延工場に新しい大型の均熱炉が建設されているが(108)，ドルトムントのこの均熱炉が操業を開始するのは31年4月の

ことであった[109]。また29年10月にルールオルト・マイデリッヒ製鉄所の連続薄板圧延機の建設のために200万RMの投資額が承認されている[110]。

またクルップについてみると，フリードリッヒ・アルフレッド製鉄所では，1927/28年の営業年度に圧延工場の設備の生産能力は大規模な近代的な溶接設備の建造や積み込みクレーン，加熱炉などの建設によって根本的に補完され，高められたとされている[111]。また28/29年度には1基の連続圧延機・棒鋼圧延機の建造が取り組まれているが，そのための三相交流中央発電所の拡大も着手されており[112]，この点にもこの時期の圧延部門における技術的革新において電化の一層の進展がみられたことが示されている。

この時期の近代的な圧延機の導入は，その動力である電動機を供給する電機企業の報告からも知ることができる。例えば，AEGの1923年から24年にかけての営業報告書によれば，同社が圧延機および補助機械の電動機を供給したラインラントの電動式鋼管圧延機のいくつかのより大規模な設備が操業を開始したとしているほか，ベルリンにおける薄板圧延機および中部ドイツにおけるある圧延工場の多くの電動式圧延機のための電動機が同社によって供給されたとしている[113]。また1924年から25年にかけての営業報告書によれば，分塊圧延のための25,000馬力の電動逆転式圧延機（die elektrische Reversierstraße）の動力が同社によってルールオルトの「フェニックス」の製鋼工場に供給されたとしている[114]。さらに1926年から27年にかけての営業報告書によれば，逆転式圧延機および回転式圧延機（umlaufende Walzwerk）の動力のために多くの設備が同社によって供給されたとしている[115]。またさらに1928年から29年にかけての営業報告書においても，逆転式圧延機（Umkehr-Walzenstraße）が，国内および国外から，より大型の電動機および始動発電機（Anlaß-Dynamo）の多くの注文を同社にもたらしたほか，同社は連続圧延機（durchlaufende Walzenstraße）および冷間圧延機のための複雑な設備を供給したとしている[116]。AEGのアルヒーフによれば，1931年10月までに同社は圧延機のための95の原動機を供給しているが，そのうち20年代以降に代表的な鉄鋼企業に供給されたものとしては，合同製鋼のルールオルト・マイデリッヒ製鉄所の分塊圧延機（26年3月操業開始），ピレットミル（26年7月操業開始）やアウグスト・ティセンの仕上圧延機（24年10月操業開始），クルップの分塊圧延機，仕上圧延機（いずれも24年8月操業開始）や棒鋼圧延機（31年操業開始），マネスマ

ンの定径圧延機（28年操業開始），ヘッシュの2基の冷間圧延機（いずれも29年9月操業開始）などの電動機をあげることができる[117]。

しかし，1920年代末から30年代初めの時期になると，ドイツの鉄鋼企業はこのような電動機を備えた近代的な設備の導入を差し控えたとされている。例えば，ジーメンス・シュッケルトの1928年から29年にかけての営業報告書によれば，ドイツの鉄鋼業は新しい設備の購入を強く抑えたが，同社は，ヨーロッパの他の国からより大規模な注文，とりわけ3台の大型の逆転式圧延機用の原動機の供給を得ることに成功したとしている[118]。また1929年から30年にかけての営業報告書によれば，ドイツの鉄鋼業は緊急に必要なものだけを比較的小規模に注文したにすぎなかったが，同社は外国からより多くの圧延機の完備した電気設備の注文を得ることに成功したとしている[119]。またAEGの1929年から30年にかけての営業報告書でも，同社は逆転式圧延機および連続圧延機のためのかなりの数の電動機を鉄鋼業に供給したとしているが，その注文者は外国が支配的であったとしている[120]。

このように，圧延部門においても，1920年代の合理化の時期に技術的再編成がそれなりにみられたが，上述のフェーグラーの報告にもみられるように，この部門における最も重要な技術発展の指標である連続広幅帯鋼圧延機のような最新鋭の連続圧延機はひろく導入されることはなかった。例えば上述のルールオルト・マイデリッヒ製鉄所の新しい分塊・仕上圧延機について，C．クラインシュミットは，その高い性能のゆえに，また人間の労働の排除および製品や廃棄物の迅速な除去のためのあらゆる近代的な手段の利用のゆえにこの設備は注目に値するとしており，それは完全に機械化された設備を示しているとしているが，この設備は既存の技術的な可能性の徹底した利用ほどには革命的な革新によって際だったものではなかったとされている[121]。ドイツでは，この時期のアメリカにおける技術的再編成とは異なり，連続圧延機のような根本的な技術革新をもたらす新鋭機の導入は，ごく一部の先端工場に限られており，ほとんどの工場では，この時期には，まだ根本的な技術的再編成はほとんど始まっていなかったといえる。この点に関して，R．A．ブレィディは，「ほんの限られた数の工場においてのみ——合同製鋼のアウグスト・ティセン製鉄所においてのみ——技術的再編成がほぼ完全に成し遂げられた[122]」としている。

ただここで注意しておかなければならないことは，このような技術的再編成が強力に推し進められた先端工場でも，導入された電動式の連続圧延機は，分塊圧延機とか仕上圧延機，あるいは棒鋼圧延機などが中心をなしており，広幅帯鋼を大量に生産するための最新鋭の連続帯鋼圧延機はこの時期にはまだ導入されてはいなかったということである。技術的再編成がほぼ完全に成し遂げられたとR.A.ブレィディが指摘しているアウグスト・ティセン製鉄所の場合にも，上述したように，1926年から27年にかけての第3営業年度にその建設が始められ，翌年の第4営業年度に完成をみたが，それも電動式の棒鋼圧延機であった。

　J.ベェニヒも指摘しているように，圧延工場の生産性は，大コンツェルンにおける生産の専門化や電気圧延動力の導入，操作および搬送の機械化の一層の拡大によって上昇したが，しかし，この時期はまだアメリカ以外では，連続広幅帯鋼圧延機（die kontinuierliche Breitbandwalzstraße）のような機械の導入はなく，そのような最新鋭機は1930年代にはいって，初めて設置されたのであった[123]。このことは，何よりもこの時期のドイツにおける自動車の国内市場の狭小さとそれに基づく自動車の大量生産の立ち遅れによるものであり，帯鋼の大量生産がドイツでは行われえなかったことに大きな要因をみることができるのであって，このような事情は，一般的に，この時期のドイツ鉄鋼企業の合理化のあり方を強く規定しているといえる。

　つまり，この時期の産業電化にともない，電動機によって作業機が個別駆動されるようになり，そのことによって初めて可能となった連続圧延機の導入は，鉄鋼業における最も重要な生産技術の発展のひとつであったといえるが，実際には，ドイツではそのような最新鋭機の導入はわずかしかみられなかったのであり，そのことはまたドイツ鉄鋼業における「技術的合理化」の成果にもそれなりの影響をもたらしたといえる。すなわち，製鉄，製鋼および圧延の各部門におけるこの時期の総生産高および労働者1人当たりの年間生産高の推移をみると（表3-20参照），圧延部門では，製鉄部門および製鋼部門とは異なり，総生産高も労働者1人当たり年間生産高も1927年をピークに，その後は減少に転じている。また労働者1人当たりの年間生産高をみても，最も高い数値を示している1927年において，製鉄部門，製鋼部門を大きく下回っている。

表3-20　1924年から29年までの鉄鋼業における労働者数，生産高および労働者1人当たりの年間生産高の推移

年度	製鉄部門			製鋼部門[1]			圧延部門		
	労働[2]者数	銑鉄生産高（トン）	労働者1人当り年間生産高（トン）	労働[2]者数	生産高[3]（トン）	労働者1人当り年間生産高（トン）	労働[2]者数	完成品の生産高[4]（トン）	労働者1人当り年間生産高（トン）
1913[5]	27,078 (111.1)[6]	10,915,700 (139.4)[6]	403 (125.6)[6]	32,395 (100.6)[6]	11,585,600 (121.1)[6]	358 (121.8)[6]	93,911 (96.7)[6]	9,520,000 (131.0)[6]	101 (126.3)[6]
1924	24,371 (100)	7,832,600 (100)	321 (100)	32,590 (100)	9,569,100 (100)	294 (100)	90,830 (100)	7,268,000 (100)	80 (100)
1925	23,266 (95.5)	10,088,800 (128.8)	434 (135.2)	34,762 (106.7)	11,866,400 (124.0)	341 (116.0)	93,668 (103.1)	9,308,000 (128.1)	99 (123.8)
1926	20,560 (84.4)	9,636,100 (123.0)	469 (146.1)	29,792 (76.1)	12,100,800 (126.5)	406 (138.1)	77,612 (85.4)	9,017,000 (124.1)	116 (145.0)
1927	21,527 (88.3)	13,088,800 (167.1)	608 (189.4)	28,824 (88.4)	15,936,600 (166.5)	553 (188.1)	92,024 (101.3)	11,971,000 (164.7)	130 (162.5)
1928	20,331 (83.4)	11,803,600 (150.7)	581 (181.0)	27,871 (85.5)	14,167,500 (148.1)	508 (172.8)	89,926 (99.0)	10,596,000[7] (145.8)	118 (147.5)
1929	21,635 (88.8)	13,239,500 (169.0)	612 (190.7)	30,276 (92.9)	15,863,100 (165.8)	524 (178.2)	91,929 (101.2)	10,339,000 (142.3)	112 (140.0)

(注)：1)　溶製鋼製造工場。
　　　2)　保険組合員。
　　　3)　ベッセマー鋼を含む。
　　　4)　半製品は含まれていない。
　　　5)　第1次大戦後の領土。
　　　6)　（　）内の数値は1924年＝100としたときの指数。
　　　7)　労働紛争による影響がみられる。

(出所)：*Statistisches Jahrbuch für das Deutschen Reich*, 47 Jg, 1928, S. 114-5, 51 Jg, 1932, S. 98-9, Enquete Ausschuß (Ⅲ)-2, *a. a. O.*, S. 8, S. 36 より作成。

　このことからも明かなように，ドイツでは，この時期には，連続圧延機のような最新鋭の機械を導入するには，あまりにも生産量が少なすぎたこと，また国内市場の狭隘性と輸出市場での諸困難がそのような機械を導入する上で大きな障害になっていたことにひとつの大きな原因をみることができる。そのために，アメリカの場合とは異なり，ドイツの鉄鋼業は大量生産体制を十分に確立することができなかったのであり，ここにドイツ鉄鋼業のこの時期の「技術的合理化」の性格の一端をみることができる。

　このように，一方での資本不足とそれに規定された重い利子負担という資本の調達・運用の側面と，また他方での国内市場の狭隘性，輸出市場の困難性と

いう市場の側面からの制約のもとで，ドイツの鉄鋼業は，強力な設備投資をともなう根本的な技術的再編成を推し進める上で，一定の限界をもっており，十分に取り組むことができなかった。ヴァイネルトも，アンケート委員会の1930年の報告で指摘しているように，銑鉄生産では技術的にも組織的にも非常に広範囲に切り替えが行われたが，製鋼工場および圧延工場では，まだとうてい締めくくりをつけるところまではいっていない，としている[124]。

以上の考察において，ドイツ鉄鋼企業の「技術的合理化」の限界，そのあり方・性格を明らかにしてきたが，つぎに，これまで明らかにしてきた合理化の諸成果を統一的に見直すとともに，加えて，企業集中によってもたらされた原料，エネルギーの節約のための諸方策，いわゆる熱経済の合理化や副産物・廃棄物の有効利用が，そこでは，どのような役割を果してきたかをみることにしよう。

(2) 生産工程の統合化・連続化と熱経済

これまでに明らかにしてきた鉄鋼業における生産技術の発展をふまえ，それに基づく技術的合理化の諸成果がどのように発現されたか，つぎの3点[125]——①生産の専門化，②経営体における生産工程の一貫的統合，③諸工程間の作業連続——について，考察を深めることにしよう。

まず第1の成果である生産の専門化は，1926年の合同製鋼の設立にともなう「消極的合理化」の過程で強力に推し進められたが，そこでは，生産と販売の条件が考慮され，各工場のもつ独自の専門性または立地条件にしたがって，最も効率の良い工場が特定の製品の生産に特化することになった。

また第2の経営体における生産工程の一貫的統合については，第1次大戦前にすでに発展していた銑鋼一貫工場にみられる垂直的統合の強化・その徹底が合理化の過程で推し進められた。ドイツでは，独占の成立期である1890年代から20世紀の初頭にかけて，生産と資本の集積・集中がすすみ，この時期に，すでに鉄鋼業における大企業は，たんに製鉄だけではなく，製鋼・圧延などをも包含する銑鋼一貫企業に成長していた[126]。そして，1920年代の合理化による再組織の時期には，原料の採掘から精錬工程に至るまでの段階において，その大部分あるいはすべてを結合している工場は，例外というより，むしろ一般的

となっていた。この点に関して，R．A．ブレィディは，この時期には，単純圧延工場というものは，もはや実際には存在せず，製鋼工場は，ほとんどの場合，圧延工場だけではなく，製鉄工場とも直接結合されており，また製鉄工場は炭鉱，コークス炉と結合されており，可能なところ（ジーゲルラント）では，鉄鉱石の採掘と結合されていた，としており，さらに製鋼工場および圧延工場はふつうパイプ，針金，棒鋼，特殊合金，重機械および他の専門の工場と結合されていたとしている。このように，この時期には，経営体における生産工程の一貫的統合が一層強化されたのである。

その結果，第3の成果である製銑—製鋼—圧延の各工程間の作業の連続化が実現された。すなわち，溶銑は鋳造されずに高炉からすぐに転炉に送られ，転炉から鋳型に流し込まれた。そこでは，鋼塊は，一定の温度まで加熱された後に，直接圧延工場に送ることができるところまで固められる。そして圧延工場では，その鋼塊が直接棒鋼，針金，レール，梁などに加工されたのである[127]。その結果，このような生産工程の一貫的統合の徹底化と諸工程間の作業の連続化によって，燃料・エネルギーの大幅な節約が可能となったのである。

そこで，つぎに，熱経済（Wärmewirtschaft）の分野における合理化の過程をみると，この時期には，炭鉱，コークス工場，高炉，製鋼工場および圧延工場を結合した混合企業では，熱を生み出す設備と熱を消費する設備との間の経営内部の均衡を生み出すことによって，節熱経済の一層の改善が可能になったとされている。熱節約のための高炉の構造の改良，高い鉄分の含有量をもつ大量の鉱石の使用，屑鉄の使用の増大——それは1913年の銑鉄100トン当たり1.24トンから25年には6.31トンへと増大している——，また製鉄工場，製鋼工場および圧延工場の熱経済の結合は，増大する石炭需要にとって大きな意味をもった[128]。鉄鋼生産には膨大なエネルギーの消費をともなうが，そのために，そこでは，熱効率を高め，生産過程におけるエネルギーの消費をできる限り節約するための諸努力が強力に推し進められた。

熱経済の科学的研究とその合理的な組織化は，ドイツでは，効率的な経営管理の緊急の課題とみなされており，鉄鋼業においては，熱経済は，科学的な力でもって取り組まれた特別な問題のひとつであった[129]。アンケート委員会の

報告によれば，1920年代後半には，単位当たりの生産の質と量の改善を除くと，冶金生産の技術においては何ら根本的な進歩はみられなかったが，熱消費においては多くの進歩がみられたとされている[130]。このように，生産に必要なエネルギーの節約は，この時期のドイツの鉄鋼業における生産技術の発展の主要なひとつの領域をなしており，「技術的合理化」の方策として重要な役割を果したといえる。

もとより，このような熱経済の合理化＝熱消費の節約を可能にした要因は，すでに明らかにしたように，企業集中にともなう生産工程の一貫的統合とそれに基づく製銑―製鋼―圧延の諸工程間の作業の連続化にあるといえる。すなわち，この問題は，銑鋼一貫工場では，粗鋼が高炉から流れ出た銑鉄の熱で生産され，圧延製品はそれと同じか，あるいはより少ない熱で圧延されうるのに対して，そうでない場合には，個々の生産工程に対してそのたびごとに加熱が必要であり，そのために銑鋼一貫工場の場合よりもかなり多くの熱消費を必要とする，という点において理解されうる[131]。このように，銑鋼一貫工場にその典型をみる生産工程の一貫的統合によって，銑鉄は鋳造されずに熱いまま製鋼工場に送られ，また粗鋼もできるだけ冷やさずに圧延工場に送られるようになり，このような連続的処理が行われた結果，熱消費の大きな節約が可能となったといえる。例えば，粗鋼1トン当たりの所要熱量は，1900年には1,500万カロリーであったが，このような連続的処理の徹底によって600万カロリーに減少しており，28年には，1900年と比べると2,300万トンの石炭の節約になったとされている[132]。

また，この時期の熱経済の合理化は，ガス経済（Gaswirtschaft）との結合というかたちでも一定の成果をもたらした。すなわち，この時期の鉄鋼企業の経営政策の重要な特徴のひとつは，鉄鋼企業が支配する領域の拡大の結果，結合によって根本的に強化されたいわゆる「結合経済」（"Verbundwirtschaft"）をもたらした点にあったとされている。それは，高炉および製鋼工場へ送る風をあらかじめ加熱しておくことや他の熱利用の目的のために，高炉から発生する炉頂ガス（Gichtgas）を利用する熱経済と，還元剤としてのコークスの生産にさいしてコークス炉から発生する利用価値の高いコークスガスを個人の消費者向けや，自工場のガス利

用のために供給するガス経済とを結合した(133)。この時期には，合理的なエネルギー利用のために，しばしば動力と熱の結合という考えでもって実用化がはかられた。すなわち，動力源，熱源は蒸気からガス，電気に転換され，膨大なエネルギーの利用の効率化をはかるために，熱経済の一層の統合化が推し進められ，そこでは，高炉ガスから電気が生み出されるようになった(134)。また廃熱のより効率的な利用，炉頂ガスによるコークス工場の加熱およびコークスガスによる圧延機の加熱への切り換え，電気による高炉ガスの精製などのために多額の支出が行われている(135)。合同製鋼では，1927年には石炭による燃焼からコークスガスと炉頂ガスへの転換を完全に終了することができたとされている(136)。合同製鋼のボフーム・フェラインでは，1929年10月に第2製鋼工場の混合設備の混合ガス（コークスガスと高炉ガス）への燃料の転換および中形圧延機における回転炉の石炭からコークスガスへの燃料の転換のために22万RMの投資が承認されており，30年4月にそのような切り替えが完了している(137)。

このように，熱経済とガス経済との結合によって，生産過程で得られる熱の有効利用とともに，副産物として得られるガスを発電用燃料，自家熱源として利用することが可能となり，鉄鋼生産のために必要なエネルギー，燃料の消費を大きく節約することができた。例えば，空気加熱装置の変更は38％のガス消費の節約になったとされている(138)。また1931年の報告によれば，蓄熱式加熱によるコークス化の燃焼技術の改善および熱放射や熱伝導の減少によって，コークスガスの余剰は旧設備では12％であったが，改良設備では57％に引き上げられたとされている(139)。

なおこの時期の熱経済の分野における合理化のための諸活動のひとつの重要な特徴として指摘しておかなけれなならない点は，製鉄所における燃料消費，エネルギーの節約のための中央機関として1919年にデュッセルドルフに設立された製鉄業者連盟（Verein deutscher Eisenhüttenleute）の熱部門（Wärmestelle）が熱経済の合理化を推し進める上で推進的役割を果したことにみられるように，そのような取り組みが組織的に推し進められたということである。この機関は，個々の経営の節熱経済および経営経済の領域における経験の交流のための中央組織として，またそれを促進するための機関としての役割を果し

たが，ルール以外の主要な鉄鋼生産地域であるジーゲルラント，ザール，オーバー・シュレジェンにその支部がおかれ，それは，自らの地域の特別な諸要求に合った活動を行った。また同時に多くの大規模および中規模の製鉄所には，工場熱部門（Werkswärmestelle）がおかれており，その規模および活動は各工場の特別な要請に合わせて調整されており，組織上は各工場の構成要素をなすものであった[140]。例えば「熱専門委員会」（Wärmefachausschuß）と呼ばれた合同製鋼の特別な部門は，熱経済・動力経済の領域における効率的な計画化と調整をその課題としていた[141]。

以上の考察からも明らかなように，熱経済の合理化のための諸方策は，これまであまり取り上げられることはなかったが，この時期の鉄鋼業における「技術的合理化」の諸方策のなかで，ひとつの大きな成果をもたらしたのであり，大きな意味をもつものであったといえる。

(3) 副産物・廃棄物の有効利用
① ガス副産物の有効利用

最後に，副産物・廃棄物の有効利用について，簡単な考察を試みることにするが，この時期の鉄鋼業の代表的な大企業は炭鉱をも結合した「混合企業」であり，それゆえ，ここでは，そのような「技術的合理化」の取り組みをみるにあたり，炭鉱における副産物・廃棄物の有効利用をも取り上げてみていくことにしよう。この時期の有効利用の対象となった副産物としては，とくにガスと化学副産物をあげることができる。わけても中央コークス工場（Zentralkokerei）の建設は副産物の有効利用にとって大きな意味をもつものであった。

この時期は，あらゆる副産物を最大限に利用するために，新しいコークス炉が建設されたが，ドイツの炭鉱におけるコークス炉の数およびコークス生産高の推移をみると，表3-21のようになる。それによると，ドイツ全体でみた場合にも，またライン・ヴェストファーレンおよびアーヘンの地域をみた場合にも，副産物の取り出し装置をもつコークス炉の数は合理化の時期をつうじてほとんど変わらないのに対して，副産物の取り出し装置をもたないコークス炉の数は大きく減少している。すなわち，ドイツ全体でみた場合，前者の数は1925年の21,103基から28年の20,783基へとほとんど変わらないのに対して，後者の

第3章 重工業における合理化過程 155

表3-21 炭鉱のコークス工場におけるコークス炉数およびコークス生産高の推移

年度	経営数[1]	既存のコークス炉		稼動中のコークス炉		コークス生産高		
		副産物の取り出し装置		副産物の取り出し装置		全体	1経営当たり	操業炉1基当たり
		有	無	有	無	1,000トン		
全ドイツ								
1913[2]	182	21,657	3,328	20,277	2,094	31,668	174	1,416
1925	174	21,103	311	16,871	246	28,397	163	1,659
1926	168	20,840	261	15,369	139	27,297	162	1,760
1927	160	20,351	177	17,157	98	33,242	208	1,927
1928	162	20,783	87	16,862	33	34,775	215	1,967
ライン・ヴェストファーレンおよびアーヘン								
1913	153	18,623	3,045	13,377	1,867	28,408	186	1,476
1925	148	18,246	276	14,505	212	25,256	171	1,716
1926	142	17,966	226	13,237	108	24,325	171	1,823
1927	134	17,584	142	14,850	65	29,746	222	1,994
1928	138	18,215	52	14,595	—	31,038	270	2,232

(注):1) その年度中に閉鎖されたものを含む。
    2) 第1次大戦後の領土。
(出所):Enquete Ausschuß, (III)-1, a. a. O., S. 31.

数は311基から87基へと大きく減少しており,1913年の3,328基と比べると非常に大きな減少を示している。ライン・ヴェストファーレンおよびアーヘンの地域をみてもほぼ同じ傾向がみられる。

また稼動中のコークス炉の数をみると,ドイツ全体でみた場合,副産物の取り出し装置をもつコークス炉の数は,1925年の16,871基から28年の16,862基へとほとんど変わらないが,副産物の取り出し装置をもたないコークス炉のうち,稼動中のものは,同じ時期に,246基から33基へ減少しており,この傾向は,ライン・ヴェストファーレンおよびアーヘンの地域でもみられる。

このような一方における副産物の取り出し装置をもつコークス炉の保持と他方における副産物の取り出し装置をもたないコークス炉の大きな減少は,重工業におけるこの時期の副産物の有効利用のための諸方策の推進の結果であった。

そこで,この時期の副産物の有効利用を目的とした新規設備の建設をみる

と，例えば，1925年5月1日から28年半ばまでに，約35の新しいコークス工場が建設されているが，そこでは，まったく新しい設備が問題となるのではなく，その一部において新しいコークス炉が取り替えのために建設され，そして副産物の取り出しのための既存の装置が保持されたとされている。1927年から28年にかけてのシンジケートの営業年度の2,830万トンのコークス生産高のうち約45％がこれらの設備で生産されたとされている[142]。例えば，合同製鋼では，第3営業年度（1927/28年）に，総額約1億5,000万RMの資金が新規建設，経営の改善および拡張のために支出され，そのうち約8,000万RMが炭鉱にあてられたとされている。それは，主としてコークス経済およびガス経済の再編成との関連で，新しい大規模なコークス工場の建設と副産物の取り出し装置の建造のために支出されたとされている[143]。同社の副産物の有効利用のための投資の主要なものをみると，ブルッフシュトラッセ炭鉱の副産物の取り出し装置を備えたコークス工場のために1926/27年度に530万RMの投資が承認されているほか[144]，同炭鉱ではさらに27年9月にも同様の設備が操業を開始しているが，それには761,126RMが支出されている[145]。また1930年には約500万RMでもってエリン炭鉱のコークス工場における副産物の取り出し装置を備えた60基の炉の拡張建設が取り組まれており，同年8月に操業を開始しているほか，9月にはミニスター・シュタイン炭鉱のコークス工場の副産物の取り出し装置を備えた25基の炉の拡張が完了し，操業を開始しているが，それには約170万RMが支出されている[146]。

このように，重工業においては，副産物の有効利用のために，新しいコークス炉が建設されたが，これらの副産物のうち最も重要なものはコークスガスであった。この時期の新しい技術的計画は，できる限り溶鉱炉ガスを有効に利用することを必要とし，また近隣の工場での使用のために，あるいは大衆向けの販売のために，はるかに大量のコークスガスを利用することを必要とした[147]。コークスガスの導入は，たいていの熱工場にとっては，既存の燃焼の変更を意味したが，例えば，平炉をコークスガスと発生炉ガスと炉頂ガスとの混合ガスによる燃焼に転換する場合には，何らの改造も必要ではないことが明らかになったとされている[148]。

さらにこのようなガス副産物を有効的かつ経済的に利用するために遠距離ガ

ス供給網の拡大が推し進められた。ドイツでも，すでに第1次大戦前に，ライン・ヴェストファーレン電力会社（Rheinisch-Westfälisches Elektrizitätswerk）や，ティセンによって支配されたガス・水力発電有限会社（Gas- und Wasserwerke G. m. b. H.）が，1910年以降，地域単位でガスを供給していたが，これらは厳密には局地的な組織であり，近代的な種類のものは何ら計画も着想もされなかった。

こうしたなかで，1928年には，石炭開発株式会社（A. G. für Kohlenverwertung）がルールガス株式会社（Ruhrgas A. G.）として再組織され，その後，30年までの間に，この新しい会社はガスの配給を1億2,200万m³から7億1,000万m³へと増大させ，そのパイプライン・システムを329mから803kmに拡大した[149]。ドイツで最初の遠距離ガス供給は1928年3月に開始されているが[150]，このこととの関連で注意しておかなければならないことは，このような合理化諸方策は合理化運動の比較的遅い時期に始められたということである。

例えば，合同製鋼の場合，1927年に策定された新規建設計画が新しい大規模なコークス工場の完成でもってある程度の終了に達した28年から29年にかけての第4営業年度になって，このような遠距離ガス供給の本格的な取り組みが行われている[151]。アンケート委員会の1929年の報告も，その最近になって，初めてガスの供給およびそれとともに炭鉱コークス工場あるいは中央ガス工場からの遠隔地への供給の問題がますます重要となっている[152]として，1920年代の末になって，ガスの遠距離供給が重要な問題となったことを指摘している。

② 化学副産物の有効利用

また化学副産物についてみると，コークス工場における最も重要な化学副産物は，アンモニア，ベンゾール，タールなどをあげることができる。これらの化学副産物もガスと同様に，石炭のコークス化のさいに取り出されたが，アンモニアは製精されて，主に肥料として利用され，ベンゾールは内然機関の燃料として利用された。タールは炭鉱企業の工場で製精されたが，そのなかで最も重要なものはピッチおよび含浸油であり，前者は練炭生産における結合剤として利用されたほか，道路の舗装のために利用され，後者は主に鉄道用の燃料として利用された[153]。石炭業における化学副産物の産出高をみると（表3-22参

表3-22 炭鉱業における化学副産物の産出高の推移

年度	石炭業					
	ターレおよび濃縮タール		ベンゾール		硫黄・アンモニアおよびアンモニア化合物	
	1,000トン	100万マルク	1,000トン	100万マルク	1,000トン	100万マルク
1913[1]	1,026(100)[2]	24.1(100)[2]	176(100)[2]	29.1(100)[2]	421(100)[2]	107.2(100)[2]
1925	982(95.7)	42.9(178)	248(140.9)	78.8(271.0)	401(95.2)	77.8(72.6)
1926	966(94.2)	58.8(244)	245(139.2)	80.6(277.0)	380(90.3)	69.7(65.0)
1927	1,187(115.7)	92.5(383.8)	307(174.4)	85.1(292.4)	458(108.8)	80.2(74.8)

年度	褐炭業			
	タール		その他の副産物	
	1,000トン	100万トン	1,000トン	100万トン
1913[1]	78.7(100)[2]	4.0(100)[2]	2.4(100)[2]	0.5(100)[2]
1925	74.3(94.4)	4.3(107.5)	6.0(250)	0.5(100)
1926	78.3(99.5)	5.5(137.5)	5.4(225)	1.0(200)
1927	83.6(106.2)	7.2(180.0)	5.3(221)	1.0(200)

(注):1) 第1次大戦後の領土。
2) ( )内の数値は1913年=100としたときの指数。
(出所):*Ebenda*, S. 59.

照),1913年から27年までに,タールは15.7%,ベンゾールは74.4%,硫黄・アンモニア・アンモニア化合物は8.8%の増加を示しており,金額では,タールは3.8倍,ベンゾールは2.9倍に増加したが,硫黄・アンモニア・アンモニア化合物は25.2%の減少を示している。

これを合同製鋼についてみると,同社では1926年の設立後,副産物の有効利用のための取り組みが行われており,例えばフリードリッヒ・ティセン炭鉱III/VIIではコークス工場におけるガス冷却設備およびベンゾール工場の拡大やアンモニア工場の建設のために285万RMが支出されており,28年12月に操業を開始しているが[154],第4営業年度 (1928/29年) には,コークス生産の増大の結果,副産物の産出高は,平均では,かなり増大したとされている。すなわち,同社の新しい設備の技術的改良の結果,副産物の生産能力は,タールでは7%,未精製のベンゾールでは6.9%,アンモニアでは2.8%の増大をみたとされている[155]。しかし,同社の第4営業年度および第5営業年度 (1929/30年)の化学副産物の産出高をみると,これらの両営業年度には,ほとんど変化がみられない[156]。

表3-23　1913年，25年および33年のコークス工場におけるコークスと副産物の生産

年度	コークスの生産 (1,000トン)	副産物の生産			
		タールおよび濃縮タール (1,000トン)	ベンゾール (1,000トン)	硫黄、アンモニアおよびアンモニア化合物(1,000トン)	販売された燈用ガス (100万m³)
1913[1]	31,667.5(111.5)[2]	1,026.3(104.5)[2]	175.5(70.9)[2]	420.8(105.0)[2]	151.5(31.6)[2]
1925	28,397.4(100)	982.3(100)	247.7(100)	400.6(100)	478.7(100)
1933	20,944.7(73.8)	815.4(83.0)	231.8(93.6)	297.6(74.3)	1,981(413.8)

(注)：1)　第1次大戦後の領土。
　　　2)　（　）内の数値は1925年＝100とした指数。
(出所)：*Statistisches Jahrbuch für das Deutschen Reich*, 49 Jg, 1930, S. 104, 59 Jg, 1941/42, S. 195より作成。

　化学副産物においても、ガス副産物の利用の場合と同様に、1927年以降のコークス工場設備の拡大・革新、とりわけ中央コークス工場の建設とそれへの生産の集中に基づいて、その有効利用のための取り組みが本格的に推し進められたが、その取り組みが一層強まった28年以降の時期には、市場が広がらなかったために、十分な成果をあげることができなかった。合同製鋼では、1929年に始まる世界恐慌の影響をうけて、第5営業年度には操業度が低下しており、それにともない同社は1930年2月以降、数多くの古いコークス炉バッテリーの廃棄を行わねばならず、その結果、この営業年度の末には、すでに1,119基のコークス炉が操業を停止していた。このような廃棄の結果、すでに操業を開始している新しいエリンバッテリーを考慮に入れても、同社のコークス炉の総数は3,725基から3,585基に減少している[157]。

　このように、1920年代末から30年代初めにかけての副産物市場の厳しい状況のもとで、中央コークス工場の建設は、過剰な生産能力を増大させることになった。因みに、1925年と33年のコークス工場における化学副産物の産出高をみておくと（表3-23参照）、タールおよび濃縮タールでは17.0％、ベンゾールでは6.4％、硫黄、アンモニアおよびアンモニア化合物では25.7％の減少をみており、燈用ガスのみが大きな増大をみている。このこととあわせて、合理化運動の初期にあたる1925年と比べて、28年から29年にかけての時期に、これらの副産物の産出高もその生産能力も拡大されていることを考えると、1920年代後半の合理化の過程において、過剰生産能力が一層蓄積されていたことが確認さ

③ 廃棄物の有効利用

さらに廃棄物の有効利用について簡単にみておくと、重工業においてこの時期に有効利用がはかられた廃棄物としては、スラグ、廃熱などをあげることができる。廃熱の利用はひろく行われているが、それには例えば圧延ローラーの廃熱の利用などがある。またスラグについてみると、鉄鋼業では、それはセメントおよび特殊な建築用の石の化合物のかたちで有効利用がはかられたほか、その一部は鉄道の枕木や公道の建設に利用され、またコンクリートおよびモルタルの調合の成分としても利用された。ベッセマー炉（トーマス炉）からも燐分を多く含んだ非常に大量のスラグが取得されたが、それは高価な肥料として売られることのできるミール（トーマスミール）になるまで挽かれた。トーマスミールの国内生産高は非常に大きなものであり、1928年には436,000トンを超る肥料が外国に売却された[158]。こうして、第1次大戦前にはその一部が利用されずに山積みにされ、厄介な場所の問題をひきおこしていたトーマススラグは、余すことなく挽かれ、トーマスミールとして出荷されるようになった[159]。合同製鋼では、30万トンの年間産出高をもつトーマススラグミルの建設が1927年4月と28年3月の2度にわたり計画されており、そのような廃棄物の有効利用のための投資として3,584,881RMが支出されている[160]。

3 重工業における「技術的合理化」の性格

以上の考察において、重工業における「技術的合理化」の展開過程について、炭鉱業と鉄鋼業を取り上げてみてきたが、重工業では、設備投資額は年度によって大きく異なっており、なかでも合理化過程の第3局面にあたる1929年には、ほとんど新規投資がみられず、またその傾向は、化学工業、電機工業および自動車工業の場合とは大きく異なっていた。つまり重工業では、1927年および28年に、設備投資が最も活発に行われ、「技術的合理化」が比較的強力に展開されたと思われるが、そのさい、果して根本的な技術革新をもたらす設備が導入されたかどうか、それとも企業集中に基づく原料やエネルギーの節約、廃棄物の有効利用などにむしろ重点がおかれていたかどうかを問題にしてき

た。

　しかし，これまでの考察から明かなように，鉄鋼業においては，製鉄・製鋼部門に比べ，とくに圧延部門における「技術的合理化」の立ち遅れが大きく，例えば，連続広幅帯鋼圧延機（ストリップ・ミル）に代表されるこの時期の最新鋭の機械設備の導入は，そこでは，ほとんどすすまず，1928年以降は，生産高も生産性も増大させることはできなかった。このことからもわかるように，この時期は，鉄鋼業全体としてみても，根本的な技術的再編成はみられず，そこでは，設備投資をともなう「技術的合理化」はあまり大きな成果をもたらすことはなかった，といえるであろう[161]。

　この時期の生産技術の発展の指標として，最も重要なもののひとつに，産業電化にともなう作業機の個別駆動の進展がみられるが，鉄鋼業において，本来その利用が最も大きな成果をもたらす圧延部門において，連続圧延機のような生産性の高い最新鋭の機械設備の導入がすすまなかったことに，この時期のドイツ鉄鋼業の合理化のあり方・性格があらわれているといえよう。

　つまり，この時期のドイツ鉄鋼業は，国内外の市場問題の制約から，アメリカのような大量生産を推し進めることができなかったこと，また最新鋭の機械設備を導入した場合の減価償却費の負担が重かったこと，また一般的な資本不足に規定されて資本コストの負担が大きかったことなどをその理由としてあげることができる。

　とりわけドイツでは，自動車のような消費財の大量生産が，アメリカと比べ，立ち遅れていたことに大きな原因がみられるが，そのような立ち遅れは，鉄鋼業のように，それなりに大量生産に移行してきている諸部門との不均衡を強め，それだけにこれらの諸部門の海外進出への依存を強めることになる[162]。しかし，輸出市場での諸困難は，国内市場における制約とは異なり，とくにアメリカ企業とのはげしい競争が待っており，多くを期待することはできなかった。

　以上のような事情から，この時期の重工業における「技術的合理化」のなかで，それなりに重要な役割を果し，また大きな成果をもたらしたのは，熱経済の分野における合理化であった。また副産物・廃棄物の有効利用のための諸方策も比較的大きな成果をあげることができたといえる。ただ化学副産物の有効

表3-24 合同製鋼の製鋼工場の能力利用度の推移

年度	1927	1928	1929	1930	1931	1932
%	75.1	65.2	75.8	51.6	35.5	23.9

(出所)：B. Weisbrod, *Schwerindustrie in der Weimarer Republik. Interessenpolitik zwischen Stabilisierung und Krise*, Wurppertal, 1978, S. 48より作成。

利用の場合には，それが本格的に取り組まれたのが合理化運動の比較的遅い時期であったこともあって，厳しい市場状況のもとで，十分な販売を確保することはできなかった。またガス副産物の有効利用は熱経済の合理化との関係で大きな成果をもたらしたといえるが，この場合にも，自工場内でのガス副産物の有効利用を除くと，遠距離ガス供給網の建設には多額の資本支出を必要としたこと，それが合理化運動の比較的遅い時期になって取り組まれたこと，また地方自治体などの強力な反対・抵抗がみられたことなど[163]，このような合理化方策もまた順調な発展をとげることはできなかった。

それゆえ，重工業，とくに鉄鋼業の場合，少なくとも設備投資をともなう「技術的合理化」は広範に普及しえたとはいいがたいであろう。G. シュトルベルクの要約にもみられるように，重工業におけるこの時期の合理化は，断続的に，また急場しのぎのようなかたちで行われたといえるであろう[164]。一般的に，この時期のドイツ合理化運動は，国内市場の狭隘性と輸出市場における諸困難という諸条件のもとで推し進められ，1928年にはいわゆる「合理化景気」("Rationalisierungskonjuktur") を生み出すに至ったが，結局，29年の世界恐慌によって限界に突き当たることになる。それゆえ，合理化の過程において拡大された生産能力が，その間に，またその後の時期にどの程度利用されたかが問題となるが，重工業の生産能力は最善の諸年度においても完全に利用されることはなかったとされている。例えばクルップの製鉄工場の生産能力の利用度は1930/31年の営業年度以降にはわずか25％から40％にまで落ち込んでいる[165]。また製鋼部門でも，合同製鋼の製鋼工場の生産能力の利用度（表3-24参照）は27年には75.1％，28年には65.2％，29年には75.8％となっており，アメリカの製鋼工場のそれ（1929年＝88.5％）[166]を下回っていたが，操業度は，その後，大きく低下し，32年には23.9％にまで落ち込んでいる。この点を高炉

工場についてみても，合同製鋼では，1928/29年の営業年度には56基の高炉のうち平均すると32.2基が操業していたが，その数は30年には21基，31年には15.9基に減少しており，同社の全高炉工場の年平均の操業度は28/29年度には91.4%であったものが31年9月には35.6%にまで大きく落ち込んでいる[167]。またこの時期は，鉄鋼業の大規模企業において，「結合経済」の利益を追求するための諸努力がなされたが，その「結合経済」によって，技術的に統合された設備全体の必要最低操業度が引き上げられており，そこでは，わずかな販売の低下のもとでさえ，鉄鋼業にとっては，全設備の閉鎖，さまざまな個々の設備における在庫品の生産あるいは新しい販売市場の追求——とりわけ軍需生産の領域における——のみが代替案として現われたとされている[168]。このように，重工業における合理化は急場しのぎのようなかたちで行われ，過剰生産能力の一層の蓄積と経済の軍事化への傾向を強める結果となった。

第4節 「労働組織的合理化」の展開とその特徴

1 炭鉱業における「労働組織的合理化」の展開とその特徴

(1) テイラー・システム，レファ・システムの導入と労働組織の変革

これまでの考察をふまえて，つぎに，「労働組織的合理化」の問題をみていくことにするが，まず炭鉱業についてみると，この時期の機械化の進展によって採炭高の増大，生産性の上昇がみられたが，その場合に注意しておかなければならない点は，そのような機械化の進展は一層大規模な組織的諸変化と結びついていた[169]ということである。例えば，坑夫の作業形態は孤立した個別作業から給付標準（課業）および時間統制のもとにおかれた集団作業へと変化しており，そこには，テイラーの考え方の適用をみることができるが[170]，このことはシェーカーコンベアを利用する経営においてみられたとされている[171]。第3節において指摘したように，坑内運搬のための機械設備であるシェーカーコンベアの導入はたんに切羽運搬の機械化という面にはとどまらず，それは運搬労働を厳格に組織化し，三交替制の円滑な実施を可能とし，ひいては全坑夫に課業労働を強制することにもなった[172]。すなわち，このような機械的搬送システムは坑夫の作業における諸変化をもたらし，個々の労働者は時

間の計測によって算定された課業を強制されることになった。そこでは，作業の種類に応じた段階的な出坑によって損失時間が回避されたとされている[173]。このようなテイラー・システムの諸方策にみられる課業管理の導入は中部ドイツの褐炭炭鉱においてもみられた。この地域の炭鉱でも，1920年代半ば頃から合理的な作業方法への転換がすすんでいるが，そこでは，（とくにテイラー・システムによる）労働強度の増大が，新しい機械設備とともに大きな役割を果したとされている[174]。

このように，炭鉱業における機械化には労働組織の変革や賃金制度の変更，管理の強化などをともなっている場合が多くみられ，これらの諸方策は機械化による技術的諸変化を補完したことに注意しなければならない。石炭業でも，労働給付はなお人間の労働力の給付に大きく依存していたので，企業家は労働組織の再編成，管理の強化および坑夫や補助労働者に対する賃金制度の変更によって技術的諸変化を補完したのであった[175]。このように，近代的な炭鉱経営は管理の一層の強化をはかったのであり，その結果，個々の労働者はその作業においてはもはや以前のように自由ではなくなり，自らの作業時間を思うように決めることはできなくなったとされている[176]。こうして，このような組織的諸変革は目にみえないかたちで一層の労働強化をはかることを可能にしたのであり，機械化と結びついてそれは労働生産性の向上において大きな役割を果したのであった。また機械化がひとつの山を迎えた直後の1926年以降の時期には，炭鉱業でもレファ・システムの導入がすすんだとされている[177]。

(2) 標準化の取り組みとその意義

またこの時期には，標準化の取り組みも積極的に推し進められた。炭鉱の規格化は，生産される製品ではなく生産手段が規格化されたという点で他の経済部門とは異なっていたが[178]，J. W. ライヒェルトは，あらゆる種類の炭鉱用の機器の規格化では，坑内通気や排水の設備や坑内外の搬送設備の部品の規格化がすすめられたとしている[179]。例えばレールの型は110から8に減らされ，つるはしの型は100から2に減らされており，炭車の定型は177から3に減らされている。褐炭業においても，機械部品や設備の削減は同様に徹底的に行われたとされている。またレールの軌間をみると，以前には露天掘り作業用の

第3章 重工業における合理化過程　*165*

ものでは16，坑内作業用のものでは25，坑外作業用のものでは22の軌間が存在していたが，それぞれが標準軌間に統一された。炭鉱業の原価構成における規格の重要性を数量的に評価することは不可能であるが，例えば，ルール地域の産出高の約3.3％を採掘するある会社は，規格化された圧搾空気ゴム管の使用による節約を年間3万RMと算定している。またルール地域全体での年間の平均的な節約は約100万マルクになるだろうと指摘されている。他の会社は，在庫の削減や低廉化によって達成された節約は言うまでもなく，規格化された工具の使用による節約を石炭1トン当たり1.5ペニヒと算定している。さらにある専門家の意見では，工具の徹底的な規格化によって，1トン当たり約10ペニヒの節約が実現されるかもしれないとされている。このように，炭鉱業においては，生産手段の規格化に規格化・標準化の取り組みの重点がおかれていたが，それだけに，規格化は機械化の進展と深いかかわりをもって推し進められたのであった。

　そのような取り組みは専門の委員会の組織的な取り組みのもとに展開された。炭鉱業における急速な機械化にとっての予備的条件，必要条件として，専門の規格委員会（Fachnormenausschuss für Bergbau——Faberg）が設置されている。この委員会は，単純化および標準化をすすめること，また工具，機械部品，さまざまな設備や付属品の型の数を削減することを任務としていたが[180]，同時にまたドイツ規格委員会の構成組織として，その規格化の諸問題をまったく独自的に扱った。すなわち，この委員会はその専門領域における規格化すべき対象についての提案を「最初の構想」のなかで行っており，その後，この提案は規格審議機関（Normen-Prüfungsstelle）において検討され，そして「試験規格」（"Vornormen"）として公表され，批判に委ねられる。反対がみられる場合には，それは変更のために専門委員会に戻され，最終的な了承の後に，決定された規格はDINとして規格リスト（Normensammelwerk）におさめられる[181]。このような取り組みが組織的に推し進められたのは，第1次大戦後の石炭不足のもとで，石炭の採炭の大幅な増大が強く要請され，そのために急速な機械化を推し進めることが緊急の課題となるなかで，規格化・標準化の問題が一層重要な意味をもつようになったことによるものである。

2 鉄鋼業における「労働組織的合理化」の展開とその特徴

(1) テイラー・システム，レファ・システムの導入と労働組織の変革

つぎに，鉄鋼業についてみると，そこでは，生産過程の性格に基づいて，生きた労働の時間計算は機械的工業部門ほどには重要ではなかったので，第1次大戦前には人間の作業の時間研究はみられなかったが[182]，遅くともインフレーション後の諸年度には，製鉄経営における人間の労働力の配置は作業と時間の組織的な分析の対象となったとされている。1924年には，製鉄経営においても，作業研究および時間研究の知識および方法に依拠した合理化の波が始まったとされている[183]。もとより，生産過程および労働過程全体の生産効率の向上のための前提条件は，全過程の個々の部分の算定や事前計算が可能であることであるが，鉄鋼業では，いわゆる結合経済の一層の発展にともない，鋼の生産の集中化と統合の新たなレベルに達する。そこでは，生産量と生産に要する時間の設定は個々の生産の進行の正確な調整を前提としており，正確な時間での運営が実施される場合にのみ，個々の生産の歩調が円滑にかみ合うことになる。それゆえ，生産過程の個々の部分の算定や事前計算が重要な意味をもつようになるとされている[184]。

そのような生産の組織化にさいして重要な役割を果したのは，テイラー・システムがドイツ的に修正されたレファ・システムであった。金属労働組合の調査によれば，製鉄業・金属製造業では，1927年には，調査された255の部門のうち，44.3％にあたる113部門でレファ・システムによる賃金支払システムが，0.4％にあたる1部門でビドー・システムによるそれが，16.1％にあたる41部門で割増給制度が，38.8％にあたる99部門で出来高給が，また0.4％にあたる1部門でその他の賃金支払システムが利用されていた[185]。レファの方法に基づいた時間研究は出来高給や割増給の新たな分類のための基礎として役立ったのであり，科学的な作業研究および時間研究の利用によって作業時間および賃金算定の基盤が変えられることになった。そのことは職長の機能の喪失が同時にすすんだことを意味するものでもあった。企業側の関心は，作業時間および賃金算定のより正確な基礎資料とともに，この領域におけるよりフレキシブルな活動にも向けられていたのであり，より正確な資料は出来高給の算定式の変更および急速に変化する景気の状況へのその適応を容易にしたとされてい

る(186)。

　そこで，鉄鋼業における時間研究・作業研究の取り組みの具体的事例を簡単にみておくと，製鋼工場における作業研究は労働手段および搬送手段の改善に集中しており，例えば平炉製鋼工場の搬送作業は，時間研究によって，1）銑鉄の搬入，2）屑鉄の搬入および装入，3）鋳造の準備，4）鋳造，5）スラグの搬出，6）鋳塊の搬出に細分化された。個々の作業工程の変更，とくに屑鉄の搬送の改善の後に，またいくつかの搬送手段（磁気クレーン，装入クレーン，オーバーヘッド・チェーン・コンベア）の調整の欠如の克服後，装入時間を2.1時間から1.7時間に短縮することができた。製鋼工場における賃金の割合は比較的小さかったので，こうした研究においては，まず第1に賃金コストの引き下げが重要となるのではなく，生産の増大あるいは同じ生産量のもとでの支出の削減のための経営手段のできる限り有効な利用が重要となり，そのことが最終的には製造原価の低下をもたらすことになるが，ドルトムント・ウニオンの工場において作業研究が実施された場合にも，主たる注意は中断や手待時間の回避に向けられていた。そのような中断による時間のロスは時間研究の実施によってとくに明らかになったとされている。また圧延工場では，高炉工場や製鋼工場に比べ就業者の協働がより大きな意味をもつという事情から作業研究・時間研究は大きな役割を果たした。そのような個々の研究は，一定の作業タクトの遵守が従業員の労働に良い影響をおよぼしたこと，規則的なリズムによって作業への集中を促すことが可能であることを示し，また休憩が労働者の給付にプラスの影響をおよぼすことを証明したとされている。さらにほぼ同じような操業状態の工場における比較というやり方での時間研究は圧延方式の最適化の可能性に関する情報を与えることになり，そこでは，圧延ラインの生産増大は必ずしも従業員のよりはやい圧延作業のテンポあるいはより少ないパスの数によるものではなく，圧延職長によって予め決められるそのときどきの圧延時間と冷却時間での圧延計画に大きく依存することが明らかになった。時間研究はさらに人選にさいしても活用されたほか，出来高給の決定ないし新たな設定にも役立ったが，とくに1920年代半ば以降に賃金上昇および法的な労働時間短縮がすすむなかで，それへの対応をはかる上で重要となった経営社会政策のひとつの手段でもあったとされている(187)。

またこのような生産過程における時間的統合に関連して、流れ生産方式の導入についてみると、1931年の金属労働者組合の調査によると（前掲表2-3参照）、重工業では、調査された222の部門のうち、8.1%にあたる18部門で流れ作業が導入されていたにすぎないが、このことは、結合経営では、すでに生産工程の順序によって、ある程度の作業の流れが存在しており、またわずかな鉄の種類が熱いままで生産されるということによるものであった。流れ作業が報告されたケースをみると、それは、ごくわずかな事例では、薄板圧延工場、調整、一般的には、セメント工場、旋盤工場やさらなる加工のような補助経営に関係している。またわずか5部門（2.3%）からコンベア作業の導入が報告されているが、それは1つのセメント工場、2つの鋼管工場および2つの鋳造工場からのものであった。さらに2部門（0.9%）から組別生産の導入が報告されているが、それは1つの薄板圧延工場および1つの統合された鋳造工場からのものであった[188]。もとより、鉄鋼業では、一般に、個々の設備単位のより高度な統合と個々の生産段階のよりよい時間の調整に示されているように、技術的革新が生産過程の経済性の上昇に寄与するところが大きく[189]、そのような生産過程の特質もあり、加工組立産業において展開されたようなかたちでは、流れ生産方式の導入は問題にはなりえず、「労働組織的合理化」の諸方策については、全体的にみれば、賃金支払システムの変更が取り組まれたほか、アメリカ的管理方式の影響のもとで、ドイツ的なレファ・システムによる労働管理の方策の導入が一部で試みられたにとどまったといえる。

(2) 標準化の取り組みとその意義

またこの時期の労働組織の合理化として、標準化の取り組みも推し進められた。鉄鋼業においても、ボイラー用鋼板のための最初の規格の仕様書がはやくも1881年にヴュルツブルグで出されており、また国際規格が88年以降この領域において使用されたほか、第1次大戦前にはさらに、機械工業のさまざまな諸部門、鉄道、造船、陸軍および海軍、その他の多くの専門の利害グループが鉄鋼製品のための規格を制定するなど、大戦前に標準化のための取り組みを積極的に行っていた事例がみられる。大戦時および大戦後には、そのような取り組みは一層強力に推し進められ、機械工業、電機工業、鉄道業、および他の産業

のさまざまな諸部門における専門の消費者グループとの協力で，寸法，形状，品種，専門用語，処理法および検査方法，純鋼鉄および合金鋼の物理的および化学的な特性に対して規格が制定されてきたが，R．A．ブレイディは，全体としては，鉄鋼業における標準化はまだその初期の段階にあったとしている。この面の進歩は，多くの小規模な特殊鉄鋼製品の製造業者が存在する限り，また標準化せんとする考え方や機会が欠けている場合には，遅れるであろう，としている。

　鉄鋼業においても，規格化，標準化および定型化は有意義であり，また必要とされたが，その普及はかなりの諸困難に直面したとされている。すなわち，生産における経済性は鋼のタイプ，形状および種類をできるかぎり単純化することを促したのであるが，鉄鋼業は多くの異なるタイプの産業への基礎原料の供給者として活動しており，多くの異なるタイプの財を生産しており，その結果，高度に専門化された需要をもつので，また冶金技術の研究はほとんど限りない種類の鋼合金の展望を開いたので，製品の定型を絶えず増加させる傾向がみられてきた。本来規格なしには高度な機械化は不可能であり，また機械化の進展なしには鋼の価格は法外に高くとどまらざるをえない。しかし，多くの人々は，標準化は狭い限界のなかを除いては技術変化を不可能にするであろうということ，また規格は鉄鋼業自体においてのみならず，金属製品を直接的あるいは間接的に鉄鋼業に依存しているあらゆる産業においても，一般的に進歩を抑制するであろうということを恐れていたとされている。さらに，寸法，形状および品種における単純化に加えて，標準化の問題は，十分な科学的および技術的な数量的基準の全般的な欠如によって，一層複雑なものになっていた，とされている[190]。

　この産業部門における規格化，標準化の問題をみる上で考慮に入れておかなければならないいまひとつの点は，その生産条件が多様であり，そのことが標準化を困難にしたということである。日本の鉄鋼連盟の調査報告が指摘しているように，「単に製品の側から鉄鋼製造を——特にその規格について——考察する場合，最も顕著な特徴は，その生産条件が多様なことである。この生産条件の一致性の欠如は，直接的にも間接的にも鉄鋼使用者の要求する製品の型，種類及び品質の多様性の結果である」が，かかる条件を必要とする理由の一つ

は、一般的に言えば、標準化された製品を製造する鉄鋼使用者が比較的少ないため、その材料である鉄鋼を標準化することができないこと、また第二の理由としては、鉄鋼の化学的品質の変更や加工および完成工程段階における物理的変更によって、ほとんど信じられない程に製品種類を増加しうることがあげられている[191]。

このように、鉄鋼業においては、種々の困難の下に製造が行われているのであるが、これらの困難を軽減または克服し、あるいはその影響を暖和しうるためには、まず第一に鉄鋼製品の標準化が必要であり、つぎに、製造されるべき鋼材の各標準的品質維持のために、全製鋼工程を標準化することにあるとされている。そのための最も困難ではあるが恐らく最も有益な方法は、製鋼業者が協調して炉のそれぞれの重要規格に最も適合した数値を発見し決定することにあるとされているが[192]、そうした条件が出来上がるのは、企業集中が本格的なトラストの形態をもって展開される20年代になってからのことである。合同製鋼の誕生をもたらした1926年の大規模な企業集中はそのような条件を生み出すことになったといえる。

この時期には、ドイツの著者達は、アメリカの鋼生産の相対的に高い効率について、高度に標準化された財の大規模な自由な市場が存在したことによって専門化をはかることができたことにその理由があるとみなしていたとされている。すなわち、そこでは、ロールはあまり頻繁に変えられる必要はなく、高度に専門化された工場、機械設備を有効利用することができ、品質管理はより容易でかつ自動的となり、監督業務はより単純になり、標準化された大量生産に対して、それ以外にも多くの利点が生まれるとされている。そのような理由から、ドイツでも、通貨の安定以降の時期に、アメリカを手本として、標準化を行い、また専門化をはかるために精力的な諸努力が行われてきた。そこでは、工場の専門化でもって、特殊な製品の生産の多様性を制限するための組織的な試みがすすんだのであった[193]。それなりに広範な圧延製品の品種をもつ大規模な企業では、圧延品種の合理的な割り当て、鋼片の長さや湯出口の断面積の統一化によって生産における成果が達成されているが、例えば合同製鋼では、注文がより大きな単位に集約され、そうしてかつては頻繁に行われていた時間のかかるロールの交換や停止時間を避けることができたとされている[194]。

第3章　重工業における合理化過程　171

　なお，この時期のドイツ最大の重工業企業である合同製鋼では，生産過程の合理化とともに，企業組織全体の合理化が取り組まれており，そこでは，「分権的集権」の原則に基いて管理の分権化がはかられ，その広範囲にわたる事業を管理し，統制するための管理機構が生み出されたが[(195)]，紙幅の関係から，そのような企業組織の合理化の問題については，合同製鋼の事例は割愛し，次章において，IGファルベンの事例を取り上げるなかで，考察を行うことにしたい。

（1）R. Rocker, *Die Rationalisierung der Wirtschaft und die Arbeiterklasse*, Berlin, 1927, S. 15.
（2）D. Warriner, *Combines and Rationalization in Germany 1924-1928*, London, 1931, p. 193.
（3）Vereinigte Stahlwerke A. G., *Geschäftsbericht über das 1. Geschäftsjahr vom 14. Januar bis 30. September 1926*, S. 10, NICB, *Rationalization of German Industry*, New York, 1931, pp. 82-3, K. Lasch, *Entwicklungstendenzen für die Zusammenschußformen in der deutschen Großindustrie seit 1914*, Dusseldorf, 1930, S. 92.
　　　同社の設立とヴァイマル期における発展については，A. Reckendrees, *Das "Stahltrust"-Projekt : Die Gründung der Vereinigte Stahlwerke A. G. und ihre Unternehmungsentwicklung 1926-1933/34*, München, 2000 をも参照。
（4）前川恭一・山崎敏夫『ドイツ合理化運動の研究』，森山書店，1995年，38ページ。
（5）Vgl. E. Schalldach, *Rationalisierungsmaßnahmen der Nachinflationszeit im Urteil der deutschen freien Gewerkschaften*, Jena, 1930, S. 125.
（6）R. A. Brady, *The Rationalization Movement in German Industry*, Berkeley, Califolnia, 1933, p. 110.
（7）Vgl. Vereinigte Stahlwerke, Aktiengesellschaft, Düsseldorf, *Stahl und Eisen*, 47 Jg, Nr. 11, 1927. 3. 17, S. 474-5, E. Wolff, *Die Unternehmungs-Organisation in der deutschen Eisen-Industrie*, Berlin, 1930, S. 109.
（8）この点については，前川・山崎，前掲書，39ページ参照。
（9）島田千代丸「獨逸合同製鋼の過去及び現在（三）」『鉄鋼連盟調査月報』，1940年12月号，19ページ。
（10）Vgl. Vereinigte Stahlwerke A. G., *a. a. O.*, S. 12, E. Wolff, *a. a. O.*, S. 109.
（11）Vgl. Enquete Ausschuß, (III)-2, *Die deutsche eisenerzeugende Industrie*, Berlin, 1930, S. 32 u S. 130.
（12）この点については，Vereinigte Stahlwerke A. G., *a. a. O.*, S. 12, P. Ufermann, *Der Stahltrust*, Berlin, 1927, S. 175, Enquete Ausschuß, (III)-2, *a. a. O.*, S. 32-3, Vereingte Stahlwerke, Aktiengesellschaft, Düsseldorf, *Stahl und Eisen*, 47 Jg, 1927, S. 475, NICB, *op. cit.*, p. 85, 島田，前掲論文，19-20ページ，前川・山崎，前掲

書, 40-1ページなどを参照。
(13) 合同製鋼のこのような組織的合理化について, 工藤 章氏は, 「当初目指されていた完全な企業合同が一部設立企業の反対から実現せず, 複数の持株会社が存在する錯綜した資本関係が成立したために, 設立企業間の利害対立が増幅され, これによって組織的合理化を志向する合同製鋼本社監査役会の主導権が牽制されることになった」という事情から, 組織的合理化にも一定の制約が課せられることになり (工藤 章『20世紀ドイツ資本主義――国際定位と大企業体制――』, 東京大学出版会, 1999年, 116ページ), また同社の組織的合理化の不徹底などから, 鉄鋼業全体としての生産技術的合理化は狭い限界をもち, 鉄鋼業における合理化は国内独占体制の再編強化などの組織的合理化を主要な形態とすることになったと指摘されている (同書, 179ページ)。しかし, この点に関しては, 本章で詳しく考察するように, 合同製鋼でも「技術的合理化」と「労働組織的合理化」が企業レベルの合理化方策としてさまざまなかたちで展開されており, そのような具体的な合理化諸方策の実態をふまえて合理化の評価を行うことが重要となろう。
(14) Vgl. R. Rocker, *a. a. O.*, S. 14-5.
(15) Vgl. G. Keiser, B. Benning, Kapitalbildung und Investitionen in der deutschen Volkswirtschaft 1924 bis 1928, *Vierteljahrheft zur Konjunkturforschung*, Sonderheft 22, 1931, S. 41. 例えばこの点をクルップについてみると, 同社のフリードリッヒ・アルフレッド製鉄所では, 1924/25年の営業年度には経営設備の更新および改良のためにかなりの資金が支出されたとされているが (Vgl. Fried. Krupp, Aktiengesellschaft, Essen, *Stahl und Eisen*, 46 Jg, Nr. 10, 1926. 3. 11, S. 353), 25/26年の営業年度をみても特別な新規設備は生み出されておらず, そこでは工場の更新が中心をなしていた (Vgl. Geschäftsbericht der Friedrich-Alfred-Hütte für das Geschäftsjahr 1925/26, S. 15, *Historisches Archiv Krupp*, WA70/030-01)。26/27年度にはさまざまな工場設備の更新および改良がより大規模に開始されているが, そこでは, 戦時期および戦後の時期からの多くの大きな被害を克服すること, また原料価格, 賃金および社会負担の大幅な増大に応じて上昇した製造原価の引き下げをできる限り実現することがどうしても必要であったとされている。Vgl. Geschäftsbericht der Friedrich-Alfred-Hütte für das Geschäftsjahr 1926/27, S. 23 (*Historisches Archiv Krupp*, WA70/030-01).
(16) Vgl. G. Keiser, B. Benning, *a. a. O.*, S. 41.
(17) Vgl. J. Bönig, Technik und Rationalisierung in Deutschland zur Zeit der Weimarer Republik, U. Troitzsch, G. Wohlauf (Hrsg), *Technikgeschichte*, Frankfurt am Main, 1980, S. 398-9.
(18) Vgl. G. Keiser, B. Benning, *a. a. O.*, S. 26-7 u S. 84-5, *Statistisches Jahrbuch für das Deutschen Reich*, 55 Jg, 1936, S. 508, Die Investitionen in der deutschen Industrie 1924 bis 1931, *Wirtschaft und Statistik*, 13 Jg, Nr. 19, 1933. 10, 16, S. 594-5.
(19) Vgl. G. Keiser, B. Benning, *a. a. O.*, S. 40.
(20) Vgl. *Ebenda*, S. 41.

(21) 隅谷三喜男『日本石炭産業分析』,岩波書店,1968年,第1章第1節参照。
(22) 大野英二『ドイツ資本主義論』,未来社,1965年,283-4ページおよび286ページ参照。
(23) 同書,284-5ページ参照。
(24) Vgl. J. W. Reichert, Rationalisierungsarbeiten in Kohlenbergbau sowie in der Eisen- und Stahlindustrie, *Stahl und Eisen*, 48 Jg, Heft 2, 1928. 7. 12., S. 41.
(25) Vgl. E. Wedekind, *Die Rationalisierung im Ruhrbergbau und ihre ökonomischen und sozialen Auswirkungen*, Duren-Rhld, 1930, S. 26. また U. ブルクハルツも,ルール炭鉱における急速な生産性上昇に関しては,コールピックが基礎的な技術的革新をなしていたとしている。Vgl. U. Burghardt, *Die Mechanisierung des Ruhrbergbaus 1890-1930*, München, 1995, S. 319.
(26) Vgl. W. Zollitsch, *Arbeiter zwischen Weltwirtschaftskrise und Nationalsozialismus. Ein Beitrag zur Sozialgeschichte der Jahre 1928 bis 1936*, Göttingen, 1990, S. 31.
(27) 大野,前掲書,283-4ページ参照。
(28) 太田和宏「1920年代ドイツ炭鉱業における技術的発展」『開発論集』(北海学園大学),第26・27合併号,1979年3月,47ページ。
(29) Vgl. J. W. Reichert, *a. a. O.*, S. 41.
(30) R. A. Brady, *op. cit.*, p. 76.
(31) Vgl. C. Roeren, Elektrische Antriebe im Bergbau, *Elektrotechnische Zeitschrift*, 54 Jg, Heft 41, 1933. 10. 12, S. 1008.
(32) 太田,前掲論文,47-8ページ参照。
(33) Vgl. W. Zollitsch, *a. a. O.*, S. 33.
(34) Vgl. J. W. Reichert, *a. a. O.*, S. 41.
(35) Vgl. Th. Neubauer, Die Rationalisierung am Niederrhein, *Die Internationale*, 9 Jg, Heft 25, 1927. 1. 10., S. 779.
(36) Vgl. J. Bönig, *a. a. O.*, S. 398.
(37) R. A. Brady, *op, cit.*, p. 78.
(38) *Ibid.*, p. 76.
(39) H. Mottek, W. Becker, A. Schröter, *Wirtschaftsgeschichte Deutschlands*, Ein Grundriß, Bd. III, 2. Auflage, Berlin, 1975, S. 29-30.
(40) Vgl. O. Bauer, *Rationalisierung und Fehlrationalisierung*, Wien, 1931, S. 14.
(41) Vgl. Enquete Ausschuß, (III)-1, *Die deutsche Kohlenwirtschaft*, Berlin, 1929, S. 13.
(42) Vgl. O. Bauer, *a. a. O.*, S. 14.
(43) R. A. Brady, *op. cit.*, pp. 76-7.
(44) Vgl. Enquete Ausschuß, (IV)-3, *Die Arbeitsleistung im Braunkohlenbergbau in den Jahren 1913 bis 1926*, Berlin, 1928, S. 11.
(45) R. A. Brady, *op. cit.*, p. 77.
(46) Vgl. Enquete Ausschuß, (IV)-3, *a. a. O.*, S. 77-8.

(47) Vgl. Enquete Ausschuß, (III)-2, a. a. O., S. 156.
(48) Vgl. J. W. Reichert, a. a. O., S. 41.
(49) Vgl. Enquete Ausschuß, (III)-2, a. a. O., S. 156.
(50) Vgl. C. Kleinschmidt, *Rationalisierung als Unternehmensstrategie*, Essen, 1993, S. 240, Enquete Ausschuß, (IV)-7, *Die Arbeitsleistung in Stahl- und Walzwerken und ihre Abhängigkeit von Arbeitszeit, Arbeitslohn und anderen Faktoren*, Berlin, 1930, S. 36.
(51) ここで取りあげるような新しい設備の建設ではなく既存の設備における改良や近代化の取り組みもみられたが，C. クラインシュミットはその事例として合同製鋼のフルカン製鉄所とシャルケル・フェラインを取り上げている。Vgl. C. Kleinschmidt, *a. a. O.*, S. 239-40.
(52) Vgl. Vereinigte Stahlwerke A. G., *a. a. O.*, S. 15.
(53) Vgl. Vereinigte Stahlwerke A. G., *Geschäftsbericht über das 2. Geschäftsjahr vom 1. Oktober 1926 bis 30. September 1927*, S. 14.
(54) Vgl. Stand der Neuanlagen am 30. September 1929, *Thyssen Archiv*, VSt/5939, S. 61.
(55) Vgl. Vereinigte Stahlwerke A. G., *Geschäftsbericht über das 3. Geschäftsjahr vom 1. Oktober 1927 bis 30. September 1928*, S. 19.
(56) Vgl. Stand der Neuanlagen am 30. September 1928, *Thyssen Archiv*, VSt/5938, S. 68.
(57) Vgl. C. Kleinschmidt, *a. a. O.*, S. 238.
(58) Vgl. Stand der Neuanlagen am 31. Oktober 1926, *Thyssen Archiv*, VSt/ 5935, Stand der Neuanlagen am 31. Dezember 1926, *Thyssen Archiv*, VSt /5936, Stand der Neuanlagen am 31. August 1927, *Thyssen Archiv*, VSt/ 5937, S. 7, Stand der Neuanlagen am 30. September 1928, *Thyssen Archiv*, VSt/5938, S. 13-4, Stand der Neuanlagen am 30. September 1930, *Thyssen Archiv*, VSt/5940, S. 12.
(59) Vgl. Vereinigte Stahlwerke A. G., *Geschäftsbericht über das 4. Geschäftsjahr vom 1. Oktober 1928 bis 30. September 1929*, S. 19-20.
(60) Vgl. Vereinigte Stahlwerke A. G., *Geschäftsbericht über das 5. Geschäftsjahr vom 1. Oktober 1929 bis 30. September 1930*, S. 19.
(61) Vgl. Stand der Neuanlagen am 30. September 1932, *Thyssen Archiv*, VSt/5942, S. 14, Stand der Neuanlagen am 30. September 1931, *Thyssen Archiv*, VSt/5941, S. 16.
(62) Vgl. W. Zollitsch, *a. a. O.*, S. 26, Fried. Krupp, Aktiengasellschaft, Essen-Ruhr, *Stahl und Eisen*, 47 Jg, Nr. 51, 1927. 12. 22, S. 2202, Fried, Krupp, Aktiengesellschaft, Essen, *Stahl und Eisen*, 49 Jg, Heft 3, 1929. 1. 17, S. 93.
(63) Vgl. C. Kleinschmidt, *a. a. O.*, S. 235-6. エッセン-ボルベックのこの高炉工場では，1929年5月15日に第1高炉が操業を開始しており，9月4日には第2高炉にも火が入れられたが，これらの高炉の性能はまったく期待にかなったものであったとされている。Vgl. Fried. Krupp, Aktiengesellschaft, Essen, *Stahl und Eisen*, 50 Jg, Heft

9, 1930. 2. 27, S. 287.
(64) Vgl. Antrag auf Bewilligung von M. 9,923,000 für Errichrung einer Hochofenanlage in Borbeck mit vorläufig einem Hochofen von 500 t Tagesleistung (1927. 3. 14), *Historisches Archiv Krupp*, WA41/3-151.
(65) Vgl. Antrag auf Bewilligung von M. 7,500,000 für die Errichrung eines zweiten Hochofens auf dem neuen Werk in Borbeck (1927. 8. 31), *Historisches Archiv Krupp*, WA41/3-151, S. 1 u S. 5.
(66) Vgl. Mehraufwand für die Hochofenanlage Borbeck (1928. 7. 14), *Historisches Archiv Krupp*, WA41/3-151, Kosten der Borbecker-Neu-Anlagen (1928. 10. 22), *Historisches Archiv Krupp*, WA41/3-151.
(67) Vgl. Geschäftsbericht der Friedrich-Alfred-Hütte für das Geschäftsjahr 1927/28, S. 24 (*Historisches Archiv Krupp*, WA70/030-01).
(68) Vgl. Geschäftsbericht der Friedrich-Alfred-Hütte für das Geschäftsjahr 1928/29, S. 30 (*Historisches Archiv Krupp*, WA70/030-02).
(69) Vgl. Geschäftsbericht der Friedrich-Alfred-Hütte für das Geschäftsjahr 1929/30, S. 26 (*Historisches Archiv Krupp*, WA70/030-02).
(70) Vgl. C. Kleinschmidt, *a. a. O.*, S. 236.
(71) *Jahrbuch der Metallarbeiter-Verband*, S. 61. ただし、ここでの引用は E. Schalldach, *a. a. O.*, S. 124による。
(72) Vgl. Enquete Ausschuß, (III)-2, *a. a. O.*, S. 156.
(73) Vgl. Institut für Wirtschaftsgeschichte der Akademie der Wissenschaften der DDR, *Produktivkräfte in Deutschland 1917/18 bis 1945*, Berlin, 1988, S. 119.
(74) Vgl. J. W. Reichert, *a. a. O.*, S. 41.
(75) Vgl. Vereinigte Stahlwerke A. G., *a. a. O., (1926/27)*, S. 14.
(76) Vgl. Vereinigte Stahlwerke A. G., *a. a. O., (1928/29)*, S. 19-20.
(77) Vgl. Stand der Neuanlagen am 30. September 1929, *Thyssen Archiv*, VSt/5939, S. 12.
(78) Vgl. Stand der Neuanlagen am 30. September 1928, *Thyssen Archiv*, VSt/5939, S. 23, Stand der Neuanlagen am 30. September 1929, *Thyssen Archiv*, VSt/5939, S. 19.
(79) Vgl. G. Keiser, B. Benning, *a. a. O.*, S. 41.
(80) Vgl. Abmessungen und Betriebsverhältnisse deutscher Thomaskonverter, *Stahl und Eisen*, 51 Jg, Heft 36, 1931. 9, 3, S. 1105, C. Kleinschmidt, *a. a. O.*, S. 246.
(81) Vgl. Enquete Ausschuß, (III)-2, *a. a. O.*, S. 156-7.
(82) Vgl. J. W. Reichert, *a. a. O.*, S. 41.
(83) Vgl. Vereinigte Stahlwerke A. G., *a. a. O., (1926/27)*, S. 14.
(84) Vgl. Stand der Neuanlagen am 31. Dezember 1926, *Thyssen Archiv*, VSt/5936, Stand der Neuanlagen am 31. August 1927, *Thyssen Archiv*, VSt/5937, S. 10.
(85) Vgl. Stand der Neuanlagen am 30. September 1928, *Thyssen Archiv*, VSt/5938, S. 69.

176 第2部 主要産業部門における合理化過程

(86) Vgl. *Statistisches Jahrbuch für das Deutschen Reich*, 46 Jg, 1927, S. 103, 50 Jg, 1931, S. 100.
(87) Vgl. Institut für Wirtschaftsgeschichte der Akademie der Wissenschaften der DDR, *a. a. O.*, S. 119.
(88) Vgl. Enquete Ausschuß, (III)-2, *a. a. O.*, S. 156.
(89) Vgl. Institut für Wirtschaftsgeschichte der Akademie der Wissenschaften der DDR, *a. a. O.*, S. 119.
(90) Vgl. *Statistisches Jahrbuch für das Deutschen Reich*, 46 Jg, 1927, S. 103, 1931, S. 100. この時期の電炉製鋼工場における設備の配置についてみると，例えば合同製鋼では，アウグスト・ティセン製鉄所の第2平炉工場における電炉設備の建設のために224,404RMが支出されており，1927年12月に操業が開始されている。Vgl. Stand der Neuanlagen am 30. September 1928, *Thyssen Archiv*, VSt/5938, S. 20.
(91) Vgl. Vereinigte Stahlwerke A. G., *a. a. O.*, (*1926. 1. 14～9. 30*), S. 15.
(92) Vgl. Vereinigte Stahlwerke A. G., *a. a. O.*, (*1927/28*), S. 19. またクルップをみても，1929年11月に電炉製鋼工場から第1平炉工場への15トンアーク電炉の移転のために526,000RMの投資資金の申請が行われているが，平炉製鋼工場では，それ以外ではこの時期にはいずれも比較的小さな額の投資申請が行われているにすぎず（Vgl. Antrag auf Bewilligung von M. 500,000 für das Versetzen der beiden 15t Lichtbogenöfen aus dem Elektrostahlwerk nach M. W. I. oder 26,000 Mk. für das Versetzen eines dieser Öfen, *Historisches Archiv Krupp*, WA41/3-250b), フリードリッヒ・アルフレッド製鉄所でも24/25年度に第2平炉工場の溶銑炉の新規建設が取り組まれているほかは新規設備はとくにみられない。Vgl. Geschäftsbericht der Friedrich-Alfred-Hütte für das Geschäftsjahr 1924/25, S. 16 (*Historisches Archiv Krupp*, WA 70/030-01).
(93) Vgl. Berichte über die Selbstkosten der Stahlwerke im Geschäftsjahr 1929/1930, *Thyssen Archiv*, VSt/4653, S. 22 u S. 46.
(94) Vgl. Enquete Ausschuß, (III)-2, *a. a. O.*, S. 27-8.
(95) Vgl. H. Mottek, W. Becker, A. Schröter, *a. a. O.*, S. 30.
(96) Vgl. *Ebenda*, S. 25.
(97) Vgl. Enquete Ausschuß, (III)-2, *a. a. O.*, S. 158.
(98) Vgl. Vereinigte Stahlwerke A. G., *a. a. O.*, (*1926. 1. 14～9. 30*), S. 15.
(99) Vgl. Stand der Neuanlagen am 30. September 1928, *Thyssen Archiv*, VSt/5938, S. 23.
(100) Vgl. Stand der Neuanlagen am 31. August 1927, *Thyssen Archiv*, VSt/5937, S. 7.
(101) Vgl. Vereinigte Stahlwerke A. G., *a. a. O.*, (*1926/27*), S. 14.
(102) Vgl. Stand der Neuanlagen am 30. September 1928, *Thyssen Archiv*, VSt/5938, S. 20-1.
(103) Vgl. Vereinigte Stahlwerke A. G., *a. a. O.*, (*1927/28*), S. 19.
(104) Vgl. Stand der Neuanlagen am 30. September 1928, *Thyssen Archiv*, VSt/5938, S. 13.

第3章 重工業における合理化過程 *177*

(105) Vgl. Stand der Neuanlagen am 30. September 1929, *Thyssen Archiv*, VSt/5939, S. 17.
(106) Vgl. Stand der Neuanlagen am 30. September 1928, *Thyssen Archiv*, VSt/5938, S. 21.
(107) Vgl. Vereinigte Stahlwerke A. G., *a. a. O., (1928/29)*, S. 19-20.
(108) Vgl. Stand der Neuanlagen am 30. September 1931, *Thyssen Archiv*, VSt/5941, S. 13, Vereinigte Stahlwerke A. G., *a. a. O., (1929/30)*, S. 19.
(109) Vgl. Stand der Neuanlagen am 30. September 1931, *Thyssen Archiv*, VSt/5941, S. 13.
(110) Vgl. Stand der Neuanlagen am 30. September 1930, *Thyssen Archiv*, VSt/5940, S. 19.
(111) Vgl. Geschäftsbericht der Friedrich-Alfred-Hütte für das Geschäftsjahr 1927/28, S. 24 (*Historisches Archiv Krupp*, WA70/030-01).
(112) Vgl. Geschäftsbericht der Friedrich-Alfred-Hütte für das Geschäftsjahr 1928/29, S. 30 (*Historisches Archiv Krupp*, WA70/030-02). *Stahl und Eisen* 誌は，1928/29年の営業年度に，同社のフリードリッヒ・アルフレッド製鉄所では，圧延工場においてもさまざまな更新および改良が取り組まれており，また，この工場のためのその他の新規設備が発注されたとしている。Vgl. Fried. Krupp, Aktiengesellschaft, Essen, *Stahl und Eisen*, 50 Jg, 1930, S. 287.
(113) Vgl. Allgemeine Elektricitäts-Gesellschaft, *Geschäftsbericht über das Geschäftsjahr vom 1. Oktober 1923 bis 30. September 1924*, S. 22.
(114) Vgl. Allgemeine Elektricitäts-Gesellschaft, *Geschäftsbericht über das Geschäftsjahr vom 1. Oktober 1924 bis 30. September 1925*, S. 12.
(115) Vgl. Allgemeine Elektricitäts-Gesellschaft, *Geschäftsbericht über das Geschäftsjahr vom 1. Oktober 1926 bis 30. September 1927*, S. 14.
(116) Vgl. Allgemeine Elektricitäts-Gesellschaft, *Geschäftsbericht über das Geschäftsjahr vom 1. Oktober 1928 bis 30. September 1929*, S. 15.
(117) Vgl. Elektrische Antriebe schwungsradloser Walzenstraßen mit Leonardsteuerung, *AEG Archiv*, GS 4954.
(118) Vgl. Siemens-Schuckert Aktiengesellschaft, *Achtundzwanzigster Geschäftsbericht vom 1. Oktober 1928 bis 30. September 1929*.
(119) Vgl. Siemens-Schuckert Aktiengesellschaft, *Neunundzwanzigster Geschäftsbericht vom 1. Oktober 1929 bis 30. September 1930*.
(120) Vgl. Allgemeine Elektricitäts-Gesellscaft, *Geschäftsbericht über das Geschäftsjahr vom 1. Oktober 1929 bis 30. September 1930*, S. 13.
(121) Vgl. C. Kleinschmidt, *a. a. O.*, S. 247-8.
(122) R. A. Brady, *op. cit.*, p. 115.
(123) Vgl. J. Bönig, *a. a. O.*, S. 403. アメリカでは1926年に最初の連続広幅帯鋼圧延機が導入されている（Vgl. H. Cramer, Die erste vollkontinuierliche europäische Breitbandstraße, *Der Vierjahresplan*, 3 Jg, Folge 16, 1939. 8, S. 972, K. Hofmann, Die

moderne Blecherzeugung. II. Teil: Das kontinuierliche Bandwalzen in der Gesamtstahlwirtschaft, *Der Vierjahresplan*, 3 Jg, Folge 17, 1939. 9, S. 1017)。ドイツにおいてそのような最新鋭の設備が操業を開始するのは1937年のことであり、それは合同製鋼の事業会社のひとつである圧延会社 (Bandeisenwalzwerke A. G.) においてであった (Vgl. F. Winterhoff, Bau und Betrieb der ersten deutscher Breitbandanlagen, *Stahl und Eisen*, 58 Jg, Heft 44, 1938. 11. 3, S. 1227, H. Cramer, *a. a. O.*, S. 973)。しかし、1939年の報告では、アメリカではすでにそのような設備の数は25基に増加していたとされている (Vgl. H. A. Brassert, Erfahrungen in amerikanischen und europäischen Hüttenwerken. Mit besonderer Berücksichtigung der Verhüttung von Feinerzen, *Der Vierjahresplan*, 3 Jg, Folge 4, 1939. 2, S. 375)。なおナチス期における連続広幅帯鋼圧延機の導入とそれをめぐる問題については、拙書『ナチス期ドイツ合理化運動の展開』、森山書店、2001年、第3章を参照されたい。

(124) Vgl. Enquete Ausschuß, (III)-2, *a. a. O.*, S. 156.
(125) 福応 健「『ワイマール期』ドイツ鉄鋼業における経営合理化」『商学論究』(関西学院大学), 第27号, 1959年10月, 186-7ページ参照。
(126) 戸原四郎『ドイツ金融資本の成立過程』, 東京大学出版会, 1963年, 282ページ参照。
(127) R. A. Brady, *op. cit.*, p. 111.
(128) Vgl. Institut für Wirtschaftsgeschichte der Akademie der Wissenschaften der DDR, *a. a. O.*, S. 117.
(129) Vgl. Enquete Ausschuß, (III)-2, *a. a. O.*, S. 19.
(130) Vgl. *Ebenda*, S. 153.
(131) Vgl. *Ebenda*, S. 26-7.
(132) R. A. Brady, *op. cit.*, p. 111.
(133) Vgl. J. Bönig, *a. a. O.*, S. 402.
(134) Vgl. R. Vahrenkamp, Die "goldnen Zwanziger" —wirklich die groß Zeit der Rationalisierung?, *REFA-Nachrichten*, 34 Jg, Heft 5, 1981. 10, S. 243.
(135) Vgl. G. Keiser, B. Benning, *a. a. O.*, S. 41.
(136) Vgl. C. Kleinschmidt, *a. a. O.*, S. 256.
(137) Vgl. Stand der Neuanlagen am 30. September 1930, *Thyssen Archiv*, VSt/5940, S. 13.
(138) R. A. Brady, *op. cit.*, p. 114.
(139) Vgl. Institut für Wirtschaftsgeschichte der Akademie der Wissenschaften der DDR, *a. a. O.*, S. 113.
(140) Vgl. F. Wesemann, Aus der wärme- und betriebswirtschaften Rationalisierungsarbeit der Eisenindustrie, *Rationalisierung*, 2 Jg, Heft 1, 1951. 1, S. 12-3, Enquete Ausschuß, (III)-2, *a. a. O.*, S. 151, F. Springorum, Die technische Entwicklung der deutschen Eisen- und Stahlerzeugung während der letzen fünfzehn Jahre, *Stahl und Eisen*, 56 Jg, Heft 38, 1936. 9. 17, S. 1043-4。この点について詳しくは、拙稿「第1次大戦前のドイツ産業における技術発展と合理化(II)——1920年代の合理化運

動との比較視点からの考察——」『立命館経営学』（立命館大学），第34巻第6号，1996年3月，109-10ページを参照されたい。
(141) Vgl. C. Kleinschmidt, *a. a. O.*, S. 255.
(142) Vgl. Enquete Ausschuß, (Ⅲ)-1, *a. a. O.*, S. 31.
(143) Vgl. Vereinigte Stahlwerke A. G., *a. a. O., (1927/28)*, S. 19. この点をクルップについてみても，1927/28年の営業年度には，フリードリッヒ・アルフレッド製鉄所において，60基の炉をもつひとつのコークス炉のグループが完全に更新されている。Vgl. Fried. Krupp, Aktiengesellschaft, Essen, *Stahl und Eisen*, 49 Jg, 1929, S. 93.
(144) Vgl. Stand der Neuanlagen am 31. August 1927, *Thyssen Archiv*, VSt/5937, S. 52.
(145) Vgl. Stand der Neuanlagen am 30. September 1928, *Thyssen Archiv*, VSt/5938, S. 46.
(146) Vgl. Stand der Neuanlagen am 30. September 1931, *Thyssen Archiv*, VSt/5941, S. 35-6.
(147) R. A. Brady, *op. cit.*, pp. 111-2.
(148) Vgl. G. Bulle, Anwendbarkeit vom Koksgas in der Eisenindustre, *Stahl und Eisen*, 48 Jg, Heft 28, 1928. 7. 12., S. 936.
(149) R. A. Brady, *op. cit.*, p. 87.
(150) Vgl. E. Wedekind, *a. a. O.*, S. 31
(151) Vgl. Vereinigte Stahlwerke A. G., *a. a. O., (1928/29)*, S. 19.
(152) Vgl. Enquete Ausschuß, (Ⅲ)-1, *a. a. O.*, S. 37.
(153) R. A. Brady, *op. cit.*, pp. 91-2.
(154) Vgl. Stand der Neuanlagen am 30. September 1929, *Thyssen Archiv*, VSt/5939, S. 52.
(155) Vgl. Vereinigte Stahlwerke A. G., *a. a. O., (1928/29)*, S. 14.
(156) Vgl. *Ebenda*, S. 13-4, Vereinigte Stahlwerke A. G., *a. a. O., (1929/30)*, S. 12-3.
(157) Vgl. *Ebenda*, S. 14.
(158) R. A. Brady, *op. cit.*, p. 117.
(159) Vgl. Enquete Ausschuß, (Ⅲ)-2, *a. a. O.*, S. 157.
(160) Vgl. Stand der Neuanlagen am 30. September 1929, *Thyssen Archiv*, VSt/5939, S. 61.
(161) しかし，むしろ注目すべきは最も技術的再編成がすすんだと考えられる製鉄部門においても製造原価の引き下げが順調にすすまなかったことである。合同製鋼の事例でみると，トーマス銑の製造原価は1927/28年の営業年度には1トン当たり69.3RMであったものが28/29年度には69.95RM，30/31年度には66.32RMとなっており，また製鋼用銑の製造原価は70.27RMであったものが72.43RM，68.7RMとなっており，ほとんど変化がみられず，この点にこの時期のドイツ鉄鋼業の合理化の限界性が示されているといえる。Vgl. Bericht über die Selbstkosten der Hochofenwerke im Geschäftsjahr 1927/28, Anlage Bl. 1 (*Thyssen Archiv*, VSt/4705), Bericht über die Selbstkosten der Hochofenwerke im Geschäftsjahr 1928/29, S. 28 (*Thyssen Archiv*,

VSt/4705), Bericht über die Selbstkosten der Hochofenwerke im Geschäftsjahr 1930/31, S. 17 (*Thyssen Archiv*, VSt/4705).

　この時期の鉄鋼業における「技術的合理化」の成果に関して，島田明男氏は，設備投資がそれ相応の生産性の上昇，生産コストの低下という成果をもたらさなかった理由として，「高炉，製鋼炉の場合，新投資の設備はその規模の大きさからすぐには稼働しえ」ず，「27，28年の新投資は，早くも訪れた28年後半以降の停滞のため，全面的な稼働態勢に入るのに一定のタイムラグが生じ，その効果が発現できず過剰生産能力としてとどまった」のに対して，「機械を主とする圧延部門の新投資は，比較的すぐに生産性の上昇に寄与する性格をもっている」が，「新投資自体それ程生産性の高いものではなかった」と指摘されている。島田明男「第一次大戦後のドイツ鉄鋼業」『経済学年誌』（法政大学），第14号，1977年，38ページ。

(162)　前川恭一『現代企業研究の基礎』，森山書店，1993年，177ページ。アメリカでは当時薄板（薄鋼板とブリキの合計）が全圧延生産の18％を占めていたのに対して，ドイツではその割合はわずか約8％にすぎず，またアメリカの薄板生産の40％が自動車工業向けのものであり，ブリキの大部分は罐詰用の罐に加工されていた (Vgl. C. Kleinschmidt, *a, a, O*., S. 211)。これに対して，ドイツでは，自動車工業はこの国において生産される鋼のわずか4％を必要としたにすぎなかった。Vgl. G. D. Feldmann, Die Deutsche Bank und die Automobilindustrie, *Zeitschrift für Unternehmensgeschichte*, 44 Jg, Heft 1, 1999, S. 10.

(163)　この点については，E. Wedekind, *a. a. O*., S. 28-31を参照。

(164)　Vgl. G. Stollberg, *Die Rationalisierungsdebatte 1908-1933*, Frankfurt am Main, New York, 1981, S. 64.

(165)　Vgl. W. Zollitsch, *a. a. O*., S. 27. 例えば，クルップのフリードリッヒ・アルフレッド製鉄所では，1929/30年の営業年度には，10基の高炉のうちもはやわずか4基だけが操業していたにすぎず，またエッセン鋳鋼所をみても，1930年2月から5月までの一時的な回復後，操業度は大きく低下しており，製鋼工場では年平均約60％，圧延工場では45％，鍛造工場では40％が利用されていたにすぎないとされている。Vgl. Fried. Krupp, Aktiengesellschaft, Essen, *Stahl und Eisen*, 51 Jg, Heft 6, 1931. 2. 5, S. 185.

(166)　Vgl. B. Weisbrod, *Schwerindustrie in der Weimarer Republik. Interessenpolitik zwischen Stabilisierung und Krise*, Wurppertal, 1978, S. 48-9.

(167)　Vgl. Bericht über die Selbstkosten der Hochofenwerke im Geschäftsjahr 1930/31, *Thyssen Archiv*, VSt/4705, S. 1.

(168)　Vgl. J. Bönig, *a. a. O*., S. 403. このような状況を結果的にもたらすことになった重工業の合理化について，W. ツォリッシュは，生産の増大および合理化は決してドイツ重工業の競争状態の改善をもたらすことはなく，また技術進歩の成果が需用者や消費者に役立つことはなかったとしている。Vgl. W. Zollitsch, *a. a. O*., S. 26-7.

(169)　Vgl. E. Schalldach, *a. a. O*., S. 102.

(170)　Vgl. R. Vahrenkamp, *a. a. O*., S. 243, P. Hinrichs, L. Peter, *Industrieller Friede?*, Köln, 1976, S. 30.

第 3 章　重工業における合理化過程　*181*

(171)　Vgl. E. Schalldach, *a. a. O.*, S. 102-3.
(172)　太田, 前掲論文, 47-8ページ。
(173)　Vgl. Institut für Wirtschaftsgeschichte der Akademie der Wissenschaften der DDR, *a. a. O.*, S. 113.
(174)　Vgl. A. Friedlich, Die "Rationalisierung" der deutschen Wirtschaft. Zu den Denkschriften der Industrie und der Freien Gewerkschaften, *Die Internationale*, 9 Jg, Heft 6, 1926. 3. 15, S. 168.
(175)　Vgl. J. Bönig, *a. a. O.*, S. 401.
(176)　Vgl. E. Schalldach, *a. a. O.*, S. 103.
(177)　Vgl. R. Schmiede, E. Schudlich, *Die Entwicklung der Leistungsentlohnung in Deutschland*, 4. Auflage, Frankfurt am Main, New York, 1981, S. 260.
(178)　Vgl. E. Wedekind, *a. a. O.*, S. 21.
(179)　Vgl. J. W. Reichert, *a. a. O.*, S. 40.
(180)　R. A. Brady, *op. cit.*, p. 75.
(181)　Vgl. E. Wedekind, *a, a, O.*, S. 21-2.
(182)　Vgl. R. Schmiede, E. Schudlich, *a, a, O.*, S. 254.
(183)　Vgl. *Ebenda*, S. 259-60.
(184)　Vgl. *Ebenda*, S. 282-3
(185)　Vgl. Deutscher Metallarbeiter-Verband, *Die Rationalisierung in der Metallindustrie*, Berlin, 1932, S. 195.
(186)　Vgl. C. Kleinschmidt, *a, a, O.*, S. 282-3.
(187)　Vgl. *Ebenda*, S. 277-81.
(188)　Vgl. Deutscher Metallarbeiter-Verband, *a, a, O.*, S. 47-8.
(189)　Vgl. R. Schmiede, E. Schudlich, *a, a, O.*, S. 252.
(190)　R. A. Brady, *op. cit.*, p. 112-3
(191)　鉄鋼連盟調査部「鉄鋼業と標準化問題」『鉄鋼連盟調査月報』, 第22号, 1940年10月, 77ページ。
(192)　同論文, 79ページ参照。
(193)　*Ibid.*, pp. 113-4.
(194)　Vgl. C. Kleinschmidt, *a, a, O.*, S. 250.
(195)　この点については, 拙書『ドイツ企業管理史研究』, 森山書店, 1997年, 第7章を参照されたい。

第4章　化学工業における合理化過程

前章では，重工業における合理化過程についてみてきたが，合理化の展開過程は，産業部門別にみるとき，かなりの相違がみられる。すでにみたように，重工業では，合理化は断続的に，また急場しのぎのようなかかちで展開されたのに対して，新興の輸出産業部門（自動車，化学，電機）では，合理化は一層強力に，また連続的に取り組まれたとされている[1]。それだけに，重工業との対比において，これらの新興産業部門における合理化がいかに展開されたかを考察することが重要な課題となってくる。それゆえ，以下の各章では，当時合理化が強力に展開された化学，電機，自動車の新興産業部門の考察を行い，さらにそれとの比較において，重工業とともに旧産業部門に属する機械製造業の合理化過程をみていくことにする。本章では，まず化学工業について考察を行うことしよう。

第1節　企業集中と産業合理化の展開

1　企業集中による整理過程

化学工業の合理化過程について，まず，企業集中による産業合理化の展開をみていくことにしよう。

まず企業集中による整理過程がどのようにすすんだかをみると，ドイツ化学工業における経営数および常勤労働者数の推移を示した表4-1によれば，IGファルベンが設立された1925年において，24年と比べ，経営数は421も減少しており，また狭義の化学工業に属する経営をみても，443の減少がみられる。また1925年のドイツ化学工業の就業者規模別経営数，就業者数および設置動力

表4-1　化学工業における経営数および常勤労働者数の推移

年　度	経　営　数	常勤労働者数	経　営　数	常勤労働者数
	広狭の化学工業		狭義の化学工業*)	
1913	15,042	271,629	—	—
1924	14,357	360,390	6,561	261,978
1925	13,936	371,408	6,118	260,313
1926	14,091	335,918	6,118	244,503

(注)：＊)　正確には化学工業に属さない石鹸，製薬，ゴムおよびグッタペルカのようなすべての工業，化学工業との境界領域と考えられるすべての工業——ステアリン，ろうそく，コールタールロジン，ピッチを除いたもの。

(出所)：Enquete Ausschuß, (Ⅲ)-3, *Die deutsche Chemische Industrie*, Berlin, 1930, S. 6より作成。

表4-2　1925年の化学工業における就業者規模別経営数，就業者数および設置動力数

就業者数による規模	経　営　数	就　業　者　数	設置動力数（馬力）
5,000～	6(0.07)*)	56,568(18.04)*)	351,659(37.39)*)
2,000～5,000	10(0.12)	25,994(8.29)	128,962(13.71)
1,000～2,000	19(0.22)	25,303(8.07)	81,785(8.69)
500～1,000	40(0.46)	27,567(8.79)	81,174(8.63)
200～ 500	168(1.95)	50,129(15.99)	91,477(9.73)
50～ 200	650(7.53)	64,933(20.71)	111,682(11.87)
6～ 50	3,190(36.94)	52,754(16.82)	84,180(8.95)
1～ 5	4,553(52.71)	10,313(3.29)	9,648(1.03)
合　　計	8,636(100)	313,561(100)	940,567(100)

(注)：＊)　( )内の数値は全体に占めるパーセント。
(出所)：*Ebenda*, S. 31より作成。

数をみた表4-2によれば，5,000人以上の就業者をもつ大経営の数はわずか6であり，全体の経営数のわずか0.07％にすぎないが，その就業者数は56,568人であり，全就業者数の18.04％を占めており，また設置動力数では，全体の37.39％を占めている。また1,000人以上の就業者をもつ経営の数は35であり，全体の0.41％にすぎないが，その就業者数は107,865人であり，全就業者数の34.4％を占めており，設置動力数では全体の約60％を占めるに至っている。このように，ドイツ化学工業は，IGファルベンの成立をみた1925年に整理過程がすすみ，少数の大規模な企業への高度な集中がすすんだといえる。

2 IGファルベンにおける製品別生産の集中・専門化の進展

そこで，このことをふまえて，つぎに1925年の企業合同＝トラストによって組織的合理化がどのように取り組まれたかをみることにするが，ここでは，とくに製品別生産の集中・専門化がどのように推し進められたかを，IGファルベンの事例を取り上げて，みていくことにしよう。同社においても，合同製鋼の場合と同様に，製品別生産の集中・専門化を行い，産業の合理化を推し進める上で企業合同は重要な役割を果したのであるが，この時期の製品別生産の集中・専門化は，以前の専門化の現象とは異なり，各企業・工場のもつ独自の専門性をいかして特定の製品の生産に特化することによって，「ひとつの契約による分業」をはかるものであった。IGファルベンにおいても，合同後初めて，そのような分業化が完全に遂行されたとされており[2]，そこでの合同は，初めて大きな視点から計画化を遂行し，その持続性をつくり出すことを可能にしたとされている[3]。そのような生産組織の再編成をはかる上での原則として，同じ製品をそれまでの2つの企業（工場）で生産するという「二重生産の原則」がとられており[4]，それは企業内競争と管理を重視したものであったが[5]，合理化がすすむなかで同じ製品の重複した生産がしだいに放棄されたとされている[6]。世界恐慌期の1930年に生産能力の統合がはるかにドラスティックに推し進められるなかでIGファルベン内部の理想的競争というこのような原則が放棄されることになり，ひとつの製品をそれぞれひとつの場所で生産するようになっていったが[7]，そこでは，非常に徹底した簡素化へとむかうことになった[8]。

このような製品別生産の集中・専門化がどのように行われたかをみると[9]，それが最も徹底的に行われたのは染料部門であった。

例えば，タール染料はそれまで8つ以上の工場で生産されていたが，たいていの製品は，ただ1カ所で生産され，わずかな大量製品のみが2ケ所で生産されるようになった。インダンスレン染料はルートヴィヒスハーフェンにおいてのみ生産されるようになり，羊毛染料・絹染料の生産はヘキストの工場に集中された。またバイエルの2つの工場のうちの小規模な方のエルバーフェルト工場やウルディンゲンに

あるヴァイラー・テル・メール工場、カレのビープリッヒ工場、そしてグリースハイムの工場では、染料の生産は中止された[10]。

このような製品別生産の集中・専門化が徹底的に行われた結果、わずかな例外はあるが、すべての染料がひとつの場所でのみ生産されるようになった。C. ボッシュは、アンケート委員会の報告において、IGファルベンでは、たいていの製品が1つの場所でのみ生産されており、わずかな大量製品については、個々の工場の生産能力が十分ではない場合にのみ、2ヶ所で生産されている、としている[11]。このような製品別生産の集中・専門化の計画は、合同後、最初の2年間で実施され、そこでは、望ましい成果がみられたとされている[12]。染料部門におけるこのような再編成の結果、バイエルのレファクーゼン工場はその染料生産高を25%以上増大させ、バスフも染料生産高を多少増加させたが、ヘキストは多少減少させた[13]。

また同様の工場の専門化が、医薬品、重化学品、人絹、肥料など、他の主要な製品分野においても、みられた。

すなわち、ヘキストは、依然として、レファークーゼンとならぶ医薬品の主要生産者であったが、建染染料の生産のほか、新製品のポリビニル・アセテートなど、アセチレンから生産されるすべての化学製品の生産を引き継いだ。バスフは、そのルートヴィヒスハーフェン工場において、引き続き中間物、染料、およびそれと密接な関連をもつ有機化学品を生産したが、まもなく、その主たる活動は、ルートヴィヒスハーフェンに隣接するオッパウ工場およびロイナ工場における合成アンモニアおよび窒素肥料の生産に移った。グリースハイムのビッターフェルト工場は、軽金属、とくにマグネシウムの生産に集中し、またメタルゲゼルシャフト社との合弁企業をとおしてアルミニュウムの生産に集中した。またアグファは、写真用フィルムの生産を担当したほか、レファクーゼンで生産される印画紙や、ミュンヘンで製造されるカメラなど、写真用品の生産と販売の管理を引き継いだ。さらにウルディンゲン工場は容積のかさむ中間製品の供給者となったのに対して、カレ工場は新製品のセロファンの生産を開始した。また1926年に買収されたケルン・ロットヴァイルは、人絹の3つのタイプをすべて生産した[14]。

このように，染料部門以外の化学工業の領域においても，製品別生産の集中・専門化による生産組織の再編成が行われているが，そこでは，技術的な理由から，あるいは資本の装備および調達の諸条件から，また他の経済的理由から，個々の産業部門と企業との間で，集中運動の状態について，また統合の能力について，かなりの相違がみられたとされている[15]。しかし，このような企業集中をテコにした産業の合理化と再編成は，企業レベルの合理化のための条件をつくりあげたところに特徴をもっており，そのような基盤の上に，「技術的合理化」と「労働組織的合理化」など，企業合理化が本格的に取り組まれるようになる。

　またIGファルベンにおける企業集中をテコにした製品別生産の集中・専門化の問題をみる上で考慮に入れておくべきことは，この時期の重工業と化学工業の過剰生産能力の整理のもつ意味の相違についてである。化学工業の場合，重工業とは異なり，過剰生産能力の整理に徹底して取り組む必要性はむしろ第1次大戦中・戦後の外国企業の台頭による需給関係の変化に規定されたものであり，ドイツ企業のもつ生産設備の技術水準の低さに大きく規定されたものではなかった。もともとIGファルベンの合同に参加した各企業は設備や技能を当時の技術水準の近いところで維持することができたのであり，それらの企業は大部分の産業用化学製品においてなお主導的地位を確保していたとされている。それゆえ，鉄鋼業における合理化に比べて，IGファルベンでは，古い工場の大量閉鎖や工場の作り替え，新しい工場の建設はそれほど目立つかたちでは行われず，むしろ化学工業における合理化は，製品の組み合わせの変更や製造に最も適した工場への生産の集中などのかたちをとったとされている[16]。この点は，第3節でみるように，この時期の染料部門を中心とする旧部門の合理化のあり方とその成果にもかかわる問題であったといえる。

第2節　設備投資の展開とその特徴

　以上の考察をふまえて，つぎに企業レベルの合理化の展開過程をみていくことにするが，まず企業合理化における「技術的合理化」の役割・あり方を明ら

かにするために，設備投資の動向を考察し，それが実際にどの程度行われたか，またどのような内容の設備投資が行われたかについて，みていくことにしよう。

1924年から29年までの主要産業部門の資本金100万 RM 以上・取引所上場の株式会社の設備投資の推移を示した前掲表2-1をみると，化学工業では，新規投資が各年度において比較的コンスタントな伸びを示している。すなわち，合理化過程の第1局面をみると，重工業では，合同製鋼が設立された26年に新規投資が大きく落ち込んでいるのに対して，化学工業では，大規模な企業集中が行われ，ドイツ最大の化学企業である IG ファルベンが設立された25年にもその前年の約2倍の新規投資が行われており，その後の26年と27年もほぼ同じ額の新規投資が行われている。また1924年から29年までの新規投資総額に占める25年度の年度別分布率は13.8％となっており，合同製鋼が設立された26年の重工業における新規投資のあり方とは大きな違いがみられる（前掲表2-2参照）。

ことに27年と28年の新規投資をみると，27年には6,260万 RM，28年には1億3,260万 RM の新規投資が行われている。また24年から29年までの新規投資全体に占める年度別分布率をみると，27年のそれは14.3％，28年のそれは30.4％となっている。このように，28年には合理化の時期をつうじて最も大規模な新規投資が行われている。化学工業においても，1925年の企業集中につづく生産の集中および再組織化にはかなりの費用を必要としたが，その後，売上の増大がすべての個々の領域において大規模な経営の拡張のためのきっかけを与えたとされている。またそこでは，窒素および混合肥料の取得のための設備と合成燃料の生産の領域における大規模な投資が中心となっており，また人絹の生産および写真用品（フィルムを含む）の生産における重要な新規の建設や拡張のための建設が大規模なものであったとされている。またさらに，とくに軽金属，溶剤，塗料，殺虫剤，燃料（モタリン）などの諸領域における新製品の生産の開始はそれにみあう新しい設備を必要としたほか，例えば合成ゴムの生産のための研究にみられるように，種々の研究にも多額の費用を必要としたとされている。このように，化学工業における新規投資の比較的コンスタントな伸びは，このような新しい製品の開発のための投資と深いかかわりをもっていた

といえる。G．カイザーとB．ベニングが指摘するように，化学工業におけるこのような新規投資の増大は，化学と化学的な生産方式とが工業生産の新しい分野にますます普及したことと密接に関係していたのである[17]。

そこで，化学工業における設備投資の状況をふまえて，つぎに，IGファルベンの投資状況をみると（表4-3参照），1926年と27年の固定設備の増加額はそれぞれ103,041,113RM，110,407,620RMとなっており，その額は28年には141,229,254RMに増大している。また29年の額をみても119,191,388RMとなっており，いずれの年度をみても1億RMを超える額の設備投資がコンスタントに行われており，この期間の合計では473,869,375RMにのぼっている。これらの額が設備投資総額にあたるが，減価償却額分を控除した純増加額でみると，1926年と27年にそれぞれ27,704,253RMと35,595,811RMの固定設備の増大がみられるのに対して，28年には，26年の2.5倍，27年の約2倍の69,452,726RMの固定設備額の増大がみられる。これらの額が新規投資に相当するといえるが，26年から29年までの営業年度の純増加額の営業年度別分布率をみると，26年は15.2％，27年は19.6％となっているのに対して，28年には38.2％となっている。このように，IGファルベンが設立された翌年の26年以降のいずれの諸年度においても設備投資が活発に行われており，28年には最も大規模かつ集中的な設備投資が行われている。

また1925年から32年までのIGファルベンにおける設備投資の事業分野別の内訳をみると（表4-4参照），25-29年には，窒素部門における設備投資が全体の31％にものぼっており，圧倒的に大きな比重を占めており，16％を占める無機化学品の割合は比較的高いものであったのに対して，弟1次大戦前の主力部門であった染料部門の割合はわずか7％，有機中間物のそれは6％，医薬品のそれは2％にとどまっている。これに対して，鉱油部門の割合は10％であり，窒素部門とともに新興部門における投資にこの時期の設備投資の重点がおかれていたといえる。

なお化学工業における新規投資の年度別の推移をみる上で，ひとつの重要な特徴点として指摘しておかなければならないことは，1924年から29年までの新規投資全体に占める29年の割合が重工業の場合と比べて著しく高いということである。すなわち，前掲表2-2によると，24年から29年までの新規投資全体

表 4-3 IG ファルベンの固定設備額と減価償却額の推移

(単位：RM)[1]

営業年度[2]	1925[3]	1926	1927	1928	1929	1925～29年の合計額
営業年度末の固定設備額[4]	374,962,884	422,133,792	457,204,552	523,691,997	571,106,857	—
前営業年度末の固定設備額[5]	—	319,192,679	346,896,932	382,462,743	451,915,469	—
固定設備の増加額	—	103,041,113 (21.7)[6]	110,407,620 (23.3)	141,229,254 (29.8)	119,191,388 (25.2)	473,869,375 (100.0)
減価償却額	55,770,205	75,236,860	74,741,809	71,776,528	70,099,929	347,625,331
固定設備の純増加額	—	27,704,253 (15.2)[6]	35,565,811 (19.6)	69,452,726 (38.2)	49,091,459 (27.0)	181,814,249 (100.0)

(注)：1) 1 RM 未満は切り捨て。
2) 営業年度は1月1日から12月31日まで。
3) 1925年の営業年度は設立時の11月から12月31日まで。
4) 減価償却を控除する前のもの。
5) 減価償却を控除した後の簿価。
6) ( ) 内の数値は1926～29年の総額に占める各営業年度の割合 (単位：%)。
(出所)：各年度の営業報告書より作成。

表4-4 1925年から32年までのIGファルベンにおける
設備投資の事業分野別割合の推移

(単位：％)

	1925-1929年	1930-1932年	1925-1932年
第1事業部			
窒　　素	31	6	28
鉱　　油	10	21	11
第2事業部			
無機化学品	16	19	17
有機中間物	6	6	6
染　　料	7	13	7
溶　　剤	2	4	2
重合化学品	2	3	2
医薬品	2	6	3
金　　属	1	1	1
第3事業部			
写　　真	4	4	4
人　　絹	10	6	10
鉱　　山			
褐炭および石炭	8	8	8

(出所)：G. Plumpe, *Die I. G. Farbenindustrie AG. Wirtschaft, Technik, Politik 1904-1945*, Berlin, 1990, S. 468.

に占める29年の新規投資の割合は，重工業ではわずか1.5％にすぎなかったが，これに対して，化学工業では21.6％となっている。また投資額そのものをみても（前掲表2-1参照），重工業における29年の新規投資額はわずか800万RMにすぎなかったが，化学工業におけるそれは9,400万RMとなっており，28年についで大きな額となっている。

　この傾向をIGファルベンについてみると（前掲表4-3参照），上述したように，29年の固定設備の増加額は119,191,388RMとなっており，26-29年の営業年度の総額の25.2％を占めており，26年および27年の比率を上回っている。また減価償却分を控除した純増加額でみても，29年度の増加額は49,091,459RMとなっており，そ

れは28年につぐ大きな額の増加であり，26年と27年の増加額のそれぞれ1.8倍，1.4倍となっている。また営業年度別分布率をみても，29年のそれは27.0％となっており，26年の15.2％，27年の19.6％を上回っており，この点は重工業の場合とは大きく異なっている。

このように，化学工業においては，重工業とは異なり，1929年にも活発な新規投資が行われている。それゆえ，合理化過程の遅い時期になっても引き続き活発な新規投資が行われたということをふまえて，この局面における「技術的合理化」が化学工業の合理化のなかでどのような位置を占めていたか，またそれがどのような役割を果していたかをみていくことが重要となろう。

またこの時期の設備投資の状況を減価償却との対比でみると，資本金100万RM以上・取引所上場の株式会社の1924年から29年までの新規投資総額は4億3,650万RMとなっているのに対して，減価償却の総額は5億4,260万RMとなっており，新規投資の約1.24倍となっている（前掲表2-1参照）。しかし，ことに注目すべきは1929年であり，この年の新規投資額は9,400万RMとなっているのに対して，減価償却額は8,100万RMとなっており[18]，減価償却額を上回っている。

ここで，**IGファルベン**における固定設備の増加額と減価償却額との関係をみると（前掲表4-3参照），いずれの年度をみても固定設備の増加額が減価償却額を大きく上回っており，1926年，27年および29年にはそれぞれ減価償却額を37％，47.7％，70％上回っているが，28年には減価償却額の約2倍にのぼっており，このことはこの時期に新規設備投資が大規模に行われたことを示している。この点を減価償却分を控除した設備の純増加額との対比でみると，27年までは固定設備の純増加額のそれぞれ2.7倍，2.1倍の減価償却額が計上されているが，28年には両者はほぼ同じ額となっている。29年には，固定設備の純増加額49,091,459RMの1.4倍の70,099,929RMの減価償却が計上されている。このように，とくに26年と27年にみられるように，設備投資のなかで減価償却基金によって行われた投資の占める割合が比較的高かったといえるが，25年度末から29年度末までの同社の資金調達額のうち減価償却が29％，留保利益が11％を占めていたことに示されているように，こ

のことは，資金調達の面からみると，この時期の設備投資が自己金融によって支えられていたことを意味している[19]。この点を設備投資総額との対比でみると，1925-29年の設備投資総額のうち64.8％が減価償却基金によってまかなわれたとされている。1930年には設備投資総額が50,469,000RMであったのに対して減価償却額は57,278,000RMとなっており，減価償却を下回る額の設備投資が行われたにすぎず，合理化のための投資は終了をみることになる[20]。

第3節 「技術的合理化」の展開とその特徴

これまでの考察をふまえて，つぎに「技術的合理化」の問題を具体的にみていくことにするが，化学工業や電機工業の製品は，いずれも他の生産領域に入り込み，そこにおける生産技術の変革をもたらした（すなわち，生産の科学化および電化——とりわけ電気冶金，電気動力，科学的な化学知識による諸方式の効率化など）[21]。それゆえ，これらの産業部門における技術発展は，生産の合理化に対してとくに大きな意味をもったといえる。

1 化学工業における生産技術の発展

第2章においてみたように，1920年代後半期のIGファルベンにおける合理化は，染料部門を中心とする旧来の諸部門における過剰生産能力の整理と製品別生産の集中・専門化の推進，および経営の多角化による事業構造の再編成を柱としていた。そこでは，企業合同を主導したC.ボッシュの「総合化」案に基づいて，染料部門を中心とする旧部門の合理化の徹底とともに，窒素部門における投資の拡大，合成アンモニア，合成メタノール，人造石油の開発，さらには合成ゴム，軽金属，人絹，スフ，合成樹脂などの研究開発が推し進められた[22]。

したがって，同社における「技術的合理化」の特徴のひとつは，窒素部門をはじめとする新しい諸部門における研究開発と生産設備の拡大にみることができるであろう。

もとより，これらの新しい諸部門の発展は，第1次大戦時にその実用化がすすんだ合成生産方式の発展に基づいていたが，染料合成（アニリン染料）にみ

られるように，化学技術の発展の新段階を特徴づけたのは，簡単な化合物から複雑なそれを合成する試みであり，それは20世紀の近代化学にとって，典型的な方法となり，またその生産工程は連続的に行われたのであった[23]。ドイツの場合，石油の不足と石炭の豊富さとが化学工業の特殊な発展をもたらしたといえる。すなわち，石炭精製と，ガス加工のさいの残留物の処理とが炭化水素化学の基礎をつくりあげたのであり，このような発展は，塩素製造の技術的方法と結びついて，合成染料や後には合成燃料の製造をもたらした。

このようにして，IGファルベンでは，染料合成技術を基礎に，アンモニア合成，空中窒素の固定，合成メタノール，合成燃料，合成ゴムの開発のための諸努力がなされた。

つまり，染料合成によって，近代化学工業の基礎が与えられたのち，この工学的原理は，アンモニア合成，空気からの窒素の獲得の出発点となった。この科学技術は，機械や装置の製造に新たな要求をつきつけ，化学の大型設備，遠心分離器，冷却装置，計測・調節機器の生産を必要とした。大型の化学生産工程における高圧（200-300気圧）のもとでの，大量のガス——酸素，水素，窒素——の使用は，鉄鋼生産における新冶金法を生まざるをえず，また化学工業自体においても，流れ生産，結合生産，とりわけ，一生産工程の残留ガスが新たな生産工程の出発点となる，いわゆる連結生産を定着させた。

このような生産方法の導入は，第1次大戦中，1916年に設立されたロイナ工場によって，その工程の基礎が築かれたので，ドイツにおいてはとくに急速に行われた。そして，ついにアンモニア合成によって，工学的な近代的な大規模化学のためのいま一つの決定的な前提が生み出され，それが必然的にメタノール合成（1923年），合成燃料や合成ゴムの生産へと進展していったのであった[24]。ただこの場合，遊休化している生産能力を他の諸工程でもって，はやめに操業させることができるように，ボッシュは1923年に新しい方式をつくりあげることを指示した。それでもって，メタノールの問題とならんで，以前の高圧実験と同様に，そのはじまりをオッパウにみるガソリン合成のための研究が当初はアンモニア実験所の研究グループとして1924年に開始された[25]。第1次大戦の終結にともない，空中窒素を取り出すハーバー・ボッシュ法の利用のために戦時中に爆薬生産用としてつくられた設備は1918年には平和生産に転

換されなければならなかったのであり[26]、この時期の多角化による新しい生産領域の開拓は過剰生産能力の有効利用をはかる上でも重要な意味をもっていたことに注意しなければならない。

　1920年代における化学工業のこのような発展は、稀有の原料をどこにでもある材料と代替しようとすることにあった。例えば、鉄と木材がコンクリートに代わり、チリ硝石が人造窒素に、天然石油が石炭液化油に、絹が人絹にとって代えられた[27]。なかでも、この時期に人造窒素をつくりだす生産方式の工業化が本格的にすすんだことは、ドイツ化学工業の発展にとって大きな意義をもっていた。すなわち、「20世紀のはじめ、ドイツの化学工業は、空気中の窒素からアンモニアを合成する方法を開発した。その技術は画期的なものであって、現代の大規模化学工業への道をひらいた[28]」とされているが、1920年代の合理化の過程において、この合成方式の利用による製品の多角化が推し進められ、それによって技術設備は一層大規模なものになった。

　この時期の化学工業の発展はまた、天然原料に代わる代替製品を生産するだけではなく、機械的作業を化学的作業に代える上でも大きな変化をもたらした。つまり、原料の機械的加工に代わって化学が発展したということは、資本主義的生産全体をとおして機械の代わりに装置が強化されたということである[29]。機械的な工業においては材料の変形および搬送が主要な工程であるから、伝力機構をもつ設備、すなわち機械が主要な設備であるが、これに対して、「化学工業の主要な工程である化学変化は、静止した装置のなかで進行するのであるから、化学工業では装置が主要な設備となる[30]」。すなわち、化学工業の生産手段をなすものは機械ではなく、特別に組立てられた容器と配管からなる装置であって、この装置のなかで労働対象の状態変化がおこるのであって、攪拌、振動、回転といった機械的操作はたんに補助的な意義しかもっていない[31]。一般的に装置はひとつの製品あるいはひとつの製品グループの生産や特別な諸条件にのみ適合するものであったので、化学生産の多くの諸可能性が新しい設備を求めることになったが、そこでは、前工程生産物および中間生産物のための設備も必要となり、分離器、洗浄機、遠心分離器、真空フィルター、加圧機、急速冷却設備などが開発された。また水素添加のための大型設備、精留設備および吸収設備、高圧圧縮機、冷却設備などが重要となったほ

か，フィルム生産，人絹およびスフの生産やその他の諸部門のための専用機械も加わった[32]。

このように，化学工業では，自動的な技術的流れおよび機械と装置の関連によって特徴づけられる生産方法のために，生産の機械化は何ら中心的な問題とはならず，そこでは，本来の生産工程の前後で行われる作業のみが近代的な搬送システムの配置および作業組織の変更によって新たに問題となるのであり，むしろコストの節約を可能にする最も適した立地への個々の生産部門の配分や，計算，販売，計画および投資を統一的な管理のもとに集中することが重要となった。そのような再編成がより効率的な作業を可能にしたのであり，古くなった設備やとくに健康にとって危険な設備を廃棄することができたとされている[33]。

また工程には，化学反応または分離などを断続的に行うか，中断することなく連続的に行うかによって，バッチ・プロセス（回分工程）と連続工程の2種類がある。一般に回分工程の方が機械装置を考案しやすいが，連続工程の方がエネルギーおよび労力の節約になり，均一的な条件で操作されやすいので，化学工業は回分工程から連続工程へと技術的に進歩する傾向にあるとされている[34]。

上述したように，20世紀の化学工業の発展において，合成生産方式の利用にともない生産工程は連続的に行われるようになり，流れ生産，結合生産，連続生産が定着する傾向にあったが，1920年代の合理化の時期には，合成方式による生産が窒素のみならず，メタノール，人造石油，ゴムなどに拡大されたのにともない，連続工程が広く普及するようになった。もとより，合成方式による生産は電力の利用を基礎にして発展したものであって，例えば，「空中窒素固定法は，電力の低廉な立地においてのみ経済的に成り立つ技術であった[35]」。それゆえ，連続工程によるエネルギーの節約は重要な意味をもつものであったといえる。

かくして，アンモニア合成の技術的意義は，このように大規模になったというだけではなく，その装置設計がすべて物理化学の理論的計算に基づくこと，素原料・中間原料・製品が終始ガスであって完全な連続工程であること，また高圧を取り扱うことなど，革命的なものであり，工場の外見も，露天に建てら

れた塔とパイプの連鎖であって，旧来の化学工場とはまったく面目を一新している(36)。このように，新しい合成は大規模な技術的転換を必要とし，化学の進歩は，化学装置に反映している化学技術の進歩を規定したのであり，そのような技術は反応をおこすために必要な技術的補助装置を提供したが，このことは実験設備についてもいえる(37)。

ところで，R.A.ブレィディは，この時期の合理化運動が機械化，電化および化学化の3つの主要な技術的諸変化を促進したことを指摘しているが，ここにいう化学化とは，工業原料の基盤をほとんど無限に広げること，つまり基礎的な化学品の合成によって実際にほとんど無限の製品の種類に拡大すること，および多くの自然の化学的諸過程の人工的な加速化を意味するとしている(38)。この点に関して，1920年代の合理化の時期の合成方式の利用による生産過程の化学化が生産の自動化を促進するものであったことに注意しなければならない。「生産における化学化および電化の本格的発展は，独占階段への転化期以後であるが，生産におけるこの化学技術および電気技術は，その性質上，機械技術（狭義）よりも，自動的要因，自動化される可能性，自動化の容易性を多くもっている。かくて機械技術＝機械的労働手段の発展に加えて，化学技術＝化学的手段の本格的発展，および原動機・作業機における電気技術の利用（電動機・電熱・電解など）＝電化の成立・発展が，生産の『自動化』の発展を促進した(39)」。

このような独占階段への転化期に始まる生産における化学化，電化の本格的発展は，1920年代の合理化の時期に一層すすんだのであり，化学工業では，合成方式による生産方法を応用した製品の多角化の推進にともない，化学的労働手段の一層の発展が推し進められるとともに，そのような労働手段が支配的な役割を果すようになり，電力による労働対象移送用具の利用とあいまって，生産の自動化を促進したのであった。

もとより，化学工業は，物質変換過程として，高度に連続して流れていく多くの加工段階を結合した生産過程を示しており，そのような生産過程は機械化と自動化のための良い条件を与えたとされている。また物質の変換は主に化学的な工程によって行われるため，化学生産の領域においては，人間の労働や電動機による原動力は，他の産業部門ほど大きな役割を果すものではなく，労

働者は何よりもまず工程の進行を監督するだけでよかった[40]。また電力は主に搬送の目的に利用され、ポンプ、コンベアベルトおよびスクリューコンベアの稼動のために利用された。1925年には作業機の動力として設置された動力機の定格出力の約72％が電動機によるものであり、そのことは、さまざまな撹拌装置、ポンプなどのための個別駆動電動機としてのその特性に、また化学工業にとってとくに重要な燃焼の確実性に基づくものであった[41]。加工組立産業のような機械的工業部門とは異なり、化学工業では、本来の労働過程においては、電力はわずかな部分しか利用されておらず、例えば粉砕機、かきまぜ機、こねまぜ機、圧縮式濾過器などの稼働に利用された[42]。作業機の動力に使用された電動機の馬力数は1925年の685,954馬力から33年には1,168,742馬力に、すなわち70.4％の増加をみており[43]、電気エネルギーは化学処理工程の基礎として決定的な役割を果したといえる[44]。例えばバスフでは、1923/24年の4基の新しい20気圧ボイラーの操業開始でもって効率的な電化のための条件が最終的に充たされたとされている[45]。

　そして、このように合理化され、また技術的に最もすすんだ化学工場では、数種の化学反応が相互に反復して行われ、労働対象は、多くの加工段階を結合した生産工程を、電力を利用した労働対象移送用具によって移送され、わずかな補助作業のみが機械的作業によって行われたにすぎなかった。生産は自動化され、その結果、多くの工場内では、ほとんど人影がみられないとさえいわれた。つまり、化学的装置による生産は、当該生産の労働者を技能によって細かく分けているが、化学工業には化学技師がいて、その数は現業員の大体5分の1ぐらいであり、残りの5分の4は不熟練労働者であって、生産過程についてはまったくなにも知らなくてすむ補助作業を行うだけであったとされている[46]。

　以上の考察で明かなように、1920年代の合理化の過程において推し進められた主要な技術的諸変化のひとつであるこのような化学化と電化が生産の自動化を一層促進したということは、化学工業におけるこの時期の「技術的合理化」の主要特徴のひとつを示すものであるといえる。

2 IGファルベンにおける「技術的合理化」の展開

そこで，つぎに，そのような技術的革新の導入がどの程度すすんだかを，IGファルベンの事例を中心に取り上げて，事業分野別にみていくことにしよう。

(1) 事業分野別にみた研究開発投資の動向

まず経営の多角化によってIGファルベンの事業構造がどのように変化したか，この点を販売面からみると，販売総額に占める染料の割合は1913年の63%から24年には39%に，さらに29年には28%に低下しており，化学品の割合も13年の28%から26年には11%に低下しているのに対して，窒素製品の割合は，13年には0%であったものが24年には33%，26年には43%に大きく上昇している[47]。

このような変化は多角化の進展によってもたらされたものであるが，そこで重要な役割を果した研究開発投資の動向をみると（表4-5参照），同社の研究開発投資額は，1926年の8,200万RMから27年には1億5,400万RMに増大しており，その頂点に達した後，29年（1億4,070万RM）まで大きな減少はみられない。また売上額に占める研究投資額の割合は，26年の8.0%から27年には12.0%に上昇した後，28年および29年にはそれぞれ9.4%，9.8%となっているが，あまり大きな低下はみられない。さらに投資額全体に占める研究投資の割

表4-5 1926年から33年までのIGファルベンの研究開発投資の推移

年度	総額 (100万RM)	売上高に占める割合(%)	領域別の割合(%)	
			新事業領域	旧事業領域
1926	82.0	8.0	26	74
1927	154.0	12.0	48	52
1928	134.9	9.4	52	48
1929	140.7	9.8	41	59
1930	95.5	8.1	42	58
1931	70.0	7.0	37	63
1932	42.7	4.9	10	90
1933	42.5	4.7	9	91

(出所)：*Ebenda*, S. 473.

表4-6 IGファルベンの研究開発投資の事業部別割合

期　間	総額に占める各事業部の割合（%）			各事業部の研究開発投資に占める新領域の割合（%）		
	I	II	III	I	II	III
1927-1929年	64.8	30.5	4.7	92.8	6.9	0.3
1929-1932年	47.2	46.7	6.1	78.7	16.5	4.8

（出所）：*Ebenda*, S. 473.

合をみると，それは，27年から32年まで，29%から35%の間を推移している[48]。

　これを事業分野別にみると，第5節で詳しくみるように，IGファルベンでは，1920年代末から30年代の初頭に行われた組織革新において，3つの事業部（Sparte）から成る新しい管理機構が生み出され，第1事業部では窒素，メタノール，合成燃料，人造石油，石炭・褐炭などの製品が，第2事業部では染料，重化学品，医薬品といった旧来の製品とともに，アルミニウム，マグネシウム，合成ゴム，溶剤，洗剤，接着剤，ガス溶接機およびガス切断器などの多岐にわたる製品が，そして第3事業部では人絹，スフ，写真用品，セルロイドなどの製品が扱われることになったが，1927-29年には，研究開発投資総額のうち64.8%が第1事業部に，30.5%が第2事業部にあてられ，第3事業部にはわずか4.7%があてられたにすぎない（表4-6参照）。また新しい事業領域と古い事業領域とに分けてみると，IGファルベン全体では，1927年と28年には新しい領域に約半分の額が投下されており，29年と30年をみてもそれぞれ41%，42%が投下されている（前掲表4-5参照）。さらに新しい領域の研究開発投資を事業部別にみると，その92.8%が第1事業部にあてられており，この事業部に研究開発活動の重点がおかれていたといえる。

　さらに研究施設およびそこで働く就業者，研究要員についてみると，同社の1926年の研究所数およびそこにおける就業者数を領域別にみると，そのいずれをみても，依然として，染料・中間物部門，染色部門の割合が高かったが，窒素部門では，100人の化学者と57人の職員，122人の労働者が働いており，これらの総数279人に占める化学者の数の割合は35.9%にのぼっている。この部門で働く就業者数も化学者数も染料・中間物部門（就業者数は1,341人，化学者数

は384人)および染色部門のそれ(就業者数は1,496人,化学者数は291人)を大きく下回っているが,窒素部門における化学者の割合は,染料・中間物部門の28.6%,染色部門の19.5%を大きく上回っており[49],窒素部門において研究が重点的に行われていたことがわかる。

(2) 新興事業分野における「技術的合理化」の展開とその特徴

研究開発投資のこのような動向をふまえて,つぎに,「技術的合理化」の展開過程をみていくことにするが,まず新興事業分野について考察を行うことにしよう。

新しい事業領域における研究開発投資の90％以上を占めていた第1事業部では,高圧合成方式による合成メタノール,人造石油,合成燃料などの研究開発が中心をなしていたといえる。J. ベェニヒによれば,とりわけバスフ,後にはIGファルベンは,空中窒素の結合のために(とくに高圧バッヅおよび高圧コンプレッサーのために)開発された技術や,(触媒研究のための)既存の研究能力および遊休設備をそれ以外の合成研究,とくに一酸化炭素からのメチルアルコールの生産のために利用したとされているが[50],なかでも,20年代の研究開発投資の最大の部分を占めていたのは鉱油合成のための投資であった。またこの時期の同社の2番目に大規模な研究開発プロジェクトは,第2事業部で行われたゴム合成のためのものであり[51],その取り組みもまた,新しい事業領域の開拓をめざすものであった。このように,1912年から22年まではドイツの開発は爆薬および人造肥料の生産のための合成窒素の取得に集中していたのに対して,20年代後半には化学工業は合成燃料の開発と石炭からのゴムの生産にむかうことになったが,これらの新しい方式の導入のためにははるかに高度な資本設備が必要となったとされている[52]。そこで,以下では,新興部門における主要製品部門について具体的にみていくことにしよう。

窒素部門について——まず窒素部門についてみると,IGファルベンの窒素生産のための合成生産方式であるハーバー・ボッシュ法は競合する他の技術と比べても明らかにすぐれた方式であり,この方式はきわめて資本集約的であった。そこでは,ガスの混合の75％に達する水素の生産がコストにとって決定的

な意味をもったが，接触触媒による水素工場は全体的にはひとつの巨大な設備を示しており，それは典型的な「人間の少ない」工場であり，すべてが集中的な操作台から制御されるというものであった[53]。それだけに，巨大な設備にかかる投資コストも大きなものにならざるをえなかったが，ハーバー・ボッシュ法は技術的にもまた経済的にも最も有利な方式であり[54]，同社の窒素肥料塩の製造原価に示されているように，外国やドイツの他の製造工場に対する競争上の利点はたえまない生産の合理化と集中的な研究によって確保されたものであったとされている[55]。それに加えて，「窒素部門の生産組織は染料部門のそれとは異なって，当初からオッパウおよびロイナの両工場を中心に合理的に編成され」ており，また販売組織についても，当初から合理的な編成がなされており，組織的合理化の必要はなく，「そのため，需要の増大の見込みに対応してただちに設備投資を再開することができた[56]」という有利な条件があった。

そうしたなかで，国内外の販売の一層の増大のもとで同社は設備の拡大のための投資を強力に行った結果，窒素設備の生産能力は1925年の462,600トンから29年には803,700トンへと拡大された。こうした生産能力の増大は世界の窒素工業の全生産能力の拡大を明らかに上回るものであり，その結果，同社の生産能力の占める割合は22年の21％から29年には26％に上昇している[57]。この点，後でみる人造石油部門とは大きく異なっており，20年代後半の合理化の時期には着実に生産増大とコストの引き下げを達成する条件を生み出すことができたといえる。

すなわち，ドイツの合成窒素（コークスアンモニアを除く）の生産高は1913年の12,000トンから29年には677,000トンにまで大きく増大したのに対して，29年のイギリスおよびアメリカの生産高はそれぞれ110,000トン，77,000トンにすぎず，合成窒素の生産におけるドイツの優位性は決定的なものであった[58]。しかし，大規模な生産能力の拡大の結果，それは国内市場の受け入れ能力を大きく超え，同社の輸出依存を一層強めることになった。1924/25年には，IGファルベンが約71％を占めていたシンジケートの販売のうち15％が輸出であったが，27/28年には約38％を占めるに至っている。また1925年から29年までに国内販売はわずか4％しか増大していないのに対して，輸出は約31％

も増大している(59)。このことは，ドイツ市場が飽和的状態に達したことによるものであり，そこでの販売額は1925/26年の524,000トンからこの時期の最高を記録した28/29年にも715,000トンに増大したにすぎず，その後31/32年まで減少を続けていることにも示されている(60)。それだけに，輸出競争力が問題となったが，ハーバー・ボッシュ法による優位を基礎に，同社は相対的安定期には輸出を大きく伸ばし，1920年代末まで，設備投資に基づく競争的輸出戦略を主とする国際展開をはかることができたのであった(61)。事実，1926年には窒素部門の売上は同社の売上総額の約43%，利益は利益総額の81%にも達している(62)。

しかし，この時期には，チリをはじめとする諸外国の生産能力の拡大もあり，世界の窒素の過剰生産は，1927/28年の92,000トンから29/30年には274,000トンに増大している(63)。その結果，世界の窒素生産に占めるドイツの割合は，その頂点に達した1927年の48%から29年には35%，30年には29%にまで大きく落ち込んでおり，IGファルベンの割合も34%から27%に，さらに20%に低下している。とはいえ，相対的安定期には同社の落ち込みはまだ大きなものとはなっておらず，その意味では，好調な事業展開をとげることができていたといえる(64)。しかし，20年代末の世界の窒素市場の構造は大規模な「全国的」コンツェルン，複数の国にわたるコンツェルン的関係および全国的な市場のカルテルの強力な地位によって特徴づけられるというG.プルンペの指摘(65)にみられるように，市場は寡占構造になっており，輸出市場では，厳しい競争が待ち受けており，むしろ問題は世界恐慌期の事業展開であった。

すなわち，1920年代末以降，世界市場の動向は，市場のドラスティックな狭隘化とシェアの再配分の2つの重要な点を示しており(66)，IGファルベンのこの部門における業務は，国際的な農業恐慌と全般的な過剰生産の結果，はるかに困難な状況に陥った(67)。同社にとっては，世界経済恐慌は，何よりもまず，窒素恐慌となって現れたのであり，その原因は，大規模な消費諸国のアウタルキー政策，農業恐慌，またこの部門の過度の拡張の根拠となった誤った期待や意思決定にもあったとされている(68)。そのことは，とくに，第1事業部の売上額に占める工業用窒素の割合が15%前後にすぎないのに対して，肥料の割合が80%台と非常に高く(69)，それだけに，窒素部門の業績は農業の需要動向に

大きく左右されざるをえなかったことにも示されている。IGファルベンにとっては,消費の停滞・減少のすすむなか各国の生産能力の拡大がおこるという深刻な事態となった。そうしたなかで,オッパウとロイナの両工場の拡大によって70万トンにまで増大された窒素の生産能力[70]は明らかに過剰なものとなっており,その結果,操業度は1926年から28年までの90％台から29年には65.6％,30年には41.4％にまで低下している[71]。世界恐慌期にはことに輸出の減少が顕著になっており,その額は1928年には241,001,403RMであったものが29年には191,692,635RM, 31年には61,232,434RM, 34年には32,016,289RMにまで落ち込んでおり,同社の輸出総額に占めるこの部門の割合をみても29.63％から24.52％, 11.45％,さらに7.66％にまで急激に低下している[72]。このような状況に関して,G.プルンペは,少なくとも,1926/28に行われた463,000トンから約804,000トンへの生産能力の拡大は誤った意思決定であったとした上で,636,000トンとなっている28年の水準で拡大を終了することが賢明であったであろう,と指摘している[73]。また1931年の *Der Deutsche Volkswirt* 誌は,窒素部門の投資に関して,設備が貸借対照表上すでに償却されている場合でさえかなりの程度の誤れる投資が残存することになったとしている[74]。

またコスト採算の面をみても,恐慌の深刻化にともなう価格の一層の低下(1931/32年の窒素の価格は26/27年の37％の水準にまで落ち込んでいる[75])のもとでコスト採算の合わない事業展開とならざるをえなかった。このように,25年から29年までの拡張局面における新規投資と結びついた生産能力の拡大は,結局,IGファルベンに利益よりはむしろ損失をもたらすことになり,世界経済恐慌において,同社の地位を損うのに,基本的に寄与したとされている。すなわち,同社の窒素部門は,1926年には1億2,670万RM, 28年には1億2,570RMの利益を計上しているが,世界恐慌期には大きく落ち込み,31年には1,090RM, 32年には1,970RMの損失を出すに至っている。IGファルベンの窒素部門の事業展開について,G.プルンペは,1）第1次大戦によって強力に加速された技術革新の段階, 2）全体的に増大する窒素製品の世界市場に占める大きな割合を獲得することに成功し,窒素部門が同社全体のダイナミズムにとって決定的な意味をもった1920年頃から28年までの拡張の段階, 3）各国における窒素の自給化の兆候のもとで高圧合成方式の世界的な普及が始まり,

それがその後農業恐慌によってかなり強化され，窒素恐慌をもたらすことになる段階，4）最も重要な消費国における窒素工業の普及が終了し，非常に停滞する輸出業務のもとで世界市場の規制と多くの国における国家の景気政策によって国内市場を志向した回復をもたらす段階の4つの段階がみられたとしている[76]。相対的安定期とその後の世界恐慌期におけるこのような対照的な合理化の帰結はまさに第2段階と第3段階の状況を反映したものであるといえるであろう。この点について，バスフのアルヒーフも，それまでIGファルベンの顧客であった諸国における多くの新しい窒素生産設備の建設が窒素市場の転換と工場の操業への決定的な打撃をもたらしたことを指摘している[77]。

メタノール部門について――またメタノール部門をみると，アンモニア合成の実施後，酸化炭素およびその他の炭素を含んだ結合物に水素添加を行う，すなわち高圧・高温のもとで水素を添加するという実験がつづき，こうした諸活動の進展のなかで，合成メタノールおよび後にはガソリンの生産へと至ることになるが，そのさいに必要な原料は窒素の場合と同じく空気，水および石炭であり，高圧のもとで触媒によって水素を利用するという点はこれらのすべての諸方式に共通するものであった。それだけに，このような新興部門における合成生産方式は「範囲の経済」を基礎にしたいわば「結合経済」的な生産連鎖をもち，技術的関連からみれば，ここで取り上げる3つの製品部門の展開は本来有効な効率性を生む可能性をもつものであったといえる[78]。すでに1914年以前に一酸化炭素の水素添加の研究を始めていたバスフは，23/24年には，一酸化炭素の水素添加によるメタノール合成において大きな成果をあげ，24年初めには，そのような開発活動は終了した。このような新しい合成方式の確立によって，IGファルベンは新しい，有望な活動領域を獲得したのであるが[79]，このようなメタノール合成の実験の背後には，多かれ少なかれ，内燃機関の天然燃料の代替を見い出そうとする努力が明らかにみられたのであり，人造石油の場合と同様に，大規模な石油製造業者に引き続き依存するという状態を避けるためには，大規模な石炭の埋蔵量をもつドイツのような国にとっては合成燃料の取得のための方法を求めなければならなかったという特殊な事情に対応したものであった[80]。

こうしたなかで、同社にとっての最大の市場はアメリカであり、当初はそこへの輸出を大きく伸ばすことができた。すなわち、IGファルベンの前身企業のひとつであるバスフは短期間のうちにアメリカ市場の大きな部分を獲得することに成功し、数年のうちにアメリカはメタノールの輸出国から純輸入国へと変化することになったが、合成メタノールはアメリカの国内市場を変えただけでなく、アメリカの製造業者の輸出業務にも打撃を与えたのであった。

しかし、この領域はその後アメリカとの競争が激しくなる領域でもあった。合成メタノールの生産を開始しようとするアメリカ化学工業の諸努力は、IGファルベンの輸出業務にとって、はるかに大きな危険であることがわかった。とりわけ、同社の最大の消費者であり、1925年および26年にはその需要をIGファルベンによって充たしていたデュポンは、IGファルベンに依存することなく、合成方式の開発を試みた。そのさい、合成方式の利用はバスフ、その後はIGファルベンによって手続き法上保護されており、その限りでは、デュポンはそれを自由に使用することはできなかったが、アメリカにおけるメタノール合成の発明者であるフランス人のゼネラル・パタートのメタノール合成方式の利用によって、同社は、26年11月に、彼との共同で開発したその「独自の」メタノールの製法を発表した。またフランスやイタリアも独自の新しい製法の開発に着手した[81]。その結果、ドイツのメタノール生産は26年の13,700トンから29年には24,600トンへと1.8倍に増大したにすぎないのに対して、アメリカのそれは27年の2,500トンから29年には17,000トン、30年には23,000トンに大きく増大しており、生産能力をみても、両国はそれぞれ年産3万トンとなっている。アメリカの化学企業による合成方式の受け入れおよびその普及にともない、IGファルベンの輸出のためのアメリカ市場は、わずかな間に完全になくなったとされている[82]。すなわち、アメリカのメタノールの輸入は、1923年の16,000ガロン（12,000ドル）から27年には1,710,000ガロン（717,000ドル）に大きく増大した後、28年には379,000ガロン（129,000ドル）に急激に減少しており、それにともない、価格も23年の48％の水準にまで低下している[83]。さらに世界恐慌期には、世界市場の条件の変化および全般的な景気の動向に原因をもつメタノール生産の強力な減少に見舞われることになるが、アメリカという輸出市場の喪失によって、IGファルベンのメタノール生産は、1932年以

降の国内市場の景気回復のはじまりまでは停滞することになった。この部門でも，窒素部門と同様に，代表的な工業諸国がその方式を受け入れた後に，メタノール合成の普及の最初の段階が終了したのであった[84]。

人造石油部門について——つぎに人造石油部門についてみると，この部門はナチス期に軍事化とアウタルキー化の推進にともない国家との強い関係を保ちながら事業の展開・拡大が推し進められた部門であり，両大戦間期にはIGファルベンはその注意の最も多くを合成ガソリンの開発に集中することになったが[85]，1920年代の合理化の時期をみても，窒素部門とともに投資の拡大が最も積極的に行われた部門のひとつであった。すでにIGファルベンの誕生以前にバスフは窒素とメタノールの水素添加の領域における経験をガソリンの代替においても役立てることができたが，そこでは，遊休化した生産能力をはやめに他の工程に使うという経済的な考慮が背景にあった[86]。さらに，合理化が強力に推進されていく1920年代後半には油田が近いうちに涸渇することがたびたび予測されており，他方では，モータリゼーションの進展の結果，燃料需要が一層増大すると予測されており，その結果，不足している天然原料を工業合成製品によって代用するか，あるいは補充するための状況が，ドイツ染料工業に対して，生まれると考えられていた[87]。そのような状況のもとで，IGファルベンでは，人造石油部門への進出が推し進められたのであった。1926年には研究活動が大きな進展をみることになり，その結果，同年11月に約100,000トンのガソリン生産のための設備の建設がロイナ工場において始められ[88]，27年4月1日にこの工場でガソリン生産が始められた[89]。そこでは，1926年8月にはメルゼブルクにおける石炭の水素添加設備の建設が決定されており，とりわけ高圧生産設備の製造のために120万RMでもって機械の調達が行われており，それはすでに27年にフル操業に達している[90]。

しかし，この領域における諸困難はそれまでの合成製品の場合よりもはるかに大きなものであり，この点は後でみるコストの問題とも関係して，未だ十分な事業採算を見込める状況には至らなかった。活発な設備投資と研究開発投資に基づく「技術的合理化」が強力に取り組まれたにもかかわらず，この段階ではなお，費用のかかる一層の研究開発活動および設備投資が必要とされた。同

社の1930年度の営業報告書は，水素添加設備において新しい諸経験と技術的知識によって工程を一層低廉化することができたが，当時の捨て値のもとでは採算のとれる活動は不可能であったとしている(91)。またW．グライリンクも同じ年に，当時の状況について，石炭の液化は近いうちに外国の鉱油やその精製製品の輸入を完全に不要にすることはなおできなかったことを指摘している(92)。そこで，経済的な理由から，1929年夏以降，製造原価において有利な褐炭の乾留タールを原料として使用するように転換がはかられており(93)，また30年以降にはタールと石油がロイナガソリンの生産のための原料として利用されるようになったが，こうした転換も合理化運動の遅い時期あるいはその後にようやく取り組まれている。しかも，前掲表4-4ににられるように，それは世界恐慌期の1930年から32年までの期間の同社の設備投資全体のうち21％をも占める大規模な設備投資をともなうものであり，29年以降の利用原料の転換の試みは大きな額の設備投資を必要としたが，そればかりでなく，研究開発においても大規模な投資を必要とした。1931年秋には石炭を原料とする最初の大規模な実験が行われ，また1年後の32年9月には褐炭を直接水素添加するための大がかりな実験が着手されており，これらの実験の成果によって，その後は，ロイナ工場の設備において褐炭からの約30万トンのガソリンを生産することが大きな投資なしに可能となった(94)。そのようなガソリン生産の方式でもって同社は触媒高圧合成の新しい領域における大規模な開発をようやく終了することになる(95)。合成燃料の開発が取り組まれた1924年から32年末までの投資額は3億3,300万RMにのぼっており，そのうち研究開発活動に1億4,670万RMが投資され，設備投資のために1億720万RMが支出されている。

　このように，合成燃料の生産のための技術的に完成された方式を利用することができるようになるのは1932年以降のことであり(96)，20年代後半の合理化の時期にはその事業化が十分な成果を見込むことができる状態にはなかったといえる。H．タムメンも指摘するように，技術的に複雑な問題の最も重要な結果は，生産の拡大およびそれとともに生産の低廉化が計画されたようにはおこらなかったという点にあった。例えば生産量をみても，1927年の1,000トンから28年には27,000トン，29年には69,000トンに増大しているにすぎず，31年になってようやく10万トンをわずかに超える108,000トンとなっているにすぎな

い$^{(97)}$。ことにコスト面での限界は深刻なものであった。確かに生産の増大にともないガソリン1トン当たりの設備額は1927年の2万RMから29年には500RM、30年には423RMにまで大きく引き下げられたが$^{(98)}$、ガソリンの製造コストは合成アンモニアのようには製造コストを順調に切り下げることはできず、当初の目標としては1リットル当たり20ペニヒと設定されていたにもかかわらず$^{(99)}$、30年になっても40から50ペニヒがかかった。これに対して、販売価格は30から35ペニヒであり、20ペニヒの販売価格のもとで製造コストが23ペニヒにまで引き下げられた31年になってようやく両者の大きな開きは解消されたが$^{(100)}$、事業としての採算が成り立つものではとうていなかった。1933年末頃になってようやくロイナ工場における水素添加設備の拡大が終了することになるが、ロイナガソリンの製造原価を1リットル当たり20ペニヒから22ペニヒと考えれば、その高さは設備の異常な損耗によって規定されたものでもあったとされている$^{(101)}$。

そこで市場の面をみると、天然石油が近い将来に枯渇するという上述のような予測は完全に誤ったものであり、すでに20年代後半に原油価格の大幅な低下がおこっており$^{(102)}$、ことに世界恐慌にはそれは一層顕著なものとなったが、ドイツにおけるモータリゼーションの未発達もあり、相対的安定期における自動車工業の発展の限界などに規定されて、ほとんどないしはまったく市場を形成できなかった$^{(103)}$。この点をドイツにおけるガソリン消費に占める合成ガソリンの割合でみると、1928年にはそれはわずか3.8%、29年には7.4%にすぎず、ガソリンの合成が技術的に完成された方式となった後の33年になっても10.4%にとどまっている$^{(104)}$。石炭の水素添加のプロジェクトの展開の過程においてプロセス技術の基礎的な処理に関する多くの知識が得られ、また今日でもなお精製技術において世界的に利用されている効率的な触媒システムが開発されたという点にみられるように$^{(105)}$、その後の開発活動を推し進める上での技術的基礎を築いたということを除けば、人造石油部門では、活発な投資が行われたにもかかわらず、1930年代の初めまでに成果をあげることはほとんどできなかったといえる$^{(106)}$。

そのような状況のもとで、20年代のIGファルベンの研究開発投資の大きな部分を占めていた鉱油合成事業は、それが世界恐慌期に最大の割合を占める設

備投資の展開をともなって継続されたこともあり，ことにこの時期には大きな損失を生むことになった。例えば1932年の同社の売上高利益率をみても，全体では8.4％の利益率となっているのに対して，鉱油部門のそれは43.7％の損失を生んでおり，この時期に深刻な経営不振に見舞われた窒素部門の10.8％，写真用品部門の18.7％の損失を大きく上回っており，利益があがるようになるのは36年のことであった[107]。このように，人造石油部門では，最大の諸努力が行われたにもかかわらず，その成果は決して期待されたようにはあがらず，むしろ世界恐慌期全体をとおして一層多くの人員の投入と投資支出をガソリン合成のために行うことになり[108]，同社の収益性を損なう結果となった。1931年の Der Deutsche Volkswirt 誌は，石炭の液化は窒素とならぶ誤れる投資の第2の源泉となったとしており[109]，またバスフのアルヒーフも，世界恐慌期の著しい生産高の減少によってオッパウ工場は経済的な限界に突き当たったとしている[110]。

合成ゴム事業について——さらに合成ゴム事業についてみると，最初の合成ゴムは，IG ファルベンのハリースが第1次大戦中に合成したメチルゴムであったが[111]，同社では，1926年夏にゴムの合成のための研究開発が再開されている。このことはつぎのような経済的理由および技術的理由をもっていた。すなわち，ひとつには，ブタジエンの生産のためのより生産効率の高い方式の開発に成功したことであり，いまひとつは，20年代半ばのゴム価格の著しい上昇である。ここで第1次大戦後の世界のゴム市場の動向をみると，1920年および21年には生産量が消費量を上回っていたが，22年以降25年まで消費量が生産量を上回っており，25年には生産量が527,500トンであったのに対して，消費量は552,500トンとなっている。こうした状況のもとで，価格は1925年には急騰し，前年の2.8倍に上昇している。26年には価格は低下しているが，24年の価格の約2倍となっている。このように，20年代半ばの市場の動向，とくに25年から26年にかけて価格の上昇が，IG ファルベンにおける合成ゴムの研究開発の再開の考慮に影響をおよぼしたのであった。1925年に同様にゴム合成のための研究を始めたデュポンにも恐らく同じことがいえるとされている[112]。

そこでIG ファルベンのゴム事業における投資をみると，それは1927年以降

第4章　化学工業における合理化過程　211

大きく増大し，30年までの間に1,128万6,000RMの投資が行われており，そのうち，研究費が950万4,000RMとなっており，84.2％を占めているのに対して，設備投資は178万2,000RMとなっており，全体の15.8％を占めるにすぎない。また新しい領域への投資をみると，その割合は，合理化の時期をつうじて最も高い29年をみてもわずか7.07％にすぎず，上述の3部門とは異なり，この時期にはまだ本格的展開には至っていない。同社はこの分野では1929年半ばまでは実験的なレベルで活動してきたにすぎなかったので，コスト計算のための基礎を得るために，また技術的な次元で合成生産方式を試すために大規模な実験設備の建設を計画することができた限りではそうした活動は進展をみたが，そこでは，引き続き，天然製品を駆逐すること，あるいはそれにとって代えることが期待されていたのではなく，その特別な消費特性のゆえにより高い価格の特別な市場を獲得することのできる合成原料が追求されたのであった。確かにタイヤの原料をも生産するという意図は放棄されることはなかったが，1926年以降大きく低下する天然ゴムの価格のためにそうした市場は関心の中心にはなかったとされている[113]。そのような状況の背景として，利用することのできる技術的な可能性の現実的な評価においては，同社のゴムの専門家は，合成ゴムは天然ゴムよりも高いであろうということ，また合成品が天然ゴムよりもよく適しているような使用特性が重要となる部分的な市場のみを獲得することができるにすぎないであろうということを前提としていたということがあった[114]。そうしたなかで，C．シューマンが1929年8月に60トンのブナを生産するためのクナップザックにおける設備の計画を策定しており，そこでは，ヘキストとルートヴィヒスハーフェンが共同でその生産を行うべきものとされたが，28年から32年にかけての天然ゴム価格の2マルクから0.25マルクへの大幅な下落と29年に始まる恐慌期の経済的困難のためにこの計画は実現されるには至らなかった。そのような取り組みがすすむのは33年になってからのことであった[115]。

　このように，1920年代における第2番目に大規模な研究開発プロジェクトであったゴム合成のための経営上引き合う方式を開発する試みもさしあたり成果がないままであった[116]。またコスト面でみても，W．グライリンクが1930年に指摘しているように，ゴム合成は，当時の価格水準のもとでは，まだプラン

テーションと成功裡に競争することはできない状態であった[117]。上述したように，1926年にゴム合成のための研究開発が再開されているが，そのような新しい領域への投資はきわめて低い割合にとどまっており，また世界恐慌期には，「第3帝国」においてブナの研究の増大の枠のなかで再び徐々に増大させるための最小限にまで支出が削減されており[118]，人造石油部門とは状況は大きく異なっている。1930年10月の合成ゴムに関する協議では，ブナの生産は完全に縮小されること，合成ゴムに関する科学的研究も縮小され，天然ゴムに関するものへの科学的研究の転換が開始されるべきことなどが決定されているが[119]，そこでは，自動車用タイヤのためのブナの利用においてのみ大量生産および原価の引き下げが問題となることが指摘されている[120]。こうして，科学的な活動，とくに重合研究のみをごく限られた範囲で継続すべきものとされたが，このような決定は，他の企業もゴム合成に取り組んでいることがわかっていたという事情とこの重要な領域にとどまっておかねばならないという意図があったことによるものであった。結局，同社は1932年末までゴム合成のための十分な方式を使用することはまだできておらず，単量体方式もさまざまな重合技術も技術的には完成しておらず，またとりわけ利用技術面でのテストがされた製品をもつには至らなかったが，そのような乏しい成果は1927年から32年までにわずか180万RMにすぎないゴム研究のための実験設備への投資の少なさによるものでもあったといえる。

　そのような状況のもとで，この部門における研究開発が本格的に展開されるのは1930年代半ばのことであった。IGファルベンのゴム事業における投資に占める新しい領域の割合は，34年および35年にはそれぞれ39.65％，62.56％となっており[121]，同社は35年にブナ（Buna）という商品名で新しい合成ゴムであるスチレン・ブタジエンゴム（SBR）の生産を開始することになる[122]。しかし，合成ゴムの最初の商品化は，1930年にその開発に成功したデュポンによって32年に行われており，IGファルベンは遅れをとることになった[123]。しかも，デュポンの合成ゴムは，天然ゴムに比べ油と光に対する抵抗力が強いという製品特性のゆえに，天然ゴムよりも高い価格であったにもかかわらず，そのような利用価値をもつ弾力的な材料が求められるところで原料として普及したのであった[124]。ゴム消費の急速な増大をもたらしたとりわけアメリカにおけ

る20年代のモータリゼーションの急速な進展はゴム市場の発展にとって決定的であり,この時期のゴム価格の上昇もそのようなゴム消費の拡大によってもたらされたものであっただけに[125],ドイツにおけるモータリゼーションの立ち遅れは,同社の合成ゴムの開発のあり方を一面で規定しただけでなく,事業展開そのものに対しても,限界をもたらすことになったといえる。

(3) 旧事業分野における「技術的合理化」の展開とその意義

これまでの考察において,新興事業分野における「技術的合理化」の展開過程についてみてきたが,つぎに,旧事業分野における「技術的合理化」の展開とその特徴,意義についてみておくことにしよう。

① 旧事業分野における「技術的合理化」の特徴

旧事業分野の中核的位置を占める染料部門では,基本的に製品別生産の集中・専門化による生産組織の再編成＝「消極的合理化」がこの時期の合理化の中心的な方策となっており,例えば設備投資をみても (前掲表4-4参照),IGファルベン全体のわずか7％を占めていたにすぎない。例えばアゾ染料の生産をみても,根本的な資本集約的な投資は,一般的に,より後に,一部では1930年代および45年以降に初めて行われたとされている。IGファルベンにおいてバイエルのレファクーゼンにおけるアゾ染料部門のために1928年から32年までに提案された投資は統合化の活動,拡張投資,とりわけ乾燥工場および粉砕機の更新のために必要とされたが,それらは本来の染料工場における技術的革新のためにはほとんど必要とされなかったとされている。そこでの生産性の向上はむしろ,しばしば,稼働率の引き上げやカップリング時間の短縮によって達成された。例えば安息香プルプリンでは,正確なペーハー値の遵守によって製造時間は20日から12日に短縮されることができた。そこでは,生産技術を一層機械化することはタンクの搬送をパイプシステムに転換することを意味したとされている。そうしたシステムは,それまでのようにしばしば野外や手で装入されるタンクと結びついていたのではなく,まとまりをもった溶解タンクとフレキシブルに結びつくものでなければならなかったが,そのような機械化の動きはヴァイマル期にはまだみられなかったとされている。

それゆえ、そこでは、合理化は、とりわけ生産能力の閉鎖および生産の集中とならんで、より大量の「原料」がより短い時間に化学的に転換されるように生産方式を変更することを意味したが、そのような変更は、労働者にとっては、技術的革新によって生産が大きく軽減されることによって行われるのではなく、各人の労働負担を高めるような化学的方式への変更によって行われたとされている。そのような方策の推進は労働強化をもたらすものであるが、1930年には新しい出来高割増給制度の導入によって労働の強度が再び高められたとされており[126]、そこでの「技術的合理化」の諸方策は労働組織の領域の合理化とあいまって、大きな資本支出をともなわないかたちで展開されたといえる。そのような状況のもとで、染料部門における資本支出をともなう「技術的合理化」はむしろ新製品の開発・生産と高級品への特化のための方策に重点がおかれていたといえる。この部門の研究領域は何ら顕著な革命的な革新をもたらすことはなく、そこでは、開発は多かれ少なかれ終了しており、主に洗練化が問題となったのであった[127]。この点について、バスフのアルヒーフは、工場の実験所では生産方式の改善と低廉化、品種の充実が取り組まれており、本来の研究活動は1932年になって初めて開始されたとしている[128]。

また染料以外の旧事業分野をみても、基本的には「消極的合理化」による生産の再編成の方策が中心的な役割を果しており、「技術的合理化」の展開は染料部門と基本的に似たものであったといえる[129]。

② 旧事業分野における「技術的合理化」の意義

そこで、つぎに、旧事業分野における「技術的合理化」の成果と意義についてみておくことにしよう。まず投資をともなう「技術的合理化」が第1事業部のようには活発に行われることのなかったこれらの事業部門の属する第2事業部の収益の状態をみると、この事業部の利益は、1926年の6,000万RMから28年および29年には約1億3,000万RMに増大しており、その後減少しているが、33年には再び約1億3,410万RMに増大しており、比較的安定した収益状態にあったといえる。また売上高利益率は26年には11.1%であったが、その後は17%前後を推移しており、世界恐慌期にも、14%台から20%台を推移している。投下資本1RM当たりの利益をみても、26年には1.44RMにすぎなかっ

たが,その後ほぼ一貫して増大しており,世界恐慌期には一層の増大をみており,32年には9.1RMにまで上昇している[130]。

なかでも,染料業務をみると,その売上額は,1926年の3億4,570万RMから28年には4億3,550万RMに増大した後に減少を示しているが,32年をみても3億1,740万RMとなっており,その落ち込みは27.1%にとどまっている。またこの部門の売上げの70%を超える輸出額をみても,26年の2億6,800万RMから28年には3億3,420万RMに増大した後,33年には2億3,020万RMまで減少しており,31.1%の減少幅となっているが,上述の新興部門と比べると小さな範囲にとどまったといえる。なかでも国内販売は安定した状態を保っており,27年には1億1,200万RMであったものが32年には8,300万RMに減少しており,25.9%の減少となっている[131]。また利益額をみても26年の6,970万RMから27年には1億70万RMに増大しており,29年まで1億RMを上回っている。30年以降は20%から30%程度の落ち込みを示しているが,26年から29年までの大きな伸びを考えると,世界恐慌期にも,収益性は比較的良かったといえるであろう[132]。窒素部門とは反対に,染料および染色助剤は恐慌の影響に対して比較的底固い抵抗力を示しており,なかでもタール染料業務における減少は他の製品と比べると小さかった。そこでは,技術進歩が恐慌を緩和する要因となっており,利用価値の高い染料の効率的な生産が初めてドイツのタール染料工業に新しい領域の獲得をしだいに可能にしたとされている[133]。この点については,H.タムメンも,ことに染料部門において,技術的優位を支えられて,IGファルベンが例えばイギリスでは生産されていなかった高級染料でもって世界恐慌期にもこの有力な競争相手国での染料の売上高を伸ばすことができたことを指摘している[134]。最も高価なアリザリン染料の同社の輸出額は1929年の3,658,000RMから31年には1,991,000RMに減少しているが,それについで高価なアニリン染料の輸出額は141,587,000RMから143,526,000RMにわずかに増加しており[135],33年の営業年度の輸出をみても,ヨーロッパの工業諸国への輸出では海外へのそれよりは価値の高い染料が販売されている[136]。この点について,工藤 章氏は,相対的安定期の輸出における高価格化が「一方では多様化および高級化という消費構造の変化への対応の結果であったが,他方では外国企業の製品ラインが,技術的な参入障壁の比較的低く,

したがってまた比較的安価な染料を中心としていたことへの対応の結果でもあった(137)」と指摘されているが，そうした対応は同社のもつ技術優位に裏づけられたものであったといえる。

それだけに，染料部門では，「消極的合理化」の徹底を基礎にして，その上で高級染料のような市場競争力の期待できる領域への投資の展開によって新興部門のような大きな固定費の負担とリスクをかかえることなく事業展開をはかることができた点にこの部門の合理化の成果の主たる理由をみることができるであろう。この点については，H．タムメンも指摘しているように，染料部門および医薬品部門は多かれ少なかれ完成した領域となっており，大規模な開発はほとんど行われることはなく，そこでは，国際的な競争相手に対する優位を保つことができたので，せいぜい多様な色度の一層の開発や特殊な染料の創出を継続的に保っておくことが有効であったとされている(138)。IGファルベンの1930年度の営業報告書は，価値の高い染料への転換がなお終了していないこと，また耐性染料でもって染料にとってのはるかにひろい販売領域が獲得されねばならないことを指摘しているが(139)，31年の *Der Deutsche Volkswirt* 誌は，同社は世界市場では国際的な協定によってその地位を強化しえたのに対して，国内においては，大きな利鞘でもって販売される耐性染料（インダンスレン染料）において巧みな宣伝によって独占的地位をある程度生み出すことができたのであり，この部門では，生産と販売における合理化の成果は一部ではそうした技術進歩に規定されていたとしている(140)。この点について，バスフのアルヒーフも，この時期のアリザリン部門の好調が一部はインダンスレンの効果的な宣伝の結果であり，また一部は旧来の染料品種の拡大と新しい染料品種の創出の結果であったとしている(141)。またバイエルのアルヒーフによれば，IGファルベンでは1927-32年の期間に1,324，それゆえ年間約220もの商標の増加がみられ，この期間には新しい製品の開発が終了しているが，32年にはそのうち86だけが赤字の製品であったとされており(142)，この点にも新品種の投入を中心とするこの部門の合理化が好調な結果をもたらしたことが示されているといえる。同社のアルヒーフは，IGファルベンの合同後の染料業務の顕著な特徴として，旧来のアゾ染料の領域の卓越した安定性，アリザリン染料および建染染料の躍進，トリフェニルメタン染料の大幅な減少の3点をあげてい

る(143)。

　また染料部門以外の旧来の部門をみても，化学工業の第3番目に大きな活動領域であるとされる各種の衛生剤や薬剤，消毒剤や麻酔薬から化粧品・装飾品に至る医薬品関連の領域でも，20年代後半には強力な躍進をとげた(144)。なかでも医薬品部門では，IG ファルベン・コンツェルンの最終的な構造および国内市場におけるその支配的な役割はすでに20年代末には形成されていたと指摘されているように(145)，そこでも，市場の一定の安定的な拡大が存在する限りでは，固定費の大幅な増大をともなわない合理化の展開がむしろ収益の安定をある程度保つための条件を築いたといえる。これらの旧部門では，強固な市場支配力と比較的高い技術水準をもちながらも第1次大戦の影響と戦後の経営環境の変化のもとで合理化の必要性に迫られたという事情があったが，そのことを裏返していえば，むしろ技術とコスト面において外国の競争相手に優位を失わない限り，大きな資本支出をともなう「技術的合理化」を徹底して推し進めるよりはむしろ従来の市場の維持・確保を指向するための諸方策である組織的合理化の展開と技術優位を保つための諸方策の推進が収益性の安定につながったといえる。また第1節において指摘した化学工業の過剰生産能力の性格の問題もこれらの旧来の諸部門における合理化の成果と深いかかわりをもつものであったと考えられる。染料以外の旧来の諸部門を医薬品・農薬部門についてみると，相対的安定期はもとより世界恐慌期においても売上額の増大を示しており，1928年の7,500万 RM から31年には9,620万 RM に増大しており，その後をみても32年には8,570万RM となっており，わずかな減少をみたにすぎない。また輸出額では28年の5,100万 RM から31年には7,040万 RM に増大しており，32年には6,180万 RM に減少しているが，その額が小さかった。この部門でも染料部門と同様に輸出の占める割合が非常に高かったが，それは28年の68％から31年には73.18％に上昇している。また国内販売をみても28年の2,400万 RM から29年には2,700万 RM に増加した後にわずかな減少がみられるが，32年をみても2,390万 RM となっており，安定した推移を示しており，好調な事業展開をとげたといえる(146)。

　さらに化学品部門をみると，そこでは，国内販売と輸出のいずれもが1929年まで増大を示しており，合理化が展開された相対的安定期をみると比較的好調

であったといえるが,その後は大きな減少を示している。すなわち,29年から32年までに国内販売は1億5,610万 RM から8,580万 RM に,輸出は1億660万 RM から6,310万 RM に,売上額は2億6,270万 RM から1億4,890万 RM に減少しており,減少幅はそれぞれ45%,21.3%,43.3%となっている(147)。しかし,そこでも,1931年の Der Deutsche Volkswirt 誌が指摘するように,重化学品および有機化学品の利用領域がその近年においても一部ではさらに拡大されることができたとされており(148),また32年の営業年度に関しても,生産におけるコストの引き下げと「販売価格への弾力的な適応」によって売上の減少に対応することができたとされている(149)。こうした点については,1932年度の IG ファルベンの営業報告書も,化学品部門のひろい基盤は国内においても輸出市場においても強い抵抗力を与えたとした上で,同社の製品にとっての新しい利用目的を見い出そうとする諸努力はこの年度にも成功を収めたと指摘しており(150),比較的状況は良かったといえる。

このように,これらの部門における相対的安定期の好調な事業展開と世界恐慌期の比較的安定した収益性に関しては,製品別生産の集中・専門化による「消極的合理化」=「組織的合理化」が徹底して推し進められ,設備投資と研究開発投資による資本支出をともなう技術的合理化の諸方策が抑制されたことが,それまでの市場における競争力や技術水準の高さを基礎に,むしろ固定費の増大を回避するかたちで市場適応力を高めることを可能にしたといえるであろう。重要な中間製品および染料の生産は新たな手が加えられ,また一部では全く新しい基盤の上におかれたが,それによって旧来の染料のコスト引き下げが達成されただけでなく,新しい特別な銘柄を生み出すことができたとされている(151)。その結果,すでに一定の技術的優位と市場における競争力を保っていた染料部門と医薬品・農薬部門の好調が IG ファルベン全体の収益性と新興部門における事業展開を支える役割を果していただけでなく,世界恐慌期における同社の収益の低下をある程度緩和する役割をも果したといえる。同社の伝統的な支柱である医薬品,染料,化学品の製造部門は確かにもはや第1次大戦前のような世界の支配的地位を保つことはできなかったが,それにもかかわらず,同社の業務の収益性の高い領域であり,その利益でもって新しい領域における研究のための資金をまかなうかたちになっていたのであった(152)。ことに

第4章　化学工業における合理化過程　219

人造石油部門における世界恐慌期の大きな損失とそれにもかかわらず継続された大規模な投資に関して，G．プルンペは，1932年には第1事業部および第3事業は苦境にあったけれども，第2事業部の成果はこうした損失を埋め合わせるのに十分であっただけでなく，水素添加設備の設備額の十分な減価償却をも可能にしたであろうと指摘している[153]。

(4) 化学工業の産業特性と「技術的合理化」の矛盾

以上の考察において「技術的合理化」の展開とその成果，意義と限界について主要製品部門を取り上げてみてきたが，それをふまえて，つぎにそのような合理化のあり方が化学工業のもつ産業特性とどのような関連をもつものであるかという問題についてみておくことにしよう。

化学工業の産業特性としてまずいえることはその固定費の大きさとコストに占める固定費の割合の高さである。この点については，1930年のアンケート委員会の研究によると，化学工業の運転資金の約50％が設備にあてられており，そのことから化学製品の総費用に占める固定費の割合が大きな意味をもつことがわかるが，化学企業の固定費の割合はその他の資本集約的な産業部門の固定費の割合をかなり上回るものであったとされている。また総費用のうち20％から25％を占める賃金部分はかなり「硬直的」であり，その結果，その圧縮は非常に困難であり，したがって経営の操業度の変動への賃金部分の適応も非常に困難であるという特性をもつとされている[154]。化学工業は機械器具製造業，電機工業，製陶業および製鉄業，炭鉱業などにとっての最大の発注者のひとつであり，この点は第2節でみた設備投資の大きさにも示されているが，そればかりでなく，化学工業の高い資本集約性は研究開発活動への大きな支出と本来の生産のためのその他の準備活動のひとつの結果でもあった[155]。それだけに，新興部門においてはとくに大きな資本支出をともなう「技術的合理化」の推進が必要となったといえるが，そのなかでも，合成生産方式に基づく窒素，メタノール，人造石油などの分野では，すでに触れたように，「規模の経済」による効果だけでなく「範囲の経済」によってもたらされる効果の大きい生産連鎖の特性をもっており，この点では染料を中心とする旧来の諸部門とは状況が大きく異なっていたといえる。

IGファルベンでは,世界恐慌期にみられた窒素の販売の減少は石炭の水素添加においても大きな影響をおよぼすことになった。すなわち,同社はまず褐炭を乾留し,そこで発生するタールを水素添加に利用し,他方ではエネルギー生産とガス生産のさいの褐炭コークスを窒素の生産に利用することができた。しかし,窒素市場における販売の減少は褐炭コークスの需要を減少させ,その結果,水素添加法の利用においては,石油製品の処理への移行が推し進められることになったのであり,このことは化学大工業の製法の密接な関連を示すひとつの例であるといえる[156]。そこでは,すべての製品が互いに依存しあっており,またある部門の生産の減少は他の部門にも不利な影響をおよぼさざるをえず,このことは世界恐慌期に顕著にあらわれたといえる[157]。すなわち,この時期に同社において人造石油事業の一時停止が検討された結果,その継続が決定されたが,とくに水素を基礎にしていることによる鉱油合成とその他の合成生産方式との密接な結合経済,さらにこうした結びつきのゆえに鉱油合成の中止は他の水素添加方式のより大きなコスト負担をももたらすであろうという認識,近いうちに採算の合うコストに到達することができるという技術者の確約がそのような意思決定にとって決定的であったとされているように[158],こうした事情は「結合経済」ともいうべきこうした製法の生産連鎖に規定されたものであった[159]。

そのような状況について,H.タムメンは,この時期に比例費部分に対する固定費の増大のなかで企業の対応のフレキシビリティの低下という明確な事例がみられたとしており,そこでは,生産の中止にもかかわらず,損失を減らすことはできず,むしろ反対の作用をもたらすことにならざるをえないとしている。すなわち,生産の中止のもとで大幅なコストの節約を期待することはもはやできない状況にあり,強力なカルテル政策によって価格の低下をできる限り小さく抑えようとする努力は,一方では過剰生産への適応の困難によって恐慌の長期化と深刻さをひきおこし,また他方では他の領域においても業務の進行の自立的な回復を妨げる結果となり,恐慌において大コンツェルンをそのような危機的な展開へと強制するメカニズムができあがったとしている[160]。この点はたんに固定費の割合の上昇だけでなく,「範囲の経済」を生み出す「結合経済」が恐慌期にもたらす矛盾が強く作用したものであるといえるが,1920年

代の合理化過程においてこのような新しい限界性に直面する段階に到達したことの意味は大きいといえる。このような生産連鎖の矛盾のために，1929年春以降のIGファルベンの非常に慎重な投資政策による設備投資の大幅な削減[161]のもとで鉱油部門において最大の設備投資が展開されるという状況が生み出されることになり，その結果，同社がナチス期において国家の助成を基礎に合成燃料の事業展開をはからざるをえない状況に陥ったことを考えても[162]，20年代後半の合理化の展開とその帰結は非常に大きな意味をもつものとなったといえる。R．サシュリーは，1920年代の同社の最も大規模な投資のいくつかは合成硝酸塩，合成ガソリンおよび合成ゴムにおいてであったが，それらはドイツが天然ガソリンおよび天然ゴムのはるかに安い供給源から遮断されている場合にのみ報いることができたであろうと指摘している[163]。

第4節 「労働組織的合理化」の展開とその特徴

これまでの考察において，「技術的合理化」の展開についてみてきたが，つぎに，「労働組織的合理化」についてみていくことにしよう。重工業の場合と同様に，化学工業の合理化は，企業集中による産業合理化（組織的合理化）と「技術的合理化」を中心に取り組まれたが，プロセス技術によって特徴づけられる化学工業の生産過程においては，とりわけ技術的革新が生産過程の経済性の上昇に寄与することができたのであり，そのことは，一般的に個々の設備単位の統合および個々の生産段階のよりよい時間の調整の高い度合いに示されている[164]。とくにこの産業部門の大コンツェルンでは，企業側は，その技術的再編成を労働科学の諸方策（人員の選別，出来高給の方式など）によって補完したとされている[165]。もとより，化学工業は賃金集約的な部門ではなく，例えばIGファルベンでは賃金は総費用のわずか20-25％を占めていたにすぎず，その結果，収益性はその他の労働集約的な諸部門においてと同じ程度には賃金水準に依存することはなかったとされている[166]。また化学工業では，特別な化学反応や自動的に操業する装置への生産の依存が個々の能率給や出来高給の制度の導入をひろい範囲にわたり排除してきたとされている。この部門では，労働者の80％までが一般的な生産割増給をともなうかあるいはともなわない時

間給で働いており，その限りでは，出来高給が導入されている場合と比べると時間研究・作業研究に基づく賃金の決定の必要性は低かったといえる。これに対して，加工職場や補助経営，保守作業，梱包および発送の部門では主として能率給ないし出来高給が利用されており，割増給をともなわない純粋な時間給で働く労働者の割合は約3分の1にすぎず，その点では，時間研究・作業研究に基づく賃金の事前決定が重要な役割を果したといえる。

化学工業では，1920年代の初頭には出来高給の広範な導入は労働者の非常に激しい反対に直面したが[167]，20年代後半の合理化諸方策は，出来高給の領域を準科学的な水準に引き上げることを可能にする経営組織の変更をもたらしたとされている。そこでは，出来高払いの算定はもはや職長の恣意性に委ねられるのではなく，自前の技師や部署がそうした作業に従事するようになった。例えば1928年のバスフの事前計算部の要員はすでに230人にのぼっており，彼らは個々の作業工程・生産工程についての予定時間および出来高を算定したのであり，紛争の場合にそなえて，各当該部門から労働者側の1名の信任者も加わる特別な出来高給委員会がおかれていた。しかし，ストップ・ウオッチでの計算による作業時間の算定は労働者にはあまり評判がよくなかったとされている。作業の成果が基準値をはるかに上回った場合には，出来高部は予定時間を作業の遂行のさいに達成された値に容易に合わせることができたので，時間の算定のさいに意図的にゆっくりと作業を行うという労働者側の対抗戦略が短期的ではあるがしばしば成功をおさめたとされている。時間研究に基づくこのような賃金の算定にあたりドイツ的テイラー・システムであるレファ・システムの導入がすすんだが，この新しい出来高給の方法に対する労働者の同意は，第2章でみたように，このシステムではもはや最高の給付ではなく正常給付（Normalleistung）が算定されるので「正常給付」の原則に基づいて出来高給が下方に変動することはもはやあまり頻繁にはおこりえないということによっても達成されたのであり，そのような認識は協定による出来高払いの基準率を基礎にしていたことによるものでもあった[168]。

ここでIGファルベンのバイエルの事例をみておくと，バイエルでは1920年代初頭まで事前計算はもっぱら職長によって行われており，時間研究自体も当初はまっ

たくうまく行われてはおらず[169]、レファークーゼンの出来高部は依然として助言的な機能のみに限られていたが[170]、28年以降、出来高給票に集計される時間はますます作業研究・時間研究でもって算定されるようになっており、そこでは、レファ・システムに依拠したかたちで行われた。その後の諸年度にはビドー・システムも時間研究やその評価の手法にある程度積極的な影響をおよぼすようになっている[171]。また事前計算のための用具として20年代の末には作業遂行の時間の記録のための職場におけるタイムレコーダーの配置が開始されている[172]。出来高部は1927年には16人の時間検査係を擁していたが、1年後には25人がこの部署において働いていた。また出来高部はその時間検査係や計算係を自前で養成するようになっており[173]、それは27年に開始されているが[174]、30年までに81人が養成されている[175]。レファークーゼン以外の工場をみると、ドルマーゲン工場でも、工場の拡大が開始された1924年に出来高部の活動が開始されているが、そこでも必要になった計算業務のたえまない増加がそのような部署の設置をもたらしたのであった[176]。そのほか輸送部門でも、1929年以降、適切な時間研究・作業研究によって体系的な出来高給制度および割増給制度のための前提条件が生み出されたとされている[177]。

このように、バスフでは、ルートヴィヒスハーフェンにおいて、遅くとも1932年までに、それまで利用されていたあらゆる「概算による出来高払い」がレファの時間出来高給にとって代えられており、またヘキストでも、中央出来高部によって扱われる標準化された方式が導入されている。バイエルの事例にもみられる如く、予定時間（Sollzeiten）と実時間（Istzeiten）との比較が出来高単価の算定の中心にあったとされており、化学工業でも、時間研究の重要性の高まりにともない、時間出来高給も一層重要なものになった[178]。この点に関して重要なことは、設備の質の改善、経営の計画化、作業のリズムを決定する機械の導入や流れ作業によって、生産および製品の質をもコンスタントに保つこと、また生産の条件を統一的な水準に保つことに成功したという点が出来高給での収入の安定と労働者側のより強い同意の獲得に貢献したということである。このように、出来高給の達成のための前提条件は技術的および組織的な面から算定可能となったということにある[179]。

また流れ作業の導入をみると、それはとりわけ包装や発送の部門でみられたが(180)、電機工業や自動車工業などの加工組立産業の諸部門とは異なり、「組別作業」とか流れ作業とか、あるいはその他の配置によって、それが一般的になるほどには、そのような新しい労働組織の導入は問題にならなかったとされている。そこでは、個々の大企業に存在していた修理工場——その構造は機械製造工場に似ていた——を除くと、そのような諸方策は、製品の特性が可能にする限りは、人間の労働の関与なしに行われる搬送作業に限られていたとされている(181)。そうしたなかで、時間研究の実施が搬送の領域においても重要な課題となっており、1930年の *Die Chemische Industrie* 誌は、機械でのあらゆる作業工程は時間研究・作業研究によって正確に決定されていたのに対して、搬送では、多くのケースにおいてまだ立ち遅れており、そこでも正確な時間研究が実施されねばならないとしている(182)。加工組立産業とのこのような相違は、化学工業の製造工場では人間の労働の大部分が自動的な工程の監視に限られているという作業内容の相違によるものであったといえる(183)。それゆえ、R. シュミーデとE. シュットリィヒが指摘するように、とりわけ金属工業において「フォーディズム」の概念のもとではじまりを見い出したような合理化諸方策は、プロセス技術に規定された生産過程には、限られた範囲で利用されたにとどまったといえる(184)。

さらに生産の標準化についてみると、化学工業でも標準化および大量生産が可能な限りにおいて標語であったとされており(185)、第2章でも指摘したように、とくに染料部門では、おびただしい数の染料品種の整理が中心的課題のひとつとなったが(186)、合理化運動の初期にみられた企業集中がこうした取り組みの推進のための基礎を築いた。例えばIGファルベンの誕生以前には8,000種ものさまざまな染料が生産されていたが、その数は合同後すぐに2,000種に減らされた(187)。この時期には、全体で32,000にもおよぶ染料の定型のうち60％が姿を消したとされているが(188)、この点をバイエルのアルヒーフでより具体的にみれば、1927/28年には約35,000のさまざまな染料のタイプがみられたのに対して、その数は29年末には21,400に、32年末には16,200にまで削減されている(189)。

このように、「労働組織的合理化」の諸方策もこの時期にはそれ以前と比べ

ると一層重要な意味をもつものとなったといえるが，化学工業の産業特性，生産過程の特質もあり，そこでは，「技術的合理化」がとくに大きな役割を果したのであり，その意味では，全体的にみると，「労働組織的合理化」の諸方策はむしろ「技術的合理化」を補完する役割を果すものであったといえる。

第5節　企業組織の変革と全般的管理——IGファルベンの事例

　以上の考察において，企業集中による「消極的合理化」の展開，「技術的合理化」および「労働組織的合理化」による生産の合理化の展開についてみてきたが，第2章で指摘したように，合同製鋼やIGファルベンのようなトラスト企業では，生産過程の合理化とともに，企業組織全体の合理化が推し進められており，そこでは，第1次大戦後の企業集中と合理化の展開にともなう企業管理の諸問題への対応として，組織革新が取り組まれた。それは合理化の推進と深いかかわりをもっており，それゆえ，合理化の推進がどのような企業管理の問題をもたらし，そこではどのような管理機構が生み出されたかを考察することが重要な課題となる。ここでは，IGファルベンの事例を取り上げて考察を行うことにするが，そのさい，アメリカ最大の総合化学企業であり，この時期にいちはやく事業部制組織を生み出したデュポンとの比較を念頭において，IGファルベンの管理と組織の実態を明らかにし，この時期の組織革新がどのような成果をもたらしたか，またデュポンとの競争を推し進める上でそれはどのような意義をもっていたかをみていくことにしよう。

1　IGファルベンの組織革新と企業管理の発展要因
　(1)　1920年代および30年代のIGファルベンの組織革新
　両大戦間期のIGファルベンにおける組織の発展およびその意思決定機構をみると，①「分権的集権」(die dezentralisierte Zentralisation) の原則に基づく組織革新＝創立者（ドゥイスベルクとボッシュ）の組織案の妥協，②世界経済恐慌および当初の組織の欠点への対応としての1920年代末から30年代初めの組織革新＝事業部組織の創出，③1930年代における急速な拡張の結果としての多極的集権主義 (Polyzentrismus) の時代（37年の組織革新），の3つの段階を確認

することができるが[190]，ここでは，20年代後半および30年代初頭の組織革新を取り上げてみていくことにする。

(2) 企業集中と合理化の展開と企業管理

第2章においてみたように，IGファルベンの誕生をもたらした1925年の企業集中は，主要な国外市場の喪失と外国の化学企業の成長によるドイツの化学工業をとりまく環境の大きな諸変化のもとで推し進められた。すなわち，第1次大戦後のドイツの染料生産は著しく減少し，世界の染料生産に占めるドイツの割合が大きく低下したこと，その結果，染料部門における過剰生産能力を削減し，新しい生産領域を見い出し，それを急速に拡大する必要性に迫られたことが企業集中の主たる要因となった。

それゆえ，この時期の企業集中とその後の合理化の展開は，染料部門を中心とする旧部門における製品別生産の集中・専門化の推進と経営の多角化による事業構造の再編成の推進を主たる目的としていたが，同社の組織革新は，これらの合理化諸方策の推進にともなう管理の問題への対応として行われたのであった。この点について，H．タムメンは，古い生産領域の合理化および新しい生産領域の拡大は組織の強化と重なり合っていたとしている[191]。そこで，つぎに，同社における企業集中と合理化の推進にともなう企業管理の問題，またそれへの対応としての組織革新について，具体的な考察をすすめていくことにしよう。

2 第1段階の組織革新と企業管理の発展

(1) 製品別生産の集中・専門化と企業管理の問題

トラスト化された各企業のいくつもの製品を生産する多くの工場の間で，製品生産を集中し，専門化させることは，過剰生産能力の整理という合理化の要請から行われたものであるが，そればかりでなく，それは，IGファルベン・トラスト全体における一種の「契約による分業」の観点から，各製品別にその市場を分割し，それに基づいて各製品の生産の割り当てを行うものであり，そこでは，各製品ごとに綿密な生産計画を策定し，それを遂行することが重要な問題とされた。ただこの場合，合同製鋼の場合と同様に，製品別生産の集中・

専門化の推進によって，閉鎖されずに残された各工場は，製品別に，あるいは地域別に分散することになり，そのために，特定の製品ないし関連する製品を生産する工場群が主要な地域に形成されたのであった。それゆえ，各地域に分散することになった各工場は，独自の生産計画を策定し，最も有利な生産条件のもとで生産を行うことが主要な課題とされた。そのような各製品ごとの生産計画の策定およびそれに基づく合理的な生産の遂行のために，中央本社による経営単位間の調節機能と統制のもとで，ひとつの集合的な経営単位をなす地域ごとの工場グループに対して，自らの責任による自主的な経営活動の大幅な権限を与え，管理の分権化を行うことによって，これらの現業部門レベルにおける積極的なイニシアティヴの向上をはかることが有効な手段となった。

R．A．ブレィディが合同製鋼について指摘しているように，このような巨大な企業は垂直的に組織されている一方で，分権的管理へと導く原則は水平的な結合である。そのような取り決めの利点は二重である。すなわち，一方では，それは設備の重複を避けることや，個々の工場内部におけるいかなる過度の拡張をも防ぐことを容易にし，また価格の切り下げ競争と戦うために，異なる工場の作業計画の調整を容易にする。他方，水平的統合は離れた工場の管理における最大の柔軟性と個人のイニシアティブを確保するための基礎を与えることになる[192]。

このように，企業合同にともなう水平的統合の進展は，管理の分権化を促進したのであり，そこでは，場所的に離れた個々の異なる工場における生産計画の調整およびイニシアティブの向上をはかることによって，最も有利な条件のもとで，生産の効率化を実現することが管理の中心的な問題とされた。こうして，IGファルベンにおいても，合同製鋼の場合と同様に，種々の生産計画をもつ広い範囲の生産現場の場所的分離は集権と地域的自立性との混合を必要とし，その結果，「集権的に，生産領域によって垂直的に編成される管理」と「個々の生産現場の地域的な，水平的な管理」をもたらすことになった[193]。そこで，ドゥイスベルクの「分権的集権」の原則に基づいて，地域別に分割された4つ（後に5つとなる）の事業共同体（Betriebsgemeinschaft）が形成された。

そこでは，すべての政策決定事項における最終的権限は中央本社に与えられていたが，あらゆる日常的な工場の諸問題はこれら4つの経営グループに振り

当てられたのであり，これらの各グループは，中央本社によって決められた規則の範囲内で完全な自立性をもっていた[194]。すなわち，財務問題，特許，原料購入および営業情報は中央で扱われるべきものとされていたが，地域ごとにまとめられた各グループは，技術的監督，労務，それに（当初は）販売の責任を負うことになっていた[195]。こうして，前身会社の工場の存在する地域ごとに事業共同体をおいて，「分権的集権」の管理体制が築かれたのであった[196]。そこでは，上述の製品別生産の集中・専門化に対応するかたちで，つぎの事業共同体が地域別におかれることになった[197]。

① 上部ライン事業共同体（ルートヴィヒスハーフェンに本拠をもち，バスフの工場が多く存在している）

ここでは，当初は中間物，染料およびそれに密接な関連をもつ有機化学品が生産されたが，まもなくその主たる活動は，合成アンモニアおよび窒素肥料の生産に移った。その他，合成タンニン，溶剤，接着剤，塗料が生産された。

② 中部ライン事業共同体（フランクフルト・アム・マインに本拠をもち，ヘキストの工場が多く存在している）

ここでは，主に医薬品，建染染料，アセチレンから製造されるすべての化学品が生産されたが，その他，溶剤，接着剤，塗料，合成タンニン，窒素肥料およびその他の窒素製品，殺虫剤，セロファンが扱われた。

③ 下部ライン事業共同体（レファクーゼンに本拠をもち，バイエルの工場が多く存在しているほか，ヴァイラー・テル・メールの工場が存在している）

ここでは，主に染料が生産されたほか，殺虫剤，中間物，防腐剤，医薬品，溶剤，接着剤，塗料，フィルムおよび写真用品が生産された。

④ 中部ドイツ事業共同体（ボルフェン・ビタフェルトとフランクフルト・アム・マインの小グループに分かれ，主としてグリースハイム・エレクトロン，ケルン・ロットヴァイルおよびアグファの工場が存在している）

前者の小グループでは，ビタフェルトにおいて主として軽金属，とくにマグネシウムの生産が行われており，ボルフェンでは主として写真用フィルムおよび印画紙，人絹が生産された。その他，有機化学品および無機化学品，溶剤，接着剤，塗料，窒素肥料およびその他の窒素製品の生産が行われた。また後者の小グループでは，圧搾ガス，ガス溶接機，ガス切断器のほか，有機化学品および無機化学品の生

産が行われた。

　さらに，1929年11月12日にこの事業共同体からマインガウの工場を分離し，これを中部ライン事業共同体に加えることが決められたほか，写真，人絹および合成物質の製造工場が，新しく設置されたベルリン事業共同体に組み入れられ[198]，アグファがこの新しい事業共同体の本部となった。

　このように，製品別，地域別に編成された各工場から成る事業共同体は，中央本社における経営単位間の調整機能と統制のもとで，中央本社によって決められた規則の範囲内で大幅な権限を与えられ，管理の分権化が推し進められた。そして，このような「分権的集権」の原則に基づく管理体制は，事業共同体間の内部的競争を促進した。事業共同体間の理想的な競争を促進することはドゥイスベルクの分権化の考え方であったが[199]，このような競争の促進によって，中央本社の統制のもとに，各工場の積極的なイニシアティブの向上がはかられた。この点について，ボッシュは，1928年のアンケート委員会の報告において，製造原価の引き下げに関しては，個々の生産現場の間の理想的な競争を保つことは合併の諸方策の成功にとって重要であり，それゆえ，取締役会の業務委員会の監督のもとで，自ら管理し，また互いに理想的な競争をしあう4つの事業共同体が生み出されたとしている[200]。

　(2) 販売部門の集権化と販売管理の問題
　このようにして，企業集中と製品別生産の集中・専門化の推進にともなう管理の問題への対応として，生産組織は「分権的集権」の原則に基づいて編成されたが，また同時に，合併された企業の非常に豊富なマーケティングの経験を最大限に利用するために，販売部門の集権化がはかられ，そこでは，染料，化学品，医薬品，写真・人絹，窒素製品の5つの製品ごとに販売グループが組織された[201]。

　これらの販売グループは販売共同体（Verkaufsgemeinschaft）と呼ばれ，フランクフルト・アム・マイン，レファクーゼン，ベルリンにその本拠がおかれていた。これらの各販売グループは，その独自の会計，統計および法律の諸部門をもっていた。統計部は売上高，損益を測定し，他方，法律部門は，外国の

販売代理店から反トラストにまでおよぶ国際法における諸問題に関する助言を与えた。すべての販売グループにかかわる諸問題——価格政策，外国販売，代理店の管理，広告および人事のような——は，まず，地域別に組織されていた全国委員会において取り上げられ，その後に，商事的業務の最高機関である商事委員会によって議論された。重要な問題は，医薬品会議やさまざまな専門の委員会を含めた正規の合同協議をとおして慎重に決定された[202]。

このような専門化された販売共同体への販売管理およびマーケティング管理の集権化は，化学工業の全体的な販売目標を非常に単純化し，またマーケティングのためのコストを大きく引き下げることを可能にしたとされている[203]。

(3) 各種委員会の設置とその役割

IGファルベンの重役の言葉を借りれば，同社の組織は，「技術，営業，および管理に関する各委員会からなるきわめて巧みに組み立てられた機構であり，これらの各委員会は一体となって，あるいは単独で円滑に活動し，かつ，企業の数限りない諸問題を適切に処理し，あるいは各種の問題について最終結論を求めるためにこれを取締役会に提案した[204]」とされている。またG．プルンペによれば，同社の組織の特別なメルクマールは，予め決められた範囲のなかで，必要なフレキシビリティを生み出したところのその委員会組織であったとされている[205]。これらの委員会としては，業務委員会（Arbeitsausschuß），技術委員会（Technischer Ausschuß）および商事委員会（Kaufmännischer Ausschuß）が重要である。

① 業務委員会

そこで，まず業務委員会についてみると，IGファルベンの設立時には，取締役会は83人の取締役をかかえており，このような状態では明らかに動きがとれないので，少人数による経営委員会（当初は業務執行委員会，後には業務委員会と呼ばれた）が設置された[206]。ボッシュが会長となったこの委員会は，重要な意思決定を行い，それを実施することになっており，この企業の現実の日常的な業務を監督した[207]。この委員会の設置に関して，ボッシュは，1928年のアンケート委員会において，「われわれは他の会社のすべての取締役を受け入

れたが，今では，26人から成る業務委員会をそこから引き抜き，そして私が会長を引き受けた。いわゆる業務委員会は，われわれのところではイニシアティブをもっている。それ以外の取締役は今では部門管理者である。彼らはもはや一般的な会議にはまったく招集されない。それゆえ，われわれは，それ自体，今ではほぼ26人のメンバーから構成され，1人の長をもつひとつの取締役会をもっているのである。法律上，それ以外の取締役はもちろん依然として同じ義務をもつが，実際には，この業務委員会が業務の管理を行うのである[208]」と述べている。

そこで，取締役会の代表執行機関として設置されたこの委員会の機能を具体的にみると，①「他企業への資本参加」を含む資本支出の決定，②工場の閉鎖や再編成，その他の再組織の諸問題の決定，③「協定，カルテル，シンジケート」の決定，④あらゆる労働関連の問題，⑤俸給1万RM以上のすべての経営者の採用や昇進の決定，⑥配当支払い（これは管理評議会による最終的な承認を必要とした）を含むあらゆる財務上の問題に関する決定をあげることができる。このように，全般的な業務の管理を効率的に行うために，取締役会の代表執行機関として業務委員会がおかれたのであるが，「このような経営者による集権的な統制がなければ，現行の利益共同体という形態のもつ統括上の弱点が克服されえないのではないか」ということをボッシュは危惧したのであり[209]，1930年の中央委員会の設置までは，業務委員会の意思決定および方針がIGファルベンの政策をなした[210]。

② 技術委員会および商事委員会

このように，全社的なレベルにおける意思決定および管理の諸機能は業務委員会によって行われることになったが，管理の職分領域も分業が必要とされ，その一部は下部組織に振り当てられ，投資，保守の問題，基本的な技術的諸問題を扱う技術委員会と，購買および販売の問題，その他に関する管理の基本的諸決定を行う商事委員会が設置された。これらの2つの委員会は，業務委員会の諸活動を補佐するものであった。こうして，1925年のIGファルベンの設立によって，互いに協力しあい，このコンツェルンの多くの業務を専門的かつ適切に処理したり，あるいは取締役会の最終的な意思決定のための準備を行う技

術委員会,商事委員会および管理委員会(Verwaltungsgremien)の非常に巧みな組織がつくり出されたとされている(211)。

そこで,まず**技術委員会**の諸機能をみると,それは技術関係の最高の組織であり,工場の閉鎖,統廃合,製品構成の変更および投資に関する助言を行った。H.タムメンによれば,技術委員会によって扱われ,また取締役会に承認のために提案されるすべての拡張投資および更新投資のための資金枠(Kredit)の承認とならんで,最初の年度においては,製造現場の統合がこの委員会の主要な任務を形成していたとされている(212)。この委員会は技術担当取締役,主要経営グループの上級技師および中規模の工場の2,3人の工場長から構成されていた。技術委員会の機能としては,①生産,経費の推移および従業員の職位に関する統計資料の開示,②新規設備のための工場の資金枠の申し込みの審議および全取締役へのその回覧に関する決定,③技術的内容の協定,基本的なライセンス協定および特許問題の協議をあげることができる(213)。

このような技術委員会の活動でもって,企業の管理者はさまざまな工場における生産およびその原価に関する正確な概要を得ることができたとされている。またこのコンツェルンの研究開発政策も,この委員会において調整されたのであった。さらにこの委員会は取締役会のための中心的な情報源であったが,それはスタッフ部門の助けでもって運営された(214)。

また商事担当取締役および重要な諸部門の管理者によって構成される**商事委員会**は,価格政策,協定,人事問題,外国の販売会社および代理店の問題,宣伝などのような,すべての販売グループにとって重要な基本的な諸問題を扱う商事関係の最高組織であった(215)。この商事委員会は,販売部門統轄機構である販売共同体の活動を監督するものであり,「いわば染料,化学製品等の販売の統制機関であった」。そこでは,「各工場は販売部門統轄機構に対し原価で仕切り,販売収益から経費を控除後の金額が,全社の中央財務管理部門の貸方に記入された」が,L.F.ハーバーは,「このような状況のもとでは,効果的な原価管理が困難であったに違いない」としている(216)。W.フェルデンキルヘンによれば,1928年まで,商事委員会は市場の動向とIGファルベンの国際的地位に関する情報を提供したとされている(217)。

第4章　化学工業における合理化過程　233

またそのさい，技術的業務と商事的業務との間の必要な緊密な接触は，技術担当取締役と商事担当取締役が彼らのより親密な担当者とともに集まる専門委員会によって生み出された。それには，染料委員会，化学品委員会，医薬品本会議があった(218)。技術委員会および商事委員会が業務委員会の活動を補佐したのに対して，これらの委員会は専門スタッフとしての機能を果した。

　(4)　中央本部（スタッフ部門）の創設
またさらに，企業全体の諸問題を処理するために，一連の中央本部（スタッフ部門）が組織された。中央財務管理部，国民経済部，経済政策部（1932年設置），中央原料購買部，印刷部がベルリンにおかれ，中央会計部，中央税務部，中央保険部，広報部がフランクフルト・アム・マインに設置されたほか，ルートヴィヒスハーフェンに契約本部，中央交通部がおかれていた(219)。これらのスタッフ部門の機能について，L．F．ハーバーは，「ベルリンその他にいくつかの本社部門があり，法務，税務，広報，経理，保険，財務，および営業情報に関して助言し，あるいはこれらの業務を担当した(220)」としている。これらの諸部門は主として統制スタッフとしての機能を果すものであった。

　(5)　第1段階の組織革新の特徴
ここで，IGファルベンの第1段階の組織革新の特徴を簡単にみておくと，1925年の同社の営業報告書は，「合併にともない，組織の簡素化および経営のより効率的な利用が販売部門と製造部門の合理的な統合によって追求されている(221)」としており，新しい組織構造は，本質的には，合併の目標を既存の管理組織や委員会をより効果的に結合することにおくべきだとする点においてすべての者が同意した，ひとつの妥協の産物であったとされている(222)。
ところで，R．A．ブレィディは，当初は4つ，後には5つに分けられたIGファルベンの大小の経営グループ（事業共同体）の各々の内部では，権限と責任の分割は職能別に行われており，こうして，各製造単位，流通単位あるいは専門のスタッフ部門は狭い範囲の職能に専門化することができたとしている。同時にまたこれらの単位は本社と密接な関係をもっており，組織のこのような諸原則の組織的な適用によって，同社は個人およびグループの高度な責任の遂

行を実現し，また大小の諸変化に直面してすばやく反応し，いつでも柔軟に対応することのできる管理システムを確保することができたとしている[223]。また彼は，工場の職能組織，すべての工場の労働者，職員，取締役の職分の区分，責任の付与，業績評価の方法がさまざまな企業の生産活動および商業活動のすべての，あるいはほとんどすべての諸局面に導入されてきており，このような諸原則のより大きな適用は，「アメリカでは，アメリカ電信電話会社およびゼネラル・モーターズ株式会社において，またドイツでは，合同製鋼株式会社およびIGファルベン工業株式会社において，最も良い実例をみる」としている[224]。さらに彼は，このような組織と管理について，IGファルベンの制度はこれらのアメリカの2つの会社の組織にみられる制度を手本にしてつくられたものであり，さらに合同製鋼のそれはIGファルベンから借りてきたものであったとしている[225]。

この段階の管理組織の目標は，何よりもまず管理を分権化し，一層の専門化を行うことによって積極的なイニシアティブの向上をはかることにおかれており，合同製鋼の場合と同様に，「分権的集権」に基づく管理体制の創出は，まさにこのような目標をもって推し進められたものであったといえる。

3 第2段階の組織革新と企業管理の発展

(1) 事業構造の再編成と事業部の創設

① 事業構造の再編成と企業管理の問題

上述したように，IGファルベンの合理化は，過剰生産能力の整理と製品別生産の集中・専門化の推進，および経営の多角化による事業構造の再編成の推進を柱としていたが，つぎに多角化による事業構造の再編成がどのような企業管理の問題をもたらしたかをみていくことにしよう。個々の諸部門においては異なるタイプの組織構造が形成され，そのために，組織にとっては，どの部門に属しているかが重要であるが，そこでは，組織の諸変化の程度は，生産される製品の種類に大きく依存している[226]。つまり，非常に多様な製品系列をもつ諸部門においては，計算，生産計画，在庫保有などのための職務は増大し，それらの製品系列の相違によって，大規模な管理機構において生じるより高度な調整および統制の必要性を生み出す[227]。すなわち，IGファルベンにおける

「総合化」案に基づく事業構造の再編成の推進は，新しい製品系列の追加によって，このような新たな管理上の問題をもたらしたといえる。

またアメリカをモデルにしたA．D．チャンドラー，Jrの研究や，H．E．クルースとC．ギルバートの研究にみられるように，複数の製品系列を扱う大企業においては，中央集権的な職能部門別組織による管理方式では，トップ・マネジメントは「企業者的決定」よりむしろ「管理的決定」に煩わされることがしばしばであり，また各部門の長たちは多種多様な製品を取り扱うという困難に直面することになる。すなわち，異なった製品には，異なった標準と作業手続と方針とが必要となり，各部門の長たちは，生産，販売および購買の各領域において，基本的な諸機能を遂行していく上での条件が大きく異なる複数の製品系列を扱わざるをえなくなるのである[228]。

IGファルベンでは，合同後，多角化による事業構造の再編成が強力に推し進められながらも，第1段階での組織革新では，企業合同と製品別生産の集中・専門化の推進にともなう管理上の諸問題への対応として，「地域別分権的集権」（die regionale dezentralisierte Zentralisation）による管理構造が生み出されたにとどまり，多角化の本格的展開にともなう管理問題への対応は十分には行われていなかったのである。

なかでも，多角化にともなう企業管理の問題は投資決定の困難さの増大として現われた。すなわち，同社の意思決定過程をみると，投資を行おうとする部門ないし工場は，その理由および期待される成果を添えた詳細な資金枠の申し込みを事業共同体に委任し，この申し込みはそこからさらに然るべき専門の委員会に送られた。しかし，投資の申請を行う機関，すなわち，事業共同体や工場は，一部は非常に広範囲に多角化しており，また分権的な意思決定の中心として，場合によっては，同社の他の工場とも競合する活動領域をもっていたので，研究から新規設備を超えて修理に至るまでのすべての領域における投資を技術的な面から統一的に管理することは容易ではなかったということに，同社の意思決定機構の決定的な欠点があったのである[229]。

このように，第1段階の組織革新において形成された管理組織の限界は，多角化にともなう投資決定の困難さの増大というかたちで現われたのであり，世界恐慌の圧力のもとで，こうした問題に対応するために，この企業の広範な活

動領域を3つの事業部に分割し，そこに3人の事業部長をおいてその管理にあたらせることになった。

② 事業部の創設

1929年に経常的な収入が支出を下回り，また莫大な研究開発費がひとつの問題となったとき，取締役会は，ドゥイスベルクの提案に基づいて，あらゆる節約の可能性を吟味し，それを提案すべきひとつの委員会を召集した。その結果，IGファルベンの活動領域を3つの大規模な事業部に統合することになり，またボッシュは，彼の個人的なやり方に合った3人のとくに有能な彼より若い管理者に，これら3つの事業部における投資の管理を任せることになった。ここでの事業部の創設は，世界恐慌の圧力のもとで投資および研究のための支出を削減することを目的としていた[230]。そこでは，これらの事業部を担当する取締役が，とりわけ生産計画，投資および新規建設計画の問題を管理することになった。

すなわち，「将来の資金枠を承認するための適切な基礎を築き，そして自由に使用できる資金の限界を守るために」，また生産および研究におけるより高い経済性や個々の工場のより良い協力を達成するために，世界経済恐慌前夜の1929年8月にこれらの事業部が組織されたのであり，そこでは，技術的な関連をもつ製品，あるいは化学的関連をもつ製品が各事業部に集められた[231]。

第1事業部（事業部長K．クラウホ）
　＝窒素，メタノール，合成燃料，人造石油，石炭，褐炭などが扱われる。
第2事業部（事業部長F．テル・メール）
　＝染料，重化学品，医薬品，アルミニゥム，マグネシウム，合成ゴム，溶剤，洗剤，接着剤，合成タンニン，ガス溶接機およびガス切断器などが扱われる。
第3事業部（事業部長F．ガエビスキー）
　＝人絹，スフ，写真用品，セルロイドがなどが扱われる。

これらの3つの事業部の長は，彼らが担当する事業部の研究開発計画，月給

職員に関するあらゆる問題，および技術問題に関して取締役会に対して責任を負っていた[232]。これらの「各部門内の技術的諸問題は，専門家で構成される常任委員会によって取り扱われ」，「これらの常任委員会は，プロセス改良，応用技術（各部門の固有の製品のための），化学装置技術上の問題，包装および貯蔵問題に関与していた」[233]。またこれらの事業部はとくに技術的な面での企業の管理に適していたとされているが[234]，なかでもIGファルベンの全活動領域の3つの事業部への分割は，何よりもまず資金割当の問題を考えた新たな統制から生まれたものであり，事業部長は自らの工場の支出予算を監督した[235]。しかし，各事業部の長は，その製品グループの損益計算には責任はなく，この重要な点において，デュポン社の事業部長とは異なっており[236]，後でみるように，このことは，IGファルベンのこの時期の組織革新の成果にも深いかかわりをもつことになった。

(2) 中央委員会の設置とその意味

IGファルベンの第2段階の組織革新におけるいまひとつの重要な改革は，それまでの業務委員会にかわるより少人数の最高意思決定機関である中央委員会 (Zentralausschuß) が設置されたことである。1920年代の末になると，「生産の合理化を完成し，世界市場を取り戻すには，生産と流通のあいだのいっそう緊密な調整や，トップ・レベルでの統制をさらに集権化する必要がますます増大した[237]」。こうしたなかで，取締役会会長のボッシュが指摘したように，25人を超えるメンバーをかかえる業務委員会は，その規模ゆえに，責任の最高機関としてうまく機能してこなかったのであり，業務委員会の意思決定能力の欠如，そのぎこちない，また官僚主義的な活動方法が指摘されるなかで，取締役会会長と4人ないし5人の非常に人格のすぐれた取締役から構成される中央機関の設置が提案され，1930年3月に取締役会の新しい委員会が設置された[238]。

この委員会は，経営政策の大きな方針の決定とともに管理職の人選を最も重要な任務としていた[239]。この委員会の命令は，すべての事業部，事業共同体および販売共同体，また委員会に対して拘束力をもつものとされた[240]。これにともない，業務委員会は，引き続き，かなり多くの投資決定を含む日常的業

238 第2部 主要産業部門における合理化過程

表4-7 1930年から45年までのIGファルベンの中央委員会の構成メンバー

氏　　名	在職期間	経歴	管　轄
Carl Bosch	(1874—1940)	1930—1935	化　学　者	会　　長
Paul Duden	(1868—1954)	1930—1932	化　学　者	中部ライン事業共同体
Fritz Gajewski	(1885—1965)	1933—1945	化　学　者	第3事業部
Wilhelm Gaus	(1876—1953)	1930—1936	化　学　者	上部ライン事業共同体
Heinrich Hörlein	(1882—1954)	1932—1945	化　学　者	研　　究
August v. Kniereim	(1887—1978)	1937—1945	法　律　家	法　　務
Carl Krauch	(1887—1968)	1933—1940	化　学　者	第1事業部
Karl Krekeler	(1865—1947)	1930—1932	化　学　者	下部ライン事業共同体
Rudolf Mann	(1861—1935)	1930—1931	商事担当者	販売共同体
Fritz ter Meer	(1884—1967)	1933—1945	化　学　者	第2事業部
Hermann Schmidt	(1881—1960)	1930—1945	商事担当者	財務／V.
Chr. Schneider	(1887—1972)	1938—1945	化　学　者	第1事業部
G. v. Schnitzler	(1884—1962)	1930—1945	商事担当者	販売共同体
Erwin Selck	(1876—1946)	1930—1937	法　律　家	法　　務

(出所): *Ebenda*, S. 152.

務を担当することになった[241]。中央委員会の設置は，この委員会のメンバーを中心とする本社幹部の諸活動を日常的業務から切り離し，彼らを長期的・全社的な計画の策定といった本来のトップ・マネジメントの職能に専念させ，中央委員会と業務委員会との間で全般的管理職能における分業化をはかるものであった。

　このようにして，中央委員会のメンバーは取締役会の指導的なメンバーとみなされ，最終的な意思決定はこの委員会で行われるべきであり，またこの委員会はこの企業の政策に対して完全な責任を負うべきものとされた。中央委員会は，1930年から第3段階の組織革新が行われる37年まで，IGファルベンの経営を行ったのであり，G. プルンペは，この委員会のメンバーは戦略的意思決定を行うという意味において，この会社における企業家であったとしている[242]。なお1930年から45年までの中央委員会の構成メンバーは表4-7のようになっているが，化学者の占める割合が圧倒的に高く，3つの事業部および事業共同体の最高責任者には，化学者が配置されている。L. F. ハーバーは，企業の成功にとって重要な意味をもつ管理者層と重役陣の人材の選定について，「期待される資格要件は，化学の知識を有し，工業経済を理解し，工場運

営の責任を負う能力をもつことであった(243)」としているが，中央委員会の人員配置は，このような点を考慮に入れたものであったといえる。なお，第2段階の組織革新においてつくられた管理組織を示すと，図4-1のようになる。

4　IGファルベンの組織革新の限界

そこで，つぎに，第2段階の組織革新において生み出されたこのような管理機構によって，はたして効率的な投資決定がなされ，経営資源の合理的な配分が行われることができたかどうかをみていくことにしよう。ここでは，まずチャンドラーによるIGファルベンの管理機構についての評価をみておくことにしよう。

チャンドラーによれば，同社の委員会のスタッフおよび職能スタッフのオフィサーは大規模であり，かつ専門化しており，またよく訓練されており，上級経営者が多くの会議で受け取る情報は，おそらく当時の世界中のどの産業企業のスタッフ部門によって生み出される情報よりも正確かつ詳細であった。しかし，彼らがさまざまな場所で出席しなければならなかった会合の数を考えると，彼らには，受け取った大量のデータを長期的な戦略計画のために吸収し，評価するための時間はほとんどなかったとされている。そのかわりに，彼らは，むしろ，引き続き，自分たちが非常に深く巻き込まれていた日常的な生産と流通の諸活動に関する短期的な意思決定のために，こうしたデータを利用したとされている。

さらに彼らは，デュポンの場合とは異なり，全般経営者が主に現業的業務から解放されて，成果を監視すること，またそのような監視や，経済，技術，市場および政治的状況に関する彼ら自身の理解に基づいて経営資源を配分すること，さらに長期的な戦略を策定し，それを遂行することに専念する本社組織（corporate office）または総合本社（general office）をもたなかったとされている。彼らは，製品市場に基づいた一連の事業部を生み出すことも，また上級経営者が自らのすべての注意をトップ・マネジメントの基本的な諸職能に向けることのできる単一の本社組織をつくり出すこともできなかったとされている(244)。

そこで，IGファルベンの事業部と中央委員会を中心とする管理機構によっ

図4-1 1931年のIGファルベンの組織図

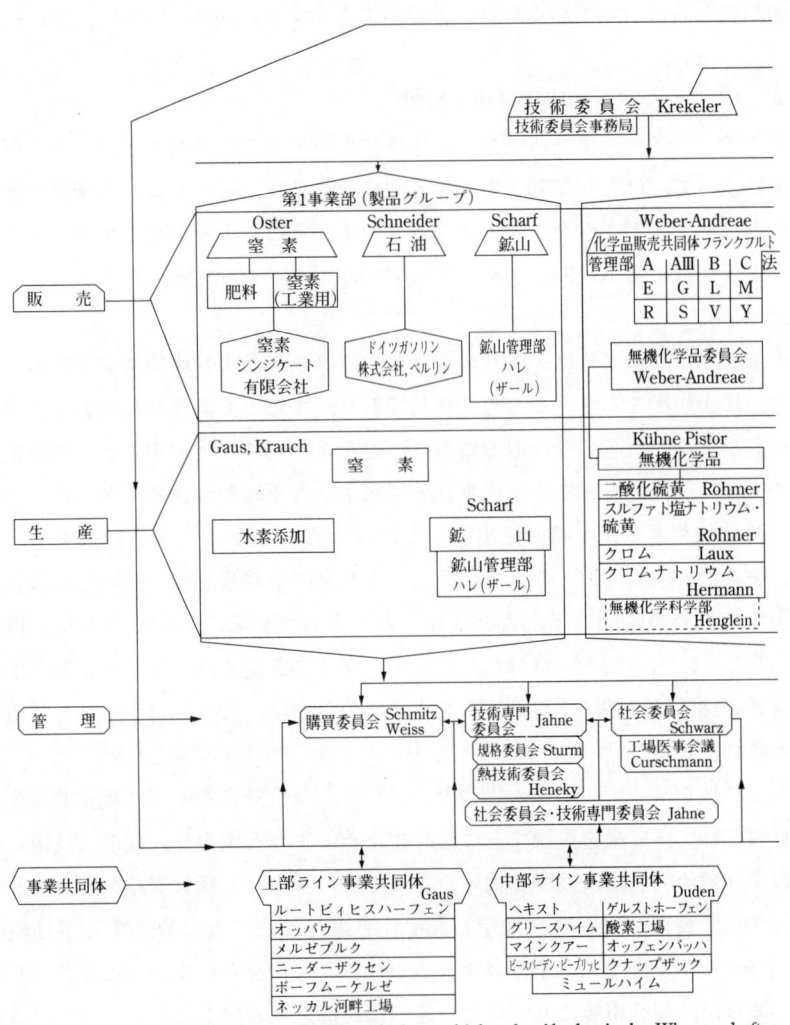

	第1事業部（製品グループ）			Weber-Andreae
	Oster	Schneider	Scharf	化学品販売共同体フランクフルト
	窒素	石油	鉱山	管理部 A |AⅢ| B | C 法 E G L M R S V Y
販売	肥料 窒素 （工業用）			
	窒素 シンジ ケート 有限会社	ドイツガソリン 株式会社,ベルリン	鉱山管理部 ハレ （ザール）	無機化学品委員会 Weber-Andreae
	Gaus, Krauch			Kühne Pistor 無機化学品
		窒素		二酸化硫黄　Rohmer スルファト塩ナトリウム・硫黄 　　　　　　　Rohmer
生産	水素添加		Scharf 鉱　山	クロム　　Laux クロムナトリウム 　　　　　Hermann
			鉱山管理部 ハレ(ザール)	無機化学科学部 　　　　　Henglein

技術委員会　Krekeler
技術委員会事務局

管理	購買委員会 Schmitz Weiss	技術専門 委員会　Jahne 規格委員会 Sturm 熱技術委員会 Heneky 社会委員会・技術専門委員会 Jahne	社会委員会 　　　　Schwarz 工場医事会議 Curschmann

事業共同体	上部ライン事業共同体 　　　　　　　　Gaus	中部ライン事業共同体 　　　　　　　　Duden
	ルートビィヒスハーフェン オッパウ メルゼブルク ニーダーザクセン ボーフムーケルゼ ネッカル河畔工場	ヘキスト　　ゲルストホーフェン グリースハイム 酸素工場 マインクアー　オッフェンバッハ ビーズバーデン・ビーブリッヒ クナップザック 　　ミュールハイム

（出所）：Institut für Wirtschaftsgeschichte der Akademie der Wissenschaften der Produktivkräfte in Deutschland von 1800 bis 1945, Bd.3）Berlin, *Aktiengesellschaft [1925-1933]. Ein Chemiekonzern in der Weimarer*

241

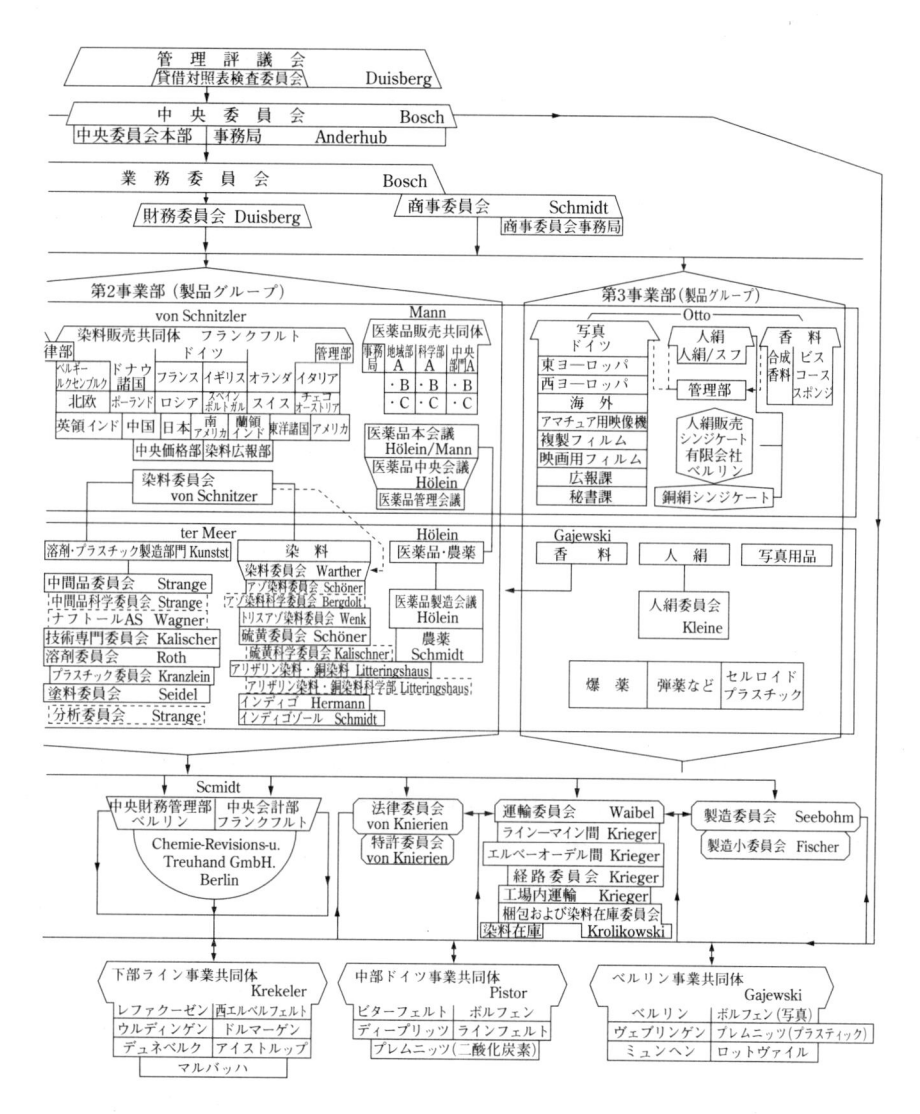

der DDR, *Produktivkräfte in Deutschland 1917/18 bis 1945*（Geschichte 1988, Abbildung zu S. 112および H. Tammen, *Die I. G. Farbenindustrie Republik*, Berlin, 1978, Abbildung zu S. 28より作成。

て，各事業部レベルの現業的業務の効率的な管理・運営がなされたかどうか，また中央委員会のメンバーを中心とする本社幹部が事業部の適切な業績評価を行い，それに基づいて，全社的・長期的な計画を策定し，経営資源の配分を行うといった本来的な最高管理の諸職能に専念することができたかどうか，を検討しておくことにしよう。

まず第1に，IGファルベンでは，デュポンと比べても多岐にわたる製品系列をもちながらも，3つの事業部しか設置されておらず，これらの事業部には技術的あるいは化学的関連をもつ製品が集められたとはいえ，実質的にはひとつの事業部において，生産，販売および購買の諸条件の面で大きく異なる複数の製品系列が扱われており，そのような状況のもとでは，多角化のさいに職能部制組織が直面する上述の如き管理上の問題が十分に解決されえなかったといえる。この点，IGファルベンよりも少ない製品系列に対して爆薬，染料，ピラリン，ペイント・化学薬品，人造皮革・フィルムの5つの製品別事業部がおかれ，基本的には，生産，販売および購買の諸条件が異なる製品系列ごとにひとつの製品別事業部がおかれていたデュポン[245]とは大きく異なっている。

第2に，IGファルベンの事業部には利益責任単位制がとられていなかったが，そのことは，本社管理機構による現業部門＝事業部の管理・統制において一定の限界をもたらすことになったといえる。すなわち，事業部に利益責任がなく，投下資本利益率のような統制手法が利用されていなかったことは，中央委員会のメンバーを中心とする本社幹部が全社的な立場から各事業部の業績を評価する上で困難をもたらすことになったであろう。このことはまた，彼らが各事業部の業績評価に基づいて経営資源を配分していく上でも大きな限界をもたらすことになったと思われる。この点，デュポンとは大きく異なっており，「経営陣の能力と各事業部長に事業部損益計算の責任をもたせることによる周到な業績測定とが相俟って，デュポン社の成功の秘訣となったものと思われる[246]」というL．F．ハーバーの指摘にみられるように，デュポンの各事業部がたんに売上高責任やコスト責任だけではなく，独自の利益責任を本社に対して負う利益責任単位，すなわちプロフィット・センターとして機能していたことにこの時期の同社の成功のひとつの重要な要因があったといえる。

第3に，IGファルベンでは，GMやデュポンなどでみられたようなゼネラ

ル・スタッフとしての機能を果す組織が確立していなかったことも，同社の管理機構の限界をもたらすひとつの要因であったと考えられる。全般的管理の諸職能にあたる業務委員会を補佐する委員会として技術委員会と商事委員会が存在したが，業務委員会が主として日常的業務を担当していたこともあって，これらの委員会も主として日常的業務に関する準備的機能や補佐を行ったのであり，全社的・長期的な計画の策定を行う中央委員会の諸活動を主に補佐するものではなかったといえる。また企業全体の諸問題を扱うために3つの地域におかれたスタッフ的部門である中央本部は主に統制スタッフとしての機能を果していたのであった。このように，中央委員会を支えるゼネラル・スタッフとしての機能を果す組織が確立されていなかったために，この委員会のメンバーを中心とする本社幹部は多くの情報を得るために多くの会議に出席せざるをえず，そのような状況のもとでは，彼らが長期の戦略的計画の策定のために得る大量のデータを吸収し，評価するための十分な時間をもつことは困難であったと思われる。

　このように，IGファルベンの管理機構においては，多岐にわたる製品系列に対して生み出された事業部の数が3つと少なく，それゆえ，ひとつの事業部が生産，販売および購買の諸条件において大きく異なる複数の製品系列を扱わざるをえなかったこと，各事業部には利益責任単位制が導入されていなかったこと，さらにゼネラル・スタッフとしての機能を果す組織が確立していなかったことから，中央委員会のメンバーを中心とする本社幹部は事業部の効率的な管理・統制を十分に行うことができず，それだけに，彼らは日常的業務に深く巻き込まれざるをえず，全社的・長期的な計画の策定を行い，経営資源を配分するといった，本来的な全般的管理職能に十分に専念することができなかったであろう。このような管理上の限界は，1920年代の合理化過程において強力に推し進められた経営の多角化による事業構造の再編成にともなう組織面における対応の不十分さによるものであった。それゆえ，IGファルベンにおいては，実施された合理化の諸方策に対応する組織革新が十分に行われえなかったことは，合理化の成果を規定するひとつの重要な要因であったといえるであろう。実際には，デュポンの成功とは対照的に，IGファルベンの組織革新の限界は，世界恐慌期およびナチス期の投資決定のあり方にも影響をおよぼすことにな

り，組織革新の成否は，両社のその後の企業成長にも大きな影響をおよぼすこ
とになったのである[247]。

(1) Vgl. G. Stollberg, *Die Rationalisierungsdebatte 1908-1933*, Frankfurt am Main, New York, 1981, S. 64.
(2) Vgl. C. Schiffer, *Die ökonomische und sozialpolitische Bedeutung der industriellen Rationalisierungsbestrebungen*, Karlsruhe, 1928, S. 86.
(3) Vgl. I. G. Farbenindustrie A. G., *Zur Erinnerung an die 75 Wiederkehr des Gründungstages der Farbwerk vorm : Meiste Lucius & Brunning*, München, 1938, S. 145.
(4) この点については，H. Gross, *Material zur Aufteilung der I.G. Farbenindustrie Aktiengesellschaft*, Kiel, 1950, S. 8, 工藤 章『現代ドイツ化学企業史』，ミネルヴァ書房，1999年，130ページ参照。
(5) Vgl. Einführung neuer Farbstoffe ab 1925, S. 4, *Bayer Archiv*, 004/B-14-3-6. このような「二重生産の原則」は，経営組織の集権制への傾斜がすすむなかで徹底されず，企業内競争は保証されなかったと指摘されている。同書，388ページ。
(6) Vgl. *Ebenda*, S. 5, W. O. Reichelt, *Das Erbe der IG-Farben*, Düsseldorf, 1956, S. 35.
(7) Vgl. U. Stolle, *Arbeiterpolitik im Betrieb. Frauen und Männer, Reformisten und Radikale, Fach- und Massenarbeiter bei Bayer, BASF, Bosch und in Solingen (1900-1933)*, Frankfurt am Main, New York, 1980, S. 103-4.
(8) Vgl. Einführung neuer Farbstoffe ab 1925, S. 5, *Bayer Archiv*, 004/B-14-3-6.
(9) この点については，前川恭一・山崎敏夫『ドイツ合理化運動の研究』，森山書店，1995年，第1章第2節3参照。
(10) Enquete Ausschuß, (Ⅲ)-3, *Die deutsche Chemische Industrie*, Berlin, 1930, S. 36 u. S. 113, R. A. Brady, *The Rationalization Movement in German Industry*, Berkeley, California, 1933, p. 237, A. D. Chandler, Jr, *Scale and Scope: The Dynamics of Industrial Capitalism*, Harvard University Press, 1990, p. 569〔安部悦生・川辺信雄・工藤 章・西牟田祐二・日高千景・山口一臣訳『スケール・アンド・スコープ 経営力発展の国際比較』，有斐閣，1993年，492-3ページ参照〕。
(11) Vgl. Enquete Ausschuß, (Ⅰ)-3, *Wandlungen in den wirtschaftlichen Organisation*, Berlin, 1928, S. 437.
(12) Vgl. Enquete Ausschuß, (Ⅲ)-3, *a. a. O*., S. 113.
(13) A. D. Chandler, Jr, *op. cit*., p. 571〔前掲訳書，492ページ参照〕。
(14) *Ibid*., p. 571〔同上訳書，493ページ参照〕。
(15) Vgl. Enquete Ausschuß, (Ⅲ)-3, *a. a. O*., S. 36.
(16) A. D. Chandler, Jr, *op. cit*., p. 569〔前掲訳書，492ページ参照〕。この点については，前川・山崎，前掲書，50ページをも参照。
(17) Vgl. G. Keiser, B. Benning, Kapitalbildung und Investitionen in der deutschen Volkswirtschaft 1924 bis 1928, *Vierteljahrheft zur Konjunkturforschung*, Sonderheft

22, Berlin, 1931, S. 46-7. 例えば IG ファルベンのバスフでは，1925-32年の建設のうちの最大の部分が接触触媒設備の拡大，潤滑油，ガソリンの生産設備，ポンプ室およびタンク設備にあてられていたとされている。Vgl. Chronik der BASF (1865-1940), VII. Periode (1925-1932), *BASF Archiv*, Werkgeschichte Heft VIII, S. 1010.
(18) Vgl. *Statistisches Jahrbuch für das Deutschen Reich*, 55 Jg, 1936, S. 508. この点に関しては，1932年の *Die Chemische Industrie* 誌も，29年の資本金100万 RM を超える約150の全株式会社の経営設備における増加額が減価償却額を上回っていたとしている。Vgl. Die geschäftliche Entwicklung der chemischen Unternehmungen von 1925 bis 1931, *Die Chemische Industrie*, 55 Jg, Nr. 45, 1932. 11. 5, S. 861. しかし，1930年以降の恐慌の初年度には，例えばバスフでもより大規模な新規建設はまったく行われなくなっており，最も必要なもののみに制限されている。Vgl. Chronik der BASF (1865-1940), VII. Periode (1925-1932), *BASF Archiv*, Werkgeschichte Heft VIII, S. 1013.
(19) Vgl. I. Sielmann, *Internationaler Vergleich der Finanzierungspolitik der Großindustrie*, Emsdetten (Westfalen), 1934, S. 35 u S. 38. この点については，前川恭一『ドイツ独占企業の発展過程』，ミネルヴァ書房，1970年，第2章第2節および工藤，前掲書，第3章第5節をも参照。
(20) Vgl. I. G. Farbenindustrie A.-G., Frankfurt a. M., *Der Deutsche Volkswirt*, 6 Jg, 1931/32 (1931. 10. 16), Beilage zu No. 3, S. 30.
(21) Vgl. J. Bönig, Technik und Rationalisierung in Deutschland zur Zeit der Weimarer Republik, U. Troitzsch, G. Wohlauf (Hrsg), *Technikgeschichte*, Frankfurt am Main, 1980, S. 404.
(22) 工藤，前掲書，84-5ページ参照。
(23) Vgl. H. Mottek, W. Becker, A. Schröter, *Wirtschaftsgeschichte Deutschlands*, Ein Grundriß, Bd. III, 2. Auflage, Berlin, 1975, S. 37.
(24) Vgl. *Ebenda*, S. 38.
(25) Vgl. H. Tammen, *Die I.G. Farbenindustrie Aktiengesellschaft [1925-1933]*, Berlin, 1978, S. 47.
(26) Vgl. J. Bönig, *a. a. O.*, S. 404.
(27) Vgl. E. Varga, *Die Wirtschaft der Niedergangsperiode des Kapitalismus nach der Stabilisierung*, Hamburg, 1928, S. 46.
(28) 内田星美『産業技術史入門』，日本経済新聞社，1974年，230ページ。
(29) Vgl. *Ebenda*, S. 46
(30) 同書，221ページ参照。
(31) Vgl. *Ebenda*, S. 46-7。
(32) Vgl. Institut für Wirtschaftsgeschichte der Akademie der Wissenschaften der DDR, *Produktivkräfte in Deutschland 1917/18 bis 1945*, Berlin, 1988, S. 127.
(33) Vgl. W. Zollitsch, *Arbeiter zwischen Weltwirtschaftskrise und Nationalsozialisnus*, Göttingen, 1990, S. 23.
(34) 内田，前掲書，222ページ参照。

(35) 同書, 231ページ。
(36) 同書, 233ページ参照。
(37) Vgl. Institut für Wirtschaftsgeschichte der Akademie der Wissenschaften der DDR, *a. a. O.*, S. 126.
(38) R. A. Brady, *op. cit.*, p. 230.
(39) 上林貞治郎『新版資本主義企業論』, 税務経理協会, 1976年, 132ページ。
(40) Vgl. Institut für Wirtschaftsgeschichte der Akademie der Wissenschaften der DDR, *a. a. O.*, S. 126.
(41) Vgl. *Ebenda*, S. 128.
(42) Vgl. Die Verwendung menschlicher und motorischer Arbeitskraft in der deutschen chemischen Industrie, *Die Chemische Industrie*, 50 Jg, Nr. 32, 1927. 8. 13, S. 850.
(43) Vgl. *Statistisches Jahrbuch für das Deutschen Reich*, 55 Jg, 1936, S. 126-7.
(44) Vgl. Institut für Wirtschaftsgeschichte der Akademie der Wissenschaften der DDR, *a. a. O.*, S. 128.
(45) Vgl. Chronik der BASF (1865-1940), Ⅶ. Periode (1925-1932), *BASF Archiv*, Werkgeschichte Heft Ⅷ, S. 1016.
(46) Vgl. E. Varga, *a. a. O.*, S. 47.
(47) G. Plumpe, The Political Framwork of Structural Modernization : The I. G. Farbenindustrie A. G., 1904-1945, W. R. Lee (ed), *German Industry and German Industrialization : Essays in German Economic and Business History in the Nineteeth and Twentieth Centuries*, London, New York, 1991, p. 2
(48) Vgl. G. Plumpe, *Die I. G. Farbeinindustrie A G. Wirtschaft, Tecknik, Politik 1904-1945*, Berlin, 1990, S. 465.
(49) Vgl. *Ebenda*, S. 475.
(50) Vgl. J. Bönig, *a. a. O.*, S. 405.
(51) Vgl. G. Plumpe, *a. a. O.*, S. 472-3.
(52) Vgl. P. Hayes, Industrie und Ideologie : Die IG Farben in der Zeit des Nationalsozialismus, *Zeitschrift für Unternehmensgeschichte*, 32 Jg, Heft 2, 1987, S. 126.
(53) Vgl. H. Tammen, *a. a. O.*, S. 37.
(54) Vgl. G. Plumpe, *a. a. O.*, S. 223.
(55) Vgl. H. Tammen, *a. a. O.*, S. 44-5.
(56) 工藤, 前掲書, 145-7ページ。
(57) Vgl. G. Plumpe, *a. a. O.*, S. 223-4.
(58) Vgl. Enquete Ausschuß, (Ⅲ)-3, *a. a. O.*, S. 38.
(59) Vgl. G. Plumpe, *a. a. O.*, S. 224.
(60) Vgl. *Ebenda*, S. 227.
(61) 工藤, 前掲書, 150ページ。
(62) Vgl. *Ebenda*, S. 241.
(63) Vgl. *Ebenda*, S. 233.

第4章 化学工業における合理化過程 247

(64) Vgl. *Ebenda*, S. 230.
(65) Vgl. *Ebenda*, S. 231.
(66) Vgl. *Ebenda*, S. 233.
(67) Vgl. H. Tammen, *a. a. O.*, S. 116.
(68) Vgl. G. Plumpe, *a. a. O.*, S. 242.
(69) Vgl. *Ebenda*, S. 436.
(70) Vgl. I. G. Farbenindustrie A.-G., Frankfurt a. M., *Der Deutsche Volkswirt*, 6 Jg, 1931/32 (1931. 10. 9), Beilage zu No. 2, S. 23.
(71) Vgl. G. Plumpe, *a. a. O.*, S. 224.
(72) Vgl. O. Köhler,・・・*und heute die ganze Welt. Die Geschichte der IG Farben und ihrer Väter*, Hamburg, Zürich, 1986, S. 200.
(73) Vgl. G. Plumpe, *a. a. O.*, S. 232.
(74) Vgl. I. G. Farbenindustrie A.-G., Frankfurt a. M., *Der Deutsche Volkswirt*, 6 Jg, 1931/32, Beilage zu No. 3, S. 30.
(75) Vgl. G. Plumpe, *a. a. O.*, S. 233.
(76) Vgl. *Ebenda*, S. 241-3.
(77) Vgl. Chronik der BASF (1865-1940), VII. Periode (1925-1932), *BASF Archiv*, Werkgeschichte Heft VIII, S. 1099.
(78) Vgl. H. Tammen, *a. a. O.*, S. 45.
(79) Vgl. G. Plumpe, *a. a. O.*, S. 244-5.
(80) Vgl. H. Tammen, *a. a. O.*, S. 46.
(81) Vgl. G. Plumpe, *a. a. O.*, S. 246-8.
(82) Vgl. *Ebenda*, S. 250-1.
(83) Vgl. *Ebenda*, S. 247.
(84) Vgl. *Ebenda*, S. 250-1.
(85) R. S. Yavner, *I.G. Farben's Petrochemical Plant and Concentration Camp at Auschwitz*, University Microfilms International, 1984, P. 12.
(86) Vgl. H. Tammen, *a. a. O.*, S. 47.
(87) Vgl. G. Plumpe, *a. a. O.*, S. 255.
(88) Vgl. *Ebenda*, S. 257, H. Tammen, *a. a. O.*, S. 49.
(89) Vgl. G. Plumpe, *a. a. O.*, S. 257.
(90) Vgl. Chronik der BASF (1865-1940), VII. Periode (1925-1932), *BASF Archiv*, Werkgeschichte Heft VIII, S. 1024.
(91) Vgl. I. G. Farbenindustrie Aktiengesellschaft, *Bericht des Vorstandes und Aufsichtrates über das Geschäftsjahr 1930*, S. 5.
(92) Vgl. W. Greiling, Aufgaben der Chemiewirtschaft, *Wirtschaftsdienst*, 15 Jg, Heft 9, 1930. 2. 28, S. 355-6.
(93) Vgl. H. Tammen, *a. a. O.*, S. 47-8.
(94) Vgl. *Ebenda*, S. 95.
(95) Vgl. *Ebenda*, S. 48.

(96) Vgl. G. Plumpe, *a. a. O.*, S. 257-8.
(97) Vgl. H. Tammen, *a. a. O.*, S. 49.
(98) Vgl. *Ebenda*, S. 51.
(99) 工藤, 前掲書, 159ページ。
(100) Vgl. O. Köhler, *a. a. O.*, S. 201.
(101) Vgl. I. G. Farbenindustrie A.-G., Frankfurt am Main, *Der Deutsche Volkswirt*, 6 Jg, Nr. 35, 1933/34 (1934. 6. 1), S. 1569.
(102) R. G. Stokes, *Opting for Oil. The Political Economy of Technological Change in the West German Chemical Industry, 1945-1961*, Cambridge University Press, 1994, p. 30.
(103) 工藤 章「相対的安定期のドイツ化学工業」『社会科学研究』(東京大学), 第28巻第1号, 1976年6月, 181ページおよび同「IGファルベンの成立と展開(二)」『社会科学研究』, 第29巻第6号, 1978年3月, 113ページ参照。
(104) Vgl. H. Tammen, *a. a. O.*, S. 96.
(105) Vgl. W. Teltschik, *Geschichte der deutschen Großchemie. Entwicklung und Einfluß in Staat und Gesellschaft*, Weinheim, New York, Basel, Cambridge, 1992, S. 90.
(106) R. S. Yavner, *op. cit.*, p. 14.
(107) Vgl. G. Plumpe, *a. a. O.*, S. 549. IGファルベンにおける世界恐慌期の鉱油部門の事業展開とその問題については, 拙書『ナチス期ドイツ合理化運動の展開』, 森山書店, 2001年, 第4章を参照されたい。
(108) Vgl. H. Tammen, *a. a. O.*, S. 49-50.
(109) Vgl. I. G. Farbenindustrie A.-G., Frankfurt a. M., *Der Deutsche Volkswirt*, 6 Jg, 1931/32, Beilage zu No. 3, S. 30-1.
(110) Vgl. Chronik der BASF (1865-1940), Ⅶ. Periode (1925-1932), *BASF Archiv*, Werkgeschichte Heft Ⅷ, S. 1099-1100.
(111) 内田, 前掲書, 236-7ページ。
(112) Vgl. G. Plumpe, *a. a. O.*, S. 349-50.
(113) Vgl. *Ebenda*, S. 352-4. この点については, Niederschrift über die Besprechung in Höchst am 18. 6. 29. betreffend Knapsacker Buna-Anlage, S. 3 u S. 6, *Hoechst Archiv*, Zentral Ausschuß 80, Autoreifen aus Buna, S. 1, *Hoechst Archiv*, Zentral Ausschuß 80 をも参照。アメリカは1928年の世界の生ゴムの消費量623,000トンの70.7％にあたる44万トンを消費しており, そのうちの80％を超える部分がタイヤの原料のためのものであったのに対して, ドイツの消費量はわずか42,000トンであり, 世界の全消費量の6.7％を占めるにすぎなかったが, そのうちタイヤの原料として使用された割合は約50％にとどまっている。Vgl. Kautschuk-Besprechung in Leverkusen am 1. und 2. Februar 1929, S. 1, *Bayer Archiv*, 153/3-1.
(114) Vgl. G. Plumpe, *a. a. O.*, S. 350.
(115) Vgl. Chronik der BASF (1865-1940), Ⅶ. Periode (1925-1932), *BASF Archiv*, Werkgeschichte Heft Ⅷ, S. 1186, "Kunststoffe", *BASF Archiv* (18. 11. 1955), S. 92.
(116) Vgl. G. Plumpe, *a. a. O.*, S. 472-3. この点については, Kurze Niederschrift der Besprechung mit Dr. Krauch, Oppau über den Stand der Arbeiter betr. synthetische

第4章 化学工業における合理化過程 *249*

　　　Kautschuke. 22. 1. 1930, *Hoechst Archiv*, Zentral Ausschuß 80 をも参照。
(117)　Vgl. W. Greiling, *a. a. O.*, S. 355. この点については, Autoreifen aus Buna, S. 1, *Hoechst Archiv*, Zentral Ausschuß 80, Buna-Anlage Knapsack, S. 1, *Hoechst Archiv*, Zentral Ausschuß 80 をも参照。
(118)　Vgl. H. Tammen, *a. a. O.*, S. 75.
(119)　Vgl. Niederschrift der Besprechung über synthetischen Kautschuk im Leverkusen am 3. Oktober 1930, S. 10, *Bayer Archiv*, 153/1-1.
(120)　Vgl. *Ebenda*, S. 2. 自動車タイヤ用のゴム需要の問題について, F. テル・メールは1930年に, ドイツにおける当時の大型車と小型車との関係が経済的に好ましい状況にはないこと, より小型の自動車にとっては天然ゴム製のタイヤの品質で十分であり, より良質のタイヤの需要はみられなかったことを指摘している。Vgl. Niederschrift der Besprechung über synthetischen Kautschuk in Leverkusen am 3. Oktober 1930, S. 3, *Hoechst Archiv*, Zentral Ausschuß 80.
(121)　Vgl. G. Plumpe, *a. a. O.*, S. 353-5.
(122)　内田, 前掲書, 240ページ。なお IG ファルベンにおけるナチス期の合成ゴム事業の展開とその成果については, 前掲拙書, 第4章を参照されたい。
(123)　この点については, 中村宏治「多角化戦略と企業成長——両大戦間の E. I. デュポン社——」, 前川恭一編著『欧米の企業経営』, ミネルヴァ書房, 1990年, 83ページを参照されたい。
(124)　Vgl. *Ebenda*, S. 356.
(125)　Vgl. *Ebenda*, S. 350.
(126)　Vgl. U. Stolle, *a. a. O.*, S. 104-5.
(127)　Vgl. H. Tammen, *a. a. O.*, S. 142.
(128)　Vgl. Chronik der BASF (1865-1940), VII. Periode (1925-1932), *BASF Archiv*, Werkgeschichte Heft VIII, S. 1144.
(129)　この点については, 工藤, 前掲書, 172-3 ページ参照。
(130)　Vgl. G. Plumpe, *a. a. O.*, S. 449-50.
(131)　Vgl. F. ter. Meer, Die I. G.: Ihre Entstehung, ihre Entwicklung und Bedeutung, *Chemische Industrie*, 4 Jg, Heft 10, 1952. 10, S. 794.
(132)　Vgl. G. Plumpe, *a. a. O.*, S. 440.
(133)　Vgl. M. Menzel, Die deutsche chemische Industrie in der Krise, *Wirtschaftsdienst*, 16 Jg, Heft 46, 1931. 11. 13, S. 1872.
(134)　Vgl. H. Tammen, *a. a. O.*, S. 34.
(135)　Vgl. I. G. Farbenindustrie A.-G., Frankfurt a. M., *Der Deutsche Volkswirt*, 6 Jg, 1931/32 (1932. 6. 24), Beilage zu No. 39, S. 362.
(136)　Vgl. I. G. Farbenindustrie A.-G., Frankfurt a. M., *Der Deutsche Volkswirt*, 6 Jg, 1933/34, S. 1568.
(137)　工藤, 前掲書, 138ページ。
(138)　Vgl. H. Tammen, *a. a. O.*, S. 106.
(139)　Vgl. I. G. Farbenindustrie Aktiengesellschaft, *Bericht des Vorstandes und Auf-*

250 第2部 主要産業部門における合理化過程

  sichtrates über das Geschäftsjahr 1930, S. 2.
(140) Vgl. I. G. Farbenindustrie A.-G., Frankfurt a. M., *Der Deutsche Volkswirt*, 6 Jg, 1931/32 (1931. 10. 23), Beilage zu No. 4, S. 39.
(141) Vgl. Chronik der BASF (1865-1940), Ⅶ. Periode (1925-1932), *BASF Archiv*, Werkgeschichte Heft Ⅷ, S. 1158.
(142) Vgl. Neue Farbenstoffe und Färbereihilfsprodukte 1927-1932, *Bayer Archiv*, 004/B-14-3-6, S. 1-2 u S. 3a. この点を1929-34年の期間と比較すると, この期間には1,593の新しい定型が市場に投入されているが, そのうち61の商標が赤字の製品であったとされている。Vgl. Stand des Sortiments am 1. Januar 1936, S. 1, *Bayer Archiv*, 004/B-14-3-6.
(143) Vgl. Einführung neuer Farbstoffe ab 1925, S. 12, *Bayer Archiv*, 004/B-14-3-6. IGファルベンの1928年の取締役会の会議でも同年第1四半期の染料の販売が非常に好調であったことが報告されているが (Allgemeine Direktions-Sitzung, Mittwoch, den 2. Mai 1928, 22 Uhr VM., S. 1, *Bayer Archiv*, 004/C-15-2), 恐慌期の30年をみても, 同社の硫化染料の売上は前年に比べ改善されており, そのような改善はアゾ染料でもみられた。Vgl. Niederschrift über die Direktionssitzung am 15. Juli 1930 in Bitterfeld, S. 2-3, *Bayer Archiv*, 004/C-16-2.
(144) Vgl. W. Greiling, *a. a. O.*, S. 357.
(145) Vgl. U. Schneider, H. Stein, *IG-Farben AG, Abt. Behringwerke Marburg KZ Buchenwald Menschenversuche. Ein dokumentarischer Bericht*, Kassel, 1986, S. 10.
(146) Vgl. H. Tammen, *a. a. O.*, S. 88, S. 140.
(147) Vgl. *Ebenda*, S. 89.
(148) Vgl. I. G. Farbenindustrie A.-G., Frankfurt a. M., *Der Deutsche Volkswirt*, 6 Jg, 1931/32, Beilage zu No. 4, S. 39.
(149) Vgl. I. G. Farbenindustrie A.-G., Frankfurt a. M., *Der Deutsche Volkswirt*, 7 Jg, 1932/33 (1933. 6, 2), Beilage zu No. 35, S. 373.
(150) Vgl. I. G. Farbenindustrie Aktiengesellschaft, *Bericht des Vorstandes und Aufsichtrates über das Geschäftsjahr 1932*, S. 2.
(151) Vgl. Chronik der BASF (1865-1940), Ⅶ. Periode (1925-1932), *BASF Archiv*, Werkgeschichte Heft Ⅷ, S. 1161.
(152) Vgl. W. Zollitsch, *a. a. O.*, S. 23-4.
(153) Vgl. G. Plumpe, *a. a. O.*, S. 258.
(154) Vgl. Enquete Ausschuß, (Ⅲ)-3, *a. a. O.*, S. 103, M. Menzel, *a. a. O.*, S. 1870.
(155) Vgl. C. Ungewitter, Chemie und Nationalwirtschaft, *Der Deutsche Volkswirt*, 8 Jg, 1933/34 (1933. 12. 7), Sonder-Bilage zu Nr. 4, Die Chemie im neuen Deutschland, S. 9.
(156) Vgl. M. Menzel, *a. a. O.*, S. 1872.
(157) Vgl. H. Tammen, *a. a. O.*, S. 49.
(158) Vgl. G. Plumpe, *a. a. O.*, S. 266. この点については, 工藤, 前掲書, 205ページをも参照。

第4章 化学工業における合理化過程 *251*

(159) Vgl. Teltschik, *a. a. O.*, S. 97.
(160) Vgl. H. Tammen, *a. a. O.*, S. 108.
(161) Vgl. *Ebenda*, S. 72-4.
(162) ナチス期の同社の人造石油部門の合理化の展開については, 前掲拙書, 第4章参照。
(163) R. Sasuly, *IG Farben*, New York, 1947, p. 138.
(164) Vgl. R. Schmiede, E. Schudlich, *Die Entwicklung der Leistungsentlohnung in Deutschland*, 4. Auflage, Frankfurt am Main, New York, 1981, S. 252.
(165) Vgl. J. Bönig, *a. a. O.*, S. 405.
(166) Vgl. W. Zollitsch, *a. a. O.*, S. 72.
(167) Vgl. *Ebenda*, S. 74. 1928年6月に実施された調査では, 出来高給の導入が最も多かった部門は染料, 窒素および医薬品の諸部門であった。Vgl. Hauptergebnisse der amtlichen Lohnerhebung in der chemischen Industrie, *Die Chemische Industrie*, 52 Jg, Nr. 13, 1929. 3. 30, S. 371.
(168) Vgl. W. Zollitsch, *a. a. O.*, S. 76.
(169) Vgl. Arbeitsbüro, *Bayer Archiv*, 1/6-6-25, S. 4-5a.
(170) Vgl. *Ebenda*, S. 5b.
(171) Vgl. *Ebenda*, S. 11.
(172) Vgl. *Ebenda*, S. 23.
(173) Vgl. *Ebenda*, S. 11.
(174) Vgl. *Ebenda*, S. 17.
(175) Vgl. *Ebenda*, Anlage 2.
(176) Vgl. *Ebenda*, S. 27.
(177) Vgl. *Ebenda*, S. 31.
(178) Vgl. R. Schmiede, E. Schudlich, *a. a. O.*, S. 258.
(179) Vgl. W. Zollitsch, *a. a. O.*, S. 77.
(180) Vgl. G. Duvigneau, *Unterschungen zur Verbreitung der Fließarbeit in der deutschen Industrie*, Breslau, 1932, S. 61.
(181) Vgl. Enquete Ausschuß, (III)-3, *a. a. O.*, S. 33.
(182) Vgl. Die Transportkosten im Betriebe, *Die Chemische Industrie*, 53 Jg, Nr. 31, 1930. 8. 2, S. 885.
(183) Vgl. Enquete Ausschuß, (III)-3, *a. a. O.*, S. 32, R. Schmiede, E. Schudlich, *a. a. O.*, S. 283.
(184) Vgl. *Ebenda*, S. 283.
(185) Vgl. W. Zollitsch, *a. a. O.*, S. 23.
(186) Vgl. H. Tammen, *a. a. O.*, S. 29.
(187) O. Bauer, *Rationalisierung und Fehlrationalisierung*, Wien, 1931, S. 136-7.
(188) Vgl. W. Teltschik, *a. a. O.*, S. 82.
(189) Vgl. Einführung neuer Farbstoffe ab 1925, S. 14, *Bayer Archiv*, 004/B-14-3-6.
(190) Vgl. G. Plumpe, *a. a. O.*, S. 163.

(191) Vgl. H. Tammen, a. a. O., S. 29.
(192) R. A. Brady, op. cit., p. 121.
(193) Vgl. Institut für Wirtschaftsgeschichte der Akademie der Wissenschaften der DDR, a. a. O., S. 103, 前川恭一『現代企業研究の基礎』, 森山書店, 1993年, 174ページ。
(194) R. A. Brady, op. cit., p. 237, H. Tammen, a. a. O., S. 21, G. Plumpe, op. cit., p. 225.
(195) L. F. Haber, *The Chemical Industry 1900-1930*, Oxford University Press, 1971, pp. 338-9〔鈴木治雄監修, 佐藤正弥・北村美都穂訳『世界巨大化学企業形成史』, 日本評論社, 1984年, 519-20ページ参照〕。
(196) Vgl. Enquete Ausschuß, (Ⅰ)-3, a. a. O., S. 443, P. Hayes, *Industry and Ideologie. IG Farben in the Nazi Era*, Cambridge, Massachusett, 1987, p. 20.
(197) この点については, I. G. Farbenindustrie Aktiengesellschaft, Frankfurt am Main (*Das Spezial Archiv der deutschen Wirschaft*), Berlin, 1929, S. 21-2, G. Plumpe, a. a. O., S. 142, H. Tammen, a. a. O., S. 21, W. Feldenkirchen, Big Business in Interwar Germany: Organizational Innovation at Vereinigte Stahlwerke, IG Farben, and Siemens, *Business History Review*, Vol. 61, 1987, autumn, pp. 436-7, L. F. Haber, op. cit., pp. 339-40〔前掲訳書, 521ページ〕, A. D. Chandler, Jr, op. cit., pp. 569-71〔前掲訳書, 492-3ページ参照〕, A. Schneckenburger, *Die Geschichte des I. G.-Farben - Konzerns. Bedeutung und Rolle eines Großunternehmens*, Köln, 1988, S. 33-4などを参照。このような事業共同体の設置の目的に関してみておくと, バイエルのアルヒーフによれば, 例えば下部ライン事業共同体の形成は, 主要な製造現場での合理的な生産と統一的な観点に基づいて管理される生産を達成するためにライン下流域にある同社の製造現場を統合することを目的としたものであったとされている。Vgl. Richtlinien für eine Fusion der I.-G. und für die Bildung einer Betriebsgemeinshaft der Farbenfabriken vorm. Friedr. Bayer & Co. (Leverkusen) mit den chemischen Fabriken vorm. Weiler - ter Meer (Uerdingen), S. 2, *Bayer Archiv*, 004/C-19.
(198) Vgl. H. Tammen, a. a. O., S. 21-2.
(199) A. D. Chandler, Jr, op. cit., p. 568〔前掲訳書, 490ページ参照〕。
(200) Vgl. Enquete Ausschuß, (Ⅲ)-3, a. a. O., S. 113.
(201) Vgl. W. Feldenkirchen, op. cit., p. 438, F. ter. Meer, a. a. O., S. 786-7, I. G. Farbenindustrie Aktiengesellschft (*Das Spezial Archiv der deutschen Wirtschaft*), S. 23, H. Tammen, a. a. O., S. 22-3, R. A. Brady, op. cit., pp. 238-9, A. D. Chandler, Jr, op. cit., p. 572〔前掲訳書, 494ページ〕。
(202) W. Feldenkirchen, op. cit., p. 439, F. ter Meer, a. a. O., S. 787.
(203) R. A. Brady, op. cit., p. 239.
(204) L. F. Haber, op. cit., p. 338〔前掲訳書, 519ページ参照〕。
(205) Vgl. G. Plumpe, a. a. O., S. 163.
(206) L. F. Haber, op. cit., p. 339〔前掲訳書, 520ページ〕。

第4章 化学工業における合理化過程 *253*

(207) W. Feldenkirchen, *op. cit.*, p. 434参照.
(208) Vgl. Enquete Ausschuß, (Ⅰ)-3, *a. a. O.*, S. 439.
(209) A. D. Chandler, Jr, *op. cit.*, pp. 567-8 〔前掲訳書, 490-1ページ参照〕.
(210) Vgl. G. Plumpe, *a. a. O.*, S. 145.
(211) Vgl. Institut für Wirtschaftsgeschichte der Akademie der Wissenschaften der DDR, *a. a. O.*, S. 103.
(212) Vgl. H. Tammen, *a. a. O.*, S. 24.
(213) Vgl. F. ter. Meer, *a. a. O.*, S. 783.
(214) Vgl. G. Plumpe, *a. a. O.*, S. 146.
(215) Vgl. F. ter. Meer, *a. a. O.*, S. 787.
(216) L. F. Haber, *op. cit.*, p. 340 〔前掲訳書, 521ページ〕.
(217) W. Feldenkirchen, *op. cit.*, p. 436.
(218) Vgl. F. ter. Meer, *a. a. O.*, S. 787.
(219) *Ebenda*, S. 787, G. Plumpe, *a. a. O.*, S. 153, H. Tammen, *a. a. O.*, S. 25, W. Feldenkirchen, *op. cit.*, pp. 434-6. これらの中央本部のうち例えば中央会計部についてみると, その職務は, 毎年企業全体のために貸借対照表を作成すること, すべての支店における計算組織を監督すること, 4つの事業共同体におけるあらゆる製造原価の算定を同一の原則および基準に基づいて行うことを監視することにあり, 最後の点は最も重要な職務のひとつであったとされている. Vgl. Organisation der Zentralbuchhaltung Frankfurt, S. 1, *Bayer Archiv*, 004/B-36.
(220) L. F. Haber, *op. cit.*, p. 340 〔前掲訳書, 521ページ〕.
(221) Vgl. I. G. Farbenindustrie Aktiengesellsachaft, *Bericht des Vorstandes und Aufsichtsrates über das Geschäftsjahr 1925*, S. 2.
(222) A. D. Chandler, Jr, *op. cit.*, p. 569 〔前掲訳書, 492ページ参照〕.
(223) R. A. Brady, *op. cit.*, p. 237.
(224) *Ibid.*, p. 46.
(225) *Ibid.*, p. 121.
(226) Vgl. R. Stockmann, *Gesellschaftiche Modernisierung und Betriebsstruktur. Die Entwicklung von Arbeitsstätten in Deutschland 1875-1980*, Frankfurt am Main, New York, 1987, S. 87.
(227) Vgl. *Ebenda*, S. 199.
(228) 例えば, A. D. Chandler, Jr, *Strategy and Structure*, MIT Press, 1962 〔三菱経済研究所訳『経営戦略と組織』, 実業之日本社, 1967年〕, H. E. Kroos, C. Gilbert, *American Business History*, New Jersey, 1972 〔鳥羽欽一郎・山口一臣・厚東偉介・川辺信雄訳『アメリカ経営史(下)』, 東洋経済新報社, 1974年〕参照.
(229) Vgl. G. Plumpe, *a. a. O.*, S. 146-7.
(230) *Ebenda*, S. 148, G. Plumpe, *op. cit.*, p. 228, p. 235.
(231) Vgl. H. Tammen, *a. a. O.*, S. 23. 3つの事業部の創出については *Ebenda*, S. 23-4, G. Plumpe, *a. a. O.*, S. 147-9, F. ter. Meer, *a. a. O.*, S. 783, W. Feldenkirchen, *op. cit.*, p. 437, A. D. Chandler, Jr *Scale and Scope*, pp. 574-5 〔前掲訳書, 496ページ〕,

L. F. Haber, *op, cit*., p. 339〔前掲訳書, 520ページ〕を参照。
(232)　*Ibid*., p. 339〔同上訳書, 520-1ページ〕.
(233)　*Ibid*., p. 351〔同上訳書, 540ページ〕.
(234)　Vgl. G. Plumpe, *a. a. O*., S. 148.
(235)　Vgl. H. Tammen, *a. a. O*., S. 24.
(236)　L. F. Haber, *op, cit*., p. 339〔前掲訳書, 520ページ〕.
(237)　A. D. Chandler, Jr, *Scale and Scope*, p. 573〔前掲訳書, 495ページ〕.
(238)　G. Plumpe, *a. a. O*., S. 149. この点については, H. Tammen, *a. a. O*., S. 27, F. ter. Meer, *a. a. O*., S. 789, W. Feldenkirchen, *op. cit*., p. 434, A. D. Chandler, Jr, *Scale and Scope*, p. 575〔前掲訳書, 496-7ページ〕などを参照。
(239)　Vgl. G. Plumpe, *a. a. O*., S. 152.
(240)　Vgl. H. Tammen, *a. a. O*., S. 28.
(241)　Vgl. G. Plumpe, *a. a. O*., S. 152.
(242)　Vgl. *Ebenda*, S. 150.
(243)　L. F. Haber, *op. cit*., p. 342〔前掲訳書, 524ページ〕.
(244)　A. D. Chandler, Jr, *Scale and Scope*, pp. 578-9〔前掲訳書, 499-500ページ参照〕.
(245)　例えば, A. D. Chandler, Jr, *Strategy and Structure* 参照。
(246)　L. F. Haber, *op, cit*., p. 342〔前掲訳書, 523-4ページ〕。
(247)　この点については, 拙書『ドイツ企業管理史研究』, 森山書店, 1997年, 第9章を参照されたい。

第5章　電機工業における合理化過程

　これまでの考察において，産業類型としては装置・生産財産業に属する重工業，化学工業の合理化過程についてみてきたが，以下の各章では，加工組立産業に属する電機，自動車および機械製造の産業諸部門について考察を行うことにする。本章ではまず電機工業を取り上げて，みていくことにしよう。

第1節　設備投資の展開とその特徴

　まず「技術的合理化」の問題をみる上で重要な意味をもつ設備投資の動向をみていくことにしよう。電機工業におけるこの時期の設備投資をみる上でまず注意しておかなければならないことは，国民的総投資のうち大きな割合を占めていた「公共部門」の投資が産業基盤整備というかたちで行われたために[1]，電機工業に対して大きな市場が開かれたこと，また産業電化および鉄道電化の進展や，家庭用電気器具の一定の普及などによる国内市場の拡大がこの産業部門に有利な市場条件を与え，そのことが電機工業における設備投資を促進することになったということである。

　そこで，この点をふまえて，資本金100万RM以上・取引所上場の株式会社の設備投資の推移をみると，電機工業においても化学工業と比較的よく似た傾向がみられる。すなわち，前掲表2-1および表2-2によると，1924年には，24年から29年までの新規設備投資全体のわずか1.2％の新規投資が行われていたにすぎないが，25年には全体の19.5％，26年には14.8％の新規投資が行われており，24年から26年までの時期に，全体の35.5％の新規投資が行われている。また27年および28年には，新規投資はさらに順調な伸びを示している。す

なわち，27年には4,080万RM，1928年には3,640万RMの新規投資が行われており，24年から29年までの新規投資総額のそれぞれ23.5％，20.9％を占めており，この２年間にこの時期全体の44.4％の新規投資が行われている。またさらに，29年をみると，ここでも3,500RMの新規投資が行われ，その割合は20.1％となっており，新規投資がほとんど行われていない24年を除くと，25年から29年までの５年間はほぼ平均額の新規投資が行われている。それゆえ，電機工業においては，化学工業と同様に，J.ベェニヒのいう合理化過程の第３局面にあたる29年にも，設備投資をともなう「技術的合理化」がひきつづき活発に推し進められたと考えられる。

　そこで，つぎに，電機工業における設備投資の状況をふまえ，その代表的企業であるAEGとジーメンスの投資動向をみることにしよう。まずAEGの設備投資の状況をみると，固定設備の増加額と減価償却額の推移を示した表５−１によれば，機械設備では24/25年の営業年度に最も大きな増加がみられるのに対して，建物では，この営業年度とつぎの営業年度にはあまり大きな増加はみられないが，つづく26/27年の営業年度には，それまでの営業年度の増加額の３倍以上もの額の9,656,643RMの増加をみている。これを営業年度別分布率でみると，機械設備では，24/25年の営業年度には，24年から29年までの各営業年度における増加額全体の34.8％の増加を示している。その後の営業年度についてみると，その割合は24/25年の営業年度のそれを大きく下回っており，26/27年の営業年度には19.9％，27/28年の営業年度には20.9％となっている。

　また建物では，26/27年の営業年度には，24年から29年までの各営業年度における増加額全体の30.6％と高くなっており，その後の27/28年，28/29年の営業年度の占める割合もまたそれぞれ27.5％，25.8％となっており，いずれも高い割合を占めている。それゆえ，AEGでは，建物の建設・拡大のための設備投資は26年/27年の営業年度に本格的に始められ，28/29年の営業年度においてもひきつづき行われていたといえる。その具体的な内容をみると，大規模な新規建設は，とくにトレプトウ（計器）およびニュールンベルク（家庭用電気器具）においてみられるが，電線工場（強電用電線および電話用電線），変圧器製造工場および大規模な機械建屋の拡大のほか，精銅所および亜鉛工場の新規建設にもみられたとされている。1928年

257

表5-1 AEGの固定設備の増加額と減価償却額の推移

(単位：RM)[1]

営業年度[2]		1924/25[3]	1925/26	1926/27	1927/28	1928/29	1924/25〜28/29年の合計額
土地①	増 加 額	—(0)[3]	430,028(7.9)	375,010(6.9)	48,417(6.9)	4,562,564(84.3)	5,416,019(100)
建物②	増 加 額	2,182,638(6.9)[3]	2,895,311(9.2)	9,656,643(30.6)	8,656,674(27.5)	8,130,308(25.8)	31,521,574(100)
	減価償却額	873,820(14.9)[3]	1,016,288(17.2)	1,189,097(20.2)	1,338,448(22.7)	1,474,288(25.0)	5,891,941(100)
	差 額	1,308,818	1,879,023	8,467,546	7,318,226	6,656,020	25,629,633
機械設備③	増 加 額	7,633,779(34.8)[3]	3,605,364(16.4)	4,355,334(19.9)	4,583,020(20.9)	1,750,379(8.0)	21,927,876(100)
	減価償却額	2,185,039(17.9)[3]	2,327,072(19.0)	2,529,981(20.7)	2,736,020[4](22.4)	2,437,379[4](19.9)	12,215,491(100)
	差 額	5,448,740	1,278,292	1,825,353	1,847,000	−687,000	9,712,385
固定設備全体 (①+②+③)	増 加 額	9,816,417(16.7)[3]	6,930,703(11.8)	14,386,987(24.4)	13,288,111(22.6)	14,443,251(24.5)	58,865,469(100)
	減価償却額	3,058,859(16.9)[3]	3,343,360(18.5)	3,719,078(20.5)	4,074,468(22.5)	3,911,667(21.6)	18,107,432(100)
	差 額	6,757,558	3,587,343	10,667,909	9,213,643	10,531,584	40,758,037

(注)：1）1マルク未満は切り捨て。
　　2）営業年度は10月1日から翌年9月30日まで。
　　3）（ ）内の数値は営業年度別分布率（単位：％）。
　　4）機械設備の特別償却200万RMを含まない。
(出所)：各年度の営業報告書より作成。

表5-2 ジーメンスにおける建物および機械・工具への投資額[1]の推移

(単位：RM)

営業年度[2]	1924/25	1925/26	1926/27	1927/28	1928/29	1924/25〜28/29年の合計額
建 物	1,470,763(5,2)[3]	319,106(1.1)	9,985,462[4](35.3)	8,120,858(28.7)	8,409,094(29.7)	28,305,283(100)
機械・工具	7,900,000(8,8)[3]	8,500,000(9.5)	11,700,000(13.1)	33,100,000(37.0)	28,300,000(31.6)	89,500,000(100)

(注)：1）ジーメンス&ハルスケとジーメンス・シュッケルトの合計額であり、売却・処分による減少分を控除した増加額。
　　2）営業年度は10月1日から翌年の9月30日まで。
　　3）（ ）内の数値は営業年度別分布率（単位：％）。
　　4）ジーメンス・シュッケルトに合併された子会社からの増加分を含む。
(出所)：各年度の営業報告書およびW. Feldenkirchen, *Siemens 1918-1945*, München, 1995, S. 700 より作成。

には「蒸気力と電力との間の統合」をはかったヘニングスドルフ工場の加熱装置・動力設備の最初の建設の段階が終了している(2)。このような設備投資の状況について、銀行業のH．メメルスドルフは1929年に，AEGがその近年に生産設備をかなり大規模に拡大してきたこと，そのなかで多くの新しい工場が建設されてきたことを指摘している(3)。

またジーメンスについてみると（表5-2参照），ジーメンス＆ハルスケとジーメンス・シュッケルトの合計でみた場合，建物では1924/25年から28/29年までの営業年度の総額28,305,283RMのうち26/27年度には35.3％にあたる9,985,462RM（これには子会社の合併による増加分を含む），27/28年度には28.7％にあたる8,120,858RM，28/29年度には29.7％にあたる8,409,094RMが投資されており，合理化過程の第2局面以降に集中的に投資が行われている。機械・工具ではいずれの年度も建物への投資額を上回っているが，この期間の総額8,950万RMのうち27/28年度には37％にあたる3,310RM，28/29年度には31.6％にあたる2,830万RMの投資が行われており，建物への投資額を大きく上回っている。またジーメンス2社の内訳では，ジーメンス・シュッケルトの占める割合が圧倒的に大きく，建物ではこの期間全体の投資額の73.2％となっており(4)，機械設備でも1926/27年度から28/29年度までの投資額の86％を占めている(5)。それ以前の年度についても，同社では24/25年度には労働を節約する機械の購入によって工場設備の改善が行われており(6)，25/26年度にも近代的な作業機および最新鋭の設備の調達のためにかなりの資金が使われたとされており(7)，機械への投資の大部分はジーメンス・シュッケルトにあてられていたといえる。また土地についてみると，1926/27年度には子会社の合併による増加分の影響もあり7,447,356RMの簿価の増加がみられたが，それ以外の年度には売却の影響もあり簿価の減少（1924/25年度には3,021RM，25/26年度には12,956RM，27/28年度には879,886RM，28/29年度には1,098,681RM）をみている(8)。

このようにして，電機工業，とくにAEG，ジーメンスなどの代表的企業において，合理化過程の第2局面にあたる26/27年の営業年度以降に新規投資が本格的かつ集中的に行われており，また重工業（合同製鋼）の場合とは異なり，28/29年の営業年度にも大規模な新規投資が引き続き行われたのであった。

つまり，電機工業においても，化学工業と同様に，新規投資がこのように活発に行われたのは，この時期に一連の新しい活動領域が開かれ，また同時に既存の領域における販売の可能性が拡大されたことにその原因をみることができる。すなわち，発電および送電の領域における大規模な統合化の活動は電機工業に大規模な注文をもたらした。そこでは，大発電所（Großkraftwerke），貯水池式発電所（Speicherwerken），送電網（Überlandleitung），大型変圧器（Großtransformation），変電所（Umformerstation）などの新規建設および拡張建設をあげることができる。また電力を消費する新しい領域の開拓による電力消費の増大およびそれに規定された新規の建設活動は，いずれも設備取付材料の販売の増大をもたらした。また放送（ラジオ）およびそれと関連した家庭用電気器具（電気掃除器など）の普及も設備投資を促進する要因のひとつであった。またさらに産業電化の進展（とくに機械の個別駆動への工業用動力の転換）は電機工業にたえず新しい活動領域をひらいたのであるが，同じことがライヒスバーンの電化および地下鉄の拡張にもいえる。その他，弱電業務も顕著な拡大をとげており，それにはとくに自動電話の急速な導入，写真電送の発展およびとりわけ無線電話の拡大をあげることができる。また地下電信・電話網の敷設およびドイツ海底ケーブル（とくにエムデン―アゾレン間）の再建によって電線業務が促進されたほか，例えば計測器，信号機，電気分解による金属の析出，電気医療器具および電力による搬送（電気トラックその他）といった付随的領域の強力な発展も設備投資の拡大の一要因であったとされている[9]。このように，電機工業においては，ドイツ国内の需要の拡大に基づく新しい生産領域の開拓および既存の領域における生産能力の拡大のための強力な設備投資が行われており，この点については，他の産業部門と大きな違いがみられた。

またこの時期の設備投資の状況を減価償却との対比でみると（前掲表2-1参照），電機工業では，資本金100万RM以上・取引所上場の株式会社の1924年から29年までの新規投資の総額は1億7,400万RMとなっているのに対して，減価償却総額は1億5,290万RMとなっており，新規投資総額が減価償却総額を上回っている。この点は，重工業では減価償却額が新規投資額の約30倍にもおよんでいた1929年についてもいえる。すなわち，この年の新規投資額は3,500万RMとなっているのに対して，減価償却額は3,300万RMとなってお

り[(10)]，化学工業と同様に，新規投資額が減価償却額をわずかに上回っている。

ことにAEGにおける固定設備の増加額と減価償却額との関係をみると（前掲表5-1参照），1924年から29年までの各営業年度のいずれの年度においても固定設備の増加額が減価償却額を大きく上回っている。とくに26/27の営業年度以降の時期には，固定設備の増加額は減価償却額に比べて著しく大きいことがわかる。すなわち，26/27の営業年度，27/28年の営業年度，そして28/29年の営業年度における固定設備の増加額は，減価償却（特別償却を除く）額のそれぞれ3.9倍，3.3倍，そして3.7倍となっている。したがって，AEGでは，26/27の営業年度，すなわち合理化過程の第2局面になって設備投資が本格的かつ集中的に行われており，「技術的合理化」を推し進すめる上で新規投資がとくに大きな役割を果していたものと思われれる。

またジーメンスにおける建物への投資と減価償却との関係をみると（前掲表5-2および表5-3参照），1924/25年度と25/26年度には減価償却額が建物への投資額を上回っているのに対して，26/27年度から28/29年度までの3営業年度にはそれぞれ減価償却（それぞれ2,178,929RM，2,286,705RM，2,432,102RM）の4.6倍（9,985,462RM），3.5倍（8,120,858RM），3.5倍（8,409,094RM）の額の建物への投資が行われている。また24/25年度から28/29年度までの合計額でみると，建物への投資額（28,305,283RM）は減価償却額（10,644,805RM）の2.6倍にのぼっている。また減価償却額のジーメンス2社の内訳をみると，いずれの年度をみてもジ

表5-3　ジーメンス＆ハルスケおよびジーメンス・シュッケルトの
　　　　減価償却額*)の推移

（単位：RM）

営業年度	1924/25	1925/26	1926/27	1927/28	1928/29	1924/25～28/29年の合計額
ジーメンス＆ハルスケ	696,912	771,915	748,395	597,097	646,602	3,460,921
ジーメンス・シュッケルト	1,088,647	1,189,595	1,430,534	1,689,608	1,785,500	7,183,884
合　　計	1,785,559	1,961,510	2,178,929	2,286,705	2,432,102	10,644,805

（注）：＊）ここにあげた数字は建物の減価償却についてのものであり，減価償却率は5％となっている。両社では，機械・工具に関しては，毎年1RMに償却されている。
（出所）：各年度の営業報告書より作成。

ーメンス・シュッケルトの額がジーメンス・ハルスケの額を上回っており，この期間全体ではジーメンス・シュッケルトの占める割合は67.5%にのぼっている。

このように，電機工業においては，AEG，ジーメンスといった代表的大企業を中心に1926/27年の営業年度以降の時期に，設備投資が本格的に行われており，そこでは，設備投資全体のなかでの新規投資の占める比重が高く，「技術的合理化」を推し進める上で新規投資が大きな役割を果していたといえる。

第2節 「技術的合理化」の展開とその特徴

これまでの考察をふまえて，つぎに，「技術的合理化」の展開過程をあとづけ，その特徴を明らかにしていくことにしよう。電機工業では，1920年代の合理化の時期には，「生産の科学化」の技術的方策と組織的方策の二つが合理化の取り組みの中心をなしたとされているが，そこでは，ひとつには生産手段の改良と，またふたつには「科学的に」研究された機械の最も有利な使用を保つという労働者の義務があげられるとされている。つまり，労働者は，ひとつには工作機械の駆動装置および工具鋼の改良に集中し，またふたつには，機械の操作や，切り込み，切削面積，工具鋼および材料に応じた回転数と送り速度の調整と，機械の最適な能力利用ないし最短の加工時間の条件のもとでの個々の作業の遂行と作業方法に至る操作と作業の流れを──機械のタイプに対して詳細に──労働者に指示する文書での作業指図票の作成に集中することになったとされている。

それゆえ，この時期の電機工業における「技術的合理化」は，労働手段の駆動装置および切削工具の改良による労働手段の技術的発展を中心にしていたといえる。ジーメンス・シュッケルトのエルモ工場（電動機工場）では，1920年代の初めに，手作業は最終組立だけではなく，部品生産においてもかなりの程度みられたとされているが，部品生産だけをみると，機械職場では，当時の規格に基づいた多くの最も近代的な工作機械が利用されていたのに対して，手作業が支配的であった巻線職場では，そのような工作機械は利用されていなかったとされている。例えば，ケーシング，軸受台，軸受押え，軸受キャップ（鋳

鉄製）およびシャフト（鋼製）は，旋盤，中ぐり盤，フライス盤および研削盤のような工作機械による切削加工によって生産された。また発電機用の金属板を原料とする回転子および固定子は，例えば，剪断器，押し抜き機およびプレスのような工作機械での加工によって生産された[11]。

ところで，電機工業におけるこの時期の労働手段の技術的発展は，他の産業部門と同様に，産業電化の進展による電力利用の普及によって，促進された。そこでは，労働手段を電動機によって集合駆動する方式から個別駆動する方式への転換が推し進められたが，切削工具の素材の改良とあいまって，それは労働手段の性能の向上に大きく寄与したのであった。

1 電化の進展と労働手段の個別駆動方式への転換

そこで，まず労働手段の駆動方式の改善についてみると，産業電化が先駆的にみられた19世紀末から今世紀初頭の時期には，個別駆動を行うための独自の電動機を備えた機械設備はほとんどまだみられず，多くの場合，集合駆動に限られていた。しかし，ジーメンス&ハルスケでは，1890年に，新工場の建物を建設したさい，伝力機構が完全に放棄され，114台の工作機械はすべて独自の電動機を備えていたとされている[12]。またAEGでも1904年のケーブル工場とともに，1899年の新鋭電機工場の機械ホールでは，個別駆動方式が徹底したかたちで導入されたとされている[13]。しかし，一般的には，1890年代後半における電動機の量産開始にもかかわらず，「1903/04年までの期間は産業用電動機は本格的に普及せず，したがってまた電動個別駆動の導入は必ずしも一般化したわけではなかった」とされている。

しかも，その場合，配電方式と出力は，産業電化にとって問題の多い直流が50％以上を占めており（1899年），1913年においても交流配電は50％に達しておらず，三相交流電動機による駆動，配力系統の電化はこの時期にはまだ十分にすすんでいなかった[14]。1920年代になると，きわめて容易に制御できる直流動力が遠距離送電でもって駆逐されていき，そのかわりに，三相交流電動機がひろく登場してくるようになる[15]。こうして，1920年代の合理化の時期には，三相交流電動機による個別駆動方式への転換が推し進められた。

第5章 電機工業における合理化過程 　263

　この間の電化の流れを**ジーメンス・シュッケルト**についてみると，同社の電動機工場では，工作機械の駆動の効率を高めるために，作業部は1922年から23年にかけて，集合駆動から個別電動駆動への転換を強行した。1923年秋には，工作機械の4分の3（＝1,526台）が個別電動駆動装置を備えており，さらに506台だけが装備替えされねばならなかった。その後に行われた改造計画およびそれに応じた新規調達政策がすすむなかで，翌年には伝力機構でもって集合駆動される機械の数は減少した。1924年秋にはそのような機械はまだ403台が使われていたが，翌年25年には371台，30年秋にはわずか273台が使われていたにすぎなかった。そして，30年秋には，1,801台の工作機械が個別ないし複数の電気原動力を備えていた[16]。

　また他の製品部門の工場をみると，例えばジーメンス＆ハルスケのヴェルナーF工場では，1927/28年に若干の諸部門において工作機械の個別駆動方式への転換が取り組まれ，28/29年にはそのような切り換えがねじ旋盤，工具用旋盤，フライス盤，中ぐり盤，大型の押し抜き機において行われており，その第1工場では，フライス盤，タレット旋盤，小型タレット旋盤の，また第5工場では，すべての機械の個別駆動への転換が計画された。翌年の29/30年には256台の工作機械が新しいものにおきかえられた。そのような合理化の取り組みは30/31年にも引き続き行われており，この年度には，そのような切り換えがほぼ徹底して実施され，357台の工作機械が個別駆動に改造され，近代化がはかられたほか，152台の工作機械が新たに調達されている[17]。また同社の発電機製造工場では，機械の新規調達は1925年以前にもまたその後においても比較的控え目な範囲でしか行われなかったが，そこでは，機械設備の質の変化，とくに個別駆動の増加がより重要であったとされている[18]。

　このような工作機械の装備替えは，切削速度を高め，生産のテンポを高めるためのひとつの重要な前提条件であった[19]。1900年以降の最初の25年間の工作機械の発展の重点は，切削能力の向上，すなわち切削および送りの「適切な速度の系列」を生み出し，それによって回転数を高めることにおかれていたとされている[20]。

　個別駆動方式への転換による成果について，ジーメンスのW．ドレッシャーは

3つの異なった駆動方法をもつ3台の旋盤の性能を比較している。それによると、駆動装置のベルト伝導装置によって駆動される段車式旋盤では、純粋な切削時間は高速度鋼については36分、硬質合金については33分であり、個別駆動装置を備えた単ベルト旋盤では、工具の完全利用のもとでの純粋な切削時間は、硬質合金工具の21分に比べ、高速度鋼工具では28分となっている。これに対して、主軸ドラムモーターによる個別電動駆動の場合には、高速度鋼では24分、硬質合金工具では14分となっており、電力による主軸ドラムの駆動によってより良い工具の性能を完全に利用することができるとされている。また1本のシャフトの荒削りのための電力消費は、高速度鋼工具を使用した場合の段車では2,33kwhであるのに対して、硬質合金工具を使用した場合の主軸ドラムモーターでは1.2kwhであるとされている[21]。このように、電動機による機械設備の個別駆動方式への転換によって、切削速度の上昇とエネルギー消費の大幅な節約が達成されたのであった。

2 切削工具の改良とその利用

つぎに切削工具用合金の発展をみると、この時期の切削工具の素材の開発としては、それまでの高速度鋼より性能の高い硬質合金の開発にみることができる。そのような切削工具合金の開発は、工作機械の切削能力を大きく向上させたが、電動機による個別駆動方式への転換にともなう回転数の増大とあいまって、切削速度の大きな上昇がもたらされたのであった。W．ドレッシャーは、切削工具用合金の進歩が、自動化の度合の上昇にともない、新しい工作機械の利用へと導いたことを電動機のケーシングの生産の事例で示して、つぎのように述べている。

すなわち、それによると、小型の電動機のケーシングの製造時間は1900年には普通旋盤における炭素バイトでは約130分であったが、高速度鋼バイトの導入によって、製品1単位当りの製造時間は、1912年にはすでに60分に短縮され、22年には、高速度鋼工具を備えた半自動のタレット施盤において、仕掛品は1単位当り45分で生産されるようになったとされている。さらに硬質合金製のバイトの利用は、その製造時間を21分までに短縮し、1926年には、同じ機械での同じ仕掛品の加工には、わずか12分しかかからなくなったとされている[22]。同じく彼の報告によると、平

炉鋼の 5mm² の切削加工の場合，切削速度は炭素鋼工具では 7m／秒，高速度鋼では18m／秒となっていたが，硬質合金「A」では34m／秒，また硬質合金「B」では47m／秒となっていたとされている(23)。

　しかし，このような争う余地のない優位性にもかかわらず，工具用合金の開発に大きくかかわってきたジーメンス・シュッケルトのエルモ工場においてさえ，硬質合金製のバイトは1922年以降徐々にしか取り入れておらず，決して全般的に普及していたわけではなかった。はるかに性能の高いバイトの素材に対するさしあたっての利用見込は，当初は，アクライトの急速かつ広範囲の使用および十分な経済的利用を抑制するように作用したとされている。「新しい硬質合金B」の開発の成功後でさえ，1920年代後半までは，切削加工における予想された「変革」は，ゆっくりとすすんだにすぎない。
　硬質合金の普及がゆっくりとしたテンポでしかすすまなかった理由としては，硬質合金の高い価格，ひとつの製品を一様に生産することおよび金属加工における諸要求を十分に充たしたすぐれた品質のものを生産することの初期の諸困難，切削加工工程のゆっくりとしかすすまない科学の浸透，硬質合金とともに現れる新しい諸要求への工作機械の一層遅い適応および前方に位置する加工段階，例えば形成加工における科学技術の発展水準などをあげることができるが，最後に硬質合金の性能の優位性を少なくとも圧倒的ではないようにした，高速度鋼合金の同時的にすすんでいた諸改良もひとつの役割を果したとされている(24)。
　例えばジーメンス・シュッケルトのエルモ工場では，1922/23年に合計2,032台，23/24年には1,808台の工作機械が使用されていたが，アクライトの開発がすでに丸１年前に行われていたにもかかわらず，この時には，たかだか200台のアクライト工具を備えた旋盤が稼働していたにすぎなかった。W．ドレッシャーは，「アクライトは確かに大量生産におけるいくつかの作業工程のために使用されたが，『さしあたり』，高速度鋼は『職場から大量に』駆遂されたのではなかった(25)」と結論づけている。またT．v．フライベルクは，硬質合金に関しては，1920年代は，準備，研究開発の年であり，30年代および40年代になって初めて工業への予想されていた広い利用をもたらした，としてい

る(26)。

3 フォード・システムの導入と「技術的合理化」

このように，1920年代は，工作機械の電動化による個別駆動方式への転換と切削工具用合金の改良によって，電機工業においては，労働手段の技術的発展が大きく進展したのであるが，このことはとくに流れ生産方式の導入の推進によって一層大きな推進力を与えられたといえる。そのことは，個別駆動方式の導入によって機械の自由な配置が可能となり，そのことによって，流れ生産方式の導入のための基礎が築かれたことによる。例えばジーメンス・シュッケルトの電動機工場では，部品の製造を行う機械加工工程でも，電動機のケーシングおよびさまざまな大きさや形状の軸受台などのさまざまな部品に対して特別な流れ作業系列が生み出され，工作機械は，それらが加工のために使用される順番にそって配置された。これらの工作機械はすべて電動式の個別駆動装置を備えており，工作機械の電化にともない伝達装置やベルトの絡み合いが消滅したことによって，流れ作業に必要な作業場の見通しがきくようになり，作業用の照明が改善され，そして機械の自由な配置の可能性が与えられたのであった(27)。W. ドレッシャーは，この工場では，硬質合金工具による切削加工の能率向上の影響のもとで，電動式駆動装置の開発が共同で精力的にすすめられてきたが，製造時間の短縮へのその強い圧力および容易な転換の可能性の要求をもつ流れ生産が一層の刺激を与えたとしており，流れ作業が個別駆動方式への転換のペースメーカーであったことを指摘している(28)。

すでにみたように，流れ生産による大量生産は電力の導入を主導的要因とする，このような労働手段の技術的発展によって可能となったのであり，それだけに，電機工業では，切削工具用合金の導入とは異なり，電動機による機械設備の個別駆動方式はとくに大きな意味をもったのであり，このような技術的革新の導入のための取り組みが，合理化の時期に本格的に推し進められた理由のひとつをここにみることができる。

ただここで考慮に入れておかなければならないことは，このような「技術的合理化」が流れ生産の導入との関連で強力に推し進められたのであるが，それは電動機工場などの特定の製品部門とか先端工場が中心に取り組まれたのであ

って，それ以外の製品部門や工場では状況が異なっていたということである。W．ベッカーによれば，作業機を蒸気機関で動かすことから，電気によってグループで動かすことへ，また最終的には個別的に動かすことへの移行は，1926/27年の合理化景気以降，確かにより高いテンポで行われたが，こうした進歩にもかかわらず，ひろい基盤をもった個別電動駆動の大規模な定着をみるには，ようやく30年代の後半を待たねばならなかったとされている[29]。

　この時期の「技術的合理化」が流れ生産の導入との関連で推し進められたということに関して指摘しておかなければならないいまひとつの点は，専用機械の利用がそのような新しい生産方式の導入によって促されたということである。大規模な組別生産や大量生産が可能であったところでは，汎用工作機械が作業場から駆遂され，それに代って，より単純であるが，より狭い範囲でしか使用できない専用機械が配置された[30]。第1次大戦前の合理化は，とりわけ装置の使用によって熟練をもつ旋盤工，フライス工および中ぐり工をとって代えることを意味したが，これに対して，専用機械の配置による手作業の機械化は例外のままであり，電機工業の機械的生産においては，それはその硬直性のためにほとんど普及しなかったとされている。ただ白熱球の生産では，婦人によって操作される専用機械による熟練をもつガラス吹き工の置き換えがすでにはやくからみられたほか，巻線職場でも同様に専用機械がはやくに配置されていた[31]。1920年代には，例えば，すでに27年春には，ジーメンス＆ハルスケのヴェルナー工場における電話器の生産において流れ作業が完全に実施されていたが，自動電話交換器の製造において，流れ作業のための非常に多くの専用機械が利用されている[32]。D．シュミットは，この工場では，手作業を機械作業によってとって代え，また汎用機械にかえて専用機械を利用するという計画が第1次大戦前に立てられていたが，この時期には，その多くは実現されず，当時市場に出ていた最新の工作機械は決して至るところに配置されたのではなく，20年代になってようやく実現されたとして，旋盤職場の近代化の事例をあげている[33]。また積算計器製造工場では，AEGの組立工場において，ドリル式ねじ回し，電動式ねじ回し，はんだごて，錫性の平なべセラックつぼなどの専用工具が利用されており，それらはコンベアのもとで働く女子労働者を助けたのであった[34]。

268 第2部 主要産業部門における合理化過程

これまでの考察において,「技術的合理化」の展開過程についてみてきたが,ここでの考察をふまえて,つぎに,「労働組織的合理化」についてみていくことにしよう。

第3節 「労働組織的合理化」の展開とその特徴

1 テイラー・システム,レファ・システムの導入と労働組織の変革

電機工業は,1920年代の合理化の時期にテイラー・システム,フォード・システムに代表されるアメリカ的管理方式の導入による労働組織の変革を最も強力に推し進めた産業部門のひとつであった。第2章でもみたように,そこでは,テイラー・システムはレファ・システムというドイツ独自の形に修正され,その本格的な導入が推し進められたが,電機工業の独占企業はその誕生に深いかかわりをもった。そのような修正は,それまでドイツにおいて本格的にすすむことのなかった時間・動作研究の実施によって作業の標準化・客観化を推し進め,生産の管理における一層の発展のための基礎を築いたのであるが,電機工業では,それまでにすでに,生産の合理化のための手段として,工場組織の変革が取り組まれている。またこの時期には,そのような労働組織の変革を基礎にしてフォード・システムの導入による大量生産への移行が推し進められることになるが,そのような管理上の諸変革は,1920年代に流れ生産方式を展開していく上でも,重要な役割を果したのであった。H.ホムブルクは,両大戦間期のジーメンスにおける合理化の3つの動きを確認しており,①1919年から22年までのテイラーの諸原則の受け入れ,②1925から28年までの標準化された大量生産のフォードの諸方法の最初の,まだ限られた導入,③1935年から37年までのより高い機械化の水準での標準化された大量生産の拡大がそれであるが[35],ここでは,①と②の段階が問題となる。

そこで,まずテイラー・システム,レファ・システムの導入について考察を行うことにするが,第1次大戦後の混乱・インフレーション期の労働組織の変革のための取り組みからみていくことにしよう。

第5章　電機工業における合理化過程　269

(1) 1920年代初期の労働組織の変革の取り組み

ジーメンスでは，古い経験的な方法から体系的な，科学的に基礎づけられ，また分析的な管理の方法への移行はすでに1913/14年に始まっていたが，これらの諸方法が組織的に採用され，また全社レベルで実現されたのは第1次大戦後のことであったとされている(36)。ジーメンス・シュッケルトにおいては，生産の技術的および組織的な編成は本質的には経営技師や職長に任されていたが，1920年代には，生産の合理化は「工場管理本部」("Zentral‐Werksverwaltung")の活動のひとつの中心となり，個々の工場のイニシアティブと中央集権的な管理および統制との結合によって，合理化政策は初めて厳格なものとなったとされている(37)。「工場管理本部」は「規格部」("Normalienbüro")と「工場価格事務所」("Werks-Preisbüro")の2つの既存の組織を基礎にしたものであった。さまざまな部分的領域（搬送および在庫，製造および組み立て，整備および保守，作業準備および設計）において合理化戦略を展開し，ためしてみること，またその経済性を吟味することがジーメンスの個々の工場の任務であったのに対して，工場管理本部は，個々の工場における合理化の評価を照合し，情報政策によってそれを一般化し，合理化政策の重点を定め，そしてそのさい企業全体の利益を発揮させることに自らの任務をおいていた。工場管理本部の政策の最も重要な伝達手段は，個々の工場との，また個々の工場間の上から組織され，また統率される経験の交流であり，それは経営技術会議(Betriebstechnische Konferenz)，すなわち技術情報や講演および出版物をとおして行われたのであった。

第1回の経営技術会議は1921年2月に開催されており，そこでは，C.ケットゲンは，工場管理本部と個々の工場との関係がまだ非常に控え目な状態であったことを指摘して，技術的な生産のためのイニシアティブが今後は工場におかれるべきだと強調している(38)。そうしたなかで，1920年から21年にかけての工場管理本部の年報が指摘しているように，電動機工場や小型製品製造工場などの主要な工場において作業部（Arbeitsbüro）が生み出されており，それは，工作機械の時間研究，工具などの規格化によって科学的管理を導入することを任務としていたが，その後の年報では，生産過程の徹底的な再組織において作業部が支配的な役割を果したことが指摘されている(39)。こうして，工場

管理本部と個々の工場との緊密な関係を確立するための機関としての工場における作業部の役割が重要であると考えられ,「工場における作業部」がひとつの大きな論題とされたのであった(40)。最初の最も重要な組織変革はこの「作業部」の全般的な導入であり,それはすでに1919年に,利用できる各工作機械の性能の算定,時間・動作研究の組織的な遂行および適性検査のためのプログラムの開発を開始している(41)。

　なかでも,電動機工場は作業部の導入のペースメーカーであったとされている(42)。1919/20年の電動機工場の年報によれば,作業部は,作業方法の合理化や,機械の給付および人間の労働給付の観察ならびに測定のための科学的に基礎づけられたシステムの創出に取り組んできたとされている(43)。また21/22年の年報は,作業部が①生産手段,②時間研究および作業方法の改善,③事前計算,④全般的な諸活動の4つのグループにわたって活動を行っていたとしている。その翌年の22/23年の年報においても,引き続き作業部の合理化の諸活動が継続されたことが報告されており,そこでは,諸改善の経済性の統制としての出来高時間の重要性が高まったこと,それにともない,押し抜き作業職場において電気計測装置によって労働給付の測定が一層長い期間にわたって行われるなど,管理活動の機械化が始まっていることが指摘されている(44)。

　このように,合理化運動が始まる1924年までの電動機工場を中心とする合理化推進のための取り組みは,時間研究の実施と規格化の推進を促進するものであり,その後のフォード・システムの導入による流れ生産方式への転換を推し進める上で重要な役割を果したのであった。このような段階を経て,相対的安定期には,作業部は流れ生産方式の導入において中心的な役割を果すようになってくる。すなわち,作業部は,「作業準備」という包括的なタイトルのもとで,1924年から25年にかけて始まっている流れ作業の原理に基づく生産過程の再組織にさいして,工場における決定的な中心的機関となった(45)。E．ミヘルは,流れ作業の導入の増加にともない重要となっている作業部がつねに作業の割り当ておよび作業準備を監督する中央機関であるべきであったことを指摘している(46)。

また工場の作業部に作業準備の重点がおかれるようになったことと平行して，工場管理本部の当該部門においても職分の拡大が行われており，工場管理本部の第8部門にあたる，W. L. ブラァンの管理下におかれていた「工作機械課」が，1924年から25年にかけて，流れ作業をその職務領域に受け入れることになった。この部門を通して，一方では，「流れ作業の思考」が同社のなかに普及するようになり，また他方では，それはドイツ経済性本部（RKW）における政策とされたのであった。こうして，1926年3月の経営技術会議では，「流れ作業」が議論の中心となり，ブラァンが，「経済的製造委員会（AWF）のもとにおかれた流れ作業委員会（Ausschuß für Fließarbeit）の諸活動」について報告を行っている。

こうして，合理化運動の始まる相対的安定期には，作業部のこのような活動を基礎にして，流れ生産方式の導入が電動機工場を中心に強力に推し進められていくことになるが，ジーメンス・シュッケルトにおけるこの時期の合理化運動の特徴は，技術的革新を経済的・経営経済的諸要請と現実的に結びつけること，より正確にいえば，技師の労働過程に経済性という絶対的な基準を浸透させることにあり，この基準の「浸透」を準備し，理解させ，また普及させる経営の部署が作業部であった[47]。

(2) テイラー・システムの修正とレファ・システムの導入

つぎに，テイラー・システムのドイツ的修正であるレファ・システムによる労働組織の再編成についてみることにしよう。ジーメンス・シュッケルトの先端工場である電動機工場では，すでに1919年にテイラーの作業方法の先駆者として「科学的に基礎づけられた作業・時間研究」を実施しており[48]，20年代の合理化の時期には，レファ・システムによる標準作業の決定がすすむことになるが，組み立てにおいては，その作業遂行の方法は，組立作業が作業部やその経営技師，タイム露出撮影職員によってはうまく管理されることができないという結果をもたらした。給付を規定し，またそれに影響をおよぼす諸要因は十分にはわかっていなかったので，組み立てにおける賃金の正確な「科学的」決定は，機械作業における出来高の基準の決定よりも「非常に大きな困難」をともなった。そのために，タイム露出撮影係は，機械や設備の部品の加工時間

の算定にさいして、自らに役立つ工作機械の算定可能な給付のような確かなよりどころに依拠することはできなかったとされている[49]。

またジーメンス＆ハルスケのヴェルナーF工場では、この工場の出来高部が1925年に時間研究による作業時間の把握に取り組んでおり、26/27年に初めて「頻繁に繰り返されるすべての作業および操作」の最大部分が時間標準のもとにおかれるようになっている。28年秋までに、出来高部は、新たな生産にさいして、すでに出来高払いの60％を算定しており、29年秋には、一部の生産を除いて、すべての単位当り時間を決定している。そこでは、時間研究によって把握される作業の数は、1927年の23から28年秋には155に、また29年から30年にかけての営業年度には「ほとんどすべて」となっていたが、30年になってもまだこの工場における作業の約3分の1には標準時間が決められていなかったとされている[50]。このように、当時なお、すべての作業に対して出来高部の標準時間が存在していたわけではなく、それは1930/31年までは、組立作業および部品生産の半分にとどまっていたとされている[51]。

しかし、この時期には、第1次大戦前には本格的な進展をみることのなかった計画と執行の分離が大きくすすむことになった。作業部と製造部における時間の把握および生産に関する知識のそこへの集中は、経営技師に有利なように職長の権限を奪うことになっており、工場管理は、標準時間が設定された作業の範囲のみならず、同様に、職場からの出来高単価の規制の分離および職長の権力の喪失を強調している[52]。こうして、1928/29年になって初めて、出来高単価の決定はほぼ完全に出来高部に移されており[53]、27年の金属労働組合の調査によれば、調査された98部門のうち、74.5％にあたる73部門にレファの賃金支払方式が採用されている[54]。また1929年の報告によれば、ヴェルナーF工場では、出来高単価の決定はもはや職長によって行われるのではなく、レファの諸方法に基づいて行われたとされている。このような組織的変革にともない、テイラーを手本にして、作業準備および生産の管理は何人かの職長に割り当てられることになった[55]。

この時期のこのような取り組みはまた動作研究の普及をも促したといえる。AEGの積算計器製造工場では、工場部が生産過程全体を管理するようになっており、できる限り多くの作業工程、はめ合わせおよび検査が、工具でもっ

て，予め正確に決められた時間で行われるようになっているが，そのような時間は，積算計器の各定型に対して，経済的製造委員会の方法によるタイム露出撮影に基づいて決められた[56]。またオスラムの白熱球製造工場でも，計画部による動作研究が生産性の向上に寄与したとされている[57]。

2　フォード・システムとそのドイツ的展開

電機工業では，このような管理上の変革を基礎にして，フォード・システムの導入による大量生産への移行が推し進められていくことになる。ジーメンスにおける1925年以降の合理化の段階では，合理化努力の中心はもはや科学的管理の考え方ではなく，流れ生産のそれであり，そこでは，生産設備，作業工程および流れ生産の新しい原則や標準化された大量生産のフォードの技術による経営管理方式の採用が取り組まれたとされている[58]。そこで，つぎにフォード・システムの導入がどのように行われたかについてみていくことにするが，この時期の合理化は，国内市場の狭隘性と輸出市場における諸困難という厳しい市場の諸条件のもとで推し進められた。それゆえ，そのような市場の条件のもとで，フォード・システムのような合理化方策がどのように推し進められたか，また実際にそれはどの程度実施されたか，といった問題を考察していくことが，ここでの中心的課題となる。

(1) 生産の標準化の進展

① 電機工業における標準化の背景

まず流れ生産方式の導入の基礎となる生産の標準化についてみると，電機工業では，他の産業部門よりも組織的かつ徹底的に標準化が推し進められた。ドイツ電機工業では，今世紀初頭の独占の確立期にすでにジーメンスとAEGの2大独占体による独占的支配体制が確立されており，集中化が非常に進んでいたことが標準化の進展を容易にし，促進したといえる。この点について，R．A．ブレィディは，2，3の大規模な製造業者への生産高の集中は標準化の過程および規格の実際の導入を促したとしている[59]。また当時ドイツの電機工業は輸出依存度が比較的に高く，それだけに輸出市場におけるアメリカとの競争を行う上で，大量生産の実現が最も重要な課題のひとつとなっており，その

ために，標準化の組織的な取り組みを推し進めることが急務の課題となった。

ところで，R．A．ブレイディは，電機工業が規格を重視していたことがその誕生のときからの特徴であったとしている。電機工業の「急」成長は，その歴史を通じて，この工業がそれによって躍進をとげたところの研究や，またこの工業がまかない続けてきた資源に依存してきたのとほとんど同じくらいに，組織的かつ徹底的な標準化に綿密な，また絶えまない注意を払ってきたことによるものであるとしている。彼は，このことは少なくとも一部は電機工業がまず弱電部門において拡大したという事実によるものであるとして，電信および電話の通信機器をその例としてあげている。弱電の領域における安価な，標準化された，互換性設備に重点がおかれていたことは，強電の生産が始まったときに容易に利用しうる技術および適切な製造方法や設計法を提供したとされている[60]。このように，製品の定型化，部品の規格化の取り組みはまず弱電部門において始められ，その後，しだいに強電部門にも拡大されていった。

強電および弱電の両方の領域におけるはやくからの拡大は，ドイツの電機工業に対して，標準化運動に積極的な関心をもたせることになった。世界市場におけるドイツ電機工業の地位の回復が顕著になり，また既存の工場や設備を徹底的にオーバーホールし，合理化するという問題に直面した大部分の産業における動力源としての電気の一般的な利点が知られるようになるが，そのことはまた標準化の問題を一層重視させることになった。

またこの領域にはさまざまな一般的な関係組織が存在していたことも，標準化に組織的に取り組むことを促進した。それにはドイツ技師協会をあげることができるが，ドイツ経済性本部の傘下のさまざまなグループや委員会，とくにドイツ規格委員会，ドイツ電気技師協会（Verband Deutscher Elektrotechniker），電機工業中央連盟（Zentralvarband Elektrotechnischer Industrie），電力協会（Vereinigung der Eiektrizitätswerke），ドイツ機械製造所連盟（VDMA），またさまざまな政府の諸部門，とくに物理工学研究所（Physikalish-Techische Reichsanstalt）——アメリカ規格局（American Bureau of Standards）にほぼ相当する——，およびその他のグループが，標準化の活動を遂行するさいに個々の企業と結びつきをもっていた。

このように，電機工業における標準化の取り組みは，この産業部門に深いか

かわりあいをもつ専門協会・団体などの協力のもとに，ひとつの産業全体で組織的に推し進められたことに特徴がみられるが，その活動の範囲は非常にひろきにおよんでいる。その活動は非常に抽象的かつ困難な標準化の諸問題からさまざまなタイプの電気機器を使用する消費者の一般的な案内のための規定の作成におよんでいた。すなわち，それは，重量，寸法，測定，定格，および制御の方法といった基本的な標準のようなものを含んでおり，工作機械の操作および互換可能な規格部品を最大限に利用した生産の管理のための規則，消費者の使用のための規約，電圧，周波数，電流のタイプ，配線方法の標準化，プラグ，ソケット，ランプ，コード，またいろいろな設備の互換性のための規定の作成，電話送信の接続，ラジオ局の設置，苦情の申し立て，および勘定の支払のための規約の作成にまでおよんでいた[61]。

② 生産の標準化の組織的取り組み

このように，電機工業における規格化，標準化の取り組みは非常に広範囲におよぶものであったが，とくにジーメンス，AEGなどの大企業において，そのような取り組みは一層の進展をみることになる。

例えばジーメンス&ハルスケでは，1924/25年の営業年度の報告書によれば，それまでの何年間かにおいて，同社は，その目的に合った新たな設計によって，定型数の削減を徹底的に行ってきたとしている[62]。また25/26年の営業年度には，前年ほどの注文は得られなかったが，定型化，最も近代的な生産方法の利用，それへの同社の設計の適応や組織の一層の発展によって同社の商品の製造原価を引き下げようとする数年来続いている諸努力は，とくに，同種のより大量の商品が問題となるところでは，成功したということが明らかになったとされている[63]。

またAEGについてみても，同社の1924/25年の営業年度の報告書によれば，「機械工場においては，定型数が減らされ，また流れ生産方式が導入され，それによって，生産量はかなり増大され，また価格は引き下げられることができた。電動機の領域では，とくに軽量でかつ値頃のタイプを市場に出すことに成功した[64]」とされている。その後の26/27年の営業年度の報告書によれば，経営設備の技術的改良によって，定型化および構造上の改良によって，また組織

の編成によって,非生産的なコストが著しく節約され,また流動資本が著しく減らされることができたとされている[65]。また1927/28年の営業年度の報告書では,「当社は,徹底的な機械化による,定型化や構造の改良による製品および経営設備の技術的改良に最大の注意を払っていることを営業報告書において繰り返し述べてきた[66]」として,規格化,標準化の推進がこの時期の最も重要な合理化方策のひとつとして強力に取り組まれたことが強調されている。

しかし,そのような取り組みは,電気掃除器のような消費財では比較的容易にすすんだが,技術革新のテンポが速く,製品革新が急速に行われた製品や生産財では,その状況は異なっていた。

例えば,ジーメンス&ハルスケのヴェルナー工場で生産される継電器では,68のバリエーションをもつ8つ定型が21のバリエーションをもつ4つの定型に削減され,継電器のキャップの数は15から8に,継電器と制御スイッチのベースプレートの数は19から8に減らされている。定型の削減のための取り組みにおいて大きな役割を果してきた設計部の判断によれば,確かにヴェルナー工場は当時「いくつかの領域において」すでに合理的な大量生産を行うことができたが,依然として,部品のほか,「多くの機器も多くの変種に分かれている」とされている。例えば直流用信号装置では,定型化の諸方策の後も,依然として約200のさまざまな部品をもつ1,280ものさまざまなタイプが存在していたほか,周波数計は,3つの電圧のもとで,675の変種がみられた。また1927/28年の新しい小型プレセクタや平形継電器の事例にみられるように,型や定型の数を削減しようとする諸努力は,新たな構造によってたえず妨げられたとされている。設計部の報告によると,とりわけ複式接続や自動電話のための機器にみられるように,1926年から27年頃には,重要な定型化の活動は「ひととおり」終了したとされているが,同時にまた,新しい構造のものが生み出されており,そこでは,新しい機器の新たな生産とともに,古い機器やシステムも一定の期間はまだ生産されなければならなかった。27/28年にはそのような問題が一層深刻化し,それゆえ,電話器部門において,自動接続あるいは電話交換機用の電話器の統一的な型のための努力が新たに行われているが,同時に,はるかに多くの定型をもたらした革新がおこっている。このように,技術革新への持続的な圧力のゆえに,設計部は,革新を推し進めようとする諸努力と定型化を一層推

し進めようとする諸努力との間の板挟みに繰り返し直面せざるをえず[67]、そのことが規格化、標準化の障害になったといえる。

そのような障害は白熱球の場合にもみられる。そこでも、標準化のための諸努力は、新しい利用の可能性が追求されたという事情によって妨げられたとされている。規格化の任務を任せられた技師が特定の規格に関する活動をまさに終えたとき、その成果はしばしば、すでにつぎの新しい開発によって台無しにされたのであり、技師達は、一定の量ではなくつねに変化する量の工業製品を定型化しなければならないという問題に直面したのであった[68]。

以上において、フォード・システムの導入にあたり流れ生産方式の導入の基礎をなす生産の標準化の進展をみてきたが、つぎに、そのような新しい生産方式の導入がどの程度すすんだか、またそれによって生産過程の管理がどのように変革されたか、についてみていくことにしよう。

(2) 流れ生産方式の導入
　① ２大コンツエルンの独占的地位と流れ生産方式の導入

電機工業では、流れ生産方式を導入する上で、大企業がほとんどすべての生産領域を支配しているという状況が決定的な意味をもった。すなわち、これらの大企業は大規模な注文を期待することができるし、またそのことは、これらの企業のもつ大規模な設備を組織的、効率的に稼働させる可能性を与えたといえる[69]。それゆえ、ドイツの電機工業においては、AEGとジーメンスの２大コンツエルンによる支配体制が確立していたことを考えるとき、これらの独占的大企業においては、流れ作業やコンベア作業の普及率は、前掲表２-３および表２-５の調査結果の数値よりも高いものになっていると思われる。

Ｒ．Ａ．ブレイディによれば、ジーメンスにおいては、弱電部門も強電部門も、工場は高度に専門化され、工場内部の搬送システムが装備され、実現可能なところでは、どこでも、オーバーヘッド・コンベアやエンドレス・ベルトが導入され、そして作業場間、工場間および工程間の統合は高度の完成の域に達していたとされている[70]。またAEGの場合にも、第１次大戦後、工場の内部組織は徹底的にオーバーホールされ、近代化されており、これらの諸変化は、

工場内部の搬送の細部はもちろん，自動機械や連続流れ生産の導入から工場全体のレイアウトの再編成に至るまで，すべての面にわたっていたとされている[71]。AEGでは，1928年以降，全生産がそのような新しい生産方式に転換されたとされている[72]。

このように，電機工業では，ジーメンス，AEGといった独占的大企業を中心に流れ生産方式の導入が強力に推し進められたと考えられるが，つぎに，そのような新しい生産方式の導入を製品別にみることにしよう。

② 製品部門別にみた流れ生産方式の導入

電機工業における流れ生産方式への転換は組立作業の多い弱電部門においてすすんでいたといえる。すなわち，流れ作業への転換は，まず積算計器の生産および家庭用電気器具の生産，また放送機器（ラジオ）の生産において実施され，その後しだいに他の大量製品，とくに設備取付材料の領域に拡大され，さらに小型電動機や測定器の生産にも拡大された，とされている[73]。またとくに家庭用電気器具の製造部門のうち，流れ生産方式への転換が行われたのは電気調理器や暖房器具などの生産においてであった。さらに設備取付材料の領域では，回転スイッチ，コンセント，ヒューズ，ソケットといった小型製品の製造において流れ生産方式の導入がみられた。このように，流れ生産方式の導入は，定型化され，単純化された量産品の生産においてとくにすすんでいた。

例えば，ジーメンス・ハルスケの1924/25年の営業年度の報告書によれば，それまでの何年間かにおいて，十分な一定量の販売が流れ生産を可能にする限り，流れ生産をさらに発展させたとしている[74]。またジーメンス・シュッケルトでも，1924/25年の営業報告書によれば，生産すべき同種の製品の量が流れ生産を可能にする多くのところでは，流れ生産がさらに導入されたとしている[75]。またその後の1927/28年の営業年度の報告書においても，同種の製品の量が流れ生産を可能にする限りは，可能なところでのみ生産の改善が行われ，大規模な流れ生産がさらに導入されたとしている[76]。T. v. フライベルクは，作業の時間的強制進行性の確立がジーメンス・シュッケルトにおける1924年以降の合理化運動の特徴となっていることを指摘している[77]。これらの営業報告書からも明らかなように，電機工業における流れ生産方式の導入は，大量の

販売が可能であった特定の量産品を中心に行われたのであった。

しかし，電機工業のさまざまな製品の製造部門のなかでも，流れ生産方式の導入がすすんでいたこれらの部門とならんで，流れ作業の導入が不可能であった部門も存在することに注意しなければならない。重い電動機の生産やその修理はつねに個別注文のままであり，したがって，個別生産のままであった。そのような加工の形態がとられていたのは，重い仕掛品の搬送は，工作機械の搬送よりも困難であるという技術的な考慮に，その理由をもつとされていた[78]。

したがって，つぎに取り上げる考察対象の重点は，この時期に流れ生産方式への転換を強力に推し進めた製品部門が中心となる[79]。

1）電動機製造部門の事例

A　電動機の製造の事例

まず電動機部門についてみると，この製品部門は，この時期に流れ生産方式が導入され，とくにコンベア生産の導入が最もすすんでいた部門のひとつであった。電動機工場のそのような変革について，R．A．ブレィディは，個々の工場内部では，反復する，自動ないし半自動の，また標準化された製造作業のほとんどすべてに流れ生産が導入されたとしており，ジーメンスの電動機工場であるエルモ工場の事例が典型的であるとしている[80]。この工場では，そのような生産方式の導入は組立工程にのみみられたのではなく，鋳造・鍛造工場，部品製造工場，組立工場といった各製造工程を担当する工場を結合した大規模な工場では，流れ生産方式の導入はこれらのすべての製造工程においてみられた。

それゆえ，電動機工場の各製造工程において流れ生産方式の導入がいつ行われたかをジーメンス・シュッケルトについてみると，同社の工場管理本部の1925/26年の年度の報告によると，鋳造・鍛造を行う粗形品工場では，鋳造工場は近代的な方式に基づいて流れ生産方式への転換をこの時期に行ったとされている。また部品の製造を行う機械加工工程では，27/28年の営業年度に流れ生産の導入が行われている。電動機工場のなかでもそのような生産方式の導入が最もすすんでいたのは組立工程であり，そこでは，1925年から26年にかけて

の時期にすでに電動機の組み立てを流れ生産システムに転換するための準備が終了し，27年3月に流れ作業方式による電動機の組み立てが実現されている。このように，同社の電動機工場においては，1927/28年の営業年度までに，これらの3つの工程において流れ生産方式の導入が行われており，また28/29年の年度には梱包作業にも流れ作業方式が導入されており，遅くともこの時期にこのような合理化の拡張過程が終了したとされている[81]。

そこで，流れ生産方式の導入を工程別にみると，まず**鋳造・鍛造工程**では，パゼバルクの鋳造工場がエルモ工場に組み入れられ，その鋳物の生産が流れ生産計画に組み入れられ，それを基礎にして，流れ生産への転換が行われているが，そのような転換はまだ端緒的なものであったとされている[82]。

また**機械加工工程**では，さまざまな部品に対して特別な流れ作業系列が生み出され，工作機械は，それらが加工のために使用される順番に配置されたほか，電動機のケーシングおよびさまざまな大きさや形状の軸受台の機械加工のための流れ作業系列が生み出された[83]。しかし，そこでは，組立作業とは異なり，ある（機械）作業地点から次のそれへの仕掛品の搬送には，時間の調整の困難のために，滑り軌道，シュート，ブリキ製の台のような簡単な機械的な補助手段で十分であり，機械作業の再組織の場合には，決まった作業タクトを前もって設定するベルト・コンベアは問題にはならなかったとされている。「流れ作業」の導入は，比較的小さなグループの労働力に対してのみ，「強制的な[作業]テンポ」をもたらしたにすぎないとされている[84]。

さらに**組立工程**をみると，そこでは，機械によってとって代えることのできない主要な手作業が発生しており，また作業の遂行の方法は，組立作業が作業部，その経営技師やタイム露出撮影のための職員によって十分に管理されることができないということをひきおこしたが，コンベア作業への転換は，その決定的な打開策であったとされている。そこでの解決は，ひとつには，組別生産の原則から連続生産の原則への移行であり，いまひとつは，コンベアの断続的な，リズミカルな進行による作業タクト（時間）の設定にあったとされている。しかし，電動機をベルト・コンベアで組み立てるには，個々の組の台数は必ずしも十分ではなく，しかも決められた組が一部は非常に短い期間に変更され，またそれでもって，部分作業のなかで

も，異なる作業テンポが生まれることになった。それゆえ，そこでは，フォード社のような「単一定型生産」が問題となるのではなく，交替型の流れ生産が問題となった。そこでは，コンベアのもとでの部分作業は，確かに組別生産のようには，労働者に広範な専門的な能力をもはや要求しなかったのであるが，彼らの知識や能力は，電動機の組み立てにおける交替型流れ作業（die wechselnde Fließarbeit）のシステムにおいても，放棄されることができず，また——全体としてみた場合では——そのような補完がなされる場合にも，部分的な作業を行うわずかの作業職場でとって代えることができたにすぎない[85]。

このように，ジーメンス・シュッケルトの電動機工場であるエルモ工場は当時の先端工場のひとつであったといえるが，そこで生産されるいまひとつの主力製品として電気掃除器があり，電動機の生産とならんで電気掃除器の生産はコンベアを導入した流れ生産が最もすすんでいた領域であり，電動機の生産よりも先進的事例をそこにみることができる。T. v. フライベルクも，電気掃除器の生産では，鋳造から梱包に至るまで，ひとつの場所において流れ作業の原則に基づいて行われているという電動機工場からの1924/25年の報告をあげて，このことは先駆的な試みであるとしている[86]。電気掃除器の生産は100％流れ生産の方式によって行われていたとされている[87]。またAEGをみても，電気掃除器は近代的なベルト・コンベア生産で製造された最初の家庭電気器具であった[88]。

B　電気掃除器の製造の事例

それゆえ，つぎに電気掃除器の生産をみると，ジーメンス・シュッケルトの電動機工場で生産される電気掃除器は「プロトス」という単一製品に定型化が行われており[89]，その生産には，機械加工工程および組立工程のいずれにおいても流れ生産方式が導入されていた。そこでは，複数の特別な流れ作業系列が生み出されており，ひとつの流れ作業系列において電動機が，第2番目の流れ作業系列において付属品が，さらに第3番目の流れ作業系列において装置そのものが生産された[90]。

図5-1 ジーメンス・シュッケルトの電気掃除器製造工場のレイアウト

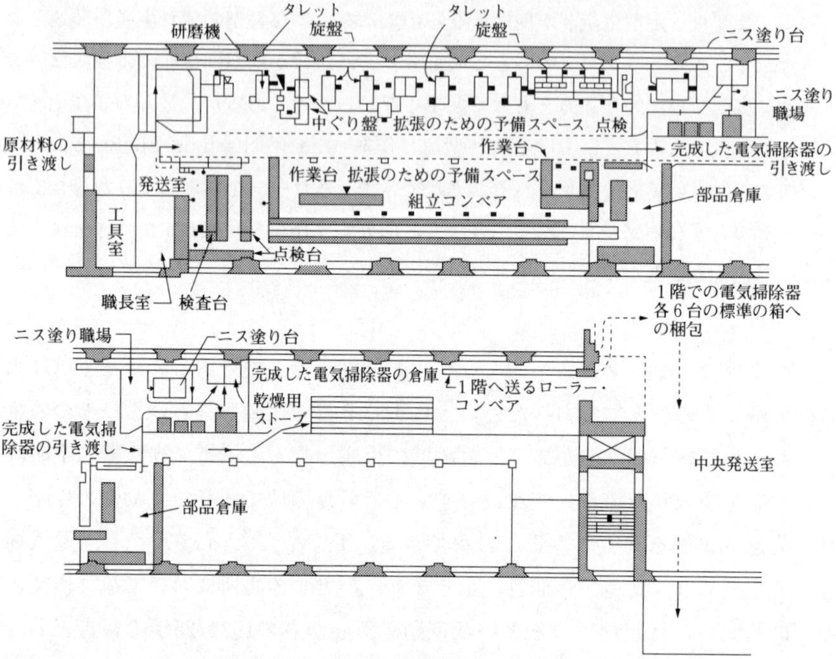

(注)：下図は上図の右端の部分からのつづきの図である。
(出所)：H. Dransfeld, Vacuum Cleaner Manufacture in the Siemens-Schuckert Works, *American Machinist*, Vol. 71, No. 23, 1929. 12. 5., p. 923.

　同社の電気掃除器の製造工場の全体的なレイアウトを示すと図5-1のようになるが，まず**機械加工工程**をみると，組立室には，多くの小さな工具が配置されており，これらの工具はアルミ部品の機械加工のために使用された。その部品の組み合せによって組立作業は容易にされたのであった。電気掃除器のさまざまな部品は，同種の性質の作業が行われるこの工場の異なる諸部門において生産された。機械加工職場では，シュートやベルト・コンベアが部品を旋盤から中ぐり盤へ搬送する。図5-1に示されているように，機械加工工程には，研磨機，タレット旋盤，中ぐり盤といった工作機械がみられるが，旋盤から中ぐり盤へのベアリング類の搬送や電動機のケーシングの搬送のために，これらの搬送手段が利用されている。シュートは，部品を旋盤から，この部門を縦に通り抜けて移動するベルト・コンベアに運ぶ。このコンベアはそれを中ぐり作業を行う女子労働者のもとへ運ぶ。この部門で

は，部品は連続する工程の間を作業者から作業者へと手で手渡されていく。完成したすべての部品は部品倉庫に集められ，そこから組立コンベアに送られる。組立工場は1日8時間で最大1,000台の生産能力をもち，フル稼動の場合でも，組立ラインに部品を供給する貯蔵室は，組立部門のわずか2，3時間の生産に必要な部品のためのスペースしかもたなかった。このように，機械加工工程では，旋盤から中ぐり盤への作業対象の搬送にみられるように，機械から機械への搬送にはコンベアが利用されていたが，作業者から作業者への作業対象の搬送には機械的搬送手段は導入されておらず，そこでの搬送は手で行われていた。

　つぎに**組立工程**をみると，そこでは，コンベアをはさんで両側に組立ラインが配置されている。まず一方の側において電動機の組み立てが行われ，この部分組立工程が終了すると，点検と検査が行われた後，それはコンベアの中央部分に戻され，コンベアにのせられたまま貯蔵室まで戻っていく。組み立てられた電動機は，他の部品とともに，コンベアの反対の側に沿って送られていき，このコンベアの上で組立作業が行われる。そのさい，電気掃除器のケーシングは，電気トラックで運ばれる専用ラックによって，エナメル塗装職場から組立室に搬送され，一度に合計120のボディが運び込まれる[91]。コンベアの上でこのボディに部品が取り付けられ，電気掃除器が組み立てられていく。このように，組立工程では，部分組立および完成組立のいずれの作業にもコンベアが導入されていた。

　さらに，こうして組み立てられた電気掃除器は，検査された後に，シュートによって梱包に送られ，そこでボール箱に梱包され，オーバーヘッドタイプのコンベアによって完成品倉庫に運ばれる。このコンベアは，ころがり軸受を装備し，チェーンによって駆動される一連のトロッコから構成されている。梱包された電気掃除器は，ホックに掛けられてコンベアによってシュートに送られ，そこから，重力によって中央倉庫まで滑っていく。トロッコはつぎの傾斜を滑ってその出発点まで戻っていく。さらに，この倉庫からコンテナを移動させるために3つの異なる搬送システムが採用されていた。すなわち，(1)中央倉庫へ電気掃除器を運ぶ「循環エレベーター」("Paternoster")，(2)電気掃除器が各6台ずつ搬送用の箱に梱包される発送室へそれらを運ぶシュート，(3)梱包された電気掃除器を鉄道貨車ないし船に直接積み込むためのコンベアがそれである[92]。

このように，電気掃除器の生産においては，フォード・システムでみられる流れ生産方式の導入の最もすすんだ事例がみられたのであった。そこでは，作業の時間的強制進行性が確立され，コンベアを手段とする生産活動の総合的同時化[93]がはかられ，工場現場の生産の管理は，労働手段体系の運動に即して全体的・同時的に行われたのであった[94]。

　ただ各生産ライン間を結ぶ部門間搬送には，一定の数量をまとめて仕掛品を間歇的に搬送する汎用的機械的搬送手段が利用されており，部門相互は相対的に独立的であったために，部門間レベルでの調整・統合の問題が生産管理の重要な課題として残った[95]。すなわち，そこでは，生産ライン相互の体系的な工程管理計画を必要としたのであり[96]，生産計画を基礎にした運行計画に基づいて，電気トラックによる部門間搬送が行われた[97]。この搬送手段の運行計画の決定は，搬送の流れを統制し，工程部門間の調整・統合をはかる上で重要な意味をもったといえる。

C　電動機と電気掃除器の流れ生産の相違

　これまでの考察から明らかな如く，ジーメンス・シュッケルトの電動機工場の事例にみられるように，そこで生産されるこれらの主要製品のなかでも，流れ生産の導入のあり方は異なっていたが，そのことは，市場の諸条件に規定された標準化の度合いの違いにひとつの重要な要因をみることができる。

　H．ホムブルクは，フォードの流れ作業の思考は運用する生産技術的な原則に対して，フレキシブルなものとして，変形された形態で，標準化された大量生産の領域をはるかに超えて利用されたはずであるが，意外にもジーメンスのエルモ工場は2様の実験領域となったとしている。すなわち，電気掃除器の生産は，アメリカの手本を直接追求するための最も適した活動領域として現われたが，これに対して，電動機の生産は，流れ作業のドイツ的バリアントの形成にとって最も適した活動領域として現われたとしている[98]。このような相違は，両者の製品の市場の特性，諸条件に規定された標準化の進展の度合の相違にその本質的な要因のひとつをみることができる。電動機の多様な使用条件および利用可能性，出力および電気特性に対する，また原動機の機械部品の寸法および構造に対する需要者層の異なる諸要求，機械製造における構造的な発展

とともに変化する諸要求は，電動機の供給の異常に広い幅を必要とした[99]。このような多様性は，とりわけ，拡大する需要者層のありうるすべての諸要求をより良く充たすために，特殊な電気特性，出力数および構造様式をもつさまざまな利用目的のための電動機が求められ，構造の変更が行われ，そして一層の開発がなされた限りは，エルモ工場のこの主要製品は標準化されえなかったという事情に基づいていた，とされている[100]。これに対して，ジーメンス・シュッケルトにおける電気掃除器の生産では，「プロトス」という単一定型製品の大量生産が行われたのであるが，J. ベニヒは，一部の小型の電動機以外の電動機の製造においては，モデルのバリエーションの多さが電気掃除器の流れ生産においてみられたような徹底的な統合化および強制進行的な搬送を妨げたとしている[101]。

 2) 積算計器製造部門の事例

 つぎに積算計器の製造部門をみると，そこでは，電機工業において最もはやく流れ生産方式が導入されており，この部門は1924年に，AEGにおいて，最初のコンベアが導入された部門であった[102]。そこでは，すべての精密作業が100％流れ作業で行われていたとされている。この時期には，積算計器の生産組織は，大量の低電圧用の測定器も，よりわずかな注文のより高価な測定器も，コンベアで同時に，またさまざまな組み合わせで生産されることができるようになっていた。またこのことを容易にするために，多くの数の専門規格 (Spezialnormen) が生み出されている[103]。AEGの1925/26年の営業年度の報告書によれば，「当社の積算計器製造工場の流れ生産への転換は完了したとみなされることができる。この成果はわれわれの期待にかなったものであり，また当社の生産能力を大きく増大させた[104]」としている。1928年には，この工場は「完全に実施された流れ作業の模範」とみなされていた。この製品においては，機械作業にとって代えられない非常に多くの手作業が行われなければならないという作業特性のために，作業の割り当ておよびベルト・コンベアのもとでの各作業工程のより高度な管理の可能性は，流れ生産の導入にとって，決定的な利点をなした。そのような結合の方法は，一方では移動台によって，他方では，比較的軽量の機械が機種別にではなく，その目的別に，作業の流れの

なかで配置されることによって，生み出された。

まず**機械加工工程**をみると，部品の生産においては，自動機器が広く利用されており，それが積算計器の床板，フードおよび鉄製やアルミ製の心板を押し抜きし，移動台でそれらを搬送した。そこでは，ローラー・コンベアやベルト・コンベアが部品を押し抜き機，中ぐり盤，フライス盤やリベット打ち機に送ったが，小規模な押し抜き機職場では，1分間に15個から230個の部品が送られてきた。しかし，積算計器の生産は，個別部品から完成製品までひとつの連続的な流れのなかで展開されたのではなく，中継倉庫が部品を受け入れたが，それでもって，工作機械は最大の速度で稼働され，それによって，そうした中断は埋め合わされることができたとされている。

また**組立工程**では，移動台が生産の流れを支配しており，1929年には，1,500メートルの長さをもつ全部で50台の移動台が生産の流れを支配していたが，大部分のケースでは，婦人がベルト・コンベアの上で直接組み立てを行うのではなく，そのそばで，固定の机の上で組み立てを行った。こうした作業形態のために，また積算計器の定型の変更のさいに必要とされるフレキシビリティの確保のために，すべての生産的労働は出来高給で行われたとされている[105]。

3）ラジオ製造部門の事例

またラジオ製造部門の事例をAEGについてみると，同社のラジオ製造工場のレイアウトを示した図5-2にみられるように，部品製造工程と組立工程とは連続した配置となっているが，いずれの工程においても流れ生産方式が導入されていた。

まず**機械加工工程**における流れ生産方式の導入をみると，そこでの機械設備は，まったく特定の，正確に計算されるべき給付能力しかもたないので，個別部品の生産のために綿密な計画が立てられねばならなかった。数百ものさまざまな部品が組み立てに毎日大量に供給され，これらの部品の各々は多くの作業工程を通過する。個々の各機械の配置に関する正確な概観がつねに存在する場合にのみこのような課題は解決されうるということがわかる。各部品に対する作業の状況に関して情報を

図5-2 AEGのラジオ製造工場のレイアウト

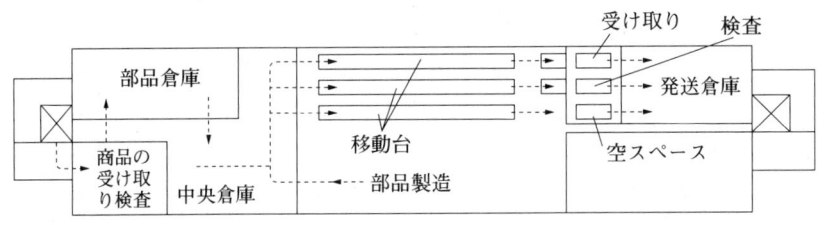

（出所）：U. v. Moellendorf, Fließende Fertigung von Rundfunkgeräte, *AEG-Mitteilungen*, 23 Jg, Heft 9, 1929. 9, S. 577.

図5-3 AEGのラジオ製造工場における床板の流れ生産

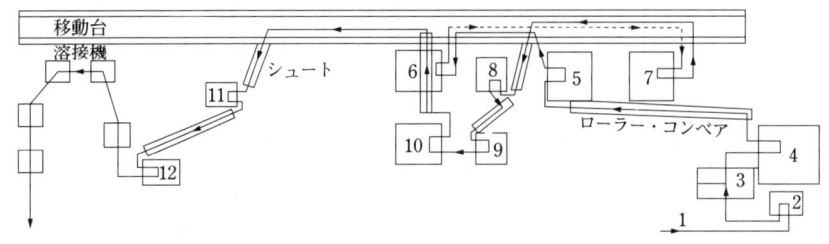

1 条片および部分の切断
2 角の切断
3 注　油
4 床板の引き延ばし
5 縁の切断
6 引き延ばしの完了
7 床の穴あけ
8 一方の短い側面の穴あけ
9 一方の長い側面の穴あけ
10 底の穴あけの完了
11 もう一方の短い側面の穴あけ
12 もう一方の長い側面の穴あけ

（出所）：*Ebenda*, S. 577.

与えるところの正確に管理されるカードボックスと結びついた大型の計画盤がそのような概観を可能にした[106]。ラジオの部品の製造は，押し抜き機職場，ラッカー塗装職場，めっき職場，巻線職場などのような，統合化された主要な職場において行われた。そこでは，より多くの作業工程を通過するいくつかの部品はすでに個々の流れの循環のなかに組み入れられている。こうして，例えば，ラジオの床板の生産は，切断のためのプレス，2度にわたる引き延ばしおよびより多くの穴あけ作業や角ブラケットの溶接機などを含んだひとつの流れの循環のなかで行われたのであった（図5-3参照）。このような生産方法で製造されたすべての部品は，サイズ，機能および数量がチェックされた後に中央倉庫へと運ばれ，すべての材料がここから組み立ての流れ生産ラインに，そのつど100個づつ，生産計画のリズムのなかで，

渡されていくのである[107]。

また**組立工程**をみると，そこでも，組み立ての綿密な準備がすすめられた。決定された1日の生産量に応じて，流れ作業方式による組み立ての計画が立てられる。この流れ生産計画は，移動台のもとで必要とされる標準工具，専用設備，搬送手段などに関するあらゆる指示を含んでいる。これらの設備はすべて生産の開始前に正確に手入れされ，点検され，また必要な数だけ用意される。生産の開始が短い時間で，またあまり高い費用なしに行われるべきであるとすれば，職長，段取り係などのようなラジオの生産のために用意される人員も作業にできる限り予め習熟していなければならない。予定どおりの時間での標準型のラジオの製造によって，当時みられた組み立ての諸困難ははやめに認識され，取り除かれたとされている[108]。

ただここでは，ラジオ受信器の生産は市場の季節的変動や流行の変動に左右されるというこの製品の市場の特性から，市場の変動に対して弾力的な対応をはかることを配慮した生産方式の展開が試みられたということに注意しておかねばならない。そこでは，異なる部品および製品の生産への転換を速やかに行いうるように，生産の再編成が推し進められた。U. v. メーレンドルフは1929年に，断続的に進行する流れ生産や小規模な組別生産においても流れ生産の利点が得られるような設備や，ラジオ受信器においてはとくに重要であった設備の組み合わせを示している。そこでは，移動台やローラーガングが引き抜き機，押し抜き機および溶接機と結合しており，生産の順序の変更によって，「時間とコストのかかる機械の切り替えなしに」，製造されるべき受信器のタイプを変えることができたとされている。作業準備や原料の用意，作業場および設備の設計の見直し，原料の事前検査などによって，流れ作業の導入以前にはきっと固定の作業台の上で専門労働者によって厳格な時間の拘束なしに行われていたであろうはめ合わせ作業は，時間的に正確に決められた単純な組立作業へと変化することになった[109]。

4）小型製品製造部門の事例

さらに小型製品製造部門をみると，G. デュビノウによれば，設備取付材料の小さな部品（コンセント，スイッチ，ヒューズなど）は，その消費量では大量

生産を行うことはできるが,その最も大きな組でさえ非常に速く生産されるので,連続的な,時間的強制進行的な流れ生産は導入されえないとされている。2万を超える非常に多くの定型や品種のもとでつねに注文が変動し,また住宅施設用の小さな部品も嗜好や流行に左右されるという事情は,製品の絶え間ない変更を規定する。それゆえ,そこでは,特別な専用設備は使用されず,そのかわりに,シュートを備えた作業台,短い移動台,あるいは仕掛品をある労働者から他の労働者へすばやく滑らせていく台のような,すぐに組み立てることのできる流れ作業のための設備が利用された[110]。

　これらの製品の生産においては,作業段階はすでに非常に広範囲に分割されていたので,生産における時間的強制進行的な流れ作業工程はまだ言うに値するほどの利益を約束するものではほとんどなかったとされている。それにもかかわらず,ジーメンス・シュッケルトの小型製品製造工場において流れ作業を導入することが決定されているが,それによって生産される部品の量を大幅に減らすことができるという考慮から,そのような決定が行われており[111],その試みは1924年末に初めて実施されている[112]。

　そこで,小型製品の製造工程をジーメンス・シュッケルトの**ヒューズ**の生産の事例でみると,そこでは,図5-4のような搬送経路が採られているが,それぞれ100個のカートリッジのための受け取り用の箱が後方に傾いて存在しており,個々の作業場において一対になっている。それでもってひとつの作業段階が終了する部品の入った箱がつぎの作業段階の遂行のために左の方へ押されていく。この傾斜はつかむこと,取り出すことおよび見渡すことを容易にする。作業台のもとにいる若干の要員は同じ製品の作業を平行して行う。この作業台は,検査のところまですすんでいくベルト・コンベアを横切って一方の側面とつながっている。つねに最後の作業場にコンベアがある。そこに配置された女子労働者は受け皿を一杯にし,それを搬送のためにコンベアの上に置く。簡単な,良く工夫された信号システムによって,製品の検査にあたる検査台は到着に注意を払わなければならない。さまざまな製品のための受け皿は同じ色が塗られており,同色のすべての皿には同じ長さをもつ1本の金属製の棒を備えている。この金属の棒は然るべき検査台の直前で,コンベアの上に備えつけられた接点にぶつかり,それをふさぐ。この台のところで信号ラン

図5-4 ジーメンス・シュッケルトの小型製品製造工場における仕掛品の搬送経路

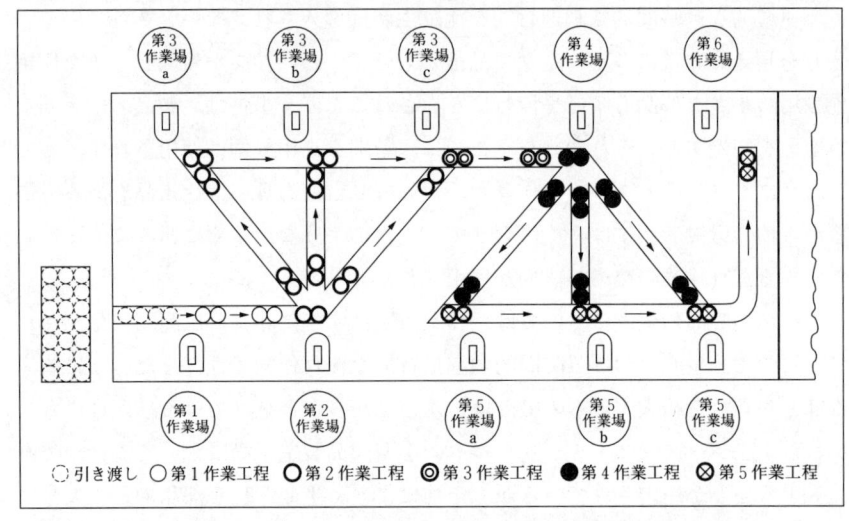

(出所)：W. L. Vrang, Flieβarbeit in den Siemens-Werken, *Siemens-Jahrbuch*, 1927, S. 417.

プが点燈し，するとコンベアから皿を取り出すことが必要となる[113]。

このように，ジーメンスでは，ベルト・コンベアの如き専用の機械的搬送手段の導入は，組み立てが終了した製品を検査所へ，さらに梱包工場へ搬送する作業工程にみられたにすぎず，機械加工工程および組立工程における流れ生産の導入はコンベアなしの流れ生産の形態を中心としていたが，AEGでは，コンベアを導入した流れ生産の事例がみられた[114]。またスイッチの生産では，定型の多さのために，異なるロットや定型に対してそれぞれ特別な流れ生産の形態を選択しなければならず，流れ生産はヒューズのようにはすすんでおらず[115]，製品間，企業間で相違がみられたことを考慮に入れておく必要がある。

5）電熱機器製造部門の事例

また電熱機器の生産をみると，例えば電気アイロンはジーメンス・シュッケルトにおいてすでに1924年に，ポットは25年末までに流れ作業で組み立てられるようになっている。ジーメンスの工場管理者であるJ．ボルフはその流れ生

産のはじまりを1923年としており，またW. L. ブラァンは24年としているが，ボルフは，ベルト・コンベアでの組み立ての完成とともに，アイロンの生産のほぼ完全な機械化がみられたはずであるとしている[116]。

まず部品を製造する**機械加工工程**をアイロンの事例でみると，労働者は250トンプレスで金属板から底の部分を押し抜きし，シュート，ローラー・コンベアやベルト・コンベアでそれらを研削盤に搬送し，その後，総形フライス，研削および研磨に送られ，2つの留め穴の中ぐりおよびボルトの押し込みに送られる。そのさい，フライス盤や研削盤は連続稼働され，部品はさらにベルト・コンベアで搬送された。また保護装置，取り付け具，フードのような小さな付属品の部品は簡単なコンベアやシュートによって加工のための機械のもとに滑り落ちていった[117]。しかし，そこでは，そのような搬送設備は主に作業対象の搬送のために使われており，それが作業の時間的強制進行性の確立のための手段としての本格的な役割を果していたのは組立工程においてであった。

そこで，**組立工程**をみると，ベルト・コンベアの導入のもとで組み立ては完全に流れ作業的に組織されたとされている。そこには，チェーンによって結合され，それによって引っ張られていく，それぞれ5台のアイロンを受け取る搬送車を備えたO形の組立台が置かれていた。この搬送車は前方に動かすことができ，それは，チェーンが再び引っ張られるまで停止している。この間に静止している仕掛品に作業が行われる。使いやすい工具や取り付けるべき部品を見渡せるように配置することによって，作業は容易になる。例えば，フードに接触片を取り付けるための作業場では，フードは傾斜した箱から容易に取り出すことができ，ねじ止めすべき部品はこの作業場の前にある容器から，それを取り出す女工のところへ落ちていく。組み立てが終了すると，電気的な検査が自動的に行われるが，この検査の後，完成したアイロンはコンベアの上で段ボールに入れられ，倉庫や梱包工場に搬送するエプロン・コンベアに送られる。空の車は最初の作業場に戻っていく[118]。アイロンの生産のために備えられた組立コンベアは，そのつど5台分のプレートを搬送していく，台架に据え付けられた山形鉄製のレールから構成されており，すで1925年末には「良く工夫された流れ生産」が12人の女子労働者を統合したとされている[119]。そこでの流れ作業は，コンベアの停止中に労働者が作業を行う「静止作業型流れ作業」の

形態であり，「コンベア式タクト・システム」と呼ばれる方法によるものであった[120]。

6）電話器製造部門の事例

さらに電話器製造部門をみると，ジーメンス＆ハルスケでは，ヴェルナー工場において，流れ生産方式の導入によって，電話器および自動電話器の製造においてすばらしい成果が達成されたとされている[121]。ベルリンにおかれたジーメンス＆ハルスケのヴェルナー工場は，最も多くの従業員を擁する同社最大の工場であり，流れ生産のための最も大規模な設備を備えた工場であったとされており，電話器をはじめとする通信機器の生産はヴェルナーF工場で行われた[122]。この工場では，遅くとも1914年までに，部品の加工，グループ組立および最終組立は一部工作機械で行われていたが，1920年代および30年代には，生産能力が完全利用された場合には，つねに場所の不足が発生した。また生産が拡大されなければならなかったので，在庫の削減や資本の回転を速めるための諸方策が重要となり，したがって，流れ作業が重要となった[123]。J. ベェニヒは，自動生産設備でさえ人間の労働力にとって代わることができなかった場合には，流れ作業ラインやベルト・コンベアがそれを加速するための手段になったとしている[124]。

ヴェルナーF工場においては，1924年末に流れ生産の最初の試みが行われているが，27年の春には電話器の製造において流れ生産がすでに実施されており，自動電話の生産において，「非常に多くの」専用設備が流れ生産のために利用されていたと報告されている。1927/28年には，主に生産の進行の順序や製品の流れが問題となったほか，「原料から完成製品までの流れのための流れ生産計画」が問題となった。そのような計画は，28/29年には，押し抜き職場において，運行計画に基づいた電気トラックでの規則的な搬送の形態を採用することになったが，それによって，給付は50％の上昇をみたとされている。

もとより，流れ生産は一定のロット，小さな製品では約500個を超える場合に初めて割に合うとされていたが，1927年以降，ヴェルナー工場では，50個未満の小口注文の数が増加しており，また恐慌時には，それは全注文の半分を超えるところまで増大した。その結果，大量の組み立ては，準備時間や転換のた

めの時間をはるかに割に合わないものにした。工場管理者は，定型化だけでなく，いわゆる「交替型流れ作業」によってそれに対応しようとしたとされている。そのような作業方式は，コンベア作業と作業を強制化する原動力をもたない流れ作業との間で交替が行われ，また製造されるモデルの変更のさいに工具や設備を容易に，また迅速に交換することのできるひとつの形態であったとされている[125]。

7）白熱球製造部門の事例

最後に白熱球製造部門についてみると，この製品部門は，その生産工程の特質からも独自的な展開をみた部門のひとつであった。白熱球は確かに電機工業の最初の（複雑な）大量製品であったが，多くの作業が手作業によって規定されていたために，1920年代末まで，その生産は独自的な展開をとげた。1924年から29年までの間に，流れ生産の過程と結びついた新しい自動機械が何百パーセントもの生産性の著しい向上を可能にしたが，それは流れ生産よりもむしろ機械化によるものであったとされている。オスラムやドイツの他の製造業者は，電灯の部品およびガラス球の生産において，手作業を機械作業によってとって代え，また組み立てにおける機械を流れ生産ラインに結合した。

そのような生産の合理化について，まず**ガラス球の生産**をみると，1920年代の初めにAEGが機械化のためのいくつかの試みを行っているが，アメリカの特許の機械の導入までは，オスラムでは，電球は手作業あるいは吹製作業で生産されていた。流れ作業はびんの取りはずしや徐冷炉への装入，くま手とスコップでの手作業に限られていたが，20年代末にはベルト・コンベアがそのような手作業を不要にした。2本の腕をもつ2台のウエストレイク社製の機械および24本の腕をもつ同種の機械を備えた機械式ガラス工場が1927年3月に稼働を開始したとき，アメリカでは，そのような機械がすでに導入されており，ほとんどすべての白熱球のためのガラス球がそのような機械で製造されていた。いずれの場合にも，溶解機械が，ガラス球をベルト・コンベアから取り出して回転させながら底を切り離し，ガラスカスを自動で選り分け，またガラス球を焼きなまし炉のベルト・コンベアの上においたのであり，女子労働者は何らそれにかかわる必要はなかった。その後，トンネルが

まの最後のところで分類係が流れ作業でガラス球を検査し，女子の梱包係がそれを梱包した。このような「連続的な進行における最短の経路での生産と機械器具の適切な配置や順序を考慮した生産」は，経済的製造委員会（AWF）の定義しているような意味での流れ作業としてはほとんど特徴づけることはできないけれども，当時の文献はそうした構想をドイツにおける流れ作業の最もすすんだ形態と評価している。この新しい生産方式はコスト上非常に有利であることがわかったので，すでに1929年の春に機械式ガラス工場の拡大がすすめられているが，経済恐慌のもとでは，そのフル操業はもはやほとんど不可能であったとされている[126]。

つぎに**白熱球の組み立て**についてみると，オスラム有限会社の設立直後は，組立工程は手間のかかる手作業であり，そこでは，大量の半製品が貯蔵され，使用されねばならなかった。非常に細分化された組立作業においては，婦人の80％が出来高給で働いていた。1920年代には，半自動や自動の機械が当初はひとつのシステムあるいは流れ生産過程と結合されることなしに，作業の機械化がはかられたが[127]，同社は，24年夏に新しい作業機および流れ作業の編成をテストするために，販売不振を利用した。この会社は，個々の作業場の部分的な作業工程を流れの編成に結びつけた。モリブデンアンカー線の植込み，自動の排気や注入，接着剤の塗布のための機械が配置されており，他方ではマウント作業のような手作業の工程は，チェーン・コンベアのそばで，流れ作業で行われなければならなかった。部分的に自動化された機械や搬送設備の配置は作業タクト——すべての女子労働者に対する出来高給がそれを支えていた——を設定することになったので，1926年の生産は流れ作業とみなされる。同社は，こうした労働強化によって，その分散していた生産をわずかな場所に集中させ，何千人もの女子労働者を解雇することができたとされている[128]。

そこで，1925年末の白熱球の生産を図解した図5-5をもとに，流れ生産における機械の結合をみると，まず2人の女子労働者が配置されているステームの製作のための機械(1)に切断された足管および排気管，無空棒および導入線が運ばれる。完成した「ステーム」はモリブデンアンカー線を無空棒に植込むアンカー線植込み機(2)まで自動ですすんでいく。〉アンカー付ステム〈は，チェーン・コンベアに載って，5人のマウント女工のそばを通過し(3)，そして〉マウント〈として，ガラス球を接合（封止）する機械に届き(4)，そこでは，それは1人の女子労働者によってガラス球と接合され，その後，〉ガラスが接合（封止）された電球〈としてポンプの上にセ

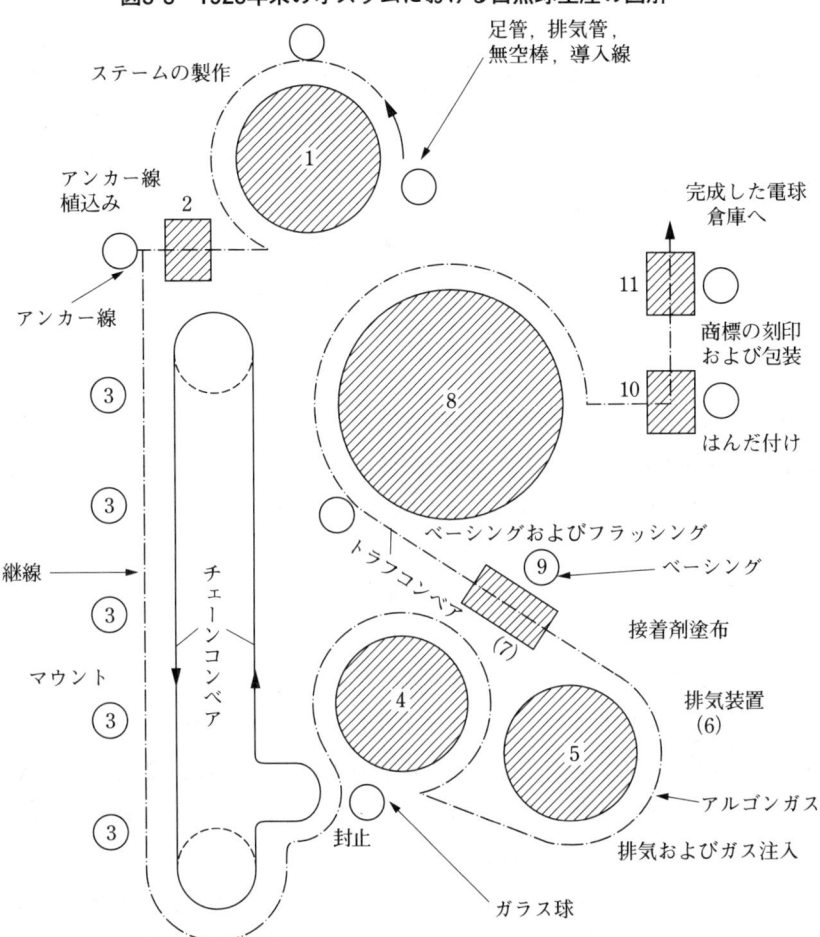

図5-5　1925年末のオスラムにおける白熱球生産の図解

(出所)：F. Mäckbach, O. Kienzle, *Fliessarbeit. Beiträge zu Ihrer Einführung*, Berlin, 1926, S. 194.

ットされる(5)。排気およびガスの注入は自動で行われる。同様に自動の排気設備(6)が〉排気された電球〈をトラフコンベアに落とし(7)、そこを通ってそれは口金を取り付ける(ベーシング)機械およびフラッシングのための機械に届いた。女子のベーシング係りは、接着剤を塗る機械から、接着剤を塗られた口金を受け取る(9)。〉口金をつけられ(ベーシングされ)、フラッシングされた電球〈には、はんだ付けによって、導線がソケットにつけられ(10)、その上に商標と印がおされ、そして包装が行わ

れた⑾。〉包装が完了した電球くは倉庫にいくか,あるいは出荷される(129)。

　このように,1929年までに梱包に至るまでのほぼすべての作業工程が自動化されており,流れ作業の編成のもとで出来高給が導入されていたことが特徴的であるが,そのような生産の編成によって,また女子労働者によって複数の台数が操作されていた自動機械によって,1920年から29年までの約10年間に生産性は7倍に上昇している。他の白熱球の製造工場も同時期に同様の著しい給付の上昇を達成している。また労働者数は同期間に55％減少しており,職員数も22.9％減少している(130)。J.ベェニヒが指摘するように,たとえ推進力としては一時的な役割であったとしても,白熱球の生産においては,機械化の戦略の枠のなかで,流れ生産は重要な役割を果したが,生産性の飛躍的な上昇は人間の労働力の機械化ほどには労働の強化によるものではなかったとされている。その結果,この時期には,流れ生産の編成は,完全に自動化された設備をまだ自由に使用することができなかった限りは,すべての過程を統一的なリズムのもとにおくという課題をもっていたとされている(131)。

　　③　電機工業における流れ生産方式の導入とその位置
　以上の考察から明らかなように,ドイツの産業諸部門のなかで流れ生産方式の導入が最もすすんでいたとされている電機工業でも,鋳造・鍛造工程,機械加工工程および組立工程のいずれにおいても流れ生産方式への転換が行われ,部門間搬送システムが高度に組織されていた事例は,電動機工場,なかでも,電気掃除器の生産においてみられたにすぎない。この時期に流れ生産の導入を行っていた製品部門でも,多くの場合,機械加工工程では,機械的搬送手段であるコンベアの導入はあまりみられず,組立工程において,そのような機械的搬送手段を内装化した流れ作業組織の形成がわずかなケースにおいてみられたにすぎない。またコンベアを利用した流れ生産がみられた製品部門や工場,工程部門においても,それはすべてが必ずしも移動作業型流れ作業組織である「コンベア・システム」を意味するわけではなく,「コンベア式タクト・システム」や「交替型流れ生産」のようなケースもみられるわけで,それらの諸形態の区別が重要となる(132)。H.ホムブルクは,わずかの生産単位へのコンベア

図5-6　1920－35年の電機工業における流れ作業およびコンベア作業の普及

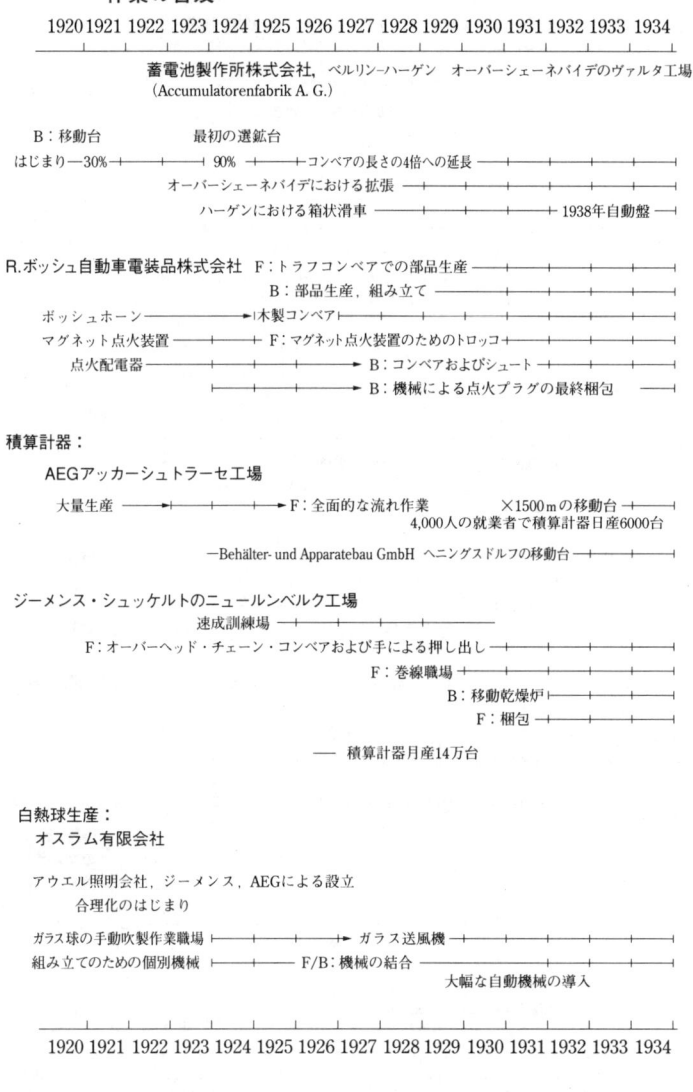

1920 1921 1922 1923 1924 1925 1926 1927 1928 1929 1930 1931 1932 1933 1934

蓄電池製作所株式会社，ベルリン-ハーゲン　オーバーシェーネバイデのヴァルタ工場
(Accumulatorenfabrik A. G.)

- B：移動台
- 最初の選鉱台
- はじまり—30%　　　90%　　コンベアの長さの4倍への延長
- オーバーシェーネバイデにおける拡張
- ハーゲンにおける箱状滑車　　　　1938年自動盤

R.ボッシュ自動車電装品株式会社　F：トラフコンベアでの部品生産
- B：部品生産，組み立て
- ボッシュホーン　　　木製コンベア
- マグネット点火装置　　　F：マグネット点火装置のためのトロッコ
- 点火配電器　　　　B：コンベアおよびシュート
- B：機械による点火プラグの最終梱包

積算計器：

AEGアッカーシュトラーセ工場
- 大量生産　　　　F：全面的な流れ作業　　×1500mの移動台
- 4,000人の就業者で積算計器日産6000台
- —Behälter- und Apparatebau GmbH　ヘニングスドルフの移動台

ジーメンス・シュッケルトのニュールンベルク工場
- 速成訓練場
- F：オーバーヘッド・チェーン・コンベアおよび手による押し出し
- F：巻線職場
- B：移動乾燥炉
- F：梱包
- 積算計器月産14万台

白熱球生産：

オスラム有限会社

アウエル照明会社，ジーメンス，AEGによる設立
　合理化のはじまり
- ガラス球の手動吹製作業職場　　　ガラス送風機
- 組み立てのための個別機械　　F/B：機械の結合
- 大幅な自動機械の導入

1920 1921 1922 1923 1924 1925 1926 1927 1928 1929 1930 1931 1932 1933 1934

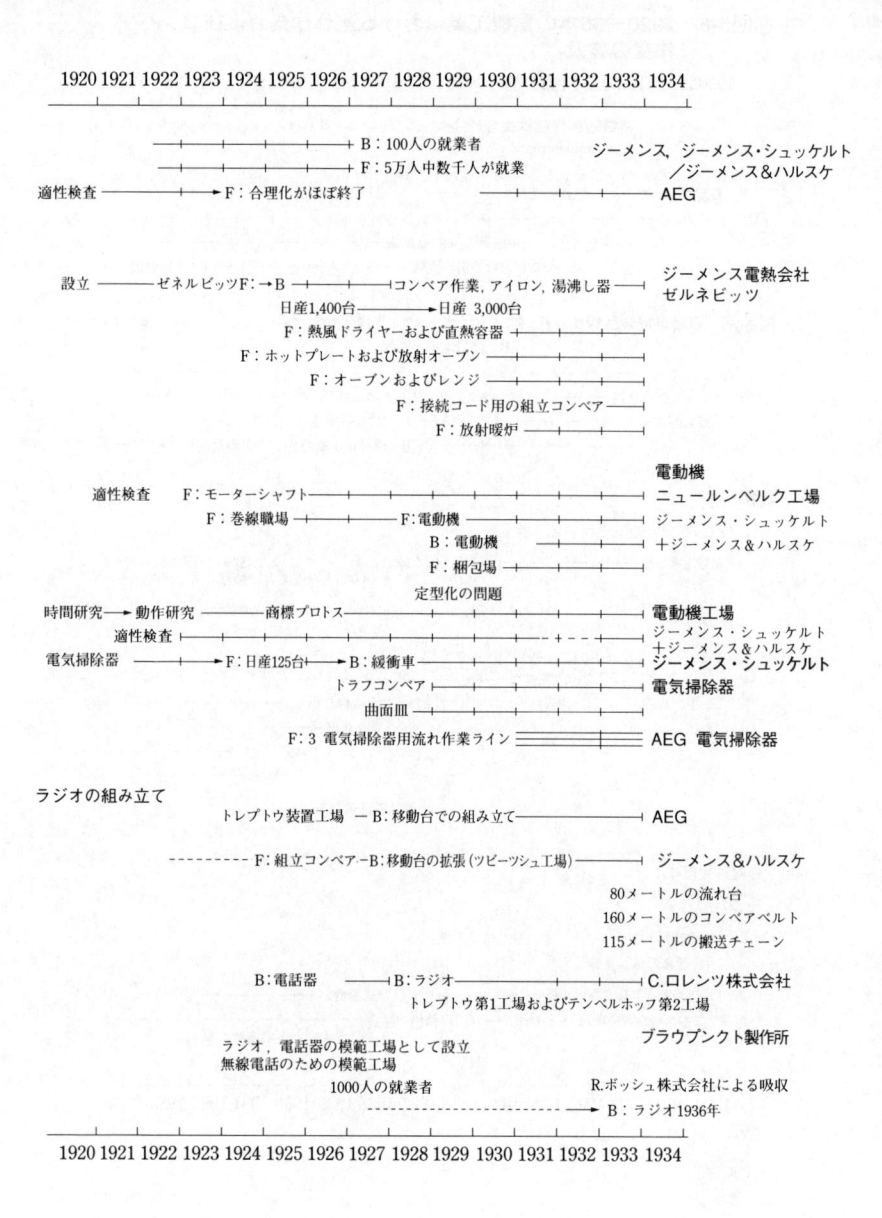

```
                1920 1921 1922 1923 1924 1925 1926 1927 1928 1929 1930 1931 1932 1933 1934
                ├────┼────┼────┼────┼────┼────┼────┼────┼────┼────┼────┼────┼────┼────┤
                          ├────┼────┼────┼────┼────┤ B：100人の就業者           ジーメンス，ジーメンス・シュッケルト
                          ├────┼────┼────┼────┤ F：5万人中数千人が就業              ／ジーメンス＆ハルスケ
適性検査 ────────┼──→ F：合理化がほぼ終了         ├────┼────┤       AEG
```

設立 ────── ゼネルビッツF：→B ────┬─コンベア作業，アイロン，湯沸し器   ジーメンス電熱会社
                日産1,400台──────→日産 3,000台   ゼルネビッツ
                        F：熱風ドライヤーおよび直熱容器 ├────┼────┤
                 F：ホットプレートおよび放射オーブン ├────┼────┤
                        F：オーブンおよびレンジ ├────┼────┤
                           F：接続コード用の組立コンベア ├────┤
                              F：放射暖炉 ├────┤

                                                                        電動機
適性検査 ──── F：モーターシャフト ─────────┼──── ニュールンベルク工場
              F：巻線職場 ├─────┤ F：電動機 ├────┤   ジーメンス・シュッケルト
                           B：電動機 ├────┤   ＋ジーメンス＆ハルスケ
                           F：梱包場 ├────┤
                              定型化の問題
時間研究 ─→ 動作研究 ────── 商標プロトス ├────┤   電動機工場
        適性検査 ├──────────┤ ├─+─+─┤   ジーメンス・シュッケルト
電気掃除器 ───── F：日産125台 ─ B：緩衝車 ├────┤   ＋ジーメンス＆ハルスケ
                    トラフコンベア ├────┼────┤   ジーメンス・シュッケルト
                       曲面皿 ├────┤   電気掃除器
                 F：3 電気掃除器用流れ作業ライン ═════ AEG 電気掃除器

ラジオの組み立て
                 トレプトウ装置工場 ─ B：移動台での組み立て ────┤ AEG
             ┈┈┈┈┈ F：組立コンベア ─ B：移動台の拡張（ツビーツシュ工場）────┤ ジーメンス＆ハルスケ
                                    80メートルの流れ台
                                    160メートルのコンベアベルト
                                    115メートルの搬送チェーン
               B：電話器 ────── B：ラジオ ──────┤ C.ロレンツ株式会社
                                トレプトウ第1工場およびテンペルホッフ第2工場
         ラジオ，電話器の模範工場として設立   ブラウンプクト製作所
         無線電話のための模範工場
               1000人の就業者   R.ボッシュ株式会社による吸収
               ┈┈┈┈┈┈┈┈┈┈┈┈┈┈┈→ B：ラジオ1936年

                1920 1921 1922 1923 1924 1925 1926 1927 1928 1929 1930 1931 1932 1933 1934

299

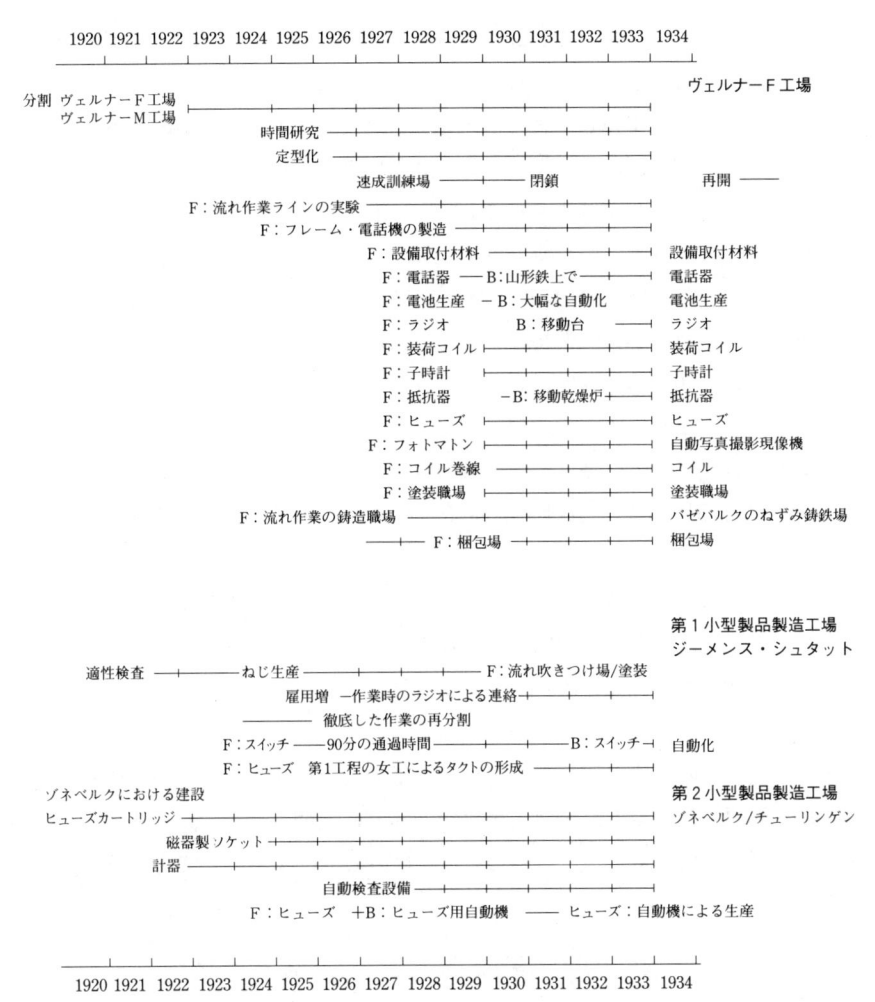

```
         1920 1921 1922 1923 1924 1925 1926 1927 1928 1929 1930 1931 1932 1933 1934
```

分割 ヴェルナーF工場 |―――――――――――――――――――――――――――| ヴェルナーF工場
    ヴェルナーM工場
              時間研究 ―――――――――――――――
               定型化 ――――――――――――――
              速成訓練場 ―――――― 閉鎖   再開 ―――
      F：流れ作業ラインの実験 ――――――――
         F：フレーム・電話機の製造 ―――――――――
                  F：設備取付材料 ―――――――――   設備取付材料
                  F：電話器 ―― B：山形鉄上で――| 電話器
                  F：電池生産 － B：大幅な自動化   電池生産
                  F：ラジオ   B：移動台 ――| ラジオ
                  F：装荷コイル |―――――――| 装荷コイル
                  F：子時計 |――――――| 子時計
                  F：抵抗器 ― B：移動乾燥炉 ―| 抵抗器
                   F：ヒューズ |――――――| ヒューズ
                  F：フォトマトン |―――――| 自動写真撮影現像機
                   F：コイル巻線 ――――――| コイル
                    F：塗装職場 |――――――| 塗装職場
            F：流れ作業の鋳造職場 |――――――| バゼバルクのねずみ鋳鉄場
                 ――― F：梱包場 ―――――| 梱包場

                                                           第1小型製品製造工場
                                                           ジーメンス・シュタット
適性検査 ――――― ねじ生産 ――――――― F：流れ吹きつけ場/塗装
              雇用増 ―作業時のラジオによる連絡―
                   徹底した作業の再分割
              F：スイッチ ―― 90分の通過時間 ―――― B：スイッチ―| 自動化
              F：ヒューズ 第1工程の女工によるタクトの形成 ―――|
ゾネベルクにおける建設   第2小型製品製造工場
ヒューズカートリッジ |――――――――――――――――| ゾネベルク/チューリンゲン
      磁器製ソケット |―――――――――――――|
       計器 |――――――――――――――――|
              自動検査設備 ――――――――――|
              F：ヒューズ ＋B：ヒューズ用自動機 ―― ヒューズ：自動機による生産

         1920 1921 1922 1923 1924 1925 1926 1927 1928 1929 1930 1931 1932 1933 1934

（出所）：J. Bönig, *Die Einführung vom Fließarbeit in Deutschland bis 1933. Zur Geschichte einer Sozialinnovation*, Teil I, Münster, Hamburg, 1933. S. 342, S. 344 u S. 346.

300 第2部 主要産業部門における合理化過程

ベルトの導入はジーメンスの1925年以降の流れ生産方式の導入による諸変化のなかでも最も顕著なものにすぎなかったとしている[133]。

とはいえ,すでに指摘したように,電機工業では,1931年の調査対象となった181部門のうち31.5%の57部門に流れ作業が導入され,また29.3%にあたる53部門にコンベア作業が導入されており,流れ作業かコンベア作業のいずれかの作業方法が導入されていた割合は60.8%となっており,全体に占める流れ生産の比重はかなり高いものであったといえる。また組別生産は18.2%にあたる33部門に導入されており(前掲表2-3参照),したがって,調査対象とされた全部門のうちの79%の諸部門においてこれらの生産方式が導入されており,ドイツ産業全体のなかでみると,電機工業では,大量生産への移行のためのそのような生産方式の導入による労働組織の変革は最もすすんでいたといえるであろう[134]。なお電機工業における製品部門別の流れ生産方式の導入状況を年度別に示すと図5-6のようになる。

このように,電機工業においては,1920年代の後半の時期に,公共投資の拡大や産業電化の進展など,国内市場の拡大という比較的有利な条件のもとで,労働手段の個別駆動方式への転換と切削工具の改良を中心とする「技術的合理化」と,ドイツ的な修正テイラー・システムであるレファ・システム,生産の標準化や流れ生産方式の導入による「労働組織的合理化」とをセットにして,他の産業部門と比べても,合理化が比較的強力に展開されており,そのような取り組みの最もすすんだひとつの姿をそこにみることができるであろう。

(1) 塚本 健『ナチス経済』,東京大学出版会,1964年,73ページ
(2) Vgl. G. Keiser, B. Benning, Kapitalbildung und Investitionen in der deutschen Volkswirtschaft 1924 bis 1928, *Vierteljahrheft zur Konjunkturforschung*, Sonderheft 22, 1931, S. 56.
(3) Vgl. H. Memelsdorff, A. E. G.-Aktien, S. 2, *Bundesarchiv*, R31.02 (Statistisches Reichsamt, Bd. 2), 2653.
(4) この点については,ジーメンス&ハルスケおよびジーメンス・シュッケルトの各年度の営業報告書を参照。
(5) Vgl. W. Feldenkirchen, *Siemens 1918-1945*, München, 1995, Anhang, Tabelle 60 (S. 701).
(6) Vgl. Siemens-Schuckertwerke G. m. b. H, *Vierundzwanzigster Geschäftsbericht*

第 5 章 電機工業における合理化過程　*301*

vom 1. Oktober 1924 bis 30. September 1925.
(7)　Vgl. Siemens-Schuckertwerke G. m. b. H, *Fünfundzwanzigster Geschäftsbericht vom 1. Oktober 1925 bis 30. September 1926*.
(8)　この点については，ジーメンス&ハルスケおよびジーメンス・シュッケルトの各年度の営業報告書を参照。
(9)　Vgl. G. Keiser, B. Benning, *a. a. O.*, S. 56. この点については, H. Memelsdorff, Die Aktien des Siemens-Schuckert Konzerns, S. 6 u S. 15, *Bundesarchiv*, R31.02 (Statistisches Reichsamt, Bd. 2), 2748をも参照。
(10)　Vgl. *Statistisches Jahrbuch für Deutschen Reich*, 55 Jg, 1936, S. 508.
(11)　Vgl. H. Homburg, *Rationalisierung und Industriearbeit*, Berlin, 1991, S. 450-2.
(12)　Vgl. T. v. Freyberg, *Industrielle Rationalisierung in der Weimarer Republik*, Frankfurt am Main, New York, 1989, S. 63-4.
(13)　今久保幸生『19世紀末ドイツの工場』，有斐閣，1995年，298ページ参照。
(14)　同書，338-9ページ。
(15)　Vgl. G. Schlesinger, 30 Jahre Deutscher Werkzeugmaschinenbau, *Werkstattstechnik*, 22 Jg, Heft 22, 1928. 10. 15, S. 551.
(16)　Vgl. H. Homburg, *a. a. O.*, S. 453.
(17)　Vgl. J. Bönig, *Die Einführung von Fließarbeit in Deutschland bis 1933*, Teil Ⅰ, Münster, Hamburg, 1993, S. 313, D. Schmidt, *Weder Ford noch Taylor*, Bremen, 1993, S. 135-6.
(18)　Vgl. *Ebenda*, S. 70-1.
(19)　Vgl. H. Homburg, *a. a. O.*, S. 453.
(20)　Vgl. T. v. Freyberg. *a. a. O.*, S. 81.
(21)　Vgl. W. Drescher, Fortschritt der spanabhebenden Formung in der Kleinmotorenfertigung, *Siemens-Jahrbuch*, 1927, S. 446.
(22)　Vgl. *Ebenda*, S. 442−3.
(23)　Vgl. *Ebenda*, S. 450.
(24)　高質合金が高価であったことをみると，1927年には，1 kgの高速度鋼は約8マルクかかったのに対して，ステライトでは約60RM，ダングステン・カーバイド類の硬質合金では約180RMかかったとされている。Vgl. H. Homburg, *a. a. O.*, S. 461.
(25)　Vgl. *Ebenda*, S. 465-6.
(26)　Vgl. T. v. Freyberg, *a. a. O.*, S. 83.
(27)　Vgl. W. L. Vrang, Fließarbeit in der Siemenswerken, *Siemens-Jahrbuch*, 1927, S. 424.
(28)　Vgl. W. Dresher, *a. a. O.*, S. 444-5, J. Bönig, *a. a. O.*, S. 264.
(29)　Vgl. H. Mottek, W. Becker, A. Schröter, *Wirtschaftsgeschichte Deutschlands*, Ein Grundriß, Bd. Ⅲ, 2. Auflage, Berlin, 1975, S. 36.
(30)　Vgl. T. v. Freyberg. *a. a. O.*, S. 85-6.
(31)　Vgl. V. Wittke, *Wie entstand industrielle Massenproduktion ?*, Berlin, 1996, S. 151.

(32) Vgl. J. Bönig, *a. a. O.*, S. 315.
(33) Vgl. D. Schmidt, *a. a. O.*, S. 133-4.
(34) Vgl. J. Bönig, *a. a. O.*, S. 271.
(35) Vgl. H. Homburg, Scientific Management and Personel Policy in the Modern German Enterprise 1918-1939: The Case of Siemens, H. F. Gospel, C. R. Littler (ed), *Managerial Strategies and Industrial Relations, A Historical and Comparative Study*, London, 1983, pp. 148-50.
(36) *Ibid.*, p. 149.
(37) Vgl. T. v. Freyberg, *a. a. O.*, S. 182. 電機工業における19世紀末から20世紀初頭にかけての「職長経済」の「技師経済」への転化の過程については，今久保，前掲書，第3章を参照されたい。
(38) Vgl. *Ebenda*, S. 182-4.
(39) Vgl. *Ebenda*, S. 191. この点はジーメンス・シュッケルトの発電機製造工場においても同様であり，そこでは，1927/28年にはすべての出来高労働の約4分の3について事前計算が行われており，以前の出来高部は「作業部」と改称され，計算係の養成と出来高単価の決定のための基準やそれに代わるものの作成を任されたのであった。Vgl. D. Schmidt, *a. a. O.*, S. 65.
(40) Vgl. T. v. Freyberg, *a. a. O.*, S. 188.
(41) H. Homburg, *op. cit.*, p. 149.
(42) Vgl. T. v. Freyberg, *a. a. O.*, S. 191.
(43) Vgl. *Ebenda*, S. 185.
(44) Vgl. *Ebenda*, S. 191-2.
(45) Vgl. *Ebenda*, S. 193.
(46) Vgl. E. Michel, Fließarbeit und ihre Entwicklungsmöglichkeiten, *Maschinenbau*, 4 Jg, Heft 9, 1925. 5. 7., S. 417.
(47) Vgl. T. v. Freyberg, *a. a. O.*, S. 193-4.
(48) Vgl. J. Bönig, *a. a. O.*, S. 256.
(49) Vgl. H. Homburg, *a. a. O.*, S. 509.
(50) Vgl. J. Bönig, *a. a. O.*, S. 310.
(51) Vgl. D. Schmidt, *a. a. O.*, S. 138-9.
(52) Vgl. J. Bönig, *a. a. O.*, S. 309-10.
(53) Vgl. D. Schmidt, *a. a. O.*, S. 138.
(54) Deutscher Metallarbeiter-Verband, *Die Rationalisierung in der Metallindustrie*, Berlin, 1932, S. 195.
(55) Vgl. J. Bönig, *a. a. O.*, S. 309-10.
(56) Vgl. *Ebenda*, S. 270.
(57) Vgl. *Ebenda*, S. 282.
(58) H. Homburg, *op. cit.*, p. 149.
(59) R. A. Brady, *The Rationalization Movement in German Industry*, Berkeley, California, 1933, p. 183.

第5章　電機工業における合理化過程　303

(60)　*Ibid.*, p. 180.
(61)　*Ibid.*, p. 182-3.
(62)　Vgl. Simens & Halske Aktiengesellschaft, *Dreißigster Geschäftsbericht vom 1. Oktober 1924 bis 30. September 1925*.
(63)　Vgl. Simens & Halske Aktiengesellschaft, *Einunddreißigster Geschäftsbericht vom 1. Oktober 1925 bis 30. September 1926*.
(64)　Vgl. Allgemeine Elektricitäts-Gesellschaft, *Geschäftsbericht über das Geschäftsjahr vom 1. Oktober 1924 bis 30. September 1925*, S. 8.
(65)　Vgl. Allgemeine Elektricitäts-Gesellschaft, *Geschäftsbericht über das Geschäftsjahr vom 1. Oktober 1926 bis 30. September 1927*, S. 9.
(66)　Vgl. Allgemeine Elektricitäts-Gesellschaft, *Geschäftsbericht über das Geschäftsjahr vom 1. Oktober 1927 bis 30. September 1928*, S. 9.
(67)　Vgl. D. Schmidt, *a. a. O.*, S. 121-4.
(68)　Vgl. *Ebenda*, S. 94-5.
(69)　Vgl. G. Duvigneau, *Unterschungen zur Verbreitung der Fließarbeit in der deutschen Industrie*, Breslau, 1932, S. 55.
(70)　R. A. Brady, *op. cit.*, p. 173.
(71)　*Ibid.*, p. 178.
(72)　Vgl. G. Hautsch, *Das Imperium AEG-Telefunken*; ein multinationaler Konzern, Frankfurt am Main, 1979, S. 28.
(73)　Vgl. G. Keiser, B. Benning, *a. a. O.*, S. 57.
(74)　Vgl. Siemens & Halske Aktiengesellschaft, *a. a. O., (1924/25)*.
(75)　Vgl. Siemens - Schuckertwerke Gesellschaft mit beschränkter Haftung, *Vierundzwanzigster Geschäftsbericht vom 1. Oktober 1924 bis 30. September 1925*.
(76)　Vgl. Siemens - Schuckertwerke Aktiengesellschaft, *Siebenundzwanzigster Geschäftsbericht vom 1. Oktober 1927 bis 30. September 1928*. 本章において具体的に取り上げて考察を行うことのできない発電機製造部門みても，ジーメンス・シュッケルトでは，1927/28年頃にマイカナイト圧縮型の生産のためのコンベアが配置されている。Vgl. D. Schmidt, *a. a. O.*, S. 70.
(77)　Vgl. T. V. Freyberg, *a. a. O.*, S. 203.
(78)　Vgl. G. Duvigneau, *a. a. O.*, S. 57. この点に関して，D. シュミットは，ジーメンス・シュッケルトの発電機製造工場の分析のなかで，鉄道用の電動機のような大型機械や中型の機械のための製造グループにおいては，たいてい，個別生産が問題となっており，ときには，限られた範囲での組別生産が問題となったとしている。Vgl. D. Schmidt, *a. a. O.*, S. 63.
(79)　ここでの考察について詳しくは，拙書『ドイツ企業管理史研究』，森山書店，1997年，第5章第2節1および拙稿「ドイツにおける『フォード・システム』の導入と管理の変革（Ｉ）──1920年代の電機工業，自動車工業，機械製造業の産業別比較──」『立命館経営学』（立命館大学），第35巻第6号，1997年3月を参照されたい。
(80)　R. A. Brady, *op, cit.*, p. 176.

304 第2部　主要産業部門における合理化過程

(81) Vgl. T. v. Freyberg, *a. a. O.*, S. 217 u S. 219, J. Bönig, *a. a. O.*, S. 261.
(82) Vgl. T. V. Freyberg, *a. a. O.*, S. 218-9.
(83) Vgl. W. L. Vrang, *a. a. O.*, S. 424, J. Bönig, *a. a. O.*, S. 262.
(84) Vgl. H. Homburg, *a. a. O.*, S. 514.
(85) Vgl. *Ebenda*, S. 508-12. とはいえ，そのような流れ生産への転換によって，鋳物製のケーシングの加工のための職場の面積はその24％が不要となったほか，100個のロットの生産期間は27日から3日と4分の3日にまで短縮された。Vgl. J. Bonig, *a. a. O.*, S. 263.
(86) Vgl. T. v. Freyberg, *a. a. O.*, S. 217.
(87) G. Duvigneau, *a. a. O.*, S. 69.
(88) Vgl. P. Strunk, *Die AEG. Aufstieg und Niedergang einer Industrielegende*, Berlin, 1999, S. 46.
(89) H. Dransfeld, Vacum Cleaner Manufacture in the Siemens-Schuckert Works, *American Machinist*, Vol. 71, No. 23, 1929. 12. 5., p. 923.
(90) Vgl. W. L. Vrang, *a. a. O.*, S. 425.
(91) H. Dransfeld, *op. cit.*, pp. 923-5.
(92) *Ibid.*, p. 923, J. Bönig, *a. a. O.*, S. 259.
(93) 藻利重隆『経営管理総論(第二新訂版)』，千倉書房，1965年，159-60ページ参照。
(94) 今井俊一『経営管理論』，ミネルヴァ書房，1960年，83ページ，仲田正機『現代企業構造と管理機能』，中央経済社，1983年，104ページ参照。ここで，このような組織的変革の「成果」についてみておくと，1日の電気掃除器の生産台数は当初は125台であったが，流れ生産方式への転換によって，婦人が1日に300台の電気掃除器をコンベアで完成させることができたとされている。1927/28年には1年に129,074台の電気掃除器が生産されており，それゆえ，1日の生産量は400台を超えていたが，28年には，ジーメンス・コンツェルンは1カ月に3万台，すなわち1日当たり1,000台を超える生産量を前提としていた。また組み立ての作業タクトをみると，それは1926年2月以前には2-3分であったが，同年5月までに1.5分に短縮され，鋳物部品から完成した電気掃除器の梱包までに要する時間は3時間にまで短縮されている。Vgl. J. Bönig, *a. a. O.*, S. 258-9.
(95) この点については，フォード自動車会社を事例とした塩見治人『現代大量生産体制論』，森山書店，1978年，286ページを参照。
(96) 同書，282ページ参照。
(97) H. Dransfeld, *op. cit.*, p. 924, J. Bönig, *a. a. O.*, S. 261, T. v. Freyberg, *a. a. O.*, S. 185.
(98) Vgl. H. Homburg, *a. a. O.*, S. 449.
(99) Vgl. *Ebenda*, S. 441.
(100) Vgl. *Ebenda*, S. 444.
(101) Vgl. J. Bönig, *a. a. O.*, S. 261.
(102) Vgl. G. Stollberg, *Die Rationalisierungsdebatte 1908-1933*, Frankfurt am Main, New York, 1981, S. 148, P. Strunk, *a. a. O.*, S. 49.

第 5 章　電機工業における合理化過程　*305*

(103)　Vgl. G. Duvigneau, *a. a. O.*, S. 55.
(104)　Vgl. Allegemeine Elektricitäts-Gesellschaft, *Geschäftsbericht über das Geschäftsjahr vom 1. October 1925 bis 30. September 1926*, S. 14.
(105)　Vgl. J. Bönig, *a. a. O.*, S. 269-72.
(106)　Vgl. U. v. Moellendorf, Fließende Fertigung von Rundfunkgeräten, *AEG-Mitteilungen*, 23 Jg, Heft 9, 1929. 9, S. 576, J. Bönig, *a. a. O.*, S. 321-8.
(107)　Vgl. U. v. Moellendorf, *a. a. O.*, S. 578-9.
(108)　Vgl. *Ebenda*, S. 576.
(109)　Vgl. J. Bönig, *a. a. O.*, S. 325-6.
(110)　Vgl. G. Duvigneau, *a. a. O.*, S. 56.
(111)　Vgl. W. L. Vrang, *a. a. O.*, S. 417.
(112)　Vgl. J. Bönig, *a. a. O.*, S. 292.
(113)　Vgl. W. L. Vrang, *a. a. O.*, S 419-20, J. Bönig, *a. a. O.*, S. 290. このような流れ生産方式の導入による利点について，W. L. ブラァンは，①原料および半製品に投下される金額の削減，②非生産的な搬送労働者の約5％の削減，③約25％の場所の節約の3点をあげている。Vgl. W. L. Vrang, *a. a. O.*, S. 423.
(114)　Vgl. Institut für Wirtschaftsgeschichte der Akademie der DDR, *Produktivkräfte in Deutschland 1917/18 bis 1945*, Berlin, 1988, S. 28-30, H. Weiss, *Rationalisierung und Arbeiterklasse*, Berlin, 1926, S. 17-9.
(115)　Vgl. J. Bönig, *a. a. O.*, S. 294-9.
(116)　Vgl. *Ebenda*, S. 245.
(117)　Vgl. *Ebenda*, S. 247-8.
(118)　Vgl. W. L. Vrang, *a. a. O.*, S. 428-9.
(119)　Vgl. J. Bönig, *a. a. O.*, S. 248.
(120)　このような流れ作業組織の形態については，藻利重隆『工場管理』，新紀元社，1961年，第4章および同『流れ作業組織の理論』，アカギ書房，1947年を参照。この製品部門の生産増大をもたらした要因については，組み立てにおける作業機は本質的には変わらないままであり，また部品の準備においても本質的には配列が変更されたにすぎないので，生産増大の主要な部分は，人間の搬送作業の節約，作業の進行の変更や組立コンベアのもとで働く婦人を犠牲にした作業テンポの上昇によって達成されたに違いないとされている。Vgl. J. Bönig, *a. a. O.*, S. 252.
(121)　Vgl. W. L. Vrang, *a. a. O.*, S. 430.
(122)　Vgl. J. Bönig, *a. a. O.*, S. 302 u 304.
(123)　Vgl. *Ebenda*, S. 303.
(124)　Vgl. *Ebenda*, S. 308.
(125)　Vgl. *Ebenda*, S. 315-6, D. Schmidt, *a. a. O.*, S. 128-31.
(126)　Vgl. J. Bönig, *a. a. O.*, S. 277-80. 比較のためにアメリカの事例をみておくと，1927年4月から5月にかけて AEG の4人の技師がアメリカへの視察旅行を行っているが，その報告によれば，ガラス球の生産では，ピットネイガラス製作所の新しいガラス球吹製機がとくに注目に値するとされており，それは古い機械よりもまったく小さ

なサイズであり,また1分間に60個を製造するという速いテンポで稼働する機械であったとされている。Vgl. Bericht über die Amerika-Reise der Herrn Dr. Aeuer, Krause, Dr. Meyer, Simpson im April/Mai 1927, S. 18, *AEG Archiv*, GS1061.
(127) Vgl. J. Bönig, *a. a. O.*, S. 282.
(128) Vgl. *Ebenda*, S. 284.
(129) Vgl. F. Mäckbach, O. Kienzle, *Fliessarbeit. Beitrage zu Ihrer Einführung*, Berlin, 1926, S. 194-5. 白熱球の主要な生産工程についてアメリカの事例をみると,AEGでは1923年(Vgl. Bericht von Herrn Dr. Feuerlein über seine Reise nach Amerika, *AEG Archiv*, GS6373),24年および27年にアメリカへの視察旅行が行われており,そのいずれもが白熱球事業に関するものであるが,24年についての報告では,アメリカの生産効率はAEGよりも根本的に高く,それまでと同じ機械と要員のままではAEGははるかに低い時間当たりの生産高にとどまらざるをえないと指摘されている。しかし,より良い機械によって達成可能なコストの引き下げはもはや決定的ではなく,むしろ原料管理や梱包,出荷,倉庫などの労働に従事する要員数の大幅な削減が重要であり,それは経営の徹底した簡素化によってのみ達成することができるとされている(Vgl. Bericht über die amerikanischen Glühlampenfabriken auf Grund der Reise im Oktober und November 1924 der Herren Dr. Mey, Dr. Loebe und Brand, S. 17-8, *AEG Archiv*, GS6382)。また27年についての報告に基づいてアメリカの事例を具体的にみると,ステームの製作とアイレットの植込みでは最新の機械が利用されており,ステームはチェーン・コンベアで搬送され,2本目のチェーン・コンベアはアンカー付ステムをマウント女工のもとに搬送しており,チェーン・コンベアを搬送手段とした流れ作業で生産が行われていたが,通常のテンポでは1時間に約1,000個が生産されている。またマウント作業では前回の報告と比べ根本的に新しいものはみられなかったとされているが,ステーム製作機の性能からすれば,3本のアンカー付ステムでは女工1人当たり1時間に平均約270-280のマウント作業が行われており,最高記録ではセント・ルイス社の480個であった。さらに封止作業と排気作業をみると,水銀インゼクタによる油ポンプの代替が大きくすすんでおり,例えばヤングストーン社では油ポンプを備えた8基の自働機械とともに,水銀インゼクタを備えた9基の自働機械がみられたほか,ガスが注入された電球のための5基の自働機械が操業している。セント・ルイス社でも真空電球のために水銀インゼクタを備えた10基の自動封止・排気機械が利用されており,油ポンプを備えた機械は1基が利用されているだけであった。ベーシングについてみても,イースト・ボストン社では2台のベーシング機械がコンベアベルトによって封止・排気機械と結合されており,女工は,電球を最初の軌道の終点のところまで搬送していくベルト・コンベアの反対の方向に配置されており,流れ作業での生産が行われていた。Vgl. Bericht über die Amerika-Reise der Herrn Dr. Aeuer, Krause, Dr. Meyer, Simpson im April/Mai 1927, S. 4-6 u S. 9, *AEG Archiv*, GS1061.
(130) Vgl. Deutscher Metallarbeiter-Verband, *a. a. O.*, S. 151-2.
(131) Vgl. J. Bönig, *a. a. O.*, S. 287.
(132) なおC．ケットゲンは,「ドイツにおいて強制されたテンポがどの程度みられたか

という問いに関する統計は…驚くほどに低い数値を報告する」ことになったであろうと指摘している。C. Köttgen, Die allgemeinen Grundlagen der Fließarbeit, *Zentralblatt für Gewerbehygiene und Unfallverhüttung*, Beiheft 12, "Fließarbeit", 1928, S. 14-5.
(133) H. Homburg, *op. cit.*, pp. 149-50.
(134) この時期の電機工業の合理化については，吉田和夫氏も指摘されているように（吉田和夫『ドイツ合理化運動論』，ミネルヴァ書房，1976年，145ページ），「ドイツにおける合理化のいま一つの方面は，…労働過程を標準化し短縮することによって，特にアメリカで発展しているコンヴェイヤーの如き装置を用いないで，自動的に労働の強度と速度を高めることであった」（山川　均『産業合理化の批判』，春陽堂，1930年，108ページ）という見方は必らずしも妥当しないのであり，この時期のドイツ合理化運動の問題をみるとき，合理化運動を合理化一般としてみるのではなく，どの産業部門においてどのような合理化の諸方策が行われていたか，またどのような方法が支配的であったかを具体的にみていくことが重要となる。

〈付記〉　第2刷にあたり，本章第1節の記述を一部変更した。

第6章　自動車工業における合理化過程

　つぎに化学工業，電機工業と同じく新興産業部門に属し，また加工組立産業の部門のひとつである自動車工業[1]についてみていくことにしよう。この産業部門は，当時アメリカにおいてフォード・システムによって大量生産体制の確立が最も急速にすすんだ部門であった。ドイツにおいても，1920年代になると，モータリゼーションの進展のもとで，自動車市場はそれなりの拡大を示したが，輸出市場の困難性に加えて，国内市場をみても，本来狭隘であったうえに，アメリカ車の流入により競争が一層激しいものになっており，そのような状況のもとで，大量生産への移行を推し進めることが最も重要な課題のひとつとなった。以下，「技術的合理化」と「労働組織的合理化」の展開過程について具体的にみていくことにしよう。

第1節　設備投資の展開とその特徴

　まず「技術的合理化」の役割・あり方を明らかにするために，設備投資の動向をみていくことにしよう。この時期の設備投資の推移を資本金100万RM以上・取引所上場の株式会社についてみると（前掲表2-1および表2-2参照），自動車工業においても，電機工業や化学工業と同様に，新規投資が比較的コンスタントに展開されたといえる。すなわち，1924年から29年までの年度別の新規投資額そのものをみても，したがって，この時期の新規投資全体に占める各年度の割合をみても大きな変動はみられない。同期間の新規投資総額は9,530万RMとなっており，機械製造業のそれ（8,630万RM）を上回っている。全工業の新規投資総額に占める自動車工業の新規投資の割合は3.7％にすぎない

が，1924年初めの生産設備価値に占める同期間の新規投資総額の割合は81.9%となっており，前掲表2-1に示されたいずれの産業部門をも上回っている。

　ここで，自動車工業における設備投資の状況をふまえ，代表的企業における設備額の推移をみると，**ダイムラー・ベンツ**（表6-1参照）では，固定設備額は，1924年には2,254,000RM，25年には2,795,000RM増加しており，ダイムラーとベンツの合同が行われた26年にはごくわずかな減少をみた後，27年には7,631,584RM，28年には10,104,861RMの増加となっている。同社の営業報告書は，この年度の設備勘定には製品プログラムの拡大と経営の近代化が示されていると指摘している[2]。世界恐慌の始まる29年にも5,562,442RMの増加がみられる。なかでも増加額の大きかったのは機械設備であり，28年には6,548,828RMの増加をみた。また29年には車体工場の拡大が主たる支出であり，そこでは，鋼製車体のバスの生産も新たに開始されたほか[3]，組立建屋の拡大が決定されている[4]。同年1月の作業委員会（Arbeitsausschuß）の会議では，多くの諸努力でもって行われてきた節約は，その一部は，必要となっている価格の引き下げによって相殺されるであろうとした上で，それゆえ，生産の一層の低廉化を達成するためには，新しい機械の調達と近代的な作業機の導入のために一定の額を使用することが不可欠となることが指摘されており，そのための費用として約400万RMが予定された[5]。このように，1928年度に設備投資をともなう合理化が最も強力に取り組まれたが，この点について，同社の営業報告書は，業務の強力な拡大および継続された合理化諸方策は約900万RMの額が機械設備の改良のために支出されたことにその表現をみるとしており，そのような調達でもって同社は工場設備の近代化における重要な進展をみたとしている[6]。また1929年度をみても，同社の営業報告書は，ジンデルフィンゲン車体工場のための支出を例外として前年のような規模での調達はもはや必要ではなかったとしても，合理的な生産のために必要な一層の補充および改良が工作機械および装置において行われたとしている[7]。さらに翌年の30年度には，恐慌の影響にできる限り対応することができるように経営の合理化と簡素化が継続されているが，そこでは，特定の工場への生産の一層の集中・専門化による生産の効率化に重点がおかれており，工作機械，装置および工具の調達は前年度に比べるとかなり小さく抑えられている[8]。

表6-1 ダイムラー・ベンツ[1]の固定設備額と減価償却額の推移

(単位：RM)[2]

営業年度[3]	1924	1925	1926	1927	1928	1929	1924～29年の合計
営業年度末の固定設備額[4] 土地	37,275,000	37,486,000	34,483,000	5,135,491	23,786,092	23,190,810	―
建物				18,466,792			―
機械設備				15,492,301	21,049,129	21,354,187	―
合計	37,275,000	37,486,000	34,483,000	39,094,584	44,835,221	44,544,997	―
前営業年度末の固定設備額[5]	35,021,000[6]	34,691,000	34,487,000	31,463,000	34,730,360	38,982,555	―
固定設備の純増資額	2,254,000	2,795,000	-4,000	7,631,584	10,104,861	5,562,442	28,343,887
減価償却額	2,584,000	2,999,000	3,019,000	4,364,225	5,582,667	5,805,179	24,624,071

(注): 1) 1924年および25年については、ダイムラー社とベンツ社の合計額。
2) 1 RM 未満は切り捨て。
3) 営業年度は1月1日から12月31日まで。
4) 減価償却を控除する前のもの。
5) 減価償却控除後の簿価。
6) ベンツ社については1924年5月1日のもの。

(出所): 各年度の貸借対照表および損益計算書、H. O. Wesemann, Die deutsche Kraftfahrzeug-Industrie, *Wirtschaftsdienst*, 13 Jg, Heft 34, 1928. 8. 24, S. 1379-80, H. O. Wesemann, Die deutsche Kraftfahrzeug-Industrie im Jahre 1928, *Wirtschaftsdienst*, 14 Jg, Heft 24, 1929. 6. 14, S. 1019, H. O. Wesemann, Zur Lage der deutschen Automobilindustrie, *Wirtschaftsdienst*, 15 Jg, Heft 29, 1930. 7. 18, S. 1238, F. L. Mezger, Die deutsche Autoindustrie, *Wirtschaftsdienst*, 11 Jg, Heft 40, 1926. 8. 20, S. 1379, Daimler Motoren-Gesellschaft, Berlin-Stuttgart, *Wirtschaftsdienst*, 10 Jg, Nr. 26, 1925. 6. 26, S. 982 より作成。

またアドラーでは、固定設備の増加額は1924/25年には1,207,000RM、25/26年には1,412,000RMにすぎなかったが、26/27年には6,373,000RM、27/28年には7,650,000RMにのぼっている。同社でも機械設備の増加額が大きく、営業年度末の簿価での比較では、増加額は26/27年には4,899,000RM、27/28年には5,990,000RMにのぼっている。

ただドイツの自動車企業のなかには、自動車生産だけでなく自転車、オートバイ、航空機エンジン、工作機械、事務機器などの生産を行う「混合経営」を営む企業もみられたが、その代表的なケースとしてヴァンデラーをみると、1924/25年には2,031,000RM、25/26年には3,413,000万RM、26/27年には2,165,000RM、27/28年には2,589,000RMの固定設備額の増加となっているのに対して、28/29年には1,336,000万RMの増加にとどまっている[9]。同社では自動車生産がその中心をなしており、売上の圧倒的大部分を占めており、タイプライターと自転車が売上全体のうちほぼ同じ割合を占めていたが[10]、通過の安定後、同社は新しい、大規模な工場をジークマールに建設しており、そこにすべての自動車生産が集中されることになった[11]。また自動車の部品を生産するための建物が建設中であり、自動車の組立建屋との直接的な結合によって搬送費の大幅な節約がはかられたこの建物は27年から28年にかけての営業年度の末にほぼ完成をみたが[12]、27年に始められたこの工事の後には、それ以上大規模な投資は何ら必要ではなかったとされている[13]。またB.M.W.では、固定設備額は1926年にはわずか214,000RMの増加であったものが27年には2,230,000RMの増加となっているが、28年には11,671,000RMもの増加となっており、29年にも4,835,000RMの増加をみている。なかでも27年および28年には、営業年度末の簿価でみると、土地・建物の増加額（27年＝763,000RM、28年＝5,508,000RM）と機械設備の増加額（27年＝541,000RM、28年＝4,315,000RM）にはあまり大きな違いはなかったが、29年には、前者はわずか178,000RMにとどまっているのに対して、後者は2,353,000RMにのぼっており、機械設備の拡張は合理化運動の遅い時期まで強力に取り組まれたことが注目される[14]。同社の計画されていた投資はすでに主として1927年末までに実施され、操業が開始されたが、拡張は主にオートバイと航空機エンジンのための検査設備においてであった[15]。同社は28年秋にアイゼナッハにあるDixi-Werkeの買収によって小型自動車の生産を開始したが、この会社の新規建設は、戦時に由来する臨時の航空機生産のための建屋を新しい設備によってとって代えることを意味しており、

同年度に建設中の設備をみても，120万RMがミュンヘンにあてられ，アイゼナッハにはわずか20万RMがあてられたにすぎない(16)。1928年には投資はミュンヘン工場の完全な改造（およびそれとならんでアイゼナッハ工場の組み入れ）に関係していたのに対して，29年の設備額のより小さな増加は，その大部分がアイゼナッハの新しい機械設備と経営設備においてみられた。1,600万RMの増資は720万RMの新たな資金をもたらしたが，それはほぼすべてがオートバイと航空機エンジンの製造のためにミュンヘンの設備の拡大に利用されており，全体的にみると，同社の主力部門であるこれらの製品部門に投資の重点がおかれていたといえる(17)。

また設備投資を減価償却との対比でみると（前掲表2-1参照），資本金100万RM以上・取引所上場の株式会社の1924年から29年までの新規投資総額は9,530万RMとなっているのに対して，減価償却総額は7,610万RMとなっており，重工業，化学工業とは異なり，新規投資が減価償却を上回っている。しかし，29年をみると，新規投資額は1,000万RMとなっているのに対して，減価償却額は1,800万RMとなっており(18)，この点，化学工業や電機工業とは異なっている。

ここで，代表的企業における固定設備額の推移を減価償却との対比でみておくと，**ダイムラー・ベンツ**（前掲表6-1参照）では，1924年初めから29年までの期間の固定設備の純増加額は，26年の合同による生産設備の統廃合による減少を考慮に入れると，28,342,887RMとなっているのに対して，減価償却額は24,624,071RMにのぼっており，設備の純増加額が減価償却額の1.2倍となっている。この期間に最も大きな増加額がみられた27年および28年には，固定設備の純増加額が減価償却額（27年＝4,364,225RM，28年＝5,852,667RM）のそれぞれ1.7倍となっており，また設備額の減少がみられた26年には減価償却が圧倒的に大きな額となっている。また**アドラー**では，24/25年と25/26年の減価償却額はそれぞれ1,078,000RM，772,000RMとなっており，設備の増加額が減価償却額をそれぞれ12％，83％上回っているが，26/27年および27/28年の減価償却額はそれぞれ1,621,000RM，1,266,000RMとなっており，設備の増加額が減価償却額のそれぞれ3.9倍，約6倍となっており，そこでは，積極的な設備投資が行われたといえる。**ヴァンデラー**

では、24/25年、25/26年、26/27年および27/28年の減価償却額はそれぞれ884,000RM、730,000RM、775,000RM、984,000RM となっており、設備の増加額が減価償却額のそれぞれ2.3倍、4.7倍、2.8倍、2.6倍となっている。他方、28/29年の減価償却額は1,110,000RM となっており、設備の増加額は減価償却額の1.2倍にとどまっている。また B.M.W. では、1926年には設備の増加額は減価償却額（546,000RM）を下回っているのに対して、27年、28年および29年の設備の減価償却額はそれぞれ826,000RM、1,848,000RM、2,304,000RM となっている。それゆえ、設備の増加額が減価償却額のそれぞれ2.7倍、6.3倍、2.1倍となっており、いずれの年度をみても設備の増加額が減価償却額を大きく上回っている[19]。

　このように、この時期には、ドイツの自動車工業はアメリカの自動車工業と比べると技術的にも大きく立ち遅れており、それだけに、設備投資においても、新規投資の占める割合が高く、それの果した役割も大きかったと思われる。ただ設備投資の動向は各企業によって大きく異なっており、設備を2倍以上に増大させた企業もあれば、簿価を維持することがほとんどできなかった企業もみられたが、自動車やオートバイの製造における代表的企業は高投資を行っていたとされている。そのような企業としては、ダイムラー・ベンツ、アドラー・クレイヤー、M.S.U.、ヴァンデラー、B.M.W.、ハノマークなどをあげることができるが、自動車工業におけるこの時期の大規模な投資の要請は生産過程の徹底的な「アメリカ化」の必要性から生じたものであった。そこでは、既存の設備は新しい専用機械の配置によって徹底的に改良され、生産は中央工場に集中された。

　また自動車工業における高投資をもたらしたいまひとつの重要な理由は、需要の急速な拡大であった。モータリゼーションの進展は自動車工業の販売領域を拡大し、拡張のための大規模な建物を必要とした。そこでは、しばしば最新の技術水準に基づいてまったく新しい設備を建設した企業が問題となるが、これらの企業では、その後、完全な形態の流れ作業の利用のもとで大量生産を導入することができたとされている。また1927年と28年には、大型車や高級車の生産から小型車および大衆車の生産への大がかりな転換（これは需要の側からひきおこされたものである）、大型車のなかでの6気筒車から8気筒車への転換

が行われているが，そのことは，かなりの規模の新規投資をもたらすことになったとされている。さらにそのような取り組みにともない，工場内部の熱経済および動力経済の改善や，多くのケースでは，販売組織の拡大，修理工場の拡大も投資のための支出を必要としたほか，補助設備（鋳造工場，焼入工場，車体工場など）をみても，ほとんど至る所で拡大が行われている[20]。

第2節 「技術的合理化」の展開とその特徴

これまでの考察をふまえて，つぎに，「技術的合理化」の展開をみると，第2章でみたように，加工組立産業におけるこの時期の代表的な技術的革新としては，労働手段の個別駆動方式への転換と硬質合金工具の利用にみることができるが，同時にまた，フォード・システムの導入にともない，専用機械の利用がすすむことになる。それゆえ，ここでは，そのような技術革新の導入がどのように取り組まれたか，またそのような合理化がどのような特徴をもっていたかについて，みていくことにしよう。

M．シュタールマンは，第2次大戦の勃発までの時期のドイツ自動車工業における近代化の取り組みについて，第1次大戦前の最後の10年間に若干の企業においてみられた専用機械の配置と小規模な組別生産への移行をともなう最初の近代化の段階と，1924年以降に始まるベルト・コンベア作業への再編成をともなう第2の近代化の段階がみられたとしている[21]。

まず第1次大戦前と大戦時の状況について簡単にみておくと[22]，1905年から14年までの期間には，自動車企業の経営者は，最初の近代化の段階において，生産の拡大と同時に生産の効率化をはかる努力を行っており，また企業の拡大によって地域的な労働市場でときどきおこった専門労働者不足を専用機械による汎用機械の置き換えによって，また出来高給を基礎にした半熟練の部分作業への分割によって補おうと努力したとされている[23]。自動車生産のなかでは，旋盤職場，フライス盤職場や研削盤職場といったいわゆる機械職場では，第1次大戦前には，機械作業の占める割合が最も高かったとされているが[24]，新しい工作機械や工具の購入によって1912年までに純粋な手工業的な個別生産からある程度の工場生産での組別生産への移行をもたらした最初の合

理化の波が1905年に始まっている。この最初の生産の「アメリカ化」は，非常に正確な部品だけを供給する半自動および自動の機械の配置にみられた。なかでも部品の加工をみると，それは，加工のすすむ順序に応じてではなく機種別に配置され，伝動装置によって駆動される工作機械で行われていた。例えばオペルでは，1914年にはフォード社でみられたような専用機械ではなく汎用工作機械が利用されていた[25]。また機械の駆動方式では，シャーシやエンジンの生産においては，電動機による集合駆動が行われていた[26]。この時期の技術水準に関連して指摘しておかねばならない点は，自動車工業では，他の産業部門と比べて熟練作業や純粋な手作業による作業遂行の割合が決定的に高かったということである。広義の金属産業のなかでも，自動車工業はこの点に関してトップにたっており，例えばオペルでは，1904年には専門労働者の割合は90%にものぼっていたとされている[27]。

また第1次大戦の終結から合理化の始まる1924年までの状況をみると，労働組織の面だけでなく，技術面でも，ドイツはアメリカに大きく立ち遅れていた。この点について，*Der Deutsche Volkswirt* 誌は，アメリカでは最も近代的な手段を装備した巨大な生産現場がみられたのに対して，ドイツでは，戦時期とインフレーション期には，乏しい原料でもって自動車の生産を行うために使用していた工作機械はその多くが使い古されたものであり，自動車の生産は基本的にはすでに完全に時代遅れなものになってしまっていたと指摘している[28]。確かにインフレ期には，ドイツの自動車企業は，その古い生産方法にもかかわらず，外国市場におけるインフレーションによるダンピングの可能性によって，また国内市場において支配的となっていた実物価値への逃避のために，十分な販売台数を達成することができたが，「通貨の安定」後はもはや世界市場において競争力をもちえなかった[29]。

このような状況のもとで，1920年代の後半には，生産過程の「アメリカ化」が技術と労働組織の領域において強力に取り組まれることになる。このような合理化の最も代表的な事例のひとつをなすオペルでは，他の製造業者とは反対に，自転車業務の利益が自動車の生産を支えており，また1923年までの高級車の輸出による収益でもって，必要な実物価値，とくにアメリカ製の工作機械が取得されていた[30]。オペルでは，フリッツ・オペルと彼の技師が1919年と23

年にフォードと GM の工場を訪問したアメリカ視察旅行のさいにアメリカ製の工作機械の購入が決定され，24年には納入されている(31)。この産業全体でみると，26年は自動車生産における多くの進歩がみられた年であったとされており(32)，大規模な自動車企業においては，この年に初めてアメリカの専用機械の導入のもとで近代的な作業方式への大規模な転換を開始したとされている(33)。なかでも，オペルにおいて調達された工作機械は，主に1923年に最初のベルト・コンベアによる流れ生産が行われた小型車の生産のためのものであり，「技術的合理化」は流れ生産の導入との関連で推し進められたのであった。すなわち，部品のための工場規格，専門労働者を節約する専用の装置を備えた工作機械での部品の生産，また円滑な組み付けを可能にする適切なはめ合わせシステムが，タクト化がはかられた作業の前提をなしたとされている。

またこの時期には電動機による労働手段の個別駆動方式への転換も流れ生産方式の導入，大量生産への移行との関連で強力に推し進められたといえる。G．シュレジンガーは1926年10月に，オペルにおいて，名目上「ほぼ完全に」スクラップにされたか，あるいは売却されたいくつかの機械の存在をみたとしているが，それは，とりわけ，ドレスデンのヒレ工場がすでに数年前に実施した，それぞれ4軸をもつ4気筒シリンダーの中ぐり職場のことである。そこでは，シリンダーブロックのための中ぐりラインの集合駆動や，またリアアクスルの組み立ての背後でみられた「長い巨大な伝動機構」がすべて姿を消したとされている(34)。このような機械の個別電動駆動への転換はオペルではすでに1923年に行われているが，ダイムラー・ベンツでは26年に初めて実施されたとされている(35)。

そこで，自動車企業においてそのような「技術的合理化」がどのようにすすんだかを具体的にみていくことにするが，まず**形成加工**の領域をみると，そこでは，圧搾空気リベット打ち機，特別な装置（ゲージ，ジグ）の導入や，薄板車体工場の大型プレス，スポット溶接機，などの導入が行われている(36)。ダイムラー・ベンツでは，1926年1月20日の取締役会の会議においてシャーシと車体の生産のコスト引き下げの問題が取り上げられており，そのための方策が提起されているが(37)，そこでは，トラック生産において形成加工のための専用機が導入されている。それは

大部分が当時のドイツの工作機械製造業の最高の性能をもつものであり，その一部は自動車生産の必要性のために独自に設計されたものであったが，それらは作業時間を5分の1にまで短縮することを可能にしたとされている[38]。なかでも，プレスについてみると，オペルは1927年にプレス工場を建設しており，以前には8時間から10時間の作業においてミリメートルの精度で槌鍛造されねばならなかったフェンダーは油圧式の大型プレス機によって数秒で生産されることができた。時間，材料および労働の同様の節約が他の車体部品のプレスでもみられた。新しいプレス技術は，材料の屑がわずかしか出ないことに特徴をもつが，それは高い精度を可能にし，材料の構成を改善し，また補修作業を最小限にまで減らした[39]。ことに近代的な設備を備えていたダイムラー・ベンツのジンデルフィンゲン工場では，1929年に車体の鉄板部品の生産のためのプレスが配置されているが[40]，プレスは電動機によって個別駆動されるものであり，200×150cmの大きさのシートパネルがひとつの作業工程で最終的な形状にプレスされ，何ら手直し作業を必要としなかった[41]。同社ではトラックの生産においても，車体の生産を効率的に組織しようとする努力は生産全体の最も広範囲におよぶ機械化をもたらしたとされている[42]。また溶接においても新しい技術設備の導入がすすんでおり，1926年には電気スポット溶接，縫い合わせ溶接や突き合わせ溶接が一層の普及をみており，例えば車体，表張りやボンネットのような薄板の加工のためのより軽量の完全自動のスポット溶接機が操業を開始している[43]。

　また**塗装**では，アメリカではすでに以前に導入されていたニトロセルロース塗料の利用による近代的な**塗装**方式[44]が取り入れられており，オペルではそれは1926年以降に実施されているが[45]，第3節2でもみるように，アドラーではベルト・コンベアでの浸漬塗装方式が導入されている。そこでは，連続的な作業の流れにおいて塗装を行う新しい設備が導入されており，それは週48時間の労働時間のもとで年間15,000台の自動車の塗装を行う能力をもっていた[46]。1929年にはそのような塗料を使った塗装によって塗装時間の短縮がはかられているが，そのために必要な車体のための電気乾燥炉がジーメンス・シュッケルトによって供給されている[47]。

　さらに**鋳造・鍛造**においても技術進歩がみられるが，例えば鍛造では，型鍛造作業，クランクシャフト，軸くびやディファレンシャルケースのための個別駆動の大型の鍛造機械が導入されている[48]。また鋳造をみても，例えばダイムラー・ベン

ツでは，青銅鋳造工場やねずみ鋳造工場において機械化がはかられており，選砂が近代的な機械設備で行われ，使用される原料の回収や洗浄が磁気式の分離器で行われたほか，型込機の配置などがすすんでいる。R.ホフマンによれば，マンハイムにおけるねずみ鋳造工場はドイツ全体のなかでもこの種の最も完全な工場であったとされているが[49]，そこでは，1926年12月に1基の電炉の調達が計画されている[50]。また鋳造工場における機械化によって場所の節約が達成されたことも利点であったとされている[51]。

また**切削加工**をみると，この部門は近代的な機械の導入が最も強力に推し進められた部門のひとつであり，そこでは，多刃旋盤，大型のタレット旋盤，フライス盤，みぞ切りフライス盤，研削盤，専用のカム軸研削盤，クランク軸研削盤，クランク軸旋盤，歯車加工のための工作機械などが導入されているが，その多くは1926年に行われている。また新しい工具鋼である硬質合金の「ウィディア」が生産されるようになっており[52]，そのような高性能な切削工具の利用も大きな成果をもたらすものであったといえる。ダイムラー・ベンツの乗用車の生産においても，クルップ製の硬質合金であるウィディアを利用した工具が旋盤作業に導入されており，連接棒およびクランクケースの軸受けが最高の精度で生産された[53]。また1928年には中ぐり，旋削および研削においてダイアモンド工具の利用がすすんだとされている[54]。この時期にはプロセス技術の著しい進歩がみられ，例えばエンジンのシリンダブロックの加工では，20年代半ば以降，内面研削にかわりホーニング仕上げが行われるようになった[55]ほか，アメリカ製の歯割盤，クランク軸旋盤，多軸中ぐり盤の導入がみられた。エンジンの生産では，中ぐり盤，研削盤，多くの装置が配置され，そこでは，以前には1台のタレット旋盤を受けもっていた1人の労働者が3つから4つのバルブを扱うようになった。また車軸プレスの導入によっても27もの鍛造職場と2人の機械工が排除されたほか，タレット旋盤の導入によって普通旋盤が駆逐されており，例えばリアアクスルケースの事例では，それによって1単位当りの製造時間は235分から85分に短縮されている。その他の機械でも部品の加工に要する時間の大幅な短縮が達成されているが，例えば研削盤では18分から4分に，歯切盤では90分から40分に，かさ歯車形削り盤では500分から90分に，歯車形削り盤では120分から25分に短縮されており，またタレット旋盤から自動盤への転換によって，8.3分から2分に短縮されている[56]。なかでも専用機の導入がすすんだのはエンジンの生産においてであり，オペルでは，この部門におけるアメリカか

320　第2部　主要産業部門における合理化過程

ら輸入された専用機は合理的な大量生産の基礎をなしたとされている[57]。ダイムラー・ベンツの乗用車の生産でも，ピストン，シリンダーカバー，バルブのような大量のエンジン部品の加工には専用機が導入されたほか，クランクシャフトやカムシャフトの研削のための円筒研削盤は個別駆動のものであった。最も利用価値の高い，また最も複雑な作業機は高い精度を容易な操作と結びつけるものであったので，より大ロットの生産によって，そのような作業機でさえ割に合うものになったとされている[58]。生産の近代化が最もすすんでいたオペルでは，1929年3月の時点で機械設備の70％が過去4年以内に購入されたものであったとされている[59]。しかし，同社の機械の台数はフォードよりも根本的に少なく，また原料の品質の悪さがしばしばなお手作業での手直しを必要としたので，作業のテンポは決してフォードの水準に達することはなく[60]，専用機械の利用にもかかわらず熟練労働が不要にならないという結果をももたらしたとされている。ことに専用機の数はフォードに比べるとかなり少なく，そのような機械の利用は互換性部品（規格化された部品およびユニット・システムの個別部品）の生産とシャーシ工場における組み立て作業に限られていたが，そのことはアメリカに比べ生産量が少なかったことと原料の品質の悪さによるものであったとされている[61]。

このような新しい機械設備の導入によって労働者の排除がすすんだほか，その操作に関しては，いわゆる機械の多台持ちがひろい範囲でみられるようになっている。例えばオペルでは，第1次大戦前には，1人の労働者に複雑な部品のための複数の自動機械やタレット旋盤を受けもたせており，特定の機械に専門化させられた労働者は出来高給で支払われていたが[62]，20年代には，ダイムラー・ベンツでも，機械設備の多台持ちは職場全体に拡大されている[63]。

ただここでは，しばしばアメリカにおいてのみ手に入れることができたふさわしい専用機械の調達の問題が流れ作業への転換やその後のコンベア作業への転換のさいのひとつの障害となったということが明らかになっており，当時の文献では，ドイツの機械製造業の立ち遅れが指摘されており，またあらゆる方面で支配的となっていた資本不足が大きな障害となっており，こうした諸要因が「技術的合理化」の展開に限界をもたらしたということに注意しておく必要がある[64]。

この時期の「技術的合理化」の展開をみる場合に注意しておかねばならないいまひとつの点は、アメリカ車のドイツ市場への流入とアメリカ企業による現地組み立ての拡大という一層厳しくなる国内市場の条件のもとで、そのような生産の合理化の取り組みは大きな制約をうけざるをえなかったこと、また「技術的合理化」の展開は、それが大量生産のための「労働組織的合理化」(流れ生産方式の導入)との関連で取り組まれたこともあって、小型車や大衆車の生産に重点をおいていた企業と大型車や高級車の生産に重点をおいていた企業との間には相違がみられたということである。Ｍ．シュタールマンは、ドイツの自動車工業のさまざまな企業においては、第２次大戦の勃発までは、まったく異なる組織構造、異なる技術設備および生産のレベルがみられ、個々の企業の管理の近代化の戦略においてもかなりの相違がみられたとしている[65]。

西牟田祐二氏は、生き残りを賭けたドイツ自動車企業の対応には、「明確に『小型車』＝『大衆車』を選択し、アメリカ的生産方式を大々的に導入してドイツにおける大衆自動車市場の創造へと突き進むことになったアダム・オペル社を中心とする方向」と、むしろ逆にダイムラー・ベンツのようにいわゆる「高級車志向」を選択することになる方向の２つがみられたとされている[66]。ことにダイムラー・ベンツでは、当初の経営方向とはむしろ逆に、年を経るごとにしだいに様々な車種を増やしていったとされている[67]。ベンツでは、近代化の戦略の選択にさいして、質の高い熟練労働とならんで、全体でも比較的少ない台数やバリエーションの多様性のゆえに、コンベア技術と組織的に結びついた、正確に稼働する単一目的機械への、大量生産のためのより大規模な合理化投資は割に合わず、またそれゆえ、必要に迫られた機械化の立ち遅れがひろくみられたことが重要な役割を果したとされている[68]。1920年代後半に始まる自動車工業の第２の近代化の局面の合理化の最初の波においては、その重点は技術的な再構築の諸方策よりはむしろ組織的な諸方策におかれており、そのため、固定費の割合が生産にとってあまり決定的なものにはならず、その結果、同社は、生産量に関するその適応のフレキシビリティを維持することができたとされている[69]。

第3節 「労働組織的合理化」の展開とその特徴

1 テイラー・システム,レファ・システムの導入と労働組織の変革

つぎに「労働組織的合理化」についてみると,ドイツ最大の自動車企業のひとつであるオペルでも,少なくとも1914年までは「科学的管理」はみられず,賃金部・作業部のようなその諸要素,組織的な把握および組織的な人選もみられず,そこでは,機械加工職場の主要部門の12人の長と2人の商事担当役員が雇用と解雇の権限をもっていたとされている[70]。1920年代の合理化の時期になると,テイラー・システムはドイツ独自のレファ・システムに修正され,企業にひろく導入されていくことになるが,1927年のドイツ金属労働者組合の調査によれば,輸送機械工業では,調査された113部門のうち55.7%にあたる63部門においてレファ方式による賃金支払システムが利用されており[71],自動車工業では,50%の出来高給の切り下げのもとで70%の給付の上昇が達成されている[72]。

またこの時期には,とくに品種別生産への移行[73]にともない,主任職長と製造職長において,職長の諸職能,作業管理の伝統的な中心的職位の分化がおこったとされている。その後,グループ単位の主任管理者やその他の管理者が加わったが,これらの職位は,生産の進行の調整の任務を引き受け,また作業の割り当ての大まかな基準を決定し,グループ間の伝達の流れを組織したのであり,ローワー・マネジメントのレベルの職長を徐々に駆逐した。生産構造の変革過程,技術的・労働組織的な変革過程の結果,またその反映としての意思決定の集権化に基づいて,ミドルとローワーのレベルにおける伝統的な作業管理の意思決定経路は,分化しつつある技術的な管理によってますます短縮されることになった。また進行中の技術的・労働組織的再編成や伝達の制度的な官僚制化の諸過程によって,より高いレベルの管理は生産過程に関する透明性を得たので,職長の機能は,以前の計画活動,少なくとも経営内部の諸現象の計画化に関する活動から執行職務や監督職務へとますます強力に変化したとされている。まずグループ分けのさいの職長の経験値が,部分的に適用された時間研究と関連して,客観化された方式によってしだいにとって代えられた場合には,組織的な作業研究や時間研究に基づいてオペルでは20年代末に,ダイムラ

ー・ベンツでは30年代末に生み出された作業工程表や個々の作業の操作の細分化された分類でもって、グループ分けのさいの彼の関与が排除された。このように、作業管理の計画機能は、20年代には、下位のレベルから、新しく生まれたミドルのレベルへと移ったのであるが[74]、このことは出来高単価の決定・算定や労働給付の管理において明らかになるとされている[75]。

そのような労働組織の変革はまた、電機工業や機械製造業の場合と同様に、フォード・システムをモデルとする流れ生産方式を展開する上でも、大きな意味をもった。ダイムラー・ベンツのウンターテュルクハイムにおけるシャーシの製造では、組立工の職務が反復する部分作業に徐々に分解され、流れ作業として再編成されるように、まず作業の遂行が時間研究によって分析された[76]。それゆえ、つぎにフォード・システムの導入について考察をすすめることにしよう。

2 フォード・システムとそのドイツ的展開
(1) 生産の標準化の進展

フォード・システムの導入をまず生産の標準化についてみると、自動車工業は、電機工業とならんで、この時期に生産の標準化の取り組みが最も強力に推し進められた部門のひとつであった。1920年代には自動車工業のほとんどすべての大企業において流れ生産への転換が推し進められたが、そこでは、これらの企業のいくつかはアメリカ的な生産の諸形態に非常に近づいたのに対して、工場の建設において、まったく異なる道、とりわけ完全な高級車や豪華な自動車を供給するという道を歩んだ企業もみられた[77]。F. ケーニヒによれば、自動車工業や造船業のような重要な産業部門の代表者たちは、彼らの経営の結合による合理化への道を準備するかわりに、その工場の商標、その家族の伝統、その「独自性」などにしがみついていたとされているが[78]、このことはとくに大型車や高級車の生産にいえる。しかし、小型車や大衆車の生産では、アメリカ的な生産方式の導入による大量生産への移行が強力に取り組まれ、そのための基礎をなすものとして生産の標準化が推し進められたのであった。

この時期のドイツの機械製造における発展の方向は、できる限りわずかな、種々のタイプの製品を生産し、決められた定型をできる限り大量に生産するこ

とにあり，このような諸活動は自動車工業において最もすすんでいたが，そこでも，それは決して一様にすすんだのではなく，あらゆるさまざまな発展の段階がみられたとされている[79]。

そこで，まず**製品の定型化**についてみると，1926年のB．ラウエッカーの指摘によれば，当時フォードがその廉価な単一定型車を全世界にあふれさせていたにもかかわらず，ドイツの自動車工業はそれまでまだそれに匹敵するような定型化を決心することができなかったとされている。1925年12月のベルリン自動車博覧会では，50社から約80のタイプの自動車が出展されていたが，専門家の意見によれば，これら80種のタイプの自動車は大型の高性能車ではあったものの非常に高価であり，そこでは，製造原価のうち平均してわずか20％から25％が賃金・給料であり，大部分は，当時アメリカと比べてなお40％から45％も高かった材料費であったとされている[80]。このことは，ドイツでは多くのタイプの自動車が生産され，製品の定型化や部品の規格化が十分にすすんでいなかったことによるものでもあった。R．ヴォルトは，1925年にはまだ消費者のさまざまな特別な希望に応じて特別な車が生産されていたとしている[81]。合理化運動が本格的に展開される20年代後半になって，小型車や大衆車への生産の移行がすすむなかで，製品の定型化が本格的に推し進められることになる。

ドイツの自動車工業が依然としてかかえていた多様な製品の品種は，一方では生産設備や取替部品の在庫のための大きな資本支出を必要としただけでなく，他方では比較的小さな組の生産しか可能にせず，またそれゆえ，コスト引き下げ策の効果的な利用を妨げていた。そうしたなかで，自動車企業の合同が推し進められたが，それはアメリカ車の流入とドイツでの現地組立の本格化による経営不振への最初の対応として行われただけでなく，同時にこのような多様な定型の削減のための条件を築いた。1932年に誕生したアウト・ウニオンか，あるいは少なくともいくつかの大規模な「コンツェルン」のみが「定型の整理」を実施することができたとされている[82]。例えば，1926年のダイムラーとベンツの合同をみても，それによって，大幅な生産車種の整理が行われている[83]。すでに1926年3月29日の取締役会の会議でも，トラックの生産について，標準化ができる限り迅速に実施されねばならないことが指摘されており，統一タイプの生産によってのみ外国市場において競争すること，大きな販

売を達成することが可能であるとされている[84]。

このような集中化が推し進められた結果，1924年から29年までの間に，ドイツにおける自動車企業の数は86から17に減少しており，生産される定型の数も146から40に減らされている[85]。そこで，1929年の状況についてみると，合計17の製造業者によって34の主要なタイプの乗用車が生産されており，その生産台数は91,936台となっているが，その内訳をみると，1,000ccから1,500ccまでの車は1タイプであり，総生産台数の23.66％を占めており，1,000cc未満の車は3タイプであり，総生産台数の15.47％を占めていた。これに対して，総生産台数の19.04％を占める3,000ccを超える車は18タイプもあり，また23.32％を占める2,000ccから3,000ccまでの車は7タイプあり，さらに18.51％を占める1,500ccから2,000ccまでの車をみても5タイプあり[86]，小型車や大衆車以外では，定型化はあまりすすまなかったといえる。1929年になってもまだ，ドイツの乗用車の生産全体のうち50％を超えるものが上級の中クラスや豪華な自動車の範疇に属していたとされている[87]。

また**部品の規格化**についてみると，B．ラウエッカーは1926年に，ドイツの自動車の製造原価に占める原料費の割合が高かったことに関して，個別部品の規格化のみが有益であるが，自動車工業では，それは，確かに最近多く論じられているものの，あまり実現されてはいないとしている。

彼は，ドイツではこのような目標からいかに遠ざかっていたかをこの国の最大のボールベアリング工場の事例で示しており，そこでは，14,000個の1日の総生産量は400種のさまざまな大きさのものに分かれており，したがって，可能な生産量は1日1定型あたりわずか35個にすぎず，そのような状況では，到底経済性を論じることができないのは明らかであるとしている。自動車工業では，戦争遂行の理由から生み出された「交通技術調査委員会」（"Verkehrtechnische Prüfungskommission"）がすでに1917年にドイツ機械製造所連盟（これは20年代にドイツ自動車工業連盟＝Reichsverband der Automobilindustrieとなる）と共同で，自動車生産の指針となる部品の規格を制定しており，同時に『ドイツ工業規格』（"Deutsche Industrienormen"）というパンフレットの第1号が出版されていることにみられるように[88]，比較的に早い時期から部品などの規格化の問題が取り上げられているが，実際に規格化の本格的な取り組みがすす

むのは,「ドイツ規格委員会」が設立された1926年以降のことである。例えばオペルでは,工場の内部での規格化された部品あるいは標準寸法は生産コストを引き下げたほか,ねじ,キーみぞ,歯車装置のための統一的な寸法によって,そのときそのときの新しいはめあいに合わせて機械を切り替える必要がなくなったとされている[89]。またダイムラー・ベンツでも,1928年10月4日の協議において2リッター車と2.6リッター車の車体の共通化が重要であると指摘されている[90]。

また製品の定型化,部品の規格化とともに,**工場の特殊化(専門化)**による生産の専門化がはかられており,例えばダイムラー・ベンツでは,1926年6月10日の取締役会の会議において,歯車の生産はウンターテュルクハイムに,自働機械の部品の生産はマンハイムに,車輪の生産はウンターテュルクハイムに集中されるべきものとされたほか,それまで3つの場所に分かれていたねずみ鋳造工場およびアルミ鋳造工場は,ねずみ鋳鉄がマンハイムでのみ生産され,アルミ鋳物はウンターテュルクハイムで生産されるべきものとされた。また車体生産のすべてをジンデルフィンゲンに移すことが有効であるかどうかが協議されており[91],その結果,車体生産における専門化が実施されることになった。このように,同社では,車体生産のための専用工場をもつことになったが,このような生産の専門化は部品生産や車体生産だけでなく自動車の生産においても取り組まれており,ダイムラーとベンツの合同によって大幅な生産車種の整理が行われたのにともない,基本的に1工場1車種の生産ラインの形成が行われている[92]。同社では例えばマリーエンフェルデからガゲナウへの5トントラックの生産の移転が行われているが,それによって200万RM以上の節約が期待されること,それにともなうガゲナウ工場の生産増大によって同工場の生産能力のほぼ完全な利用が期待されることがその主たる理由をなしたとされている[93]。

しかし,生産の標準化の実際の進展状況については,F. レーダーマンは1933年に,当時なお部品の規格化の成果が実際には非常に小さなものにとどまっており,また製品の定型化も不十分であっただけでなく,生産の専門化の遅れもみられたとしている。そのような専門化の遅れは,部品の規格化が十分にすすまなかったこと,ある製品の販売の落ち込みを他の製品で埋め合わせる必

要性が重要な意味をもつというドイツの市場の運命によるものであったとされている[94]。

(2) 流れ生産方式の導入
① 流れ生産方式の導入とその特徴

1920年代後半の合理化の時期には，このような生産の標準化を基礎にして流れ生産方式による大量生産への移行が推し進められることになるが，つぎにこの点についてみることにしよう。1919年のダイムラーにおけるエンジンの生産が，歴史的には，流れ生産の初期的な事例であり[95]，23年にオペルにおいて最初のコンベアが導入されており[96]，ドイツにおいて最もはやく流れ作業やコンベア作業の導入が行われているが，この時期のドイツ自動車工業の発展はアメリカと比べると大きく立ち遅れており，ドイツの企業にとっては，何よりもまず根本的な技術的革新の導入と徹底的な労働組織の再編成を推し進めることが急務となった。なかでも，フォード工場においてみられた流れ生産方式の導入が最も重要な課題となった。

こうして，ドイツでも，1920年代の後半になると，自動車工業の多くの大企業において流れ生産への転換が推し進められることになる。1927/28年には流れ作業の原則に基づいて生産を行っていなかった代表的な自動車工場はほとんどみられなかったとされているが[97]，実際には，そのような生産の合理化に本格的に取り組もうとしたのは，小型車や大衆車を製造する一部の大企業であった。上述したように，この時期に流れ生産への転換を推し進めた企業のなかには，工場の建設のさいに，高級車や豪華な自動車を供給するというまったく異なる道を歩んだ企業もみられたとされているが，そのような企業では，流れ生産方式への転換も，量産車メーカーのケースとは大きく異なっていた。ドイツの自動車工業において，フォード社でみられたような完全な時間的強制進行性をともなう流れ作業が一般的であったとしばしば考えられているとしても，ドイツの高級車の生産においては，そのような意味での，決められた時間の割り振りについてはどこでも論じられることができるわけではないとされている。G．デュビノウが指摘するように，そこでは，多くの場合，一種の「弾力的な流れ作業」("elastische Fließarbeit")がみられた[98]。この点に関して，

M．シュタールマンは，例えば1920年代半ばから第2次大戦の勃発までの時期のダイムラー・ベンツの第2の近代化の局面において，労働過程のフレキシビリティと製造すべき製品のバリエーションの互換性を損わないようなひとつの合理化の模範が普及したとしている[99]。そこでは，すべての6気筒および8気筒のモデルを流れ作業工程で生産することに成功したが，それにもかかわらず，ある程度の変種の多様性は維持されたままであり，それに基づいて行われた再編成は確かに生産コストの引き下げには寄与したとはいえ，フォードの生産構造にはほんのわずかしか近づかなかったとされている[100]。同社では，アメリカの自動車工業においてすでに15年から20年来みられたような組織的な作業タクトは1930年代遅くまでみられなかったとされている[101]。

また小型車や大衆車を製造する企業をみると，R．ラートカウによれば，すでに自転車の大量生産において流れ作業の経験をもち，また——占領されたラインラントに立地しており——1918年以降は，フランスやアメリカの競争相手に，関税保護なしにたちむかわねばならなかったオペルは，いちはやくベルト・コンベア（工場用語では「ジャズ・バンド」）を導入したが，それにもかかわらず，一般に知られている印象に反して，20年代には，自動車の生産は決して連続的なベルト・コンベアで行われていたのではなく，多くの個々のベルトが存在しており，そのテンポは職長によって設定されていたとされている[102]。

そこで，つぎに自動車工業における流れ生産方式の導入の事例を工程別に取り上げて，具体的にみていくことにしよう。

まず鋳造・鍛造を行う**粗形品工程**をみると，例えばダイムラー・ベンツでは，鋳造工場は，当初はまだ伝統的に品種別職場作業に組織されていたままであったが，そのことはこの会社によって生産されるエンジンが多様であったことによるとされている。そこでは，鋳造作業は1929年に機械化され，とくに選砂が自動化されており，鋳物砂は地下におかれた搬送設備によって大型のミキサーに送られ，エレベーターによって運び上げられ，さらに鋳型工の作業場の上におかれたタンクまでコンベアで再び運ばれた[103]。R．ホフマンは1930年に，同社の青銅鋳造工場では大量生産での操業が行われており，大規模な建屋にはベルト・コンベアが配置され，流

れ生産が行われていたとしている[104]。

また**車体製造工程**をみると，ダイムラー・ベンツでは，1925-26年にジンデルフィンゲン工場に車体のための移動組立ラインが設置されているが[105]，29年10月には同工場におけるコンベア生産の実施が決定されており，それには55-60万RMがかかったとされている[106]。この工場に設置された新しい無限軌道式ベルト・コンベアによって，2リッターのリムジンの車体の生産コストを半年以内に210RM引き下げることができたが[107]，29年に最大1,000～1,100台に達していた生産能力は30年遅くまで有効利用されることができなかったとされている。コンベア生産は乗用車の場合にのみ大きな組の生産によって採算が合うようになったので，そのような生産方式は乗用車の車体製造にのみ導入されていた[108]。乗用車は非常に徹底して定型化が行われているので，シャーシの主要な形状のものは大ロットで生産され，コンベアでの流れ作業が生産過程を支配しているのに対して，トラックの車体は運搬される品物やそのときどきの消費者の運搬量に個別に適応しなければならず，したがってその要求に応じて設計されねばならず，そのような事情のために，コンベア生産が経済的となる限界の条件は達成されなかったとされている[109]。またオペルをみても，1926年頃以降に車体生産において流れ生産が導入されており，そこでは，車体部品が塗装工程を通過した後にコンベアで組み立てられた[110]。

さらに**塗装工程**でも流れ生産方式の導入が取り組まれている。塗装工程ではそれまで手作業が支配的であったが，例えばアドラーではベルト・コンベアでの浸漬塗装方式が導入されており，それは手による熟練に依拠していたフェンダー，板張りの金属板および車輪の時間のかかる個々の加工を駆逐し，そこでは，脱脂，塗装および乾燥が流れ作業で実施され，搬送はベルト・コンベアによって行われた。塗装はひとつのまとまった連続した流れで行われるようになり，その時間は約3時間～4時間に短縮されている[111]。同様のコンベアを用いたアメリカ的な塗装方法の導入はオペルでもみられたが，それは1928年以降のことであった[112]。

シャーシ製造部門でも流れ生産が導入されており，オペルでは，この部門で生産される個別部品は，その後，サブ組立コンベアの上で完成した部品ユニットに組み立てられ，さらにシャーシ組立コンベアに送られ，そこで完全なシャーシに組み立てられた[113]。またダイムラー・ベンツのウンターテュルクハイム工場でも1927年にシャーシのための最終移動組立ラインが設置されている[114]。

また機械加工工程については，その先端的事例として，ベルト・コンベアのもとでのエンジンのシリンダー加工の事例をみておくことにしよう。

　図6-1は自動車エンジンのシリンダーの**機械加工工程**における流れ生産のレイアウトを示したものである。この図に示された小型エンジンのシリンダーは，表6-2に示された作業工程を通過する。各作業工程の時間が同じでなく，例えば第2工程は第1工程の時間の約4分の1しかかからない。それゆえ，第1工程には4台の機械——この場合は旋盤——を必要とするが，第1工程において4台の旋盤によって加工されるシリンダーを同じ時間で面削り等を行う第2工程には1台の機械しか必要としない。コンベア（図6-1のB図参照）はすべて2mを2.9分で前進していく。また第6工程と第7工程はそれぞれ個々のひとつの作業工程の時間の半分しか必要とせず，その結果，仕掛品は同じ時間に両方の機械で加工される。これらの2台の機械は，おそらく1人の人間によって操作することができる。

　図6-1のB図およびC図から明らかなように，コンベアの配置は，滑り溝による機械の結合と比べると，機械の配置には，とくに大きな間隔を与えている。チェーンの下に配置される機械は非常に密集しておくことができる。そこでは，コンベアは，機械のグループ全体の給付がその移動によって一度限りで決められてしまうという利点をもつ。個々の各労働者は，彼に対して予め決められた時間内に自分の仕掛品あるいは部品を完成させるよう強制される。そこでは，最も困難なケース，すなわち，かなり短い作業時間やさまざまな作業時間を要する個々の仕掛品のケースでさえ，コンベア作業には一定の利点があることを示すために，このようなケースがあえて事例として選ばれたとされている。例えば10基のシリンダーあるいは40のグラブバケット，あるいはそれと同じぐらいの量を個々の機械に搬送することができる場合には，こうした利点はかなり大きくなり，その結果，コンベアはすべて4分の1の時間で動けばよいのである。そこでは，余裕のための時間はまだほとんど何ら役割を果すことはなく，ここで取り上げられた事例では，それはまだ全作業時間の10％と見積られているが，こうした手待時間は，一般的な経営では，まだかなり大きかったとされている。E．ザクセンベルクが指摘しているように，ここでの事例は，比較的に困難なケースにおいても，コンベアのもとでの機械の配置は，

331

図6-1 自動車エンジンのシリンダーの機械加工工程における流れ生産のレイアウト

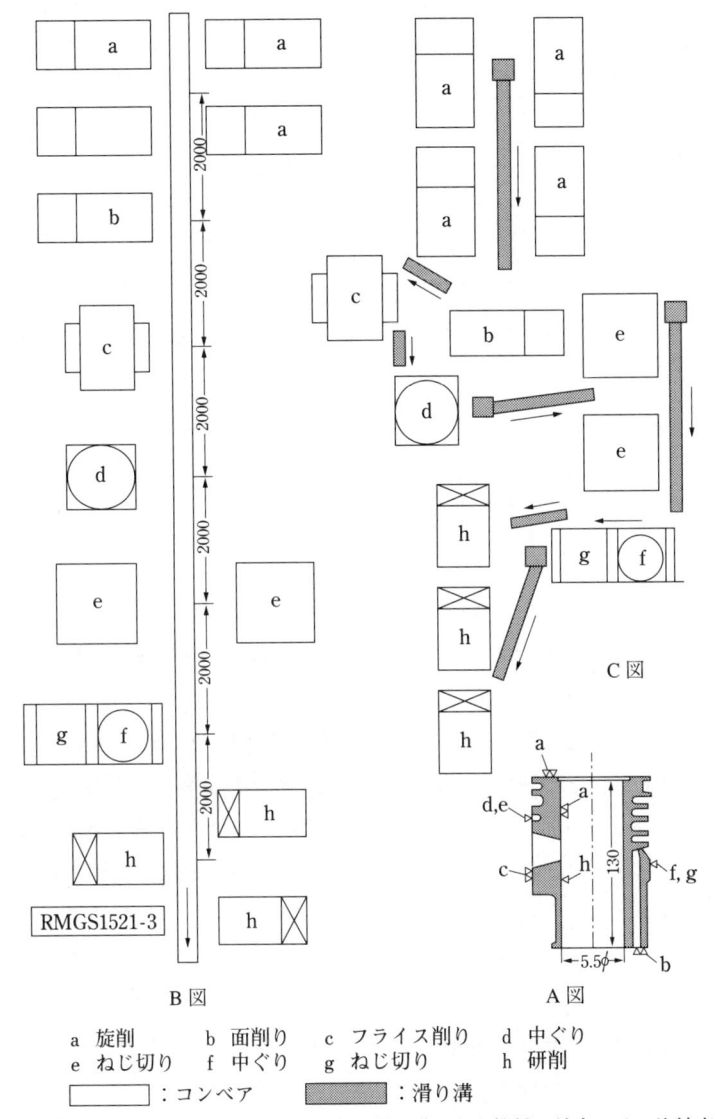

a 旋削	b 面削り	c フライス削り	d 中ぐり
e ねじ切り	f 中ぐり	g ねじ切り	h 研削

□：コンベア　　■：滑り溝

A図からC図まで：コンベアでの生産と滑り溝による機械の結合，その比較事例。

(出所)：E. Sachsenberg, Fertigung und Zusammenbau am Förderband, *Maschinenbau*, 4 Jg, Heft 9, 1925. 5. 7., S. 422-3より作成。

332 第2部 主要産業部門における合理化過程

表6-2 自動車エンジンのシリンダーの機械加工工程における作業の流れ

作業工程	行うべき作業	機械		作業時間(分)
1	内部の旋削および上部の面削り	旋盤	4台	9.6
2	下部の面削り	旋盤	1台	2.7
3	排気口のフライス削り	フライス盤	1台	2.7
4	排気口の中ぐり	中ぐり盤	1台	2.3
5	ねじ切り(排気口)	ねじ切り盤	2台	4.5
6	圧縮機の穴ぐり	卓上中ぐり盤	1台	0.8
7	圧縮機の穴のねじ切り	卓上ねじ切り盤	1台	1.5
8	研削	研削盤	3台	81*)

(注):*)原文では81となっているが、8.1の誤植ではないかと思われる。
(出所):E. Sachsenberg, Fertigung und Zusammenhau am Förderband, *Maschinenbau*, 4 Jg, Heft 9, 1925. 5. 7., S. 423.

組み立て以外の生産においても、しばしば得策であることを教えるものである[115]。

またオペルでも、中ぐり盤による中ぐり作業ラインでは、労働者は仕掛品をローラー・コンベアによってある工作機械から他のそれへと送った[116]。

しかし、機械加工工程では、ベルト・コンベアのような機械的搬送手段以外の搬送手段を利用した流れ生産方式の導入がむしろ多くのところでみられた。H.ヘネッケによれば、組み立ては、第1次大戦後最初に流れ作業が導入され、最も広く定着した領域であるが、十分な生産量が確保される場合には、流れ作業での部品の機械加工の実施はしばしばはるかに大きな利点を約束するとされている。ただその場合でも、そのために機械的搬送手段も費用のかかる専用設備も絶対的に必要なわけでははなく、その実施はむしろ比較的簡単な手段でもって可能であるとされている。基本的な諸条件は作業工程の順番に従った作業機の配置と労働を節約する良い設備の準備である。ハノマークのエンジン生産の事例が機械と機械との結合のひとつの事例を示しており、そこでは、個々の部品は、傾斜した規道の上をその重力によって移動していく。その両側に機械が配置された簡単な直線のローラー・コンベアによって、さまざまな機械が結合されていた[117]。

このように、機械加工工程への機械的搬送手段であるベルト・コンベアの導

入はまだ端緒的なものであったといえる。フォードでも，新しい生産方式が導入された初期の頃には，動力駆動のベルト・コンベアの，機械加工工程への導入は，「機械加工をおえた品物を次の組立工程へ運搬するためのもの」であり，機械工場において，ベルト・コンベアはまだ機械と機械を結びつける手段にはなっていなかったとされている[118]。オペルでも，機械加工工程ではコンベアの導入はあまりすすんでいなかったとされており[119]，コンベア・システムによる移動作業型流れ作業組織の確立が画期的な意味をもったのは，手作業がなお支配的であった組立工程においてであった。

そこで，つぎに，**組立工程**における流れ生産方式の導入について，フォード・システム的なコンベア・システムが展開された代表的事例のひとつである**オペル**の事例を取り上げて，みておくことにしよう。

同社の自動車の製造においては，上述したように，1905年に最初の合理化の波が始まっており，それは12年までに，純粋な手工業的な個別生産からある程度の工場生産での組別生産への移行がみられた。1911年のオペルの自動車の生産をみると，シャーシ工場やより労働集約的な部門である車体製造工場では，静止作業台での作業が行われていたが，大型車の組立職場でも，同様に静止作業の方法が採用されていた[120]。同社は，1923年末頃に，流れ生産に必要な台数を達成するために，それまでの5つの自動車の定型を1つに減らし，24年春に小型の「統一規格車」(Serienwagen) を発表し，その最終組立工程部門にコンベアを導入し，流れ生産を展開した[121]。駆動装置部門では1926年にベルト・コンベアでの組み立てが開始されているが[122]，エンジンの組み立ては1年前の25年以降，特別なクランプ装置を備えたベルト・コンベアの上で行われており，そこでは，部品があらゆる方向に回転され，固定されるのであり，またリアアクスルの組み立てでは，至る所で，コンベア・ベルトが搬送および作業工程の規則的な進行を確保していた。同社の工場の一番下の階では，完成されたシャーシへの個別部品の最終組立が行われており，そこでは，エンジンの装着，ラジエーター，車体，配電盤，車輪などの組み付けが行われ，4,5分後には一台の完成車をベルト・コンベアが生産した。1926/27年には，12,000人の従業員が，3つの工場において，3つのタイプの車のシャーシ，車体および取替部品を1日に最大250台分生産した。その後それは500-600台分にまで増大されたが，

1926年のカール・シュミットの指摘によれば，それにもかかわらず，この時期には，オペル工場はまだ高い水準にあるのではなく，たとえ短い時間にすぎなかったとしても，労働者はなお個々の仕掛品の作業工程を中断させることがあり，彼らはまだ組立コンベアの進行に一定の影響をおよぼしたとされている(123)。そこでは，生産性，作業の分割の程度やコンベアのタクトの加速化は，アメリカの自動車工業において当時一般的にみられたほどには達成されなかったとされている(124)。また熟練労働者の占める割合をみても，金属労働者組合の調査によれば，1929年には，自動車工業の平均では56.6%であったのに対して，オペルでは66%にのぼっており，逆に不熟練労働者の割合をみると，それは自動車工業の平均では11.7%であったのに対して，オペルではわずか5％にとどまっている(125)。このように，ドイツ的な生産方式を試みたダイムラー・ベンツだけでなく，オペルにおいても，アメリカですでにみられたような労働力の熟練解体は，機種別職場作業組織から品種別職場作業への移行や，またその後の流れ作業やコンベア作業への移行の途上でもみられることはなかったといえる(126)。またオペルでは検査工の数が多かったことも流れ生産方式の導入におけるひとつの限界性を示しているといえる。フォードのハイランドパーク工場では15人の労働者に1人の割合で検査工がいたのに対して，オペルでは1929年には約100人の検査工が働いており，約7人の労働者に1人の割合で検査工がいたとされている(127)。

このように，オペルでは，エンジン工場やシャーシ工場における最初のコンベアの長さは1924年には45メートルにすぎなかったものが29年には自動車工場全体で2,000メートルに達しており，26年までに半製品部門の作業場はベルト・コンベアによって結合されたが，28年になっても従業員の19%がコンベアのもとで直接働いていたにすぎない(128)。1929年になっても同社の流れ作業方式での生産はフォードの水準に到達することはなく(129)，35年11月以降になってようやくブランデンブルクのトラック工場において，100%流れ作業とみなすことのできる機械ライン，完全自動のベルト・コンベアと完成組立のコンベアの非常に緊密な協働が実現されたといわれている(130)。

ただここでは，1920年代の時期には生産の一部分のみがまずコンベア作業に転換されたにすぎず，他の領域では，多くのところで，コンベアによる強制的

な給付の達成とは異なるかたちの流れ作業,流れの編成や組別生産への移行がみられたことに注意しておかねばならない。

それゆえ,ここでは,コンベアを用いないで流れ生産を組織していた事例として,**Motoren-fabrik. Deutz A. G.** における小排気量の横置型ガソリンエンジンの組み立ての事例をみておくことにしよう。この会社では,組立工程における流れ生産への移行のための設備の導入は1926年に行われており,組み立ては楕円形のレールの上で行われた。まず主要部品,例えばシリンダーブロックは,作業職場から作業職場へ手で押されていく回転台を備えたレールの上を動く小型のトロッコの上に置かれる。楕円の中央にある長い作業台には,後に外側にある組立レールのしかるべき場所で引き渡されるより小さなエンジン部品の組み立てのために若干の作業要員が配置されている。このような楕円形のレールの上でのエンジンの組み立てには14の工程が配置されており,その作業時間はそれぞれ25分と決められていた。はつり,パテ塗りおよび塗装の作業もこの搬送レールに移された。中ぐり,研削,リーマ加工,ねじのしめつけなどのために圧搾空気工具がそのつど必要なところで使用することができるようにされている。取り付けるべき部品は,労働者が容易に届くようにガイドレールの間かランウェイの下にある箱の中におかれている。控えボルトのはめ込みは特別な連結器を備えた圧搾空気ドリルによって行われ,クランクシャフトは,ねじ歯車,くさびなどの調達によって別の労働者により前もって用意される。点火装置の取り付けがこの楕円のなかでの最後の作業となる。その後,エンジンは検査台のところまですすんでいく。また調整器はレールの上を動くより小さな車の上で組み立てられる。その組み立ては楕円の内側の作業台の右側に配置されており,反対側では半径棒,ピストンなどが組み立てられる。以前の作業方法においては,50基のエンジンの生産期間は少なくとも3ヶ月から3ヶ月半であったが,このような生産方式への転換によって2週間から3週間にまで短縮され,そこでは,部品の製造のための工作機械は他のエンジンの部品のためにも使われた。このような方式による流れ生産の編成によって,組み立て,塗装,検査および梱包のための作業時間の節約は,それまでの通常の組別生産と比べると70%であったと報告されている[131]。他方,2サイクル・エンジンの生産にはコンベアが利用されていたが,組み立て,やすりがけ,塗装のためのコンベアの利用は67%から80%の節約

をもたらしたと報告されている[132]。

このように，自動車工場でも，先端工場では，機械加工工程および組立工程において，ベルト・コンベアを内装化した機械加工ライン，組立ラインが組織されていたケースもみられたが，このような先端的事例とともに，ベルト・コンベアを導入せずに，搬送用レールなどの簡単な搬送手段を利用した流れ生産の編成も多くのところでみられた。第2章でみた1931年の調査によれば，その対象とされた部門（自転車工業を含む）のうち，流れ作業の導入は31.9%，コンベア作業は21.3%にとどまっており（前掲表2-3参照），フォード・システムの作業機構の本質と意義を示すところの「機械工業史ばかりでなく全工業史において先駆的な，流れ作業組織の全機構的な確立[133]」を裏づけるような企業はごく限られていたといえるであろう。流れ作業は，一般的には，つねに個々の経営単位において利用されていたにすぎず，1933年までは決して企業全体にみられたわけではなかったとされている[134]。J. ラートカウは，1920年代には，オペルでも互換性部品の生産は導入されておらず，「はめあい」においても熟練をもった専門労働者が依然として不可欠であったとしている。また自動車生産では，賃金は生産コストの10分の1を占めていたにすぎないので，組み立てにおいて専門労働力を節約するという刺激は大きくはなかったとされている。自動車工業では，ドイツの市場に規定された小ロットの組への限定の必要性を強めるあらゆる原因が存在しており，そのようなドイツの小さな組の生産は，ますます，自動車がまだ上流階級の特権であったようなより貧しい国にみあったフォーディズムの不完全な変種とみなされるとしている[135]。

この点について，H. J. ブラウンは，ドイツの大部分の自動車の製造業者はその部分的にすぎない合理化の諸努力において非常に合理的な行動をとったとしており，そこでは，「交替型流れ生産」の構想が決定的な役割を果したとしている[136]。次章でもみるように，それは，大きな量的変動や定型の多様性に対して流れ生産を弾力的に，柔軟に組織しようとするものである[137]。そのような流れ生産の変種にみられるように，ベルト・コンベア自体もさまざまな諸形態で利用されていた場合がみられたということに関して，彼は，1923年に最もはやくベルト・コンベアが導入され，流れ生産が最も発展していたオペル

でさえ，29年まではなお流れ作業とコンベア作業とを組み合わせたシステムが支配していたとしている(138)。またR. ハハトマンも，コンベアなしの流れ生産とコンベア生産との両極の間には多くの中間形態が存在しており，1933年までに組織された流れ生産システムは，一般的には，「完全な」形態よりもむしろよりプリミティブな形態にあたるとしている(139)。このような実態を考慮に入れて，H. J. ブラウンは，確かに1920年代の半ばには合理化の多くの文献が存在したが，それらを流れ（コンベア）生産への生産過程の実際の転換や実際の合理化と同一視してはならないとしており，それらの出版物の著者はしばしば宣伝の目的をも追求していたのであり，また合理化の利益も実際の合理化の実施も誇張していると考えられる，としている。その限りでは，経営における「現実の生産」についてこれらの諸文献が示している結果はゆがめられたイメージを生み出したであろう，としている(140)。

② 流れ生産方式の導入の限界とその要因

以上の考察から明らかなように，この時期の自動車工業における流れ生産方式の導入はアメリカのようにはすすまなかったといえるが，つぎに，そのような限界を規定していた諸要因についてみておくことにしよう。そのような限界は何よりもまずドイツ自動車工業の生産規模に規定されていた。すなわち，ドイツの自動車生産台数は1914年の6万台から25年には17万1,000台，29年には42万2,000台へと急激に伸びているが(141)，アメリカの自動車生産台数は23年までに第1次大戦前の水準の8倍（400万台，その90％は乗用車である）に増大している(142)。それは20年代の後半に入ってからも一定の増加をみており，23年から26年にかけて，その数は407万9,992台から442万8,286台へと増加し(143)，この時期の絶対的な最高水準に達した29年には536万台が生産されていた(144)。それゆえ，合理化運動が終熄する1929年のドイツの自動車生産台数は，アメリカのわずか1割にも達していなかった。当時，ドイツでは，同種の自動車が1日に50−100台生産される場合にベルト・コンベア生産は割に合うとみなされており(145)，また自動車生産の国際的な状況からすると，世界市場では，少なくとも1日に50台を生産する企業のみが競争力をもちうるとみなされていたが，ドイツでは，日産約100台の最も高い生産能力をもつオペルのみがこの台

数に達していた(146)。アメリカでは，1929年には1定型当たりの1日の平均生産台数は約255台であったが，ドイツでは，オペルを除くと，わずか約2.7台にすぎなかった(147)。

このことは，何よりもまず，ドイツにおける自動車の国内市場が狭小であったことによるものであるが，ことにアメリカ企業の進出によって，ドイツの国内市場においては，一層激しい競争が展開された。もちろん，ドイツ車の価格もそれなりに引き下げられており，乗用車の平均価格は1912/13年に比べ25年にはまだわずか0.6％しか引き下げられていなかったのに対して，32年までに46.1％引き下げられており，トラックをみても，25年にはわずか12.3％の引き下げにすぎなかったものが32年には38.3％引き下げられているが，世界市場におけるアメリカ自動車工業の優位は変わることはなかった(148)。すなわち，ドイツ市場においても，アメリカ企業は，価格面での圧倒的な優位をもとに販売台数を大きく伸ばし，その結果，ドイツにおいて販売された乗用車に占める外国車の割合は，1921年のわずか2.6％から28年には37％を超えるところまで上昇しており，トラックをみても，それは同期間にわずか0.9％から29.8％へと大きく上昇している(149)。

こうしたなかで，ドイツの自動車企業がアメリカ車の流入という事態への対抗策としてとった最も重要な方策の一つが，外国車の流入によって最も激しい競争状態にあった「中級車層」よりも一層小型の，いわゆる「小型車」の生産を行うといういわば「小型車戦略」であり，オペルの合理化も，そのような「小型車」の生産に重点がおかれていた(150)。1930年のドイツの乗用車市場では，需要の約5分の2は排気量1.2リッターまでの完全な小型車であり，そうした需要のほとんどすべて（97.1％）がドイツの自動車工業によって充足されていた(151)。しかし，そこでも，このような厳しい市場の条件と生産台数の少なさが，フォード・システムの導入による生産の合理化，大量生産への移行において大きな限界をもたらすことになった。

ことに大企業では1927年から28年までの間にその生産能力を2倍から3倍に拡大したとされるように(152)，比較的短期間に大幅な生産能力の拡大が推し進められたが，西牟田祐二氏は，低価格のアメリカ車の流入とアメリカを中心とする外国企業のドイツでの現地組立の本格化によって一層厳しさを増した市場

の条件のもとで, ドイツ企業の操業度は大きく低下せざるをえず (1928年のドイツ企業上位7社の操業度の平均は34.5%であり, 高級車に特化し, 最も高い操業度であったダイムラー＝ベンツでは70.3%, オペル, B.M.W. では約60%, アドラーでは約30%であった)。そのために, 巨額の固定資本投下をともなって行われたドイツ自動車工業の合理化がかえって生産コストを高める「失敗した合理化」であったとされている。その場合, 流れ生産方式がいわば「あまりにも高価な生産方式」へと一変してしまうことになる[153]。またF. ブライヒも, ベルト・コンベアへの転換は, これらの企業にとって, 採算が合わなかっただけでなく, かなりの財務的損失の源泉となったとしている[154]。それゆえ, M. シュタールマンが指摘するように, ドイツでは, 大衆購買力の欠如のために, フォードの生産方式の導入は得策ではないということが結論として導き出されることになる[155]。この点に関しては, 1933年の *Der Deutsche Volkswirt* 誌も, アメリカの生産方法をドイツに移転しようとする試みは全体としてみれば失敗に終わったとみなされうるとした上で, 新しく生み出された設備は決して経済的に利用されることができず, この年には, ベルト・コンベアと機械的搬送手段を備えた巨大な新しい建屋はほとんど有効利用されておらず, ヨーロッパの限界が克服された後でさえそれらをいつか再び有効に利用することができる見込みはわずかしかなかったとしている[156]。

またドイツ自動車工業の生産規模がアメリカのそれとは比べものにならないほど小さなものであったことに加えて, ドイツ金属労働者組合 (DMV) の執行部の1924年秋の調査が明らかにしているように, ドイツ自動車工業において当時働いていた138,432人の労働者のうち, わずか47.9%にあたる66,368人が実際に自動車生産に従事していたにすぎず, この調査に含まれている157の経営の残りの労働者は他の対象の生産, すなわち, オートバイ, エンジン, 貨物車その他の生産に従事しており, 「混合経営」が支配的であったことを考慮に入れておくべきであろう。さらに, この統計に含まれている157の経営のうち, 1,000人を超える就業者をもつ経営の数はわずか19であり, 全体の12%にすぎず, 200人から1,000人までの就業者をもつ経営の数も41であり, 全体の26%を占めるにすぎなかった[157]。フォードのハイランドパーク工場ではすでに1914～15年頃に15,000人以上の労働者が雇用されていた[158]ことを考えると,

当時のドイツ自動車工業の生産規模がいかに小さいものであったかがわかる。

このように，ドイツの自動車工業の合理化の限界を規定していた最も大きな条件のひとつは市場の条件であったが，西牟田祐二氏は，「石炭＝鉄鋼を中心として，電機，化学が連なり，それらが全体として『鉄道によって総括』されるという体系」の「第二帝政以来のドイツ資本主義に特徴的な産業的発展構造」があり，「それに相応するライヒ政府の政策諸体系があり，さらに第一次大戦後のヴェルサイユ的＝ワイマル的諸条件が加わって」，総体として，自動車需要に対するいくつかの「社会的＝構造的」制約諸要因（貨物・旅客輸送分野における鉄道網の高度な整備，ライヒスバーンの独占的地位とそれを支持するライヒ政府の鉄道中心の交通政策，自動車交通の要求を充たす道路整備の不十分性，ライヒ政府の租税政策および関税政策による，自動車保有・使用への重い課税，石油供給体制の不利という問題，「自動車＝奢侈品」という「伝統的自動車観」の根強い残存）が形成されていたと指摘されている[159]。また大島隆雄氏も，ヴァイマル期のドイツ自動車工業の発展とモータリゼーションの進展の制約条件として，国際的にはアメリカを中心とする国際競争の圧力，また国内的要因としては，資本力の弱さと国内市場の狭さ，その分裂性，さらに鉄道中心の運輸政策，重い自動車税とガソリン税にみられる抑圧的税制，道路整備の遅れなどを指摘されている[160]。合理化の限界を規定していたこのような諸問題について，F．ブライヒは，1924年から29年までのドイツ自動車工業における「誤れる合理化」はもちろん特定の企業の行動の結果として現れたのではなく，むしろそれは一方における企業によって実施された技術的・組織的な合理化と他方における国家がほぼ完全に怠ってきたインフラストラクチュアの「合理化」，租税立法および法秩序の「合理化」との間の深い，超えがたい隔たりとした現れたとしている[161]。この時期のこのような制約条件は，ナチスのモータリゼーション政策のもとで，大きく変化することになり，ナチス期の合理化は，ヴァイマル期と比べ有利な条件のもとに推し進められることになる[162]。

1920年代の合理化の限界とその結果としての自動車工業の発展の立ち遅れに関して指摘しておくべきいまひとつの点は，そのことが他の産業や国民経済の発展におよぼした影響についてである。もとより，W．ベッカーが指摘するように，大量生産の決定的諸要素および国民経済的有効性は，生産手段の生産

第6章　自動車工業における合理化過程　*341*

よりも消費財部門においてずっと大きく，消費財の大量生産が，初めて，生産手段の大量生産への移行の基礎を与えたのであるが(163)，ドイツでは，この時期には，本来大量生産を主導すべき自動車工業の発展がなお大きく立ち遅れており(164)，そのことがまた鉄鋼業，機械製造業をはじめとする主要産業部門の合理化の展開，そのあり方に対して，大きな影響をおよぼすことになったといえる。この点は，例えば第3章でみたように，鉄鋼業におけるこの時期の最も代表的な技術革新の指標のひとつである電動機の利用による最新鋭の連続圧延機の導入がすすまなかったことにもみられるが，そればかりでなく，「自動車のような消費財の大量生産の立ち遅れは，機械製造業の汎用主義の克服にブレーキをかけ，大量生産をはばむとともに，鉄鋼業のように，それなりに大量生産に移行してきている諸部門に対しては，不均衡を強め，そのことがまたこれらの諸部門の海外市場への依存を強めること」になった。このように，第1次大戦後の特殊ドイツ的ともいえる諸条件のもとで，これらの産業連関的諸要因のからみあいがこの時期の合理化運動のあり方，性格を一面において規定しているといえる(165)。それゆえ，次章では，この点をふまえて，またこの点を一層明らかにするために，機械製造業の合理化過程について考察を行うことにしよう。

（1）　第2次大戦終結までの時期のドイツ自動車工業に関しては，わが国でも近年，大島隆雄氏，西牟田祐二氏，古川澄明氏らによって多くの研究成果が発表されているが，それらは合理化過程そのものを対象としたものではない。詳しくは，各氏の諸論文や著書（紙幅の関係からここでは論文名は省略する）を参照。
（2）　Vgl. *Geschäftsbericht der Daimler=Benz Aktiengesellschaft Berlin=Stuttgart über das Geschäftsjahr vom 1. Januar 1927 bis 31. Dezember 1927.*
（3）　Vgl. Daimler-Benz A.-G., Berin-Stuttgart, *Der Deutsche Volkswirt*, 4 Jg, 1929/30（1930. 8. 1), Beilage zu Nr. 44, S. 693.
（4）　Vgl. Protokoll No. 198 über die Direktionsbesprechung am 20. Dezember 1928 in Gaggenau, S. 4, *Daimler-Benz Archiv*, Kissel 1. 23.
（5）　Vgl. Protokoll No. 8 der Arbeitsauschußsitzung vom 27. Januar 1928 in Berlin, S. 2-3, *Daimler-Benz Archiv*, Kissel 1. 4.
（6）　Vgl. *Geschäftsbericht der Daimler=Benz Aktiengesellschaft Berlin=Stuttgart über das Geschäftsjahr vom 1. Januar 1928 bis 31. Dezember 1928*, S. 5-6.
（7）　Vgl. *Geschäftsbericht der Daimler=Benz Aktiengesellschaft Berlin=Stuttgart über*

das Geschäftsjahr vom 1. Januar 1929 bis 31. Dezember 1930, S. 5.
(8) Vgl. *Geschäftsbericht der Daimler = Benz Aktiengesellschaft Berlin = Stuttgart über das Geschäftsjahr vom 1. Januar 1930 bis 31. Dezember 1930*, S. 5.
(9) 各社の貸借対照表および損益計算書, H. O. Wesemann, Die deutsche Kraftfahrzeug-Industrie, *Wirtschaftsdienst*, 13 Jg, Heft 34, 1928. 8. 24, S. 1379-80, H. O. Wesemann, Die deutsche Kraftfahrzeug-Industrie im Jahre 1928, *Wirtschaftsdienst*, 14 Jg, Heft 24, 1929. 6. 14, S. 1019, H. O. Wesemann, Zur Lage der deutschen Automobilindustrie, *Wirtschaftsdienst*, 15 Jg, Heft 29, 1930. 7. 18, S. 1238, F. L. Mezger, Die deutsche Autoindustrie, *Wirtschaftsdienst*, 11 Jg, Heft 40, 1926. 8. 20, S. 1114による。
(10) Vgl. Wanderer-Werke A.-G., Siegmar-Schönau, *Der Deutsche Volkswirt*, 2 Jg, 1927/28 (1928. 6. 8), Beilage zu Nr. 36, S. 563.
(11) Vgl. Wanderer-Werke A.-G., Siegmar-Schönau, *Der Deutsche Volkswirt*, 2 Jg, 1927/28 (1928. 3. 30), Beilage zu Nr. 26, S. 402.
(12) Vgl. *Ebenda*, S. 402, Wanderer-Werke A.-G., Siegmar-Schönau, *Der Deutsche Volkswirt*, 3 Jg, 1928/29 (1929. 3. 15), Beilage zu Nr. 24, S. 374.
(13) Vgl. Wanderer-Werke A.-G., Siegmar-Schönau, *Der Deutsche Volkswirt*, 5 Jg, 1930/31 (1931. 4. 17), Beilage zu Nr. 29, S. 456.
(14) 各社の貸借対照表および損益計算書, H. O. Wesemann の上述の論文による。
(15) Vgl. Bayerische Motoren Werke A.-G., München, *Der Deutsche Volkswirt*, 2 Jg, 1927/28 (1928. 5. 4), Beilage zu Nr. 31, S. 483.
(16) Vgl. Bayerische Motoren Werke A.-G., München, *Der Deutsche Volkswirt*, 3 Jg, 1928/29 (1929. 6. 7), Beilage zu Nr. 36, S. 563-4.
(17) Vgl. Bayerische Motoren Werke A.-G., München, *Der Deutsche Volkswirt*, 5 Jg, 1930/31 (1930. 10. 10), Beilage zu Nr. 2, S. 27-8.
(18) Vgl. *Statistisches Jahrbuch für das Deutschen Reich*, 55 Jg, 1936, S. 508.
(19) 各社の貸借対照表および損益計算書, H. O. Wesemannの上述の論文, Bayerische Motoren Werke A.-G., München, *Der Deutsche Volkswirt*, 2 Jg, 1927/28, Beilage zu Nr. 31, S. 483による。
(20) Vgl. G. Keiser, B. Benning, Kapitalbildung und Investitionen in der deutschen Volkswirtschaft 1924 bis 1928, *Vierteljahrheft zur Konjunkturforschung*, Sonderheft 22, 1931, S. 57.
(21) Vgl. M. Stahlmann, *Die Erste Revolution in der Autoindustrie*, Frankfurt am Main, New York, 1993, S. 62.
(22) この時期のオペルの状況について詳しくは, A. Kugler, *Arbeitsorganisation und Produktionstechnologie der Adam Opel Werke (von 1900 bis 1929)*, Berlin, 1985, S. 9-27を参照。
(23) Vgl. M. Stahlmann, *a. a. O.*, S. 65.
(24) Vgl. *Ebenda*, S. 63.
(25) Vgl. J. Bönig, *Die Einführung von Fließbandarbeit in Deutschland bis 1933*, Teil

第6章 自動車工業における合理化過程 *343*

I, Münster, Hamburg, 1993, S. 441.
(26)　Vgl. A. Kugler, *a. a. O.*, S. 11.
(27)　Vgl. M. Stahlmann, *a. a. O.*, S. 65.
(28)　Vgl. Automobilbau 1913-1933, *Der Deutsche Volkswirt*, 7 Jg, Nr. 19, 1932/33 (1933. 2. 10), Beilage zum „Deutschen Volkswirt", S. XII.
(29)　Vgl. M. Stahlmann, *a. a. O.*, S. 67.
(30)　Vgl. J. Bönig, *a. a. O.*, S. 443, A. Kugler, *a. a. O.*, S. 28-9.
(31)　Vgl. A. Kugler, Von der Werkstatt zum Fließband. Etappen der frühen Automobilproduktion in Deutschland, *Geschichte und Gesellschaft*, 13 Jg, Heft 1, 1987, S. 334.
(32)　Vgl. H. C. G. v. Seherr-Thoss, *Die deutsche Automobilindustrie. Eine Dokumentation von 1886 bis 1979*, Stuttgart, 1979, S. 88-90.
(33)　Vgl. P. Wissel, Kapitalfehlleitungen in der Automobilindustrie, *Zeitschrift für handelswissenschaftliche Forschung*, 24 Jg, 3 Heft, 1930. 3, S. 103.
(34)　Vgl. J. Bönig, *a. a. O.*, S. 445-6.
(35)　Vgl. A. Kugler, *Arbeitsorganisation und Produktionstechnologie der Adam Opel Werke (von 1900 bis 1929)*, S. 76.
(36)　Vgl. Deutscher Metallarbeiter-Verband, *Die Rationalisierung in der Metallindustrie*, Berlin, 1932, S. 112.
(37)　Vgl. Protokoll der Sitzung des gesamten Vorstandes am 20. 1. 1926 in Mannheim, S. 1-2, *Daimler-Benz Archiv*, Kissel 1. 1.
(38)　Vgl. R. Hoffmann, *Daimler = Benz Aktiengesellschaft Stuttgart = Untertürkheim*, Berlin, 1930, S. 81.
(39)　Vgl. M. Stahlmann, *a. a. O.*, S. 73-4.
(40)　Vgl. Protokoll No. 10 der Aufsichtsratssitzung vom 30. Mai 1930 in Stuttgart-Untertürkheim, S. 6, *Daimler-Benz Archiv*, Kissel 1. 5.
(41)　Vgl. R. Hoffmann, *a. a. O.*, S. 50.
(42)　Vgl. *Ebenda*, S. 85.
(43)　Vgl. H. C. G. v. Seherr-Thoss, *a. a. O.*, S. 89.
(44)　Vgl. M. Stahlmann, *a. a. O.*, S. 69.
(45)　Vgl. A. Kugler, *Arbeitsorganisation und Produktionstechnologie der Adam Opel Werke (von 1900 bis 1929)*, S. 50.
(46)　Vgl. E. Jurthe, Die Rationalisierung der Lackierverfahren des Automobilbaues der Adlerwerke, *Automobiltechnische Zeitschrift*, 34 Jg, Heft 27, 1931. 9. 30, S. 601-3.
(47)　Vgl. H. C. G. v. Seherr-Thoss, *a. a. O.*, S. 97.
(48)　Vgl. *Ebenda*, S. 89.
(49)　Vgl. R. Hoffmann, *a. a. O.*, S. 40-2.
(50)　Vgl. Protokoll der Gesamt-Vorstandssitzung vom 3. Dezember 26. in Gaggenau, Blatt 4, *Daimler-Benz Archiv*, Kissel 1. 2.

(51) Vgl. R. Hoffmann, *a. a. O.*, S. 44.
(52) Vgl. H. C. G. v. Seherr-Thoss, *a. a. O.*, S. 88-9.
(53) Vgl. R. Hoffmann, *a. a. O.*, S. 60.
(54) Vgl. H. C. G. v. Seherr-Thoss, *a. a. O.*, S. 95.
(55) Vgl. M. Stahlmann, *a. a. O.*, S. 73.
(56) Vgl. Deutscher Metallarbeiter-Verband, *a. a. O.*, S. 112-5.
(57) Vgl. A. Kugler, *Arbeitsorganisation und Produktionstechnologie der Adam Opel Werke (von 1900 bis 1929)*, S. 36. 同社のドレスデンのヒレ工場におけるエンジンのシリンダーブロックの中ぐりラインでは、専用の多軸中ぐり盤と搬送設備が利用されていたが、それらはシリンダーブロックの加工時間をそれまでの10％未満にまで短縮したとされている。Vgl. J. Bönig, *a. a. O.*, S. 446-7.
(58) Vgl. R. Hoffmann, *a. a. O.*, S. 57-8.
(59) Vgl. A. Kugler, *Arbeitsorganisation und Produktionstechnologie der Adam Opel Werke (von 1900 bis 1929)*, S. 5.
(60) Vgl. A. Kugler, Von der Werkstatt zum Fließband, S. 336.
(61) Vgl. A. Kugler, *Arbeitsorganisation und Produktionstechnologie der Adam Opel Werke (von 1900 bis 1929)*, S. 38-9.
(62) Vgl. J. Bönig, *a. a. O.*, S. 441.
(63) Vgl. M. Stahlmann, *a. a. O.*, S. 161-2, A. Kugler, Von der Werkstatt zum Fließband, S. 331.
(64) Vgl. M. Stahlmann, *a. a. O.*, S. 73.
(65) Vgl. *Ebenda*, S. 60.
(66) 西牟田祐二「ダイムラー＝ベンツA.G.の成立——ダイムラー＝ベンツ社の成立と展開(一)」『社会科学研究』(東京大学)、第38巻第6号、1987年3月、5ページ。
(67) 西牟田祐二『ナチズムとドイツ自動車工業』、有斐閣、1999年、77ページ。
(68) Vgl. *Ebenda*, S. 179.
(69) Vgl. *Ebenda*, S. 181. この点について、M. シュタールマンは、ダイムラー・ベンツでは、あまり高くない機械化の度合いのゆえに、ゾーン・レセルがE. シュマーレンバッハに依拠して当時のドイツ産業の一部について指摘した、固定費の生産経済と需要および価格の変動の市場経済との乖離という合理化のジレンマのなかにあったのではなく、ドイツ自動車工業のいくつかの企業について当時の学者によって確認された「誤れる合理化」("Fehlrationalisierung")——資本支出をともなう「技術的合理化」について、恐慌がおこり、販売量が大きく減少し、新しく導入された設備が部分的にしか利用されることができず、製品1単位当りにかかる減価償却費と利払いの費用が大きくなり、そのような合理化を行わない場合の方がコストの計算上安くつく場合をいう——はこの会社にはあてはまらないとしている (Vgl. *Ebenda*, S. 183)。なお「誤れる合理化」については、例えばO. Bauer, *Rationalisierung und Fehlrationalisierung*, Wien, 1931, S. 190-1参照。
(70) Vgl. A. Kugler, *Arbeitsorganisation und Produktionstechnologie der Adam Opel Werke (von 1900 bis 1929)*, S. 21, J. Bönig, *a. a. O.*, S. 442.

(71) Vgl. Deutscher Metallarbeiter-Verband, *a. a. O.*, S. 195.
(72) Vgl. V. Trieba, U. Mentrup, *Entwickkung der Arbeitswissenschaft in Deutschland*, München, 1983, S. 103.
(73) 例えばダイムラーでは1919-25年の時期に品種別生産への移行が行われている。Vgl. A. Kugler, Von der Werkstatt zum Fließband, S. 329-32.
(74) Vgl. M. Stahlmann, *a. a. O.*, S. 248-50, M. Stahlmann, Von der Werkstatt zur Lean-Production. Arbeitsmanagenent und Arbeitsbeziehungen im sozialen Wandel, *Zeitschrift für Unternehmensgeschichte*, 39 Jg, Heft 4, 1994, S. 233-4.
(75) Vgl. *Ebenda*, S. 234.
(76) Vgl. M. Stahlmann, *Die Erste Revolution in der Autoindustrie*, S. 162.
(77) Vgl. G. Duvigneau, *Unterschungen zur Verbreitung der Fließarbeit in der deutschen Industrie*, Breslau, 1932, S. 51.
(78) Vgl. F. König, Problem der Rationalisierungszusammenschlüsse, *Gewerkschafts-Archiv*, 3 Jg, Nr. 1, 1926. 7, S. 11.
(79) Vgl. H. Hänecke, Fließarbeit im deutschen Maschinenbau, *Maschinenbau*, Bd. 6, Heft 4, 1927. 2. 17., S. 157.
(80) Vgl. B. Rauecker, *Rationalisierung und Sozialpolitik*, Berlin, 1926, S. 14-5. また金属労働組合 (DMV) の調査によると，自動車の生産の総コストに占める賃金・給料の割合は1921年の39%から28年には20.7%に低下したとされている。Vgl. Deutscher Metallarbeiter-Verband (Hrsg), *Die deutsche Autoimdustrie Ende 1929*, Stuttgart, 1930, S. 46, M. Stahlmann, *Die Erste Revolution in der Autoindustrie*, S. 69.
(81) Vgl. R. Woldt, Die heutige Krise in der deutschen Betriebsorganisation, *Gewerkschafts-Archiv*, 2 Jg, Nr. 4, 1925. 10, S. 191.
(82) Vgl. F. Blaich, Die "Fehlrationalisierung" in der deutschen Automobilindustrie 1924 bis 1929, *Tradition*, 18 Jg, 1973. 10, S. 19-20.
(83) 西牟田，前掲論文，40ページおよび西牟田，前掲書，33ページ，37ページ。
(84) Vgl. Protokoll der Sitzung des Gesamtvorstandes am 29. März 1926 in Stuttgart, S. 2-4, *Daimler-Benz Archiv*, Kissel 1. 1.
(85) R. A. Brady, *The Rationalization Movement in German Industry*, Barkeley, California, 1933, p. 147, Neue Zersplitterung der Autoproduktion, *Der Deutsche Volkswirt*, 5 Jg, Nr. 22, 1930/31 (1931. 2. 27), S. 695.
(86) Vgl. F. Blaich, *a. a. O.*, S. 22-4.
(87) Vgl. M. Stahlmann, *Die Erste Revolution in der Autoindustrie*, S. 79.
(88) Vgl. B. Rauecker, *a. a. O.*, S. 15.
(89) Vgl. A. Kugler, *Arbeitsorganisation und Produktionstechnologie der Adam Opel Werke (von 1900 bis 1929)*, S. 31
(90) Vgl. Protokoll der Besprechung am 4. Oktober 1928, S. 2, *Daimler-Benz Archiv*, Kissel, 1. 23.
(91) Vgl. Protokoll über die Sitzung des Gesamtvorstandes am 10. Juni 1926 in Untertürkheim, S. 1-2, *Daimler-Benz Archiv*, Kissel, 1. 1.

(92) 西牟田, 前掲書, 33ページ, 37ページおよび西牟田, 前掲論文, 40ページ参照。
(93) Vgl. Protokoll der Sitzung des Verwaltungsausschuß vom 18. 10. 1926 in Berlin, S. 2-4, *Daimler-Benz Archiv*, Kissel, 1. 2.
(94) Vgl. F. Ledermann, *Fehlrationalisierung*, Stuttgart, 1933, S. 68-71.
(95) Vgl. G. Stollberg, *Die Rationalisierungsdebatte 1908-1933*, Frankfurt am Main, New York, 1981, S. 148, V. Trieba, U. Mentrup, *a. a. O.*, S. 108.
(96) Vgl. G. Duvigneau, *a. a. O.*, S. 51.
(97) Vgl. R. Hachtmann, *Industriearbeit im 》Dritten Reich〈*, Göttingen, 1989, S. 68.
(98) Vgl. G. Duvigneau, *a. a. O.*, S. 51-2. 自動車工業においてみられたこのような流れ生産の変種については, M. Stahlmann, *Die Erste Revolution in der Autoindustrie*, 4. 4参照。なおダイムラー・ベンツでは, 1928年に最初のコンベアが導入されたとされている。H. J. Braun, Automobilindustrie in der USA und Deutschland in den 20er Jahren──ein Vergleich, H. Pohl (Hrsg), *Traditionspfleg in der Automobilindustrie*, Stuttgart, 1991, S. 198.
(99) Vgl. M. Stahlmann, *Die Erste Revolution in der Autoindustrie*, S. 243-4.
(100) この点はトラックについてもいえる。Vgl. *Ebenda*, S. 176.
(101) Vgl. *Ebenda*, S. 179.
(102) Vgl. J. Radkau, *Technik in Deutschland vom 18. Jahrhundert bis zur Gegenwart*, Frankfurt am Main, 1989, S. 278.
(103) Vgl. M. Stahlmann, *Die Erste Revolution in der Autoindustrie*, S. 161-2.
(104) Vgl. R. Hoffmann, *a. a. O.*, S. 41.
(105) J. M. Laux, *The European Automobil Industry*, New York, 1992, p. 92.
(106) Vgl. Protokoll über die Direktionssitzung vom 2. und 3. Oktober 1929 in Untertürkheim, S. 13, *Daimler-Benz Archiv*, Kissel, 1. 5.
(107) Vgl. M. Stahlmann, *Die Erste Revolution in der Autoindustrie*, S. 170.
(108) Vgl. *Ebenda*, S. 161.
(109) Vgl. R. Hoffmann, *a. a. O.*, S. 88.
(110) Vgl. A. Kugler, *Arbeitsorganisation und Produktionstechnologie der Adam Opel Werke (von 1900 bis 1929)*, S. 49-50.
(111) Vgl. E. Jurthe, *a. a. O.*, S. 601-2.
(112) Vgl. A. Kugler, *Arbeitsorganisation und Produktionstechnologie der Adam Opel Werke (von 1900 bis 1929)*, S. 50.
(113) Vgl. *Ebenda*, S. 46.
(114) J. M. Laux, *op. cit.*, p. 92.
(115) Vgl. E. Sachsenberg, Fertigung und Zusammenbau am Förderband, *Maschinenbau*, 4 Jg, Heft 9, 1925. 5. 7., S. 423.
(116) Vgl. J. Bönig, *a. a. O.*, S. 447.
(117) Vgl. H. Hänecke, *a. a. O.*, S. 160.
(118) 塩見治人『現代大量生産体制論』, 森山書店, 1978年, 227-8ページ参照。
(119) H. Weiss, *Rationalisierung und Arbeiterklasse*, Berlin, 1926, S. 19.

(120)　Vgl. J. Bönig, *a. a. O.*, S. 441.
(121)　Vgl. *Ebenda*, S. 443, S. 445.
(122)　Vgl. A. Kugler, *Von der Werkstatt zum Fließband*, S. 337.
(123)　Vgl. J. Bönig, *a. a. O.*, S. 447-8.
(124)　Vgl. M. Stahlmann, *Die Erste Revolution in der Autoindustrie*, S. 72. 乗用車の生産に比べトラックの生産では作業タクトはより長かったが，ダイムラー・ベンツのトラック生産では，組み立てが展開されるコンベアは1時間にわずか5mの速度でゆっくりとすすんだとされている。Vgl. R. Hoffmann, *a. a. O.*, S. 89.
(125)　Vgl. M. Stahlmann, *Die Erste Revolution in der Autoindustrie*, S. 72. ダイムラー・ベンツのウンターテュルクハイム工場では，専門労働者の割合は48.4％であり，オペルよりも低く，半熟練労働者の割合は31.1％となっており，オペルより12％高かった。Vgl. A. Kugler, *Arbeitsorganisation und Produktionstechnologie der Adam Opel Werke (von 1900 bis 1929)*, S. 76.
(126)　Vgl. M. Stahlmann, Von der Werkstatt zur Lean-Production, S. 228. なおデトロイトの作業職場では，専門労働者の割合は1893年には約39％であり，フォードのハイランドパーク工場では，1917年には約2％にすぎなかったとされている。C. Berggren, *Von Ford zu Volvo. Automobilherstellung in Schweden*, Berlin, 1991, S. 16.
(127)　Vgl. A. Kugler, *Arbeitsorganisation und Produktionstechnologie der Adam Opel Werke (von 1900 bis 1929)*, S. 58.
(128)　Vgl. J. Bönig, *a. a. O.*, S. 445.
(129)　Vgl. A. Kugler, *Von der Werkstatt zum Fließband*, S. 336-7. 流れ生産方式のよりドイツ的な展開を試みたダイムラー・ベンツでは，1926年に初めて流れ生産を開始し，28年以降に最初のコンベアが設置されているが，34年になって初めてオペルの26年の生産技術水準になったとされている。Vgl. *Ebenda*, S. 337.
(130)　Vgl. J. Bönig, *a. a. O.*, S. 445. この点について詳しくは，拙書『ナチス期ドイツ合理化運動の展開』，森山書店，2001年，第6章を参照されたい。
(131)　Vgl. H. Hänecke, *a. a. O.*, S. 159.
(132)　R. A. Brady, *op. cit.*, p. 160.
(133)　塩見，前掲書，279ページ。
(134)　Vgl. R. Hachtmann, *a. a. O.*, S. 68.
(135)　Vgl. J. Radkau, *a. a. O.*, S. 278-9.
(136)　Vgl. H. J. Braun, *a. a. O.*, S. 183. この点について，1933年の *Der Deutsche Volkswirt* 誌は，当時の実際の経済的状況をより良く認識していた，賢明な経営を行っている企業は，合理化にさいして，以前の品種別の組み立てとアメリカ的方法との中間段階にあり，またせいぜい品種ごとのコンベアでの組み立てでもって特徴づけられるようなコンベア生産に限定しており，そこでは，確かに仕掛品も移動し，これに対して労働者はほとんど静止しているが，作業は1人の不熟練労働者の個々の操作にまで分割されるのではなく，対をなしているより小さな組み立て部品全体に分割されているにすぎず，そのような製造方法では，多くの投下資本が節約される反面，アメリカのような短い作業時間は決して達成されることができないとしている。Vgl. Auto-

mobilbau 1913-1933, *Der Deutsche Volkswirt*, 7 Jg, 1932/33, S. XII.
(137) Vgl. T. v. Freyberg, *Industrielle Rationalisierung in der Weimarer Republik*, Frankfurt am Main, New York, 1989, S. 158.
(138) Vgl. H. J. Braun, *a. a. O.*, S. 198.
(139) Vgl. R. Hachtmann, *a. a. O.*, S. 69-70.
(140) Vgl. H. J. Braun, *a. a. O.*, S. 194-5.
(141) Vgl. J. Bönig, Technik und Rationalisierung in Deutschland zur Zeit der Weimarer Republik, U. Troitzsch, G. Wohlauf(Hrsg), *Technikgeschichte*, Frankfurt am main, 1980, S. 400.
(142) Vgl. Institut für Wirtschaftsgeschichte der Akademie der Wissenschaften der DDR, *Produktivkräfte in Deutschland 1917/18 bis 1945*, Berlin, 1988, S. 30-1.
(143) Vgl. G. Decker, Rationalisierung und Fehlrationalisierung, *Die Arbeit*, 8 Jg, Heft 6, 1931, S. 442.
(144) Vgl. Institut für Wirtschaftsgeschichte der Akademie der DDR, *a. a. O.*, S. 31.
(145) この点について、G. シュレジンガーは、アメリカ的方法の限定的な導入は日産25-50台の場合でさえ可能であり、また割に合うとみなしていた。Vgl. F. Ledermann, *a. a. O.*, S. 26.
(146) Vgl. H. Weis, *a. a. O.*, S. 23. 因みに、1929年のドイツの主要な自動車会社の生産台数をみると、アドラーが8,000台、ブレナボールが3,250台、B. M. W. が6,300台、D. K. W. が2,250台、ダイムラーが6,800台、ハノマークが3,250台、ホルヒが2,500台、オペルが25,800台、ゼネラル・モーターズが8,150台、フォードが6,700台、フィアットが3,000台、シトロエンが2,200台であった。R. A. Brady, *op. cit.*, p. 147.
(147) Vgl. M. Stahlmann, *Die Erste Revolution in der Autoindustrie*, S. 77. R. シュタールマンは、全体的にみれば、第2次大戦の勃発まで、あらゆる近代化の諸努力にもかかわらず、ドイツの自動車工業においては、生産性は低くとどまったままであり、生産されるロットはアメリカの状況にははるかにおよばなかったとしている。Vgl. M. Stahlmann, Von der Werkstatt zur Lean-Production, S. 228.
(148) Vgl. M. Stahlmann, *Die Erste Revolution in der Autoindustrie*, S. 76-7. なおトラックの生産の合理化の問題については、F. Lippert, *Lastkraftwagenverkehr und Rationalisierung in der Weimarer Republik*, Frankfurt am Main, 1999を参照。
(149) Vgl. R. Stahlmann, *Die Erste Revolution in der Autoindustrie*, S. 68. ここで、ドイツとアメリカの自動車企業の生産性の比較をみておくと、1925年には、フォード社では、小型車1台の生産にかかる総時間数は約400時間であったのに対して、それに匹敵するドイツの小型車の生産のそれは約5,000時間であったとされており、1台の完成車を生産するのにフォードでは約9人分の1日の労働が、イギリスの近代的な工場では約35-44人分の労働が必要とされたのに対して、よく組織されたドイツの工場では約80-90人分の労働が必要であり、高度の熟練をもつ労働力でもって豪華な自動車を生産するドイツの工場では約350人分の労働が必要であったとされている。Vgl. *Ebenda*, S. 68-9.
(150) 西牟田、前掲書、69ページ参照。

(151) Vgl. Der deutsche Automobilmarkt 1930, *Der Deutsche Volkswirt*, 5 Jg, Nr. 21, 1930/31 (1931. 2. 20), S. 673.
(152) Vgl. G. D. Feldmann, Die Deutsche Bank und die Automobilindustrie, *Zeitschrift für Unternehmensgeschichte*, 44 Jg, Heft 1, 1999, S. 7.
(153) 同書，第4章第2節参照。最も操業度の低かった企業のひとつであるブレナボールではわずか約9％であったとされている (Vgl. F. Blaich, *a. a. O.*, S. 29)。この時期の大規模な資本支出をともなう合理化の危険性について，P. ヴィッセルは，生産能力の拡大のための十分な販売の欠如とともに，設備の信用を株式資本に転換する可能性なしに，あるいはその見込みもなしに大規模な投資が短期の信用でもって実施されなければならなかったという事情にもそのような大規模な投資の危険性があったとしている (Vgl. P. Wissel, *a. a. O.*, S. 104)。彼は，この時期の自動車工業の合理化を，投下資本を継続的に維持することができず，また適切な収益を達成することのできない状態になる「誤れる資本の管理」(Kapitalfehlleitungen) であったと特徴づけている (Vgl. P. Wissel, Kapitalfehlleitungen in der Automobilindustrie, *Zeitschrift für handelswissenschaftliche Forschung*, 24 Jg, 2 Heft, 1930. 2, S. 61)。またF. レーダーマンは，自動車工業の合理化を「誤れる合理化」(Fehlrationalisierung) と特徴づけているが，機械による人間の最も強力な置き換えのもとで何ら販売を見い出すことのできない財が生産されることにその表れをはっきりとみることができるとしている (Vgl. F. Ledermann, *a. a. O.*, S. 47)。例えばダイムラー・ベンツでも，1931年6月の会議において取締役会会長のキッセルが実施された合理化諸方策について説明しており，そこでは，工場において1,000万RMの経費の削減が達成されたことが伝えられているが，31年には売上にかかわりなくさらに600万RMの節約が計画されており，そこにも世界恐慌期の非常に厳しい経営状態が示されているといえる。Vgl. Protokoll über die Arbeitsausschuß-Sitzung der Daimler‐Benz A. G. am 1. Juni 1931, 10 Uhr vormittags, in Berlin, S. 2, *Daimler-Benz Archiv*, Kissel 1. 6.
(154) Vgl. F. Blaich, *a. a. O.*, S. 29.
(155) Vgl. M. Stahlmann, *Die Erste Revolution in der Autoindustrie*, S. 71.
(156) Vgl. Automobilbau 1913-1933, *Der Deutsche Volkswirt*, 7 Jg, 1932/33, S. X u S. XII.
(157) Vgl. B. Rauecker, Wege und Möglichkeiten der Rationalisierung, *Die Arbeit*, 2 Jg, Heft 12, 1925, S. 748, 前川恭一『現代企業研究の基礎』，森山書店，1993年，177ページ参照。
(158) 塩見，前掲書，217ページ。
(159) 西牟田，前掲書，第5章第1節参照。
(160) 大島隆雄「両大戦間期のドイツ自動車工業(1)——とくにナチス期のモータリゼーションについて——」『経済論集』(愛知大学)，第126号，1991年7月，IIIを参照されたい。
(161) Vgl. F. Blaich, *a. a. O.*, S. 33.
(162) ナチス期の自動車工業における合理化の展開については，前掲拙書，第6章を参照されたい。

(163) Vgl. H. Mottek, W. Becker, A. Schröter, *Wirtschaftsgeschichte Deutschlands*, Ein Grundriß, Bd. III, 2. Auflage, Berlin, 1975, S. 31.
(164) また古川澄明氏は,1920年代の合理化の時期のドイツ自動車工業のおかれていた状況について,「ドイツ資本主義の発展過程のなかで歴史的に与えられた,政治的にも,また経済的にも,不遇の地盤を出発点として,ドイツ自動車産業は,基幹産業としての大量生産産業への発展を志向せざるをえなかった」と指摘されている。古川澄明「フォルクスヴァーゲンヴェルクの生成の史的前提への接近――その1 ドイツ自動車産業の発展の主要特徴――」『鹿児島経大論集』(鹿児島経済大学),第22巻第4号,1982年1月,50-1ページ。
(165) 前川恭一・山崎敏夫『ドイツ合理化運動の研究』,森山書店,1995年,240ページ。ドイツにおけるモータリゼーションの進展の遅れによる影響について,W. ベッカーは,「帝国主義ドイツが自動車の大量生産の分野で遅れたことは,その物質的・技術的全基盤にとって大きな結果をもたらした」として,アメリカに比べ科学的管理の導入や労働生産性の発展に至るまでの,経済の広い諸分野で遅れが生じたことを指摘している。Vgl. *Ebenda*, S. 43-4.

第7章　機械製造業における合理化過程

　本章では機械製造業を取り上げるが，この産業部門においては，国内市場の拡大という比較的に有利な条件のもとに合理化が推し進められた電機工業とは異なり，合理化は，つぎのような諸要因によって一定の限界に直面せざるをえなかった。すなわち，ひとつには合理化運動が展開された相対的安定期，とくにその初期には機械製造業は大きな過剰生産能力をかかえ，強力な産業の合理化と再編成が急務の課題となり，そのような状況のもとで，資本支出をともなう「技術的合理化」の推進は一定の制約をうけざるをえなかったということである。いまひとつは，前章で指摘したように，この時期の国内・外の厳しい市場の諸条件のもとで，ドイツ産業，とくに自動車のような消費財を製造する産業部門の大量生産が立ち遅れており，そのことがこれらの産業部門をはじめとする多くの産業における中心的な労働手段である機械，とくに工作機械の大量生産への移行においても，大きな限界をもたらす要因のひとつになったということである。この点について，W. ベッカーは，ドイツにおいては，とりわけ自動車の生産の領域における大量生産の低い水準と関連した生産の機械化の進展における遅れがあったとした上で，ドイツ帝国主義の工業潜在力からみた自動車の大量生産の遅れは，機械製造業が汎用主義を克服し，専門化とより少品種の大量生産へと必然的に移行することができなかったひとつの原因であったとしている[1]。

　そこで，まず「技術的合理化」の役割・あり方を明らかにするために，設備投資の動向を考察し，それが実際にどの程度行われたか，またどのような内容の設備投資が行われたかについてみた上で，「技術的合理化」の展開を考察し，それをふまえて，さらに「労働組織的合理化」の展開についてみていくことに

しよう。

第1節　設備投資の展開とその特徴

1　過剰生産能力の存在と設備投資におよぼしたその影響

まず過剰生産能力の存在が設備投資におよぼした影響ついてみると，機械製造業の生産額，生産能力およびその利用度の推移を示した表7-1にみられるように，合理化運動が始まった直後の1925年の操業度は72.4％であったが，26年には50.6％に大きく低下している。その後，生産能力の拡大にともない生産額そのものも大きく増大し，操業度も上昇しており，操業度は1929年には74％まで上昇しているが，戦前の価値でみたとき，25年のドイツの機械の生産額は19億3,300万マルクであり，13年（28億マルク）（表7-2参照）の69％にすぎな

表7-1　機械製造業の生産額，生産能力およびその利用度の推移

（単位：100万マルク）

	1925年	1926年	1927年	1928年	1929年
生産額	1,933	2,500	3,400	4,000	4,200
生産能力	3,359	4,940	5,350	5,500	5,560
操業度（％）	72.4	50.6	63.5	73.0	74.0
過剰生産能力（％）	27.6	49.4	36.5	27.0	26.0

（出所）：R. A. Brady, *The Rationalization Movement in German Industry*, Berkeley, California, 1933, p. 139.

表7-2　主要各国の機械の生産の推移

（単位：100万マルク）

国名	1913年		1925年		
	金額	世界の生産額に占める割合（％）	戦前の価値でみた額	金額	世界の生産額に占める割合（％）
アメリカ	6,775	50.5	8,465	12,697	57.5
イギリス	1,607	11.8	2,007	3,010	13.6
ドイツ	2,800	20.7	1,933	2,900	13.1
その他のすべての諸国	2,378	17.6	2,300	3,452	15.7

（出所）：*Ibid.*, p. 140.

かったことを考えると，合理化が始まって間もない25年時点の大きな過剰生産能力の存在は，機械製造業にとっては，まさに深刻な問題であったといえる。また1913年と25年の世界の生産額に占める主要各国の割合を示した表7-2によれば，アメリカのそれはこの期間に50.5％から57.5％に上昇しており，イギリスのそれも11.8％から13.6％に上昇しているのに対して，ドイツの割合は20.7％から13.1％に大きく低下している。このような過剰生産能力の存在は，その後の設備投資のあり方にも大きな影響をおよぼすことになったといえる。

2 設備投資の動向

そこで，つぎに，設備投資の動向についてみることみするが，この点を資本金100万RM以上・取引所上場の株式会社についてみることにしよう（前掲表2-1および表2-2参照）。この時期の設備投資の年度別推移をみる場合に注目すべきは，1924年および25年の新規投資の合計額が5,050万RMとなっており，24年から29年までに行われた新規投資総額8,630万RMのうちの58.5％を占めており，設備投資をともなう「技術的合理化」のかなりの部分が25年までに行われていたということである。合理化過程の第2局面にあたる27年，28年の新規投資は，それぞれ1,150万RM，1,770万RMとなっており，重工業だけではなく，化学工業や電機工業と比べても非常に小さな額にとどまっている。ことに29年には，それはわずか500RMしかみられず，この年度には，新規投資による生産能力の拡大はほとんど行われておらず，重工業と同様の傾向がみられる。

そこで，機械製造業における設備投資の内容をみると，そこでは，一般的に設備投資は新しい専用機械，とくにアメリカの工作機械の配置，起重機や搬送設備の改良に限られていたとされている。若干の大企業では，鋳造工場の新規建設や改良の必要性が生じたが，この部門にとっての新しい技術進歩（電炉，電気による排気装置およびガス洗浄など）が実現されている。そのほか，補助経営（製材工場，鋳造工場，エナメル塗装工場，亜鉛メッキ工場など）における改良や新規建設も一時みられた。しかし，この産業部門においては，再編成のための投資額が大きな額にのぼったとされている。とくに以前の軍需工場においてみられたように，状況の変化が，一連のケースにおいて，まったく新しい製造

部門の受け入れを必要とした。そこでは、根本的な新規建設にはかなりの資金が用意されねばならなかったほか、専門化の協定は生産設備の大規模な再編成の必要性をもたらしたとされている。とはいえ、これらのすべての合理化過程は——他の多くの工業とは対照的に——、全体としては、比較的わずかな財務的支出を必要としたにすぎず、多くの場合、合理化が主として純粋に組織的な諸方策によって成し遂げられることができなかった場合に限り、そのために必要な建設や調達が減価償却に相当する額の更新投資の範囲内で行われたとされている。経営の徹底的な組織化および生産方法の合理化のための投資と比べると、生産の拡大——組立建屋の新規建設あるいは拡張、新しい工作機械設備の配置——のための費用は著しく減少しているが、このことは、インフレーション期の末に一部でみられた過剰生産能力を度外視すると、若干の領域において根本的に新しい種類の機械や装置の生産が開始されたにすぎないということによるものであったとされている[2]。

このように、機械製造業では、とくに生産過程の統・廃合による組織的合理化を補完するために設備投資が行われた場合が比較的多くみられ、そのような合理化が強力に推し進められた1925年を除くと、新規投資は活発に行われることはほとんどなかったといえる。ことに26年の新規投資の落ち込みは大きく、その後も、これまでに考察を行った産業部門とは対照的に、活発な新規投資はみられない。それゆえ、1926年以降には、「技術的合理化」については、その大部分が減価償却基金による更新投資によって行われ、生産能力の拡大のための合理化投資は比較的わずかしかみられなかったといえる。

それゆえ、この時期の設備投資の状況を減価償却との対比でみると、重工業と比較的似た傾向がみられる。すなわち、前掲表2-1によると、資本金100万RM以上・取引所上場の株式会社の1924年から29年までの新規投資総額は8,630万RMとなっているのに対して、減価償却総額は3億850万RMとなっており、新規投資総額の4.46倍にもおよんでいる。またこの点に関してとくに注目すべきは、1929年の設備投資額と減価償却額との関係である。この年には4,800万RMの減価償却が計上されているのに対して、新規投資と更新投資を合わせた設備投資総額は5,300万RMとなっており[3]、重工業と同様、この年度の設備投資のうちのほとんどの部分が、毎年の経常的な減価償却基金による

第 7 章 機械製造業における合理化過程 355

表 7-3 M. A. N. の設備の増加額と減価償却額の推移

(単位：RM)[1]

営業年度		1924/25	1925/26	1926/27	1927/28	1928/29	1929/30	合　　計
設備の増加額	土　地	55,317	—	-6,034	-35,098	-801	7,344	20,728
	建　物	1,319,866	1,598,276	259,119	241,465	402,955	363,107[2]	4,184,788
	装　置	2,019,822	1,805,225	639,601	872,874	1,270,598	1,329,677[2]	7,937,797
合　　　計		3,395,005 (27.9)[3]	3,403,501 (28.0)	892,686 (7.4)	1,079,241 (8.9)	1,672,752 (13.8)	1,700,128 (14.0)	12,143,313 (100.0)
減価償却		1,122,656	1,288,818	1,235,999	1,336,738	1,364,050	1,423,254	7,771,515
差　　額		2,272,349	2,114,683	-343,313	-257,497	308,702	276,874	4,371,798

(注)：1) 1 RM 未満は切り捨て。
　　　2) 設備額の減少分を控除したもの。
　　　3) (　) 内の数値は1924/25〜29/30年の総額に占める割合 (%)。
(出所)：各年度の営業報告書より作成。

更新投資によって行われたものであるといえる。

　ここで，以上のような投資状況をふまえて，代表的企業であるM. A. N. の状況についてみると（表7-3参照），1924/25年から29/30年までの営業年度の設備の増加額は12,143,313RM となっているが，年度別にみると，24/25年度および25/26年度にこの期間の増加額の合計のそれぞれ28%を占める約340万 RM の増加がみられ，合理化運動の初期に大規模な設備投資が行われていることが特徴的である。またいずれの年度をみても機械装置の増加額が最も大いことが注目される。この点については，同社の24/25年度の営業報告書は，設備額の増加は主に機械装置の新規建設および補充によるものであったとしているが[4]，そのような比較的大規模な投資は，その近年において機械の調達が非常に抑制されてきたこと[5]によるものであるといえる。25/26年度をみても，設備額の増加は主に，前年度に開始されているアウクスブルク工場とニュールンベルク工場におけるさまざまな建物および装置がこの年度に完了されねばならなかったことによるものであったとされている[6]。また26/27年度には，同社の工場における作業方法を当時の諸要求に合わせて一層改善する努力が継続されており，そこでは，諸変更および新しい装置によってかなりの費用の支出が発生せざるをえなかったが，そこでの設備額の増加は主にリィー

ディンガー工場の設備の増加によるものであったとされている[7]。翌年の27/28年度にもさまざまな諸変更や新しい装置の導入が取り組まれているが[8]、さらに28/29年度をみても設備額の増加は主として機械装置の改良によるものであった[9]。また恐慌の始まる29/30年度には工場建屋の拡大によって363,107RMの建物の増額がみられたが、装置の増加額は1,329,677RMとなっており、建物の増加額の3.7倍におよんでいる。このことは合理的な生産の一層の改善のためには必要不可欠であったとされている[10]。

また設備の増加額を減価償却との対比でみると、1924/25年度から29/30年度までの減価償却額の合計は7,771,515RMとなっており、設備の増加額の合計が減価償却額を56％上回っている。これを年度別にみると、1924/25年度および25/26年度には設備の増加額は減価償却額のそれぞれ3倍、2.6倍となっており、設備の増加額が減価償却額を大きく上回っているが、26/27年度と27/28年度には減価償却を下回る額の設備の増加がみられたにすぎない。この期間全体に占める26/27年および27/28/年の営業年度の設備の増加額の比率（26/27年のそれは7.4％、27/28年のそれは8.9％）が低かったことはこれまでの各章で取りあげた産業部門およびそこにおける代表的企業のケースとは大きく異なっているといえる。

第2節 「技術的合理化」の展開とその特徴

これまでの考察をふまえ、つぎに、「技術的合理化」の展開過程について、みていくことにしよう。T. v. フライベルクによれば、この時期の工作機械製造業の合理化戦略は、この産業部門の経営合理化の政策が工作機械の利用者の合理化の諸要求に応えるための方策である「外部的合理化」の諸要求と自らの生産を効率的なものにするための方策である「内部的合理化」の諸要求へのひとつの対応であったとされている。「外部的合理化」は工作機械の技術—設計面の発展にその重点をもつのに対して、「内部的合理化」は生産過程の技術的・組織的変革にその重点をもつ[11]。工作機械の技術・設計の合理化（「外部的合理化」）のレベルの問題について、彼は、「アメリカを手本とする近代的な自動専用機械は、ドイツの工作機械製造の『理想的な』目標像であった。しかし、ドイツにおける機械の利用者の合理化の諸条件は、例外的なケースにおい

てしか，大量生産およびそのような自動機械の利用を認めなかった。むしろそれは，比較的高度な自動性と，利用の高度な転換性および汎用性とを結びつけることができる工作機械を必要とした。ドイツの工作機械製造の非常に特殊な技術・設計面の開発活動――とりわけ駆動システム，操縦およびユニット・システム（Baukastensystem）に基づく設計――は，このようなバランスの要求に負うものである[12]」としている。工作機械の製造における「内部的合理化」の諸要求を工作機械の利用者における「外部的合理化」の諸要求と釣り合わせるという問題の核心は，専用機械よりは汎用機械の開発にむしろ重点をおかざるをえないという市場経済的諸要求と生産の効率化をはかるという生産経済的諸要求との矛盾に示されている。そこでは，「外部的合理化」と「内部的合理化」の両サイドにおいて，できる限り高度な弾力性を確保するという目標にむけて優先的にその方向を定めたとされている[13]。

　そこで，このような特殊的な条件のもとで，機械製造業における「技術的合理化」がどのように取り組まれたかを具体的にみていくことにしよう。この時期には，厳しい市場の諸条件のもとで，慢性的な過剰生産能力の存在とこの部門の中規模的な構造に規定されて，工作機械製造業はそれを利用する産業に非常に大きく依存していた。したがって，1920年代におけるドイツの工作機械の技術・設計の発展も，独自の時間経済と生産経済の利害の考慮が当初はまったくなされず，後には，それが工作機械の利用者の合理化の諸要求に矛盾しないところでのみ考慮されるというように，その利用者の合理化の要求によって規定されることになった。この時期には，工作機械の主要な利用者の合理化政策は，何よりもまず，近代的な生産方法の時間経済的・生産経済的要求と狭隘でかつ変動する販売市場に対する高度なフレキシビリティおよび適応能力という市場経済的要求とのバランスをとるという問題に直面した。すなわち，この時期の金属加工業における合理化戦略は，機械化とフレキシブル化との，自動化の進展と統合化とのバランスをとること，また弾力性を生産の技術的－組織的構造のなかに組み込むことという目標を追求した。そこでは，加工の精度や給付の向上のような伝統的な諸要求と同様に，またタクトの正確さ，操作のしやすさ，高度な自動性のような，大量生産からの近代的な，「アメリカ的な」諸要求と同様に，工作機械のフレキシブルな自動化への要求が重要となっ

た[14]。

　かくして，放棄しえない最少限度の多様性，利用範囲および装備替えの可能性と高度な自動性とを結びつけるという工作機械の技術－設計の要求は，工作機械製造の開発活動の重点が一方における汎用工作機械と他方における専用工作機械との間のひろい中間領域におかれるということを規定した[15]。1920年代には，「汎用工作機械か専用工作機械か」というテーマがドイツの工作機械製造における設計の発展の中心をなしていた。低い専門化の程度，それに応じた定型の多様性および相対的に狭隘な販売市場における低い市場の受け入れ能力のために，また景気の影響を受けやすいことや，生産技術をつねに変化させる急速な技術革新過程のために，20年代末までは，多くの利用者にとっては，広範囲に配置しうる汎用工作機械は十分な生産手段であったとされている[16]。ドイツでは，一般的に，専用機械は，アメリカの多くの構造のものとは反対に，同時に稼働するより多くの工具の切削能力を備えていなければならず，工具および作業台の調節や切削速度および送りの変更が可能でなければならなかったが，このことは，そうでなければ高価な機械は完全に利用されることができなかったということによるものであった[17]。ドイツでは，1930年代の初めには，最も重要な作業方式のために，汎用的な利用可能性（汎用機械）と唯一の加工目的のための利用の可能性（最高の発展段階の専用機械）との間のさまざまな段階を結合したより多くのクラスの工作機械をしばしば利用することができたとされている[18]。

　この点に関して，W. L. ブラァンは，ドイツではアメリカの生産量を期待することはできないので，特殊な目的のために，あらゆる作業のための複雑な機械を単純な専用機械によってとって代えるというアメリカにおいて取り組まれている主要な努力はドイツの状況に容易には移されないことを強調している[19]。例えば高性能な自動機械は，一般的には，少ない生産量のゆえに，工作機械製造にはほとんど配置されることはできず，たとえあまり一般的ではなかったとしても，そのような制約は工作機械製造業における設備の配置についてさえあてはまるとされている。また工作機械製造業では，──「自動車製造，電動機の製造，ラジオ製造業など」のような他の利用領域とは異なり，またアメリカの工作機械製造業とも異なり──，「比較的に少ない生産量」ゆえ

に,そのような設備の使用は狭い限界に直面したとされている[20]。このように,工作機械の製造においても,高性能な自動機械を配置することはほとんどできず,また専用機械の配置も十分にすすまなかったとされており[21],この点に「技術的合理化」の限界性が示されているといえる。ことに機械製造業,とりわけ工作機械製造業の中小企業における合理化政策は,1920年代には科学的管理の諸方法を個別生産や小規模な組別生産の特殊な諸条件に合わせるという目標によって特徴づけられたが,そのような諸条件の最も重要なことは,急速に変化する特殊な「顧客の希望」に対する生産過程の高度なフレキシビリティの確保であった。それゆえ,そこでの技術的-組織的変革においては,生産の弾力性を犠牲にすることなく生産全体の時間経済的統合を推し進めることが重要な課題となったのであった[22]。

そこで,この時期の機械設備の近代化の代表的な事例を簡単にみておくと,1931年の金属労働者組合の調査では,調査された475部門のうちの89.7%にあたる426部門において機械設備の近代化が取り組まれているが(前掲表2-3参照),製品分野別にみると,機械設備の更新が行われた割合が最も高かったのは起重機,ポンプおよび圧縮機の製造においてであり,換気装置および暖房装置がそれにつづいている。また大型機械や工作機械の製造においても設備の更新が比較的高い割合で行われている。機械の製造では,3台の近代的な平削り盤,1台のフライス盤,2台の中ぐり盤,1台の専用側旋盤(自働機械)が新規に調達された事例や高速度鋼工具を備えた約10台の高速旋盤,8台の高速中ぐり盤,立てフライス盤,平削り盤が利用されていた事例のほか,自動押し抜き機,自動旋盤,タレット旋盤,ホイストの新規調達が行われた事例などがみられる。また機械工場では,近代的なフライス盤,中ぐり盤,高速旋盤の新規調達の事例や旋盤職場,フライス盤職場,中ぐり盤職場における新しい高性能機械の配備,1台のフライス盤によって4台の平削り盤をとって代えた事例などが報告されている。さらに仕上工場でも,リベット打ち機,中ぐり盤,カムフライス盤,油みぞの矯正機の新規調達の事例や,新しいリベット打ち機,電気溶接用の発電機,直刃剪断機の導入の事例が報告されている。一般機械の生産でも,自動の車輪クランク掛け形削り盤,レーヴェ社製の自動盤,ねじフライス盤の新規調達が行われたという事例がみられた[23]。またこの時期には

搬送の機械化も取り組まれており,例えばM. A. N.の1926年4月のアルヒーフによれば,同社では手押し車での工場内部の搬送は大幅に減らされてきたが,一層の削減が取り組まれており,削り屑の搬出はほとんどもっぱらディーゼル機関による旋回クレーンによって行われるようになっているほか,電気トラックの利用が組織され,そのような搬送は運行計画に基づいて行われるようになっている。こうした諸方策の成果は不熟練要員の減少に示されており,そのような搬送の機械化や工作機械の切り替えなどの諸方策によって,従業員に占める不熟練要員の割合はそれまでの21%から約15%に低下している[24]。

また工具鋼についてみると,加工において,高速度鋼に代えてクルップ製のウィディア鋼が利用されたという報告がみられるほか,一般機械やポンプの製造においてもウィディア鋼の新規調達が行われている。また工作機械の製造では,最良の工具鋼の導入が行われたという報告が行われている[25]。しかし,この時期には高速度鋼がなお重要な役割を果しており,例えばM. A. N.の1926年4月のアルヒーフによれば,機械職場ではより利用価値の高い高速度鋼の利用や,より高い送りと切削の速度での作業によって加工時間の短縮が達成されたと指摘されている[26]。

このように,1920年代の合理化の時期には,機械設備の近代化に取り組んだ多くの事例がみられたが,一般的には,工作機械製造における生産技術的変革は,汎用工作機械の技術—設計の一層の発展によってもうけられた限界のなかをひろく動いたのであった。そのような範囲内において,工具,装置,駆動システムおよび操縦における進歩は工作機械の生産者にも役立ったということが確認されうる[27]としても,20年代末に開発が始まったユニット・システムの導入による一定の成果を除くと,この時期の機械製造業における「技術的合理化」は大きな限界をもつものであったといえる。確かにユニット・システムは,工作機械の生産者に対して,部品におけるより大きな組およびそれと結びついた合理化の効果を可能にし,また工作機械の利用者に対しても,専門化された生産手段や広い範囲で,また容易に装備替えできる生産手段を供給したが[28],アメリカとは大きく異なり,ドイツでは,機械製造業における汎用主義の克服はこの時期にはまだ完全に実現されてはいない。このような限界は,一面では,自動車のような消費財の大量生産の立ち遅れが機械製造業の汎用主

義の克服にブレーキをかけた[29]ことによるものであり，市場の規模そのものに規定されていたが，そればかりでなく，上述の如き「技術的合理化」の特殊的問題がそのような限界を規定する重要な要因のひとつであったことも十分に考慮に入れておかねばならない。またそのような状況のもとで，この時期の労働手段の技術的発展として最も大きな役割を果した労働手段の個別電動駆動方式への転換や硬質合金工具の利用も，電機工業や自動車工業のようにはすすまなかったといえる。

第3節 「労働組織的合理化」の展開とその特徴

1 テイラー・システム，レファ・システムの導入と労働組織の変革

つぎに，「労働組織的合理化」についてみると，機械製造業は，第1次大戦前からテイラー・システムの導入，あるいは工場管理問題への独自的な取り組みが一部の大規模企業においてみられた産業部門であった。しかし，1923年には時間研究や作業研究は機械製造業のわずかの大規模な企業において導入されていたにすぎない。というのは，その実施は経済的でなければならず，それゆえ高い利子がつくからであるとされている[30]。ドイツ金属工業家総連盟の1924年4月20日の年次総会および同年5月26日のドイツ工作機械製造所連盟 (Verein Deutscher Werkzeugmaschinenfabrik) の年次総会において，レーヴェ社のK．ヘクナーが，「事前計算の問題およびその解決」に関する講演を行っており，そこでは，出来高単価の事前計算の問題は，賃金支払いの問題とは別に，まったく特別な，現実的な重要性をもつようになったとされている。すなわち，近代的な事前計算は出来高給の算定の目的とはまったく異なる目標をもっており，出来高給の計算はもはや事前計算にとってはひとつの副産物にすぎない。事前計算は特定の労働者の一週間の収入を算定するだけではなく，平均的に達成可能な最も望ましい製造時間をつきとめなければならないのであり，それゆえ，それはむしろ生産技術的な問題ほどには賃金技術的な問題ではない。このような目標を達成するために，事前計算は生産の諸要素のなかに入り込み，作業工程はどのような方法で最もうまく行われることができるかをつきとめるのであり，事前計算がそれに基づいて最短の製造時間を算定するための

公式を生み出し，また最後に労働者への指示によって，経営における最短の製造時間が実際に達成されうるようにはかるのである。このような考え方に従えば，事前計算は生産の組織的な合理化のテコ，すなわち，生産全体の統制のための手段になるとされている。

しかし，機械製造業においては，多くの中小経営が存在しており，時間研究や作業研究による生産過程の分析は広範囲に普及するには至っておらず，そのような近代的な事前計算の現実的な発展状況はまさに限られたものであった。機械作業の時間については，その事前決定はそれまでに一般的となっていたが，とくに組み立てにおいては，手作業の時間は職長によって伝統的な方法で算定されていたとされている。大規模な組別生産ないし大量生産のみがそのような事前計算を引き合うものにすることができたとされている[31]。

T. v. フライベルクは，この時期の機械製造業における時間研究の導入の問題について，注意しておくべき点として，つぎの3点をあげている。まず第1に，時間研究の成果が従業員の受け入れにかかっているということが一般的にいえるとすれば，熟練をもつ専門労働者への機械製造業の特殊な依存のために，製造工程の合理化の経営戦略は労働者との協力においてのみ実施することができるのであり，またそのような場合にのみ引き合うことになったという点である。しかし，第2に，経営管理にとっては，時間研究の導入を動機づけていた労働強化，すなわち作業時間の短縮にはあまり関心がむけられてはおらず，そこでは，まず可能な限り利用することのできる事前計算が問題となるが，それが確立されたところでは，職場における時間の把握および時間管理の進展を動機づけることになる。第3に，作業研究および時間研究は労働過程，機械および労働力の配置の組織的な解明を前提としており，またそれを生み出したのであり，時間研究は，計画的になされようとなされまいと，大規模な合理化戦略の重要なテコとなるということである[32]。A. ライヒェルトは最後の点を強調しており，時間研究の十分な，申し分のない実施は，厳格な組織と十分な経営手段をもつ工場においてのみ保証されるとしている。そのような諸条件が充たされない場合には，まず製造に関する研究が行われなければならず，それに基づいて，工具，設備および機械の保守と新たな調達が行われるのであるが，そのことは，経営の完全な再編成や経営設備の新たな編成へと導くこと

になりうる。すべての前提条件や基礎が存在する場合に初めて，時間研究は，ある作業のために必要な時間の決定のための手段として利用される，としている(33)。

このように，時間研究の実施は一定の規模の組別生産や大量生産を行う一部の大規模企業を中心にすすんだのであるが，そこでは，とくに流れ生産方式を導入する上で，それはとくに重要な意味をもった。T. v. フライベルクが指摘するように，機械製造業における時間研究は，新たな一度限りの生産工程に対するその大きな関与では，不十分に，概算的にしか行いえないので，そのことは，経営管理が最後には正確な時間の事前計算を利用することができる点にまで到達するために技術的―組織的な変革を推し進める継続的な刺激となる。そこでは，流れ生産の考えは，経営合理化の戦略がめざしている領域である。というのは，流れ生産のみが生産の流れを時間の流れに最適に合わせることができるのであり，またそれゆえ最高の解明と統制の可能性を約束するからである。一方ではあらゆる作業研究および時間研究は流れ生産の原則をめざしており，他方では流れ生産がいったん実施されると，作業準備は，つねに新たに行わなければならない時間研究の手間のかかる作業から解放されることになる(34)。こうして，機械製造業においても，一部の大規模企業を中心に，流れ生産方式の導入をはかる上で時間研究や作業研究が重要な意味をもつようになり，その実施がすすむことになったといえる。

このような時間研究・作業研究の取り組みは，ドイツでは，その多くがテイラー・システムの修正であるレファ・システムの導入というかたちをとったが，例えば1927年の金属労働者組合の調査によれば，機械製造業では，報告のあった244部門の80.7％にあたる197部門において，農機具製造業では，23部門の95.6％にあたる22部門において，また事務機器製造業では，33部門の87.9％にあたる29部門においてレファ・システムによる賃金支払システムが導入されている(35)。

このような修正テイラー・システムともいうべきレファ・システムの導入は作業の標準化をはかり，計画と執行の分離を推し進めようとするものであったが(36)，それはまたフォード・システムの導入のための条件をつくりだすことにもなった。それゆえ，つぎに，フォード・システムの導入のための取り組み

について考察をすすめ，そのような労働組織の合理化がどの程度行われたか，またそれによって労働組織がどのように変革されたかについて，みていくことにしよう。

2 フォード・システムとそのドイツ的展開

(1) 生産の標準化の進展

① 機械製造業における標準化の背景

そこで，まず生産の標準化についてみると，機械製造業においては，標準化の取り組みは1926年頃まではあまりすすんではいなかった。1925年12月のベルリンでのドイツ機械製造所連盟の総会において会長のK．ランゲが指摘しているように，機械製造においては，何ら生産性に寄与することなく，生産コストを引き上げている無数の余分な定型がまだ存在していた。彼はその事例として印刷機の製造をあげており，当初26あった機械の定型をひとつの定型に削減することによって，当該工場における平均生産高は30％から40％増大されることができたとされている。また製紙加工機械工業の領域からのもうひとつの事例は，専門化によって賃金コストが23％節約され，価格もそれなりに引き下げられることができたことを明らかにしている。ランゲは，機械製造に対して，「生産方法の徹底的な合理化，販売市場や資金量との関係において適度な操業の短縮を行い，それでもって，より合理的に操業すること，最高度の改良のもとでより少ない定型を生産すること」という適切な公式をつくり出した。また彼はアメリカとの比較において，「誇張していえば，われわれのところでは，各工場がすべてのものを生産しており，そのうち，あらゆるものがしばしば個々の経営において生産されているのに対して，アメリカの企業はますます個々の機械あるいは部品の生産に限定してきた」としている[37]。

もとより，動力で動かされる機械の利用による生産は，「産業革命」の非常に初期の段階から，標準化された商品の大量生産，あるいは標準化された作業の連続的な遂行を意味したのに対して，機械製造業における規格の問題が決定的に重要となったのは，一方での組別生産ないし「流れ」生産の発展と，他方での高度な精度の要求の進展にともなうものであったとされている[38]。しかし，当時のドイツにおいては，規格化・標準化の推進を困難にするいくつかの

諸問題が存在していた。

　まず第1に，機械製造業においては多くの中小経営が広範に存在しており，そのことが規格化の進展を妨げていたことをあげることができる。1925年の統計によると，ドイツの機械製造業において79万人の従業員を雇用する17,500の企業が存在しており，1社当たりの平均では45.1人が雇用されていることになるが，25人以上の労働者を雇用している企業の平均労働者数は184.2人にすぎない。また大規模企業のうち，ドイツ機械製造所連盟に直接加盟しているか，あるいはその加盟組織を通じて加わっている企業の数は1930年には2,150社であり，そこでは43万人が雇用されており，それゆえ，1社当たりの平均では200人が雇用されていたことになるが，直接加盟の企業をみても，その数は1,424社であり，そこでは359,000人が雇用されており，それゆえ1社当り平均で252.1人が雇用されていたにすぎない[39]。確かに大規模な製造業者は規格化の問題に積極的に取り組んできたが，多くの企業，とくに小規模な企業は，制定された基本規格や専門規格の効率的な利用を行うことができなかったとされている[40]。

　第2に，機械製造業の多くの製造業者が規格化の長所を十分に理解していなかったり，規格化の活動に無関心であったことをあげることができる。機械の規格化の初期の試みに対してもたらされた主要な反対理由は，規格が技術発展を妨げるであろうということであった。戦時下の状況は，いかなるコストででも生産量を増大させる必要性の圧力のもとで，そのような反対を払拭したのであり，この時期の経験は，うまく成し遂げられれば，規格は技術的諸改善の前進を阻止しないだけでなく，たいてい，それを助けるであろうということを示すのに役立った[41]。とはいえ，1920年代の合理化の時期になっても，ドイツ規格委員会などによる規格化の組織的な取り組みやその成果についての十分な認識がもたれていたとはいえない。1930年5月22日のザールブリュッケンの会議でのある報告者によれば，多くの製造業者は「ドイツ工業規格」の存在をまったく知らないか，あるいは規格のあらゆる組織的な活動にまったく無関心であったとされている。また提案ないし制定されたあらゆる規格を多くの者は不信や疑いをもって受け入れてきたとされている。実業界からの十分な説明や実例なしには，専門規格の使用から生まれる利点を多くの経営者に確信させるこ

とは不可能であり、当該企業にそのような諸変化の意義を確信させることが困難であるような状況のもとでは、「ドイツ工業規格」はしばしば、注意深くつくり出され、組織的に適用された工場規格（works standards）と衝突したとされている[42]。

② 生産の標準化の取り組み

このような標準化の背景をふまえて、つぎに生産の標準化の取り組みを具体的にみていくことにするが、機械製造業においても、製品の定型化、部品の規格化の必要性を比較的にはやくから認識し、それを実施していた企業もみられた。この点について、B. ラウエッカーは、ドイツの機械製造業においては、1920年代の合理化の時期になっても製品の定型化や部品の規格化などはあまりすすんでいないが、「喜ばしいことに、代表的な大企業は、数年来、規格化の利益をますます評価し、また認識しているということが確認されうる」としている。彼は、その事例として、ともに自動車付属品の製造会社であるロバート・ボッシュ社とアイゼマン製作所株式会社（Eiseman-Werke A. G.）との間の利益共同体協定の締結をあげている。そこでは、大量生産をできる限り大規模に実現するために、組織の各部分を簡素化し、また低廉化をはかること、原料から完成品までの過程とそれが消費者のもとに届くまでの過程の短縮、依然としてあまりにも多くの数の製品の種類や型の削減が推し進められた[43]。

しかし、注文者の多様な特別な希望のために、ボッシュ社の製品の標準化、定型化および専門化は限られた程度にしか可能ではなかったとされている。この点について、R. ボッシュとE. デュルストは、規格化、定型化および専門化において、ドイツではある程度の進歩が達成されてしかるべきであるということが誤認されてはならないとしても、このような付属品の製造業に対する個人の希望、とくにすべての企業の希望をはるかに強く制限することが必要とならざるをえない、としている。例えば、ボッシュは当時44の基本タイプの点火装置を生産しており、やる気にさえなれば、その数は6つから8つの定型に削減することができるが、そこでは、44の基本的な定型でさえまだ完全に同一のものではなく、それらの構造には、まだ一部にはかなりの相違がみられたとされている。またさまざまなマグネット点火装置の電機子だけをみても、271の

タイプが製造されていたが，12か，たかだか15から18のタイプで十分であるとされている。その他の事例をみると，同社の発動機の構造は点火時や回転方向の最も多様な調整を必要としており，当時はまだ300のタイプ（以前にはそれは700であった）が供給されねばならなかった特殊な調整レバーがそれに役立つが，そこでは，きっと約30のタイプですべての諸要求を充たすことができるとされている。これらの若干の事例は，ひろく普及している推定に反して，小さな特殊な希望を取り上げなければ自ずと生まれてくるであろう大量生産をまだ長い間ボッシュ社が行っていなかったことを示すものである，とされている[44]。

そこで，つぎに機械製造業におけるいくつかの主要部門における**製品の定型化，部品の規格化**のための取り組みをみておくことにしよう。

まず**工作機械**の生産についてみると，そこでは，無数の定型やモデルの整理が強力に行われており，至るところで，妥当な価格のもとで，効率的な生産を可能にするような標準的な定型を生み出そうとする努力が行われている[45]。

また**農機具**の生産においては，克服すべき諸困難は，まず適当な企業を特定の機械の種類に特化させ，個々の工場のなかで，これらの品種の定型化を行うことであった。例えば，打穀機および圧縮機の生産においては，定型数は200から30に減らされた。それゆえ，最初の作業は個別部品や装備品の徹底的な設計の見直しであり，国内・外における土壌や地盤，温度や天候の変化する諸要請に対して，さまざまな製品構成によってあらゆる状況や購入者の希望への適応をはかるために，機械部品のグループが規格化された。このような諸困難にもかかわらず，1日25台のトラクタ，35台の打穀機，50台のわら圧縮機の生産能力をもつ大量生産を実現することに成功したとされている[46]。

ミシン製造業もまた，機械製造業のなかで製品の定型化，部品の規格化が強力に推し進められた部門のひとつであった。そこでは，流れ生産の導入がこのような諸方策の推進の重要な動機のひとつであった。この部門では，ねじ回し，取替用の基本おさえ，油さしなどの付属部品や，例えば，ねじ，ボルトなどの個別部品の規格化のさいの共同作業のために，代表的な企業の集中が行われた[47]。

さらに**鉄道車両製造業**の事例をみると，R.A.ブレイディによれば，この工業

は機械製造の領域の周辺に位置しており、おそらく「機械工業」として分類されるべきであり、この部門が1920年代に行った再組織は、機械の領域全体に共通する諸問題をかなりよく示しているとされている。ドイツ鉄道車両製造所連盟は、ライヒスバーンとの協力で、さまざまな工場において生産される定型数の削減を行った。以前にはどの工場も、鉄道会社によって要求されるほとんどすべての定型を主に「注文」に基づいて生産するための設備を備えていたが、この連盟の諸努力によって、各工場は、ひとつないし狭く限定された数の定型に専門化し、それらの生産を大量生産の基礎の上におくために考え出された諸方法を導入することができた。以前の方法とは反対に、例えば、ベルリン市営鉄道の新しい車両の注文は6つの工場に割り当てられ、大型貨車の注文も同様に2つの企業に割り当てられた。このような方法は個別部品や構成部品の規格化を準備したとされている。このような規格部品の利用や車両の定型の利用は、それ以前にみられた設計部門や製図部門を削減し、また単純であるが正確なゲージやその他の管理器具の使用は、必要な監督者層や高い熟練をもつ労働者の階層を減少させる傾向にあったとされている[48]。また鉄道車両の修理工場でも、取替部品の規格化によって大きな成果が達成されており、そこでは、以前には14,000種も保有されていた取替部品が4,000種類の保有ですむようになった。またはめあいの規格化は修理のさいに取替部品の簡単なはめ込みを可能にし、それ以前に必要とされていたすり合わせ作業を排除した。それによって、基本的な修理のための平均的な所要時間は、機関車では110日から24日に、客車では40日から20日に、貨車では11日から4日に短縮されたほか、19の職場と48の工場の諸部門が廃止されることができたとされている[49]。

さらに生産の標準化のいま一つの重要な要素である**工場の特殊化（専門化）**についてみると、R.A.ブレィディが指摘しているように、コンベアのシステムのタイプは、一面では、生産の規模にかかっているが、生産の規模は工場の特殊化の程度および大量生産の目的のための組織にかかっている。工場の特殊化は、一部では、立地、各工場が他の技術的に相互に関連をもつ工場や職場と統合されている程度、市場の規模などの諸要因にかかっており、また大量生産は、一方では、標準化された原材料、加工方法および互換性部品のシステムの存在にかかっており、他方では、工場や機械の内部のレイアウトにかかって

いる。しかし，機械製造業では，大部分の製造作業が比較的小規模に行われていたという事実は，再組織の最も重要な多くの諸問題を非常に複雑なものにした。工場が高度に専門化されなければ，100人未満の従業員を雇用する企業では，組別生産や流れ生産はほとんど意味をもたないとされている[50]。

もとより，機械製造業における垂直的結合の利点は主に原料経済の領域にあるのに対して，水平的結合の利点は，主に工場の専門化の進展や標準化された連続生産の効率性による製造と販売の単位コストの削減にある[51]。しかし，機械製造業では多くの中小経営が広範に存在していたこと，またこの産業部門のなかには多くの異なる製品を製造する諸部門が存在していたこともあって，企業集中は電機工業のようにはすすんでおらず，それだけに，工場の特殊化・専門化が徹底して行われることができなかった。ドイツの機械工業における企業集中の数は1927年には50件であり，28年と29年の第1四半期にはいずれも65件となっており，そのうち，機械を製造する専門の産業（機関車，ボイラー，鉄道客車，および工作機械）では42件がおこっているにすぎない[52]。

さらに，ここでは，機械製造業において多くの中小企業が存在しており，集中化が十分にすすまなかったことが規格化の限界をもたらしただけでなく，規格化の推進の限界がまた工場の特殊化の限界をもたらしたということに注意しなければならない。藻利重隆氏が指摘されるように，部分品の規格化は肢体経営――工場・職場――の特殊化の前提をなすが[53]，ドイツの機械製造業においては，この時期には製品の定型化や部品の規格化は十分にすすんだとはいえず，それだけに，そのことは，工場の特殊化をはかる上でも，一定の限界をもたらすことにならざるをえなかったといえる。

(2) 流れ生産方式の導入

これまでの考察をふまえて，つぎに，流れ生産方式の導入による労働組織の変革についてみると，この産業部門では，とくにコンベア作業の普及率が，電機工業，自動車工業と比べると，非常に低いことが特徴的である。機械製造業でも，個々の部分的領域において，個別生産から組別生産への移行がみられ，さらに流れ作業の導入に適したいくつかの諸部門では，そのような作業方式の導入もすすめられたが，このことは，とりわけ発動機，工作機械および高速印

刷機，タイプライターおよびその他の主に消費者向けの小さな機械（ミシン，ガスレンジ，調理器など）の生産にいえるとされている[54]。これらの製品の製造部門では，コンベアの導入による流れ生産の導入も比較的すすんでいたと考えられる。とはいえ，これらの諸部門におけるコンベア生産の導入についてみても，機械加工工程，組立工程の一部の工程部門あるいは工程作業にのみみられたケースが多く，フォード社でみられたようなベルト・コンベアを内装化した移動作業型流れ作業組織の本格的な確立に至っていた事例はきわめて少なかったといえる。機械製造業全体でみれば，これらの製品の製造部門を除くと，流れ生産方式の導入はそのほとんどがコンベアなしの流れ作業の編成によるものであったといえる。またそのことと関連して，ここで注意しておかねばならないことは，機械製造業，ことに工作機械製造業の場合には，とくに市場の限界に規定されて，大量生産の可能性が小さく，それまでの生産方式と流れ生産方式との中間的な形態が多くのところでみられたということである。

　流れ生産に至る最初の道は「品種別生産」(Gruppenfertigung) の編成であるが，T. v. フライベルクは，1920年代の初めに生産過程の合理化が中心的なテーマになったとされているM. A. N. 社を「機械製造における品種別生産への移行のひとつの事例」として取り上げており，品種別生産は生産の進展しつつある時間経済的統合のひとつの重要な発展段階であるとしている。同社のアウクスブルク工場では，流れ作業は「まったくわずかな程度にしか」組織されることはできなかったとされている。機種別職場 (Werkstätten) では，「品種別職場作業」(Gruppenarbeit) への移行がみられたにすぎず，そこでは，一般的には，個々の機械のタイプの生産のみが「品種別に」(gruppenweise) 集められたにすぎない。最終的に組立作業場に部品を扇状に合流させるために，加工の順番は，場所的にも並列して配置されるようにされた[55]。このように，機械製造業においては，流れ生産への転換をはかる前に，まずそれまでの機種別職場作業組織の再編成をはかった企業もみられた。このことは，市場の限界から流れ生産方式の導入による本格的な大量生産が行われえなかった企業においてとくにみられたが，フライベルクによれば，ドイツの機械製造業，とくに工作機械製造業の多くの中規模企業にとっては，品種別生産は流れ生産の最高の形態であり，また最も広範にみられた形態であったとされている。そこで

は，とりわけ「古典的な」，純粋な流れ生産の正確な時間の均等化は，小さな組（Serie）を基礎にしては，ほとんど考えられなかったとされている[56]。

　機械製造業においてこの時期にみられた流れ生産の導入のためのいまひとつの方法は，小さな組の生産とより大きな組の生産とを同じ労働者のもとで，同じコンベアで行うという形態の流れ生産であった。技術的－組織的諸方法によって，大きな量的変動および数多くの定型の多様性に対して，流れ生産を弾力的にするためのドイツにおける開発活動のより特別な力点がここにあったとされている。このような形態の流れ生産は時間経済と市場経済との間のひとつの妥協であるとされている。すなわち，機械製造業においては，それはしばしば，少ない個数にもかかわらず，流れ生産を組織する唯一の可能性であり，その弾力性の増大をより高いコストで支払うものであるとされている[57]。

　そのような流れ生産の方法について，シュルツ・メーリンは，さまざまな作業対象が作業方法において非常に似ているとしても，それらはつねに多かれ少なかれ，生産方法における大きな相違を規定するので，ある製品の生産から他の製品の生産への移行にさいして，つねに作業機や設備の多かれ少なかれ大規模な転換が必要であるが，このことはそれなりのコストを発生させるとしている。また機械の利用も純粋な流れ生産ほどにはよくないであろうし，多くの機械はもしかすると，主としてある製品のためにのみ利用されうるにすぎず，他の製品に対しては遊休化せざるをえず，それゆえ，純粋な流れ生産と比べると，全体的には，転換のためのコストとみなされるより多くのコストが発生するとしている[58]。とはいえ，そのような形態の流れ生産の方法も大きなコストの引き下げを可能にしたとされている。彼はさまざまな生産方法におけるコストの比較を行っているが，それによると，連続的な流れ生産はコスト上最も有利であり，そこでは，製品１単位当りのコストは組別生産の最も有利な変種（60個のロット）と比べて約22％低いのに対して，そのような形態の流れ生産の方法では，16％低い製品１単位当りのコストを達成したとされている。また賃金コストの引き下げは，連続的な流れ生産では36％，そのような中間的な形態の流れ生産では，30％になったとされている。

　こうして，機械製造業では，市場の限界から，本格的な大量生産を展開する

ことができないところでは,「組別生産」と流れ生産との間のこのような中間的形態の生産方法がみられた。シュルツ・メーリンは, 比較的まれなケースであるかもしれない同一の対象の連続的な流れ生産が問題とならないとすれば, このような「交替型流れ生産」(die wechselnde Fließfertigung) がそれまでの組別生産よりも選ばれるとしている。すなわち, ある決まった一年ないし半年の需要は, 個々のロットないし組に分解され, そして他の製品のロットないし組と交互に生産されるのではなく, 個々の部品を除いて, 各製品の1年ないし半年の需要分全体が, ひとつづつ連続して流れ生産されるべきであり, ある製品の1年ないし半年の需要分が完成した後に他の製品が同じ方法で生産される, としている[59]。

さらにこの時期のドイツの機械製造業における流れ生産の編成のためのいまひとつの形態は, 多くの場合, 機械加工工程において組別生産が行われ, 組立工程において流れ生産が導入されているといった「混成型生産」(Gemischte Fertigung) の方法である。生産の個々の部分領域が流れ生産に転換しうるかどうかは大きく異なっており, 流れ作業方式での組み立てはその高い手作業の割合のために比較的容易に実現されうるのに対して, 種々の工作機械の, 非常に異なる加工工程をもつ機械的生産は一般的には大きな諸困難をひきおこす。流れ生産の導入を同一の製品の比較的大きな個数と結びつけるものは, 加工機械の間の時間の均等化および機械のフル稼動への強制である。工作機械の発展 (より高い加工速度, それゆえより短いタクトタイム) は, この問題を一層尖鋭化させることになる。これらの諸困難は, 少ない個数や機械設備における性能の大きな差異のために, 非常に大きなものとなりうるので, 機械的生産においては, 組別生産が維持され, そして組み立てにおいてのみ流れ生産の原則が実現されるとされている[60]。このような形態の流れ生産方式の導入は, 機械製造業のみならず, 電機工業の一部の製品部門でもみられたが, 機械製造業では, 上述した1931年の調査によると, その対象とされた475部門のうちの14.5%にあたる69部門において組別生産が導入されており, 流れ作業の普及率16.2%およびコンベア作業の普及率2.3%を加えれば, 組別生産か流れ生産のいずれかの生産方式が導入されていた割合は33%となる (前掲表2-3参照)。

このように, 機械製造業においては, コンベア生産の導入はごく限られた特

定の製品部門においてみられたにすぎず，しかもそれは一部の大規模企業に限られていたこと，また流れ生産と組別生産との中間的段階とみなすことのできる生産方法を導入したケースも多くみられたこと，この産業の多くの諸部門のなかでも，特定の製品部門などの一部の大規模企業を除くと，経営規模も生産の規模も小さく，──比較的に大規模な生産を行いうる可能性をもつ限られた製品部門を除くと──流れ生産方式の導入による大量生産への移行はほとんどすすまず，これらの企業の労働組織はそのような新しい生産方式の導入によって変革されることはあまりなかったことを確認することができるであろう。

なおここで，機械製造業に属する他の主要製品部門における流れ生産方式の導入について，いくつかの事例を取り上げてみておくことにしよう。

農機具製造業について──まず農機具製造業についてみると，金属労働者組合の調査によれば，1931年には，調査された41部門のうち，36.6％にあたる15部門に流れ生産が，7.3％にあたる3部門にコンベア生産が，また26.8％にあたる11部門に組別生産が導入されていた（前掲表2-3参照）。流れ生産への転換にさいして最も重要となる問題は市場の問題であった。すなわち，販売の変動が激しく，しかも農機具が季節品としての性格をもつために，確実な販売量を予測することができず，それゆえ，いかなる場合にも製品が販売されるように最少量の生産計画が立てられねばならず，流れ生産の効率性を測るさいには，そのような販売の考慮から，最低台数を大きく引き下げねばならなかった[61]。

しかし，このような諸困難のもとで，1925年および26年には，より多くの企業が，農機具の生産において，流れ生産方式への転換を行っている。シュパンダウ・ドイツ工業製作所会社は，綿密な準備作業の後に，4つの定型の草刈り機，穀物刈り取り機，自動刈り取り束ね機，打穀機に，できる限り，流れ作業での組み立てを実施している。ハインリィッヒ・ランツ株式会社も，1925/26年にわら束ね機，打穀機およびトラクタの製造において，流れ生産方式への転換のための計画化を開始しており，26年にはドイツで最初のトラクタのコンベア生産の計画化を開始している。またクルップでは，ハノマーク社製のトラクタの伝動装置やケーシング，自動刈り取り束ね機が流れ作業で組み立てられて

いたが，打穀機は組別生産されていた。R．ザック社は，犁の歯車のハブを流れ作業で鋳造しており，じゃがいも堀り機の組み立ておよびダンパ装置の製造では，1931年までに流れ作業や組別作業がみられた[62]。さらにハノマークでは，農産物価格の推移，市場規模，農業における資本設備および経営構造といった販売上の諸困難のために，20年代半ば以降の時期をみても，少数の工場が農機具製品のわずかな部分（より小型の機械）において流れ作業かコンベア作業を利用していたにすぎない。そこでは，1926年には，最大の工場のみが，できる限りわずかな資本支出のもとで，既存の機械や設備の高いフレキシビリティ（長いタクトタイム，低い時間的強制進行性）でもって流れ生産の編成を実現することができたにすぎない[63]。

このように，農機具製造業においても，工作機械製造業の場合と同様に，厳しい市場の条件から，流れ生産をより弾力的に組織するための諸努力が行われたのであった。例えば，上述のH．ランツ社の打穀機およびわら束ね機の生産においては，20年代末には，各作業工程において労働者が機械設備や搬送設備によって労働給付を強制されるという意味での流れ作業については，述べることができないとされている。そこでの転換の基本的な考え方は，搬送すべき部品の経路の短縮と搬送の機械化，あるいは機械の配置にあった。同社よりも大規模な多くの機械製造企業ではすでに一般的であったように，経営側は生産労働と搬送労働とを分け，そして後者を2つの搬送の組と定期的に搬送を行う35台の電気トラックによって行わせた。経営側はさらに，販売構造のために，流れ作業ラインにおいて多くの小型の打穀機だけでなくわずかな数の大型の打穀機をも製造させようとしたが，その結果，組み立てにおける作業時間の不確実さのために，彼らは特別な賃金形態や作業指図書によって初めて給付の強制の効果を実現させなければならなかった。また同社のトラクタの生産では，1926年に小型トラクタのブルドックHR II型のための175メートルの長さの組立コンベアが配置されているが，同社は，農場主に対して，トラクタの購入のためのわずかな資金しか見込むことができなかった。また加えて，同社は激しく変動する季節的業務——夏の月の売上は冬のそれを何倍も上回っていた——を考慮に入れていたので，この製品の流れ生産のための設備においては，できる限り資本の節約をはかり，また生産能力の必要最低限の利用度をできる限り

低く設定した。そこでは，高いフレキシビリティ，わずかな資本コストおよび予期すべき急速な製品変更は，もとより，連続的な流れ生産ラインやコンベア作業を排除したのであった[64]。

ミシン製造業について——ミシン製造業もまた，製品の定型化，部品の規格化がすすんでおり，流れ生産の導入が比較的にすすんでいた部門のひとつであった。上述の調査によれば，1931年には，調査された57部門（事務機器工業を含む）のうち，50.9％にあたる29部門に流れ生産が，22.8％にあたる13部門にコンベア生産が，また17.5％にあたる10部門に組別生産が導入されていた（前掲表2-3参照）。正確な算定によれば，定型の削減および個別部品の設計の見直し後も，機械およびペダルの部品は約4日で組み立てられたのに対して，原料から完成したテーブルの甲板までの木製机の加工には14日の時間がかかると算定されており，ミシンの流れ生産を組織するためには，このような困難が克服されなければならなかった。それは，販売担当者が従わねばならない正確な作業計画によってのみ克服されることができたとされている。あるミシン製造企業の報告によれば，流れ作業の考えは主に小さな鋳物の鋳造職場，木工職場，また組み立てや梱包においては徹底したかたちで一貫して実施されているが，中間の加工工場においては，決められた時間どおりの配送によってのみ必要な量が機械に送られていく個別部品や小さな部品の旋盤作業，中ぐり作業およびフライス削りでは，以前の一般的な状況のままであったとされている。

このように，ミシン製造業では，機械製造業のなかでも流れ生産方式の導入が比較的にすすんでおり，Ｇ．デュビノウは，ミシンの生産においては，生産が強制されることなく，また時間を規定するタクトなしに行われる作業の形態とともに，作業の時間的強制進行性をともなう流れ作業のシステムがとって代わっているのをみるとしている。そこでは，一般的な機械の製造において非常に多くみられたように，流れ生産工程のなかでは，非常に多くの種類の搬送手段がみられたが，それには，鋳造工場におけるトロリのベルト・コンベア，はつり工場における鉄製のエプロン・コンベア，主要部品の加工の場合の機械から機械への短いシュート，台架の生産における手から手への搬送，組み立てにおけるオーバーヘッド・チェーン・コンベアおよびコンベアベルト，梱包にお

ける個々の手動式のトロリがあった。搬送経路の短縮および搬送時間の節約は，目的に合わせて決められたさまざまな搬送手段によって，生産の経済性のための最も重要な基礎のひとつを生み出すことになる。主要部品の加工のための個々の専用機械も流れ作業工程のなかに組み込まれている[65]。ミシンの生産では，部品の生産はしばしば流れ作業で行われ，組み立ておよび梱包はコンベア作業で行われていたと報告されている[66]。

　そこで，ミシン工業における流れ生産方式の導入の事例を具体的にみることにしよう。ドイツ金属労働者組合の報告は，シャットルの組み立てなどにおけるコンベアの導入，送り金や針板の生産における流れ作業の導入を指摘している[67]。例えば，G. M. プァッフミシン製作所は，1924年から27年までの間に初めて一連の職場において流れ作業を開始しているが，その時にはまだ，それは，製品が最短の経路で通過していくような工作機械の配置に重点がおかれていたにすぎないとされている。そこでは，2つの種類のコンベアが利用されていたが，それらは各製品グループや部品の搬送に役立っていたにすぎない。組立工は2つの作業台のもとに立ち，断続的に進められることのできるベルト・コンベアがその間を通過した。また組み立てるべきミシンを思う所で固定することのできる「移動式の万力」や簡単なベルト・コンベアが設置されていた。これらの2つの種類のコンベアは，フレキシブルな調整を可能にするようなタクトで断続的に動いていった。それゆえ，専門労働者は，コンベアの上で直接はめあわせ作業を行うのではなく，静止している機械のもとでそれを行うことができた。またカールスルーエ・ミシン製作所は，1925年から26年にかけて，トロッコとシュートを用いた流れ作業を導入しており，そこでは，作業タクトの均等化のために，とりわけ機械の稼働時間が統一され，「材料の堆積を避けるために」，切削速度が引き上げられ，シュートによって加工のための機械が結合された。そこでは，たいていの場合，男子が配置されており，組み立てを行ったのに対して，女子は円卓のもとでの仕上げの研削，移動炉の前のミシンアームの塗装やオーバーヘッド・チェーン・コンベアからの機械の取り出しに従事していたにすぎない。また搬送をみると，鋳造工場から倉庫や加工職場へは電気トラックが利用されており，組立工場内ではケースの搬送のためにオーバーヘッド・チェーン・コンベアが利用されていた。1927年には，業務用ミシンの生産において最大の

割合を占めていたデュルコップ株式会社がこの会社につづいた。またムントロスミシン社では，1930年には，700人の女子労働者がミシンの13%を流れ作業で生産していた(68)。コンベアによる流れ作業の導入およびこの時期に行われた全般的な工場の再組織の結果，カールスルーエ・ミシン製作所では，それまでの方法と比べて40%から60%の生産高の増大が達成されており，また製品1単位当りの生産に要する時間は1925年の90日から26年には16日に短縮されている(69)。

ただここでは，ミシンの製造のなかでも，業務用のミシンの生産における流れ生産方式の導入は家庭用ミシンの生産のケースとは大きく異なっていたことに注意しておかなければならない。例えば，H．コッホ社，後のコッホ・アドラー・ミシン製作所株式会社では，1935年になってもなお，工業用ミシンの流れ生産の制約がみられたとされている。専用機や業務用機械は大量には販売されることができなかったので，それらの部品も同様にわずかなロットにしかならず，そこでは，組み立てにおいてのみ，生産の流れが築かれていた。この工場の労働者は，流れ作業の編成によってより高い給付へと駆り立てられたのではなく，第1次大戦後に導入された，個人別の割増給を付加した出来高給制度によって，そのような高い給付へと駆り立てられたのであった(70)。

事務機器製造業について——つぎに事務機器製造業（タイプライター，計算器など）をみると，ほとんどすべての事務機器製造工場は，強力なアメリカの競争相手のために，経営を技術的にも組織的にも高い水準に保つことを強制されたのであった(71)。しかし，1925年になっても，多くの経営は，流れ作業の導入を行おうとするにはあまりにも小規模であり，172の事業所のうち，500人以上の従業員をもつものはわずか8にすぎなかった。しかも，それらの経営は，多くの場合，高度な熟練をもつ専門労働者層によって，タイプライターや計算機とともに，自転車，オートバイ，自動車，工作機械などのその他の精密機器製品を生産しており(72)，混合経営が多かった。

この部門においても，農機具，ミシンのケースと比較的よく似た状況がみられるが，ミシンの場合ほどには流れ作業を実施することができなかったとされている。すべての生産を時間的強制進行性をともなう流れ生産の工場において

実施することは不可能であったが、組み立てのベルト・コンベアへの予定の時間どおりの部品の供給は正確な期限の遵守を保証する。そこでは、部品の生産、部分組立および完成組立が区別されるが、押し抜き職場がそれに依拠して大多数の部品を供給しなければならないところの部品供給部門において原料の加工が一定の数の注文に従って行われる。それにつづく部品の焼き戻し部門において初めて、注文を行った部門のための作業工程を連続的に配置することによってひろい意味での流れ生産が始まるが、本来の流れ生産の工場は部品のグループの組み立てにおいて支配的となっていたほか、完成組立では、完全に実施されている。また組み立てにおけるとくに興味深い補助手段は、回転板の形で作業台に組み込まれた回転テーブルであり、それは、平面上で仕掛品をあらゆる方向に回転させたり、向きを変えたりする可能性を労働者に与えた。組み立てへの部品の供給は小型のオーバーヘッド・チェーン・コンベアによって行われていた[73]。

　そこで、流れ生産の導入の具体的事例をみておくと、ヴァンデラーは、1924年に自転車生産における流れ作業の導入にあたり、コンベア作業のための部署を設置しており、26年には自転車と自動車の生産において流れ作業を開始していたのに対して、29年9月になって初めて、小型タイプライターの「小型コンチネンタル」の最初のシリーズのために、移動台での流れ作業方式を導入しており、その導入は遅くに取り組まれている。しかもそれは組み立てに限られていた。またメルセデス事務機株式会社は、すでにそれ以前に流れ作業を組織しているが、事務機器部門におけるそのような生産方式の利用の限界を示している。すなわち、同社のテラ工場とメヒルスの工場では、1929年になってようやく、すべての生産過程および組立工程において、流れ作業が問題となるに至ったが、そこでも、綿密に訓練された専門労働者に対して比較的大きな活動余地を残さざるをえなかったとされている。タイプライターの場合では、事前組立（部分組立）、台架の組み立てや完成組立とは異なり、特別なはめあわせ作業が必然的に流れ作業を妨げていた。流れ作業の編成におけるこのような限界は、精密機器の生産においては、少なくとも1936年まで影響をおよぼしつづけたとされている[74]。

第7章　機械製造業における合理化過程　379

　鉄道車両製造業について——さらに鉄道車両製造業の事例をみると，この部門においては，企業集中と生産の集中・専門化の上に，製品の定型化，部品の規格化および工場の特殊化など生産の標準化が推し進められ，さらにそれを基礎にして，流れ生産方式の導入が行われている。そのような新しい生産方式の導入状況を機関車・車両製造業についてみると，1931年には，調査された76部門のうち，36.8％にあたる28部門に流れ生産が，5.3％にあたる4部門にコンベア生産が，また21％にあたる16部門に組別生産が導入されていた（前掲表2-3参照）。作業の性格ゆえに，コンベア・ベルトやコンベア・システムという意味での流れ生産はこの工業には適さず[75]，また製造される対象の大きさや，それにもかかわらず少ない生産台数が連続流れ生産を妨げたのであった[76]。

　そこでは，コンベア式タクト・システムによる流れ作業の編成がみられた。それは，部品を移送し，必要な作業を可能にするのに十分な長さの一定の時間だけ停止し，再び進んでいくコンベアの機構から構成されており，無蓋貨車，車枠，床面およびその他の重い部品の取り付けは，以前のように車が完成される地点まで運ばれてから行われるのではなく，車が工場のなかを移動していくように行われたのであった。今やほとんどすべてが規格部品で構成されている組立ラインへの流れは，一方ではすべての特殊な切削や取り付けを排除し，また他方では組立支線における高価な旋盤，接合，切削，平削りおよびその他の機械の使用を可能にした。この作業の大部分は，なされるべき非常にルーティーン化された仕事に関する簡単な指示を読み，それに従う能力以上のいかなる訓練もなされていない不熟練労働者によって高度な正確さと仕上げが達成されうるところまで細分化された。したがって，熟練労働者は技術要員，管理要員および計画要員に変えられていくか，不要にされるか，あるいは不熟練労働者の地位にまで降格されるかであった。多くのケースでは，工場の全体的なレイアウトはほとんど変わることになり，補助工場や場所的に離れた工場は直接本工場に結合されることができたか，あるいはほとんど完全に不要にされることができた。多くのケースでは，ほとんどすべての範囲の作業がひとつ屋根の下に集められ，ベルト・システムを除いて，ほとんどすべての内部搬送が排除され，それ以外の搬送は，電気トラックや貨物自動車，キャリア，走行クレーンや他の同様の設備の利用によって機械化された。

鉄道車両製造工場におけるこのような内部的再編成によって大きな諸成果が達成されている。なかでも，最も重要な成果として，使用総面積，原料，半製品，あるいは完成品の形での物資の必要量の削減，鉄道車両の生産のために必要とされる時間の短縮をあげることができる。1台を生産するのに以前には24日を必要としていた貨車のタイプは，工場および人員のシステム化によって15.5日で生産されることができるようになったが，流れ生産の諸方法の導入によって8.5日で生産されることができるようになった[77]。個別的な作業をみても，例えば，貨車のブレーキを組み付けるライヒスバーンの修理工場では，流れ作業の導入によって，以前には154時間かかっていたブレーキの組み付けが46時間に短縮された。内燃機関の生産においても，必要な作業時間は1,500分から550分に短縮され，組み立て，塗装および梱包における時間の節約は70％になったとされている[78]。また流れ生産方式が導入された後にも，作業工程の改善や一層の分業化の推進などによって作業タクトを短縮するための諸努力が行われている。例えば，貨車の生産では，作業タクトは流れ生産の導入の当初には約3時間となっていたが短期間の発展のなかでまず1時間半に短縮され，最終的にはそれまでに実現された最短の作業タクトである20分にまで短縮されている[79]。

とはいえ，行われた諸変化の多くは，全般的な財務状態が鉄道車両製造業にとっても，また鉄道会社にとっても非常に悪いときに実施された。鉄道がかなりの期間にわたりその購入を計画することを困難にしていた資金の不足は，鉄道車両製造業がその新しい生産方法の経済性の予測を利用することを困難にしたのであった。こうして，秋と冬の交通量のいまにもおこりそうなある種の期待が1927年の短期の発注の理由であったが，それは，貨車製造工場を時間外も操業させる一方で，この産業の客車部門を完全に遊休化させてしまうことになったとされている。また他方では，1928年における2つのクラスのシステムの導入は，大量（8,000）の緩衝装置および他のタイプの客車の突然の需要をもたらし，この産業の客車部門を過度に操業させる一方で，貨車部門を遊休化させたのであった。そのような政策の結果，再組織——これはそのときまでに大部分が行われた——によって生まれたコスト上の利点を相殺してしまうことになり，そうした方向での一層の努力を妨げることになった[80]。このように，

鉄道車両製造業においても，市場の諸条件に規定されて流れ生産方式の導入による大量生産への移行は一定の限界をもっていたといえるであろう。

なお最後に，ドイツの機械製造業におけるこの時期の流れ生産方式の導入による労働組織の変革の問題をみる場合に注意しておかなければならない点は，この産業部門においては，そのような新しい生産方式の導入が一般的に電機工業や自動車工業よりも遅い時期に実施されていることである。T. v. フライベルクは，電機工業ではすでに1927年以前に多くの諸部門において流れ生産方式による大量生産が普及していたのに対して，機械製造業は合理化運動の最後の年度において初めて流れ生産へのより広範囲におよぶ転換を行ったので，これらの産業部門の間にみられる実際の相違は上述の調査結果（前掲表2-3参照）よりもさらにいくらか大きいものになるだろう，としている[81]。機械製造業でも，工作機械，農機具，ミシン，タイプライター，鉄道車両などの製造部門において，1920年代後半の合理化の展開にともない，流れ生産方式の導入が比較的強力に推し進められているが，機械製造業全体でみれば，このような新しい生産方式の導入による労働組織の合理化が本格的に取り組まれるのは，合理化運動がその終熄に近づく20年代末になってからのことであったと考えられる。この点，自動車工業でも1926年頃から流れ生産方式の導入が始まり，27年および28年の大衆車や小型車への転換にともない，乗用車の量産化が本格的に推し進められるようになり，流れ生産方式の導入が本格的に取り組まれるようになったことを考えると，機械製造業における流れ生産方式による生産の合理化は，自動車工業とも異なる特徴をもっているといえる。このように，機械製造業においては，流れ生産方式の導入は合理化運動のかなり遅い時期に本格的に取り組まれたのであり，世界恐慌の圧力のもとで，そのような労働組織の変革は，大きな限界に突き当たることにならざるをえなかったといえる。

以上の考察から明らかなように，機械製造業の合理化は，全体的にみれば，過剰生産能力の存在と市場の厳しい条件のもとで，資本支出をともなう「技術的合理化」を徹底して推し進めるには，大きな限界に直面せざるをえず，また「労働組織的合理化」についてみても，フォード・システムの導入はごく限られた製品部門において試みられたにすぎない。しかもそこでは，狭隘でかつ変

動の激しい国内市場の条件に対して，より少ない生産量でも流れ生産の効果が
ある程度確保できるような，また市場の変動に対する生産の柔軟性・弾力性の
確保を配慮したドイツ的な展開が試みられたケースは電機工業や自動車工業の
場合よりも多く，例えば比較的有利な国内市場の条件のもとで「技術的合理
化」と「労働組織的合理化」とがセットにして比較的強力に展開された電機工
業と比べると，合理化のあり方，その広がりには，大きな相違がみられ
る[82]。

(1) Vgl. H. Mottek, W. Becker, A. Schröter, *Wirtschaftsgeschichte Deutschlands*, Ein Grundriß, Bd. III, 2. Auflage Berlin, 1975, S. 66-7.
(2) Vgl. G. Keiser, B. Benning, Kapitalbildung und Investitionen in der deutschen Volkswirtschaft 1924 bis 1928, *Vierteljahrhefte zur Konjunkturforschung*, Sonderheft 22, 1931, S. 58.
(3) Vgl. *Statistisches Jahrbuch für das Deutschen Reich*, 55 Jg, 1936, S. 508.
(4) Vgl. M. A. N., *Geschäftsbericht über das Geschäftsjahr 1924/25*.
(5) Vgl. Neubeschaffungen, S. 2, *MAN Archiv*, 1. 3. 3. 1, Nr. 184/3.
(6) Vgl. M. A. N., *Geschäftsbericht über das Geschäftsjahr 1925/26*.
(7) Vgl. M. A. N., *Geschäftsbericht über das Geschäftsjahr 1926/27*.
(8) Vgl. M. A. N., *Geschäftsbericht über das Geschäftsjahr 1927/28*.
(9) Vgl. M. A. N., *Geschäftsbericht über das Geschäftsjahr 1928/29*.
(10) Vgl. M. A. N., *Geschäftsbericht über das Geschäftsjahr 1929/30*.
(11) T. Siegel, T. v. Freyberg, *Industrielle Rationalisierung unter dem Nationalsozialismus*, Frankfurt am Main, New York, 1991, S. 223-4. この時期のドイツの切削加工と工作機械製造業の「技術的合理化」の問題については，M. Haas, *Spanende Metallbearbeitung in Deutschland während der Zwischenkriegszeit (1918-1939)*, Hamburg, 1997 をも参照。
(12) Vgl. T. v. Freyberg, *Industrielle Rationalisierung in der Weimarer Republik*, Frankfurt am Main, New York, 1989, S. 389-90.
(13) Vgl. T. Siegel, T. v. Freyberg, *a. a. O*., S. 13.
(14) Vgl. *Ebenda*, S. 225-6.
(15) Vgl. *Ebenda*, S. 226, T. v. Freyberg, *a. a. O*., S. 13-4.
(16) Vgl. T. Siegel, T. v. Freyberg, *a. a. O*., S. 217, T. v. Freyberg, *a. a. O*., S. 98.
(17) Vgl. F. Mehner, Moderne Geschichtspunkte im Werkzeugmaschinenbau, *Maschinenbau*, Bd. 6, Heft 4, 1927. 2. 17, S. 169, T. v. Freyberg, *a. a. O*., S. 108.
(18) Vgl. Institut für Wirtschaftsgeschichte der Akademie der Wissenschaften der DDR, *Produktivkräfte in Deutschland 1917/18 bis 1945*, Berlin, 1988, S. 71.
(19) Vgl. W. L. Vrang, Neue Aufgaben der deutschen Werkzeugmaschinenindustrie,

第7章　機械製造業における合理化過程　*383*

　　　Werkstattstechnik, 18 Jg, Heft 17, 1924. 9. 1, S. 451.
(20)　Vgl. T. Siegel, T. v. Freyberg, *a. a. O.*, S. 255.
(21)　Vgl. W. L. Vrang, *a. a. O.*, S. 451.
(22)　Vgl. T. v. Freyberg, *a. a. O.*, S. 15.
(23)　Vgl. Deutscher Metallarbeiter-Verband, *Die Rationalisierung in der Metallindustrie*, Berlin, 1932, S. 86ff.
(24)　Vgl. Erhöhung der Leistung und Verbilligung der Fertigung, *MAN Archiv*, 1. 3. 3. 4, Akt 1, S. 3-4. 同社では搬送の機械化のために1924年12月にグスタフスブルク工場の電気トラックの新規調達のための4,000マルクの投資資金の提案が行われているが、それは搬送の高速化と低廉化に役立つものであり、非常に必要性の高いものであったとされている（Vgl. Neuanschaffungen 1924/25, S. 1-2, *MAN Archiv*, 1. 3. 3. 1, Nr. 184/3）。この点については、F. ティールバッハも、M. A. N.のアウクスブルク工場では以前にはある加工職場からつぎの加工職場への個別部品の搬送には多くの補助労働者が利用されていたが、電気トラックや電動式の起重機貨車によって行われるようになっており、とりわけ搬送要員の節約によって大幅な搬送費の削減が達成されたことを指摘している。Vgl. F. Thierbach, *Technischer Fortschritt und Rationalisierung. Umstellungen in der Maschinenindustrie während der Nachkriegszeit, gezeigt am Werk Augsburg der M. A. N.*, Augsburg, 1932, S. 38.
(25)　Vgl. Deutscher Metallarbeiter-Verband, *a. a. O.*, S. 92-5.
(26)　Vgl. Erhöhung der Leistung und Verbilligung der Fertigung, S. 2, *MAN Archiv*, 1. 3. 3. 4, Akt 1.
(27)　Vgl. T. Siegel, T. v. Freyberg, *a. a. O.*, S. 256.
(28)　Vgl. *Ebenda*, S. 224-5. 工作機械の技術・設計の合理化および技術・組織的合理化の推進におけるユニット・システムの意義については、*Ebenda*, S. 224-6参照。
(29)　前川恭一『現代企業研究の基礎』、森山書店、1993年、177ページ。
(30)　Vgl. T. v. Freyberg, *a. a. O.*, S. 130.
(31)　Vgl. K. Hegner, Das Problem der Vorkalkulation und seine Lösung, *VDI-Nachrichten*, Bd. 68, Heft 32, 1924, S. 821, T. v. Freyberg, *a. a. O.*, S. 130-2.
(32)　Vgl. *Ebenda*, S. 136.
(33)　Vgl. A. Reichert, Einführung von Zeitstudien, *Werkstattstechnik*, 21 Jg, Heft 13, 1927. 7. 1, S. 385.
(34)　Vgl. T. v. Freyberg, *a. a. O.*, S. 137.
(35)　Vgl. Deutscher Metallarbeiter-Verband, *a. a. O.*, S. 195.
(36)　ただこの点に関して注意しておかねばならないことは、工作機械製造にみられたように、機械製造業の合理化の上述の如き特殊的条件がテイラーの合理化方策の意義を他の産業部門（とくに加工組立産業）とは異なるものにする要因となったということである。この点について、T. ジーゲルとT. v. フライベルクは、「工作機械の製造における労働過程の広範囲の細分化および労働の非熟練化は、利用者の合理化要求に特別に合わせてつくった生産手段を供給するこの部門の能力を損なうことになったであろう。テイラーの合理化が全面的に合理的なのではなく、フレキシビリティ・ポテ

ンシャルとしての熟練労働力の利用がここでは合理的であった」としている。T. Siegel, T. v. Freyberg, *a. a. O.*, S. 13.
(37) Vgl. B. Rauecker, *Rationalisierung und Sozialpolitik*, Berlin, 1926, S. 16-7.
(38) R. A. Brady, *The Rationalization Movement in German Industry*, Berkeley, Califolnia, 1933, p. 148.
(39) *Ibid.*, p. 143.
(40) *Ibid.*, p. 150.
(41) *Ibid.*, p. 149.
(42) *Ibid.*, p. 153.
(43) B. Rauecker, Wege und Möglichkeiten der Rationalisierung, *Die Arbeit*, 2 Jg, Heft 12, 1925, S. 749-50, B. Rauecker *Rationalisierung und Sozialpolitik*, S. 17.
(44) Vgl. R. Bosch, E. Durst, Fließarbeit im Betriebe der Robert Bosch A. G. Stuttgart, *Maschinenbau*, Bd. 4, Heft 22, 1925. 11. 5, S. 1094-5.
(45) Vgl. Deutscher Metallarbeiter-Verband, *a. a. O.*, S. 88.
(46) Vgl. G. Duvigneau, *Unterschungen zur Verbreitung der Fließarbeit in der deutschen Industrie*, Breslau, 1932, S. 49.
(47) Vgl. *Ebenda*, S. 52-4.
(48) R. A. Brady, *op, cit.*, pp. 156-8.
(49) Vgl. O. Bauer, *Rationalisierung und Fehlrationalisierung*, Wien, 1931, S. 134-5.
(50) R. A. Brady, *op, cit.*, p. 155.
(51) *Ibid.*, pp. 143-4.
(52) *Ibid.*, p. 147.
(53) 藻利重隆『経営管理総論(第二新訂版)』,千倉書房,1965年,138ページ, H. Hänecke, Fließarbeit im deutschen Maschinenbau, *Maschinenbau*, Bd. 6, Heft 4, 1927. 2. 17., S. 157 をも参照。
(54) Vgl. G. Keiser, B. Benning, *a. a. O.*, S. 58. 例えば印刷機についてみると, M. A. N. では流れ生産方式の導入は比較的遅くに行われており, アウクスブルク工場において1932年に自動印刷機の流れ生産での組み立てが開始されており, 月に75台の最高生産台数が達成されたとされている (Vgl. Fließarbeit in Werk Augsburg, *MAN Archiv*, 2. 3. 4. 8)。またエンジンの生産では, 同社では1920年に定置式ディーゼルエンジンの組別生産が開始されており (Vgl. Aufnahme der Serienfabrikation bei ortsfesten Dieselmotoren, *MAN Archiv*, 1. 3. 3. 4, Akt 1), 30年にも組別生産が行われていたが (Serienfabrikation von Dieselmotoren, *MAN Archiv*, 1. 3. 3. 4, Akt 1), 26年の同社の文書では注文量の問題が取り上げられており, わずかな作業量のために, 多くの場合, 個別生産しか可能ではなく, そこでは, 個別生産によって規定されたコスト増大のあらゆる諸要因を回避することができないことが指摘されている (Vgl. Beschäftigung im Dieselmotorenbau, *MAN Archiv*, 1. 3. 3. 4, Akt 1)。そうしたなかで, 29年12月には GV33型および42型のエンジンの流れ生産のための作業準備が取り組まれており, そこでは, 生産計画, 材料の調達, 材料の搬送および在庫保有, 期限管理などの問題が取り上げられている。Vgl. Vogt-Arbeitsvorbereitung für eine

第7章 機械製造業における合理化過程　385

　　　flissende Fabrikation von Motoren GV 33 & 42, *MAN Archiv*, 1. 3. 3. 4, Akt 1.
(55)　Vgl. T. v. Freyberg, *a. a. O.*, S. 153-4.
(56)　Vgl. *Ebenda*, S. 156-7.
(57)　Vgl. *Ebenda*, S. 158, C. Köttgen, Die allgemeinen Grundlagen der Fließarbeit, *Zentralblatt für Gewerbehygiene und Unfallverhüttung*, Beiheft 12, "Fließarbeit", 1928, S. 12.
(58)　Vgl. Schulz-Mehrin, Kosten bei Einzel-, Reihen- und Fließfertigung, *Maschinenbau*, Bd. 6, Heft 16, 1927. 8. 18., S. 814.
(59)　Vgl. *Ebenda*, S. 817.
(60)　Vgl. T. v. Freyberg, *a. a. O.*, S. 161. そのような一般的状況のもとでも，工作機械製造業の代表的企業であるレーヴェ社でも，工作機械のロットは10台から100台という小さいものであったために，組立工程においても流れ作業方式は導入されていなかったとされており（幸田亮一「ワイマール期ドイツ合理化運動における工作機械工業の役割」『経済論集』（佐賀大学），第31巻第3・4合併号，1998年11月，207ページ），ドイツの場合，「工作機械という生産台数が限られた機械の生産ではフォード的な生産方式はもともとなじまなかった」（同論文，208ページ）ともいえる。
(61)　Vgl. G. Duvigneau, *a. a. O.*, S. 50, Deutscher Metallarbeiter-Verband, *a. a. O.*, S. 100.
(62)　Vgl. J. Bönig, *Die Einführung von Fließbandarbeit in Deutschland bis 1933*, Teil I, Münster, Hamburg, 1993, S. 542.
(63)　Vgl. *Ebenda*, S. 551.
(64)　Vgl. *Ebenda*, S. 547-8.
(65)　Vgl. G. Duvigneau, *a. a. O.*, S. 52-3.
(66)　Vgl. G. Stollberg, *Die Rationalisierungsdebatte 1908-1933*, Frankfurt am Main, New York, 1981, S. 52.
(67)　Vgl. Deutscher Metallarbeiter-Verband, *a. a. O.*, S. 105.
(68)　Vgl. J. Bönig, *a. a. O.*, S. 349, S. 351 u S. 353-5.
(69)　R. A. Brady, *op, cit*., p. 160, J. Bönig, *a. a. O.*, S. 352.
(70)　Vgl. *Ebenda*, S. 358.
(71)　Vgl. Deutscher Metallarbeiter-Verband, *a. a. O.*, S. 101-2.
(72)　Vgl. J. Bönig, *a. a. O.*, S. 359.
(73)　Vgl. G. Duvigneau, *a. a. O.*, S. 54.
(74)　Vgl. J. Bönig, *a. a. O.*, S. 361-4.
(75)　R. A. Brady, *op, cit*., p. 158.
(76)　Vgl. J. Bönig, *a. a. O.*, S. 554.
(77)　R. A. Brady, *op, cit*., pp. 158-9. ドイツ経済性本部（RKW）の『合理化ハンドブック』は，鉄道貨車製造における流れ作業の導入による製造時間の短縮について，すべての時間の支出のうちのかなりの割合を占めている車両の塗装のための乾燥時間を短縮することに成功すれば，始まりから引き渡しまでの貨車の生産は約3日で可能であろう，と指摘している。Vgl. Reichskuratorium für Wirtschaftlichkeit, *Handbuch*

der Rationalisierung, 2. Auflage, Berlin, 1930, S. 1110.
(78) Vgl. R. Rocker, *Die Rationalisierung der Wirtschaft und die Arbeiterklasse*, Berlin, 1927, S. 33.
(79) Vgl. Reichskuratorium für Wirtschaftlichkeit, *a. a. O.*, S. 1102.
(80) R. A. Brady, *op. cit*., pp. 159-60.
(81) Vgl. T. v. Freyberg, *a. a. O.*, S. 34-5.
(82) 幸田亮一氏は、工作機械工業に関して、「ドーズ・プランに基づくドイツ経済復興期のなかで、多様な市場を抱えたドイツ工作機械工業にとって危機への対応策としては、業界全体を掌握した組織・人のもとでの、企業提携、機種限定、汎用機を中心とした技術力向上という戦略しかありえなかったのではないだろうか」と指摘されている（幸田、前掲論文、210ページ）。また同氏は、この時期のドイツ工作機械工業の回復を妨げた問題について、「自動車や家電製品といった消費財を中心に投資が活発化するという時代はヨーロッパではついに到来しなかった」とした上で、「本格的に20年代のドイツ工作機械工業の回復を妨げた最大の要因は、ドイツを含むヨーロッパ全体の経済発展の停滞にあった」とされている（幸田亮一「1920年代ドイツ工作機械工業の危機と再編」『商学論集』（熊本学園大学）、第3巻第3・4合併号、1997年4月、63ページ）。しかし、この問題に関しては、当時の状況のもとでは、国内市場の狭隘性がその分だけ輸出依存を強めざるをえず、輸出の重要性を高めることになったという事情は、工作機械工業にとっても、本来アメリカ的展開をはかることを重要な課題としたのであり、ドイツを含むヨーロッパ全体の経済発展の停滞がもたらした問題・影響についても、国内市場の拡大を基礎にして量産化が本格的にすすむという、第2次大戦後に普及をみる「現代的な」展開をアメリカ以外の諸国ではとげることができなかった当時の状況にあっては、国内市場の問題が合理化のあり方、大量生産のあり方、その産業の発展のあり方を基本的に規定する最も重要な要因のひとつとして作用せざるをえなかったという点との関連でみておくことが重要であろう。

第8章　合理化の労働者におよぼす影響

　これまでの考察において，重工業，化学，電機，自動車，機械製造の当時の代表的な基幹産業部門を取り上げて，その合理化過程をみてきたが，つぎに，合理化が労働者にどのような影響をおよぼしたか[1]，についてみていくことにしよう。まず企業集中による「消極的合理化」，「技術的合理化」および「労働組織的合理化」が労働者におよぼした影響についてみた上で，合理化の展開にともなう労働者の状態の変化を統計資料に基づいて考察を行い，さらに合理化に対する労働組合の態度についてみていくことにしよう。

第1節　「消極的合理化」の労働者におよぼす影響

　まず1920年代の合理化運動の初期にみられた企業集中による「消極的合理化」＝工場や生産設備の閉鎖・廃棄が労働者におよぼした影響についてみることにしよう。20年代の後半にかつてない規模の企業集中＝トラスト化が行われた重工業では，「技術的合理化」とともに生産能力の整理が引き続き行われており，合同製鋼でも，1933年までに高炉工場は23から9に，トーマス式製鋼工場は5から3に，平炉製鋼工場は20から8に，一次圧延機は17から10に，帯鋼圧延機は7から3に，線材圧延機は7から2に，薄板圧延機は13から6に，鋼管圧延機は8から3に減らされている[2]。1931年の金属労働者組合の調査によると（表8-1参照），重工業では，経営部門の統合が行われた26部門のうち57.7％にあたる15部門で労働力が余剰となっており，53.8％にあたる14部門で給付の上昇がみられた。機械製造業でも同様であり，そのような方策が推し進められた47部門うち53.2％にあたる25部門で労働力が余剰となっており，66％にあ

表 8-1　主要産業部門における合理化の労働者におよぼした影響

産業部門	合理化方策	部門数	労働力の余剰	給付の上昇	専門労働者の排除	従業員の若年化	賃金引き下げ	報告なし
重工業 (222)[1]	経営部門の統合	26(11.7)[2]	15(57.7)[3]	14(53.8)[3]	1(3.8)[3]	1(3.8)[3]	7(26.9)[3]	4(15.4)[3]
	機械設備の近代化	197(88.7)	111(56.3)	138(70.1)	12(6.1)	19(9.6)	66(33.5)	26(13.2)
	定型数の削減	4(1.8)	3(75.0)	1(25.0)	1(25.0)	1(25.0)	—	—
	流れ作業の導入	18(8.1)	10(55.6)	11(65.1)	—	—	7(38.9)	2(11.1)
	コンベア作業の導入	5(2.3)	2(40.0)	—	3(60.0)	—	—	2(40.0)
	組別生産の導入	2(0.9)	2(100.0)	—	—	—	—	—
	その他の転換	9(4.1)	2(22.2)	9(100.0)	—	—	4(44.4)	—
電機工業 (181)	経営部門の統合	20(11.0)	8(40.0)	9(45.0)	5(25.0)	—	5(25.0)	4(20.0)
	機械設備の近代化	139(76.8)	65(46.8)	103(74.1)	34(24.5)	17(12.2)	55(39.6)	8(5.8)
	定型数の削減	3(1.7)	1(33.3)	1(33.3)	—	—	—	1(33.1)
	流れ作業の導入	57(31.5)	32(56.1)	43(75.4)	25(43.9)	—	30(52.6)	9(17.0)
	コンベア作業の導入	53(29.3)	26(49.1)	12(22.6)	22(41.5)	—	7(13.2)	1(3.0)
	組別生産の導入	33(18.2)	25(75.8)	4(12.1)	6(18.2)	10(30.3)	7(21.2)	—
	その他の転換	7(3.9)	4(57.1)	2(28.6)	1(14.3)	—	2(28.6)	1(14.3)
自動車・自転車工業 (94)	経営部門の統合	14(14.9)	6(42.9)	11(78.6)	7(50.0)	—	4(28.6)	7(7.1)
	機械設備の近代化	83(88.3)	48(57.8)	59(71.1)	24(28.9)	18(21.7)	32(38.6)	8(8.4)
	定型数の削減	30(31.9)	12(40.0)	23(76.7)	13(43.3)	3(10.0)	19(63.3)	1(3.3)
	流れ作業の導入	20(21.3)	9(45.0)	5(25.0)	5(25.0)	1(5.0)	4(20.0)	6(30.0)
	コンベア作業の導入	25(26.6)	13(52.0)	—	3(12.0)	5(20.0)	2(8.0)	4(16.0)
	組別生産の導入	1(—)	—	1(100.0)	—	1(100.0)	1(100.0)	—
	その他の転換	—	—	—	—	—	—	—
機械製造業 (475)	経営部門の統合	47(9.9)	25(53.2)	31(66.0)	9(19.1)	1(2.1)	24(51.1)	5(10.6)
	機械設備の近代化	426(89.7)	229(53.8)	322(75.6)	65(15.3)	44(10.3)	171(40.1)	29(6.8)
	定型数の削減	77(16.2)	40(51.9)	64(83.1)	8(10.4)	2(2.6)	42(54.5)	5(6.5)
	流れ作業の導入	11(2.3)	4(36.4)	8(72.7)	2(18.2)	—	2(18.2)	3(27.3)
	コンベア作業の導入	69(14.5)	38(55.1)	20(29.0)	10(14.5)	7(10.1)	37(53.6)	3(4.3)
	組別生産の導入	21(4.4)	8(38.1)	9(42.9)	2(9.5)	—	11(52.4)	3(14.3)
	その他の転換	—	—	—	—	—	—	—
全産業[4] (1,860)	経営部門の統合	183(9.8)	89(48.6)	107(58.5)	34(18.6)	5(2.7)	63(34.4)	27(14.8)
	機械設備の近代化	1,631(87.7)	830(50.9)	1,213(74.4)	293(18.0)	195(12.0)	544(33.4)	146(9.0)
	定型数の削減	13(0.7)	8(61.5)	3(23.1)	2(15.4)	1(7.7)	—	—
	流れ作業の導入	371(19.9)	189(50.9)	286(77.1)	103(27.8)	14(3.8)	195(52.6)	20(5.4)
	コンベア作業の導入	168(9.0)	80(47.6)	57(33.9)	60(35.7)	3(1.8)	28(16.7)	33(19.6)
	組別生産の導入	222(11.9)	126(56.8)	33(14.9)	36(16.2)	54(24.3)	66(29.7)	12(5.4)
	その他の転換	67(3.6)	19(28.4)	37(55.2)	3(4.5)	4(6.0)	27(40.3)	9(13.4)

(注)：1)　( )内の数値は調査された部門数。
　　　2)　[ ]内の数値は、調査された部門数に占める部門数の割合（単位：%）。
　　　3)　( )内の数値は、各合理化方策が行われた部門数に占める割合（単位：%）。
　　　4)　これには、製鉄業・金属製造業、鉄製品・金属製造業、機械製造業、輸送機械工業、電機工業、精密機械・光学工業などが含まれている。

(出所)　Deutscher Metallarbeiter-Verband, *Die Rationalisierung in der Metallindustrie*, Berlin, 1932 より作成。

たる31部門で給付の上昇がみられた。重工業や機械製造業ほどには「消極的合理化」がドラスティックに展開されることのなかった電機工業や自動車・自転車工業などでも同様の傾向がみられ，経営部門の統合によって労働力が余剰となった部門の割合はそれぞれ40％，42.9％となっているが，とくに自動車・自転車工業では，給付の上昇がもたらされた部門の割合が78.6％にものぼっていることが注目される。この点をこの調査の対象とされた広義の金属産業全体でみると，労働力の余剰は48.6％，給付の上昇は58.5％の部門でみられた。

第2節 「技術的合理化」の労働者におよぼす影響

つぎに「技術的合理化」の労働者におよぼす影響について考察を行うことにするが，ここでは，この点を合理化が強力に推し進められた主要産業部門についてみておくことにしよう。

まず炭鉱業におけるこの時期の急速な機械化がどのような諸結果をもたらしたか，とくに労働者におよぼす影響についてみることにしよう[3]。アンケート委員会の調査報告によると，調査対象になった炭鉱経営の機械化の目的は，経営費の節約，労働者1人当りの採炭高の増大および安全性の向上にあったとされている。なかでも経営費の節約についてみると，それは労務費の低減と爆薬の節約に分かれるが，前者については，機械化によって，間接的にしか生産とかかわりをもたない多くの労働者（補助労働者）が節約されるように，経営の再組織化が行われたとされている[4]。また作業の安全性の向上についてみると，E．シャルダッハによれば，機械化によって発破作業が不要となり，岩石の速やかな除去および岩石の充塡挿入によって危険な場所は短い時間で離れることができたほか，鉱山用電気表示器のような近代的な補助手段，岩粉法，溢流法の改善など，これらの手段・方法の導入は坑夫の作業の軽減に役立ったとされている。またしばしばみられた，機械作業によってもたらされた労働者の共同作業は，彼らに対して，より大きな安全性を与えたとされている[5]。

このように，炭鉱業におけるこの時期の機械化の進展によって労働者の作業の肉体的な負担が軽減されたほか，作業上の安全性も高められており，採炭の領域においても，このような部分的な機械化でもって初めて他の産業諸門なみ

の作業条件が整うようになったとされている(6)。しかし、その現実をみると、機械化にともない労働災害、疾病の増加や一層の労働強化がひきおこされており、炭鉱業における機械化が労働者に不利な影響をおよぼした点をも重視しなければならない。例えばコールピックの導入は労働強化とも結びついて肉体労働の軽減化を何ら意味しなかったとされている(7)。労働者はこの機械を手のなかに摑んでおかなければならず、また機械の衝撃が身体に加わるので、そうした作業は精神的にも肉体的にも非常に大きな緊張を必要とした(8)。E. シャルダッハによれば、この時期の炭鉱経営の機械化は、労働者に対して、一方では危険に対する保護をもたらしたが、他方では彼の生命のより大きな危険をもたらしたとしている。機械の大きな騒音は、差し迫る危険にさいして、鉱山の鳴動をよく聞こえないようにした。恐らく坑夫は以前にはあまり大規模な技術的補助手段を自由に使うことはできなかったが、彼らは何年もの炭鉱での作業によって、劈開および酸素の欠乏による災害の差し迫る危険に対する直感を身につけていた。しかし、電気照明を備えた騒音のはげしい近代的な炭鉱経営はこのような直感を大きく損わせたとされている(9)。このように、炭鉱においては、シェーカーコンベアやコールカッタの騒音は、労働者が岩盤の動きを聞き、そしてそれによって落盤の警告を受けることを妨げることになった。また危険な発破作業は採炭のための機械によって駆遂されたけれども、そこでも、災害件数は増加している(10)。こうして、炭鉱におけるこの時期の機械化は労働者の作業を本来、軽減するものであったが、むしろ逆に、労働災害の危険性を一層高めることにもなった。プロセイン炭鉱災害統計によれば、年間災害件数は1924年以降増加しているが、このことが機械化の進展に帰因していることは官庁サイドによっても認められている(11)。そのような急速な機械化にともない災害や疾病がどの程度増加したかについては、第3節においてみることにしよう。

　こうした状況もあり、炭鉱業における機械化に対する労働者の反対もそれだけ強かったといえる。炭鉱業では、合理化および機械化は他の諸部門においてよりも明確な反対に直面したのであり(12)、コールピックは坑夫には評判がよくなかったとされている(13)。しかし、炭鉱労働者が新しい作業条件を与えられた場合には、コールピックやシェーカーコンベアの撤廃は抵抗に突き当たっ

たのであり，機械化への反応は複雑なものであったといえる。機械化された採掘経営では，より大きな負荷の労働の場合に所得の可能性がより大きいことが明らかになったことに加え，とくに若い坑夫は昔からのつるはしと手動式穿孔機での作業を理想化することには抵抗を示したのであった[14]。それまで人気のあった坑夫の労働は大きな嫌悪をもって行われるようになったとされている[15]。「坑夫の工業労働者への格下げ」と「工場の労働条件への接近」は坑夫の労働を質的に異なるものにし，またそれでもって彼らの専門職気質を傷つけることにもなったとされている[16]。

　つぎに**鉄鋼業**についてみると，そこでは，生産工程の一貫的統合の徹底化と労働手段の技術的発展を基礎にして，作業の連続化，高速化が推し進められ，そのような技術的再編成がすすむなかで，労働者の作業テンポはますます労働手段の進行速度によって決定されるようになってくる。すなわち，製鉄所や圧延工場の労働過程の性格はベルト・コンベアのそれに似たものとなり，そこでは，作業のテンポはもはや個々の労働者によって決められるのではなく，ほとんどの場合，労働者が影響をおよぼすことができない機械設備の動きと個々の作業職能との共同作用によって生み出されるのであり，このような諸機能から生み出される作業のテンポは，労働者のもつ自由を完全に奪いとってしまうことになる[17]。その結果，フォードにおける流れ作業システムやコンベア・システムに匹敵するほどに，またうまく機能しているところの合理化され，機械化された製鉄所の労働過程では，もはや生理的に必要な休憩さえまったく許されなくなったとされている[18]。というのは，そのような労働過程では，作業は停止していることはなく，一つの作業の停止は他の一連の作業の停止をひきおこすからであり，各労働者はこのような機構のもつ物理的な強制進行性やそのような作業リズムの心理的な影響から逃れることはできないからである。かくして，そこでは，労働者の肉体的な給付能力の限界をこえる労働強化が行われることになる[19]。

　この点を金属労働者組合による1931年の調査結果に基づいてみると（前掲表8-1参照），重工業では，調査された222部門の88.7％にあたる197部門から機械設備の近代化が報告されているが，その影響については，111部門（56.3％）において労働力が余剰となっており，138部門（70.1％）において給付の上昇

がみられ、また66部門 (33.5%) において賃金が引き下げられているのに対して、専門労働者が排除されたのはわずか12部門 (6.1%)、従業員の若年化がみられたのは19部門 (9.6%) にすぎず、とくに報告すべき影響がなかった部門はわずか26部門 (13.2%) にすぎない。

また**電機工業**では、調査された181部門の76.8%にあたる139部門から機械設備の近代化が報告されているが、そのうち、65部門 (46.8%) において労働力の余剰が、103部門 (74.1%) において給付の上昇が、55部門 (39.6%) において賃金の引き下げがおこっているほか、34部門 (24.5%) において専門労働者の排除がおこっている。これに対して、従業員の若年化がみられたのは17部門 (12.2%) にすぎず、報告すべき影響のなかった部門はわずか8部門 (5.8%) にすぎない。

自動車・自転車工業をみても、同様の傾向がみられる。そこでは、調査された94部門の88.3%にあたる83部門から機械設備の近代化が報告されているが、そのうち、48部門 (57.8%) において労働力の余剰が、59部門 (71.1%) において給付の上昇が、32部門 (38.6%) において賃金の引き下げがおこっているほか、24部門 (28.9%) において専門労働者が排除されており、とくに報告すべき影響がなかった部門はわずか7部門 (8.4%) にすぎない。ただそのような合理化が行われた83部門のうち従業員の若年化がみられたのは18部門であり、その割合は21.7%にのぼっており、この点のみが、電機工業とはやや異なっているといえる。

さらに**機械製造業**についてみると、そこでも、調査された475部門の89.7%にあたる426部門から機械設備の近代化が報告されており、そのうち、229部門 (53.8%) で労働力の余剰が、322部門 (75.6%) で給付の上昇が、171部門 (40.1%) で賃金の引き下げがおこっているが、専門労働者の排除がみられたのはそのような合理化が行われた426部門の15.3%にあたる65部門にとどまっており、電機工業、自動車・自転車工業との相違がみられる。従業員の若年化がみられたのは44部門 (10.3%) となっており、その割合は電機工業とほぼ同じであるが、自動車・自転車工業と比べるとかなり低くなっている。また労働者におよぼす影響について報告すべき影響がなかったと答えたのは29部門 (6.8%) であり、これら2つの産業部門とほぼ同じである。

さらに、この調査の対象とされた広義の金属産業全体でみると、調査された1,860部門の87.7％にあたる1,631部門から機械設備の近代化が報告されているが、そのうち、830部門（50.9％）で労働力の余剰が、1,213部門（74.4％）で給付の上昇が、544部門（33.4％）で賃金の引き下げがおこっているほか、293部門（18％）で専門労働者の排除がおこっている。これに対して、従業員の若年化がすすんだのは195部門（12％）と少なく、またとくに労働者におよぼす影響がなかったと報告しているのは146部門であり、わずか9％にすぎない。なかでも、そのような「技術的合理化」によって労働力が余剰となったことについては、機械設備の革新・更新によって必要な労働者数が減らされただけでなく、とくに自動車工業においてみられたように、1人の労働者が複数の機械を受け持ついわゆる「多台持ち」がそれまで以上にすすんだことも[20]、そのひとつの重要な要因であったといえる。

第3節 「労働組織的合理化」の労働者におよぼす影響

1 レファ・システムの労働者におよぼす影響

(1) レファ・システムによる労働強化の仕組み

つぎに「労働組織的合理化」の労働者におよぼす影響についてみていくことにするが、まず第1次大戦後のいわば特殊ドイツ的な諸条件のもとで生み出されたレファ・システムの導入が労働者にどのような影響をおよぼしたかについて、テイラー・システムの場合との対比をふまえながら、みていくことにしよう。

まず労働者にとってのレファ・システムの欠点のひとつは、労働者がつねに賃金や出来高単価の切り下げにさらされていたということである。レファ・システムにおいては、労働者は一般的に賃率の切り替え（Umrechnung）を統制することができないし、またその結果や切り換えの基礎となる基準をまったく知ることができず、作業の割り当てが進むにつれて、労働者にはその概要がわからないようになってしまうのである[21]。またレファ・システムに対する批判としては、経営当局者によって経営協議会が実質的に締め出されてしまうこと、企業によって雇われた職員が時間研究を行うための訓練を十分に受けてい

なかったり，それに適していない場合がたびたびあることなどの点が指摘されているが，最大の危険性のひとつは，この新しいシステムによる「出来高単価の切り下げ」の可能性にあったとされている。

すなわち，労働者が一定水準の出来高給を上回れば，計算の基準の変更，動作分析および動作の諸要素の最短時間の測定によって，「再検査」("Nach-prüfung") という理由のもとに出来高単価の大幅な切り下げを行うということがあったとされている[22]。このような賃金の切り下げは，本来資本家側と労働者側との当事者間の問題である賃率の決定に関して，その知識が労働者から完全に奪いとられ，資本の意のままに決定が行われることによるものであった。

このようにして，レファ・システムでは，賃率の切り下げがしばしば行われており，その意味では，アメリカにおいてテイラー・システムを誕生せしめた要因のひとつであった労働者の「組織的怠業」の根本的な原因となっていた「賃率切り下げ」(rate-cuttting) の問題が十分に解決されていたとはいえない。しかもこのような出来高給の切り下げのもとで，レファ・システムの利用は給付のかなりの増大をもたらしたとされている。1927年の金属労働者組合の調査によると（前掲表2-4参照），レファによる賃金支払システムを採用していた717の部門のうち，68.6％にあたる492部門において，出来高単価の切り下げのもとで，給付の増大がみられたとされている。例えば自動車工業では，50％の出来高給の切り下げのもとで，70％の給付の増大が達成されたとされている[23]。

ところで，合理化の時期における数年間のレファ協会の計算活動の成果は，3冊の「レファ資料集」("Refa-Mappen") にまとめて公刊されているが，レファ協会のこのような計算においては，とくに請負労働のための作業時間の客観的な決定に取り組んできたとされている。E. シャルダッハによれば，それまで請負価格の決定は概算，経験および伝統に基づいており，そこでは，職長と労働者との当事者の活動は，そのときそのときの交渉にさいしてある程度の余地をもっていたのに対して，レファ・システムにあっては，請負価格のための基礎をなす作業時間が，両当事者から紛争をなくし，また正確な計算方法および計測方法によって捜しあてられるはずであるとされていた。このように，

測定のさいに,「正確」で「客観的」な計算が請負時間の大ざっぱな概算にとって代わり,またそれでもって,古い職長の恣意性から解放されるということが,レファ・システムの長所として推奨されている(24)。

しかし,H．シュピッツレーが,レファ・システムの作業研究方法の分析において批判しているように,「正確」な計算方法と計測方法によって古い職長の恣意性が排除されえたかどうかは疑わしい。どの程度の作業量を「標準」としてみなすべきかは,以前から,経営内でも,労働科学や作業研究においても激しく論争されてきたが,「標準作業量は決して自然科学的に正確に測定しうる量ではなく,長期的なタイムスパンをとって測ってみても一度として一定であったためしはな」く,むしろ「標準に対する考え方」──個々の時間研究係の頭の中にある──は,彼ら自身の感情や社会的影響力に左右されている,と指摘されている(25)。さらに彼は,「標準作業量の基準に関する協定は,いわば参加者の間で,ある程度までなされる。しかし,現状ではこれ以外の方法で標準作業量の基準を固定することはまったく不可能である」というH．ベールスとE．ペッヒホルトの指摘をあげて,「このような状況のもとでは,レファ方式にしたがった予定標準時間設定においても正確かつ一般的に有効な基準を欠いている(26)」としている。それゆえ,H．レーハーンが指摘しているように,「レファが特定の標準作業に対応した予定標準時間を明確にしないかぎり,何らかの意見をもった時間係はレファの名をかりて恣意的に標準作業量を操作できることになる(27)」としている。

もとより,ドイツの労働組合運動においては,経営協議会の影響を通じて,テイラー・システムのマイナス面を回避すべきだという見解が普及していたが,経営協議会の影響力はヴァイマル体制下のドイツにおいてはほとんどない状態であり,「現実には,作業設計および作業組織の管理に対する企業家の独占は変らなかった(28)」とされている。このような状況のもとでは,標準作業量の設定は企業側の意のままに専制的に行われることにならざるをえなかったといえる。

このようにして,ドイツでは,レファ方式による標準作業量の科学的算出方法は,「『職長の恣意性を排除した』正確かつ客観的で中立的なものとして,労資双方の同意をえて」種々の産業に普及していったとされているが(29),実際

には，標準作業量の設定のさいに時間係（時間研究員）の恣意性が十分に排除されうるとはいえない状況にあったといえる。

　(2)　テイラー・システムとレファ・システムの管理機能の比較

　つぎにみておかねばならないことは，テイラー・システムとレファ・システムのもつ管理機能とその比較についてである。テイラー・システムが資本主義的経営管理の体系として有する最大の特色は，「『課業（Task）』の設定と『課業』の運用を通じ，企業における資本の専制的支配をかためながら，労働搾取機能の強化をはかり，最大の剰余価値の獲得を実現しようとしたところにある[30]」。テイラー・システムのもつこのような管理の機能は，計画機能と執行機能の分離を徹底化し，計画部の設置によって，すべての計画機能を労働者から奪いとり，資本のもとに集中することから生まれてくる。「作業の科学の発見の結果，熟練が労働者から管理者へ移動し，またそれにともなって，権限もかなり移動すること」になるが，「この権限は直接トップにおいて決定されるものではなくて，工場の新しい中核である計画部（planning department）において決定され」た[31]。つまり，テイラーの経営管理方式は，「雇用者に以前もっていたよりも生産要素についてのより大きな知識と統制力とを与えようとするもの」であり，「雇用者の手中に大きな権力をもたらそうとするものであった[32]」。

　このようなテイラーの課業管理は，計画化と標準化に基づく管理機構であるといえる。すなわち，「一方でテイラー・システムにおける標準化の具体的形態を前提条件とし，他方では計画化の内容たる一流労働者の最速時間が課業として労働者に提示されるのであって，こうした関連のもとで課業管理は，直接的には労働者の作業の統制機構として機能することになる[33]」。そこでは，このような計画化と標準化を基礎にして，労働者のなすべき1日の作業量，作業テンポが資本の側によって専制的に決定されるようになる。しかもこのようにして設定される課業は，一流労働者の最速時間を基準としているので，一般的に労働者は激しい労働強化を強いられることになる。

　しかし，要素的時間研究と企画部（計画部）制度との結合によって，資本サイドから専制的に設定された「課業」を，労働者をして達成させることはきわ

めて困難であった。そこで、テイラーは、「現場の職長からの頭脳的・計画的労働の分離や職長の担当する職能の単純化を可能にする職能的職長制度や作業指図票制度による、資本の支配・監督機構の強化」と、「労働者の主観的態度を労働強化の方向に志向させようとする出来高差別払制度の導入」を推し進めるのである[34]。このようにして、テイラー・システムにおいては、差別的出来高給制度が課業制度による管理の機能を補完する役割を果している。

そこで、つぎに、テイラー・システムとの対比において、レファ・システムをみると、レファ・システムにおいても、計画機能と執行機能の分離が推し進められた。ドイツでは、レファ・システムの普及にともない、レファ協会の教育コースにおいて、時間研究員が養成されてくるのであるが、彼らは各企業の計画部ないし出来高部といったスタッフ部門に配属され[35]、そこで標準時間の算定とそれに基づく課業の設定をとおして、計画機能を遂行することになる。しかもレファ・システムにおいても、すでに指摘したように、労働者は標準時間の算定、それに基づく賃率の決定についての知識をもちえなかったし、それに関与することもできず、それゆえ、企業側は労働者の影響を受けることなく、このような計画機能を遂行することができたのであった。時間研究に基づく標準時間の算定および課業の設定は、それに携わる職員が資本の側の人間である限り、労働者に対する資本の管理の集中化、強化を意味するのであり、資本のもとへの労働者の従属を強めることになる。この点、H．シュピッツレーが指摘するように、まさに「規律ある実行、そして企業支配の下での従属への社会化は、『科学的管理』からレファに受け継がれた企業組織の前提と成果を同時になすものである[36]」。結局、「計画と作業遂行との体系的な分離は、レファ方式の前提であり、帰結であるとともに、あらゆる知織と計画立案能力を経営管理者のもとへ集権化させる[37]」ことになる。そのことによって、労働過程におけるすべてのデータおよび問題解決能力が企業の側に集中され、いわば目にみえないかたちで労働強化を推し進めるための条件が築かれたのであった。

またテイラー・システムでは、課業制度による管理の機能を補完するものとして、差別的出来高給制度が導入されていたが、レファ・システムでは、第2章で考察したように、賃金と給付との関係が比例的となっており、ドイツの労

働者はテイラーの差別的出来高給制度を阻止することに成功したとされている。しかし、レファ・システムの現実をみると、労働者が課業を達成し、一定の水準を上回る賃金を獲得した場合、そこでは、「再検査」という名のもとに出来高単価の切り下げが行われている。したがって、賃金と給付との関係が比例的であることがテイラー・システムとレファ・システムとの相違点の一つであるとしても、その現実をみれば、レファ・システムの労働者におよぼす影響はテイラー・システムの場合とそれほど変わるところがないといえるであろう。つまり、テイラー・システムもレファ・システムも労働者におよぼす影響には大きな違いはなく、その違いはあくまでも相対的なものであるといえよう。

2 フォード・システムの労働者におよぼす影響

つぎに、フォード・システムの労働者におよぼす影響について、流れ生産方式の導入による労働組織の合理化が労働者にどのような影響をおよぼしたかをみていくことにしよう[38]。もとより流れ作業の本質は、途絶えることのない連続的な作業工程にあるが、フォードの移動組立法は、「最小単位の部分品の製造にはじまり、これを順次に組立てて行って、最後に製品になるまでの、すべての製造作業がことごとく組立線によって流動的・強制進行的に遂行せられる」ところに、その特質を見出すことができる[39]。ただここで注意しておくべきことは、このような移動作業型流れ作業による生産が行われる場合でも、個々の組立作業が必ずしも機械化されるとは限らず、むしろその必要性は必ずしもないということである。そこでは、コンベアが「加工対象に時間的強制進行性を与え、連鎖を構成する諸部分作業を規則化し、同期化する」のであり、「本来たんなる搬送手段にすぎないコンベアの中心的意義は、この点にある[40]」。ドイツにおいても、組立ラインの基礎はしばしば手作業のままであったとされている[41]。

このように、フォード・システムの機構においては、全体としての組立作業の速さを統一的に規定する時間と、そのためのコンベアが重要となるが、このような時間（作業タクト）によって全体的統一的管理が可能になるわけであって、したがって、作業タクトに関する研究は極めて有意義である。 かかる作

業タクトを決定づけるそれぞれの要素のうち，作業の進行は，個々の運搬労働者の仕事ではなくなり，むしろコンベアの速度にかかるようになる。「それは電動機の調節によって客観的にその速さが決定づけられるのに対して，個々の移動組立線に配置された人間労働力にとっては，そこでの作業は，なお担当者の主観的能力に委ねられているわけで，多少の巾はあり得る」。そこでは，コンベアの速さを，極めて物理工学的に高めることによって，他方，生きた労働をぎりぎりの限度まで変化させ，あるいは基準よりも高い労働強度を強制するのである(42)。もとより流れ作業にとってのベルト・コンベアの意義は作業工程の強制にあるが，この方法で，ベルトは労働のテンポ，労働の強度を規制する。ベルトの速度の加速は，作業タクトを短縮し，そこに働く全労働者にその動きの加速を強制するのに十分である。ベルトは奴隷監視人の鞭よりも専制的に，一層早い動き，一層あわただしい労働へと駆り立てる。ベルトはたんなる搬送手段から，労働者の筋肉と神経に一層大きな給付を強制する手段に転化するのである(43)。かくして，労働者は，このベルト・コンベア方式によって，まさに「機械の付属物」となるのである(44)。

　このような労働の管理の変革をもたらす流れ生産方式のドイツ企業への導入が労働者におよぼした影響については，まずつぎの点を指摘しておかねばならない。すなわち，藻利重隆氏が指摘されているように，「移動組立法の実施によって作業の強制進行性の確保せられるフォード・システムにおいては，労働者の課業は組立線の移動速度によっておのずから規制せられ，維持せられるのであるから，金銭的奨励はもはやその必要を見ない」のであり，フォード経営においては，定額賃金制度が採用されていた(45)のに対して，ドイツでは，AEGのヒューズ生産の事例にみられるように，流れ作業あるいはコンベア作業の導入が集団出来高給の採用と結びついていたというケースがしばしばみられたということである(46)。流れ生産方式の導入による労働強化の強制のための手段として，コンベア作業のもとでの出来高給，とくに集団出来高給の採用が重要な役割を果していたことについて，A．エンデルレは，ドイツの企業家が最高可能な作業テンポをさぐりあてるための科学的な計算を節約しようとしていること，また出来高給のもとでのより多い収入の刺激によって，そのようなテンポを労働者自身によってつきとめさせようとしていることを指摘してい

る$^{(47)}$。またH．ヴァイスは，より多くの給付に対してより高い出来高給が約束されるならば，労働者の個人的な野心を駆り立てることによって，コンベアのテンポがはかるにうまく，また容易に加速されることができるとしている$^{(48)}$。

　流れ生産方式の導入が労働者およぼした影響をみる上で指摘しておくべきいまひとつの重要な点は，AEGのヒューズ生産に関して，「ストップ・ウォッチの助けでもって，最も熟練をもち，また最も柔順な仕事仲間の最速の動作が1秒の端数まで正確に計測された$^{(49)}$」と報告されており，この報告にみられるように，流れ作業組織の編成のさいに重要な意義をもつ作業タクトの決定において，「一流労働者の最速時間」にその基準が求められていたケースが多くのところでみられたということである。第2章でみたように，ドイツでは，課業の基準をテイラー・システムの「一流労働者の最大給付」から切り離し，「平均的労働者の正常給付」としたことが，テイラー・システムがレファ・システムというかたちでドイツの労働者に受け入れられた理由のひとつであったが，フォード・システムの導入のもとで，レファにおいて「平均的労働者の正常給付」に求められた1日になすべき仕事量の基準が，再び「一流労働者の最速時間」による「最大給付」とされている。

　このような最速の作業テンポの強制が可能となったのは，流れ作業組織のもつ作業機構の特質そのものに求められるが，経営協議会の機能についてみても，上述したように，この時期には，経営協議会の影響力はほとんどなかったとされており，経営協議会は，新しい作業方法の導入を自ら要求することも，また逆に経営者によるその導入を阻止することもできないとされている$^{(50)}$。この点に関して，H．ヴァイスは，オペル社では，短期間のうちにコンベアの速度がつねに高められたが，経営協議会はコンベアのテンポに対して何ら影響力をもたなかった，としている$^{(51)}$。

　このように，ドイツでは，作業の時間的強制進行性を確立し，それによって労働者に決められた作業テンポを強制し，容易に労働の強度を高めることができるコンベア作業に刺激的賃金制度である出来高給を組み合わせることによって，いわば二重のかたちで，労働者をより速い作業テンポへと駆り立てることができたのであり，労働者の賃金所得の低下，激しい労働強化，さらに生産に

従事する労働者数の著しい減少がもたらされたのであった。例えば，電機工業のある開閉器製造工場でも，流れ生産への転換の以前には，ひとつのホールに120人の専門労働者が働いていたが，転換後は，62人の補助労働者と3人の専門労働者が働いていたにすぎない。また生産は2倍に増大したほか，賃金コストは，一方では，不熟練労働力の投入によって，他方では，より低い所得の婦人の投入によって節約された。さらに婦人の投入は，彼女たちの労働紛争の経験の乏しさのゆえに，そのコンツェルンの経営側の不当な干渉に彼女たちががまんするという傾向がしばしばみられた，という「利点」をもっていたとされている[52]。

そこで，つぎに，そのような労働組織の合理化が実際に労働者にどのような影響をおよぼしたかについて，上述の金属労働者組合の調査に基づいてみることにしよう。第3章でも指摘したように，鉄鋼業では，ごく一部の工程を除くと，流れ作業やコンベア作業，あるいは組別生産は問題にはならず，それゆえ，企業レベルの合理化では，「技術的合理化」が最も大きな役割を果しており，合理化の労働者におよぼす影響についても，「労働組織的合理化」による影響よりはむしろ「技術的合理化」による影響の方が大きかったといえる。また第4章でみたように，同様のことは化学工業についてもいえる。そのような労働組織の合理化が大きな役割を果したのは，電機，自動車，機械製造など加工組立産業の諸部門であり，それゆえ，ここでは，これらの産業部門について，簡単にみておくことにしよう。

まず**電機工業**をみると，上述の調査（前掲表8-1参照）では，流れ作業が導入されていた57の部門のうち，56.1％にあたる32部門で労働力の余剰が，43.9％にあたる25部門で専門労働者の排除が，75.4％にあたる43部門で給付の上昇が，また52.6％にあたる30部門で賃金の引き下げが報告されている。コンベア作業が導入されていた53部門についてみると，その49.1％にあたる26部門で労働力の余剰が，22.6％にあたる12部門で給付の上昇が，41.5％にあたる22部門で専門労働者の排除がみられたが，賃金の引き下げは13.2％にあたる7部門でみられたにすぎない。また33部門において導入されていた組別生産については，その75.8％にあたる25部門で労働力が余剰となっているのが特徴的である。

また**自動車・自転車工業**をみると，流れ作業が導入されていた30部門のうちの40％の12部門で労働力の余剰が，43.3％の13部門で専門労働者の排除が，76.7％の23部門で給付の上昇が，また63.3％の19部門で賃金の引き下げが報告されている。従業員の若年化はわずか10％にあたる3部門でみられたにすぎない。またコンベア作業をみた場合，労働力の余剰がひきおこされたのは20部門中9部門であり，45％を占めており，流れ作業の場合とあまり変わらないが，専門労働力の排除および給付の上昇では，それぞれ25％（5部門）にすぎず，賃金の引き下げがみられたのも20％（4部門）にすぎず，さらに30％にあたる6部門では，労働者におよぼす影響は報告されていない。25部門で導入されていた組別生産では，その52％にあたる13部門で労働力の余剰がひきおこされたほかは，流れ作業やコンベア作業と比べると，あまり大きな影響はみられない。

　さらに**機械製造業**をみても，ほぼ同じ傾向をみることができるが，給付の上昇が，流れ作業（77部門の83.1％にあたる64部門）とコンベア作業（11部門の72.7％にあたる8部門）のいずれにおいてもかなり多くの部門でみられた。また賃金の引き下げがみられたのは，流れ作業では77部門中42部門であり，54.5％を占めているが，コンベア作業では11部門中2部門であり，18.2％を占めるにすぎない。第7章でもみたように，この産業部門では，電機工業や自動車工業ほどには流れ作業，とくにコンベア作業が普及するには至っておらず，多くのところで組別生産が導入されているが，それが導入された69部門のうちの55.1％にあたる38部門で労働力の余剰が，53.6％の37部門で賃金の引き下げが報告されおり，29％にあたる20部門で給付の上昇がみられる。ここでも，自動車・自転車工業と同様に，コンベア作業が導入された11部門のうちの27.3％にあたる3部門において，労働者におよぼす影響はとくになかったと報告されている。

　このように，流れ生産方式の導入による労働組織の合理化が労働者におよぼした影響には大きなものがあったが，とくにコンベアのもとでの労働およびそこでの出来高給制度の採用は，賃金の切り下げ，労働強度の増大など，労働者の労働条件を悪化させただけでなく，コンベアの前進速度によって強制される作業テンポについていけない労働者は配置替えされるか，多くの場合，容赦なく解雇されたのであり，この時期の合理化の過程において，労働者の吸収では

なく、むしろ失業者の増加がもたらされた。それゆえ、つぎに、合理化の推進によって、労働者はどのような状態のもとにおかれることになったかについて、考察をすすめることにしよう。

第4節　合理化の展開と労働者の状態

1　就業構造の変化

(1) 就業者数・失業者数の推移

まず合理化の展開にともない就業構造がどのように変化したかをみることにするが、この点を就業者数の推移についてみると、1926年から30年までの主要産業部門における就業者数および就業時間数の推移を示した表8-2によれば、工業全体では、就業者数は、1926年から29年までの期間に、13.1％から16.5％増加しており、就業時間数も15.8％から19.5％増加を示している。なかでも、新興産業部門に属する電機工業（就業者数では23.8％、就業時間数では30.1％の増加——いずれも28年）や、機械・輸送機械工業（それぞれ26.8％、33.3％の増加——いずれも28年）で伸びが大きいのに対して、炭鉱業では、ほとんど増加はみられず、就業者数と就業時間数のいずれをみても、最高の伸びを示した1927年には26年と比べ約5％の増加にとどまっている。このことは、一方では急速な機械化が推し進められ、1925年には機械利用のひとつの山を迎えており、また他方では過剰生産能力の整理が引き続き取り組まれたことによる（第3章参照）。炭鉱業では、企業集中によって「消極的合理化」がドラスティックに推し進められた合理化過程の第1局面だけでなく、第2局面および第3局面においても経営数の減少がみられ、経営数は石炭業では1926年の314から29年には266に減少しており、褐炭業でも、364から293に大きく減少しているが、労働者数をみても、1924年から29年までの間に石炭業では7.4％、褐炭業では21.5％の減少をみている[53]。

そうしたなかで、生産高は大きく増加しており、労働者1人当りの生産高も大きく増大している。この点をドイツ工業全体でみると、工業生産指数は、1924年に比べ28年には41.9％、29年には42％増大しており（表8-3参照）、また労働者1人・1時間当たりの労働給付も28年には35.2％、29年には40.9％の

表 8-2 1926年から30年までの主要産業部門における就業者数および就業時間数[1]の推移

(単位：就業者数＝1,000人，就業時間数＝100万時間)

産業部門	1926年 就業者数	1926年 就業時間数	1927年 就業者数	1927年 就業時間数	1928年 就業者数	1928年 就業時間数	1929年 就業者数	1929年 就業時間数	1930年 就業者数	1930年 就業時間数
炭　　　業	696 (100)[2]	1,656 (100)[2]	729 (104.7)	1,739 (105.0)	695 (99.9)	1,658 (100.1)	696 (100.0)	1,666 (100.6)	623 (89.5)	1,433 (86.5)
鉄鋼・金属業	330 (100)	750 (100)	390 (118.2)	930 (124.0)	382 (115.8)	853[3] (113.7)	366 (110.9)	867 (115.6)	302 (91.5)	686 (91.5)
機械・輸送機械	829 (100)	1,183 (100)	1,031 (124.4)	2,419 (130.6)	1,051 (126.8)	2,510 (133.3)	992 (119.7)	2,351 (124.9)	816 (98.4)	1,856 (98.6)
電　　機	362 (100)	823 (100)	414 (114.4)	988 (120.0)	448 (123.8)	1,071 (130.1)	442 (122.1)	1,047 (127.2)	382 (105.5)	869 (105.6)
化　　学	224 (100)	524 (100)	248 (110.7)	592 (113.0)	260 (116.1)	622 (118.7)	255 (113.8)	608 (116.0)	218 (97.3)	503 (96.0)
工業全体	8,339 (100)	18,786 (100)	9,602 (115.1)	22,337 (118.9)	9,713 (116.5)	22,458 (119.5)	9,431 (113.1)	21,762 (115.8)	7,985 (95.8)	17,942 (95.5)

(注)：1) 操短労働者については，労働組合の統計資料に基づいて常勤労働者（年間2,400時間以上，建設業では2,000時間以上の労働時間を有する者）に換算。
2) ( ) 内は，1926年を100とした指数。
3) 1928年11月のロックアウト (2,240労働時間) を考慮に入れたもの。

(出所)：A. Reithinger, Stand und Ursachen der Arbeitslosigkeit in Deutschland, *Vierteljahrhefte zur Konjunkturforschung*, Sonderheft 29, 1932, S. 16 より作成。

第8章　合理化の労働者におよぼす影響　405

表8-3　1924年から30年までの工業生産の推移

年　度	1924	1925	1926	1927	1928	1929	1930
1913年＝100	71.9	84.6	77.9	98.3	102.0	102.1	88.8
1924年＝100	100	117.7	108.3	136.7	141.9	142.0	123.5

（出所）：J. Kuczynski, *Die Geschichte der Lage der Arbeiter unter dem Kapitalismus*, Bd. 5, Berlin, 1966, S. 3より作成。

表8-4　1924年から30年までの労働者1人・1時間当たりの労働給付の推移

（1924年＝100とした指数）

年　度	1924	1925	1926	1927	1928	1929	1930
労働給付	100	114.8	123.9	134.1	135.2	140.9	142.0

（出所）：*Ebenda*, S. 207より作成。

表8-5　1924年から30年までの失業率の推移

(％)

年　度	1924	1925	1926	1927	1928	1929	1930
失業率	11.4	8.3	17.3	8.8	9.7	14.6	27.7

（出所）：*Ebenda*, S. 197より作成。

上昇をみており（表8-4参照），比較的わずかな労働者数の増加のもとで工業生産高が大きく増加しており，労働生産性も大きく上昇している。

また失業率の推移をみると（表8-5参照），相対的安定期には全般的に失業率は高く，1926年の17.3％を頂点として最も低い25年でも8.3％であり，世界恐慌期の30年には27.7％にまで上昇している。この時期に生み出された失業は，その多くが合理化によってひきおこされたものであり，合理化失業であったといえる。すなわち，前掲表8-1によれば，上述の金属労働者組合の調査の対象とされた広義の金属産業全体でみると，そこに示された「消極的合理化」，「技術的合理化」および「労働組織的合理化」の諸方策が推し進められた諸部門のうち約半数において労働力が余剰とされているが，この過程で解雇された労働者は，わずかなケースにおいてのみ，他のところで生産過程に投入されたにすぎない[54]。このように，合理化は決して失業者の吸収をもたらさなかっただけでなく，むしろ失業者を増加させたのであり，大工業の著しい生産の増大は，強力な合理化の結果，新たな雇用なしに成し遂げられたといえ

る[55]。

(2) 就業者構成の変化

　合理化の推進はまた，失業者の増加のみならず，就業者構成の変化をももたらした。それは，ひとつには，熟練労働者と不熟練労働者の割合の変化にみることができる。とくに合理化の必然的な結果としての労働過程の機械化の進展は熟練労働者への需要を減少させ，また例えば賃金にみられるように，熟練労働者と不熟練労働者との間の格差を小さくした[56]。労働過程の組織化がすすんだ結果，高度な熟練をもつ専門労働者の活動範囲は大きく狭められ，彼らの大部分は失業するか，あるいは補助労働者として新たな職を見つけるなど，生産過程における彼らの役割は著しく低下したとされている[57]。工業・手工業においては，全労働者に占める専門労働者の割合は，1925年から33年までに60％から49％に低下しているが，熟練労働者の割合の低下が最も顕著であったのは製鉄業・金属工業（54％から30％へ低下）や繊維工業（44％から17％へ低下）においてであった[58]。上述の調査の対象とされた広義の金属産業全体でみた場合，前掲表8-1に示された合理化諸方策のうち，専門労働者の排除をもたらした割合が最も高かったのはコンベア作業の導入（35.7％）であり，流れ作業の導入（27.8％）がそれにつづいており，流れ生産方式の導入がこのような就業者構成の変化をもたらした最も大きな要因のひとつであったといえる。

　また婦人の進出も顕著であり，合理化にともない，生産コストの引き下げのために，男子労働者に代えて婦人労働力が多く利用されたが，それは婦人労働の賃金の低さが主たる要因であり，適性の高さによるものではなかった[59]。もとより，「技術的合理化」と「労働組織的合理化」によってひきおこされたこのような変化によって，労働市場における資本の優位が強まり，逆に労働者の抵抗力が弱まることになり[60]，資本に対して，労働強化をはかるためのより有利な条件を与えることになったといえる。

　合理化の推進による就業者構成のいまひとつの変化は，労働者が減少したのに対して職員数が増加したことである。就業者100人に占める職員数は，1913年から26年までの間に，金属工業では13人から18人に，電機工業では28人から32人に，化学工業では16人から20人に，また機械製造業では14人から22人に増

加している[61]。

2 労働時間と賃金の動向

(1) 労働時間の推移

つぎに労働時間と賃金の動向についてみることにしよう。まず労働時間についてみると，第1次大戦後のヴァイマル体制のもとで「8時間労働制」が施行されることになったが，合理化が強力に展開された相対的安定期の労働時間の推移を表8-6でみると，週48時間以内の完全就労についている者の割合と週48時間を超える者の割合は，1924年11月にはそれぞれ45.3％，45.4％であり，ほぼ変わらないが，28年10月にはそれぞれ62.1％，26.6％となっている。また完全就労者に占める週48時間以内の就労者の割合は同期間に49.9％から70％に上昇しているのに対して，週48時間を超える就労者の割合は50.1％から30％に低下しており，結果的には，48時間以内の就労が増加している。このことは，1925年から26年にかけての恐慌がイギリスのストライキに助けられておさまって以後，減少傾向にあった失業が26年から27年の冬に再び増大しはじめるとともに，ストライキを中心とする労働争議が頻発し，それを通して労資の力関係に若干の変化が生じたこと，また失業救済に苦慮した政府も労働時間の短縮による労働機会の増大に期待をかけ，労働組合の8時間労働日遵守の要求を結果

表8-6 8時間労働日の実施状況

(％)

時　期	操業短縮	完　全　就　労		
		週48時間以内	週48時間超過	
			計	そのうち週54時間を超過
1924年5月	—	45.3	54.7	13.0
1924年11月	9.3	45.3	45.4	10.7
1927年4月	4.6	47.4	48.0	12.3
1927年10月	1.7	55.6	42.7	6.2
1928年10月	11.3	62.1	26.6	3.4
1930年2月	22.9	59.9	17.2	2.0

(出所)：L. Preller, *Sozialpolitik in der Weimarer Republik*, Stuttgart, 1949, S. 147-8より作成。

408 第2部 主要産業部門における合理化過程

的には支持する方向をとったこと,そして27年にはこうした方向に沿った法的措置がとられたことによるものであったとされている。1927年および28年の8時間労働の遵守率の上昇は重工業における三交替制によるところが大きかったとされている[62]。

(2) 賃金の動向

さらに賃金をみると,上述の金属労働者組合の調査の対象とされた広義の金属産業全体でみた場合,前掲表8-1に示された合理化諸方策のうち,コンベア作業以外の諸方策が展開された部門の約30%から50%において賃金の引き下げが報告されている。そこで,この時期の賃金の推移をみると,名目賃金では1925年から29年まで一貫して上昇しているが(表8-7参照),実質賃金では,25年以降,名目賃金のような上昇はみられず,その最高水準に達した28年をみても,ようやく戦前の水準に達したにすぎない(表8-8参照)。これに対し,すでにみたように,労働者1人・1時間当たりの労働給付は1929年には24年に比べ40.9%増大しており(前掲表8-4参照),この時期の実質賃金の上昇は,こうした労働給付の上昇と比べると,低いものであったといえる。そのことは,1924年から29年までの卸売物価指数の推移を示した図8-1および1923年

表8-7 1925年から29年までの協定時間賃金および協定週賃金の推移[1]

年 度	時間賃金(ペニヒ)		週賃金(マルク)[2]	
	熟練労働者	不熟練労働者	熟練労働者	不熟練労働者
1925	86.2(100)[3]	61.8(100)[3]	43.12(100)[3]	31.86(100)[3]
1926	93.1(108.0)	66.6(107.8)	45.49(108.0)	34.25(107.5)
1927	98.4(114.2)	71.5(115.7)	47.70(113.2)	36.21(113.7)
1928	105.8(122.7)	78.6(127.2)	51.26(121.7)	39.18(123.0)
1929	110.6(128.3)	83.0(134.3)	53.53(127.1)	41.31(129.7)

(注): 1) 各年度の月平均で12の産業の常勤労働者を対象。
　　　 2) 建設業では週46.5~48時間,製材業では46~48時間,金属工業では48~52時間,ライヒスバーンでは51時間,石炭業では坑外労働者については54時間,それ以外では大部分が48時間の労働時間。
　　　 3) ( )内は,1925年を100としたときの指数。
(出所): *Statistisches Jahrbuch für das Deutschen Reich*, 49 Jg, 1930, S. 299より作成。

表 8-8　1924年から30年までの実質賃金の推移

年　　度	1924	1925	1926	1927	1928	1929	1930
1913年＝100	74	91	85	98	100	98	89
1924年＝100	100	123.0	114.9	132.4	135.1	132.4	120.3

（出所）：J. Kuczynski, *a. a. O.*, S. 218より作成。

図8-1　1924年から29年までの卸売価格の推移（1913年＝100）

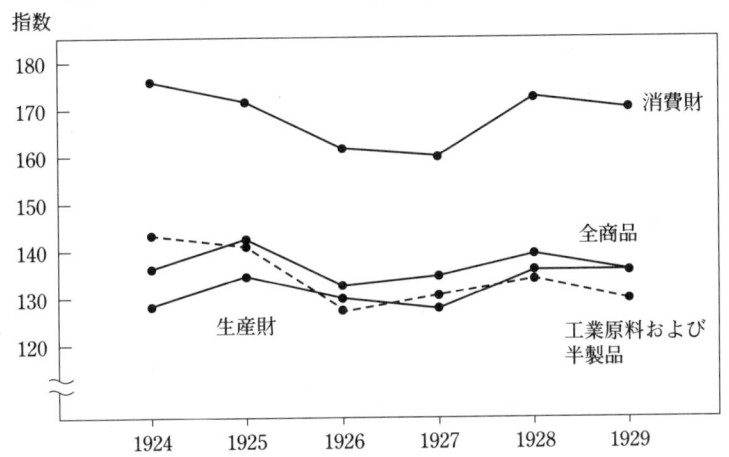

（出所）：*Statistisches Jahrbuch für das Deutschen Reich*, 49 Jg, 1930, S. 278より作成。

から29年までの主要各国の工業製品の卸売物価指数の推移を示した表8-9にみられるように，労働力以外の商品の価格が合理化によってほとんど引き下げられることがなかったことが大きく影響しているといえる[63]。また就業者総数に占める所得階層別の割合をみると（表8-10参照），1928年には週賃金が30マルク未満のものが全体の65.3％にものぼっており，24マルク以下の所得しか得ていない就業者の割合は50％を超えており，比較的低所得者層の割合が高かったといえる。

　これを主要産業部門についてみると，炭鉱業では（表8-11参照），ルール炭鉱における賃金は，1924年から29年までの間に，名目賃金では47.3％，実質賃金では22.1％の上昇をみている。また金属労働者についてみると（表8-12参照），1925年

表8-9 1923年から29年までの主要各国における工業製品の卸売価格の推移

(1923年＝100)

年度	ドイツ	アメリカ	イギリス	フランス*)
1923	100	100	100	100
1924	119(?)	95	103	118
1925	119	98	96	137
1926	113	96	90	173
1927	112	90	84	145
1928	120	89	83	145
1929	119	88	82	142

(注)：＊) 1924年から29年までの金価格の指数はそれぞれ104, 107, 91, 94, 94, 92。
(出所)：J. Kuczynski, *Die Geschichte der Lage der Arbeiter unter dem Kapitalismus*, Bd. 15, Berlin, 1966, S. 54より作成。

表8-10 就業者の所得階層の分布 (1928年の週賃金)

賃金ないし給料	就業者総数に占める割合(%)
～6マルク	6.3
6～12マルク	16.9
12～18マルク	20.2
18～24マルク	12.5
24～30マルク	9.4
30マルク～	34.7

(出所)：Erkner, Die Lohnentwicklung in Deuschland während der Rationalisierungsperiode, *Die Rote Gewerkschafts-Internationale*, 8 Jg, Nr. 6, 1928. 6, S. 351.

から29年までの間に，名目賃金については，熟練労働者では46％，不熟練労働者では65％，実質賃金については，熟練労働者では22％，不熟練労働者では38％の上昇がみられる。さらに化学工業をみると（表8-13参照），1924年から29年までの間に，協定賃金は，熟練労働者では78.1％，不熟練労働者では64％の上昇がみられる。この時期の賃金の推移をみる上でとくに注意しておかねばならないのはカリ工業のケースである。そこでは，企業の総所得は1924年に比べ25年には62％増大し，27年には約2倍になっているのに対して，賃金総額は24年に比べ25年には43.7％の増加にとどまっていたが，26年には24年と比べた伸び率は32.4％に，27年には19.6％に低下しており[64]，合理化によって企業側は大きな成果を得ることができたの

表8-11 1924年から30年までのルール炭鉱における賃金の推移

(指数は1924年＝100としたときのもの)

年　　度		1924	1925	1926	1927	1928	1929	1930
名目賃金	金　額(マルク)	6.30	7.27	7.91	8.41	8.94	9.28	9.39
名目賃金	指　数	100	115.4	125.6	133.5	141.9	147.3	149.0
実質賃金	金　額(マルク)	4.94	5.20	5.60	5.70	5.89	6.03	6.15
実質賃金	指　数	100	105.3	113.4	115.4	119.2	122.1	124.5

(注)：1924～29年については各年度の平均値，30年については30年1月初めの数値。
(出所)：A. Scheffbuch, *Der Einfluß der Rationalisierung auf den Arbeitslohn*, Berlin, 1930, S. 262 より作成。

表8-12 1925年から30年までの金属労働者の賃金の推移

(1924年＝100とした指数)

年　度	熟練労働者		不熟練労働者	
	名目賃金	実質賃金	名目賃金	実質賃金
1925	122	112	124	114
1926	127	115	133	121
1927	134	117	145	126
1928	143	120	157	132
1929	146	122	165	138
1930[*]	149	129	168	145

(注)：[*] 1930年4月1日。
(出所)：*Ebenda*, S. 250 より作成。

表8-13 1924から30年までの化学工業の協定賃金の推移[1]

年　度[2]		1924	1925	1926	1927	1928	1929	1930
熟練労働者	ペニヒ	59.0	76.6	85.2	92.3	97.5	105.1	107.9
熟練労働者	1924年＝100	100	129.8	144.4	156.4	165.3	178.1	182.9
不熟練労働者	ペニヒ	53.0	65.2	72.0	77.7	82.1	86.9	89.4
不熟練労働者	1924年＝100	100	123.0	135.8	146.6	154.9	164.0	168.7

(注)：1) 時間賃金（統計局の算定）。
　　　2) 各年度の4月の数値。
(出所)：Enquete Auschuß, (III)-3, *Die deutsche Chemische Industrie*, Berlin, 1930, S. 57 より作成。

に対して，労働者側は，それにみあう成果を享受することができなかったといえる。

また熟練労働者の賃金の上昇率と不熟練労働者のそれをみた場合，工業全体でみても，金属労働者のケースでみても，後者が前者を上回っているが，このことは，上述したように，とくに「技術的合理化」の進展にともない熟練労働者の役割が相対的に低下し，逆に不熟練労働者の投入がよりひろい範囲で推し進められたことと関係しているといえる。これに対して，化学工業では，熟練労働者の賃金の上昇率が不熟練労働のそれを上回っており，大きな相違がみられるが，このことは，化学工業では熟練労働者の果す役割が他の産業部門に比べて大きく，それだけに，金属工業と化学工業の合理化が熟練労働者におよぼした影響に相違がみられたことによるものであると考えられる。

3 労働災害・疾病の増加

最後に労働災害・疾病の増加についてみておくことにしよう。合理化の推進にともない，労働災害や疾病の件数が増加している。すなわち，ドイツ産業における労働災害件数は1924年に比べ26年には53.2％，28年には86.5％も増加している[65]。これを症状別にみると（表8-14参照），軽症の災害および重傷の災害では，その数がピークに達した1928年には，24年に比べそれぞれ89.5％，58.3％の増加をみたのに対して，死亡災害では，その数がピークに達した25年および26年には，24年に比べそれぞれ8.9％増加しているが，29年には11.1％の減少をみている。このことは1929年に失業者がかなり増加したことによる影

表8-14 ドイツ工業における症状別の労働災害件数の推移

（1924年＝100とした指数）

年度＼症状	1925	1926	1927	1928	1929	1930
軽傷の災害	120.6	153.3	182.9	189.5	174.6	145.0
重症の災害	130.6	155.6	136.1	158.3	141.7	141.7
死亡災害	108.9	108.9	104.4	106.7	88.9	88.9

（出所）：J. Kuczynski, *a. a. O.*, Bd. 5, S. 237より作成。

表8-15　ドイツ工業における疾病件数および疾病日数の推移

(1924年＝100とした指数)

疾病＼年度	1925	1926	1927	1928	1929	1930
疾病件数*)	123.8	107.1	128.6	131.0	138.1	100.0
疾病日数*)	120.6	112.1	117.8	124.3	128.0	105.6

(注)：＊)　疾病保険の会員1人当り。
(出所)：*Ebenda*, S. 238より作成。

響が大きかったことと関係しており，企業側の災害予防のための諸方策によるものではなかった。このような災害の増加は，主として化学的方式や電力の利用などによる新しい生産方式の導入，また技術的および労働組織的な方策による労働強化が原因であったほか[66]，機械・装置の安全性の欠如や労働者の身体上の安全に対する配慮の欠如にも原因があったとされている[67]。この時期にはまた，合理化の過程において婦人の投入がよりひろい範囲でみられたが，そのことも労働災害の増加の一因になっていたとされている[68]。

また疾病についてみると（表8-15参照），疾病件数と疾病日数のいずれをみても，1925年には24年に比べそれぞれ23.8％，20.6％の増加をみた後，26年にはいったん減少しているが，その後ピークに達した29年には，24年に比べそれぞれ38.1％，28％の増加となっている。

これを主要産業部門についてみると，まず**石炭業**では，申告された災害件数は1924年の61,077件から26年には72,688件に増加しており，坑内における災害の件数は50,788件から63,330件に増加しているほか，鉱石や石炭の落下による災害件数は18,075件から23,781件に増加している（表8-16参照）。第2節でみたように，このような災害は，坑内採掘における機械の利用にともなう騒音の増大によって労働者が差し迫る危険を十分にはやく察知することが困難になったことにその大きな原因のひとつがあるといえる。このような災害については，合理化された節約経済に規定された安全装置や保護装置の欠如の結果，鉱石や石炭の落下が多くの犠牲者を出したということも大きな特徴であったとされている[69]。また労働災害の発生状況をオーバー・シュレェジェン地域の石炭炭鉱についてみた場合（表8-17参照），被

414 第2部 主要産業部門における合理化過程

表8-16 1924年から27年までの石炭炭鉱における労働災害件数の推移*)

	1924年	1925年	1926年	1927年上半期
申告された労働災害の総件数	61,077	72,896	72,688	48,603
10,000作業方当りの申告された労働災害件数	5.42	6.19	6.76	7.47
坑内における申告された労働災害件数	50,788	62,336	63,330	42,757
10,000作業方当りの坑内における申告された労働災害件数	6.02	7.06	7.66	8.60
鉱石および石炭の落下による申告された労働災害件数	18,075	23,263	23,781	12,487
10,000作業方当りの鉱石および石炭の落下による申告された労働災害件数	2.14	2.64	2.91	2.56

(注)：*) 炭鉱連盟の報告による数値。
(出所)：Enquete Ausschuß, (IV)-2, *Die Arbeitsverhältnisse im Steinkohlenbergbau in den Jahren 1912 bis 1926*, Berlin, 1928, S. 239.

表8-17 オーバー・シュレェジェン地域の石炭炭鉱における労働災害の発生状況

年度	被保険者のうち申告された労働災害件数の割合（%）	被保険者の労働災害のうち補償義務のある労働災害件数の占める割合（%）	申告された労働災害のうち補償義務のある労働災害の割合（%）
1902	9.11	1.92	21.12
1912	13.48	2.29	17.01
1916	12.33	2.41	19.51
1919	8.72	1.89	21.68
1925	23.85	1.97	8.17

(出所)：*Ebenda*, S. 236.

保険者のうち申告された労働災害件数の占める割合を1912年と25年について比較すると，それは13.48％から23.85％に上昇している。しかし，このような労働災害の増加にもかかわらず，申告された災害件数に占める補償義務のある災害の割合は17.01％から8.17％に低下している。このように，炭鉱において発生した労働災害には補償義務の対象と認定されないケースが多くみられたが，そればかりでなく，不幸な災害が被害者自身の責任によっておこったという口実のもとに，数えきれないほどの被害者が職務不適格として簡単に解雇されてしまうというケースがみられた[70]。

また疾病の発生状況についてみると，「技術的合理化」の各諸方策と具体的な疾病の症状との関係を示した表8-18にみられるように，圧搾空気工具の利用や機械

表8-18 石炭炭鉱における労働者の健康状態におよぼした「技術的合理化」の影響

疾病の発生した部位	その原因
筋肉組織 関　節 指先の感覚	｝圧搾空気工具（ハンマードリルおよびコールピック）の反動
神経系 聴　覚	｝ハンマードリル，コールピック，コールカッタおよびシェカーコ ンベアの騒音
呼吸器系	｝さまざまな工具による粉塵の発生，岩粉方式のさいの粉塵の発 生，発破のさいの火薬のガスの発生 気温の差異（風邪）
皮　膚	｝溢流法の利用のさいおよび高温の作業場における噴射ノズルの利 用のさいの高い湿度
全般的な肉体状況	｝温度 湿度 風速
一般的な災害の危険	｝発破 騒音 保安作業

（出所）: *Ebenda*, S. 225

の騒音を原因とする疾病がおこっている。圧搾空気工具での作業は特殊な疾病の危険性をもたらしたが，それは「腱鞘炎」(die "Knarrende Sehnencheidenentzündung")と呼ばれるものであり，労働者は決して長時間連続して圧搾空気でもって作業を行うことができないとされている[71]。またコールピックの反動は関節病や筋肉損傷をもたらした[72]。そこで，疾病件数を症状別にみると（表8-19参照），ライン・ヴェストファーレン地域の石炭炭鉱では，疾病の症状が多岐にわたっており，しかも重い疾病が多いこと，ほとんどの疾病が1925年まで増加していることが特徴的であるが，このことは，合理化過程の初期の段階において炭鉱の機械化が急速にすすんだことによると考えられる。

つぎに**鉄鋼業**をみると，そこでは，機械化の進展にともなう労働強度の増大および労働災害・疾病の増加が数多く報告されており[73]，「技術的合理化」によってもたらされた労働強化がその主要な原因であったと考えられている。鉄鋼業における労働災害件数および疾病件数の推移を示した表8-20によれば，労働災害件数は，1913年の1,403件から21年には263件に大きく減少しているが，26年には再び1,639件に大きく増加しており，21年の6.2倍にもなっている。また疾病日数をみると，それは1913年の25,510日から21年には7,638日に大きく減少しているが，26年には45,013日に大きく増加しており，21年の5.9倍となっている。労働者100人当りの罹

416 第2部 主要産業部門における合理化過程

表8-19 ライン・ヴェストファーレン地域の石炭炭鉱における症状別の疾病件数の推移

症　状	発生件数			1912年との1920年の対比	1920年との1925年の対比
	1912年	1920年	1925年		
潰瘍	(410)*)	1,488	1,502*)	+262%	+8%
足関節打撲傷	(23)	51	123	+122%	+141%
背骨，あご，中手骨部，脚の骨折，足の指の剝離，肋骨，骨盤，肩甲骨の打撲傷	(35)	77	106	+120%	+38%
鼻骨骨折，脚，足，指の打撲傷，背骨の打撲傷	12	(7)	21	-42%	+200%
中手骨部の打撲傷	(69)	81	180	+17%	+122%
頭蓋骨，鎖骨，肋骨，腕，骨盤，足の指，指関節，中足の骨折，股関節打撲傷	(25)	63	28	+152%	-56%
指の打撲傷	(865)	1,011	1,766	+17%	+74%
炎症	(207)	374	291	+81%	-22%
腕の打撲傷	211	(209)	299	-1%	+43%
足の指の打撲傷	125	(112)	119	-11%	+6%
脚の打撲傷	432	531	(286)	+23%	-46%
指の骨折，中足の打撲傷	31	27	(18)	-13%	-33%
就業者数	3,289	3,395	3,041	+3%	-10%

(注)：*)　それぞれ3つの数字のうち最大のものはゴチックにされており，最も小さい値はかっこで囲まれている。
(出所)：*Ebenda*, S. 230 より作成。

災者も，1913年の3.85人から21年には0.64人に減少しているが，26年には再び3.59人に増加しており，21年の5.6倍に増加している。

さらに**化学工業**をみると，1928年には39,400件の労働災害が報告されているが，その原因をみると，特殊な化学装置ないし化学薬品を扱うことによるものが6,108件，腐食酸によるやけどが2,287件，蒸気や熱湯によるものが1,188件，さまざまな

表8-20　鉄鋼業における労働災害件数および疾病日数の推移

年　度	1913	1921	1925	1926
労働災害件数	1,403	263	1,384	1,639
疾病日数	25,510	7,638	31,219	45,013
労働者100人当りの罹災者数	3.85	0.64	2.52	3.59

(出所)：*Jahrbuch der Metallarbeiter-Verband*, 1927, S. 79.

加熱された物質や燃焼物によるものが723件、毒物によるものが495件、爆発、粉塵のほか蒸気・ガスを原因とする発火によるものが298件、直接炎に触れたことによるものが185件、爆薬等への接触によるものが149件であった。また1928年の疾病件数は511件となっており、そのうち360件は鉛中毒によるものであった[74]。例えばバスフでは、全災害のうち「化学的作用」によってひきおこされた災害の割合は17.8-17.9%であり、1930-32年には労働者1,000人当たりの災害件数は56.3-81.7件であったとされている[75]。

以上の考察において、合理化の展開によって労働者の状態にどのような変化がもたらされたかについてみてきたが、合理化に対して労働組合がどのような態度をとっていたか、つぎにこの点について、みておくことにしよう。

第5節 合理化に対する労働組合の態度

1 合理化運動に対する労働組合の立場

まず相対的安定期の合理化運動に対して労働組合がどのような立場をとっていたかについては、資本家の経済団体であるドイツ工業全国同盟（Reichsverband der deutschen Industrie）が1925年12月にこの時期のドイツ経済のすすむべき道を示した『ドイツ経済・財政政策』を発表し、そのなかで、合理化の必要性と定義について述べているが、ドイツ労働組合総同盟（ADGB）、職員自由組合連盟（AFA）およびドイツ官吏組合総同盟（ADB）は、26年2月に、共同覚書『ドイツ経済政策の当面の任務』を発表し、合理化に対する基本的な立場においてドイツ工業全国同盟と一致していることを表明している。

すなわち、ドイツ工業全国同盟は、第1次大戦時および戦後の時期の損害はドイツ経済の基礎を破壊し、ヴェルサイユ条約による諸条件がドイツ経済の復興を妨げたとしており、その損害は、短期間に除去されうるには、あまりにも大きいことを指摘している。その主な原因は、非常に拡大された生産手段装置が、戦後、限られた販売地域に応じて縮小されなかったことにあり、その縮小が行われなければならないとしている。合理化の諸努力はそれに役立つとした上で、合理化は、「人間の労働の成果をできる限り増進させるためのあらゆる

技術的・組織的手段の合理的適用」であると理解されるとしている[76]。それを受けて，上記の3組合は，「われわれはドイツ工業全国同盟の覚え書と一致しており，合理化，すなわち，生産における物と労働の支出の成果を増大させるためのあらゆる技術的・組織的手段の適用を，福祉増進の最も重要な前提のひとつであると考える[77]」としている。このような「労資協調」路線のもとで初めて，合理化は，1920年代には，「科学技術進歩によるあらゆる社会的・政治的衝突の解決を約束するスローガン，福音[78]」にまでなり，本来個別企業レベルの問題である合理化が国民的な運動になりえたのであった。

合理化運動に対する労働組合のこのような立場は，当時の労働組合運動の主流を占めていた自由労働組合幹部による合理化推進のためのイデオロギーである「経済民主主義」論と深い関連をもっており，そのことは，とくにテイラー・システム，フォード・システムに代表されるアメリカ的管理方式の導入による労働組織の合理化に対する態度において，最も明瞭にみることができる。それゆえ，つぎに，合理化諸方策に対する労働組合の態度[79]を，テイラー・システムとそのドイツ的修正であるレファ・システム，フォード・システムについてみておくことにしよう。

2　合理化諸方策に対する労働組合の態度

(1) テイラー・システムとレファ・システムに対する労働組合の態度

まずテイラー・システムとレファ・システムの導入に対する労働組合の態度を要約的にみておこう。この時期の合理化運動の推進のもとで，ドイツの労働組合がいわば修正テイラー・システムともいうべきレファ・システムの導入に対してどのような態度をとったかについて，E. シャルダッハは，つぎにように述べている。すなわち，「労働組合の公式の立場から，われわれは労働組合のいかなる基本的見解も見い出せないし，またテイラーまでさかのぼり，そしてドイツの企業においてますます適用されている個々の諸方法に対する見解も見い出せないでいる[80]」としている。またこの時期には，労働組合運動において，経営協議会の影響を通じて，テイラー・システムのマイナス面を回避すべきだという見解が普及していた。すなわち，根本的にテイラー・システムを拒否するかわりに，個々の場合に，経営上の影響をおよぼすという方法によっ

て，テイラー・システムの悪い点を少なくし，また労働者にも合理化によって得られた収益の分配にあずからせるという試みがなされた[81]。つまり，合理化の時期には，「社会化」にかわる新しいイデオロギーとして「経済民主主義」論が登場し，それが合理化運動の展開を促進したのであるが，労働組合，とりわけ自由労働組合は，このような「経済民主主義」のイデオロギーに基づく合理化推進の立場から，レファ・システムというかたちでのテイラー・システムの本格的導入を促進する立場をとったのであった。

しかし，ここでは，それまで経営協議会の力によって，テイラー・システムの労働者に対する否定的側面をとり除き，その導入・実施が労働者の犠牲において行われない限り，導入には必ずしも反対しないという立場を自由労働組合がとってきたにもかかわらず，現実には，経営協議会はそのような力をもつことができなかったことに注意しなければならない。上述したように，経営協議会は，新しい作業方法の導入を自ら要求することも，また逆に経営者によるその導入を阻止することもできないようになっていた[82]。また，レファ・システムに対する労働者の批判として，経営当局者によって経営協議会そのものが実質的に締め出されていることがあげられている点からも明かなように，労働組合は，彼らが考えていた方法によって，労働者への犠牲の転嫁を十分に阻止することはできなかったといえる。

(2) フォード・システムに対する労働組合の態度

またフォード・システムに対する労働組合の態度をみると，フォードの合理化モデルは，生産の合理化のための方策としてのみならず，合理化推進のための労資協調を一層強化するという役割をも担っていたといえる。第2章でみたように，「社会化の退潮した当時としては，多くの自由労働組合幹部にとって掲げうる目標は，今や，社会主義ではなく，アメリカ的な高生活水準の社会[83]」であり，そうしたなかで，フォード社はまさにこのような彼らの目標を「実現」しており，それを可能にする合理化の手段がフォード・システムであると考えられたのであった。1925年にはドイツ労働組合総同盟の代表団が，アメリカ労働総同盟の招きで，フォード工場を訪れているが，そこでは，フォード工場における労働状態は満足すべきものと受けとめられており，代表団は

「組織された資本主義」の調和的結合，すなわち技術的進歩と大衆購買力の増大をそこにみたとされている[84]。またフォードの理念は資本主義の克服，あるいは社会的な資本主義の創出という見せかけの可能性を与えたために，労働組合総同盟の組織的な労働組合運動は少なくともフォードの考え方を拒否したわけではなく，一部では，非常に肯定的でさえあったとされている[85]。

しかし，この時期のフォード・システムについての議論のなかには，かなり強い反対意見もあった。例えば，フォード工場の視察を行った労働組合総同盟の代表団の報告にもフォードの大量生産システムについての多くの疑問が投げかけられている[86]。なかでも，「当時ドイツに導入の試みられたフォード的流れ作業に対する労働者・労働組合の反対の声は時としてかなり強いものであった[87]」とされている。E．シャルダッハは，フォード・システムにみられる流れ作業やベルトコンベア方式に対する労働者の態度は全体としてはまだ流動的であること，労働組合のフォードに対する態度は当初よりも楽観的な見方が少なくなっていることを1930年に指摘している[88]。また T．ゼンダーは，フォード工場では労働者の疲労が大きいことを取り上げ，「フォードは人類の恩人などではない」として否定的な側面を指摘している[89]。さらに当時のドイツ共産党（KPD）の指導的幹部の1人であった J．ヴァルヒァーによるフォード批判は，「ベルトコンベヤに代表されるフォードシステムの技術的特性から，フォード社の経営方法や労使関係，資本主義体制内におけるその発展の可能性におよぶ全面的なものであった[90]」。こうした批判は，主にフォード・システムの労働システムとしての側面，すなわち，それが労働者におよぼす影響に対して向けられたものであったといえる。

とはいえ，この時期には，フォード・システムに対する根拠のある批判を一般的にみることはなかったといえる。J．ヴァルヒァーやA．フリードリィヒのマルクス主義の側から展開されたフォード批判は，確かにフォードが「すべての搾取者の中心的かつ最も洗練された工場主」であり，そのパートナーシップモデルでもって，冷酷な方法で労働運動の実質的な解消を目指していたことを証明したが，フォーディズムに対する階級闘争の強行へのアピールに関するその結論では，ほとんど成功をおさめることはなかったとされている[91]。

今世紀初頭に始まるテイラー・システムの導入に対する労働者・労働組合の

第8章　合理化の労働者におよぼす影響　421

反対が強く，合理化運動の時期には，それがレファ・システムというドイツ独自の方式に修正されて，その本格的な導入が行われたが，こうして生まれたレファ・システムに対しても，労働者・労働組合の批判が行われたことを考えると，フォード・システムの導入をめぐる彼らの反対・批判は，その導入がまだ始まったばかりであり，そのような事情もあって，テイラー・システムの場合ほどには全面的に展開されるには至っていなかったといえる。しかも，すでにみたように，当時の自由労働組合幹部がフォード・システムに自らの掲げる目標の実現の可能性をみていたこともあって，むしろドイツの企業へのフォード・システムの導入は，合理化によって生産性を向上させ，高賃金の獲得によってアメリカでみられたような高い水準の社会生活を実現するための手段として，積極的な意味をもつものでさえあった。自由労働組合幹部にあっては，「経済発展ないし合理化への協力が，ドイツ革命期においては社会化，その後においては民主化あるいは経済民主主義の名において遂行された」のであり，「これは，ひとつには，かれらがもともと有していた生産力主義的な考え方からくるもの[92]」であった。そのような考え方に立てば，彼らの目標とするアメリカ的な高水準の社会生活の実現は何よりもまず高い生産力水準を前提とするものであり，フォード・システムはそのための有効な方法となりうると考えられたのであった。それゆえ，フォード・システムの生産システムとしての側面に対しては，比較的肯定的に受けとめられていたといえる。

(1) 1920年代のドイツの産業合理化が人間の労働にどのような影響をおよぼしたかという問題については，麻沼賢彦「1920年代ドイツの産業合理化と人間労働——『経営社会政策』の成立基盤——」，(1), (2),『四日市大論集』(四日市大学)，第9巻第1号，1996年9月，第9巻第2号，1997年3月がある。
(2) Vgl. Hauptkostenabteilung für AR-Sitzung, Anlage 1, *Thyssen Archiv*, VSt/1640.
(3) 炭鉱業におけるこの時期の機械の導入に対する労働者の対応については，太田和宏「1920年代ドイツ炭鉱業における技術的発展」『開発論集』(北海学園大学)，第26・27合併号，1979年3月，51ページ以下参照。また炭鉱業における労働力構成の変化については，同「1920年代ドイツ炭鉱業における労働力構成の変化」『開発論集』，第26・27合併号，1979年3月を参照。
(4) Vgl. Enquete Ausschuß, (IV)-2, *Die Arbeitsverhältnisse im Steinkohlenbergbau in den Jahren 1912 bis 1926*, Berlin, 1928, S. 156.

(5) Vgl. E. Schalldach, *Rationalisierungsmaßnahmen der Nachinflationszeit im Urteil der deutschen freien Gewerkschaften*, Jena, 1930, S. 108.
(6) Vgl. J. Bönig, Technik und Rationalisierung in Deutschland zur Zeit der Weimarer Republik, U. Troitzsch, G. Wohlauf (Hrsg), *Techinikgeschichte*, Frankfurt am Main, 1980, S. 401.
(7) Vgl. W. Zollitsch, *Arbeiter zwischen Weltwirtschaftskrise und Nationalsozialismus*, Göttingen, 1990, S. 40.
(8) Vgl. H. de Man, *Der Kampf um die Arbeitsfreude*, Jena, 1927, S. 55, W. Zollitsch, *a. a. O.*, S. 41.
(9) Vgl. E. Schalldach, *a. a. O.*, S. 108, H. de Man, *a. a. O.*, S. 55, W. Zollitsch, *a. a. O.*, S. 41.
(10) Vgl. G. Stollberg, *Die Rationalisierungsdebatte 1908-1933*, Frankfurt am Main, New York, 1981, S. 57.
(11) Vgl. E. Schalldach, *a. a. O.*, S. 109.
(12) Vgl. W. Zollitsch, *a. a. O.*, S. 40.
(13) Vgl. B. Hartenberg (Hrsg), *Chronik des Ruhrgebietes*, Dortmund, 1987, S. 385.
(14) Vgl. W. Zollitsch, *a. a. O.*, S. 41.
(15) Vgl. E. Schalldach, *a. a. O.*, S. 119f, W. Zollitsch, *a. a. O.*, S. 41.
(16) Vgl. R. Tschibs, *Tarifpolitik im Ruhrbergbau 1918 bis 1933*, Berlin, 1986, S. 331 f, W. Zollitsch, *a. a. O.*, S. 41.
(17) Vgl. A. Dünnebacke, Rationalisierungspraxis in der Großindustrie, *Betriebsräte-Zeitschrift für die Funktionäre der Metallindustrie*, 7 Jg, Nr. 16, 1926. 7. 31, S. 506.
(18) Vgl. E. Schalldach, *a. a. O.*, S. 127.
(19) Vgl. A. Dünnebacke, *a. a. O.*, S. 506.
(20) Vgl. Deutscher Metallarbeiter-Verband, *Die Rationalisierung in der Metallindustrie*, Berlin, 1932, S. 113-5, M. Stahlmann, *Die Erste Revolution in der Autoindustrie*, Frankfurt am Main, New York, 1993, S. 161-2.
(21) Vgl. O. Richter, Die Refa-Kalkuration, *Betriebsräte-Zeitschrit für die Funktionäre der Metallindustrie*, 7 Jg, Nr. 20, 1926. 9. 25, S, 638.
(22) Vgl. E. Schalldach, *a. a. O.*, S. 46-7.
(23) Vgl. V. Trieba, U. Mentrup, *Entwicklung der Arbeitswissenschaft in Deutschland*, München, 1983, S. 103. この時期に導入がすすんだ時間研究によって算定された最高の給付は最も有利な条件のもとでのみ達成されることができたので、出来高給での所得は頻繁な変動にさらされており、そのことは労働者の不満のきっかけとなったとされている。こうした合理化諸方策の導入後には割増給や出来高給はより低く設定されており、労働者はより多くの給付によってのみそれまでの給付手当を達成することができたとされている。Vgl. W. Zollitsch, *a. a. O.*, S. 39.
(24) Vgl. E. Schalldach, *a. a. O.*, S. 45.
(25) Vgl. H. Spitzley, *Wissenschaftliche Betriebsführung, REFA Methodenlehre und Neuorientierung der Arbeitswissenschaft*, Köln, 1979, S. 109-10 ［高橋俊夫監訳『科

第8章　合理化の労働者におよぼす影響　*423*

　　　　学的管理と労働のヒューマニズム化』, 雄松堂, 1987年, 144-5ページ参照].
(26)　Vgl. *Ebenda*, S. 110 [同上訳書, 145ページ].
(27)　H. Rehharn, Um die Methode in Arbeitsstudium, *Zentralblatt für Arbeitswissenschaft*, 14 Jg, Heft 8-9, 1960. 8-9, S. 158. H. Spitzley, *a. a. O.*, S. 110 [前掲訳書, 145ページ] をも参照。
(28)　Vgl. *Ebenda*, S. 67 [前掲訳書, 85-6ページ参照].
(29)　井藤正信「ドイツにおける科学的管理の展開」, 小林康助編著『企業管理の生成と展開』, ミネルヴァ書房, 1987年, 91ページ参照。
(30)　橘博『現代生産管理論——生産合理化の歴史と理論——』, ミネルヴァ書房, 1963年, 213ページ。
(31)　S. Haber, *Efficiency and Uplift, Scientific Management in the Progressive Era 1890~1920*, Chicago, London, 1964, pp. 24-5 [小林康助・今川仁視訳『科学的管理の生成と発展』, 広文社, 1983年, 38ページ参照].
(32)　M. J. Nadworny, *Scientific Management and the Unions, 1900~1930, A Historical Analysis*, Harvard University Press, Cambridge, Massachusetts, 1955, p. 53 [小林康助訳『科学的管理と労働組合』, ミネルヴァ書房, 1971年, 78ページ].
(33)　山下高之『近代的管理論序説』, ミネルヴァ書房, 1980年, 264ページ。
(34)　木元進一郎『労務管理と労使関係』, 森山書店, 1986年, 41-2ページ参照。
(35)　井藤, 前掲論文, 92ページ参照。
(36)　H. Spitzley, *a. a. O.*, S. 140-1 [同上訳書, 184ページ].
(37)　*Ebenda*, S. 142 [同上訳書, 186ページ].
(38)　この点について詳しくは, 拙書『ドイツ企業管理史研究』, 森山書店, 1997年, 第5章第3節を参照されたい。
(39)　藻利重隆『経営管理総論(第二新訂版)』, 千倉書房, 1965年, 152ページ。
(40)　塩見治人『現代大量生産体制論』, 森山書店, 1978年, 233ページ。
(41)　Vgl. Institut für Wirtschaftsgeschichte der Akademie der Wissenschaften der DDR, *Produktivkräfte in Deutschland 1917/18 bis 1945*, Berlin, 1988, S. 61.
(42)　今井俊一『経営管理論』, ミネルヴァ書房, 1960年, 81-2ページ。
(43)　Vgl. O. Bauer, *Rationalisierung und Fehlrationalisierung*, Wien, 1931, S. 61-2.
(44)　Vgl. Institut für Wirtschaftsgeschichte der Akademie der Wissenschaften der DDR, *a. a. O.*, S. 30.
(45)　藻利, 前掲書, 171ページ。
(46)　Vgl. *Ebenda*, S. 28-9, H. Weiss, *Rationalisierung und Arbeiterklasse*, 1926, Berlin, S. 17-8.
(47)　Vgl. A. Enderle, Rationalisierung, technischer Fortschritt und Gewerkschaften, *Die Rote Gewerkschafts-Internationale*, 6 Jg, Nr. 5, 1926. 5, S. 340.
(48)　Vgl. H. Weiss, *a. a. O.*, S. 17.
(49)　Institut für Wirtschaftsgeschichte der Akademie der Wissenschaften der DDR, *a. a. O.*, S. 29, H. Weiss, *a. a. O.*, S. 18-9.
(50)　F. Söllheim, *Taylor=System für Deutschland*, München, Berlin, 1922, S. 136. ド

イツの労働組合は，すでにはやくからドイツ自動車工業の技術的立ち遅れを批判的に指摘しており，技術設備の完全な近代化を要求しており，また定型数の削減と部品の徹底した規格化が必要であるとみなしていたが，1920年以降の経営協議会法は，こうした観点では，労働者代表に対してほとんど影響の可能性を与えなかったとされている。Vgl. M. Stahlmann, Von der Werkstatt zur Lean-Production, Zeitschrift für Unternehmensgeschichte, 39 Jg, Heft 4, 1994, S. 231.

(51) Vgl. H. Weiss, a. a. O., S. 20.

(52) Vgl. G. Hautsch, *Das Imperium AEG-Telefunken*, Frankfurt am main, 1979, S. 28.

(53) Vgl. *Statistisches Jahrbuch für das Deutschen Reich*, 48 Jg, 1929, S. 108, 50 Jg, 1931, S. 96.

(54) Vgl. L. Popp, Die Auswirkungen der Rationalisierung in der Praxis, *Gewerkschaft-Archiv*, 6 Jg, Nr. 6, 1929, 12, S. 413.

(55) Vgl. K. Mendelsohn, Fünf Jahre Rationalisierung, *Die Arbeit*, 7 Jg, Heft 2, 1930, S. 126.

(56) Vgl. H. Wagner, Rationalisierung und Brufsausbildung, *Gewerkschaft-Archiv*, 3 Jg, Nr. 4, 1926. 10, S. 196, A. Losowsky, Vertrustung, Rationalisierung und unsere Ausgaben, *Die Rote Gewerkschafts-Internationale*, 6 Jg, Nr. 11, 1926. 11, S. 704.

(57) Vgl. G. Stollberg, a. a. O., S. 59.

(58) Vgl. L. Preller, *Soziapolitik in der Weimarer Republik*, Stuttgart, 1949, S. 119.

(59) Vgl. P. Gliese, Rationalisierung und Frauenarbeit in der Metallindustrie, *Betriebsräte-Zeitschrift für die Funktionäre der Metallindustrie*, 13 Jg, Nr. 4, 1932. 2. 27, S. 82 u S. 84.

(60) Vgl. A. Losowsky, a. a. O., S. 704.

(61) Vgl. J. Grünfeld, Angestellte und Arbeiter unter dem Druck der Mechanisierung, *Die Gesellschaft*, Bd. 5, Heft 12, 1928. 12, S. 556.

(62) こうした法的措置のひとつが1927年4月1日の労働時間緊急法（Arbeitzeitnotgesetz）であるが，この年の最も注目すべき措置は，23年労働時間規則令第7条による健康有害労働の8時間労働厳守が適用される産業が拡大されたことであった。すなわち，同年2月には，ガス工場，金属冶金工場，ガラス工場，ガラス研磨工場が，また7月には鉄鋼業が健康有害労働の規定を受けることになった。このことは，基幹産業において二交替制が事実上不可能となり，第1次大戦前から強く要求されてきた三交替制が初めて実現したことを意味するものであった。加藤栄一『ワイマル体制の経済構造』，東京大学出版会，1973年，351-2ページ参照。

(63) Vgl. F. Olk, Zu teuer rationalisiert!, *Die Arbeit*, 7 Jg, Heft 11, 1930, S. 734, T. Sender, Preiserhöhung trotz Rationalisierung, *Betriebsräte-Zeitschrift für die Funktionäre der Metallindustrie*, 8 Jg, Nr. 5, 1927. 3. 5, S. 133, G. Sobottka, Die kapitalistische Rationalisierung und ihre Folgen für die Arbeiter, *Die Rote Gewerkschafts-Internationale*, 8 Jg, Nr. 10, 1928. 10, S. 564.

(64) Vgl. W. Hofer, Die sozialen Wirkungen der Rationalisierung in der Kaliindustrie,

第 8 章　合理化の労働者におよぼす影響　*425*

　　　 Die Arbeit, 5 Jg, Heft 7, 1928, S. 426.
(65)　L. Zumpe, *Zur Geschichte der Unfallverhäitnisse in der deutschen Industrie von 1885-1932*, Berlin, 1961, S. 499.
(66)　Vgl. L. Preller, *a. a. O.*, S. 139-46, G. Stollberg, *a. a. O.*, S. 56.
(67)　Vgl. W. Swienty, Der Einfluß der Rationalisierung auf Betriebsunfälle und Gesundheitzustand der deutschen Arbeiterschaft, *Die Internationale*, 10 Jg, Heft 4, 1927. 2. 15, S. 112, E. Birkenhauer, Rationalisierung, Konzentration und Krise im Ruhrbergbau, *Die Internationale*, 13 Jg, Heft 15/16, 1930. 8, S. 476.
(68)　Vgl. P. Gliese, *a. a. O.*, S. 83.
(69)　Vgl. E. Birkenhauer, *a. a. O.*, S. 476.
(70)　Vgl. W. Swienty, *a. a. O.*, S. 110.
(71)　Vgl. E. Schalldach, *a. a. O.*, S. 109.
(72)　B. Hartenberg (Hrsg), *a. a. O.*, S. 385.
(73)　例えば，E. Schalldach, *a. a. O.*, G. Stollberg, *a. a. O.*, W. Swenty, *a. a. O.*, J. Kuczynski, *Die Geschichte der Lage der Arbeiter unter dem Kapitalismus*, Bd. 5 u Bd. 15, Berlin, 1966などを参照。
(74)　R. A. Brady, *The Rationalization Movement in German Industry*, Berkeley, California, 1933, P. 239.
(75)　Vgl. Chronik der BASF (1865-1940), Ⅶ. Period (1925-1932), *BASF Archiv*, Werkgeschichte Heft Ⅷ, S. 1235.
(76)　Vgl. E. Schalldach, *a. a. O.*, S. 10-1.
(77)　*Ebenda*, S. 20.
(78)　T. v. Freyberg, *Industrielle Rationalisierung in der Weimarer Republik*, Frankfurt am Main, New York, 1989, S. 19.
(79)　ここで，企業集中に対する労働組合の態度をみておくと，自動車工業に関して，多くの労働組合員は，アメリカにおいてすでにみられたようなより強力な企業の集中が初めてより大きなロットの生産とふさわしい技術設備の調達を割に合うものにするので，そのような集中が行われねばならないという見解をもっていた。Vgl. M. Stahlmann, Von der Werkstatt zur Lean-Production, S. 231.
(80)　Vgl. E. Schalldach, *a. a. O.*, S. 37.
(81)　Vgl. H. Spitzley, *a. a. O.*, S. 67 [同上訳書，85ページ]．
(82)　Vgl. F. Söllheim, *a. a. O.*, S. 136.
(83)　大橋昭一『ドイツ経済民主主義論史』，中央経済社，1999年，105ページ参照。
(84)　Vgl. L. Peter, P. Hinrics, *Industrieller Friede?*, Köln, 1976, S. 79, V. Trieba, U. Mentrup, *a. a. O.*, S. 112.
(85)　Vgl. *Ebenda*, S. 112.
(86)　R. A. Brady, *op. cit.*, p. 333.
(87)　大橋，前掲書，104ページ参照。
(88)　Vgl. E. Schalldach, *a. a. O.*, S. 55 u S. 65.
(89)　Vgl. *Ebenda*, S. 56-7.

(90) 大橋，前掲書，140ページ。
(91) Vgl. V. Trieba, U. Mentrup, *a. a. O.*, S. 112.
(92) 大橋，前掲書，107ページ。

結章　ドイツ合理化運動の歴史的性格と意義

第1節　合理化の展開と企業経営の発展

　これまでの考察において，1920年代のドイツ合理化運動の展開過程および主要産業部門における合理化過程についてみてきたが，本章では，それをふまえて，序章において指摘した3つの主要研究課題について考察を深め，それをとおして，この時期の合理化運動の歴史的性格と意義を明らかにしていくことにしよう。

　まず合理化の推進によって企業の経営方式においてどのような諸変化がもたらされたか，またそれはドイツにおける企業経営の発展史においてどのように位置づけられるかという問題についてみることにする。この時期は，技術および「管理と組織」の領域におけるアメリカに対する立ち遅れを克服するための諸努力が本格的に推し進められた時期であり，また本格的なトラスト形態による企業集中の波がおこった時期でもある。この時期の合理化過程は，これらのいずれの領域においても，現代的な経営方式，経営システムの原型をなす諸方策の導入が推し進められていく過程であったといえる。

　まず企業集中についてみると，1920年代後半の時期の企業集中の主要特徴のひとつは，とくに重工業や化学工業にみられるように，特定の製品の大量生産・大量販売の利益を求めての水平的結合＝トラストの本格的な展開にみることができる。そのようなトラストによって初めて製品別生産の集中・専門化による産業の合理化と再編成をドラスティックに行うことができた。しかも，この時期のトラストはすでにコンビネーションに組織されていた企業グループ同士とか，コンビネーションを含む利益共同体に組織されていた企業のトラスト

化であった。そこでは,例えば鉄鋼業に最も典型的な事例をみるように,最終の工程部門における製品別生産の集中・専門化によって,そこで生産されるべき各種の製品の生産能力が特定の工場に割り当てられるだけでなく,その前に位置する諸工程における生産能力の割り当てもそれによって規定されることになり,そのような継起的に関連する諸工程を結合していない企業同士の合同と比べ,製品別生産の集中・専門化を一層徹底したかたちで行うことができたのであり,トラスト全体の生産組織の再編成をよりドラスティックに推し進めることができたのであった。このような企業集中＝トラストによる産業合理化の推進は,個別企業レベルの合理化の本格的展開のための,いわば準備段階としての性格をもつものであり,特定の製品の量産化のための条件をつくりあげようとするものであった。このような条件のもとに,「技術的合理化」や「労働組織的合理化」など企業レベルの合理化が本格的に推し進められるようになるのであり,また「このトラスト化によって,初めてアメリカの労働組織,管理組織が,ドイツの諸条件に適応するかたちで本格的に導入されたといえる[1]」。現代の企業集中＝トラストの多くがこのような合理化としての機能を追求して行われているという点を考えても,この時期のトラストは現代の企業集中＝トラストの原型をなすものであるといえる。

　そこで,つぎに,企業レベルの合理化によって企業経営の発展がどのように促されたかをみると,まず「技術的合理化」については,産業電化の進展のもとで労働手段の個別駆動方式への転換がはかられたことに,その最も重要な特徴をみることができる。すなわち,そのような合理化方策はたんに電動機がもっていたより良い調節性と運転性,より高い効率性を与えただけにとどまらず,「工場制度の工学上の主要矛盾」の解決をもたらした。つまり,生産にとっての増加するエネルギー必要度がエネルギー伝達体系,伝力機構の限界につきあたるということ[2],またさらにそれにともなう労働組織の編成上の制約が個別駆動方式への転換によって取り除かれた。このような技術的発展は,第2次大戦後の資本主義国の経済発展・生産力発展のひとつの重要な基礎をなしたフォード・システムによる大量生産体制の確立のための技術的基礎をなすものでもあった。ただドイツでは,個別電動駆動方式の大規模な定着をみるのは,経済の軍事化が本格的に推進される1930年代後半のことであった[3]。

また労働組織の合理化は，テイラー・システムがドイツ的に修正されたレファ・システムやフォード・システムの導入によって推し進められたが，フォード・システムの導入は電機，自動車，機械製造などの加工組立産業の諸部門を中心に取り組まれ，そこでは，流れ生産方式の導入による大量生産への移行が推し進められた。塩見治人氏は，大量生産体制の発展類型として，第1類型＝「イギリス産業革命期に成立した初期機械製造工場を単に標準品の量的生産に利用したものにすぎない構造」，第2類型＝アメリカン・システム（「機械加工工程における各種専門的工作機械の開発とそれらの品種別機械加工ラインへの統合によるライン生産の成立を最大の特色とする」もの），第3類型＝テイラー・システム，第4類型＝フォード・システム，第5類型＝現代大量生産体制＝オートメーションの5つの類型を指摘されている。なかでも，「フォード・システムは，機械的搬送手段＝コンベアの全工程への内装化による作業機構の変革とそれを基礎とする管理機構の変革に集約」されるものであり，「第5類型の現代大量生産体制は，このフォード・システムの直接的な発展形態である」とされている。同氏は，中川敬一郎氏の指摘される19世紀大量生産体制（機械による標準製品の量的生産の実現機構）がフォード・システムを構成する諸要因のいくつかを部分的にシステム化したにすぎないプリミティブな発展段階の大量生産体制であったのに対して，「フォード・システムは，その生産力構造と規模において新しい時代を画する意義をもつ独自的な大量生産体制であり，現代大量生産体制の原理的な確立を意味している」とされている[4]。アメリカにおいては，フォード・システムの本格的な普及をみる1920年代にこのような現代大量生産体制の基礎が築かれるのであり，その意味では，「現代的」ともいえる生産力発展がこの時期に急速にすすむことになるが，ドイツにおいても，とくに市場の特殊的諸条件のもとで，それに合わせてさまざまな形態の流れ生産方式の展開が試みられ，フォード・システムの本来のかたちで導入された事例は決して多くはみられなかったとはいえ，この時期の合理化過程においてそのような経営方式の導入が推し進められたことの意味は大きかったといえる。

また仲田正機氏が指摘されるように，フォード・システムは「社会的労働における各部分的諸労働の『標準化』に基づく社会的労働の『合理的配分』についての技術学的研究の成果を前提に形成されるもの」であり，「労働時間，作

業量および生産物の間に存在する量的相互関係についての技術学的研究の成果が，生産過程に応用されねばならない(5)」。その意味では，フォード・システムは，テイラーによる研究の諸成果を基礎にして発展したものであるが，このような両者の関連からみれば，現代的な経営方式としての特徴をもつフォード・システムの発展においてテイラー・システムは重要な役割を果したのであり，大きな意義をもつものとして位置づけることができるであろう。またドイツでも，レファ・システムというかたちでのテイラー・システムの本格的導入によって，課業管理に基づく資本による直接的・集中的管理体制の「確立」＝計画と執行の分離の実現がはかられたのであり，ここに至り近代的管理の確立をみたのであった。それゆえ，1920年代の合理化の時期にテイラー・システムがレファ・システムというドイツ独自の方式に修正されてその本格的導入が推し進められたことも，このような現代的な経営方式の導入・発展において重要な意味をもつものであったといえるであろう。

さらにそのような合理化の展開とトラスト形態での強力な企業集中にともない，企業組織全体の合理化が必要となった。IG ファルベンや合同製鋼などの代表的企業において，企業集中と合理化の展開にともなう企業管理の諸問題への対応として，組織革新が行われており，部門別管理においてのみならず，全般的管理の領域においても，大きな発展をみることになった。アメリカでは1920年代にいちはやく，本社管理機構によって集権的に管理されながらも，独立採算制の事業部ごとに購買，製造，販売，会計などの職能別管理を行う事業部制管理機構が生み出され，このような事業部制組織は第2次大戦後に本格的な普及をみることになるが，IG ファルベンにおけるこの時期の組織革新は経営の多角化への対応をはかる組織面での取り組みでもあり，そこでは，デュポンの事業部制組織に非常に類似した管理機構が生み出された。こうして，全般的管理の領域においても，この時期に現代的な経営方式・システムの発展がみられたのであった。ただ IG ファルベンの管理機構はデュポンのそれと比べると管理上の大きな限界をもっており，そこでの組織革新の限界がその後の企業成長にも影響をもたらすなど(6)，多くの限界をもつものであり，アメリカと比べると，一定の限界性をもつものであった。

このように，企業集中，技術および「管理と組織」のいずれの領域において

も，1920年代の合理化の時期には，当時アメリカでみられ，また多くの先進資本主義国において第2次大戦後に本格的な普及をみることになるいわば「現代的」な企業経営の諸方式，経営システムの展開の基礎が築かれたのであり，ドイツの企業経営の発展史におけるこの時期の意義はそれまでの時期[7]とは大きく異なるものといえるであろう。

1920年代の合理化の推進にともなうドイツの企業経営の発展の問題を考える上で指摘しておかねばならないいまひとつの点は，この時期の合理化が財務，購買，生産，労務，販売という企業の基本的な職能活動のすべての領域において要請され，これらの諸活動の全領域において合理化との深いかかわりがみられたということである。そこで，この点についてみておくことにしよう。

財務について――まず財務についてみると，第1次大戦後，とくに通過の安定後の資本不足のもとで，ドーズ・プランによる外資導入が推し進められたが，この時期に財務の問題が一層重要な意味をもつようになったのは，ドイツ独占企業にとって，たんに資金の調達だけでなく，資本コストの負担のもとで外国信用の「生産的利用」が重要な課題となったことによるものでもあり，そうしたなかで，生産の合理化の推進が必須の課題とされたのである。しかも，そのさい，合同製鋼においてみられたように，経営の合理化が，当時の大企業の資金調達において重要な役割を果していたアメリカの借款の獲得のための前提条件となっており[8]，そのような事情からも，財務の問題は合理化とも深いかかわりをもっていたといえる。

購買について――また購買の領域に関しては，第1次大戦後のドイツにおいては，「敗戦直後の混乱，国外市場からの分離・賠償等の経済的負担，異常インフレーションの進行などのため，完成品部門は原料・半製品の確保のため，原料・半製品部門と結合せざるをえず，また原料・半製品部門もその販路確保のため完成品部門と結合せざるをえず，かくて垂直的＝コンビネーション的結合形態が多く発展した[9]」。そのことは企業集中を促進する契機にもなった。なかでも，敗戦による打撃が最も深刻であったのは重工業であるが，鉄鋼業では，それまでのライン＝ヴェストファーレン地域の分業関係を支えていた鉄鉱石供給基盤であるロートリンゲンのフランスへの割譲による含燐性のミネット鉱の不足に対処するため，屑鉄を原料として利用できる平炉法の利用がトーマス法にかわって増加し，製鋼部門の合理化

はとくに平炉の技術的発展を基礎にして推し進められた。こうして，原料調達の問題は企業集中や合理化の展開とも深いかかわりをもったといえる。

生産について——重工業，化学工業などの産業部門において過剰生産能力の整理が緊急の課題とされ，トラストの形態をとって企業集中がかつてない規模で行われ，そのなかで過剰生産能力のドラスティックな整理と製品別生産の集中・専門化の推進による生産組織の再編成が推し進められたが，そのような合理化方策の推進は個別企業レベルにおける生産過程の合理化の本格的展開のための基礎を築くものであった。このような企業集中による生産組織の再編成を基礎にして，生産コストの引き下げの実現のために，個別企業レベルにおいて生産の合理化が本格的に推し進められることになるのであり，そこでは，「技術的合理化」と「労働組織的合理化」の諸方策がひろい範囲にわたって展開された。 そこで展開された主要な合理化諸方策は，「技術的合理化」をみても，また「労働組織的合理化」をみても，現代的な経営方式の原型あるいは基礎をなすものであったことについてはすでにみたとおりである。

労務について——また労務についてみても，第1次大戦後の革命的危機のもとで労働者に対して認めざるをえなかった賃金協約，8時間労働日などの経済的譲歩を骨抜きにし，反故にすることが，ドイツ独占体にとっての合理化運動の目標のひとつであったが[10]，そのような合理化を推し進める上で，何よりも労資関係の安定化をはかることが重要な課題となった。そこでは，テイラー・システムをレファ・システムというドイツ独自の方式に修正することによって労働者・労働組合の反対をやわらげたこと，また当時の自由労働組合幹部がフォード・システムの導入に「アメリカ的な高い水準の社会生活の実現」という自らの掲げる目標の実現の可能性をみていたように，フォード・システムの導入が労資協調においてむしろ積極的役割を果したこと，しかもこれらの労働組織の合理化を推し進める上で経営科学，労働科学といった合理化の諸科学が広く利用されたことなど，賃金コストの引き下げのためのこれらの諸方策が，たんに生産の合理化の方策としてのみならず，労働者，労働組合に対する労務管理上の政策としての役割を担うものであったという点が重要である。

販売について——最後に販売についてみると，そこでは販路の拡大，生産資本が自己の商品を仲介業者を排除して消費者に直接販売すること，すなわち前方統合の一層の推進がみられた。E．ヴァルガは，流通の合理化について，流通面において

は，a）同種の企業の独占的結合による生産価格を上回る価格の引き上げ，b）総利潤に占める非工業的資本の割合を小さくするための諸方策の2つの主要な方向が存在しており，後者は，「中間取引の排除の諸努力のなかに，生産者と消費者との直接的な結びつきを創出する諸努力のなかに，また総利潤に占める借入資本の割合を小さくする試みのなかにある[11]」としている。一般に「流通過程における『合理化』は，基本的には『剰余価値の実現費』をいかに軽減するかという点[12]」にあるといえるが，この時期には，IGファルベンや合同製鋼の組織革新にみられるように，販売部門の集権化によって流通の合理化がそのような方向で推し進められたのであった。

第2節　ドイツ合理化運動の帰結

そこで，つぎに，1920年代の後半にひとつの国民運動として展開された合理化が実際にどのような諸「成果」，諸結果をもたらしたか，この点を，この時期に合理化が最も集中的かつ強力に推し進められた産業部門（重工業，化学，電機，自動車，機械製造）を中心にみていくことにする。この点は，この時期の合理化運動がドイツ独占企業の復活・発展において，またドイツ資本主義の復活・発展においてどのような役割を果したか，どのような意義をもつものであったか，という問題とも関係している。

この点に関してまず第1に指摘しなければならないことは，この時期に合理化が最も集中的かつ強力に展開された産業部門において，過剰生産能力一層の蓄積がとくに顕著にみられたということである。なかでも過剰生産能力の増大が最も深刻だったのは重工業であった。これを合同製鋼についてみると，すでにみたように，同社の製鋼工場の生産能力の利用度は，1927年の75.1％から28年には65.2％に低下し，29年には再び75.8％に上昇しているが，その後大きく低下し，32年にはわずか23.9％にまで低下している（前掲表3-24参照）。R. A. ブレィディは，過剰生産能力が石炭炭鉱，コークス生産，ガス生産および多くの一層重要な副産物の生産において，ひろくみられるとしている[13]。また彼は，ドイツ鉄鋼業が過剰建設を行ったかなりの証拠があるとしており，そこでの拡張は，主として，アウトラインエリアの工業化および外国の鉄鋼業の拡張

の結果としておこる世界需要におけるたえざる諸変化を無視して行われたようだ, としている[14]。

合同製鋼は1926年の合同の後に, 過剰設備の廃棄や, 採算割れ向上の閉鎖など, ドラスティックな組織的合理化を行っているが, その後も過剰生産能力の整理が強力に推し進めており, 1934年までに鉄鋼工場の数は145から66に, 高炉設備は23から9に, また圧延工場は17から10に減らされている[15]。またカルテルやシンジケートの割当目当ての不良投資が行われており, それによって過剰生産能力の一層の蓄積がもたらされたこと, 結合経済の一層の進展によって技術的に統合された技術設備全体の必要最低操業度が引き上げられ[16], そのために, この時期には, わずかな景気の後退のもとでも, 生産能力の遊休化が発生しやすい状態になっていることに注意しておく必要がある。また炭鉱業では, ルール炭鉱において1925年にすでに機械化のひとつの山を迎えていることにみられるように,「技術的合理化」がはやい時期に展開されたが, そこでも, 過剰生産能力がこの時期に一層蓄積されたとする指摘がなされている[17]。

また化学工業についてみても, R.A.ブレイディは, 多くの場合, 合理化は企業間関係に強く影響をおよぼすことはなかったとして, そのような産業および産業間の調整の欠如が設備の重複をもたらしたとしている[18]。IGファルベンでは, この時期に経営の多角化が強力に推し進められ, 新興事業分野の拡大がはかられたが, そのなかでも, 最も成長の見込まれていた窒素部門でさえ, その操業度は, 1926年から28年までの90％台から29年には65.6％に, 30年には41.4％にまで低下している[19]。

さらに電機工業についてみても, R.A.ブレイディは, この産業が過剰な設備能力によって打撃を受けてきたといういくつかの証拠があるとして, この産業部門においても過剰生産能力が顕在化したことを指摘している[20]。例えばジーメンス・シュッケルトの操業度は1926年9月の56％から27年8月には79％に, 28年8月には84％に上昇しているが, 31/32年までに25/26年の水準を下回ったとされている[21]。また電機工業の操業時間でみた生産能力の利用度は, 1929年の78.1％から30年には59.5％, 32年には31.5％にまで低下しており[22], 電機工業でも合理化の過程において過剰生産能力の蓄積がすすんだこ

結章　ドイツ合理化運動の歴史的性格と意義　*435*

とをみることができるであろう。とくに化学工業と同様に電機工業では，1929年にも活発な設備投資，ことに新規設備投資が行われているが（第2章，第4章および第5章参照），世界恐慌期には，そのことが遊休化を一層深刻なものにしたといえる。

　自動車工業においても同様に合理化過程において過剰生産能力が一層蓄積される結果となったが，それは，この産業部門ではアメリカとの競争がとくにはげしく，流れ生産方式の導入と近代的な機械設備の導入による大量生産への移行が強く要請されたことによるものであった。すでにみたように，1928年の時点でさえほとんどすべての主要企業において生産能力の遊休化がみられ，29年の生産能力の利用度は約55％にとどまっている。その後，世界恐慌の深刻さが増すなかで操業度は大きく落ち込んでおり，1932年の生産能力の利用度はわずか約25％にすぎなかったとされている。比較的高い操業度を保つことができた主要4社をみても，1933年にはオペルでは61％，アウト・ウニオンでは58％，ダイムラー・ベンツでは54％，アドラーでは36％となっている[23]。

　さらに機械製造業では，第7章でもみたように，合理化の始まる相対的安定期の初期にも多くの過剰生産能力を抱えており，そのことが合理化，とくに資本支出をともなう「技術的合理化」の推進の制約要因にもなったが，そこでも，1929年までの時期に生産能力が完全に利用されることはなかった（前掲表7-1参照）。

　このように，合理化過程において，過剰生産能力の蓄積がすすんでおり，そのことは，ドイツの産業全般にみられた現象であったといえる。A. シュリーパーによれば，ドイツ工業における生産能力の利用度は，1929年には平均で70％から75％であったが，32年までに45％に低下しており，それは経済的に必要な操業度をはるかに下回っていたとされている[24]。またI. M. ファインガルによれば，合理化が行われた企業の操業度は，それの行われなかった企業に比べると，全体として低下しているとされているが[25]，この指摘は，この時期のドイツ合理化運動のもたらした帰結の重要なひとつの側面を表現したものであるといえるであろう。

　合理化のこのような限界性は，基本的には，国内市場の狭隘性と輸出市場における諸困難という厳しい市場の条件に規定されていたといえる。合理化は企

業への失業者の吸収ではなく，むしろ失業者の増大をもたらしたのであり，そのような「合理化失業」の増大は，税負担や社会負担の重さなどとともに，国内市場の狭隘化を一層促進することになった。とくに国内市場の狭隘性は，ドイツ独占体がよってたつところの資本主義的基盤の脆弱性，国民経済の疲弊を示すものであり，この時期の合理化の重要な制約要因のひとつとなった。確かにドイツ独占企業は合理化の推進によって急速な復活・発展をとげ，ドイツ資本主義の発展もある程度はなされたが，1928年，つまり1925/26年恐慌から2年もたずに，帝国主義的ドイツ経済に再び恐慌現象が現れたという事実，またこの2つの過程が——少なくともさしあたり——ドイツに限られていたという事実は，ドイツ帝国主義の特別の不安定性を示すものである。このことは，第1次帝国主義世界大戦における敗北と関連しており，またとりわけ，11月革命後に労働者階級に対してやむなくのまされた譲歩を取り除こうとするドイツ帝国主義の闘いと関連していた[26]。「この1928年の初期恐慌現象は，戦後の革命期に労働者階級に余儀なくされた経済的譲歩を取り除こうとするドイツ合理化運動の主たる狙いが，結果的には，生産と消費の矛盾を増幅させ，ドイツ資本主義の脆弱性を一層きわだたせることになる前兆を示しているといえる[27]」。

このような初期恐慌現象の直後の1929年には，ドイツも世界恐慌に見舞われることになるが，W.ベッカーが指摘するように，「資本主義の相対的安定期の末期における帝国主義ドイツの状態は，その全過程の基礎において，すでに1914年以前に独占化の長期的影響によってますます明瞭になった生産と市場との根本的矛盾の尖鋭化が，第1次帝国主義大戦とインフレーション期に隠蔽された後に，今やあらためて爆発的に噴き出そうとしていることを，全体として明らかにしたのであった[28]」。もとより「相対的安定期のドイツ経済の根本問題は，大戦およびインフレ期に累積されかつ隠蔽されてきた過剰資本をいかに処理するかという点にかかわっていた[29]」のであるが，この時期の合理化過程において過剰資本の整理が不徹底に終わっただけでなく，過剰生産能力が一層蓄積される結果となった。そのことが，世界恐慌時には，一層の圧迫要因として作用することにならざるをえず，ドイツ合理化運動は，結果的に，矛盾を拡大させることになったといえる。

このようなドイツ合理化運動の帰結とその限界についてみる上で重要な点

は、各産業部門の合理化が国民経済におよぼした影響、その役割に関してである。フォード・システムの導入による大量生産のための取り組みは、この時期にもみられたが、ドイツでは、自動車のような消費財の大量生産は大きく立ち遅れており、アメリカにおいてみられた「現代的な」生産力の発展はほとんど緒についたばかりであったといえる。電機工業、化学工業、自動車工業などの新興産業部門では、重工業や機械製造業と比べ、比較的に活発な設備投資が行われており、合理化のあり方には、これらの産業部門の間でかなりの相違がみられるが、これらの新興産業諸部門の発展は、ドイツの国民経済の発展を主導するほどのものではなかったといえる。W. ベッカーが指摘するように、「成長産業である化学工業、電機工業および自動車工業は、その積極的な発展の推進力にもかかわらず、1924年には、国民経済の他の分野の沈滞を前にして、力強い高揚を呼び起こすこともできなかったし、また構造危機、とくに重工業集団の危機を調整することもできなかった[30]」とされている。また「化学、電機、自動車などのいくつかの分野で、他の諸分野と比較して、異なった発展のテンポが生じた」が、新しい産業諸部門の急速な成長は、否定的な代替効果、すなわち、とくに資本主義的合理化による労働力の解雇や古い生産能力の休止を基本的に埋め合わせるには十分ではなく、その結果、985億 RM（1924-28年）の投資にもかかわらず、経済成長はとるに足らなかったとされている[31]。結局、自動車工業はもとより、化学、電機といった産業がドイツ経済に占める比重はまだ石炭・鉄鋼業の比ではなく、新興産業における合理化がドイツの資本蓄積全体の大勢を変えることはできなかったということである[32]。このことは、「戦後の諸結果においても、また世界恐慌期においても、最も深刻な影響をうけた重工業が、なおドイツの国民経済において、最も大きな比重を占めていたことの意味を、十分に考慮に入れて、この時期の合理化運動の展開と帰結をみることが必要だということ[33]」を意味しているといえる。

　この点を、そこでの大量生産が他の産業部門におよぼす波及効果が大きい自動車工業についてみると、アメリカでは、第1次大戦をはさんで産業再編成が進展し、鉄道、石炭業は後退し、新興産業である自動車および石油、電力というエネルギー産業が基幹産業の一翼を担うようになっている。「第1次大戦前の産業が『鉄道──

鉄鋼——石炭』という関連を基軸としていたとすれば，1920年代は『自動車——鉄鋼——石油・電力』という関連を基軸とする体制へと転換した(34)」と指摘されるように，基本的に単一製品部門しかもたない自動車の大量生産が1920年代にフォード・システムの本格的展開によって大きくすすみ，それが関連する産業分野の市場の拡大をもたらし，これらの諸部門の発展を促進することになった。これに対して，国内市場が狭隘であったうえに，圧倒的に優位な競争力をもつアメリカ企業の自動車の流入という厳しい市場の条件のもとで，ドイツでは，自動車のような消費財の大量生産がアメリカのようにはほとんど展開されえず，そのことが，他の産業諸部門の合理化の展開，そのあり方にも大きな影響をおよぼすことになった。W. ベッカーの指摘するように，「大量生産の決定的諸要素および国民経済的有効性は，生産手段の製造よりも消費財部門においてずっと大きく，そのため，アメリカの例が示すように，消費財の大量生産が，初めて，生産手段の大量生産への移行の基礎を与えた(35)」のであるが，ドイツでは，「自動車のような消費財の大量生産の立ち遅れは，機械製造業の汎用主義の克服にブレーキをかけ，大量生産をはばむとともに，鉄鋼業のように，それなりに大量生産に移行してきている諸部門に対しては，不均衡を強め，そのことがまたこれらの諸部門の海外市場への依存を強めることになる(36)」。自動車のような消費財の大量生産の立ち遅れはまた，機械製造業の大量生産にとっての制約要因となっただけではなく，機械の製造コストを高いものにし，機械加工を行うための工作機械の利用にさいして，大量生産への移行を推し進めてきている電機工業のような部門の合理化の制約要因ともなった。そのような影響は化学工業においてもみられる。工藤　章氏は，「相対的安定期のドイツ資本主義の産業構成は，一方では重化学工業化が進展しながらも，・・・他方では自動車工業に代表される新産業の伸び悩みがめだつという点に特徴があった」とした上で，化学工業の中核的資本 IG ファルベンにおける消極的合理化による旧製品部門の拡大と新興製品部門における総合化の遅滞とは，そのような特徴の一表現であったと指摘されている(37)。このように，「戦後の特殊ドイツ的ともいえる諸条件のもとで，これらの産業連関的諸要因のからみあいが，ひとつには，この時期のドイツ合理化運動のあり方，性格を基本的に規定しているといえる(38)」が，国内外の厳しい市場の条件のもとで，本来大量生産を主導しうる自動車工業の発展が立ち遅れたことの意味は大きく，合理化をテコとした資本蓄積の推進それ自体が同時にそのための需要＝市場を形成・創出していくというかたちでの展開(39)をはかることが

できなかったという点にこの時期のドイツの合理化運動の限界性が示されているといえる。

これまでの考察において，1920年代のドイツ合理化運動の帰結とその限界について，明らかにされたが，その後のナチス期における展開とのかかわりでこの時期をみると，化学工業では，20年代の合理化の過程における合成生産方式の普及と新興部門の発展が30年代の人造石油，合成ゴム，合成繊維といった重要な新製品の開発・その事業化の本格的推進において重要な意味をもつことになる。また電機工業や自動車工業，機械製造業に代表される加工組立産業の諸部門でも，20年代のフォード・システムの導入，産業電化の進展による労働手段の個別駆動方式への転換や硬質合金工具の開発による技術的発展などが，その後のナチス期に一層の進展をみることになるのであり，この時期の生産力発展，産業の発展の基礎を築く上で大きな意味をもったといえる。こうした点は鉄鋼業についてもみられ，1920年代には，この産業部門において本来その利用が最も大きな成果をもたらしうる圧延部門において連続圧延機のような生産性の高い最新鋭の機械設備の導入がすすまなかったとはいえ，この時期の生産技術の発展の指標として最も重要なもののひとつをなす産業電化にともなう労働手段の個別駆動方式の導入は，ナチス期におけるその普及・拡大の基礎をなしたといえる。それゆえ，1930年代のナチス期の合理化の考察においては，20年代の合理化過程の意義と限界をふまえて，みていくことが重要となる[40]。

第3節　ドイツ合理化運動と現代の合理化

1　企業における合理化と合理化運動

第1次大戦後，世界の主要先進資本主義国において，弱体化した資本主義経済の再建と独占企業の復活・発展をはかるための組織的な取り組みとして「合理化運動」が展開されたが，本来個別企業のレベルの問題として取り上げられるべき合理化の問題がいわばひとつの国民運動として広く全国家的・全産業的な次元で問題とされ，最も強力かつ集中的にそれが展開されたのはドイツにおいてであった。そこでは，合理化が「労資協調」路線のもとに労働者，労働組

合をも巻き込んで推し進められたが,そのような性格をもつこの時期の合理化運動は第2次大戦後の現代の合理化,すなわち国家独占資本主義段階における合理化・合理化運動とどのようなかかわりをもつか,また現代の合理化とのかかわりでこの時期のドイツ合理化運動は歴史的にどのように位置づけられるか,つぎにこの点をみていくことにしよう。

序章でもみたように,資本主義企業の発展は資本主義生産の発展を基礎にしており,生産技術の発展の利用も生産の組織化の方法もそれ自体としてみれば生産の合理化のための方法であり,その意味では,企業はそのような合理化を繰り返し推し進めながら発展してきたといえる。しかし,「合理化は,資本主義経済が独占資本主義の段階に到達した時代に,独占資本の要求として生まれたものであり,生産をいかに合理化するかということは,単なる,『抽象的』な,技術問題ではなく,生産に対する独占資本の目的,独占資本のおかれている客観的な諸条件などによって,その性格と内容がきまる具体的な問題である[41]」。「独占的高利潤へのたえざる衝動こそ,独占資本主義の時代に資本の『合理化』運動が提起されてきた経済的基礎[42]」でもあり,それゆえ,この時代になると,資本主義的合理化の本質を規定しているのは,「独占的高利潤を獲得するために独占資本が要求している超過搾取の特別な方法である[43]」。ここで「特別な方法」という場合,資本主義的合理化には独占の強化を援助する国家の政策がつねに裏うちされているということが重要である[44]。

独占的高利潤の追求という独占資本主義の経済法則に規定されて合理化が推し進められるという点では,1920年代のドイツの合理化運動は独占形成期の合理化と共通しているが,国家の政策という後押しのもとに,「体系化された」方法でもって合理化が全産業的・全国民的次元で展開されるようになるのは20年代のことであり,この時期のドイツの合理化運動は,そのような組織的・体系的なかたちで合理化が推し進められた最も典型的な事例を示しているといえる。この時期の合理化運動に対する国家のかかわりをみると,①ドイツ経済性本部に代表される合理化宣伝・指導機関に対する援助のほか,②合理化推進のための産業基盤整備を目的とする公共投資と産業政策,③「労資協調」に基づく合理化の推進を促進するための社会政策面での諸施策[45],④技術政策面での諸施策をあげることができる。以下では,これらの点を中心に,合理化運動

への国家のかかわりについてみていくことにしよう。

2 合理化運動への国家のかかわりとその特徴

(1) 1920年代の合理化運動への国家のかかわりとその特徴

合理化宣伝・指導機関に対する国家のかかわりについて——1920年代の合理化運動への国家のかかわりをまず合理化宣伝・指導機関に対する援助についてみることにする。すでに1921年に、電機・化学独占資本、わけてもジーメンスとケットゲンとによって設立された「ドイツ工業・手工業経済性本部」はそれまで見るべき成果を示さなかったが、その後、25年以降になると、電機・化学独占資本の積極的な要請と政府資金の援助によって本格的な作業を開始し、合理化という標語のもとに、名称も「ドイツ経済性本部」と改めて、生産費引き下げの方策に関する中枢的な宣伝・指導機関としての役割を強化したのであった。第1章でもみたように、「ドイツの合理化はまさに、この『ドイツ経済性本部』の徹底した宣伝・指導のもとに推進されたのである」が、「ドイツ経済性本部」は、「経済性上昇ひいては生産費引き下げの直接的な方策を指導する機関として、さらには経済性の上昇即国民生活の向上というイデオロギーを宣伝する機関として推進・強化されたのであって、この場合、いわゆる『合理化の体系化』として、合理化を全産業的ないし全国民的な次元で推し進めるということが、そもそもの『ドイツ経済性本部』の狙いであり、また独占資本それ自身の要請でもあった」[46]。こうして、「合理化はいわゆる『合理化の体系化』として、全産業的・全国民的な次元で問題にされ、とくに強力な独占体や企業者団体や全国家機構の援助によって労働の強化が推進された」のであり、「ドイツの合理化の本質はまさに、『労働強化の体系化』にあった」[47]といえるが、合理化宣伝・指導機関に対する国家の援助は、合理化をひとつの国民運動にまで押し上げ、より安定した生産関係（労資関係）の基盤のもとでそれを強行するためのイデオロギーの宣伝のみならず、それをとおして、「労働強化の体系化」をより円滑に推し進める上でも重要な役割を果したのであった。

この時期のドイツ経済性本部はまた、国民経済的レベルの合理化の推進においても重要な役割を果した。当時の合理化については、『合理化ハンドブック』にみられるように、「技術的合理化」、「商事的合理化」、「国民経済的合理化」

という分類がよくみられ(48)，この時期の合理化が「合理化運動」として展開されたことの意味は，企業レベルの合理化を超えて「国民経済的合理化」が問題にされたことにも示されているといえる。その点に関して，G．シュトルベルクは，「国民経済的合理化のレベルでは，人間の共同生活は，『経済の理念』が実現されうるように，すなわち『需要と充足の持続的な一致が保証されるように，組織されるべきであり，（そのことを保証するのは），経済生活全般にかなりの介入ができるものであり，それは，目下のところ，強力な銀行，大コンツェルン，労働組合の連盟あるいは国家自身である』」が，「そのような介入の準備あるいは仲介は，ドイツ経済性本部の重要な課題である(49)」としている。合理化宣伝・指導機関に対する国家の援助は，ドイツ経済性本部のこのような活動による国民経済レベルの合理化の推進においても重要な役割を果すものであったといえる。

合理化推進のための公共投資と産業政策による国家のかかわりについて——つぎに合理化推進のための国家による公共投資についてみると，合理化の推進のためには，交通，港湾をはじめとする産業基盤整備を通じて企業の生産諸条件を整備することが重要となるが，この時期には，「国家の資本参加による多数の公共企業体の設立は，産業基盤整備をつうじて，独占的大企業を中心とした強蓄積を可能にする機構の一端であった(50)」。こうして，「相対的安定期の公共投資は，直接には重化学工業の発展に並行して，産業基盤整備の要請にもとづいておこなわれたもの(51)」であり，合理化推進のためのより有利な条件を生み出そうとするものであった。

そのような合理化推進のための産業基盤整備のためのかかわりとも関連して，この時期の合理化への国家のかかわりの重要な点として，産業政策を指摘することができる。1930年代の初めにアメリカのNICB (National Industrial Conference Board) は，「技術的合理化」および「科学的管理と結びついた他の諸活動」（労働組織的合理化」）については，アメリカの諸方式の導入であり，何も新しいものはないが，「産業組織の合理化」（産業合理化）については，他のいかなる国においても展開されなかった産業政策のひとつのタイプを示している，としている。すなわち，「取引制限の協定を結ぶ個々の製造業者の権利

についてのいかなる法的規制もないこと，また法律でのそのような協定の強制の可能性は，ドイツにおいては，その最も重要な産業のいくつかにおける『計画化された経済』のシステムの発展を可能にしたのであり，それは自由競争がまだ進歩と繁栄に欠くことのできないものと考えられている諸国における産業活動の計画のなさとの大きなコントラストを示している」としている[52]。

社会政策面における国家のかかわりについて——また社会政策面でのかかわりをみると，「相対的安定期には，一方では，この時期に特有な産業合理化の強行に伴って生じる難点を処理するため，他方では戦後の政治的動揺期に多数成立した労働立法の跡をうけて，国家の労働力市場への介入が拡大され，社会政策的機構が整備された」。つまり，「労資協調による産業合理化への協力体制に応じて，社会政策的機構すなわち，(1)労働協約・争議調停制度，(2)職業紹介・失業保険制度も独特の形態をとった」が，「この時期には，国家の労働力市場への介入は，労働力商品の価格交渉の条件の整備，供給過剰労働力の保存という，いわば市場の外部条件の整備にとどまり，価格決定を指示したり，労働力の供給過剰にたいして需要を追加するという形で市場内部に介入するものではなかった[53]」。

技術政策面における国家のかかわりについて——さらに国家の技術政策についてみると，それは第1次大戦とロシアの社会主義10月革命後の変化した歴史的情勢に対する帝国主義国家の対応として生まれたものであり[54]，生産諸力の社会化の水準に応じて科学と技術の発達に対する権力機構の介入をもたらしたが，それは，独自の帝国主義的発展と独占利潤の増大にとって決定的であるとみなされた諸問題の解決のために，科学・技術の潜在力を集中的に利用することを意味していた。例えば，国の多くの研究組織や国立の施設，また多くの民間の科学組織が設立されたことによって国家の影響力が強まり，科学の官僚化がすすんだが，国家独占的な科学組織と管理は，第1次大戦以降，コンツェルン経営における搾取過程の組織と集約化にとって重要であった新たな学問分野（例えば労働生理学，労働心理学や経営学の発展）の成立を助けたされている[55]。こうした国家の政策が推進された背景について，W. ベッカーは，生

産関係が生産力の一層の発展に阻止的な役割を果すようになった状況のもとで，技術政策が1920年代および30年代のドイツにおいて重要となったが，それは20年代の資本主義的合理化の概念と結びついており，国家独占資本主義の枠組みのなかで，独占資本はこうした国家の技術政策の助けを借りて生産の発展の停滞的傾向を打破しようとしたのであり，またそれによって，アメリカに対する技術的な立ち遅れが取り戻されるか，あるいは凌駕さえされるはずであったとしている[56]。H．モテックも，この時期には，たんに民間の企業家組織だけでなくまた支配階級の集団的な公共機関，国家によって，技術・組織的進歩の影響を受けて，とりわけいわゆる合理化の旗印のもとに，工業生産力の向上と生産コストの引き下げをはかろうとする諸努力が行われたが，そこで重要視されたのが当初は一種の「技術政策」であったとしている[57]。こうして，経済政策の一構成要素としての技術政策は第1次大戦後には国家独占的規制の一要素となり，とくに資本主義的合理化の形態で利用されることになった[58]。

(2) 第2次大戦後の合理化運動への国家のかかわりとその特徴

これまでの考察をふまえて，つぎに第2次大戦後の合理化についてみると，この時期にはドイツ資本主義，ドイツ独占企業の復活・発展をはかろうとするドイツ独占資本の狙いだけでなく，マーシャル・プランの導入にともない，ドイツの復活・発展を推し進めんとするアメリカ独占資本の意図があった。マーシャル・プランの導入にともない，それが適用された諸国で合理化諸方策が要求され，そのために，1948年にパリに「技術援助局」が設立され，さらに50/51年には，とくに重工業と，アメリカ独占資本によって支配されている生産部門における一層の合理化諸方策が要求され，そのために，OEECに「生産性委員会」が設置され，これをとおしてアメリカの合理化方策がマーシャル・プラン諸国，とくに西ドイツに導入された。アメリカ独占資本のために，そうした活動を一層促進するべく，この機関は1953年3月に「ヨーロッパ生産性本部」に改組された。そこから，52年4月に設立された「ボン生産性委員会」をとおして，西ドイツにおける個々の合理化方策が指図されたが，ヴァイマル期にその前身をもつ「ドイツ経済合理化協議会」(Rationalisierungs-Kuratorium der Deutschen Wirtschaft——RKW) が「ボン生産性委員会」の実行機関とし

ての上部組織であり，アメリカ独占資本の合理化への影響が「ドイツ経済合理化協議会」から個々の諸経営や諸組織にまでおよんでいる(59)。第１次大戦後のドーズ・プランによるアメリカの援助はドイツへの資本輸出による合理化資金の提供にとどまったのに対して，第２次大戦後の合理化は，「アメリカの主導のもとに，国際的に，『生産性向上』運動のかたちをとり，体系的・総合的に展開された(60)」のであった。

またこの時期には国家独占資本主義が支配的な制度となるに至っており(61)，この段階の合理化の特徴のひとつは，それが「国家独占資本主義の機構と機能を全面的に動員した『合理化』であるということ」にある。現代の国家は，合理化の基礎をかためる上で，かつてないほど積極的な役割を果しており(62)，この点を第２次大戦後のドイツについてみても，「西ドイツにおける合理化のあらゆる諸方策は，さまざまな方法で，直接的および間接的に，国家的諸機関および国家的諸組織によって指揮されたり，あるいは助成されたりしている(63)」とされている。1953年10月20日にアーデナウアー首相は，その後の４年間にも合理化をより強力に実施することが重要であると発表し，合理化の推進に国家が積極的に関与することを示している。それには，国家からの投資金融や税制上の優遇措置などの独占企業の投資促進のための国家独占資本主義的諸方策だけでなく，「ボン生産性委員会」の計画が国家の諸機関の援助でもってひろく実行され，西ドイツ政府の大臣自ら「ボン生産性委員会」や「ドイツ経済合理化協議会」において協力したこと，また財政政策，立法のほか，警察，国境守備隊，司法当局のような国家の権力機関も多かれ少なかれ直接的に合理化を促進したことがあげられる(64)。この「生産性委員会」には連邦政府の代表も加わっている(65)。

このようにこの時期の合理化が国家独占資本主義の機構と機能を全面的に動員することによって推し進められたということは，それだけ合理化が緊急かつ不可避の課題となり，合理化の円滑な推進のための労資関係の安定化をはかることが重要な課題となったことをも意味するといえる。第２章でも指摘したように，もともと合理化の語源はラテン語のratioからきており，ドイツでは，それは「理性」(Vernunft)とか「合目的的な」(zweckmäßig)という意味にとられていたが，「何が理想的で，何が合目的的なのか，その基準はすぐれて

階級的性格を担っているといわなければならない⁽⁶⁶⁾」。それゆえ，そうした基準は資本家と労働者との間で大きく違ってこざるをえず，それだけに，独占資本にとっては，合理化を推し進める上でその階級的性格をやわらげる，あるいは消し去ることが重要となる。E．ポットホッフは，「合理化の諸結果は，労働する者があまりにも多く要求されること，経営合理化の諸方策から失業が生まれること，労働する人間は，一般に，合理化の諸成果の分け前にあずからしてはもらえないという点にある⁽⁶⁷⁾」としているが，このことは合理化のもつ階級的性格を示すものである。こうした意味からも，合理化問題はそれ自体として労働問題としての性格をもつものであり，それだけに，このような階級的性格を覆い隠し，労働者にとっても合理化の利益が大きいという思想的・社会的カンパニアによって労資協調の生産関係的基盤をつくりあげることが，本来個別企業レベルの問題である合理化を「ひとつの運動」として推し進める上で大きな意味をもつことになる。

　この点に関しては，この時期には，「独占的高利潤の獲得，労働者の搾取強化という本来の目的のために，戦前とは比べものにならぬ思想的・社会的カンパニアが展開された⁽⁶⁸⁾」。それは，合理化問題に対する労働者階級の立場や物質的利害をあいまいにし⁽⁶⁹⁾，彼らの集団主義の解体をはかるためにさまざまなイデオロギー攻撃を行うことによって労働者を労資協調主義の方向にひきこむ思想的・社会的カンパニアであったとされている⁽⁷⁰⁾。こうした動きは「万人がより良い生活をすべきだ」という1953年のデュセルドルフでの大合理化博覧会のモットーや「生産性とはより良い生活をすることである」とするK．ヘルミッシュの「啓蒙」パンフレットの標題などにみられるが⁽⁷¹⁾，他方では輸出増進のための生産性向上が強く叫ばれたのであった⁽⁷²⁾。国家は「ボン生産性委員会」や「ドイツ経済合理化協議会」をとおしてそのようなカンパニアにかかわりをもったが，例えば1955年度の「ドイツ経済合理化協議会」の報告では，合理化することはとくに組織化することであり，より少ない手段でもってより多くのことを成し遂げるものであるとしている⁽⁷³⁾。このような思想的・社会的カンパニアは合理化のもつ階級的性格を覆い隠さんとするものであったといえる。この時期には，アメリカ独占資本の要請と，ドイツ資本主義と独占企業の復活・発展の必要性という国内・外の二重の圧力のもとで，労資関係の

結章　ドイツ合理化運動の歴史的性格と意義　447

安定化にそれまでよりも一層強力かつ組織的に取り組むことが必要となり，それだけに，生産関係の安定化をはかる上で，労働組合運動のあり方だけでなく，国家のかかわり，その役割が一層大きな意味をもつことになり，そうした関与もより直接的かつ広範囲なものにならざるをえなかったといえる。

3　現代の合理化とドイツ合理化運動の歴史的位置

これまでの考察において，合理化運動への国家のかかわりについてみてきたが，それをふまえて，現代の国家独占資本主義段階の合理化[74]との関連で1920年代のドイツ合理化運動は歴史的にどのように位置づけられるか，つぎにこの点をみることにしよう。この点に関しては，1920年代の合理化運動における国家のかかわり，その役割は現代の合理化においてみられるような全面的なものになるには至っていないことが指摘されねばならない。例えばドイツにおいて展開された各時期の国家独占資本主義的諸方策の内容をみても，「第一次大戦後においても，とくにドイツ資本主義の相対的安定期において，国家独占資本主義的諸方策の発展がみられたが，その作用は，主として外国信用取引の精算への参加，国家の企業活動の増大，私的独占体への参加の増大，国家資金による独占体の破産からの救済など，部分的個別的性格を強くもっていた。またドイツ資本主義も逃れることのできなかった一九二九年にはじまる大恐慌期の諸条件のもとで，ドイツ独占企業は，民間投資の変動を，国家投資によって，相殺しようと試みたが，この調整的作用は，十分な効果をもたらさなかった」とされている。しかし，「第二次大戦後においてはじめて，かかる投資過程の循環的変動に対して一定の調整的作用をもつ種々の国家独占資本主義的諸方策の体系が，形成された。このばあい，国家資金による直接的投資および国家の管理する投資金融（「見返資金」，「投資助成資金」など）の役割の増大とともに，西ドイツ独占企業の資本蓄積に対する租税上の優遇措置が，とくに重要な意味をもった[75]」とされている。

このように，1920年代には，国家独占資本主義的諸方策の発展がはやくもみられるが，それはあくまで部分的個別的性格を強くもつものであり，第2次大戦後のそれとは大きく異なっていたといえる。合理化の推進のための国家独占資本主義的諸方策についてみても，そのときどきの国家独占資本主義的諸方策

のあり方，特質に照応するかたちで展開されるのであり，20年代の合理化運動においては，合理化推進のための国家のかかわり，役割は部分的個別的な性格のものにとどまり，現代の合理化にみられるような「国家独占資本主義の機構と機能を全面的に動員した合理化」となるまでには至っていないといえる。

例えば，上述の合理化運動に対する国家の関与の諸方策のうち，①については，合理化宣伝・指導機関への資金面での援助にとどまっており，また②，③および④についても，独占企業にとって合理化をより有利な条件のもとに推し進めることを可能にするためのいわば「外部的な」条件，つまり社会的環境の整備に重点がおかれており，直接的というよりはむしろ間接的なかかわりにとどまっていたといえる。確かに独占的大企業の合理化政策の推進のための社会的環境の整備というかたちでの国家の役割は重要な意味をもっていたが，合理化投資の資金が主として外資の導入という形態で処理されていたこともあり，この時期の「ドイツにおける産業合理化は，ドイツの独占的大企業がみずからの手で行い，国家のこれに対する直接的介入はそれほど重要性をもっていなかった」とされている。例えば独占形成についてみても，「コンツェルン形式による企業集中，資本参加・利益共同体協定など，要するに独占体の形成に対して国家は直接に介入することをせず，コンツェルンはみずからの手でこの問題を解決した[76]」のであった。

ここで，比較のために，第2次大戦後の日本の合理化における国家の関与・かかわりについてみておくと，国家による独占の強化を主な内容とする産業再編成が推し進められたことにこの時期の合理化の特徴的な現象のひとつをみることができる。すなわち，通産省の「産業合理化白書」（1957年）にみるように，政府は，「産業構造の合理化の達成は産業合理化の基本的課題」であるとして，「新産業体制の確立」を「合理化」の中に含めているが，このような合理化において進行している事態の本質は，「国家による独占の強化を主な内容とする産業再編成である[77]」。合理化の推進におけるこのような方向での国家のかかわりは，1970年代中盤以降の「全般的過剰生産恐慌」とそれにつづく長期不況のもとでの現代の合理化においてもみられる。例えば日本の造船業においていわゆる「減量経営」をめざす「合理化」が新しい局面に入ったのは1978年の後半からであるが，運輸大臣の諮問機関で

ある海運造船合理化審議会の「今後の造船業の経営安定化方策」についての答申や運輸省の「造船安定基本計画」にみられるように，1978年の後半から，「造船業は，人員削減，設備削減および建造量制限の三つの方向から，国家の介入をも含む新たな『合理化』の局面にはいった」のであった[78]。1920年代のドイツにおいては，合理化のためのそのような国家の直接的な積極的介入はみられないのであり，この点においても「国家独占資本主義の機構と機能を全面的に動員した合理化」という状態にまでは至っていないということに，現代の合理化との重要な相違点をみることができる。

　また1920年代のドイツの合理化運動と現代の合理化とのいまひとつの相違は，合理化を労資協調路線のもとに推し進めるためのイデオロギー攻撃，カンパニアの取り組み方にみられる。1920年代のドイツにおいては，ドイツ経済性本部による「経済性の上昇即国民生活の向上」というイデオロギーの宣伝を通じて労働運動の修正主義や改良主義の潮流をとらえ，労働者・労働組合をも巻き込んで合理化を「労資協調」路線のもとに全産業的・全国民的な次元で推し進めることに成功した段階であったといえる。第1次大戦後にも，「合理化」は世界的規模で行われたが，そこでは，第2次大戦後のようにアメリカ主導のもとに国際的なかたちをとって体系的・総合的に展開されたわけではなく，労働者を労資協調主義の方向にひきこむ思想的・社会的カンパニアにしても，第2次大戦後のように手の込んだかたちで一層組織的に，また全面的に展開されるまでには至っていないといえる。

　以上の考察からも明らかなように，①ドイツの企業経営の発展における1920年代の合理化の意義，②ドイツ独占企業の復活・発展，またドイツ資本主義の復活・発展においてこの時期の合理化が果した役割，その意義，③現代の合理化との関連においてこの時期の合理化がもつ新たな性格・諸特徴からみて，20年代のドイツの合理化は「現代の」問題と深いかかわりをもっており，現代の合理化の出発点をなすものであるといえる。まさにこの点に1920年代のドイツ合理化運動の歴史的性格と意義をみることができるであろう。

　このように，本書では，ヴァイマル期ドイツの合理化運動を取り上げ，その歴史的特徴と意義を明らかにしてきたが，なお残された課題もある。第1に，

鉄道業や電力業をはじめとする「公共」部門，さらに公企業部門の合理化過程の分析を行い，工業の場合との比較を行うことである。第2に，本書での研究にとっても重要な合理化と労働運動の問題について考察を行うことである。第3に，アメリカや日本など，当時の主要資本主義国との比較を行うことである。これらの諸課題を追求することによって合理化研究を一層深めていくことができるであろう。今後に期したい。

（1） 前川恭一『現代企業研究の基礎』，森山書店，1993年，179ページ。
（2） Vgl. H. Mottek, W. Becker, A. Schröter, *Wirtschaftsgeschichte Deutschlands*, Ein Grundriß, Bd. III, 2. Auflage, Berlin, 1975, S. 28, S. 34 u S. 36.
（3） Vgl. *Ebenda*, S. 36. この点の具体的考察については，拙書『ナチス期ドイツ合理化運動の展開』，森山書店，2001年，第2章および第2部の各章を参照されたい。
（4） 塩見治人『現代大量生産体制論』，森山書店，1978年，第6章を参照。
（5） 仲田正機『現代企業構造と管理機能』，中央経済社，1983年，104ページ。
（6） この点については，拙書『ドイツ企業管理史研究』，森山書店，1997年，第9章を参照。そこでは，IGファルベンの事例を取り上げて，組織革新と企業成長との関係を考察している。
（7） この点については，第1次大戦前のドイツの主要産業における合理化，企業経営の問題を1920年代との比較視点のもとに考察した拙稿「第1次大戦前のドイツ産業における技術発展と合理化——1920年代の合理化運動との比較視点からの考察——」（I），（II），（III），『立命館経営学』（立命館大学），第34巻第5号，1996年1月，第34巻第6号，1996年3月，第35巻第2号，1996年7月および「第1次大戦前のドイツ企業における労働組織の変革と合理化——1920年代の合理化運動との比較視点からの考察——」（I），（II），『立命館経営学』，第35巻第4号，1996年11月，第35巻第5号，1997年1月を参照。
（8） Vgl. A. Reckendrees, Die Vereinigte Stahlwerke A. G. 1926-1933 und "das glänzende Beispiel Amerika", *Zeitschrift für Unternehmensgeschichte*, 41 Jg, Heft 2, 1996, S. 166.
（9） 上林貞治郎・井上　清・儀我壮一郎『現代企業形態論』，ミネルヴァ書房，1963年，166ページ。
（10） 前川恭一・山崎敏夫『ドイツ合理化運動の研究』，森山書店，1995年，16ページ。
（11） Vgl. E. Varga, Der marxistische Sinn der Rationalisierung, *Die Internationale*, 9 Jg, Heft 14, 1926. 7. 20, S. 432.
（12） 仲田，前掲書，106ページ参照。
（13） R. A. Brady, *The Rationalization Movement in German Industry*, Berkeley, California, 1933, p. 100.
（14） *Ibid*., p. 138.

(15) D. S. Landes, *The Unbound Prometheus. Technological Changes and Industrial Developement in Westean Europe from 1750 to the Present*, Cambridge, New York, 1969, p. 465［石坂昭雄・冨岡庄一郎訳『西ヨーロッパ工業史1』, みすず書房, 1980年, 560ページ］.
(16) Vgl. J. Bönig, Technik und Rationalisierung in Deutschland zur Zeit der Weimarer Republik, U. Troitzsch, G Wohlauf (Hrsg), *Technikgeschichte*, Frankfurt am Main, 1980, S. 403.
(17) Vgl. W. Zollitsch, *Arbeiter zwischen Weltwirtschaftskrise und Nationalsozialismus*, Göttingen, 1990, S. 33.
(18) R. A. Brady, *op. cit*., p. 250.
(19) Vgl. G. Plumpe, *Die I. G. Farbenindustrie A. G.*, Berlin, 1990, S. 224.
(20) R. A. Brady, *op. cit*., p. 195.
(21) Vgl. T. v. Freyberg, *Industrielle Rationalisierung in der Weimarer Republik*, Frankfurt am Main, New York, 1989, S. 30.
(22) Vgl. P. Czada, *Die Berliner Elektroindustrie in der Weimarer Zeit*, Berlin, 1969. S. 196.
(23) Vgl. K. W. Wusch, *Strukturwandlungen der westdeutschen Automobilindustrie. Ein Beitrag zur Erfassung und Deutung einer industrielen Entwicklungspfase im Übergang vom produktionsorientierten zum marktorientierten Wachstum*, Berlin, 1966, S. 27-8.
(24) Vgl. A. Schliper, *150 Jahre Ruhrgebiet*, Düsseldorf, 1986, S. 123.
(25) I. M. ファインガル, 小松一雄訳『獨逸工業論』, 叢文閣, 1936年, 167ページ。
(26) Vgl. H. Mottek, W. Becker, A. Schröter, *a. a. O*., S. 276.
(27) 前川・山崎, 前掲書, 241ページ。
(28) *Ebenda*, S. 275.
(29) 加藤栄一『ワイマル体制の経済構造』, 東京大学出版会, 1973年, 206ページ。この時期の合理化運動において過剰資本の処理が不徹底に終わらざるをえなかった要因とそのような方策が30年代初頭に国家の救済によって進展をみる点については, 同書のほか, 岡本友孝『大戦間期資本主義の研究』, 八朔社, 1993年を参照。
(30) *Ebenda*, S. 262.
(31) *Ebenda*, S. 270.
(32) 加藤, 前掲書, 210ページ。
(33) 前川・山崎, 前掲書, 244ページ。
(34) 塩見治人・溝田誠吾・谷口明丈・宮崎信二『アメリカ・ビッグビジネス成立史——産業的フロンティアの削減と寡占体制』, 東洋経済新報社, 1986年, 139ページ。
(35) Vgl. *Ebenda*, S. 31.
(36) 前川・山崎, 前掲書, 240ページ。
(37) 工藤　章「相対的安定期のドイツ化学工業」『社会科学研究』(東京大学), 第28巻第1号, 1976年7月, 182ページ。
(38) 前川・山崎, 前掲書, 240ページ。

(39) この点の重要性については，安保哲夫「資本輸出分析ノート（二）」『社会労働研究』（法政大学），第17巻第3・4号，1971年3月，181ページ参照。また国内市場がもたらした合理化の限界性については，大島　清編『世界経済論――世界恐慌を中心として――』，頚草書房，1965年，第1編第2章（「世界経済の矛盾の激化」）第2節（「ドイツの復興」）において，大野和美氏は，狭隘な国内市場に制約されて，この時期のドイツ産業が合理化によって採用された大量生産の利点をアメリカのように発揮することができず，そのことが合理化の成果に大きな限界をもたらしたことを指摘されている。

(40) ナチス期の合理化運動と主要産業部門（重工業，化学工業，電機工業，自動車工業および機械製造業）における合理化の展開については，前掲拙書『ナチス期ドイツ合理化運動の展開』，第2部を参照されたい。

(41) 堀江正規『資本主義的合理化』，大月書店，1977年，180-1ページ。

(42) 戸木田嘉久『現代の合理化と労働運動』，労働旬報社，1965年，89ページ。

(43) 堀江，前掲書，188-9ページ

(44) 戸木田，前掲書，65-6ページ。

(45) このうちの②および③については，塚本　健『ナチス経済』，東京大学出版会，1964年，第1章，新田俊三『国家独占資本主義と合理化』，現代評論社，1971年，38ページ参照。

(46) 吉田和夫『ドイツ合理化運動論』，ミネルヴァ書房，1976年，186-7ページ。

(47) 同書，189ページ。

(48) Vgl. Reichskuratorium für Wirtschaftlichkeit, *Handbuch der Rationalisierung*, 2. Auflage, Berlin, 1930, S. 2-5.

(49) G. Stollberg, *Die Rationalisierungsdebatte 1908-1933*, Frankfurt am Main, New York, 1981, S. 18.

(50) 塚本，前掲書，76-7ページ。

(51) 同書，79ページ。

(52) NICB, *Rationalization of German Industry*, New York, 1931, pp. 5-6, 前川・山崎，前掲書，247ページ参照。

(53) 塚本，前掲書，88-9ページ。

(54) Vgl. H. Mottek, W. Becker, A. Schröter, *a. a. O.*, S. 24.

(55) Vgl. *Ebenda*, S. 51-2.

(56) Vgl. *Ebenda*, S. 24. この点については，Institut für Wirtschaftsgeschichte der Akademie der Wissenschaften der DDR, *Produktivkräfte in Deutschland 1917/18 bis 1945*, Berlin, 1988, S. 39をも参照。

(57) Vgl. H. Mottek, W. Becker, A. Schröter, *a. a. O.*, S. 113. しかし，このような諸方策の成果については，帝国主義国家のもたらす誘因は，1920年代に資本主義的合理化が促進されることによって，第2次大戦前および大戦中のファシズムの軍備政策によって，また電化費用の大部分を国民所得の再配分によりまかなうことによって，特定の諸形態の技術進歩にとって一般的に良好な諸条件を生み出したけれども，全体的にみれば，さしあたり物質的・技術的基盤の変化のテンポをあまり加速することは

結章　ドイツ合理化運動の歴史的性格と意義　453

　　　できなかったとされている。Vgl. *Ebenda*, S. 36.
(58) Vgl. *Ebenda*, S. 266-7.
(59) Vgl. K. H. Pavel, *Formen und Methoden der Rationalisierung in Westdeutschland*, Berlin, 1957, S. 12-3, ハンス・タールマン「資本支出なしの合理化による西ドイツ労働者階級の搾取の強化」, 豊田四郎編『西ドイツにおける帝国主義の復活』, 新興出版社, 1957年, 248-51ページ, 前川恭一『ドイツ独占企業の発展過程』, ミネルヴァ書房, 1970年, 246-7ページ。
(60) 前川, 前掲『現代企業研究の基礎』, 195ページ。
(61) 堀江, 前掲書, 207-8ページ。
(62) 戸木田, 前掲書, 164-5ページ。
(63) *Ebenda*, S. 12.
(64) Vgl. *Ebenda*, S. 13, 前川, 前掲『ドイツ独占企業の発展過程』, 247ページ。
(65) Vgl. *Ebenda*, S. 15-6.
(66) 例えば, 前川・山崎, 前掲書, 5ページ参照。
(67) *Ebenda*, S. 15.
(68) 戸木田, 前掲書, 140-1ページ。
(69) 堀江, 前掲書, 175ページおよび178ページ。
(70) 前川, 前掲『現代企業研究の基礎』, 195ページ参照。
(71) *Ebenda*, S. 8, ハンス・タールマン, 前掲論文, 256ページ。
(72) 戸木田, 前掲書, 144ページ。
(73) Vgl. *Ebenda*, S. 7.
(74) この点に関しては, 戸木田嘉久氏は, 現代の合理化を第2次大戦後の合理化と考えた場合, それにはより厳密な時期の確定が要求されるとした上で,「現代の『合理化』問題というとき, その対象たりうる時期は, アメリカを盟主とする戦後資本主義の世界体制が確立され, 先進諸国においても国家独占資本主義の機構が全面的な展開をみ,『相対的安定』を保持するようになった, およそ一九五〇年以降ということになろう」と指摘されているが（戸木田嘉久「現代の『合理化』とその展開過程」, 兵藤釗代表編集『現代の合理化』, 社会政策学会年報 第27集, 御茶の水書房, 1983年, 5ページ), ここでは, 1920年代の合理化と現代の合理化との関連を問題にするという点から, 第2次大戦後の合理化を現代の合理化と考え, それ以上の時期の確定は行わないことにする。
(75) 前川, 前掲『ドイツ独占企業の発展過程』, 5ページ。とくに第2次大戦後の西ドイツにおける国家独占資本主義的諸方策の展開とその役割については, 前川恭一『日独比較企業論への道』, 森山書房, 1997年をも参照。
(76) 新田, 前掲書, 38ページ。
(77) 戸木田, 前掲書, 182ページ参照。
(78) 仲田, 前掲書, 第5章第3節を参照されたい。

索　引

あ行

アーウィック（L. F. Urwick）………35
AEG …………85, 87, 101, 146, 147, 256, 257, 260, 262, 267, 272, 275, 277, 281, 285, 286, 287, 290, 306, 399
IG ファルベン ……31, 33, 34, 35, 46, 58, 82, 92, 94, 95, 185, 187, 189, 190, 191, 192, 194, 199, 201, 203, 205, 206, 207, 210, 212, 216, 221, 224, 225, 226, 234, 235, 236, 239, 242, 430, 434
アウト・ウニオン ………………324, 435
アグファ ……………………186, 228
圧延部門 …………110, 112, 143, 148, 161
アドラー………312, 313, 314, 318, 329, 339, 348, 435
アメリカ………5, 9, 10, 17, 18, 19, 21, 26, 31, 33, 34, 37, 39, 41, 53, 59, 60, 61, 65, 66, 82, 83, 86, 87, 90, 91, 104, 141, 144, 149, 161, 177, 206, 212, 248, 273, 305, 306, 309, 314, 318, 320, 325, 327, 337, 339, 340, 347, 348, 350, 352, 353, 360, 364, 427, 435, 437, 438, 444, 445
アメリカ的管理方式 ……………4, 38, 59
アメリカン・システム ………………429
誤れる合理化 ……………340, 344, 349
誤れる資本の管理 ………………349

イギリス ……18, 20, 34, 53, 66, 130, 131, 348, 352, 353

移動作業型流れ作業 ………………398
移動作業型流れ作業組織 ……………370
医薬品部門 …………………217
インフレーション ……17, 23, 25, 26, 28, 32, 33, 63, 316
インフレーション期…………………20

ヴァイス（H. Weiss）………38, 85, 400
ヴァルガ（E. Varga）………25, 37, 432
ヴァンデラー ……………312, 314, 378
ヴィッセル（P. Wissel）……………349
ウィディア ……………………319, 360
ヴィトケ（V. Witike）………………3
ヴェルサイユ条約 ……9, 17, 19, 63, 114, 139, 141, 417
ヴォルト（R. Woldt）…………79, 324

M. A. N. …………355, 359, 370, 383, 384
エルマンスキー（J. Ermanski）……59
エルモ工場 …54, 261, 265, 279, 281, 284, 285
エンデルレ（A. Enderle）…………399

オスラム ………………273, 293, 295
オペル……85, 87, 316, 317, 318, 319, 320, 321, 322, 327, 328, 329, 332, 333, 334, 336, 337, 338, 339, 347, 348, 400, 435

か行

カイザー（G. Keiser）………43, 97, 189

化学工業 ……9, 20, 31, 32, 33, 35, 37, 41, 44, 45, 47, 55, 58, 65, 92, 93, 183, 184, 195, 410, 411, 416, 427, 434, 437
化学・電機独占資本……………………8, 65
化学品部門 ………………………………217
加工組立産業…9, 39, 47, 49, 168, 198, 224
過剰生産能力 …20, 33, 34, 35, 36, 90, 91, 163, 193, 195, 352, 357, 432, 433, 434, 435, 436
褐炭業 ……………108, 132, 133, 135, 403
貨幣出来高給 …………………………63, 64
カルテル …………………………37, 46, 120
管理の分権化 ……………………………227

機械化…121, 125, 128, 131, 132, 133, 136, 389, 390, 391, 415
機械製造業 ……31, 41, 43, 44, 45, 47, 49, 61, 75, 76, 87, 88, 89, 320, 341, 351, 352, 362, 363, 368, 381, 387, 392, 402, 435, 437, 438
規格化……………80, 81, 83, 84, 164, 165, 169, 270, 275, 276, 277, 364, 365, 369
企業合同……………………35, 37, 94, 185
企業集中……20, 31, 32, 35, 36, 38, 40, 92, 107, 111, 117, 150, 170, 183, 221, 224, 225, 387, 403, 425, 427, 431
技術委員会 ……………………230, 231, 232
技術政策 …………………………443, 444
技術的合理化…4, 8, 34, 36, 37, 38, 39, 40, 45, 47, 52, 54, 55, 58, 59, 80, 114, 117, 120, 132, 137, 160, 193, 201, 213, 214, 217, 219, 221, 224, 256, 261, 266, 315, 317, 320, 321, 351, 353, 354, 356, 359, 382, 389, 401, 412, 428
機種別職場作業組織 ……………334, 370
業務委員会 ……………230, 231, 238, 243

金属加工業 …………………………49, 53, 357
金属工業 …………………………………75, 76
金属労働者組合 …………55, 75, 88, 89

組別生産 ……50, 267, 280, 281, 288, 303, 315, 316, 333, 359, 362, 363, 369, 371, 372, 373, 375
クラインシュミット（C. Kleinschmidt）
………………………………………3, 147
クルップ………47, 99, 138, 146, 162, 172, 176, 178, 373

経営科学 ……………………………72, 74, 432
経営協議会 ………393, 395, 400, 418, 419
経営協議会法 …………………………424
計画と執行の分離……………60, 272, 430
経済的製造委員会 …………28, 64, 273
経済の軍事化 ……………………11, 13, 163
経済民主主義 ……27, 65, 78, 79, 419, 421
経済民主主義論………………………………27
結合経済 ………………152, 163, 205, 220
ケットゲン（C. Köttgen）……90, 269
減価償却 ……43, 117, 192, 193, 259, 260, 313, 354, 356
研究開発投資 ………………199, 200, 218
現代の合理化 …6, 439, 440, 447, 449, 453

工具鋼………………………………52, 261, 360
工作機械製造………………………………44
工作機械製造業 ……………………357, 358
硬質合金…………52, 53, 54, 99, 264, 265, 301, 315, 319
工場結合体………………………………86
工場の特殊化 …………326, 368, 369, 379
更新投資……………………43, 117, 118, 354
合成ゴム …………………………………210, 211

索　引　*457*

合成生産方式……………55, 193, 196, 205
高速度鋼…………52, 264, 265, 301, 360
交替型流れ作業 ………………281, 293
交替型流れ生産 ……………296, 336, 372
合同製鋼 …31, 46, 92, 111, 114, 115, 118, 119, 120, 137, 140, 141, 143, 144, 146, 147, 153, 158, 162, 171, 172, 179, 226, 227, 234, 387, 430, 433, 434
合理化……8, 10, 18, 19, 20, 21, 22, 25, 26, 27, 28, 35, 38, 39, 58, 78, 85, 92, 94, 107, 225, 261, 316, 321, 323, 333, 336, 340, 347, 387, 390, 412, 417, 418, 421, 433, 435, 436, 439, 440, 444, 445, 453
合理化運動……1, 2, 6, 8, 9, 10, 17, 19, 22, 23, 26, 27, 28, 31, 33, 38, 64, 65, 73, 81, 90, 162, 307, 341, 381, 417, 435, 436, 438, 439, 440, 441, 447, 449
合理化運動への国家のかかわり …6, 441
合理化の諸科学…………………74, 432
交流電動機 ………………50, 51, 262
小型製品製造部門 …………………288
国内市場の狭隘性 ……26, 149, 162, 273, 435, 436
国家 ……………………………6, 10, 27
国家独占資本主義…………6, 8, 440, 444, 445, 447, 448
ゴットル（F. v. Gottl. O）……78, 79, 85
個別駆動……48, 50, 51, 54, 148, 198, 259, 262, 263, 264, 266, 315, 317, 318, 320, 428
個別生産 ……56, 279, 303, 316, 333, 359, 369, 384
個別電動駆動……………52, 267, 317, 428
コンビネーション ……32, 36, 37, 93, 427
コンベア……281, 283, 290, 296, 303, 329, 330, 335, 346, 347, 376, 398

コンベア作業……56, 87, 88, 89, 280, 297, 315, 320, 334, 337, 374, 400
コンベア式タクト・システム…292, 296, 379
コンベア・システム ………296, 333, 379
コンベア生産 …………329, 372, 373, 375

さ行

最大給付 ………………69, 70, 71, 73, 400
採炭の機械化 ………………121, 125, 126
作業研究 ……66, 166, 167, 222, 223, 224, 322, 361, 362, 363
作業準備 ……………270, 288, 363, 384
作業タクト……66, 280, 347, 398, 399, 400
作業の時間的強制進行性 …87, 278, 284, 291, 400
作業の標準化 ……………………60, 67
作業部……………91, 269, 270, 272, 302
産業基盤整備………………41, 255, 442
産業電化……47, 48, 50, 255, 259, 262, 428
産業の合理化…………20, 32, 93, 117, 427

GM …………………90, 104, 242, 317
ジーゲル（T. Siegel）………90, 91, 383
ジーメンス ……53, 85, 91, 101, 269, 277, 279, 284, 290, 300
ジーメンス&ハルスケ ……54, 258, 260, 262, 263, 267, 272, 275, 276, 278, 292
ジーメンス・シュッケルト…50, 54, 147, 257, 258, 260, 261, 263, 265, 266, 269, 271, 278, 279, 281, 285, 289, 290, 302, 303, 434
時間研究……60, 63, 66, 69, 166, 167, 222, 223, 224, 270, 272, 322, 323, 361, 362, 363, 394
時間研究委員会 ………………64, 67, 101

時間出来高給·················64, 223
時間・動作研究···········63, 268, 270
事業共同体 ············227, 229, 233, 235
事業部·········95, 235, 236, 237, 242, 243
事業部制組織··················92, 225, 430
疾病 ··············412, 413, 414, 415, 417
自動車工業 ······41, 44, 45, 49, 65, 86, 87,
　209, 309, 314, 315, 316, 327, 337, 340,
　341, 344, 381, 394, 425, 435, 437
自動車・自転車工業··········89, 392, 402
資本主義的合理化 ·········6, 440, 444, 452
資本不足 ···············26, 39, 58, 80, 161
社会化 ·································27, 63
社会民主党 ···························62, 63
シャルダッハ（E. Schalldach）······111,
　389, 390, 394, 418, 420
11月革命 ·············9, 22, 62, 63, 64, 436
重工業······8, 19, 31, 32, 33, 35, 37, 41, 43,
　44, 45, 92, 93, 107, 160, 391, 427, 437
集合駆動························47, 262, 316
集団出来高給 ···························399
自由労働組合··············27, 61, 63, 78, 79
シュタールマン（M. Stahlman）3, 315,
　321, 328, 339, 344, 348
シュットリィヒ（E. Schudlich） ···224
シュトルベルク（G. Stollberg）···3, 8,
　162, 442
シュピッツレー（H. Spitzley）·······76,
　395, 397
シュミーデ（R. Schmiede） ·········224
シュレジンガー（G. Schlesinger）
　·····························72, 317, 348
消極的合理化 ···35, 37, 44, 107, 114, 150,
　213, 216, 218, 387, 403
商事委員会 ··················230, 231, 232
消費財産業·······················13, 19, 22

新規投資 ···41, 42, 45, 114, 115, 188, 255,
　258, 259, 309, 314, 353, 354
新興産業部門······················8, 44, 437
シンジケート······················46, 120
人造石油部門 ························207, 209

垂直的結合·······························32
水平的結合 ······················32, 38, 427
スタッフ···············94, 232, 233, 239, 243

製鋼部門 ·····················139, 142, 148
生産技術···38, 39, 46, 47, 48, 54, 137, 139,
　143, 148, 193
生産財産業·······················13, 19, 22
生産と消費の矛盾 ·······················436
生産の専門化 ···························326
生産の標準化 ···80, 83, 84, 273, 275, 323,
　326, 364, 379
静止作業型流れ作業 ·····················291
正常給付··························70, 71, 73, 222
精神工学································75
製鉄部門 ·····················137, 143, 148
製品別生産の集中・専門化 ···20, 34, 35,
　36, 38, 93, 95, 111, 112, 113, 185, 187,
　193, 218, 226, 228, 427, 432
積算計器製造部門 ·······················285
石炭業 ··············108, 120, 128, 403, 413
石炭・鉄鋼業 ························437
石炭・鉄鋼独占資本·················8, 65
設備投資······39, 40, 41, 43, 114, 115, 188,
　191, 218, 255, 309, 310, 314, 352, 353,
　355, 437
ゼネラル・スタッフ ·············242, 243
全般的管理·····················92, 225, 238
専用機 ··························319, 320
専用機械 ······47, 267, 314, 315, 316, 320,

索　引　*459*

353, 357, 358, 359
専用工作機械 ……………………358
染料部門 ………………185, 215, 216

操業度 ………………………434, 435
相対的安定期…1, 2, 17, 20, 21, 23, 28, 32, 37, 64, 436
組織革新 ………92, 200, 225, 226, 234, 235, 239, 243, 430
組織的合理化 ……34, 114, 172, 202, 218, 221, 354

た行

ダイムラー ………………327, 345, 348
ダイムラー・ベンツ…310, 311, 313, 314, 317, 318, 319, 320, 321, 322, 326, 328, 329, 334, 339, 344, 346, 347, 349, 435
タイム露出撮影 ……………………280
大量生産……3, 21, 49, 50, 52, 53, 91, 104, 148, 161, 224, 267, 268, 273, 300, 314, 317, 321, 323, 327, 338, 341, 350, 351, 362, 363, 437, 438
大量生産体制 ………10, 59, 309, 428, 429
多角化 ………20, 34, 55, 94, 95, 193, 195, 197, 234, 235, 430
タムメン（H. Tammen）…94, 208, 215, 216, 220, 226, 232
炭鉱業………108, 120, 121, 130, 131, 163, 164, 389, 390, 403, 409, 434
炭素鋼……………………………52, 265
弾力的な流れ作業 …………………327

窒素部門 ……………………201, 204
チャンドラー（A. D. Chandler. Jr）
　…………………………………235, 239
中央委員会 …………………237, 238, 243

直流電動機……………………………50
電話器製造部門 …………………292

定型化 ………80, 169, 274, 275, 276, 324, 325, 326, 329, 366, 367, 369, 379
テイラー・システム ……4, 9, 38, 39, 59, 60, 61, 62, 63, 64, 65, 66, 67, 69, 70, 71, 72, 73, 74, 76, 77, 78, 79, 163, 164, 166, 268, 396, 398, 418, 420, 429, 430
出来高給 ……63, 166, 167, 221, 222, 223, 251, 286, 296, 361, 400
出来高部 ………………222, 223, 272, 302
鉄鋼業…9, 47, 48, 109, 111, 137, 147, 148, 163, 166, 341, 391, 401, 415, 433, 438
デュビノウ（G. Duvigneau）…88, 288, 327, 375
デュポン…34, 92, 206, 212, 225, 237, 239, 242, 243, 430
電機工業……20, 21, 41, 44, 45, 47, 49, 61, 65, 75, 76, 86, 87, 88, 90, 255, 261, 296, 297, 381, 392, 401, 434, 437
電動機工場 ………54, 261, 266, 269, 270, 271, 279, 280, 281, 296
電動機製造部門 …………………279
電熱機器製造部門 …………………290

ドイツ規格委員会 ……………81, 83, 326
ドイツ技師協会……………………60
ドイツ経済合理化協議会 …444, 445, 446
ドイツ経済性本部 …28, 81, 274, 441, 442
ドイツ工業規格 ……………102, 365, 366
ドイツ工業規格委員会 ……………28, 81
ドイツ工業全国同盟 ………………1, 417
ドイツ自動車工業 …………340, 350, 423
ドイツ資本主義……6, 17, 28, 59, 444, 446
ドイツ労働組合総同盟………78, 417, 419

ドイツ労働時間研究委員会 ……………67
ドゥイスベルク（C. Duisberg）……225, 227, 229
動作研究 ……………………………272, 273
ドーズ・プラン ……9, 18, 19, 23, 40, 444
トップ・マネジメント…95, 235, 238, 239
トラスト……32, 33, 36, 37, 46, 47, 92, 93, 107, 111, 185, 427
トリーバ（U. Trieba） ………………3, 74
ドレッシャー（W. Drescher）…54, 101, 264, 265, 266

な行

流れ作業 ……56, 66, 87, 88, 89, 224, 266, 267, 270, 271, 278, 279, 280, 289, 290, 292, 296, 297, 306, 314, 320, 332, 337, 369, 370, 374, 377, 378, 379, 385
流れ作業組織 …………………………336, 400
流れ作業方式 …………………………………385
流れ生産 ……52, 266, 285, 288, 289, 290, 292, 296, 304, 317, 323, 327, 329, 369, 371, 372, 373, 375, 384
流れ生産方式……84, 86, 88, 89, 168, 271, 277, 278, 279, 285, 286, 296, 300, 304, 305, 317, 321, 327, 329, 337, 347, 363, 369, 376, 381, 384, 400, 435
ナチス期 …………………10, 13, 207, 439

熱経済………………39, 150, 151, 153, 161

は行

ハーバー（L. F. Haber） ……232, 233, 238, 242
ハーバー・ボッシュ法 ……194, 202, 203
バイエル ………………186, 213, 222, 228
ハイランドパーク工場 ……334, 340, 347

バウアー（O. Bauer） ………………28
破局政策………………………………65
白熱球製造部門 ………………………293
バスフ ………35, 186, 198, 201, 206, 207, 222, 223, 228, 245, 417
ハノマーク ……………314, 332, 348, 374
ハハトマン（R. Hachtmann） ……337
範囲の経済 ………………205, 219, 220
販売共同体 ……………………………229
汎用機械………………47, 315, 357, 358
汎用工作機械……………50, 316, 358, 360

B. M. W. ……………312, 314, 339, 348
標準化 ………34, 81, 82, 83, 84, 164, 165, 168, 169, 224, 273, 274, 275, 276, 277, 284, 364
標準化運動………………………80, 274
品種別職場作業 …………328, 334, 370
品種別職場作業組織…………………87
品種別生産 …………………322, 345, 370

ファーレンカンプ（R. Vahrenkamp）…2
ファインガル（I. M. Faingar）…46, 435
フェーグラー（A. Vögler） ………144
フェルデンキルヘン（W. Feldenkirchen） ………………………………232
フォード ………………………………90, 91
フォード・システム…4, 9, 21, 38, 39, 54, 59, 65, 66, 77, 79, 84, 86, 87, 90, 104, 266, 268, 270, 273, 284, 309, 315, 323, 336, 338, 364, 398, 399, 419, 420, 421, 429, 432, 438
フォード社 84, 66, 281, 316, 327, 370, 419
副産物・廃棄物の有効利用 …39, 45, 154
部品の規格化……274, 324, 325, 326, 366, 367, 369, 379

部門間搬送 ……………………284
ブラァン（W. L. Vrang）…271, 291, 305, 358
ブライヒ（F. Blaich）…………339, 340
フライベルク（T. v. Freyberg）…2, 49, 53, 54, 90, 265, 278, 281, 356, 362, 363, 370, 381, 383
ブラウン（H. J. Braun）………336, 337
フランス………………18, 20, 34, 130, 131
不良投資……………………46, 120, 434
プルンペ（G. Plumpe）………203, 204, 218, 238
ブレイディ（R. A. Brady）…3, 33, 82, 111, 147, 150, 169, 197, 227, 233, 273, 274, 277, 279, 368, 433, 434
フレキシビリティ……286, 321, 328, 357, 359, 374
ブレナボール……………………348, 349
分権的集権………225, 227, 228, 229, 234

ベェニヒ（J. Bönig）……3, 31, 117, 131, 148, 201, 256, 285, 292, 296
ヘキスト………………186, 211, 223, 228
ヘクナー（K. Hegner）………101, 361
ベッカー（W. Becker）…47, 49, 51, 55, 91, 132, 144, 267, 341, 350, 351, 436, 437, 438, 443
ベニング（B. Benning）……43, 97, 189
ベルト・コンベア…86, 87, 91, 280, 281, 282, 285, 286, 290, 291, 292, 293, 306, 317, 318, 328, 329, 330, 332, 333, 334, 336, 339, 370, 375, 376, 399

ボッシュ（C. Bosch）……35, 186, 193, 225, 229, 230, 231, 236
ホムブルク（H. Homburg）…3, 90, 268, 284, 296
ボン生産性委員会………………444, 446

ま行

マーシャル・プラン………………444
マネスマン……………………139, 146
ミヘル（E. Michel）……………68, 270
メーレンドルフ（U. v. Moellendorf）……………………………288
メタノール部門……………………205
メントルップ（U. Mentrup）……3, 74
モータリゼーション………209, 212, 309, 314, 340
モテック（H. Mottek）……44, 45, 444

や行

ユニット・システム………320, 357, 360

ら行

ラウエッカー（B. Rauecker）…72, 84, 324, 325, 366
ラジオ製造部門……………………286
ラートカウ（J. Radkau）……328, 336
ランゲ（K. Lange）………………364

利益責任単位……………………95, 242
履行政策……………………………65

ルール炭鉱………121, 122, 124, 126, 128, 131, 411

レーヴェ………………………53, 101, 385
レーダーマン（F. Ledermann）…326,

349
レファ協会 ……………………67, 76, 394
レファ・システム ……39, 59, 64, 65, 67, 69, 70, 71, 72, 73, 74, 75, 76, 163, 164, 166, 168, 222, 223, 268, 271, 322, 363, 393, 395, 397, 398, 418, 419, 430
連続広幅帯鋼圧延機 …48, 143, 148, 161, 177

労資関係 ……………………27, 64, 441
労資協調……4, 6, 17, 27, 65, 78, 419, 432, 439, 446, 449
労働科学………………72, 74, 75, 221, 432
労働強化………28, 390, 400, 406, 413, 441
労働組合 …………4, 6, 17, 27, 61, 63, 79, 417, 418, 419, 423, 425
労働災害 ………………412, 414, 415, 416
労働生理学………………………75, 443
労働組織的合理化………4, 34, 36, 37, 38, 39, 58, 59, 114, 163, 166, 168, 221, 224, 225, 321, 322, 393, 401, 428

著者略歴

山崎敏夫（やまざきとしお）

1962年　大阪府に生まれる
1985年　同志社大学商学部卒業
1990年　同志社大学大学院商学研究科後期博士課程単位取得
1989年　高知大学人文学部に勤務，助手，専任講師，助教授をへて
1994年　立命館大学経営学部助教授
現　在　立命館大学経営学部教授　博士（経営学）

著書　『ドイツ企業管理史研究』，森山書店，1997年
　　　『ナチス期ドイツ合理化運動の展開』，森山書店，2001年
　　　『ドイツ合理化運動の研究』（共著），森山書店，1995年

著者との協定
により検印を
省略します

ヴァイマル期ドイツ合理化運動の展開

2001年 2 月23日　初版第 1 刷発行
2001年12月15日　初版第 2 刷発行

著　者　© 山崎敏夫（やまざきとしお）
発行者　　菅　田　直　文
発行所　有限会社　森山書店　〒101-0054　東京都千代田区神田錦町 1-10林ビル
　　　　TEL 03-3293-7061　FAX 03-3293-7063　振替口座 00180-9-32919

落丁・乱丁本はお取りかえします　　印刷・㈱シナノ　製本・鈴木製本

本書の内容の一部あるいは全部を無断で複写複製する
ことは，著作権および出版社の権利の侵害となります
ので，その場合は予め小社あて許諾を求めてください。

ISBN 4-8394-1925-6